CRÔNICAS

Gabriel García Márquez

CRÔNICAS

· OBRA JORNALÍSTICA 5 ·

1961-1984

Tradução e prefácio de
LÉO SCHLAFMAN

EDITORA RECORD
RIO DE JANEIRO • SÃO PAULO

2006

CIP-Brasil. Catalogação-na-fonte
Sindicato Nacional dos Editores de Livros, RJ.

García Márquez, Gabriel, 1928-
G21c Crônicas 1961-1984 / Gabriel García Márquez; tradução Léo Schlafman; prefácio de Léo Schlafman. – Rio de Janeiro: Record, 2006.
(Obra jornalística de Gabriel García Márquez; 5)

Tradução de: Notas de Prensa: obra periodística 5, 1961-1984
ISBN 85-01-07045-9

1. Ensaio colombiano. I. Schlafman, Léo. II. Título. III. Série.

CDD – 868.993614
06-2174 CDU – 821.134.2(861)-4

Título original em espanhol:
NOTAS DE PRENSA. OBRA PERIODÍSTICA 5. 1961-1984

Projeto gráfico de capa e miolo: Victor Burton

Impresso no Brasil

ISBN 85-01-07045-9

PEDIDOS PELO REEMBOLSO POSTAL
Caixa Postal 23.052
Rio de Janeiro, RJ – 20922-970

EDITORA AFILIADA

SUMÁRIO

PREFÁCIO: GARCÍA MÁRQUEZ E SUAS PAIXÕES

Depois da contundência das reportagens de conteúdo ideológico de *Reportagens políticas*, o quinto volume da Obra Jornalística de García Márquez, *Crônicas*, consiste em 173 textos cobrindo um período de 23 anos, de 1961 a 1984, em que ele fala de praticamente tudo.

Estamos em plena maturidade de seu estilo, espelhando linha a linha as páginas límpidas da obra de ficção que lhe deram uma notoriedade acima de qualquer suspeita. Durante este período ele publicou, em 1967, *Cem anos de solidão*, seu livro mais característico, e ganhou, em 1982, o Prêmio Nobel de Literatura. Nada, portanto, lhe faltava, literariamente, ideologicamente e financeiramente, para completar a carreira de escritor. No entanto, ele, infatigável, continuava, entre um livro de ficção e outro, a sentar-se à máquina para opinar sobre qualquer assunto que estivesse na ordem do dia.

Mas escrevia sua matéria para jornal com o mesmo capricho das páginas de ficção. Ele próprio conta, falando sobre si, que gastava as mesmas seis horas de trabalho diário redigindo uma crônica ou rebatendo um ataque que considerava injusto, juntando laboriosamente palavra a palavra, reescrevendo trechos não bem resolvidos, até considerar o artigo pronto.

Tal fidelidade à imprensa quase não tem paralelo na história do jornalismo. Onde quer que estivesse, na Colômbia, no México, na Espanha ou nos Estados Unidos (quando ainda tinha autorização para entrar e lá trabalhar, no escritório da Prensa Latina), exercitava uma de suas três paixões básicas. As outras duas são a ficção e a leitura. Todas se entrelaçam, tendo às vezes como moldura a política ou o cinema. Para ele, é questão de prática: "Quando se pára de ler, desaprende-se", disse, referindo-se à mais antiga de todas as paixões.

A veemência com que García Márquez se refere ao jornalismo e à sua importância só é comparável à veemência com que Thomas Jefferson plantou a base do jornalismo nos Estados Unidos. Já se passaram 219 anos desde que Jefferson pronunciou uma de suas mais emblemáticas frases: "Se coubesse a mim decidir se deveríamos ter governo sem jornais ou jornais sem governo, não hesitaria em preferir a última opção." Naquela época os estados americanos, a que Jefferson se referia, tinham apenas trinta jornais, semanais. Hoje, os veículos de comunicação nos Estados Unidos são a terceira maior indústria, consistindo em milhares de jornais diários e semanais, revistas, estações de televisão e rádio, editoras de livros e a avassaladora internet que caiu como um raio sobre a comunicação — no bom sentido, espera-se.

Portanto, em quase sessenta anos de jornalismo e, é claro, de ficção, de polêmicas políticas e de tomadas de posição firmes, nenhum assunto lhe era estranho. "A partir de certa idade, qualquer coisa que a gente escreve já faz parte das nossas memórias", comentou. E explica que aprendeu a fazer jornalismo lendo boa literatura, confirmando a interação de gêneros e atividades. "Escrevo todos os dias de minha vida." Por exemplo, ao publicar *Crônica de uma morte anunciada* em 1981 — quando teve de fugir da Colômbia por ter sido informado de que as autoridades militares pretendiam acusá-lo de envolvimento no treinamento de guerrilheiros do M-19 em Cuba — ativou a coluna em jornal para se manter em forma. "Escrever todos os dias não desgasta, apenas melhora. Você sabe por que entre meus romances há sempre um livro de contos: medo de ficar desocupado. Por isso o jornalismo é bom, porque obriga a escrever todos os dias."

Numa de suas entrevistas à imprensa (ele é ao mesmo tempo jornalista e notícia), frisou que quanto mais vivia e se lembrava de coisas do passado mais achava que "literatura e jornalismo estão intimamente relacionados". De uma certa forma, este quinto volume da Obra Jornalística, intencionalmente ou não, quase suprime o limite entre as duas atividades, já que, ao contrário dos outros volumes, não se menciona, no início de cada artigo, juntamente com a data de publicação, o nome do jornal ou da revista em que saiu originalmente. Cimenta-se assim a ligação entre a transitoriedade do jornal (no tempo) e a permanência do livro (no espaço), transformando os 173 artigos num *corpus* literário indivisível. García Márquez sempre afirmou que a influência entre sua prática jornalística e a ficção são recíprocas. A ficção ajudou o jornalismo, porque deu a ele valor literário. O jornalismo ajudou a ficção, porque o manteve em relação íntima com a realidade.

É fácil verificar. Os artigos, como as páginas de ficção, encantam com sua prosa de aparente facilidade. São parentes consangüíneos, levando em consideração o realismo que atingira o auge da ficção no século XIX (Balzac, Dickens, Dostoiévski, Machado de Assis...). Em literatura, o realismo — ocupado com a denúncia da realidade grande e querendo contribuir de maneira imediata para transformá-la — concebeu a arte como uma arma direta que não precisava de instruções para seu uso. O realismo se afirmou com seu poder de reproduzir a realidade; essa responsabilidade o faz descobrir as deformações e aberrações dessa realidade. Mostrá-la é denunciá-la, é obrigar o leitor a tomar partido. Ainda no caso da literatura, o escritor mantém sempre uma ligação com a realidade, mas a deforma, dilata, exalta. Os seus personagens, a natureza, o rio, as casas onde vivem, objetos por eles usados, as músicas ouvidas... tudo é elevado ao nível do mito.

Ninguém como García Márquez, ficcionista de primeiro time e também jornalista de primeiro time, pôde sentir ao vivo as pulsações simultâneas das duas atividades. Sobre o jornalismo, ele constatou, em outro lugar, que houve uma distorção da profissão em todo o mundo. A intensidade dos acontecimentos é tal que para o fato ter primazia precisa entrar numa corrida contra o tempo. Já não se tem espaço para ver a notícia em perspectiva, em todos os seus significados, a não ser que seja contundente, como a Guerra do Iraque, o conflito palestino ou os grandes escândalos políticos. O importante é primeiro dar a notícia. Se é falsa ou não, nada significa, o importante é dá-la primeiro. "Há uma mudança quase orgânica no ofício de jornalista que vamos tentar parar um pouco. Vamos tentar recuperar o conceito daqueles velhos tempos do jornalismo em que se contava como eram as pessoas."

Nas *Crônicas*, García Márquez fala de escritores tão díspares como Hemingway, Graham Greene, Borges, Mercè Redoreda, William Golding, Pasternak ou Cortázar. Aborda assuntos como a chegada do homem à Lua, os transexuais de Paris, os textos literários de François Mitterrand, a tortura e morte do escritor argentino Haroldo Conti, sua amizade com Torrijos, o destino da múmia do faraó Ramsés II, a invasão fracassada da Baía dos Porcos, sua própria morte anunciada, o festival de Cannes, a bela adormecida sentada ao seu lado num vôo que saiu do aeroporto Charles de Gaulle (artigo depois ampliado para conto em *Doze contos peregrinos* e também transcrito pela revista *Magazine Littéraire* como explicação para o extraordinário romance *A casa das belas adormecidas*, de Yasunary Kawabata, homenageado em *Memória de minhas putas tristes*), a visita de João Paulo II à América Central, a morte da escultora colombiana Feliza Bursztin no exílio de Paris, a tentativa de Anthony Quinn de filmar *Cem anos de solidão* e assim por diante.

García Márquez voa por meio mundo e justifica seu medo irracional de avião com a racionalização dos números: um medo que cresce à medida que vê estatisticamente aumentarem as chances de desastre. Nem beber adianta, porque se toma um martíni fica tranqüilo por instantes, com dois mal caminha e se toma três o pavor volta com mais força ainda...

Sempre se confessou otimista empedernido em relação a tudo. "Talvez eu quebre a cara, mas acredito que vamos nos sair bem, nós os latino-americanos. Todos. É que o ser humano não pode ser tão imbecil como foi no século XX." Em regiões como interior da Colômbia, Sicília e Andaluzia os instintos se põem à flor da pele. Não é por acaso que no cemitério colombiano de Mompós um artesão anônimo tenha esculpido esta frase: "Aqui a vida se liga à eternidade."

Numa entrevista de 1989, García Márquez declarou: "O que eu tinha a dizer, já disse. De mim, não tiram uma palavra mais; minha opinião é essa. Os demais, que interpretem como quiserem. *Allá ellos!* (ou seja, isso é problema deles!)"

Léo Schlafman
Maio de 2006

CRÔNICAS
1961-1984

UM HOMEM MORREU DE MORTE NATURAL

Desta vez parece ser verdade: Ernest Hemingway morreu. A notícia comoveu, em lugares opostos e distantes do mundo, os seus garçons de café, seus guias de caçadas, seus aprendizes de toureiro, seus motoristas de táxi, uns tantos pugilistas decadentes e algum pistoleiro aposentado.

Enquanto isto, entre os habitantes de Ketchum, Idaho, a morte do bom vizinho foi apenas um doloroso incidente local. O corpo permaneceu seis dias na câmara ardente, não para que prestassem honras militares, mas à espera de alguém que estava caçando leões na África. O corpo não ficará exposto às aves de rapina, junto aos restos de um leopardo congelado no cume da uma montanha, mas repousará tranqüilamente num desses cemitérios excessivamente higiênicos dos Estados Unidos, rodeado de corpos amigos. Estas circunstâncias, que tanto se parecem com a vida real, obrigam a acreditar que desta vez Hemingway morreu de verdade, na terceira tentativa.

Cinco anos atrás, quando sofreu um acidente na África, a morte não podia ser verdadeira. Os grupos de resgate o encontraram alegre e semiembriagado, numa clareira da selva, a pouca distância do local onde vagueava uma família de elefantes. A própria obra de Hemingway, cujos heróis não tinham direito de morrer antes de sofrer durante certo tempo a amargura

---

Publicado originalmente em 9 de julho de 1961.

da vitória, desqualificara de antemão aquele tipo de morte, mais própria do cinema do que da vida.

Em compensação, agora, o escritor de 62 anos, que na última primavera esteve duas vezes no hospital tratando uma doença da velhice, foi encontrado morto em sua casa com a cabeça destroçada por uma bala de espingarda de caça. A favor da hipótese de suicídio há um argumento técnico: sua experiência no manejo das armas afasta a possibilidade de acidente. Contra, há um único argumento literário: Hemingway não parecia pertencer à raça dos homens que se suicidam. Em seus contos e romances, o suicídio era uma covardia, e seus personagens eram heróicos apenas em função da temeridade e coragem física. Mas de qualquer maneira o enigma da morte de Hemingway é puramente circunstancial, porque desta vez as coisas ocorreram como devem ser: o escritor morreu como o mais comum de seus personagens, e principalmente em relação aos outros personagens.

Em contraste com a dor sincera dos pugilistas, destacou-se nestes dias a incerteza dos críticos literários. A pergunta central é até que ponto Hemingway foi um grande escritor, e em que grau merece uma coroa de louros que a ele mesmo parecia uma simples narrativa breve, uma circunstância episódica na vida de um homem.

Na realidade, Hemingway foi uma testemunha sôfrega da ação individual, mais do que da natureza humana. Seu herói surgia em qualquer lugar do mundo, em qualquer situação e em qualquer nível da escala social em que fosse necessário lutar encarniçadamente não tanto para sobreviver como para alcançar a vitória. A vitória era apenas um estágio superior do cansaço físico e da incerteza moral.

No universo de Hemingway, a vitória não era destinada ao mais forte, e sim ao mais sábio, com uma sabedoria aprendida na experiência. Nesse sentido era um idealista. Poucas vezes, em sua extensa obra, surgia uma circunstância em que a força bruta prevalecesse contra o conhecimento. O peixe pequeno, se era mais sábio, podia comer o grande. O caçador não vencia o leão porque estava armado com uma espingarda, mas porque conhecia minuciosamente os segredos de seu ofício, e pelo menos em duas ocasiões o leão conhecia melhor os segredos do seu. Em *O velho e o mar* — narrativa que parece ser uma síntese dos defeitos e virtudes do autor — um pescador solitário, esgotado e perseguido pela má sorte, conseguiu vencer o maior peixe do mundo numa peleja que era mais de inteligência do que de força.

O tempo demonstrará também que Hemingway, como escritor menor, comerá muitos escritores grandes, por seu conhecimento das motivações dos homens e dos segredos de seu ofício. Certa vez, numa entrevista, elaborou a melhor definição de sua obra ao compará-la ao *iceberg* de gigantesco volume de gelo que flutua na superfície: é apenas um oitavo do volume total, e é invencível, graças aos sete oitavos que o sustentam sob a água.

A transcendência de Hemingway se mantém precisamente na sabedoria oculta que sustenta flutuando uma obra objetiva, de estrutura direta e simples, e às vezes concisa em sua dramaticidade. Hemingway só contou aquilo que viu com os próprios olhos, gozou e sofreu com sua experiência, que era enfim a única coisa em que podia acreditar. Sua vida foi uma contínua e arriscada aprendizagem do ofício, em que foi honesto até o limite do exagero: o leitor deveria perguntar quantas vezes esteve em perigo a própria vida do escritor, para que fosse válido um simples gesto do personagem.

Nesse sentido, Hemingway não foi nada mais, nem nada menos, do que quis ser: um homem completamente consciente em cada ato de sua vida. Seu destino, de certa maneira, foi o de seus heróis, que só tiveram uma importância passageira em um lugar restrito da Terra, e foram eternos pela fidelidade dos que os aceitaram.

Essa é talvez a dimensão mais exata de Hemingway. Provavelmente não é o fim de alguém mas o princípio de ninguém na história da literatura universal. Mas é o legado natural de um esplêndido exemplar humano, de um trabalhador bom e singularmente honrado, que talvez mereça algo mais do que um lugar na glória internacional.

DESVENTURAS DE UM ESCRITOR DE LIVROS

Escrever livros é um ofício suicida. Nenhum outro exige tanto tempo, tanto trabalho, tanta dedicação em relação aos benefícios imediatos. Não creio que sejam muitos os leitores que ao terminar a leitura de um livro se perguntem quantas horas de angústias e de infortúnios domésticos custaram ao autor dessas duzentas páginas e quanto recebeu por seu trabalho. Para dizer tudo de uma vez, convém que se saiba que o escritor ganha apenas dez por cento do que o comprador paga pelo livro na livraria. Portanto, o leitor que comprou um livro de vinte pesos só contribuiu com dois pesos para a subsistência do escritor. O resto ficou com os editores, que correram o risco de editá-lo, e os distribuidores e os livreiros. Isto parecerá ainda mais injusto quando se pensa que os melhores escritores são os que costumam escrever menos e fumar mais, e é portanto normal que necessitem pelo menos dois anos e 29.200 cigarros para escrever um livro de duzentas páginas. O que vale dizer em boa aritmética que gastam naquilo que fumam uma quantia superior ao que vão receber pelo livro. Não sem razão me dizia um amigo escritor:

— Todos os editores, distribuidores e livreiros são ricos e todos os escritores são pobres.

O problema é mais crítico nos países subdesenvolvidos, onde o comércio de livros é menos intenso, mas não é exclusividade deles. Nos Estados

Publicado originalmente em julho de 1966.

Unidos, que é o paraíso dos escritores de sucesso, para cada autor que se torna rico da noite para o dia com a loteria das edições de bolso, há centenas de escritores aceitáveis condenados a viver o resto dos seus dias sob a égide dos dez por cento. O último caso espetacular de enriquecimento nos Estados Unidos é o do romancista Truman Capote com seu livro *A sangue frio*, que nas primeiras semanas lhe proporcionou meio milhão de dólares de direitos autorais e uma quantia semelhante pela adaptação para o cinema. Em compensação, Albert Camus, que continuará nas livrarias quando ninguém mais se recorde do estupendo Truman Capote, vivia de escrever roteiros cinematográficos com pseudônimo, para poder continuar a escrever seus livros. O Prêmio Nobel — que recebeu poucos anos antes de morrer — foi apenas um desafogo momentâneo para seus infortúnios domésticos: proporcionou-lhe mais ou menos quarenta mil dólares, o que nos tempos de hoje dá para comprar uma casa com jardim para as crianças. Melhor, mesmo que involuntário, foi o negócio feito por Jean-Paul Sartre ao recusar o Nobel, pois com sua atitude ganhou uma justa e merecida fama de independente, o que aumentou a procura pelos seus livros.

Muitos escritores sentem saudade do antigo mecenas, rico e generoso senhor que subsidiava os artistas para que trabalhassem à vontade. Embora com outra cara, os mecenas existem. Há grandes consórcios financeiros que, às vezes para pagar menos impostos, outras vezes para desfazer a imagem de tubarões que fizeram junto à opinião pública, e não muitas vezes para tranqüilizar suas consciências, destinam somas consideráveis para patrocinar o trabalho dos artistas. Mas nós escritores gostamos de fazer o que nos dá na telha, e suspeitamos, talvez sem fundamento, que o patrocinador compromete a independência de pensamento e expressão, e dá origem a compromissos indesejáveis. No meu caso, prefiro escrever sem qualquer subsídio, não só porque padeço de um estupendo delírio de perseguição mas porque quando começo a escrever ignoro por completo ao lado de quem estarei ao terminar. Seria injusto que no fim da empreitada estivesse contra a ideologia do patrocinador, coisa muito provável em virtude do inconciliável espírito contestador dos escritores, assim como seria completamente imoral que por casualidade estivesse de acordo.

O sistema de patrocínio, típico da vocação paternalista do capitalismo, parece ser uma réplica da oferta socialista de considerar o escritor um trabalhador a serviço do Estado. Em princípio, a solução socialista é correta, porque liberta o escritor da exploração dos intermediários. Mas na prática até agora, e quem sabe por quanto tempo, o sistema criou riscos mais graves do que as injustiças que pretendeu corrigir. O recente caso de dois péssimos escritores soviéticos condenados a trabalhos forçados na Sibéria, não por escrever mal mas por divergirem do patrocinador, demonstra até que ponto pode ser perigoso o ofício de escrever sob um regime sem a necessária maturidade para admitir a verdade eterna de que nós, escritores, somos uns facínoras a quem os espartilhos doutrinários, e até as disposições legais, apertam mais do que os sapatos. Pessoalmente, acredito que o escritor, como tal, não tem outra obrigação revolucionária senão a de escrever bem. Seu inconformismo, sob qualquer regime, é uma condição essencial que não tem remédio, porque um escritor acomodado provavelmente é um bandido, e com certeza é um mau escritor.

Depois desta triste constatação, parece elementar perguntar por que nós escritores escrevemos. A resposta inevitavelmente é tanto mais melodramática quanto mais sincera. Alguém é escritor simplesmente como se é judeu ou negro. O sucesso é animador, o apoio dos leitores é estimulante, mas estes são ganhos secundários, porque um bom escritor continuará escrevendo de qualquer maneira ainda que com as solas dos sapatos furadas, e ainda que seus livros não sejam vendidos. É uma espécie de deformação que bem explica a barbaridade social de que tantos homens e mulheres se suicidaram pela fome, para fazer algo que enfim, e falando completamente a sério, não serve para nada.

MINHAS DUAS RAZÕES CONTRA ESTA REVISTA

Eis aqui de novo a *Alternativa*. Retorna depois de um recesso de quase quatro meses que certamente nos serviu para trabalhar menos, para perder menos dinheiro e talvez para errar menos, mas também para refletir, como os padres de outros tempos, sobre o destino de nossas almas. Voltamos a circular outra vez como semanário e desta feita a vinte pesos. O que talvez queira dizer que o recolhimento espiritual nos ajudou a resolver muitos problemas, menos os dois que na minha maneira de ver são a desgraça desta revista: a periodicidade e o preço.

Aqueles de nós que propúnhamos que a *Alternativa* fosse publicada diariamente continuamos a acreditar que temos a razão. Também continuam crendo que a têm os companheiros que sustentavam a opinião contrária. Eles ganharam pela simples razão de que nem uns nem outros, nem todos juntos, temos dinheiro para colocar um diário na rua. Isto é: não há respaldo financeiro. Era por aí, antes de mais nada, que deveríamos começar.

Revista tem sido um gênero infeliz na Colômbia. Todas, de qualquer espécie, tiveram o destino dos amores de verão e dos ministros da Educação: intenso e fugaz. A única que resistiu a mais de sessenta anos aos acasos

---

Publicado originalmente em maio de 1977.

dos salões de beleza e aos infartos fulminantes das trocas de proprietários parece mais uma advertência de Deus para castigo de ingênuos e temerários. Talvez nós colombianos não saibamos fazer revistas. Talvez não saibamos lê-las. Mas talvez seja apenas que o lapso de uma semana é um desafio descomunal para a histórica falta de memória dos colombianos: quando chega o sábado os leitores já esqueceram do que foi sua revista favorita no sábado anterior, de maneira que esta tem de conquistar cada semana uma clientela nova que sequer se lembrava de ter sido a mesma clientela fugitiva da semana anterior. É triste mas certo: cada semana compramos uma revista diferente com a mesma ilusão efêmera e única com que a cada quatro anos elegemos um presidente da república. Postas assim as coisas, é difícil lançar um semanário e manter o interesse de um público numeroso e compreensivo, e além disso sensível a uma proposta política diferente, enquanto não se pode competir todos os dias, e em condições semelhantes, com os veículos de opinião que têm em suas mãos todos os poderes do poder. As pelejas dos sábados — nós os bêbados sabemos bem — não passam de promessas de mesa de bar.

O outro problema essencial é o preço. Sem grandes anúncios — que desejamos mas que ninguém nos daria —, sem um partido político que nos sustente, nem um centro mundial de poder que nos mantenha, nem uma agência central de inteligência que nos subsidie para depois poder contar para todos, o preço de capa desta revista órfã de pai e mãe não pode ser menor e a amarga verdade, doa a quem doer, é que os leitores com possibilidade de gastar vinte pesos não são os que mais nos interessam. Portanto, queremos atingir um público e na realidade chegamos a outro. Fazemos uma revista para pobres que muitos pobres não podem comprar. Tentamos criar uma consciência popular, mas à nossa clientela mais acessível interessa menos a justiça social do que as férias em Miami.

Apesar disso, com a temeridade profissional e política que nos diferencia de outros mortais mais felizes, eis aqui *Alternativa* outra vez. Continuo com ela, como sempre, desde aquele setembro casual e remoto de sua fundação, porque acredito que a despeito de seus dois problemas maiores é um órgão indispensável nas condições atuais do país e da imprensa de esquerda. A única novidade é que não estarei em todos os números, mas a cada 15 dias dentro das quatro paredes desta coluna assinada, para dizer o que me der na telha por minha própria conta e risco. Infelizmente hoje, não tive muito tempo para dizê-lo.

INOCENTE ÚTIL, PARA SERVI-LO

Companheiros de militância e amigos do exterior se perguntam como é possível que *Alternativa* diga as coisas que diz e que o governo as tolere. Perguntam como explicamos o contra-senso de que a revista diga que na Colômbia não há liberdade de imprensa, se a própria afirmação impressa é uma prova de que a temos. Perguntam, enfim, que tipo de país é este onde ainda podem acontecer semelhantes coisas enquanto o resto do continente é uma selva de gorilas.

Ainda que pareça incrível, a resposta a essas perguntas foi dada pelo próprio presidente López Michelsen, há pouco mais de um ano, quando o ministro da Defesa, general Abraham Varón Valencia, pediu-lhe, numa reunião de ministros, que fechasse *Alternativa* pelas coisas que dizia sobre as forças armadas. A negativa do presidente foi imediata:

— Não faço esse favor político à revista.

Dona María Elena de Crovo, que então era ministra do Trabalho, temeu que a pílula presidencial resultasse demasiado amarga para o general Varón Valencia, e a edulcorou com o consolo de que não se preocupasse, meu general, porque, segundo ela, *Alternativa* acabaria devido a problemas econômicos. Seu cálculo era simples: num país em que a grande imprensa era subsidiada pelos anúncios do grande capital e pelos favores do governo, não

---

Publicado originalmente em julho de 1977.

lhe parecia possível que uma revista pudesse subsistir sem outro apoio senão o de seus leitores. Ela não percebeu que no mundo há pessoas que vêem a vida de outra forma, e que são capazes de arriscar não só seu dinheiro mas até o couro pela defesa de uma boa causa, quase com tanta temeridade como ela se arriscava no Ministério do Trabalho pela defesa de uma causa ruim. Um ano e meio depois, mal ou bem, a revista continua aqui enquanto dona María Elena de Crovo já não continua nem mal nem bem em nenhuma parte.

Poucas semanas depois daquela reunião explodiu uma bomba na redação de *Alternativa* e mais tarde outra na casa de seu atual diretor. Era evidente que alguém com mais pressa e menos visão histórica tratava de nos fazer o favor político que o presidente não nos quis fazer. E de fato fez, porque as duas detonações chamaram a atenção dos leitores, aumentaram a circulação da revista e provocaram manifestações de solidariedade no exterior. Um telegrama do futuro presidente da França, François Mitterrand, incitou uma das raivas mitológicas do presidente López Michelsen. Em primeiro lugar, porque não podia dizer que Mitterrand era comunista, se na realidade é um socialista de vanguarda, como López Michelsen poderia ser se os negócios não se interpusessem. E, em segundo lugar, porque foi exatamente esse tipo de rumor internacional que tentara evitar quando se negou a fechar a revista.

Certamente estas repercussões não importavam muito ao presidente, ou teria tido de enfrentá-las, se *Alternativa* constituísse um perigo real a curto prazo para o governo, ou a longo para o sistema. Mas tanto ele como nós sabemos que ainda não é. Sabe, como nós sabemos, que no arquipélago de incomunicabilidade e irrealidade das esquerdas colombianas não há critério unânime em relação a nada, e muito menos em relação a esta revista. Nas universidades há semanas em que a lêem em voz alta, entre aplausos e gritos de entusiasmo, e há outras semanas em que as mesmas pessoas que a aplaudiram a queimam em cerimônias públicas copiadas dos fascistas. Em compensação, *El Tiempo*, cuja inércia de poder é tão grande que ninguém mais se dá ao trabalho de queimá-lo, não pode se dar o luxo de ter redatores que pensem com a própria cabeça porque tanto o governo como a própria direção do jornal não o permitem, ainda que em inúmeras ocasiões os seus editores tenham tido a vaidade de se outorgar o título de campeão mundial do direito de discordar. Tampouco a *El Tiempo*, sem dúvida, o presidente faria o favor de fechar. Mas o assusta com a ameaça pior de renunciar, ou seja, de se fechar em si mesmo se não o deixarem governar como deseja.

Em suma: não faltou razão ao presidente quando nos negou aquele favor político. Mas faltou acrescentar, para ser mais preciso, que ao negar a nós o favor fazia a si mesmo um favor bem maior, que era importante para ele manter fora do país uma imagem de liberal na qual poucos dentro dele acreditam. Talvez seja triste, mas vivemos disso. Até o ponto de que muitos amigos do exterior se perguntem amiúde se esta revista de oposição não será mais apropriadamente o inocente útil do presidente López Michelsen.

Minha resposta é simples: não me importa ser o inocente útil do governo se as coisas que fazemos são de qualquer maneira mais úteis para a esquerda. Seguramente terão de se passar ainda muitos anos para se saber com certeza a qual dos amos resultou mais útil o inocente no balanço final. Mas não há pressa. A última coisa que um inocente perde não é a cabeça e sim o otimismo.

OS IDOS DE MARÇO DA OLIGARQUIA

O país está sendo coberto com uns enormes cartazes vermelhos que dizem: "Turbay próximo presidente liberal". Isto quer dizer, para quem sabe ler nas entrelinhas, que antes do doutor Julio César Turbay pode haver outros presidentes que não sejam liberais. Semelhante prognóstico involuntário é uma grande prova das muitas armadilhas malditas que se escondem por dentro da arte de escrever. A menos que seja algo pior: uma traição do subconsciente de quem redigiu o anúncio. Porque na Colômbia as coisas não estão para se afirmar nada, e menos ainda algo tão obscuro como o nome do presidente que sucederá o atual.

O apoio de *El Tiempo* à candidatura do doutor Lleras Restrepo é uma bomba de São João com um certo poder de abalo, mas não é provável que seja decisiva na contabilidade eleitoral. O maior jornal do país, é justo reconhecer, já não pode ganhar eleições com a mesma facilidade de antes destes tempos de transístor. Em compensação, sua decisão é reveladora do estado de espírito da velha oligarquia, rotineira e um pouco preguiçosa, mas bem segura do que faz na hora de escolher entre um oligarca nacional como o doutor Lleras Restrepo, e um liberal abnegado como sempre foi o doutor Turbay, mas que chega à corrida pelo poder com um bando de novos-ricos e uma matilha de lobos.

Publicado originalmente em agosto de 1977.

O doutor Turbay tinha todo o direito de supor que seria o candidato da oligarquia. Tinha a seu favor vinte anos de sacrifícios pessoais em nome de todos os lugares-comuns da classe no poder: a unidade do partido, a concórdia entre os colombianos, a sobrevivência das instituições democráticas, e tantas outras bobagens ditas em discursos em que ninguém acredita mais. Foram vinte anos que lhe permitiram chegar até as margens do poder pela escada do bom serviço, engolindo sapos sem reclamar, sem brigar com ninguém, agüentando as brincadeiras dos anfitriões de sangue-azul por não saber a que temperatura deve estar o vinho para acompanhar os aspargos, nem quantos séculos são necessários na realidade para ler sete mil livros, e tudo isso com uma paciência que de qualquer maneira pareceria oriental, ainda que não fosse.

Sartre disse certa vez que a consciência de classe começa quando alguém descobre que é impossível mudar de classe. O doutor Turbay certamente não leu a tempo esta sentença, como não leu a tempo tantas outras, mas vai começar a vivê-las. Pela primeira vez em sua longa carreira de oligarca assimilado terá de sair para pelejar na rua, fazer populismo mesmo que seja o mais barato, tentando recuperar em seis meses tantos anos perdidos, só por não ter lido Sartre no tempo oportuno. De qualquer maneira, é quase uma ironia de seu destino pessoal, e um novo infortúnio para a história pátria, que um Turbay se veja agora obrigado por pura urgência demagógica a recolher do chão depois de trinta anos as bandeiras empoeiradas de Jorge Eliecer Gaitán. O desagradável é que não é provável que alguém acredite na mudança de classe do doutor Turbay. O mais certo, pelo contrário, é que no frigir dos ovos, muitos liberais preferirão votar na raposa com pele de cordeiro que começa a balir de alegria entre os gerânios. Esta devia ser a inquietação que jazia no subconsciente do autor dos cartazes vermelhos quando profetizou que o próximo presidente liberal será o doutor Turbay, mas não disse quando.

"PORQUE NÃO CREIO NO QUE DIZ, SENHOR TURBAY"

Em fevereiro deste ano escrevi uma carta ao senhor Julio César Turbay Ayala, e era uma carta inspirada numa intenção tão respeitosa e redigida em termos tão comedidos que a própria imprensa oficial a interpretou como um elogio. Propus nesta carta — ampliando uma idéia original do ministro da Defesa — que fossem convidados três jornalistas de renome internacional para esclarecer de vez e divulgar no mundo inteiro a situação real dos direitos humanos na Colômbia. Tive o cuidado de nada afirmar, muito menos de formular alguma acusação, pois naquele momento não conhecia nenhuma prova cabal. Além disso, fui explícito no sentido de que não compartilhava a crença generalizada de que existem dentro do governo colombiano outras forças capazes de entorpecer os melhores desígnios do presidente da república.

Transcorridos cinco meses sem nenhuma resposta, considero-me no direito de acreditar que o senhor Turbay não concederá aos deuses da boa educação o tributo elementar de responder-me. Outra pessoa menos compreensiva do que eu poderia considerar uma descortesia, e pior ainda: uma descortesia não merecida. Mas uma de minhas poucas virtudes é saber me colocar na situação dos outros para entender seus atos, e essa virtude me bas-

---

Publicado originalmente em junho-julho de 1979.

ta para entender o equívoco do senhor Turbay Ayala. Se eu fosse ele, saberia como responder a essa amável carta.

A consciência limpa

Talvez deva agradecer ao senhor Turbay Ayala por me dar tempo de refletir. Agora sei, em primeiro lugar, que uma pessoa que não responde às cartas não apenas não merece o tom que adotei na minha mas que sequer merece que lhe escrevam. Em segundo lugar, sei agora que não era necessário convidar os três jornalistas, pois as denúncias de violações e torturas que se faziam contra o governo não eram calúnias da oposição. E, por último, agora há mais razões para acreditar, tal como eu acreditava então, que não há na Colômbia nenhum poder acima do senhor Turbay Ayala, e sim que ele mesmo é o maior responsável pela existência de um reduzido grupo de frenéticos militares que estão jogando no lixo o bom nome das forças armadas.

O senhor Turbay Ayala adotou um sistema simples diante das denúncias: negá-las peremptoriamente não só dentro da Colômbia, mas também fora dela, numa viagem custosa e triste cuja única finalidade era continuar negando-as aos quatro ventos, e cujo resultado real foi expor o país ao ridículo através de meio mundo. Em Paris, já no delírio da negação, o senhor Turbay Ayala chegou a dizer que ele era o único preso político da Colômbia, e disse sem saber que o direito de fazer gozação com assuntos tão graves é um privilégio reservado aos que têm a consciência limpa.

O senhor Ayala nega sem pestanejar contra toda evidência. Não contra o testemunho pungente de milhares de homens e mulheres — culpados ou inocentes — que foram retirados de suas casas e tratados como cachorros nos cárceres militares. Entre eles, o ilustre senhor Luis Vidales, cujo cativeiro infame são as 15 horas de maior vergonha não só deste governo mas do próprio destino pessoal do senhor Turbay Ayala. Nega contra todas as evidências das investigações que ele mesmo promoveu desmandos comprovados por comissões do Congresso Nacional e da Câmara Municipal de Bogotá, das investigações serenas e provas esmagadoras do Fórum dos Direitos Humanos, e ainda contra o assombro de seu ministro da Casa Civil que viu em seu próprio escritório os estragos causados pela tortura no corpo de um prisioneiro. Nega, enfim, apesar de saber tão bem como todo mundo que um universitário desarmado foi morto a tiros e o corpo escamoteado por uma patrulha militar, e que quase dois anos depois de sua prisão pela força pública não existe qualquer vestígio da estudante Omaira Montoya.

A palavra das vítimas

Estamos pois em presença de um poder pessoal e absoluto, convencido de que não existe no mundo outra versão diferente de sua palavra suprema. Diante desta realidade tenebrosa não nos resta a nós, colombianos desamparados, outro recurso senão decidir com a própria consciência de que lado está a razão. De um lado estão os relatos dramáticos dos torturados e suas famílias, e ainda das crianças presas como reféns. Do outro está a negativa impávida do senhor Turbay Ayala. Não vacilo um instante: acredito nas vítimas. Por esta convicção se pautarão todos os meus atos a partir de agora, em relação ao estado dos direitos humanos na Colômbia.

Suponho com certeza que tudo isto pouco importa ao intrépido senhor Turbay Ayala. Assim acredito porque há pouco ele declarou a um jornalista espanhol:

— Admiro García Márquez mais como intelectual do que como defensor dos direitos humanos na Colômbia.

A admiração como intelectual, por vir de quem vem, só pode me comover. Mas a outra admiração me interessa mais, porque é mais útil para o país. Por essa razão, o senhor Turbay Ayala pode ficar seguro de que dedicarei todas as minhas forças para consegui-la e merecê-la.

O FANTASMA DO PRÊMIO NOBEL (1)

Todos os anos, por estes dias, um fantasma inquieta os grandes escritores: o Prêmio Nobel de Literatura. Jorge Luis Borges, que é um dos maiores e também um dos candidatos mais assíduos, protestou certa vez numa entrevista pelos dois meses de ansiedade a que os profetas o submetem. É inevitável: Borges é o escritor dos mais altos méritos artísticos em língua castelhana, e não se pode pretender que o excluam, só por piedade, dos prognósticos anuais. O desagradável é que o resultado final não depende do direito próprio dos candidatos, sequer da justiça dos deuses, e sim da vontade insondável dos membros da Academia Sueca.

Não me recordo de um prognóstico certo. Os premiados, em geral, parecem ser os primeiros surpreendidos. Quando o dramaturgo irlandês Samuel Beckett recebeu por telefone a notícia de sua premiação, em 1969, exclamou consternado:

— Meu Deus, que desastre!

Pablo Neruda, em 1971, soube três dias antes da publicação da notícia, por uma mensagem confidencial da Academia Sueca. Mas na noite seguinte convidou um grupo de amigos para jantar em Paris, onde então era o embaixador do Chile, e nenhum de nós soube do motivo da festa até que os jornais da tarde publicaram a notícia.

Publicado originalmente em 8 de outubro de 1980.

— É que nunca acredito em nada até que a veja por escrito — nos explicou depois Neruda com seu riso invencível. Poucos dias mais tarde, enquanto comíamos num ruidoso restaurante do Boulevard Montparnasse, lembrou que ainda não escrevera o discurso para a cerimônia de entrega, que aconteceria 48 horas depois em Estocolmo. Então virou ao contrário a folha de papel do cardápio, e sem uma única pausa, sem se preocupar com o barulho humano, com a mesma naturalidade com que respirava e a mesma tinta verde, implacável, com que rascunhava seus versos, escreveu ali mesmo o belo discurso de sua sagração.

A versão mais corrente entre escritores e críticos é que os acadêmicos suecos chegam a um acordo em maio, quando a neve começa a derreter, e estudam a obra dos poucos finalistas durante o calor do verão. Em outubro, ainda bronzeados pelo sol do sul, emitem seu veredicto. Outra versão pretende que Jorge Luis Borges já era o escolhido em maio de 1976, mas não passou na votação final de novembro. Na realidade, o premiado daquele ano foi o magnífico e deprimente Saul Bellow, eleito à última hora, embora os outros premiados nas diferentes matérias também tenham sido norte-americanos.

O certo é que a 22 de setembro daquele ano — um mês antes da votação — Borges fizera algo que nada tinha a ver com sua literatura magistral: visitou, em audiência solene, o general Augusto Pinochet.

— Não sou digno da honra de ser recebido pelo senhor, presidente — disse em seu infeliz discurso. — Na Argentina, Chile e Uruguai estão sendo salvas a liberdade e a ordem — prosseguiu, sem que ninguém lhe perguntasse. E concluiu impassível: — Isso acontece num continente anarquizado e solapado pelo comunismo.

Era fácil pensar que tantas barbaridades sucessivas só eram possíveis para zombar de Pinochet. Mas os suecos não entendem o senso de humor portenho. Desde então o nome de Borges desapareceu dos prognósticos. Agora, depois de uma penitência injusta, voltou a aparecer, e nada nos agradaria tanto a nós que somos ao mesmo tempo seus leitores insaciáveis e seus adversários políticos do que sabê-lo por fim libertado de sua ansiedade anual.

Seus dois rivais mais perigosos são dois romancistas de língua inglesa. O primeiro, que figurara discretamente nos anos anteriores, foi agora objeto de uma promoção espetacular da revista *Newsweek*, que o destacou em sua capa de 18 de agosto como o grande mestre do romance; com muita razão. Seu nome completo é nada menos do que Vidiadhar Surajprasad Naipaul, tem 47 anos, nasceu aqui ao lado, na ilha de Trinidad, de pai indiano e mãe caribenha, e é considerado por alguns críticos bem severos o maior escritor atual da língua inglesa. O outro candidato é Graham Greene, cinco anos mais moço do que Borges, com tantos méritos e também com tantos anos de atraso como ele para receber esse laurel senil.

No outono de 1972, em Londres, Naipaul não parecia muito consciente de ser um escritor do Caribe. Recordei-lhe isto numa reunião de amigos e ele se desconcertou um pouco; refletiu um instante, e um sorriso novo iluminou seu rosto taciturno:

— *Good claim* — me disse.

Graham Greene, em compensação, que nasceu em Berkhamsted, sequer vacilou quando um jornalista lhe perguntou se tinha consciência de ser um romancista latino-americano.

— Certamente — respondeu. — E me alegro muito porque na América Latina estão os melhores escritores atuais, como Jorge Luis Borges.

Há alguns anos, falando de várias coisas, expressei a Graham Greene minha perplexidade e meu desgosto que não tivessem dado a um autor como ele, com uma obra tão vasta e original, o Prêmio Nobel.

— Nunca me darão — disse-me com absoluta seriedade — porque não me consideram um escritor sério.

A Academia Sueca, encarregada de conceder o Prêmio Nobel de Literatura, e só ele, foi fundada em 1786, sem outra pretensão do que se parecer com a Academia Francesa.*

Na época, certamente ninguém imaginaria que com o tempo chegaria a adquirir o maior poder de consagração do mundo. É composta por 18 mem-

*Os outros quatro prêmios são: Física e Química, concedidos pela Real Academia de Ciências; Medicina ou Fisiologia, concedido pelo Comitê Nobel do Instituto Carolino, e o da Paz, concedido pelo Comitê Nobel do Parlamento da Noruega.

bros vitalícios de idade venerável, selecionados pela própria academia entre as figuras mais destacadas das letras suecas. Há dois filósofos, dois historiadores, três especialistas em línguas nórdicas, e apenas uma mulher. Mas este não é o único sintoma machista; nos oitenta anos do prêmio, só foram consagradas três mulheres, contra 69 homens. Este ano será concedido por uma decisão ímpar, pois um dos acadêmicos mais eminentes, o professor Lindroth Sten, morreu dia 3 de setembro: há 15 dias.

Como procedem, como chegam a um acordo, quais são os compromissos reais que determinam seus desígnios, aí está um dos segredos mais bem guardados de nosso tempo. Seu critério é imprevisível, contraditório, imune até aos presságios, e suas decisões são secretas, solidárias e inapeláveis. Se não fossem tão graves, poder-se-ia pensar que são motivadas pelo desejo de burlar todos os vaticínios. Ninguém como eles se parece tanto à morte.

Outro segredo bem guardado é onde está investido um capital que produz tão abundantes dividendos. Alfred Nobel (com acento no "e" não no "o") criou o prêmio em 1895 com um capital de 9,2 milhões de dólares, cujos juros anuais deveriam ser repartidos a cada ano, o mais tardar em 15 de novembro, entre os cinco premiados. A soma, por conseguinte, é variável, de acordo com a colheita do ano. Em 1901, quando se concederam os prêmios pela primeira vez, cada premiado recebeu 30.160 coroas suecas. Em 1979, que foi o ano de juros mais suculentos, cada um recebeu 160 mil coroas.

Dizem as más línguas que o capital está investido nas minas de ouro da África do Sul e que, portanto, o Prêmio Nobel vive do sangue dos escravos negros. A Academia Sueca, que nunca fez um esclarecimento público e nem respondeu a nenhuma acusação, poderia se defender com o argumento de que não é ela, e sim o Banco da Suécia, quem administra o dinheiro. E os bancos, como seu nome indica, não têm coração.

O terceiro enigma é o critério político que prevalece no seio da Academia Sueca. Em várias ocasiões, os prêmios nos fizeram crer que seus membros são liberais idealistas. Seu maior tropeço, e o mais honroso, ocorreu em 1938, quando Hitler proibiu os alemães de receber o Prêmio Nobel, com o argumento risível de que seu promotor era judeu. Richard Khun, o alemão que naquele ano mereceu o Nobel de Química, teve de recusá-lo. Por convicção ou prudência, nenhum dos prêmios foi concedido durante a Segunda Guerra Mundial. Mas logo que a Europa se recompôs de suas dores, a Academia Sueca cometeu o que parece ser sua única penosa concessão: deu o prêmio de literatura a *sir* Winston Churchill só porque era o homem de maior prestígio de seu tempo, e não era possível lhe dar nenhum dos outros prêmios, muito menos o da paz.

Talvez as relações mais difíceis da Academia Sueca tenham sido com a União Soviética. Em 1958, quando o prêmio foi concedido a Boris Pasternak, ele o recusou por temor de que não o deixassem retornar ao seu país. As autoridades soviéticas consideraram o prêmio uma provocação. No entanto, em 1965, quando o premiado foi Mikhail Sholokov, o mais oficial dos escritores oficiais soviéticos, as próprias autoridades do país o celebraram com alegria. Em compensação, cinco anos mais tarde, quando o concederam ao grande dissidente Alexander Soljenitsin, o governo soviético perdeu as estribeiras e chegou a dizer que o Prêmio Nobel era um instrumento do imperialismo. Consta-me, no entanto, que as mensagens mais calorosas recebidas por Pablo Neruda a propósito de seu prêmio vieram da União Soviética, e algumas de alto nível oficial.

— Para nós — disse-me, sorrindo, um amigo soviético — o Prêmio Nobel é bom quando é concedido a um escritor que nos agrada, e mau quando acontece o contrário.

A explicação não é tão simplista como parece. No fundo de nosso coração todos temos o mesmo critério.

O único membro da Academia Sueca que lê em castelhano, e muito bem, é o poeta Artur Lundkvist. É ele quem conhece a obra de nossos escritores, quem propõe suas candidaturas e quem luta por eles na batalha secreta. Isto o converteu, para seu pesar, numa divindade remota e enigmática, da qual depende de certo modo o destino universal de nossas letras. Na vida real, é um ancião juvenil, com um senso de humor um pouco latino, e com uma casa tão modesta que é impossível pensar que dele depende o destino de alguém.

Alguns anos atrás, depois de um típico jantar sueco nessa casa — com carnes frias e cerveja quente — Lundkvist nos convidou para um café em sua biblioteca. Fiquei assombrado. Era incrível encontrar semelhante quantidade de livros em castelhano, os melhores e os piores misturados, e quase todos dedicados por seus autores vivos, agonizantes ou mortos na espera. Pedi permissão ao poeta para ler algumas dedicatórias, e ele concordou com um bom sorriso de cumplicidade. A maioria era tão afetuosa, e algumas tão diretas ao coração que, na hora de escrever as minhas, pareceu-me que apenas a assinatura já era indiscreta. São os complexos que a gente tem, cacete!

O FANTASMA DO PRÊMIO NOBEL (2)

Comentou-se muitas vezes que os maiores escritores dos últimos oitenta anos morreram sem o Prêmio Nobel. É um exagero, mas não muito grande. Liev Tolstói, cujo romance *Guerra e paz* é, sem dúvida, o mais importante na história do gênero, morreu em 1910, com a idade muito nobiliárquica de 82 anos, quando o Prêmio Nobel já fora conferido dez vezes. Seu livro magistral já contava com 45 anos de glória, com numerosas traduções e reimpressões no mundo inteiro, e nenhum crítico duvidava que se destinava a existir para sempre.

Em compensação, dos dez escritores que obtiveram o Prêmio Nobel enquanto Tolstói vivia, o único que permanece vivo na memória é o inglês Rudyard Kipling. O primeiro que o obteve foi o francês Sully-Prudhomme, que era famoso em seu tempo, mas cujos livros só se encontram agora em livrarias muito especializadas. Se alguém procura seu nome num dicionário francês, encontra-o com uma definição prévia que parece um caprichoso lance do destino: "Protótipo moderno da nulidade satisfeita e da trivialidade magistral." Outro dos dez primeiros laureados foi o polonês Henryk Sienkiewicz, que se grudara de contrabando na glória com seu tijolo imortal, *Quo vadis*. Outro foi Federico Mistral, um poeta provençal que escreveu em sua língua vernácula e teve a triste honra de compartilhar o prêmio com

Publicado originalmente em 9 de outubro de 1980.

um dos dramaturgos mais deploráveis paridos pela mãe Espanha: dom José Echegaray, ilustre matemático que Deus tenha em seu santo reino.

Nos 16 anos seguintes morreram sem obter o prêmio outros cinco dos grandes escritores de todos os tempos: Henry James, em 1916; Marcel Proust, em 1922; Franz Kafka, em 1924; Joseph Conrad, no mesmo ano, e Rainer Maria Rilke, em 1926. Também durante esses anos estavam sentados no escabelo dos gênios ninguém menos que G.K. Chesterton, que morreu sem seu prêmio em 1936, e James Joyce, que morreu em 1941, quando seu *Ulisses* mudara o curso do romance no mundo, 19 anos depois de sua publicação.*

Em compensação, dos 14 autores que o obtiveram nessa triste época, só quatro perduram: o belga Maurice Maeterlinck, os franceses Romain Rolland e Anatole France, e o irlandês George Bernard Shaw. O indiano Rabindranath Tagore, a quem devemos tantas lágrimas fáceis, foi levado pelos ventos da justiça do caralho. Knut Hamsun, o norueguês que obteve o prêmio em 1920 no apogeu da glória, sofreu a mesma sorte, ainda que menos merecida. Dois anos depois a Academia Sueca sofreu seu segundo revés mortal em língua castelhana: o inefável dom Jacinto Benavente, que Deus mantenha o mais perto possível de dom José Echegaray até o fim dos séculos. Com mais ou menos méritos, nenhum dos premiados deste período mereceu tanto como os que morreram merecendo-o.

A omissão de Kafka e Proust é compreensível. Em 1917, quando o Prêmio Nobel foi partilhado por dois ilustres conhecidos em sua casa — Karl Gjellerup e Henryk Pontoppidan —, Franz Kafka teve de se aposentar da companhia de seguros onde trabalhava, e morreu sete anos depois aniquilado pela tuberculose num hospital de Viena. *A metamorfose*, sua obra-prima, fora publicada pouco antes numa revista alemã. Só em 1926 — como se sabe talvez em demasia — seu amigo Max Brod contrariou a vontade do escritor já morto e publicou seus dois romances geniais: *O castelo* e *O processo*. Esse ano concederam o Prêmio Nobel à italiana Grazia Deledda, que ainda viveu mais dez anos para acreditar nele.

---

*Outros que mereciam o Prêmio Nobel: Thomas Hardy, Aldous Huxley, Virginia Woolf, Henri de Montherlant e, certamente, André Malraux.

Também Marcel Proust morreu sem conhecer sua glória. Em 1916, o primeiro volume de sua obra máxima fora recusado por vários editores, entre eles Gallimard, por decisão de seu conselheiro literário, André Gide, que por certo haveria de ser o muito justo Prêmio Nobel de 1947. Foi publicado mais tarde por iniciativa do próprio autor. Em 1919, publicou o segundo volume, *À sombra das raparigas em flor*, que lhe valeu prestígio imediato, e a distinção maior das letras francesas: o Prêmio Goncourt. Mas devemos ser justos: apenas um poder divinatório real poderia prever o que seria o esplêndido monumento literário do século: *Em busca do tempo perdido*, só publicado em sua totalidade depois da morte do autor.

Na mesma conversa de que falei aqui ontem, Graham Greene me disse que suas duas influências decisivas foram as de Henry James e Joseph Conrad, ambos considerados em vida dois clássicos da língua inglesa. No ano em que Henry James morreu, o Prêmio Nobel foi o sueco Verner von Heidenstam. No ano em que Conrad morreu, outro polonês como ele, Wladyslav Reymont, ganhou o prêmio. Nenhum dos dois era um gênio desconhecido, como sem dúvida o eram o grego Giorgios Seferis, premiado em 1963, e o norte-americano Isaac Bashevis Singer, premiado em 1978.

Ao contrário de Kafka e Proust, Conrad viveu sua glória. Publicou 16 romances e numerosos contos, a maioria deles magistrais; era reconhecido como um dos maiores escritores de seu tempo e se deu ao luxo de recusar o título de cavaleiro do império britânico. Acabara de chegar aos 67 anos, que então era uma boa idade para morrer tranqüilo.

Marie Curie obteve o Prêmio Nobel de Física em 1903, compartilhado com seu marido Pierre, e obteve, depois, o de Química, sozinha, em 1911. Também o norte-americano John Bardeem compartilhou o prêmio de Física em 1956, por descobrir os efeitos do transístor, e voltou a compartilhá-lo em 1972, por sua contribuição ao desenvolvimento da teoria da supercondutividade. Por último, o professor Linus Carl Pauling, que obteve o prêmio de Química em 1954, repetiu com o da Paz em 1962. Einstein, em compensação, mereceu duas vezes o prêmio de Física, que só lhe deram uma vez. Os responsáveis pela sua premiação, foram precavidos: temendo que a teoria da relatividade resultasse falsa, concederam-lhe o prêmio pela descoberta da lei dos fenômenos fotoelétricos.

A Academia Sueca não incorre nessas frivolidades. Ao contrário: deve-se reconhecer-lhe a virtude do caráter drástico. Não tem medo de se enganar — e se engana muito, certamente. Concede o prêmio uma só vez pela obra de toda a vida, e parece considerar que quem é bom numa ciência não pode sê-lo também na arte das letras. A única inconseqüência em que incorreu — e talvez não volte a repetir — foi conceder um prêmio póstumo, em 1931, ao poeta mais popular da Suécia, Erik Axel Karlfeldt, que morrera seis meses antes. Mais raro ainda: Karlfeldt recusara o prêmio em 1918, que, por essa razão, foi considerado vago naquele ano. Não se explica então por que não se fez a mesma coisa quando o recusaram Boris Pasternak, em 1958, e Jean-Paul Sartre, em 1964, que foram considerados premiados contra sua vontade.

Em todo o caso, uma superstição muito difundida entre escritores pretende que o Prêmio Nobel de Literatura é sempre uma homenagem póstuma: de 75 premiados, só 12 estão vivos. Conheço vários grandes escritores que por estes dias não sentem a ansiedade de Borges, mas, pelo contrário, um terror metafísico, porque cada vez prospera mais a crença de que ninguém sobrevive sete anos ao Nobel das letras. As estatísticas não provam, mas tampouco desmentem: 22 morreram dentro desse período.

Os primeiros deram o mau exemplo. Sully-Prudhomme morreu seis anos depois de recebê-lo. O alemão Theodor Mommsen morreu ao cabo de um ano. O norueguês Björnstjerne Björnson morreu no sétimo ano. O recorde do primeiro decênio foi batido pelo poeta italiano Giosuè Carducci, que recebeu o Prêmio Nobel em novembro de 1906 e morreu em fevereiro do ano seguinte. O atual recorde é do grande poeta inglês John Galsworthy, que recebeu o prêmio em 1932 e morreu sessenta dias depois do fato.

Aqueles que não acreditam em superstições certamente têm a explicação lógica: a idade média dos que recebem o prêmio é de 64 anos, de modo que é uma probabilidade estatística que os premiados morram nos sete anos seguintes. A prova contrária se dá com os premiados mais jovens: Rudyard Kipling, o mais jovem de todos, que o recebeu aos 42 anos, morreu aos 76;

Sinclair Lewis, que o obteve aos 45, morreu aos 66; Pearl Buck, a bem esquecida, que o obteve aos 46, morreu aos 81; e Eugene O'Neill, que o recebeu aos 48, morreu aos 73. A exceção bem triste foi Albert Camus, que obteve o prêmio aos 44 anos, no esplendor da glória e do talento, e morreu dois anos depois, no acidente de automóvel conduzido por um destino que talvez não era o seu.

A vida sempre encontra a maneira de estar contra a lógica. A demonstração está na lista dos três premiados mais velhos: o alemão Paul Heyse, com 80 anos; Bertrand Russell, com 78, e Winston Churchill, com 79. Heyse, que neste caso é a exceção ao contrário, morreu quatro anos depois do prêmio. Mas Churchill sobreviveu 11 anos, fumando uma caixa de charutos e bebendo duas garrafas de conhaque por dia, e Bertrand Russell bateu todas as marcas mundiais: morreu vinte anos depois de receber o prêmio, aos 98 anos de sua idade.

O caso mais estranho, e fora de qualquer cálculo, foi o de Shmuel Agnon e Nelly Sachs, que compartilharam o prêmio em 1966. Agnon nasceu na Polônia em 1888, mas emigrou para Israel com a família e adquiriu nacionalidade israelense. Foi sem dúvida o maior romancista hebraico. Nelly Sachs, que foi uma grande poetisa e boa autora teatral, nasceu em Berlim em 1891, também no seio de uma família judaica, mas conservou sempre a nacionalidade alemã. No início da Segunda Guerra Mundial escapou da perseguição nazista e se radicou na Suécia. Em 17 de fevereiro de 1970, aos 82 anos, Agnon morreu em Jerusalém, quatro anos depois de receber o Prêmio Nobel. Oitenta e quatro dias depois, a 12 de maio, e aos setenta anos, Nelly Sachs morreu em Estocolmo.

Jean-Paul Sartre jamais demonstrou acreditar nestes mistérios dos números. Salvo uma vez: quando um jornalista lhe perguntou se estava arrependido de recusar o Prêmio Nobel, respondeu:

— Pelo contrário, isso me salvou a vida.

O inquietador é que morreu seis meses depois de dizê-lo.

SEJAMOS MACHOS: FALEMOS DO MEDO DE AVIÃO

O único medo que nós latinos confessamos sem vergonha, e até com certo orgulho machista, é o medo de avião. Talvez porque seja um medo diferente, que não existe desde nossas origens, como o medo da escuridão ou o próprio medo de que reparem em nosso medo. Pelo contrário: o medo do avião é o mais recente de todos, pois só existe desde que se inventou a ciência de voar, há apenas 77 anos. Sofro dele como ninguém, com muita honra, e além disso com uma gratidão enorme, porque graças a ele pude dar a volta ao mundo em 82 horas, a bordo de todo tipo de aviões, e pelo menos dez vezes.

Não; ao contrário de outros medos atávicos ou congênitos, o do avião se aprende. Recordo com nostalgia os vôos líricos do curso secundário, naqueles aviões de bimotores que viajavam por entre os pássaros, espantando vacas, assustando com o vento de suas hélices as florzinhas amarelas dos currais, e que às vezes se perdiam para sempre entre as nuvens, viravam omelete e se devia sair à meia-noite para procurar suas cinzas de maneira mais natural: no lombo da mula.

Uma vez, sendo repórter de um diário de Bogotá, numa época irreal em que todo mundo tinha vinte anos, mandaram-me com o fotógrafo Guillermo Sánchez ir atrás de uma má notícia num daqueles Catalinas anfíbios que

Publicado originalmente a 26 de outubro de 1980.

haviam sobrado da guerra. Voávamos em plena selva de Urabá sentados em fardos de vassouras, porque não havia assentos naquela sepultura voadora, nem uma aeromoça de consolo a quem pedir o número de seu telefone no paraíso, e logo o avião se enfiou às apalpadelas por onde não devia e deu de cara com um aguaceiro bíblico. Chovia não só lá fora, mas também por dentro. Equilibrando-se a duras penas, o co-piloto nos levou um jornal para que cobríssemos a cabeça, e vimos, com assombro, que mal podia falar e lhe tremiam as mãos.

Nesse dia aprendi algo muito alentador: também os pilotos têm medo, só que neles, como nos toureiros, não se nota tanto no tremor das mãos, como nas superstições. Um amigo espanhol — cujo medo de avião fazia com que nunca viajasse sentado — descobriu isso em uma infeliz noite de inverno em que o convidaram para ver a decolagem na cabine de comando. Estava em Nova York, durante uma tempestade de neve, e a tripulação permaneceu serena na cabeça da pista, até que recebeu ordem de decolar. Então, como se fosse um requisito técnico inevitável, todos se persignaram, em uníssono. Meu amigo, compreendendo que no fundo da alma também os pilotos tinham medo, perdeu para sempre o medo de avião.

Tive uma prova ainda mais sutil voando por entre as estrelas sobre o oceano Atlântico. Perguntei ao comandante por outro piloto amigo que fora meu companheiro de colégio. Eu ignorava certamente que se destroçara no aeroporto de Tenerife quando tentava aterrissar em meio à tempestade. O comandante me disse de outra maneira, porém mais reveladora:

— Afastou-se da empresa há três anos, nas ilhas Canárias.

O saudável medo de voar não tem nada a ver com as catástrofes aéreas. Picasso disse muito bem:

— Não tenho medo da morte, e sim do avião.

Mais ainda: houve muitos covardes que perderam o medo do avião depois de sobreviver a um desastre. Eu o contraí como uma infecção incurável voando à meia-noite de Miami a Nova York, num dos primeiros aviões a jato. O tempo estava perfeito e o avião parecia imóvel no céu, levando ao lado essa estrela solitária que sempre acompanha os bons aviões, e eu a contemplava pela janela com a mesma ternura com que Saint-Exupéry via as fogueiras do deserto de seu avião de alumínio. De repente, na lucidez da vigília, tive consciência da impossibilidade física de que um avião se sustentasse no ar, e jurei que nunca mais voltaria a voar.

Cumpri o juramento durante dez anos, até que a vida me ensinou que o verdadeiro medroso do avião não é o que se nega a voar, mas o que aprende a voar com medo. É uma espécie de fascínio. De todos os medrosos ilustres que conheço, o único que de verdade não voa é o arquiteto brasileiro Oscar Niemeyer. Em compensação, seu compatriota Jorge Amado, que é um dos maiores medrosos aéreos, teve a audácia poética de voar no Concorde de Paris até Nova York, para ali tomar um navio que o levou ao Rio de Janeiro. O escritor venezuelano Miguel Otero Silva e o diretor de cinema brasileiro Ruy Guerra, por caminhos diferentes, chegaram à conclusão de que a única maneira de combater o medo de avião é voar com medo, e o combatem quase todos os meses. Carlos Fuentes, que não voou durante 15 anos e fazia umas viagens épicas de oito dias, trocando de trens, do México a Nova York, não só voltou a voar como na semana passada foi fazer uma conferência na Universidade de Indiana num avião monomotor. Entre os grandes especialistas do medo de avião não há ninguém melhor do que dom Luis Buñuel, que aos oitenta anos continua voando impávido, mas morto de medo. Para ele, o verdadeiro terror começa quando tudo está perfeito no vôo e, de repente, aparece o comandante em mangas de camisa e percorre o avião a passos lentos, saudando cada um dos passageiros com um sorriso radiante.

Minha mãe não voou mais de duas vezes em toda a sua longa vida. Nunca sentiu medo, mas conhece muito bem o de seus filhos — que são 12 —, de maneira que mantém sempre uma vela acesa no altar doméstico para proteger qualquer um de nós que se encontre no ar. Sua fé é tão cega que o *bulldozer* de um de seus filhos — que é engenheiro de estradas — caiu há pouco numa valeta. Minha mãe ouviu dizer que o resgate poderia custar mais de cem mil pesos, e disse ao meu irmão para não gastar nem um centavo, pois ia a acender uma vela para tirar o *bulldozer*. Meu irmão a repreendeu:

— Só a você ocorre que uma vela possa tirar um *bulldozer* de uma valeta.

Minha mãe, impassível, replicou:

— Mas como não vai tirar? Um avião não se sustenta no ar?

O ALQUIMISTA EM SUA CAVERNA

Com as primeiras cerejas de 1972, um quadro exposto na vitrina da galeria Pyramid, de Washington, deixou escandalizadas as senhoras de sombrinhas coloridas que levavam seus cachorros para fazer cocô no parque próximo. Parecia ser a foto de uma mulher nua, recostada num balanço vienense e com as pernas abertas diante dos transeuntes sem o menor recato, embora a expressão de seu sexo fosse mais desolada do que libertina. A polícia mandou retirar o quadro, mas seu ímpeto esmoreceu quando lhe mostraram que não era uma fotografia e sim um desenho. A arte tem seus privilégios e o mais extraordinário deles é que sejam tolerados certos excessos não permitidos na vida.

O autor daquele desenho tão perfeito que até a polícia de Washington o confundiu com uma foto era um colombiano de 28 anos que sobrevivia a duras penas em seu quarto de empregada no bairro de Saint Michel, em Paris. Seu nome nada dizia: Darío Morales. Sua mulher, Ana María, estava pior do que ele, porque além de tudo estava grávida. Pagavam o aluguel do quarto limpando de gatinhas as escadas do decrépito prédio de seis andares. De noite, Ana María dividia o espaço com um cobertor para poder dormir, com a criança adormecida no ventre, enquanto o marido pintava até o amanhecer. Como não tinha bastante luz, Darío Morales comprimiu com fita ade-

Publicado originalmente em 4 de novembro de 1980.

siva o interruptor regulável na escada, de maneira que não se apagasse a cada minuto, como estava previsto, permanecendo aceso toda a noite enquanto ele pintava. Certamente, há delitos mais graves do que esse na França, mas nenhum outro incomoda tanto os franceses.

Alguém tentou convencer Darío Morales da inutilidade daquela miséria, e o aconselhou a retornar a Cartagena de Indias, a ruidosa cidade do Caribe onde nasceu e onde lhe seria mais fácil viver. Darío Morales recusou o conselho com um argumento obscuro:

— Onde quer que eu esteja, continuarei sendo a mesma pessoa.

Em Paris tinha, pelo menos, isso que os escritores lânguidos costumam chamar de alimento espiritual: a possibilidade perpétua de ver pessoalmente a melhor pintura do mundo. Além disso, segundo lera recentemente num vespertino, só no Quartier Latin havia mais de 11 mil pintores anônimos do mundo inteiro que viviam nas mesmas condições que ele. Nenhum deles, até onde registravam as estatísticas, morreu de fome. A notícia o fez se sentir menos solitário, que é algo muito alentador quando se é jovem e não se tem nada para comer em Paris.

No entanto, numa dessas tardes chuvosas em que o coração das pessoas se transforma em cinzas, escreveu uma carta para a Colômbia pedindo que lhe mandassem a viagem de avião da derrota. Mas a carta nunca chegou, por um motivo que se repete através dos séculos desde o princípio da humanidade: Ana María não a pôs no correio. Foi uma sábia decisão. Antes de um ano, a vida do pintor, da mulher clarividente que não despachou a carta, e da bela Estefanía, que nasceu em abril, resolveu-se de uma hora para outra. A primeira exposição individual de óleos de Darío Morales na galeria Pyramid, de Washington, em junho de 1973, foi um acontecimento artístico e comercial. Se tivesse aceitado todas as encomendas que lhe fizeram na ocasião, teria de pintar, em seu ritmo de ourives, durante 116 anos. Pintando a mesma coisa: essa mulher sem identidade, com o sexo aflito, num quarto simples onde não vive ninguém e com poucos objetos dispersos que já não servem para nada.

Quem é essa mulher?

Talvez Darío Morales desse um pedaço da própria vida para saber, mesmo que não voltasse a pintar quando soubesse. Isso parece ser a única coisa que busca com o delírio de sua arte, desde que começou a pintar, aos 12 anos, em sua casa natal do bairro da Manga. Era uma casa grande e vazia, com um terraço de ladrilhos axadrezados e um pátio de sombras frescas com galhos de mangueira e palmas de bananeira, onde cantavam até rebentar de gozo as cigarras entusiasmadas. A vida andava solta pelas ruas ardentes, em meio à pestilência dos peixes mortos da baía, na amendoeira solitária da esquina do Trébol, onde em outros tempos amanheciam bêbados enforcados, por amor. Mas Darío Morales não parecia ver a vida de dentro nem a vida de fora, mas apenas o universo ilusório do banheiro de empregada através de um buraco que ele fizera na parede. Era a única coisa que pintava. Desde então as pessoas se perguntam se ele não se deu conta de que no mundo também havia mulheres vestidas. Sua avó, que foi seu primeiro crítico, disse a ele:

— Você não sabe pintar outra coisa além de peitos e pão!

Agora, aos 36 anos, Darío Morales continua tentando resgatar aquelas ilusões de seu paraíso perdido. Seus quadros são cada vez maiores e mais ansiosa a busca de suas verdades milimétricas, talvez com a esperança de que um milagre de sua alquimia termine por introduzir suas nostalgias na realidade.

Não é verdade, como se diz com tanta facilidade, que Darío Morales seja um realista. Não: seus quadros não se parecem com a vida, e sim com os sonhos recorrentes. Não têm a cor, nem o clima, nem a luz da vida, e sim a cor e o clima e a luz da ilusão. Darío Morales se deixou fotografar diante de alguns deles, e não se sabe bem onde termina ele e onde começa a pintura. Mas é evidente que se sentiria melhor se estivesse de verdade dentro do quadro. Há uma foto dele tirada em frente ao auto-retrato, e o Darío Morales pintado se parece mais com ele do que o Darío Morales da realidade. Há também um quadro insólito em sua obra, onde se vê Ana María — vestida — costurando na máquina de outros quadros. Do quarto contíguo só se vê um canto iluminado, com outra máquina de costura e, outra cadeira de balanço vazia, e se sabe, pela natureza da luz, que essa outra máquina e essa cadeira iniludível não existem sequer na realidade da pintura, mas que Darío Morales as está sonhando em algum lugar da casa. São os móveis de sua obsessão, e por isso se sabe que voltaremos a encontrá-los em outros quadros. Mas o mistério voltará a mudar por completo em cada ocasião, de acordo com seu tempo e lugar, como acontece com os sonhos que se repetem a si mesmos durante toda a vida.

Entendi essa alquimia secreta de Darío Morales há poucos anos, quando fui pela primeira vez ao seu estúdio de Paris. Ele mesmo abriu a porta, com sua barba de criança enorme e uma jaqueta e um boné de lobo do mar, mais parecido do que nunca com um personagem de Melville. No fim de uma escada comprida havia um quarto amplo, de paredes muito altas, com vidros opacos por onde só se via o céu cinzento. Mais do que um estúdio de pintor, era uma oficina de fabricar recordações. Ali estavam a máquina de costurar da irmã que ficou esperando na janela aquele que nunca voltou, uma velha estufa de carvão, a lâmpada pendurada do teto cujo fio se esticava e se encolhia à vontade sobre a mesa de jantar. Dispersos no chão, em grande desordem, estavam os membros esquartejados da mulher do sonho: o torso sem coração, a perna gelada, a mão morta para sempre, pareciam os destroços de um acidente pavoroso, mas não tinham nenhum sinal de sangue, como só pode acontecer nas catástrofes dos pesadelos. Eu sabia desde então que Darío Morales fizera uma pausa na pintura para se aventurar na escultura. Mas não pude reprimir um leve calafrio ao descobrir de novo a mulher recorrente no fundo do estúdio, caída na cadeira de balanço, intacta, mas não pintada numa tela, e sim esculpida em matéria tangível: já quase viva.

— O melhor nu é o da escultura — disse-me Darío Morales. — Por uma razão simples: pode ser tocado.

Voltei-me para olhá-lo com um certo estupor: estava radiante. Eu, em compensação, senti-me logo extraviado dentro de um destino alheio, como se tivesse deixado para trás minha própria vida e começado a fazer parte das nostalgias de Darío Morales. Essa é a magia de seu mundo.

DO MAL CONHECIDO AO PIOR POR CONHECER

Sempre se disse que entre dois males deve-se escolher o menos ruim, e que na arte de escolher os seres humanos é mais seguro o mal conhecido do que o bom por conhecer. Os Estados Unidos — ao final de uma campanha eleitoral que durante quase um ano manteve o mundo em suspenso — fez duas vezes o contrário de uma só vez: elegeu o pior desconhecido.

Foi um desastre arrasador com poucos precedentes na vida desse país assombroso, cujo imenso poder criativo lhe serviu para fazer muitas das maiores coisas do século XX e também algumas das mais abjetas, mas não lhe serviu para escolher um presidente digno de sua estatura. Depois de seu fracasso na praia Girón [baía dos Porcos], há 19 anos, o efêmero John Kennedy disse uma bela frase:

— A vitória tem muitos pais, mas a derrota é órfã.

Atribuiu-a a um clássico grego que nunca quis identificar, e até hoje ninguém pôde descobrir quem era. Por certo, o presidente Carter poderia repeti-la com igual direito. Pois nada lhe faz tanta falta como uma frase histórica, agora que sua imagem parece destinada a ser a mais patética destes tempos difíceis: uma estrela fugaz lançada no mercado da glória com o poder de

---

Publicado originalmente em 11 de novembro de 1980.

sedução de uma nova pasta de dentes, de que não restará mais que a má lembrança desses quatro anos calçados de boas intenções.

A eleição de Ronald Reagan, no entanto, não é a coisa mais significativa deste desastre. É apenas o símbolo. O essencial é a absoluta falta de misericórdia com que os eleitores de todos os níveis e de todas as cores repudiaram os políticos plácidos que durante mais de vinte anos tentaram governar com palavras. Nenhum se salvou. Quatro governadores e sete senadores eternos dos mais liberais foram aniquilados, entre eles dois dos mais idealistas, que sempre tivemos como avozinhos bons da América Latina: George McGovern, candidato democrata em 1972 e senador durante 18 anos, e Frank Church, que durante 24 anos lutou para preservar a boa imagem de sua pátria no mundo. Há, no entanto, algo mais expressivo: o senador Jacob Javit, um republicano de Nova York que se distinguiu durante mais de vinte anos por seu coração liberal, foi substituído por um reacionário de seu próprio partido.

O próprio senador Edward Kennedy deve se considerar sobrevivente desta espantosa carnificina política. Foi uma eleição passional, cuja explicação parece ser que os eleitores não só votaram a favor de Reagan e contra Carter, mas também contra várias gerações de homens de boa-fé que pregavam uma coisa, mas não a faziam, ou não queriam, ou não podiam fazê-la na vida real.

Isto não quer dizer que os eleitores tenham acertado. Também os povos se equivocam, e a história da humanidade está cheia de exemplos atrozes. Como todos os países, e mais os ricos do que os pobres, os Estados Unidos têm instintos primitivos fáceis de despertar; é natural que eles tenham favorecido o mais velho candidato da história do país, um antigo pistoleiro de cinema sem qualquer defeito nem qualquer virtude que já não tenham passado de moda, desde sua ideologia das cavernas até o topete de vaselina. Outros devem ter votado contra seu próprio desejo, pela raiva dos sonhos contrariados e pela nostalgia do tempo perdido, e até pela esperança sempre verde de que uma simples troca de nomes seja também uma troca a favor dos preços do mercado. Muitos latinos, negros e judeus de classe baixa abandonaram Carter por desilusão. Portanto, as razões do voto podem ser muito diversas, e todas diferentes do amor. O grave seria que, tratando de castigar o mau conhecido, os Estados Unidos se tenham aventurado sem querer pelo beco sem saída de sua desgraça.

Assim sendo, a América Latina não pode apagar as luzes para dormir. Durante a campanha eleitoral, nenhum dos candidatos se ocupou dela como algo essencial na vida de seu país, e não mereceu sequer uma triste menção honrosa no duelo de ingênuos da televisão. Roger Fontain, que é o conselheiro de Reagan para a América Latina e que sem dúvida continuará a sê-lo durante seu governo, não teve muito o que fazer na campanha: na plataforma eleitoral dos dois partidos apenas somos mencionados. Não é extraordinário. Henry Kissinger — que é um dos deuses tutelares de Reagan — só consagrou à América Latina umas sessenta páginas, das quase 1.600 dos dois calhamaços de suas memórias.

Apesar disso, para ninguém é tão perigosa esta má eleição como para a América Latina. Durante sua campanha, Reagan demonstrou ser flexível como lhe convém, e com certeza continuará a sê-lo na presidência. Tem fama de ser mais duro de palavra do que de obra. Com absoluta segurança não fará o papel de caubói da justiça contra os peles-vermelhas da União Soviética, nem atolará seu país em outro pântano de guerra como o do Vietnã. Afinal de contas, é um republicano dos grandes, e já sabemos que os presidentes republicanos passam a vida tentando acabar com as guerras iniciadas pelos presidentes democratas.

Em alguma parte do mundo, no entanto, deve-se acreditar na imagem de gendarme sem coração que lhe carreou tantos votos, e em nenhuma parte lhe resulta mais fácil do que na América Latina, este quintal imenso e solitário, para o qual ninguém — a não ser nós próprios — está disposto a sacrificar a felicidade. Pior ainda: Reagan não terá sequer de fazer nada. Bastará sua presença na Casa Branca para que os gorilas militares e civis se sintam tranqüilos em seu trono de sangue. Nosso destino, ainda que o próprio Reagan não queira, está escrito na palma de sua mão. Por sorte, estas Américas infelizes, incluindo os Estados Unidos, são maiores e mais nobres do que seus próprios instintos primitivos. Se Ronald Reagan não sabe, espera-se que aprenda a tempo com seus conselheiros, antes que a realidade — como aconteceu com o presidente Carter — acabe por ensiná-lo a socos.

A COMISSÃO DE BABEL

Há quatro anos, a Conferência Geral da Unesco, reunida em Nairóbi, pediu ao seu diretor-geral, Amadou-Mahtar M'Bow, que realizasse um profundo estudo sobre a comunicação e a informação no mundo contemporâneo. M'Bow delegou a espinhosa tarefa a uma comissão de 16 pessoas, escolhidas por ele segundo seu próprio critério, em diferentes países do mundo, sob a presidência do ilustre Sean MacBride, ex-ministro das Relações Exteriores da Irlanda, Prêmio Nobel da Paz e Prêmio Lenin da Paz, e que — à margem de tudo isto — fazia uma gestão silenciosa e vã para libertar os reféns norte-americanos em Teerã.

Os membros desta comissão surpreendente não representavam nenhum governo e nenhuma pessoa pública ou privada, e só tinham de obedecer a sua própria consciência. Além do presidente, havia um norte-americano, um francês, um zairense, um soviético, um indonésio, um tunisiano, um japonês, um nigeriano, um iugoslavo, um egípcio, um holandês, um indiano, dois latino-americanos e uma única mulher, como sempre: Betty Zimmerman, do Canadá. Um dos latino-americanos — para desgraça de meus dias — era eu.

A comissão trabalhou durante os últimos dois anos em oito sessões nômades: quatro em Paris, uma em Estocolmo, uma em Dubrovnik, uma

Publicado originalmente em 21 de novembro de 1980.

em Nova Déli e uma em Acapulco. Para mim, que sou um caçador solitário das palavras, escrever um livro juntamente com outras 15 pessoas, e além disso tão diferentes, era uma aventura perturbadora. Resultou ser a mais surpreendente: nunca me aborreci tanto e nem me senti tão inútil; mas creio que nunca aprendi tanto em tão pouco tempo. No fim, só me ficou a amargura de não ter podido demonstrar que a telepatia, os presságios e os sonhos cifrados são meios de comunicação naturais que é necessário resgatar do obscurantismo científico.

Tivemos, desde o primeiro dia, a comprovação definitiva do drama da comunicação neste mundo, em torno de nossa mesa. Nós nos entendíamos em três idiomas oficiais — inglês, francês e russo —, mas a maioria de nós pensava em nove línguas maternas, algumas tão estranhas como o bahasa, que é um dos incontáveis dialetos da Oceania; o suaíli, que continua a ser falado em muitos países da África; e o hindi, que é um dos 12 idiomas oficiais e mais oitocentos dialetos da Índia. Michio Nagai, o membro japonês da comissão, sentiu-se legitimamente alarmado quando se encontrou falando em inglês com Mochtar Lubis, o membro indonésio, que nasceu a poucas horas de vôo do Japão, e banhado pelo mesmo mar.

— O império romano continua — protestou Michio Nagai.

Os dois latino-americanos poderíamos protestar com igual direito. O pomposo e tenaz Juan Somavía, que é chileno, falava sempre em inglês durante as sessões, e eu o escutava em francês pelo sistema de tradução simultânea. Ainda que as intérpretes fossem eficazes e belas em seus compartimentos de vidro, eu tinha a impressão de entender tudo o que os outros diziam, mas não o que pensavam.

A única coisa em que estivemos de acordo desde o início foi a certeza de que o fluxo da informação deste mundo circula num único sentido: dos mais fortes em direção aos mais fracos. Na maioria, nós pensávamos — e eu continuo pensando — que a informação e a comunicação se converteram em instrumentos de domínio dos países ricos sobre os países pobres, e isto provoca outra desigualdade universal que é necessário corrigir. Nos dois extremos do dilema, certamente, encontravam-se o colega dos Estados Unidos e o colega da União Soviética.

O norte-americano era Elie Abel, um gringo inteligente e cordial, que durante muitos anos foi decano da escola de jornalismo da Universidade de Colúmbia, considerada a melhor do mundo. O soviético era o diretor da agência Tass, Sergei Losev, cujo estado de tensão permanente o impedia de parecer tão simpático e com tanto senso de humor como era na realidade. Para Abel, era impossível conceber qualquer tentativa de intervenção estatal na informação. Para Losev, era impossível conceber a menor intervenção privada. O presunto deste sanduíche insolúvel éramos os nativos do Terceiro Mundo. Uns e outros parecíamos convencidos da urgência de democratizar a informação; mas era evidente que, ao redor da mesa, havia 16 maneiras diferentes de entender a democracia.

O resultado não podia ser outro: o informe de compromisso que M'Bow entregou na semana passada à Conferência Geral da Unesco, reunida desta vez em Belgrado. "Não é um trabalho sistemático na exposição dos diferentes temas que aborda, e às vezes falta-lhe um estilo plenamente coerente e metódico", como deixamos claro numa nota pessoal os dois membros latino-americanos. Mas, com todos os seus defeitos e suas enormes possibilidades de controvérsia, é o melhor informe possível sobre o drama da comunicação sem retorno e a informação pervertida neste caldeirão de grilhões canibais do mundo contemporâneo. Não é, não podia ser, nem pretendia ser, uma fórmula mágica para salvar a alma, e sim um guia espiritual para santos e foragidos. Sua validade terá de ser diferente de acordo com quem a leia, e segundo seu tempo e lugar. No fim das contas, a democracia é urgente em todas as partes; mas não será igual em nenhuma, tal como a sentíamos de 16 maneiras diferentes naquelas jornadas quiméricas de nossa mesa de Babel.

TELEPATIA SEM FIO

Um notável neurologista francês, pesquisador em tempo integral, contou-me outra noite que descobrira uma função do cérebro humano que parece ser de grande importância. Só há um problema: não pôde definir para que serve. Perguntei-lhe, com alguma esperança, se havia possibilidade de que fosse a função que regula os presságios, os sonhos premonitórios e a transmissão de pensamento. Sua única resposta foi um olhar de compaixão.

Eu vi esse mesmo olhar 18 anos antes, quando fiz pergunta semelhante a um querido amigo, que é também pesquisador do cérebro humano na Universidade do México. Minha opinião, desde então, era que a telepatia em suas diversas situações não é coisa de bruxos, como parecem acreditar os incrédulos, mas simples faculdade orgânica que a ciência repudia, porque não a conhece, como repudiava a teoria da esfericidade da Terra quando se acreditava que era plana. Meu amigo admitia, se não me falha a memória, que é bem reduzida a área do cérebro cujas funções estão comprovadas em sua plenitude, mas se negava a admitir que no restante daquelas trevas houvesse um lugar capaz de prever o futuro.

Eu lhe transmitia brincadeiras telepáticas que ele desqualificava como acasos puros, embora algumas pareçam bem óbvias. Certa noite, liguei con-

---

Publicado originalmente em 25 de novembro de 1980.

vidando-o para um jantar em nossa casa, e só depois me dei conta de que não havia coisas suficientes na cozinha. Voltei a lhe telefonar, para pedir que trouxesse uma garrafa de vinho de uma marca que não era comum, e um pedaço de salsichão. Mercedes gritou da cozinha para que pedisse também um sabão para lavar pratos. Mas já havia saído de casa. Contudo, no momento de pendurar o telefone, tive a nítida impressão de que, por um prodígio impossível de explicar, meu amigo recebera a mensagem. Então escrevi tudo num papel, para que ele não duvidasse de minha versão, e por puro virtuosismo poético acrescentei também uma rosa. Pouco depois, ele e a mulher chegaram com as coisas que pedíramos, incluindo o sabão da mesma marca que usávamos em casa.

— O supermercado estava aberto por acaso e decidimos trazer-lhes estas coisas — disse, quase se desculpando. Só faltava a rosa.

Naquele dia meu amigo e eu iniciamos um diálogo diferente que ainda não terminou. A última vez que o vi, seis meses atrás, estava completamente dedicado a definir em que lugar do cérebro se encontra a consciência.

A vida, mais do que se acredita, está embelezada por este mistério. Na véspera do assassinato de Júlio César, sua mulher Calpúrnia viu com terror que todas as janelas da casa se abriram de repente ao mesmo tempo, sem vento e sem ruídos. Séculos depois, o romancista Thornton Wilder atribuiu a Júlio César uma frase que não está em suas memórias de guerra nem nas crônicas fascinantes de Plutarco e Suetônio, mas define melhor do que qualquer outra coisa a condição humana do imperador:

— Eu, que governo tantos homens, sou governado por pássaros e trovões.

A história da Humanidade — desde que o jovem José decifrava os sonhos no Egito — está cheia destes lampejos fabulosos. Conheço dois gêmeos idênticos a quem doeu o mesmo dente molar ao mesmo tempo em cidades diferentes. E que quando estão juntos têm a sensação de que os pensamentos de um interferem nos do outro. Muitos anos atrás, numa vereda da costa do Caribe, conheci um curandeiro que se gabava de curar um animal a distância se lhe fizessem a descrição precisa e o lugar em que se encontrava. Comprovei com estes olhos: uma vaca contaminada, cujos vermes caíam vivos das pústulas, enquanto o curandeiro rezava uma oração secreta a vários quilômetros de distância. Contudo, só me lembro de uma experiência que levou a sério estas faculdades na história atual. Foi feita pela Marinha dos Estados Unidos, que não tinha meios de se comunicar com os submarinos nucleares que navegavam sob a calota polar, e decidiu experimentar a telepatia. Duas pessoas com afinidades, uma em Washington e outra a bordo do submarino, tentaram estabelecer um sistema para trocar mensagens pensadas. Foi um fracasso, com certeza, pois a telepatia é imprevisível e espontânea, e não admite nenhuma espécie de sistematização. É sua defesa. Todo prognóstico, dos presságios matinais às centúrias de Nostradamus, vem cifrado desde sua concepção e só se compreende quando se cumpre. Se não fosse assim, seria derrotado de antemão por si mesmo.

Falo disto com tanta propriedade porque minha avó materna foi o sábio mais lúcido que jamais conheci na ciência dos presságios. Era uma católica como as de antigamente, de maneira que repudiava como artifícios demoníacos tudo o que pretendesse ser adivinhação metódica do futuro. Assim foram os baralhos, as linhas da mão ou a evocação dos espíritos. Mas era mestra em seus presságios. Recordo-a na cozinha de nossa casa grande de Aracataca, vigiando os signos secretos dos pães perfumados que tirava do forno.

Uma vez viu 09 escrito nos restos da farinha, e removeu céus e terras para encontrar um bilhete de loteria com esse número. Perdeu. No entanto, na semana seguinte ganhou uma cafeteira a vapor numa rifa, com um bilhete que meu avô comprara e esquecera na algibeira do casaco, na semana anterior. Era o 09. Meu avô tinha 17 filhos dos que então se chamavam naturais — como se os do casamento fossem artificiais —, e minha avó os tinha como seus. Estavam dispersos por toda a costa, mas ela falava de todos na hora do desjejum, e dava conta da saúde de cada um e do estado de seus negócios como se mantivesse uma correspondência imediata e secreta. Era a época tremenda dos telegramas que chegavam nas horas mais imprevistas e penetravam como um vento de pânico na casa. Passavam de mão em mão sem que ninguém se atrevesse a abri-los, até que a alguém ocorria a idéia providencial de fazê-lo abrir por uma criança mais nova, como se a inocência tivesse a virtude de mudar a maldade das notícias ruins.

Isto aconteceu uma vez em nossa casa, e os adultos perturbados decidiram pôr o telegrama de lado, sem abri-lo, até que chegasse meu avô. Minha avó não se alterou.

— É de Prudencia Iguarán para avisar que vem — disse. — Ontem à noite sonhei que já estava a caminho.

Quando meu avô chegou em casa não teve sequer de abrir o telegrama. Voltava com Prudencia Iguarán, a quem encontrara por acaso na estação do trem, com uma roupa de pássaros pintados e um enorme ramo de flores, e convencida de que meu avô estava ali pela magia infalível de seu telegrama.

A avó morreu com quase cem anos sem ganhar na loteria. Ficara cega e nos últimos tempos delirava de tal maneira que era impossível seguir o fio de seu raciocínio. Negava-se a tirar a roupa enquanto o rádio estivesse ligado, muito embora todas as noites lhe explicássemos que o locutor não estava dentro da casa. Pensava que a enganávamos, porque nunca acreditou numa máquina diabólica que permitia ouvir alguém que falava de outra cidade distante.

A NOVA PROFISSÃO MAIS VELHA DO MUNDO

O outono de Paris começou de repente, e tarde, este ano, com um vento glacial que despiu as árvores de suas últimas folhas douradas. Os terraços dos cafés fecharam ao meio-dia, a vida ficou turva e o verão radiante que se prolongara além da conta passou a ser uma fantasia da memória. Parecia que em poucas horas haviam se passado vários meses. O entardecer foi prematuro e lúgubre, mas ninguém o lamentou de verdade, pois este tempo brumoso é o natural de Paris, o que mais a acompanha e o que melhor lhe assenta.

A mais bela das mulheres de aluguel que fazem ponto nas vielas de Pigalle era uma loura esplêndida que em lugar menos comprometedor seria confundida com uma estrela de cinema. Tinha um conjunto de jaqueta e calça pretas, que era a cor da moda, e na hora em que começou o vento gelado pôs um legítimo casaco de pele. Assim estava, oferecendo-se por duzentos francos diante de um motel da rua Duperré, quando um automóvel se deteve diante dela. Do assento do volante, outra mulher bonita e bem-vestida disparou-lhe sete tiros de fuzil. Essa noite, quando a polícia encontrou o assassino, aquele drama suburbano já repercutira nos jornais, porque tinha dois elementos novos que o faziam diferente. Nem a vítima nem o matador eram louras e belas, e sim dois homens de fato e de direito, e ambos do Brasil.

Publicado originalmente em 2 de dezembro de 1980.

A notícia pôs em evidência o que já se sabe de sobra na Europa: a prostituição de rua das grandes cidades é agora profissão de homens, e os mais cobiçados entre eles, os mais caros e os mais bem vestidos são jovens latino-americanos disfarçados de mulher. Segundo os jornais, de duzentos travestis que trabalham nas ruas da França, pelo menos a metade chegou do Brasil. Na Espanha, Inglaterra, Suíça ou Alemanha Ocidental, onde o negócio parece ser ainda mais frutífero, o número é maior e a nacionalidade mais variada. O fenômeno tem matizes diferentes em cada país, mas em todos se apresenta como uma mudança de fundo na profissão mais antiga e conservadora do mundo.

Quando estive na Europa pela primeira vez, há uns 25 anos, a prostituição era uma indústria próspera e organizada, com categorias exatas e territórios bem-divididos. Eu ainda conservava a imagem idílica dos bordéis do Caribe, aquelas pistas de dança com guirlandas nas amendoeiras, com galinhas impávidas que andavam ciscando por entre a música e belas e selvagens mulatas que se prostituíam mais pela festa do que pelo dinheiro e às vezes incorriam na extraordinária inocência de se suicidar por amor. Às vezes alguém ficava com elas, não tanto pela vagabundinha — como dizia minha mãe — mas pela felicidade de senti-las respirar enquanto dormiam. Os desjejuns eram mais caseiros e ternos do que os da casa, e a verdadeira festa começava às 11 da manhã, sob as amendoeiras tímidas.

Educado numa escola tão humana, eu só podia ficar deprimido com o rigor comercial das européias. Em Genebra, circulavam pela orla do lago, e a única coisa que as diferenciava das bem-casadas eram as sombrinhas coloridas que levavam abertas com chuva ou com sol, de dia ou de noite, como um estigma de classe. Em Roma, assobiavam como pássaros entre as árvores da Villa Borghese, e em Londres ficavam invisíveis entre a névoa e tinham de acender luzes que pareciam de navegação para que alguém encontrasse seu rumo. As de Paris, idealizadas pelos poetas malditos e o pobre cinema francês dos anos 30, eram as mais inclementes. Nos bares insones dos Champs Elysées era fácil descobrir seus traços de humanidade: choravam como noivas diante do despotismo dos rufiões inconformados com os lucros da noite. Dava trabalho entender semelhante mansidão de coração em mulheres curtidas por uma profissão tão bárbara. Era tal minha curiosidade que, anos depois, conheci um rufião e lhe perguntei como era possível dominar com mão de ferro mulheres tão valentes, e ele respondeu impassível:

— Com amor.

Não perguntei mais nada, por receio de entender menos.

A irrupção dos travestis naquele mundo de exploração e morte tornou-o ainda mais sórdido. Sua revolução consiste em praticar as duas profissões ao mesmo tempo: prostitutas e rufiões de si próprios. São autônomos e valentes. Muitos territórios noturnos abandonados pelas mulheres pela periculosidade foram ocupados por eles à mão armada. Mas na maioria das cidades enfrentaram as mulheres e seus rufiões a golpes de martelo, e estão exercendo seu direito de conquista nas melhores esquinas da Europa. O fato de que muitos latino-americanos participem desta apoteose do machismo não nos tira nem acrescenta nenhuma glória. É uma prova a mais de nossas perturbações sociais e não nos deve alarmar mais do que outras mais graves.

A maioria, certamente, é de homossexuais. Têm esplêndidos peitos de silicone, e alguns acabam por realizar o sonho dourado de uma operação extrema que os instala para sempre no sexo oposto. Mas muitos não são, e se lançaram à vida com suas armas emprestadas — ou usurpadas a socos — porque é uma má maneira de ganhá-la bem. Alguns são tranqüilos pais de família que de dia trabalham em obras de caridade e de noite, quando as crianças dormem, vão para a rua com as roupas dominicais da mulher. Outros são estudantes pobres que resolveram desta maneira o futuro de sua carreira. Os mais sagazes ganham numa boa noite até quinhentos dólares. O que — segundo diz minha mulher, aqui do meu lado — é melhor do que escrever.

O CONTO DOS GENERAIS QUE ACREDITARAM NO PRÓPRIO CONTO

Quando o general Charles de Gaulle perdeu seu último plebiscito, em 1969, um caricaturista espanhol desenhou-o diante de um general Francisco Franco minúsculo e ardiloso que lhe dizia com um ar de vovô: "Isso lhe aconteceu porque você faz muitas perguntas." No dia seguinte, aquele que fora o homem providencial da França estava assando castanhas em seu retiro de Colombey-les-deux-Églises, onde pouco depois morreu de repente e sozinho, enquanto aguardava o noticiário da televisão. O jornalista Claude Mauriac, que esteve bem perto dele, descreveu as últimas horas de sua vida e seu poder num livro magistral cuja revelação mais surpreendente é que o velho general estava certo de perder a consulta popular. Desde a semana anterior mandara tirar seus papéis pessoais da residência presidencial e os enviara em várias caixas para um escritório que havia alugado. Mais ainda: algumas das pessoas que lhe eram mais chegadas pensam agora que De Gaulle convocou aquele plebiscito desnecessário só para dar aos franceses a oportunidade de dizer-lhe que não mais, general, que o tempo dos governados é mais lento e insidioso que o do poder e que chegara o tempo de ir embora, general, muito obrigado. Seu vizinho, o general Francisco Franco, não teve a dignidade de fazer a mesma pergunta aos espanhóis, e pouco antes

---

Publicado originalmente em 9 de dezembro de 1980.

de sua triste morte convocou os jornalistas que seu regime mantivera amordaçados durante quarenta anos e os surpreendeu com uma declaração fantástica:

— Não posso me queixar da maneira com que sempre fui tratado pela imprensa.

Por serem perguntões, acaba de ocorrer aos militares obscuros e sem glória que governam o Uruguai com mão de ferro a mesma coisa que a De Gaulle. Porém o que mais intriga neste descalabro surpreendente é por que tinham de perguntar alguma coisa num momento em que pareciam donos absolutos do poder, com a imprensa comprada, os partidos políticos proscritos, a atividade universitária e sindical reprimida e metade da oposição no cárcere ou assassinada por eles mesmos, e nada menos do que a quinta parte da população nacional dispersa por meio mundo. Os analistas, acostumados a botar a culpa de tudo no imperialismo, não só do mau, mas também do bom, pensam que os gorilas uruguaios tiveram de ceder à pressão das instituições de crédito internacionais para melhorar a imagem de seu regime. Outros, ainda mais retóricos, dizem que é a resistência popular silenciosa que, cedo ou tarde, terminará por derrubar a ditadura. Não há menos de vinte versões diferentes, e é natural que algumas delas sejam aceitáveis. Mas há uma que corre o risco de parecer simplista, e que no entanto é a mais próxima da verdade: os gorilas uruguaios — à semelhança do general Franco e ao contrário do general De Gaulle — acabaram por acreditar em seu próprio conto.

É a armadilha do poder absoluto. Extasiados com seu próprio perfume, os gorilas uruguaios devem ter pensado que a paralisia do terror era a paz, que os editoriais da imprensa vendida eram a voz do povo e, por conseguinte, a voz de Deus, que as declarações públicas que eles mesmos faziam eram a verdade revelada, e que tudo isso, reunido e amarrado com um laço de seda, era de verdade a democracia. A única coisa que lhes faltava então era a consagração popular, e para consegui-la se meteram como coelhinhos mansos na armadilha diabólica do sistema eleitoral uruguaio. É uma máquina infernal tão complicada que os próprios uruguaios não conseguem entendê-la bem, e é tão rigorosa e fatal que, uma vez posta em funcionamento —

como ocorreu domingo passado —, não há como detê-la nem fazê-la mudar de rumo.

O mais importante deste descuido militar não é que o povo disse que não, mas a clareza com que revelou a peculiaridade incomparável da situação uruguaia. Na realidade, a repressão da ditadura foi feroz, e não houve lei humana ou divina que os militares não tenham violado nem um abuso que não tenham cometido. Mas em compensação estão dando voltas no círculo vicioso de sua própria preocupação legalista. Isto é: nem eles mesmos puderam escapar da maneira de ser do país e do modo de ser dos uruguaios, que talvez não se pareçam com os de nenhum outro país da América Latina. Ainda que seja por um detalhe sobrenatural: o Uruguai é o único país em que os presos têm de pagar pela comida que comem e o uniforme que vestem, e até o aluguel da cela.

Na realidade, quando investiram com violência contra o poder civil, em 1973, os gorilas uruguaios não deram um golpe simples como Pinochet ou Videla, mas se enredaram no formalismo ingênuo de conservar um presidente de fachada. Em 1976, quando terminou o período formal dele, procuraram outra fórmula retorcida para que o poder armado parecesse legal durante outros cinco anos. Agora tentaram buscar uma nova legalidade fictícia com este plebiscito providencial que lhes saiu pela culatra. É como se o hábito da democracia representativa — que é quase uma maneira de ser natural da nação uruguaia — se convertesse num fantasma que não lhes permite fazer com as baionetas outra coisa além de sentar-se nelas.

SIM: A NOSTALGIA CONTINUA A MESMA DE ANTES

Foi uma vitória mundial da poesia. Num século em que os vencedores são sempre os que batem mais forte, os que conseguem mais votos, os que fazem mais gols, os homens mais ricos e as mulheres mais belas, é alentadora a comoção provocada no mundo inteiro pela morte de um homem que dedicou a vida a cantar o amor. É a apoteose dos que nunca ganham.

Durante 48 horas não se falou de outra coisa. Três gerações — a nossa, a de nossos filhos e a de nossos netos mais velhos — tínhamos pela primeira vez a impressão de viver uma catástrofe comum, e pelas mesmas razões. Um repórter da televisão perguntou na rua a uma senhora de oitenta anos qual era a canção de John Lennon que lhe agradava mais, e ela respondeu como se tivesse 15:

— "Happiness is a warm gun."

Um garoto que estava vendo o programa disse:

— Pois eu gosto de todas.

Meu filho mais novo perguntou a uma garota da mesma idade por que mataram John Lennon, e ela respondeu, como se tivesse oitenta anos:

— Porque o mundo está acabando.

Publicado originalmente em 16 de dezembro de 1980.

É assim: a única nostalgia comum que a gente tem com os filhos são as canções dos Beatles. Cada qual com seus próprios motivos, e com uma dor diferente, como ocorre sempre com a poesia. Não esquecerei nunca aquele dia memorável de 1963, no México, quando ouvi pela primeira vez, de maneira consciente, uma canção dos Beatles. A partir de então descobri que o universo inteiro estava contaminado por eles. Em nossa casa de San Ángel, com espaço apenas para nos sentarmos, havia somente dois discos: uma seleção de prelúdios de Debussy e o primeiro disco dos Beatles. Por toda a cidade, a toda hora, escutava-se um grito de multidão: "Help, I need somebody." Alguém voltou a sugerir por esta época o velho mote segundo o qual os melhores músicos são os da segunda letra do catálogo: Bach, Beethoven, Brahms e Bartok. Alguém voltou a dizer a mesma tolice de sempre: que se incluísse Bozart. Álvaro Mutis, que como todo grande erudito da música tem uma fraqueza irremediável pelos tijolos sinfônicos, insistia em incluir Bruckner. Houve também quem tentasse reeditar a batalha em defesa de Berlioz, da qual eu discordava, porque não podia superar a superstição de que é um *oiseau de malheur*, isto é, um pássaro de mau agouro. Em compensação, empenhei-me desde então em incluir os Beatles. Emilio García Riera, que concordava comigo e é um crítico e historiador de cinema com uma lucidez um pouco sobrenatural, sobretudo depois do segundo trago, disse-me num destes dias:

— Ouço os Beatles com um certo medo, porque sinto que vou me recordar deles pelo resto de minha vida.

É o único caso que conheço de alguém com bastante clarividência para se dar conta de que estava testemunhando o nascimento de suas nostalgias. Entrava-se no escritório de Carlos Fuentes e ali estava ele escrevendo à máquina com um único dedo de uma única mão, como fazia sempre, em meio a uma densa nuvem de fumaça e isolado dos horrores do universo com a música dos Beatles a todo volume.

Como sempre acontece, pensávamos então que estávamos muito longe de ser felizes, e agora pensamos o contrário. É a armadilha da nostalgia, que tira de seu lugar os momentos amargos e os pinta com outra cor, e torna a colocá-los onde já não doem. Como nos retratos antigos, que parecem iluminados pelo resplendor ilusório da felicidade, nos vemos com assombro como éramos jovens quando éramos jovens, e não apenas nós que estávamos ali, mas também a casa e as árvores do fundo, e até as cadeiras em que nos sentávamos. Che Guevara, conversando com seus homens ao redor do fogo nas noites vazias da guerra, disse uma vez que a nostalgia começa pela comida. É certo — mas só quando se tem fome. Em compensação, sempre começa pela música. Na realidade, nosso passado pessoal se afasta de nós desde o momento em que nascemos, mas só o sentimos passar quando um disco acaba.

Esta tarde, pensando tudo isto diante de uma janela triste onde cai a neve, com mais de cinqüenta anos nas costas e ainda sem saber bem quem sou, nem que porra faço aqui, tenho a impressão de que o mundo foi igual desde meu nascimento até que os Beatles começaram a cantar. Tudo mudou então. Os homens deixaram crescer o cabelo e a barba, as mulheres aprenderam a se despir com naturalidade, mudou a maneira de vestir e de amar, e se iniciou a liberação do sexo e de outras drogas para sonhar. Foram os anos estridentes da guerra do Vietnã e da rebelião universitária. Mas, sobretudo, foi a dura aprendizagem de uma relação diferente entre pais e filhos, o início de um novo diálogo entre eles que parecera impossível durante séculos.

O símbolo de tudo isto — à frente dos Beatles — era John Lennon. Sua morte absurda nos deixa um mundo diferente povoado de imagens harmoniosas. Em "Lucy in the sky", uma de suas canções mais bonitas, fica um cavalo de papel de jornal com uma gravata de espelhos. Em "Eleanor Rigby" — com um baixo obstinado de celos barrocos — fica uma jovem desolada que recolhe o arroz, no átrio de uma igreja onde acaba de se celebrar um casamento. "De onde vêm os solitários?", pergunta-se, sem resposta. Fica também o padre MacKensey escrevendo um sermão que ninguém ouvirá, lavando as mãos sobre os túmulos, e uma jovem que tira o rosto antes de entrar em casa e o deixa num frasco perto da porta para colocá-lo de novo quando tornar a sair. Estas criaturas sugerem que John Lennon era um surrealista, que é algo que se diz com demasiada facilidade de tudo o que parece extraordinário, como costumam dizer de Kafka os que não souberam lê-lo. Para outros, é o visionário de um mundo melhor. Alguém que nos fez compreender que velhos não somos os que temos muitos anos, mas os que não subiram a tempo no trem de seus filhos.

ESTES NATAIS SINISTROS

Ninguém mais se recorda de Deus no Natal. Há tanto barulho de cornetas e fogos de artifício, tantas grinaldas de lâmpadas coloridas, tantos perus degolados e tantos gastos acima de nossos recursos reais que alguém pode se perguntar se sobra um instante para se dar conta de que semelhante desgrenhamento é para celebrar o aniversário de uma criança que nasceu há dois mil anos numa estrebaria miserável, a pouca distância de onde nascera, uns mil anos antes, o rei Davi. Novecentos e cinqüenta e quatro milhões de cristãos acreditam que essa criança era Deus encarnado, mas muitos o celebram como se na realidade não acreditassem nele. Celebram-no além disso muitos milhões que nunca acreditaram nele, mas gostam da festança, e muitos outros que estariam dispostos a virar o mundo de cabeça para baixo para que ninguém continuasse acreditando. Seria interessante indagar quantos deles acreditam também no fundo de sua alma que o Natal de agora é uma festa abominável, e não se atrevem a dizer por preconceito que já não é religioso mas social.

O mais grave de tudo é o desastre cultural que estes Natais pervertidos estão causando na América Latina. Antes, quando tínhamos apenas costumes herdados da Espanha, os presépios domésticos eram prodígios de imaginação familiar. O Deus menino era maior do que o boi, as casinhas

Publicado originalmente em 24 de dezembro de 1980.

encarapitadas nas colinas eram maiores do que a virgem, e ninguém se importava com os anacronismos: a paisagem de Belém era completada com um trem de corda, com um pato de pelúcia maior do que um leão que nadava no espelho da sala, ou com um guarda de trânsito que conduzia um rebanho de cordeiros numa esquina de Jerusalém. Acima de tudo se punha uma estrela de papel dourado com uma lâmpada no centro, e um raio de luz de seda amarela que indicaria aos Reis Magos o caminho da salvação. O resultado era feio, mas se parecia conosco, e era melhor que tantos quadros primitivos mal copiados do aduaneiro Rousseau.

A mistificação começou com o costume de que os brinquedos não eram trazidos pelos Reis Magos — como acontece na Espanha, com toda a razão — mas pelo menino Jesus. Nós crianças nos deitávamos mais cedo para que os presentes chegassem logo, e éramos felizes ouvindo as mentiras poéticas dos adultos. Eu não tinha mais de cinco anos quando alguém em minha casa decidiu que já era tempo de me revelar a verdade. Foi uma desilusão não só porque eu acreditava de verdade que era o menino Jesus quem trazia os brinquedos mas também porque gostaria de continuar acreditando. Além disso, por pura lógica de adulto, pensei então que também os outros mistérios católicos eram inventados pelos pais para distrair os filhos, e fiquei no limbo. Naquele dia — como diziam os professores jesuítas na escola primária — perdi a inocência, pois descobri que tampouco as crianças eram trazidas de Paris pelas cegonhas, algo que ainda gostaria de continuar acreditando para pensar mais no amor e menos na pílula.

Tudo aquilo mudou nos últimos trinta anos, mediante uma operação comercial de proporções mundiais que é ao mesmo tempo uma devastadora agressão cultural. O menino Jesus foi destronado pelo Santa Claus dos gringos e ingleses, que é o mesmo Papai Noel dos franceses, que todos conhecemos muito bem. Chegou-nos com tudo: o trenó puxado por um alce e a árvore carregada de brinquedos sob uma fantástica tempestade de neve. Na realidade, este usurpador com nariz de cervejeiro não é outro senão o bom são Nicolau, um santo a quem eu quero muito porque é o do meu avô, o coronel, mas que nada tem a ver com o Natal e muito menos com a véspera de natal tropical da América Latina. Segundo a lenda nórdica, são Nicolau reconstruiu e ressuscitou vários estudantes que um urso esquartejou na neve, e por isso o proclamaram o padroeiro das crianças. Mas sua festa se celebra em 6 de dezembro e não em 25. A lenda se tornou institucional nas províncias germânicas do norte no final do século XVIII, juntamente com a árvore dos brinquedos, e há pouco mais de cem anos passou para a Inglaterra e a França. Em seguida, deslocou-se para os Estados Unidos que o mandaram para a América Latina, com toda uma cultura de contrabando: a neve artificial, as lamparinas coloridas, o peru recheado, e estes 15 dias de consumismo frenético do qual poucos de nós nos atrevemos a escapar. Contudo, talvez o mais sinistro destes Natais de consumo seja a estética miserável que trouxeram consigo: esses cartões-postais indigentes, essas fileiras de luzinhas coloridas, sininhos, coroas de visco penduradas no umbral, essas canções de retardados mentais que são as cantilenas traduzidas do inglês, e tantas outras idiotices gloriosas para as quais sequer vale a pena ter inventado a eletricidade.

Tudo isso se passa em torno da festa mais espantosa do ano. Uma noite infernal em que as crianças não podem dormir com a casa cheia de bêbados que se enganam de porta procurando onde urinar, ou perseguindo a mulher de outro que acaso teve a boa sorte de ficar adormecido na sala. Mentira: não é uma noite de paz e de amor, e sim o contrário. É a ocasião solene das pessoas que não se gostam. A oportunidade providencial de sair por fim dos compromissos adiados por serem indesejáveis: o convite ao pobre cego que ninguém convida, a prima Isabel que ficou viúva há 15 anos, a avó paralítica que ninguém se atreve a mostrar. É a alegria por decreto, o carinho por lástima, o momento de presentear porque nos presenteiam, ou para que nos presenteiem, e de chorar em público sem dar explicações. É a hora feliz em que os convidados bebem tudo o que sobrou do Natal anterior: o creme de menta, o licor de chocolate, o vinho de banana. Não é raro, como sucede amiúde, que a festa termine com tiros. Não é raro tampouco que as crianças — vendo tantas coisas atrozes — terminem por acreditar de verdade que o menino Jesus não nasceu em Belém, mas nos Estados Unidos.

CONTO DE HORROR PARA A NOITE DE ANO-NOVO

Chegamos a Arezzo pouco antes do meio-dia, e perdemos mais de duas horas procurando o castelo medieval que o escritor Miguel Otero Silva comprou naquele ângulo idílico da planície toscana. Era um domingo do início de agosto, ardente e confuso, e não era fácil achar alguém que soubesse alguma coisa nas ruas invadidas pelos turistas. Depois de muitas tentativas inúteis voltamos ao automóvel, abandonamos a cidade por um caminho sem placas informativas e uma velha pastora de gansos nos indicou com precisão onde estava o castelo. Antes de se despedir nos perguntou se pensávamos dormir ali, e lhe respondemos — como tínhamos previsto — que só íamos almoçar.

— Menos mal — disse ela — porque esta casa está cheia de assombrações.

Minha mulher e eu, que não acreditamos em fantasmas à luz do sol, zombamos de sua credulidade. Mas as crianças ficaram felizes com a idéia de conhecer um fantasma de corpo presente.

Miguel Otero Silva, que, além de bom escritor, é um anfitrião esplêndido e um *gourmet* exigente, esperava-nos com um almoço para ficar na memória. Como já era tarde, não tivemos tempo de conhecer o interior do castelo antes de nos sentarmos à mesa, mas seu aspecto do lado de fora nada tinha de assustador, e qualquer inquietação se aplacava com a visão com-

---

Publicado originalmente em 30 de dezembro de 1980.

pleta da cidade a partir do terraço de verão em que almoçávamos. Era difícil acreditar que naquela colina de casas encarapitadas, onde cabiam apenas noventa mil pessoas, tivessem nascido tantas de gênio duradouro, como Guido de Arezzo, que inventou as notas musicais, ou o esplêndido Vasari e o desbocado Aretino, ou Júlio II e o próprio Caio Clínio Mecenas, os dois grandes padrinhos das artes e das letras de seu tempo. Miguel Otero Silva nos disse com seu senso de humor habitual que tão altas citações históricas não eram as mais insignes de Arezzo.

— O mais importante — nos disse — foi Ludovico.

Assim mesmo, sem sobrenomes: Ludovico, o grande senhor das artes e da guerra que construíra aquele castelo de sua desgraça.

Miguel Otero Silva nos falou de Ludovico durante todo o almoço. Falou-nos de seu poder desmedido, de seu amor desgraçado e de sua morte espantosa. Contou-nos como foi que, num instante de loucura do coração, apunhalou sua dama no leito em que acabaram de se amar, e em seguida atiçou contra si mesmo seus ferozes cães de guerra, que o despedaçaram a dentadas. Assegurou-nos, muito sério, que a partir da meia-noite o espectro de Ludovico deambulava pelo castelo de trevas, tentando conseguir um instante de sossego para seu purgatório de amor. No entanto, em pleno dia, com o estômago cheio e o coração contente, aquilo só poderia parecer uma brincadeira como tantas outras de Miguel Otero Silva para entreter seus convidados.

O castelo, na realidade, era imenso e sombrio, como pudemos comprovar depois da sesta. Os dois andares superiores e os 82 quartos sofreram toda espécie de mudanças de seus donos sucessivos. Miguel Otero Silva restaurara completamente o térreo e mandara construir um dormitório moderno com pisos de mármore, uma sauna e uma academia de ginástica, bem como o terraço de flores intensas no qual almoçáramos.

— São coisas de Caracas para despistar Ludovico — disse-nos.

Eu ouvira dizer, no entanto, que a única coisa que confunde os fantasmas são os labirintos do tempo.

O segundo andar continuava intacto. Fora o mais usado no decurso dos séculos, mas agora era uma sucessão de quartos sem nenhuma personalidade, com móveis abandonados de diferentes épocas. O andar superior era o mais abandonado de todos, mas se conservava nele um quarto intacto por onde o tempo se esquecera de passar. Era o dormitório de Ludovico. Ali estava a cama de marquesinha, com cortinas bordadas em fios de ouro e a colcha de prodígios de passamanaria ainda salpicada com o sangue da amante sacrificada. A chaminé estava com as cinzas geladas e a última lenha convertida em pedra, o armário com suas armas bem cuidadas e o retrato a óleo do cavalheiro pensativo, pintado por alguns dos mestres florentinos que não tiveram a sorte de sobreviver ao seu tempo. Porém o que mais me impressionou foi o odor de morangos recentes que permanecia, sem explicação possível, no âmbito do quarto.

Os dias de verão são compridos e moderados na Toscana, e o horizonte se mantém no lugar até as nove da noite. Depois de nos mostrar o interior do castelo, Miguel Otero Silva nos levou para ver os afrescos de Piero della Francesca, na Igreja de São Francisco; em seguida tomamos um café substancial sob as pérgulas da praça embelezadas pelos primeiros ares da noite, e quando voltamos ao castelo para recolher as malas encontramos o jantar servido. Foi por isso que ficamos para comer. Enquanto comíamos, as crianças apanharam mais lampiões na cozinha e foram explorar as trevas dos andares de cima. Da mesa ouvíamos seus passos de cavalos soltos pelas escadas, o rangido lúgubre das portas, os gritos felizes chamando Ludovico nos quartos abandonados. Foi deles a má idéia de ficarmos para dormir. Miguel Otero os apoiou encantado, e não tivemos a firmeza de dizer-lhes não.

Ao contrário do que eu temia, dormimos bem; minha mulher e eu num dormitório do térreo, e meus filhos no quarto contíguo. Enquanto aguardava o sono contei as 12 batidas insones do relógio da sala, e por um instante me lembrei da pastora de gansos. Mas estávamos tão cansados que dormimos logo, num sono denso e contínuo, e despertei, depois das sete, com o sol esplêndido. Ao meu lado, Mercedes navegava no mar tranqüilo dos inocentes. "Que tolice", pensei comigo mesmo, "que alguém, nestes tempos, continue a acreditar em fantasmas." Só então me dei conta — com um estremecimento de horror — que não estávamos no quarto em que nos deitáramos na noite anterior, mas no dormitório de Ludovico, deitados em sua cama de sangue. Alguém nos trocara de quarto durante o sono.

CARIBE MÁGICO

O Suriname — como todo mundo sabe — é um país independente no mar do Caribe, que foi até há poucos anos uma colônia holandesa. Tem 163.820 quilômetros quadrados e um pouco mais de 384 mil habitantes de diversas origens: hindus, índios locais, indonésios, africanos, chineses e europeus. Sua capital, Paramaribo — que em castelhano se pronuncia como palavra paroxítona e que os nativos pronunciam como proparoxítona —, é uma cidade ruidosa e triste, com espírito mais asiático do que americano, na qual se falam quatro idiomas e numerosos dialetos aborígenes, além da língua oficial — o holandês —, e se professam seis religiões: hinduísta, católica, muçulmana, morava, holandesa reformada e luterana. Na atualidade, o país é governado por uma junta de militares jovens, dos quais se sabe pouco, até mesmo nos países vizinhos, e ninguém se lembraria do Suriname se não fosse, uma vez por semana, escala de rotina de um avião holandês que voa de Amsterdã a Caracas.

Ouvi falar de Suriname desde criança, não pelo nome de Suriname — que então se chamava Guiana Holandesa —, mas porque fazia limite com a Guiana Francesa, em cuja capital, Caiena, localizava-se até há pouco a tremenda colônia penal conhecida, na vida e na morte, como a Ilha do Diabo. Os poucos que conseguiam fugir daquele inferno, que tanto podiam ser cri-

Publicado originalmente em 6 de janeiro de 1981.

minosos bárbaros como idealistas políticos, dispersavam-se pelas numerosas ilhas das Antilhas até que conseguiam voltar para a Europa ou se estabeleciam com identidade trocada na Venezuela e na costa caribenha da Colômbia. O mais célebre de todos foi Henri Charrier, autor de *Papillon*, que prosperou em Caracas como divulgador de restaurantes e outras profissões menos visíveis, e morreu há poucos anos na crista de uma glória literária efêmera, mas tão meritória como não merecida. Essa glória, na realidade, correspondia, com mais méritos, a outro fugitivo francês que descreveu bem antes do que *Papillon* os horrores da Ilha do Diabo, e no entanto não figura hoje na literatura de nenhum lugar, e nem seu nome se encontra nas enciclopédias. Chamava-se René Belbenoit, fora jornalista na França antes de ser condenado à prisão perpétua por uma causa que nenhum jornalista de hoje pode recordar, e continuou a ser jornalista nos Estados Unidos, onde conseguiu asilo e onde morreu de velhice honrada.

Alguns destes fugitivos se refugiaram no povoado do Caribe colombiano onde eu nasci, nos tempos da *febre da banana*, quando os charutos não se acendiam com fósforos e sim com notas de cinco pesos. Vários deles se misturaram à população e chegaram a ser cidadãos respeitáveis, que se destacavam sempre por sua fala difícil e pelo passado misterioso. Um deles, Roger Chantal, que chegara sem outra profissão a não ser a de arrancador de dentes molares sem anestesia, tornou-se milionário da noite para o dia sem qualquer explicação. Promovia festas babilônicas — num povoado inverossímil que tinha poucas razões para invejar a Babilônia —, embebedava-se mortalmente e gritava em sua feliz agonia:

— *Je suis l'homme le plus riche du monde.*

No meio do delírio foi tomado pela vaidade de benfeitor que ninguém conhecia até então, e doou à igreja um santo de gesso de tamanho natural, entronizado com uma festança de três dias. Numa terça-feira qualquer chegaram no trem das 11 três agentes secretos que foram de imediato para sua casa. Chantal não estava, mas os agentes fizeram uma revista minuciosa na presença de sua mulher nativa, que não opôs nenhuma resistência, salvo quando quiseram abrir o armário envidraçado do quarto de dormir. Então os agentes romperam a vidraça e encontraram mais de um milhão de dólares em notas falsas escondidas entre o cristal e a madeira. Nunca mais se soube de Roger Chantal. Mais tarde circulou a lenda de que o milhão de dólares falsos entrou no país dentro do santo de gesso, que nenhum funcionário da alfândega teve a curiosidade de revistar.

Tudo isto me voltou de repente à memória pouco antes do Natal de 1957, quando tive de fazer uma escala de uma hora em Paramaribo. O aeroporto era uma pista de terra aplainada com uma cabana de madeira, em cuja viga vertical havia um telefone daqueles de filmes de caubóis, com uma manivela que se girava com força e muitas vezes, até obter a resposta. O calor era abrasivo, e o ar, poeirento e imóvel, tinha o cheiro de jacaré adormecido com que se identifica o Caribe quando alguém chega do outro mundo. Num tamborete apoiado na viga do telefone havia uma negra muito bela, jovem e sólida, com um turbante colorido como os usados pelas mulheres de alguns países da África. Estava grávida, prestes a dar à luz, e fumava um charuto em silêncio e como só vi fazer no Caribe: com a brasa dentro da boca e soltando fumaça pela outra extremidade, como uma chaminé de navio. Era o único ser humano no aeroporto.

Quinze minutos depois, chegou um jipe decrépito envolto numa nuvem de poeira, do qual desceu um negro de calças curtas e capacete de cortiça com os papéis para despachar o avião. Enquanto providenciava os trâmites, falava ao telefone, dando gritos em holandês. Doze horas antes eu estava num terraço marítimo de Lisboa, diante do imenso oceano português, vendo os bandos de gaivotas que se metiam nas cantinas do porto fugindo do vento glacial. A Europa era então uma terra decrépita coberta de neve, os dias não tinham mais de cinco horas de luz solar, e era impossível imaginar que realmente existisse um mundo de sol canicular e goiabas podres, como aquele onde acabáramos de descer. A única imagem que persistiu daquela experiência, e que ainda conservo intacta, foi a da bonita negra impassível que tinha no colo uma canastra com raízes de gengibre para vender aos passageiros.

Agora, viajando outra vez de Lisboa a Caracas, voltei a aterrissar em Paramaribo, e minha primeira impressão foi a de que nos equivocáramos de cidade. O terminal do aeroporto é agora um prédio iluminado, com janelões de vidro, com um ar-condicionado muito sutil, cheiroso como remédio para crianças, e essa música enlatada que se repete sem misericórdia em todos os lugares públicos do mundo. Há lojas de artigos de luxo livres de impostos, tão abundantes e bem sortidas como no Japão, e uma cafeteria superlotada onde se encontram revolvidas e em ebulição as sete raças do país, suas seis religiões e seus idiomas incontáveis. Aquela mudança não parecia de vinte anos e sim de séculos.

Meu professor Juan Bosch, autor, entre outras muitas coisas, de uma história monumental do Caribe, disse uma vez em particular que nosso mundo mágico é como estas plantas invencíveis que renascem sob o cimento, até que o racham e o rompem, e voltam a florescer no mesmo lugar. Compreendi isto melhor do que nunca quando saí por uma porta imprevista do aeroporto de Paramaribo e encontrei uma fileira de velhas mulheres sentadas impávidas, todas com turbantes coloridos e todas fumando com a brasa dentro da boca. Vendiam frutas e artesanato local, mas nenhuma fazia o menor esforço para convencer alguém. Só uma delas, que não era a mais alta, vendia raízes de gengibre. Reconheci-a logo. Sem saber por onde começar nem o que fazer com aquela descoberta, comprei um punhado de raízes. Enquanto comprava, recordando seu estado da primeira vez, perguntei-lhe sem preâmbulos como estava seu filho. Nem sequer me olhou.

— Não é filho, e sim filha — disse — e acaba de me dar meu primeiro neto aos 22 anos.

TEMOS QUE SALVAR EL SALVADOR

Um amigo, que voltou tarde para casa depois do trabalho, encontrou a mulher vendo na televisão um espetáculo bárbaro. Era uma multidão de homens, mulheres e crianças massacrados pela força pública no átrio de uma igreja. Muitos estavam mortos, outros agonizavam como vermes num lamaçal de sangue e os últimos vivos se dispersavam espantados sob o fogo implacável da metralhadora. Parecia uma imitação barata da carnificina de Odessa no *Encouraçado Potemkin*, o memorável filme de Sergei Eisenstein. Só que mais feroz e sem nenhuma consideração artística. Meu amigo, que fica horrorizado com filmes de terror, recriminou a mulher por estar vendo semelhante filme. Mas ela respondeu impassível:

— Não é um filme, e sim o noticiário de El Salvador.

Isto aconteceu no início do ano passado. Desde então, até o dezembro que acaba de passar, dez mil pessoas morreram naquele massacre contínuo. Como se o ano bissexto tivesse sido mais bissexto em El Salvador do que no resto do mundo.

Ronald Reagan disse há pouco que essa é uma guerra civil tripartite. Sem dúvida, queria dizer que de um lado está a ditadura militar, do outro os bandos de criminosos da extrema direita e do outro lado as forças da revolução. Mas a aritmética social de El Salvador é mais simples. Na verdade,

---

Publicado originalmente em 13 de janeiro de 1981.

esta guerra civil, que é a mais sangrenta da América Latina em toda a sua história, tem só dois bandos: a aristocracia feudal, de um lado, e o resto da nação, do lado oposto. Noventa por cento da população do país — cuja densidade demográfica é uma das mais altas do mundo — são índios e mestiços. Só 10% são brancos, mas também são eles que sempre controlaram, com mão de ferro, a totalidade do poder econômico e político. A proporção das vítimas é igual: 90% dos mortos do terrível ano bissexto que acaba de passar eram do lado dos pobres — tanto dos que estavam em armas como dos inermes, incluindo o arcebispo primaz. Isto é: à diferença da Nicarágua, onde a Frente Sandinista conseguiu reunir os anti-somozistas de todos os tamanhos e todos os níveis, as tensões sociais de El Salvador se resolveram com um irremediável confronto de classes. Assim se explica em grande parte a polarização radical desta guerra, sua ferocidade insaciável e a resolução de extermínio de ambos os lados, com episódios tão bestiais que já resultam insuportáveis até na televisão.

É uma guerra antiga. De 1931 a 1944, o país sofreu a ditadura do general Maximiliano Hernández Martínez, um déspota com pretensões de teósofo cujo defeito mais notável era que estava louco. Inventara um pêndulo mágico que punha sobre os alimentos para averiguar, segundo a inclinação, se estavam envenenados. Em certa ocasião tentou esconjurar uma epidemia de escarlatina cobrindo com papel vermelho a iluminação pública do país. Estas fantasias folclóricas que, afinal de contas, não incomodavam ninguém, tiveram uma expressão brutal em 1932, quando as forças armadas responderam a tiros uma vasta insurreição agrária e mataram 31 mil camponeses. Repito com todas as letras: trinta e um mil camponeses. Desde então, El Salvador passou por todos os matizes do poder militar e, de uma outra maneira, a guerra desigual entre os ricos e os pobres não teve um instante de trégua. O inconformismo secular se expressa hoje por intermédio dos movimentos armados, das organizações de massa e dos partidos políticos de oposição que conseguiram enfim uma fórmula de unidade, cuja face pública é a Frente Democrática Revolucionária. Supõe-se que têm uns cinco mil homens em armas, incluindo peças de artilharia média, e uns trinta mil reservistas dispostos à ofensiva final anunciada para estes dias. Quem foi a El Salvador nos últimos tempos sabe que é um exército popular infiltrado por todas as partes. Seus soldados aparecem vestidos de garçons em restaurantes, camareiras nos hotéis, motoristas nos táxis e até de padres com sotainas nos confessionários. Nestas condições, o assalto decisivo destes dias poderia não ser tão ilusório como alguns anteriores.

O poder feudal, por sua parte, conta com o apoio dos Estados Unidos e com forças armadas bem armadas. Conta com bandos de matadores de aluguel que fazem o trabalho sujo que o governo não se atreve a fazer para não mostrar sua verdadeira face. Conta enfim com uma facção da Democracia Cristã que se esqueceu de Cristo e parece disposta a não deixar nenhum cristão vivo. A esta facção pertence o atual presidente da república, Napoleón Duarte, que não foi eleito por ninguém, e sim nomeado pelos militares num momento de dificuldade, para ter uma fachada civil.

Não é casual esta atitude da Democracia Cristã. Ao contrário, faz parte de uma estratégia global, cujo paladino na América Latina é o novo presidente da Venezuela, Luis Herrera Campins, e cuja finalidade imediata é desviar os avanços democráticos no Caribe e na América Central, com o pretexto de resistir à influência cubana. Herrera Campins, de quem se diz que come balas o dia inteiro e faz a sesta depois do desjejum, não postergou este compromisso. Em primeiro lugar porque corresponde à sua ideologia, e, em segundo, porque corresponde à sua obsessão de desfazer tudo o que fez o seu antecessor, Carlos Andrés Pérez, a quem continua a fazer oposição mesmo sendo o presidente. Até agora conseguiu pôr os governos do Pacto Andino contra a libertação de El Salvador, com exceção do presidente do Equador, Jaime Roldós, cuja vocação progressista é indiscutível. Sua obra-prima: conseguir que Napoleón Duarte fosse convidado como presidente legítimo ao sesquicentenário de Simón Bolívar, ao mesmo tempo que não se convidou o ditador da Bolívia, como se fosse mais ditatorial, mais sanguinário e de origem menos legítima do que o regime de El Salvador. Em todo o caso, e com o mesmo direito que Napoleón Duarte, poderiam ter convidado o presidente da Guatemala, general Romero Lucas, que pelo menos subiu ao poder mediante uma farsa eleitoral.

Este é o panorama que encontrará Ronald Reagan na próxima semana, quando se sentar na cadeira presidencial dos Estados Unidos. O presidente do México, José López Portillo, mandou-lhe um recado público, pensando, sem dúvida, em El Salvador: que não intervenha na América Latina, que respeite a vontade dos países que procuram novas definições, porque são maiores de idade e capazes de se ocupar sozinhos de seus próprios assuntos. É provável, além disso — conhecendo o caráter de López Portillo —, que o tenha repetido em particular, e já com nome próprio, no recente encontro que tiveram na fronteira.

De acordo com um memorando do Departamento de Estado divulgado pelo *New York Times* há um mês, a intervenção dos Estados Unidos em El Salvador está preparada em seus ínfimos detalhes políticos e militares. Preparou-a o presidente Carter, e o presidente Reagan só teria de apertar um botão. Exatamente como fez John Kennedy há vinte anos, quando chegou ao poder e encontrou o plano de invasão de Cuba preparado por Eisenhower. Diz o refrão que não se capa um cachorro duas vezes, mas o perigoso neste caso é que se trata de dois cachorros diferentes.

25 BILHÕES DE QUILÔMETROS QUADRADOS SEM UMA ÚNICA FLOR

Quando Neil Armstrong desembarcou na superfície lunar, 11 anos atrás, o locutor da televisão exclamou emocionado:

— Pela primeira vez na história, o homem pôs um pé na Lua.

Um menino que estava conosco, e que seguira com ansiedade os pormenores do desembarque, gritou surpreendido:

— Mas é a primeira vez? Que tolice!

Seu desencanto era compreensível. Para uma criança de seu tempo, acostumado a vagar todas as noites pelo espaço sideral da televisão, a notícia da chegada do primeiro homem à Lua era como um regresso à Idade da Pedra. Também tive uma sensação de desânimo, mas por motivos mais simples. Passávamos o verão na ilha de Pantelaria, no extremo sul da Sicília, e não creio que exista no mundo um lugar mais apropriado para pensar na Lua.

Recordo como num sonho as planícies intermináveis de rocha vulcânica, o mar imóvel, a casa pintada de cal viva até as muretas de tijolos, de cujas janelas se viam nas noites sem vento os rastros luminosos dos faróis da África. Explorando os terrenos adormecidos ao redor da ilha, descobríramos uma série de torpedos amarelos encalhados desde a última guerra; resgatamos uma ânfora com grinaldas petrificadas que ainda tinha dentro os rescaldos

Publicado originalmente em 20 de janeiro de 1981.

de um vinho imemorial carcomido pelos anos, e tomamos banho num remanso fumegante cujas águas eram tão densas que quase se podia caminhar sobre elas.

Pensei com uma certa nostalgia premonitória que assim devia ser a Lua. Mas o desembarque de Armstrong aumentou meu orgulho patriótico: Pantelaria era melhor.

Para aqueles de nós que perdemos o tempo pensando nestas coisas, há desde então duas luas. A Lua astronômica, com maiúscula, cujo valor científico deve ser muito grande, mas que carece por completo de validade poética. A outra é a lua de sempre que vemos pendurada no céu; a lua única dos lobisomens e dos boleros, aonde — felizmente — ninguém chegará jamais.

Até agora, a conquista do espaço parece condenada a esta classe de desilusões. O mais triste é que, depois da viagem assombrosa do *Voyager I*, já se pode afirmar sem dúvida que pelo menos nesta minúscula província do sistema solar não existe vida como nós a entendemos. Vênus e Mercúrio, os dois planetas mais perto do Sol, estavam desqualificados há muito tempo como duas bolas incandescentes sem valor comercial. Os canais de Marte, que supúnhamos escavados por nossos primos do espaço, não parecem ser mais do que uma pura ilusão. Júpiter, 317 vezes maior do que a Terra, é um truão gigantesco com duzentos graus abaixo de zero. Depois da proveitosa exploração de Saturno, só nos falta conhecer Urano, Netuno e Plutão, os três velhos solitários do subúrbio solar, cujas órbitas são tão desmesuradas que o último deles demora mais de 248 anos dos nossos para terminar uma volta ao redor do Sol.

A utilidade científica destes descobrimentos é incalculável, mas uma coisa fica clara: ali não há ninguém. É uma imensa noite glacial de 15 bilhões de quilômetros quadrados onde há oceanos de nitrogênio líquido, ventos dez vezes mais devastadores do que os tufões de Sumatra, e tempestades apocalípticas que podem durar até trinta mil anos. Mas não há uma única flor. Nem sequer uma rosa miserável como esta de meu escritório, que se aborrece talvez por não ser mais do que é, sem saber que ela sozinha é um prodígio que não pode ser reproduzido em outras partes do universo.

Luciano de Samosata — como diz Jorge Luis Borges em seu prólogo a *Crônicas marcianas*, de Bradbury —, escreveu que os selenitas teciam os metais no vidro, tiravam e punham os olhos, e bebiam extratos do ar. É uma citação como quase todas as de Borges, ao mesmo tempo deslumbrantes e suspeitosas, mas ilustra bem a imagem que se tinha no século II dos seres extraterrestres. Com o progresso da ciência e o refinamento da imaginação, a visão não melhorou, antes pelo contrário. Os escritores de ficção científica descrevem nossos parentes siderais como criaturas pavorosas com orelhas de morcego, antenas em lugar de cornos, membranas interdigitais e ventosas como sentidos. Tudo o que tem a ver com eles é de natureza viscosa e infame, e sua única vantagem sobre nós são suas armas demoníacas e sua prodigiosa inteligência para o mal. O cinema nunca conseguiu terror mais intenso do que os filmes sobre o espaço.

Talvez a desilusão da vizinhança celeste nos sirva para corrigir este grave e injusto mal-entendido universal. Talvez, ao cabo de tantos milênios de fantasias mesquinhas, comecemos a compreender que os aborígenes de outros planetas não podem estar onde tanto os buscamos, porque estão aqui muito antes do que nós: são os micróbios. Vivem há milênios em nossa vida, navegando em nosso sangue, dormindo em nossas feridas, nascendo e morrendo conosco e, no entanto, nem eles nem nós sabemos quem somos. Sua natureza diferente impediu-os de fazer o que queriam, e nos impede também de fazer o que queremos, que é sentarmos e comermos juntos na mesma mesa, jogar cartas e contar às crianças as verdades do universo para que não precisem ir ao cinema para ver tantas calúnias espaciais.

Em compensação, continuamos a brigar desde o início da criação, eles tentando nos exterminar e nós tentando exterminá-los, empenhados numa guerra de morte da qual não sabemos sequer contra quem combatemos. Pois é bem provável que nossos micróbios, assim como nós, tampouco saibam onde estão, nem por que vieram.

— Há outros mundos, mas estão aqui — disse Paul Éluard.

Outro grande escritor de nosso tempo que talvez não acredite em marcianos, disse de uma maneira mais brutal:

— A Terra é o inferno de outros planetas.

A POESIA AO ALCANCE DAS CRIANÇAS

Um professor de literatura avisou, no ano passado, à filha mais nova de um grande amigo meu, que seu exame final versaria sobre *Cem anos de solidão*. A menina se assustou, com toda a razão, não só porque não lera o livro mas porque precisava estudar outras matérias mais importantes. Por sorte, seu pai tem uma sólida formação literária e um raro instinto poético, e a submeteu a uma preparação tão intensa que, sem dúvida, chegou ao exame mais bem preparada que o professor. Mas o professor lhe fez uma pergunta surpreendente: que significa a letra ao contrário no título de *Cem anos de solidão*? Referia-se à edição de Buenos Aires, cuja capa foi feita pelo pintor Vicente Rojo com uma letra invertida, porque assim lhe indicou sua absoluta e soberana inspiração. A menina certamente não soube o que responder. Vicente Rojo me disse quando lhe contei a história que ele tampouco teria sabido responder.

Nesse mesmo ano, meu filho Gonzalo teve de responder a um questionário de literatura elaborado em Londres para um exame de admissão. Uma das perguntas pretendia definir qual era a simbologia do galo em *Ninguém escreve ao coronel*. Gonzalo, que conhece bem o estilo de sua casa, não pôde resistir à tentação de zombar daquele sábio remoto e respondeu: "É o galo dos ovos de ouro." Mais tarde soubemos que quem obteve a melhor nota foi

---

Publicado originalmente em 27 de janeiro de 1981.

o aluno que respondeu, como o professor lhe ensinara, que o galo do coronel era o símbolo da força popular reprimida. Alegrei-me mais uma vez por minha boa estrela política, pois o final que havia pensado para este livro, e que troquei na última hora, era que o coronel torcesse o pescoço do galo e fizesse com ele uma sopa de entulho.

Há anos coleciono estas pérolas com que os maus professores de literatura pervertem as crianças. Conheço um de boa-fé para quem a avó desalmada, gorda e voraz, que explora a cândida Eréndira para cobrar uma dívida é o símbolo do capitalismo insaciável. Um professor católico ensinava que a ascensão ao céu de Remedios la Bella era uma transposição poética da ascensão da Virgem Maria. Outro discorreu uma aula inteira sobre Herbert, um personagem de algum conto meu que resolve problemas de todo mundo e distribui dinheiro a torto e a direito:

— É uma bonita metáfora de Deus — disse o professor.

Dois críticos de Barcelona me surpreenderam com a descoberta de que *O outono do patriarca* tinha a mesma estrutura do terceiro concerto para piano de Béla Bartok. Isto me causou uma grande alegria pela admiração que tenho por Béla Bartok, e em especial por esse concerto, mas no entanto não pude entender as analogias daqueles dois críticos. Um professor de literatura da Escola de Letras de Havana destinava muitas horas à análise de *Cem anos de solidão* e chegava à conclusão — lisonjeira e deprimente ao mesmo tempo — de que não oferecia nenhuma solução. Tudo isto acabou por me convencer de que a mania interpretativa termina por ser com o tempo uma nova forma de ficção que às vezes encalha no disparate.

Devo ser um leitor muito ingênuo, porque nunca pensei que os romancistas quisessem dizer mais do que dizem. Quando Franz Kafka diz que Gregor Samsa despertou uma manhã transformado num gigantesco inseto, não me parece que isso seja o símbolo de nada, e a única coisa que sempre me intrigou é que tipo de animal pode ter sido. Creio que de fato houve um tempo em que os tapetes voavam e havia gênios aprisionados nas garrafas. Creio que o asno de Balaão falou — como diz a Bíblia — e o lamentável é que não se gravou sua voz, e creio que Josué derrubou as muralhas de Jericó com o poder de suas trombetas, e o lamentável é que ninguém transcreveu sua música demolidora. Creio, enfim, que o licenciado Vidrieras — de Cervantes — era na realidade de vidro, como ele acreditava em sua loucura, e creio para valer na alegre verdade de que Gargântua urinava em torrentes sobre as catedrais de Paris. Mais ainda: creio que outros prodígios semelhantes continuam a ocorrer e se não os vemos é porque somos impedidos pelo racionalismo obscurantista que nos inculcaram os maus professores de literatura.

Tenho grande respeito, e sobretudo grande carinho, pela profissão de professor, e por isso me dói que eles também sejam vítimas de um sistema de ensino que os induz a dizer tolices. Um de meus tipos inesquecíveis é a professora que me ensinou a ler aos cinco anos. Era uma jovem bela e sábia que não pretendia saber mais do que podia, e era tão jovem que com o tempo acabou por ser mais nova do que eu. Era ela quem nos lia na aula os primeiros poemas que me fizeram perder o juízo para sempre. Recordo com a mesma gratidão o professor de literatura do curso secundário, um homem modesto e prudente que nos levava pelo labirinto dos bons livros sem interpretações rebuscadas. Este método permitia a nós, seus alunos, uma participação mais pessoal e livre no prodígio da poesia. Em síntese, um curso de literatura não deveria ser mais do que um bom guia de leituras. Qualquer outra pretensão só serve para assustar as crianças. É o que creio, aqui no quarto dos fundos.

A DOENÇA POLÍTICA DE REZA PAHLEVI

Pierre Salinger — o astuto jornalista norte-americano que foi assessor de imprensa de John Kennedy — disse, ao que parece num programa de televisão, que David Rockefeller e Henry Kissinger são em última análise os responsáveis pelo triste drama dos reféns de Teerã, pois foram eles que conseguiram que o xá Mohamed Reza Pahlevi fosse admitido nos Estados Unidos para uma operação cirúrgica que bem podia ser feita no México. Esta declaração põe em primeiro plano o conto tenebroso da doença do xá, cujos mistérios de fundo duplo — mais políticos do que médicos — não são nada fáceis de decifrar.

Na realidade, em setembro de 1979, os médicos mexicanos que cuidaram do xá estavam preparados para operá-lo, e ele concordara. Em seu refúgio primaveril de Cuernavaca — uma imensa mansão de seis milhões de dólares, muito bem dissimulada entre os rouxinóis e as buganvílias —, o xá fora surpreendido no final de agosto por uma rara febre crepuscular. Depois de um exame minucioso, os médicos mexicanos encontraram indícios de uma anemia perniciosa, que é uma doença endêmica no Irã, e que o próprio xá acreditava ter contraído quando era cadete. O doutor Georges Flandrin, do Hospital Saint Louis, de Paris, que em 1973 detectara pela primeira vez a grave doença do xá, foi chamado às pressas. Por sua vez, o xá

Publicado originalmente em 4 de fevereiro de 1981.

solicitou ao seu amigo e banqueiro David Rockefeller que lhe mandasse um especialista norte-americano. Rockefeller — segundo o jornalista Mark Bloom contou na revista *Science* — enviou a Cuernavaca o doutor Benjamin Kean, chefe de medicina tropical do New York Hospital, e professor de parasitologia da Universidade de Cornell. Desde sua primeira visita, o doutor Kean chegou à conclusão simplista de que os médicos mexicanos confundiram os parasitas da malária com a precipitação de uns cristais de tintura na análise do sangue. Concordou, no entanto, que devia extirpar a vesícula o quanto antes e fazer explorações do colédoco, mas considerou que isso só seria possível no New York Hospital. Foi com base nesse informe que Rockefeller e Kissinger pediram o ingresso do xá nos Estados Unidos.

O próprio xá parecia ter outros planos. Por instruções suas, o doutor Flandrin fizera gestões para que o operassem no México, em cujos médicos ambos confiavam, e cujos recursos técnicos lhes pareciam suficientes. Por outro lado, o doutor Even Dustin — secretário de Estado adjunto para assuntos médicos — pediu outra opinião qualificada, além da do doutor Kean, antes de dar o visto de entrada do xá nos Estados Unidos. Ao saber disto, David Rockefeller visitou em Washington seu amigo Cyrus Vance, secretário de Estado e antigo diretor da Fundação Rockefeller, e conseguiu a autorização do visto sem mais burocracia. O xá chegou aos Estados Unidos em 22 de outubro de 1979, foi imediatamente internado no New York Hospital e foi operado sem contratempos. Duas semanas depois, um grupo de universitários iranianos assaltou a embaixada dos Estados Unidos em Teerã, em protesto contra a presença do xá em Nova York, e tomou como reféns 52 funcionários que permaneceram em cativeiro muito mais do que Reza Pahlevi neste mundo.

Estas foram as razões que Pierre Salinger levou em conta para dizer o que dizem que disse. Mas o enigma político da doença do xá teve outros episódios secretos, cujo protagonista mais visível foi o doutor Kean, em nome de David Rockefeller.

O capítulo do Panamá foi talvez o mais intrigante. O xá chegou ao Panamá em 15 de dezembro de 1979, porque o presidente Jimmy Carter pediu ao general Omar Torrijos que o recebesse por poucas semanas, numa tentativa de reabrir as negociações para a libertação dos reféns. Chegou acompanhado por sua mulher, Farah Diba; pelo coronel Jahnbini, seu chefe de segurança; pela doutora Pernio, sua médica pessoal; por seu *valet* iraniano, e por Roberto Armao, homem de confiança dos Rockefeller, que era quem tomava as decisões mais importantes e administrava o dinheiro. Levava dois cães afegãos e sete baús enormes com documentos secretos. Desde o primeiro exame a que o submeteram os médicos panamenhos, determinou-se que era urgente extirpar o baço, coisa que não se fizera em Nova York devido às precárias condições do paciente; mas, depois de dois meses de cuidados intensos, engordara 11 quilos, seu estado geral era o melhor possível e os médicos panamenhos consideraram que era o momento de operá-lo. O doutor Flandrin, que voltara da França, concordou.

— Uma operação como essa não é tecnicamente difícil — me disse mais tarde o doutor Carlos García Aguilera, um dos médicos do xá — e era feita sem problemas em todos os hospitais do Panamá.

Ainda assim, pelas condições e pela importância do paciente, tomaram-se precauções excepcionais. Levaram até um separador de sangue fabricado pela IBM com base em um projeto dos médicos do Hospital M.D. Anderson, de Houston, cuja função é separar os diferentes elementos do sangue e permitir uma transfusão seletiva. Quando o doutor Kean se inteirou destes preparativos, dirigiu-se ao Departamento de Estado e ao comando médico da Zona do Canal, para que o aparelho não fosse enviado ao Panamá. Mais tarde, pediu a participação do doutor Michael de Bakey, chefe da cirurgia cardiovascular do Hospital Metodista de Houston e uma das maiores estrelas da cirurgia mundial. Isto ocorreu no dia 7 de março de 1980. No entanto, o próprio doutor De Bakey contou a um jornalista de seu país que o doutor Kean o contratara para operar o xá desde 4 de março, ou seja, três dias antes de sua reunião com os médicos panamenhos.

Na sexta-feira 14 de março, o xá foi internado no Hospital de Paitilla, no Panamá, para ser operado. A equipe médica local estava preparada. Nessa mesma tarde chegaram em avião particular os membros da equipe norte-americana, incluindo o doutor De Bakey com seus assistentes pessoais. No entanto, em lugar de proceder à operação, as duas equipes se envolveram num debate caloroso, que acabou por eliminar todo o seu caráter científico. Os companheiros tinham a impressão de que os norte-americanos só pensavam em impedir a operação mediante toda série de manobras proteladoras para forçar seu regresso aos Estados Unidos. De fato, conseguiram adiá-la.

De regresso à sua casa de Contadora — uma casa tropical sobre uma colina, da qual se divisa o oceano Pacífico —, o xá já não parecia ser o dono de seu destino. Sua mulher ocupava o quarto do térreo. O xá ocupava o do andar de cima, juntamente com os sete baús. Em seus últimos dias só leu um livro: *A queda do trono do pavão real*, de William Forbis, que era a história de sua própria desgraça. As únicas visitas que recebia eram as de seus médicos, e a todos impôs o protocolo real, de maneira que tinham de tratá-lo como um monarca reinante.

— Fazíamos aquilo por compaixão — disse-me um deles.

Em 23 de março — contra a vontade do próprio presidente Carter, mas ao que parece com a anuência de Rockefeller — fugiu para o Egito num avião particular. Seus administradores não pagaram o aluguel da casa, nem a conta dos médicos, nem os gastos de sua segurança pessoal. Oito dias depois, no Egito, o doutor Michael de Bakey fez por fim a operação do baço.

A MULHER QUE ESCREVEU UM DICIONÁRIO

Três semanas atrás, de passagem por Madri, quis visitar María Moliner. Encontrá-la não foi tão fácil como eu supunha. Algumas pessoas que deviam saber ignoravam quem era, e não faltou quem a confundisse com uma célebre estrela de cinema. Por fim, consegui um contato com seu filho mais novo, que é engenheiro de produção em Barcelona, e ele me fez saber que não era possível visitar sua mãe, que estava com problemas de saúde. Imaginei que era uma crise passageira e que talvez pudesse vê-la numa próxima viagem a Madri. Mas na semana passada, quando já me encontrava em Bogotá, recebi por telefone a triste notícia de que María Moliner morrera. Senti-me como se tivesse perdido alguém que sem saber trabalhou para mim durante muitos anos.

María Moliner — para ir direto ao assunto — realizou uma proeza com poucos precedentes: escreveu sozinha, em sua casa, com o próprio punho, o dicionário mais completo, mais útil, mais preciso e mais divertido da língua castelhana. Chama-se *Dicionário de uso do espanhol*, tem dois tomos de quase três mil páginas no total, que pesam três quilos, e vem a ser, portanto, mais de duas vezes mais extenso do que o da Real Academia de la Lengua, e — no meu entender — mais de duas vezes melhor. María Moliner escreveu-o nas horas vagas de seu emprego de bibliotecária e do que considerava sua ver-

---

Publicado originalmente em 10 de fevereiro de 1981.

dadeira profissão: cerzir meias. Um de seus filhos, a quem perguntaram há pouco quantos irmãos tinha, respondeu:

— Dois varões, uma fêmea e o dicionário.

Deve-se saber como a obra foi escrita para entender quanta verdade implica essa resposta.

María Moliner nasceu em Paniza, um povoado de Aragón, em 1900. Ou, como ela dizia com muita propriedade:

— No ano zero.

Morreu, portanto, aos oitenta anos. Estudou filosofia e letras em Zaragoza e obteve, mediante concurso, sua entrada na Corporação de Arquivistas e Bibliotecários da Espanha. Casou-se com dom Fernando Ramón y Ferrando, professor universitário de prestígio que ensinava em Salamanca uma ciência rara: base física da mente humana. María Moliner criou os filhos como toda mãe espanhola, com mão firme e dando-lhes muito de comer, mesmo nos duros anos da guerra civil, em que não havia muito para comer. O mais velho se tornou médico pesquisador, o segundo se tornou arquiteto e a filha, professora. Só quando o mais moço começou a carreira de engenheiro de produção, María Moliner percebeu que sobrava bastante tempo depois de suas cinco horas de bibliotecária, e decidiu ocupá-lo escrevendo um dicionário.

A idéia lhe veio do *Learner's Dictionary*, com o qual aprendeu inglês. É um dicionário de uso; isto é, que não apenas diz o que significam as palavras, mas que indica também como se usam, e são incluídas outras com que se podem fazer substituições.

— É um dicionário para escritores — disse uma vez María Moliner, falando do seu, e o disse com muita razão. No dicionário da Real Academia de la Lengua, em compensação, as palavras são admitidas quando já estão prestes a morrer, gastas pelo uso, e suas definições rígidas parecem penduradas num prego. Foi contra esse critério de embalsamadores que María Moliner se sentou para escrever seu dicionário em 1951. Calculou que o terminaria em dois anos, e quando se passaram dez anos ainda estava pela metade.

— Sempre lhe faltavam dois anos para concluí-lo — disse-me seu filho mais moço.

No início dedicava ao dicionário duas ou três horas diárias, mas à medida que os filhos se casavam e saíam de casa lhe sobrava mais tempo disponível, até que chegou a trabalhar dez horas por dia, além das cinco da biblioteca. Em 1967 — pressionada sobretudo pela Editorial Gredos, que a esperava havia cinco anos — deu o dicionário por concluído. Mas continuou a fazer fichas, e no momento de morrer tinha vários metros de palavras novas que esperava ver incluídas nas futuras edições. Na realidade, o que essa mulher de fábula empreendera foi uma corrida de velocidade e resistência contra a vida.

Seu filho Pedro me contou como trabalhava. Disse que um dia se levantou às cinco da manhã, dividiu uma folha de papel em quatro partes iguais e se pôs a escrever fichas de palavras sem mais preparativos. Suas únicas ferramentas de trabalho eram duas estantes e uma máquina de escrever portátil, que sobreviveu à redação do dicionário. No começo, trabalhava na mesa de centro da sala. Depois, quando se sentiu naufragando entre livros e anotações, serviu-se de uma tábua apoiada sobre o espaldar de duas cadeiras. O marido fingia uma impavidez de sábio, mas às vezes media escondido os feixes de fichas com uma fita métrica, e mandava notícias aos filhos. Numa ocasião contou que o dicionário já estava na última letra, mas três meses depois contou, com as ilusões perdidas, que voltara à primeira. Era normal, porque María Moliner tinha um método infinito: pretendia agarrar em pleno vôo todas as palavras da vida.

— Sobretudo as que encontro nos jornais — disse numa entrevista. — Porque ali está o idioma vivo, o que está sendo usado, as palavras que têm de ser inventadas no momento, por necessidade.

Só abriu uma exceção: os palavrões, que são muitos e talvez os mais usados na Espanha em todos os tempos. É o defeito maior de seu dicionário, e María Moliner viveu bastante para compreender a questão, mas não o suficiente para corrigi-la.

Passou seus últimos anos num apartamento ao norte de Madri, com um terraço grande, onde tinha muitos vasos de flores, que regava com tanto amor como se fossem palavras cativas. Agradavam-lhe as notícias de que seu dicionário vendera mais de dez mil exemplares, em duas edições, que cumpria o projeto que ela se impusera e que alguns acadêmicos da língua consultavam em público sem se ruborizar. Às vezes vinha um jornalista ou outro. A um deles, que lhe perguntou por que não respondia às numerosas cartas que recebia, respondeu com mais frescor do que o de suas flores:

— Porque sou preguiçosa.

Em 1972, foi a primeira mulher a se candidatar a uma vaga na Academia de Letras, mas os muito senhores acadêmicos não se atreveram a romper sua venerável tradição machista. Só se atreveram há dois anos, e aceitaram então a primeira mulher, mas não foi María Moliner. Ela se alegrou quando soube, porque se sentia aterrorizada só de pensar na idéia de pronunciar o discurso de posse.

— Que podia eu dizer — disse então — se em toda a minha vida não fiz mais do que cerzir meias?

O KISSINGER DE REAGAN

Deve-se reconhecer no presidente dos Estados Unidos, Ronald Reagan, o mérito de acabar em menos de trinta dias com o velho conflito entre o Departamento de Estado e o Pentágono. Conseguiu-o numa única penada, ao nomear como dirigente de sua diplomacia o general Alexander Haig, um militar inteligente e duro que leu os clássicos gregos e latinos, que ama os cães ferozes e a boa cozinha européia, e que seria capaz de dirigir os dois ministérios mais importantes do país como se fosse uma única coisa. É o Kissinger de Reagan, mas com a vantagem adicional de suas quatro estrelas.

A primeira notícia pública sobre o general Alexander Haig foi dada por Kissinger em suas memórias. Não evitou nenhum recurso literário para chamar a atenção sobre aquele militar com ares de intelectual europeu que foi talvez a pessoa mais chegada a Nixon durante o drama de Watergate. Kissinger deixou registrado em seu livro que foi ele quem suportou o delicado encargo de vigiar Nixon nos últimos dias de seu infortúnio para impedir que cometesse uma loucura final, incluindo a que poderia parecer menos inverossímil nos Estados Unidos: um golpe de Estado contra a soberania do Congresso.

Quem leu com a devida atenção aquele livro, ao mesmo tempo fascinante e abominável, não poderia se surpreender que o presidente Reagan

---

Publicado originalmente em 27 de fevereiro de 1981.

tivesse encomendado ao general Haig a alta honra de devolver aos Estados Unidos seu abalado prestígio mundial.

Tampouco nos equivocamos na profecia fácil de que o esforço iria começar pela América Latina. Demonstrou-se com os primeiros trinta dias do presidente Reagan, com os primeiros esboços de uma diplomacia implacável, e um renovado alento de guerra — aberta ou dissimulada — na América Central. El Salvador está em chamas. O embaixador dos Estados Unidos naquele país, um realista chamado White, fora condenado à morte pela extrema direita só por muitas vezes ter dito em público que uma intervenção de seu país em El Salvador seria favorável à extrema direita. O general Haig, que é um reacionário em estado puro, não poderia se assustar com estes prognósticos. Ao contrário: a decisão de apoiar em sua agonia a Junta de Governo de El Salvador com toda a espécie de recursos mortíferos, sem tentar nenhuma solução intermediária, é um ato machista que define bem o estilo da nova diplomacia militar.

A Nicarágua não voltou a dormir tranqüila. Apesar de sua decisão reiterada e clara de introduzir um sistema de governo independente de todo centro mundial de poder, a hostilidade dos Estados Unidos recrudesceu nestes trinta dias. As incursões de bandos somozistas em suas fronteiras são cada vez mais freqüentes. Neste fim de semana se soube de notícias confidenciais de uma invasão maior a partir da Guatemala.

Cuba, por sua vez, está outra vez em pé de guerra. Não apenas desde o dia da posse do presidente Reagan, mas desde a própria noite de sua eleição. Lá ninguém desconsiderou as ameaças da campanha eleitoral, que as primeiras medidas do general Haig só fizeram confirmar. É injusto, sobretudo porque este estado de tensão nacional impõe a Cuba um desvio extraordinário de seus recursos civis, num ano benéfico em que o racionamento da comida e da roupa se resolveu na prática, e o país se prepara para uma das maiores safras do século XX, graças a uma prática econômica mais realista, a um inverno frio e sem temporais e ao preço favorável do açúcar no mercado mundial.

O governo do Panamá foi o primeiro a conhecer de modo direto a vocação imperial e o estilo rupestre do general Haig, numa nota verbal inconcebível que lhe foi transmitida na semana passada. O embaixador dos Estados Unidos no Panamá, um liberal simpático que fala catalão sem sotaque e um castelhano rigoroso com todos os seus zês inúteis, teve duas vezes o dissabor de transmiti-la de viva voz, em audiências separadas, ao presidente Aristides Royo e ao general Omar Torrijos. É uma nota tão inadmissível que não resisto à tentação de uma inconfidência.

O general Haig — segundo a nota verbal — se congratula com as boas relações entre o Panamá e os Estados Unidos. Congratula-se com o fato de que o governo panamenho tenha realizado eleição em 1980 e com o projeto de fazer outra eleição em 1984. Entende que haja relações entre Cuba e o Panamá, mas o preocupa que sejam tão boas, e o preocupa sobretudo que o intercâmbio comercial entre os dois países esteja contribuindo para romper o bloqueio imposto pelos Estados Unidos há mais de vinte anos. Preocupa-o a presença crescente de pessoal na embaixada cubana no Panamá e a influência que estes funcionários exercem sobre o governo panamenho. Preocupa-o a presença de uma frota pesqueira cubana nas águas territoriais panamenhas e que Cuba utilize o Panamá para mandar armas e pessoas treinadas para El Salvador.

O presidente Royo, que é um homem inteligente e culto, transmitiu ao embaixador uma resposta serena a cada uma das preocupações do general Haig:

— Preocupa-me muito a execução do tratado Torrijos-Carter sobre o canal interoceânico, porque os Estados Unidos não estão cumprindo a sua parte — disse, para começar.

Lembrou mais uma vez que o Panamá é um país não-alinhado, e com uma política externa independente. Confirmou que, de fato, o Panamá é contra o bloqueio a Cuba, "porque somos contra bloquear uma nação irmã só porque tem um sistema diferente do nosso"; disse que é exato que o Panamá mantém boas relações com Cuba, mas precisou que são menos importantes que as mantidas pelos Estados Unidos com a China e a União Soviética.

— No Panamá os comunistas não nos preocupam, e acreditamos no pluralismo ideológico — prosseguiu o presidente Royo — e no dia em que começarmos a perseguir tendências e ideologias voltaremos a sofrer com a violência.

Reiterou que a frota pesqueira de Cuba — que na realidade é composta por dois navios — só se dedica a pescar, e rejeitou, por ser falsa, a afirmação de que era cada vez maior a presença de pessoal cubano na embaixada do Panamá. Rejeitou também a afirmação de que os cubanos influenciam o governo do Panamá, "pois o impede o respeito mútuo entre os dois governos".

— É falso — disse por fim o presidente Royo — que o Panamá seja utilizado para enviar tropas e armas a El Salvador. Nenhum país latino-americano fez isto. O único país que, contra a nossa vontade, utilizou nosso território para incursões em El Salvador foram os Estados Unidos.

O presidente se referia certamente ao envio de recursos ao governo de El Salvador a partir das bases que os Estados Unidos ainda têm na zona do canal, e ao treinamento de tropas salvadorenhas nos territórios que ainda não foram devolvidos ao Panamá.

O general Omar Torrijos ouviu a leitura da nota mastigando seu charuto e tentando subjugar o topete rebelde que sempre lhe cai na testa. Ao final, pediu à secretária uma folha de papel e escreveu a resposta de próprio punho: "Dou esta mensagem como não recebida por se ter enganado de destinatário. Devia ser enviada a Porto Rico."

REMÉDIOS PARA VOAR

Mais uma vez cometi o despropósito que me propusera jamais repetir: atravessar o Atlântico à noite e sem escalas. São 12 horas entre parênteses dentro das quais se perde não só a identidade mas também o destino. Além disso, desta vez o vôo foi tão perfeito que por um instante tive a certeza de que o avião ficara imóvel na metade do oceano e iam ter de levar outro para nos rebocar. Isto é: sempre me atormentara o temor de que o avião caísse, mas agora concebi um novo medo. O medo espantoso de que o avião ficasse no ar para sempre.

Nessas condições indesejáveis compreendi por que a comida servida em pleno vôo é de uma natureza diferente da que se come em terra firme. É que também o frango — morto e assado — voa com medo, e as borbulhas do champanha morrem antes do tempo, e a salada murcha com uma tristeza diferente. Algo semelhante ocorre com os filmes. Vi alguns que mudam de sentido quando tornam a ser vistos no ar, porque a alma dos atores resiste a ser a mesma e a vida acaba por não acreditar na própria lógica. Por isso não há a mínima possibilidade de que um filme de avião seja bom. Quanto mais longos e mais aborrecidos, mais se agradece que o sejam, porque a pessoa se vê forçada a imaginar além do que vê e até a inventar muito mais do que se consegue ver, e tudo isso ajuda a suportar o medo.

Publicado originalmente em 14 de fevereiro de 1981.

Semelhantes remédios são incontáveis. Tenho uma amiga que não consegue dormir vários dias antes de embarcar, mas seu medo desaparece por completo quando se tranca no banheiro do avião. Permanece ali tantas horas quantas forem possíveis, lendo num sossego só comparável ao do olho do furacão, até que as autoridades a bordo a obriguem a voltar ao horror do assento. É estranho, pois sempre acreditei que metade do medo de avião se deve à sensação de clausura, e em nenhuma parte se a sente tanto como nos banheiros. Nas privadas dos trens, em compensação, há uma sensação de liberdade inigualável. Quando era criança, o que mais me agradava nas viagens dos trens bananeiros era contemplar o mundo pelo buraco do sanitário dos vagões, contar os dormentes entre dois povoados, surpreender os lagartos assustados entre a relva e as súbitas moças que se banhavam nuas sob as pontes. Na primeira vez que entrei num avião — um bimotor primitivo daqueles que faziam mil quilômetros em três horas e meia — pensei, com bastante sentido, que pelo buraco da cisterna ia ver uma vida mais rica do que a dos trens, que ia ver o que acontecia nos pátios das casas, as vacas caminhando entre as papoulas, o leopardo de Hemingway petrificado nas neves de Kilimanjaro. Mas o que encontrei foi a triste comprovação de que aquele observador da vida ficara cego e que um ato tão simples como soltar a água implicava um risco mortal.

Há muitos anos superei a ilusão generalizada de que o álcool é um bom remédio para o medo de avião. Seguindo uma fórmula de Luis Buñuel, entornara uma dose de Martini seco antes de sair de casa, outra no aeroporto e uma terceira no instante de decolar. Os primeiros minutos do vôo certamente transcorriam num estado de graça cujo efeito era contrário ao que se buscava. Na realidade, o sossego era tão real e intenso que se desejava que o avião caísse de vez para não se voltar a pensar no medo. A experiência acaba por ensinar que o álcool, mais do que um remédio, é um cúmplice do terror. Não há nada pior para as viagens longas: a gente se acalma com os dois primeiros tragos, embriaga-se com os outros dois, dorme com os dois seguintes, enganado com a ilusão de que na realidade está dormindo, e três horas depois desperta com a certeza de que não dormiu mais de três minutos e que não há nada mais no futuro a não ser uma dor de cabeça de dez horas.

A leitura — remédio para tantos males em terra — não tem a menor serventia no ar. Pode-se começar um romance policial muito bem urdido e se acaba por não se saber quem matou quem nem por quê. Sempre acreditei que não há nada mais aterrorizador nos aviões do que esses cavalheiros impassíveis que lêem sem pestanejar, sem sequer respirar, enquanto a aeronave naufraga nas turbulências. Um deles foi meu vizinho de assento na longa noite de Nova York a Roma, através dos ares pedregosos do Ártico, e não interrompeu a leitura de *Crime e castigo* sequer para jantar, linha por linha, página por página; mas na hora do desjejum me disse com um suspiro:

— Parece um livro interessante.

O escritor uruguaio Carlos Martínez Moreno pode testemunhar que não há nada melhor do que um livro para voar. Há vinte anos voa sempre com o mesmo exemplar quase destruído de *Madame Bovary*, fingindo lê-lo embora já o conheça quase de cor, porque está convencido de que é um método infalível contra a morte.

Sempre pensei que não há recurso mais eficaz do que a música, não a do sistema de som do avião, mas a que levo num gravador com fones de ouvido. Na realidade, a do avião produz efeito contrário. Sempre me perguntei com assombro quem faz a programação musical do vôo, pois não posso imaginar ninguém que conheça menos as propriedades medicinais da música. Num critério bastante simplista, preferem sempre as grandes peças orquestrais relacionadas com o céu, com os espaços infinitos, com os fenômenos telúricos. “Sinfonias paquidérmicas”, como Brahms chamava as sinfonias de Bruckner. Tenho minhas músicas pessoais para voar, e sua enumeração seria interminável. Tenho meus próprios programas, segundo as rotas e sua duração, que esteja viajando de dia ou de noite e ainda de acordo com a classe do vôo. De Madri a Porto Rico, que é um vôo familiar aos latino-americanos, o programa é exato e certeiro: as nove sinfonias de Beethoven. Sempre pensei — como disse antes — que não havia método mais eficaz para voar, até esta semana de meu infortúnio, em que um leitor de Alicante me escreveu para dizer que descobriu outro melhor: fazer amor tantas vezes quanto puder em pleno vôo. Disto — como nas telenovelas — vamos falar na próxima semana.

O AMOR NO AR

As viagens — como o poder — são afrodisíacas. Se as crônicas dos navegantes e os diários de bordo dissessem toda a verdade, e não só a verdade, seriam textos exemplares de literatura pornográfica. É por isso que nos conveses dos navios de passageiros é impossível encontrar à noite um canto sem luz, e os especialistas em cruzeiros turísticos, sobretudo no Caribe, aconselham os principiantes a levar consigo uma chave inglesa para quebrar as lâmpadas. Os lendários trens europeus foram durante muitos anos motéis sobre rodas.

O *Orient Express*, além de ter sido cenário de crimes insolúveis e laboratório de espiões, foi um paraíso noturno onde se conceberam em alcovas sem fronteiras mais de três cabeças coroadas. No metrô da Cidade do México, pelo mesmo motivo e em pleno dia, foi necessário criar vagões separados para homens e mulheres, e não na hora de menor afluência, mas, pelo contrário, nas mais concorridas.

Os aviões, em compensação, foram considerados durante muitos anos espaços vedados ao amor. A um ponto tal que o cinto de segurança ainda nos parece um substituto do cinto de castidade. Talvez como reação a esse castigo surgiu a lenda mundial das aeromoças fáceis, a quem nossas fantasias juvenis atribuíram toda espécie de faculdades concupiscentes. Anos atrás,

Publicado originalmente em 4 de março de 1981.

em Barranquilla, correu o boato de que no bairro mais elegante da cidade se abrira um bordel onde vendiam suas graças as mais deliciosas servidoras do ar das companhias internacionais. Na mesma noite fomos todos, desde o senhor governador com o gabinete completo até os jornalistas menos abonados. E, de fato, encontramos uma equipe de belas jovens de uniforme com as insígnias de todos os céus do mundo: as suecas da SAS, as alemãs da Lufthansa, as amazonas universais da Pan American. Era tal nossa ilusão de que tanta mentira fosse verdade que muitos fingimos não nos dar conta de que todas eram tão mulatas como as nossas prostitutas, e falavam castelhano sem sotaque, com a cadência inefável da fábrica de sonhos de Pilar Ternera.

A primeira vez que ouvi falar apropriadamente sobre a possibilidade de fazer amor num avião foi também em Barranquilla, bebendo rum branco com cascas de limão com um veterano piloto alemão que se aposentou quando inventaram as turbinas, pois não podia conceber que os aviões voassem sem hélice. Foi ele quem me contou que nos *Constellations* de linha havia camas dobradiças como nos camarotes dos trens, e ninguém perguntava o que faziam com elas os passageiros que as alugavam para dormir. Na realidade, foram desenhadas por Howard Hughes, o criador do *Constellation*, para uso pessoal com as estrelas de cinema que também criava. Passaram-se muitos anos antes que um filme se atrevesse a mostrar uma cena de sexo a bordo de um avião. Viu-se pela primeira vez em *Emmanuelle*, e foi uma cena tão difícil e desalentadora que mais parecia uma prova de que era impossível fazer amor em pleno vôo.

Na atualidade, as pessoas do *jet-set* têm isso como coisa corrente, e o fazem com tanta freqüência e tanta naturalidade como na vida real. Nos Estados Unidos existe uma sociedade civil chamada Mile High Club, na qual são admitidos aqueles que podem demonstrar que fizeram amor a mais de um quilômetro e meio de altura. São muitos os sócios; todos concordam que nesta matéria, como em tantas outras, o difícil é começar. Também há um vôo noturno de Los Angeles a Miami, ou de Los Angeles a Nova York, cujo nome demasiado óbvio é o *Red Eyes Express*, ou seja, o *Expresso dos Olhos Vermelhos*. O vôo dura sete horas, mas a única coisa que ninguém se permite é dormir, de maneira que os passageiros chegam ao destino com os olhos inflamados pelos fragores da noite.

A diferença entre o *Red Eyes Express* e os vôos comerciais de sempre — além dos preços da passagem, que são baixos — é que nele não há nenhum tipo de fiscalização. Não há mais autoridade do que a dos pilotos, que viajam trancados com aldravas na cabine, para que não sejam salpicados pela tentação de seu próprio invento. Os passageiros levam sua comida e sua bebida, suas drogas e sua música pessoais, e cada qual é dono absoluto de seu corpo. Isto é: cada um faz outra viagem dentro da viagem. Ninguém pergunta quem é quem, nem por que razão, pois naqueles vôos babilônicos de luzes apagadas o sexo é o de menos.

Um erro comum quando se fala destas coisas é pensar nos banheiros do avião. Existe até um manual ilustrado em que se indicam as diferentes maneiras acrobáticas de se fazer amor nos toaletes das grandes linhas. Os desenhos indicam os pontos de apoio de acordo com a idade e os gostos, e foram criadas 162 possibilidades à maneira ocidental. O próprio cabo de segurança em que a pessoa se agarra para não cair durante o uso tradicional do toalete serve para 74 posições diferentes, segundo o manual. Isto quer dizer que a privada dos aviões tem mais utilidade demográfica que os automóveis, ainda que as estatísticas demonstrem que é cada dia maior o número de crianças inteligentes e sem fraturas concebidas nos automóveis, muitos deles em movimento.

No entanto, os especialistas consideram que os banheiros dos aviões são tão convencionais para fazer amor como as camas para os senadores da República. O lugar ideal são os assentos, depois de levantar o braço que os separa. A demonstração mais explícita foi feita por Arnold Schwarzenegger, o aflito Mister Universo — de quem, por certo, se disse alguma vez que era do outro time — que há uns três anos viajou com sua noiva num vôo noturno de Los Angeles a Nova York e ao que parece não a deixou dormir um só instante. A aeromoça que devia atendê-los declarou depois à imprensa:

— Durante todo o vôo, a única coisa que vi deles foram os pés.

Por isso, talvez tenha razão o leitor de Alicante que me escreveu para dizer que o amor é o remédio mais eficaz para o medo de avião. De fato, os cientistas dizem que não há melhor tranqüilizante do que o orgasmo. Pensando bem, nada demonstra que seja proibido tentá-lo nos aviões. É proibido fumar durante a decolagem e a aterrissagem, em algumas áreas do avião e, sobretudo, nos banheiros, e por isso há um letreiro que se acende e se apaga para recordá-lo. Isto nos leva a crer que se fosse proibido fazer amor haveria também um sinal semelhante. Mais ainda: em meus medos indomáveis sobre todos os oceanos noturnos tive a paciência de ler muitas vezes o texto microscópico do contrato de vôo impresso nos bilhetes e não encontrei cláusula alguma que se oponha a qualquer função natural. De modo que se você não fizer deve ser simplesmente por um mal-entendido. Adiante, pois, e boa viagem!

UM DOMINGO DE DELÍRIO

Um editor de Barcelona fez na semana passada uma escala em Cartagena de Indias para almoçar comigo. Depois de uma comida *criolla* feita no capricho, levei-o para conhecer a cidade antiga, que, com toda razão, pareceu-lhe uma das mais belas do mundo. Convidei-o mais tarde para tomar café na casa de meus pais, que têm 54 netos, muitos dos quais haviam passado por lá para lhes pedir a bênção. Por último, sem saber como, terminamos numa recepção oficial, e o trataram com tanta amabilidade que teve de ouvir seis discursos e tomou 11 copos de uísque em menos de uma hora. Ao entardecer, ainda meio aturdido por tantas novidades juntas, partiu com a impressão de ter vivido uma das experiências mais extraordinárias de sua vida.

— Você não inventou nada em seus livros — disse-me, ao se despedir. — Você é um simples escrivão sem imaginação.

Na realidade, estava preparado para passar um domingo tranqüilo, a salvo das neves deixadas no dia anterior do outro lado do mundo, e logo se viu, e sem aviso prévio, enredado nos feitiços do Caribe.

O delírio começou no próprio aeroporto. Eu nunca observara, até que ele me fez notar, que as portas de embarque e desembarque são impossíveis de distinguir. De fato, há uma com um aviso que diz: "Saída de passageiros",

---

Publicado originalmente em 10 de março de 1981.

e por ela saem os que vão entrar nos aviões. Há outra porta com outro aviso que diz a mesma coisa: "Saída de passageiros", e é por ali que saem os passageiros que chegam. O pior é que ambos os letreiros estão corretos, porque se sai por ambas as portas. Por outro lado, há também uma sala de espera que não é para esperar os que chegam, e sim para que esperem a saída do avião os que se vão. Ali há, certamente, várias fileiras de cadeiras muito organizadas e limpas, em frente a uma série de portas numeradas sob um aviso geral: "Saída de vôos nacionais". Mas essas portas não são usadas. Em compensação, os passageiros que chegam nos vôos nacionais não saem por uma dessas numerosas portas, e sim pela saída internacional, que está em outro prédio separado; no entanto, quando uma cálida voz de mulher solicita pelos alto-falantes que saiam pela porta de saída dos passageiros que se vão, ninguém fica embaraçado:

— Não se deve ligar para os letreiros — explicou-nos um agente de polícia de turismo. — Aqui todo mundo sabe por onde se entra e por onde se sai.

Para mim, o recanto mais nostálgico de Cartagena de Indias é o cais da baía das Almas, onde se encontrava até há pouco o ruidoso mercado central. Durante o dia, aquela era uma festa de gritos e cores, uma pândega altamente concorrida, como me lembro de poucas no âmbito do Caribe. De noite, era o melhor lugar de comer, para bêbados e jornalistas. Ali estavam, diante das mesas de jantar ao ar livre, as escunas que zarpavam ao amanhecer carregadas de micos-aranhas e bananas verdes, bem como de putas para os hotéis envidraçados de Curaçao, para Guantánamo, para Santiago de los Caballeros, que sequer tinha mar para aportar, para as ilhas mais belas e mais tristes do mundo. A gente se sentava para conversar sob as estrelas da madrugada, enquanto os cozinheiros efeminados, que eram desbocados e simpáticos e tinham sempre um cravo na orelha, preparavam com mão firme o prato de resistência da cozinha local: filé de carne com grandes anéis de cebola e tiras de banana verde. Com o que ali escutávamos enquanto comíamos tínhamos material para o jornal do dia seguinte.

Meu amigo editor lembrava muito bem do lugar, porque o conheceu descrito em *O outono do patriarca*, como o remanso noturno onde monsenhor Demetrio Aldus, auditor da Sagrada Congregação do Rito e promotor e postulante da fé, trocava socos e pontapés com os marinheiros. Lembrava, digo, mas não o reconheceu quando o levei a conhecê-lo na realidade, porque o mercado público foi demolido, e o cais desmantelado, e em seu lugar estão construindo um espantalho descomunal, que será tudo o contrário da cidade: o prédio mais feio do mundo.

O Centro Internacional de Convenções — inspirado, como até seu nome indica, no Convention Hall de Miami — custará 1,5 bilhão de pesos, que equivalem a sete vezes o orçamento municipal. Meu amigo, que sabe de números como bom editor catalão, compreendeu então o que quer dizer realismo mágico. De fato, três mil convencionais precisam de pelo menos dez jumbos dos grandes para chegar à cidade, e pelo menos um mês para sair com a capacidade atual das sete portas do aeroporto. Será necessário paralisar um dia inteiro o tráfego da cidade para levá-los de seus hotéis até o centro de convenções, e outro dia inteiro para a viagem em sentido contrário, e ainda assim se formará um engarrafamento apocalíptico com seus próprios veículos.

Por outro lado, a maioria dos convencionais, se em verdade valem a pena, serão executivos que deverão estar em contato permanente com seus centros financeiros. Mas o serviço telefônico de Cartagena é tão rudimentar que, para falar por telefone, deve-se deixar a janela aberta, porque o que a gente diz se ouve mais pela janela do que pelo telefone. Só para conseguir que as operadoras de longa distância atendam a três mil convencionais aflitos serão necessários 32 anos. Antes de meu amigo, estes cálculos tinham sido feitos por uma comissão de especialistas, internacionais, que consideraram o projeto um disparate homérico. Mas os promotores locais se empenharam em fazê-lo com um argumento magistral:

— A cidade tem necessidade dele para coroar todos os anos a rainha da beleza.

Abatido por tanto realismo fantástico, meu amigo me agradeceu, como uma pausa de alívio, que o convidasse para tomar café na casa de meus pais. Seria melhor que não tivesse ficado aliviado. Como creio ter dito muitas vezes, meu pai acaba de fazer oitenta anos, e minha mãe 76. Mas não há maneira de fazê-los descansar. Meu pai vai a pé todos os dias, sob um sol abrasador, até o centro da cidade, e não conseguimos convencê-lo a desistir de uma excursão que deseja fazer pela selva amazônica. Minha mãe se empenhou a vida inteira nos trabalhos da casa, e quer inclusive acabar de lavar os pratos que a lavadora elétrica deixa mal lavados. Meu amigo perguntou-lhe se alguém a ajudava, e ela respondeu com sua linguagem própria:

— Tenho duas secretárias.

Meu amigo lhe perguntou desde quando, e voltou a responder:

— Há 15 dias.

O segredo dos dois é que nunca se puseram a pensar na idade. Há pouco, meu pai comprou uns títulos públicos que serão liquidados no ano 2000. Isto é: quando tiver cem anos. Um de meus irmãos censurou-o por sua falta de lógica, e ele respondeu impassível:

— Não os comprei para meu benefício, mas para assegurar à sua mãe uma velhice tranqüila.

Enquanto conversávamos, chegou uma neta para nos contar que na noite anterior se desdobrara em duas:

— Quando voltei do banheiro — me disse — me encontrei comigo mesma que ainda estava na cama.

Pouco depois, chegaram três irmãs e dois irmãos, dos 16 que somos ao todo. Uma delas, que foi freira até há pouco, meteu-se numa discussão sobre religiões comparadas com um irmão que é mórmon. Outro irmão mandara fazer uma mesa sob medida, mas quando voltou a medi-la em casa ela estava menor do que na carpintaria.

— É que no Caribe não há dois metros iguais — disse.

De fato, mediu um metro com o outro e a um dos dois faltava um centímetro. Outra irmã tocava ao piano a serenata do quarteto número cinco de Haydn. Ponderei-lhe que tocava com tanta rapidez que parecia uma mazurca.

— É que só toco piano quando estou acelerada — me disse. — Toco para tentar me acalmar, mas a única coisa que consigo é acelerar também o piano.

Estávamos assim quando bateu na porta uma irmã de minha mãe, a tia Elvira, de 84 anos, a quem não víamos havia 15 anos. Vinha de Riohacha, num táxi expresso, e envolvera a cabeça com um velho pano preto para se proteger do sol. Entrou feliz, com os braços abertos, e disse para que todos ouvíssemos:

— Venho me despedir, porque já estou quase morrendo.

Meu amigo não agüentou mais. Ao entardecer, a caminho do aeroporto, deu-me trabalho convencê-lo de que essa era nossa vida real de todos os dias, e que eu não preparara — só para impressioná-lo — cada um dos episódios daquele domingo de delírio.

A LONGA NOITE DE XADREZ DE PAUL BADURA-SKODA

Em sua passagem por Bogotá, duas semanas atrás, o genial pianista austríaco Paul Badura-Skoda surpreendeu um grupo de seus amigos com uma paixão mais compulsiva do que a música: o xadrez. Tivera um concerto difícil na noite anterior. Às 11 da manhã, depois de três horas de ensaio, submeteu-se com rigor assombroso a um programa de televisão de quase quatro horas, e acabou ficando incomodado pela tensão, pelas luzes e o calor, pelas interrupções e as repetições constantes. Passadas as quatro da tarde, sem tempo para trocar de roupa, participou de um almoço com os pratos mais deliciosos e bárbaros da cozinha *criolla*, e não só comeu com bom apetite de músico mas se deixou seduzir pelos vinhos abundantes. Ao final, quando seus anfitriões supunham que estava prestes a desmaiar, perguntou se era possível encontrar alguém que fizesse a gentileza de jogar com ele uma partida de xadrez.

A vitalidade dos grandes pianistas é exemplar.

— Tocar uma sonata de Mozart é como enfiar um caminhão no buraco de uma agulha — me disse um deles.

Há uns cinco anos vi Artur Rubinstein num restaurante de Barcelona, jantando com um grupo de amigos, às duas da madrugada, e ainda com o

---

Publicado originalmente em 17 de março de 1981.

traje a rigor do concerto que acabara de executar. Já estava com 84 anos, mas comeu uma omelete de lingüiça com feijão branco, como se tivesse 18, e ajudou os companheiros de mesa a despachar seis garrafas de champanha. Paul Badura-Skoda, ainda que só tenha 53 anos, parece feito da mesma matéria. Portanto, quando disse que queria jogar xadrez, seus amigos ligaram para o mestre Boris de Greiff — que é uma das maiores estrelas mundiais — que não esperou que fizessem o convite duas vezes. Eram cinco da tarde e Boris de Greiff prometeu que às sete da noite apanharia Badura-Skoda em seu hotel.

Quando o pianista soube qual era o tamanho de seu adversário, pediu que o deixassem sozinho no quarto. Os amigos pensaram com razão que ia descansar duas horas. No entanto, pouco depois lhe telefonaram da televisão para acertar as contas do programa e ele se negou a se ocupar de assunto tão trivial.

— Agora não posso — disse —, porque estou me preparando para uma partida de xadrez.

Era isso mesmo. Quando Boris de Greiff chegou para apanhá-lo, encontrou-o estudando num tabuleiro magnético que sempre carregava na mala. As peças estavam colocadas na posição final da última partida incompleta da semifinal jogada em janeiro, em Merano (Itália), pelo alemão Robert Huber e pelo dissidente soviético Victor Korchnoi. Isto tudo deu a Boris de Greiff uma idéia inquietante da categoria de seu adversário.

— Aquele quarto parecia mais de um enxadrista do que de um músico — disse Boris de Greiff. — Não vi uma única partitura.

Em compensação, havia na mesa um livro de xadrez em inglês e outro em alemão. Ambos muito especializados. E havia além disto muitos recortes da seção de xadrez do *Times* e do *New York Times*.

Enquanto Badura-Skoda estudava em seu tabuleiro magnético, os donos da casa onde a partida ia ser jogada, prevendo que ela seria rápida e alegre, foram comprar mantimentos para improvisar um jantar. Da própria loja, ligaram para casa e avisaram os empregados que os convidados talvez chegassem antes que eles, e ordenaram que os atendessem com todas as honras. Quando voltaram para casa, um pouco antes das oito, encontraram na porta um Mercedes brilhante com duas antenas de televisão, refletores vermelhos e verdes e sirenas de alarme. Na verdade eram os convidados de uma festa vizinha, que se enganaram de porta, mas as criadas os receberam de acordo com as ordens do dono da casa. Badura-Skoda e Boris de Greiff chegaram bem no momento em que se esclarecia o equívoco, mas estavam tão excitados com a iminência da partida que não se deram conta de nada.

A longa noite começou às oito. Por uma pura cortesia com seus anfitriões, Badura-Skoda tocou ao piano, sem muita inspiração, a terceira *partita* de Johann Sebastian Bach. Estava mais tenso do que na noite anterior, no concerto, e nessa manhã, diante das câmeras. Só quando se sentaram diante do tabuleiro pareceu mergulhar num pântano de serenidade. Boris de Greiff contou que na Olimpíada de Leipzig, em 1960, não se usou uma sineta como sinal de partida, mas a ária para corda de sol da *Suíte para orquestra número 3*, de Bach. Badura-Skoda achou bom que se usasse a mesma música naquele momento, e o dono da casa, que é o mais compulsivo fanático de Bach e do som eletrônico na Colômbia, pôs o disco a um volume prudente. Boris de Greiff, jogando com as brancas, abriu com o peão do rei. Badura-Skoda respondeu com a defesa siciliana. Nesse instante acabou a ária para corda de sol e seguiu-se uma *gavota*. As testemunhas tiveram a impressão de que Badura-Skoda ficou com os cabelos de pé.

— Gosto muito de Bach e gosto muito do xadrez, mas não os suporto juntos — disse com boa educação e delicadeza. Então tiraram o disco, desligaram o telefone e a campainha da porta, e trancaram os cachorros, amordaçados, num quarto de dormir. Os donos da casa e a mulher de Boris de Greiff se encerraram com uma garrafa de uísque na sala de jantar vizinha, e a casa e o bairro, e a cidade inteira mergulharam num silêncio sobrenatural.

A guerra durou seis horas. Badura-Skoda se concentrou até o ponto em que só disse três vezes a mesma palavra em alemão depois de três de suas próprias jogadas. Boris de Greiff entendeu o que ele dizia: "Muito mal." E, de fato, disse-a sempre depois das três jogadas que determinaram sua derrota. Não levantou os olhos do tabuleiro um só instante, e só mexeu a mão para jogar.

— Desde o princípio me dei conta que devia me empenhar a fundo — disse Boris de Greiff — pois não podia fazer um papelão diante de um jogador tão sério.

Mesmo que De Greiff seja um fumante compulsivo, e fuma sempre enquanto joga, desta vez se absteve em consideração à austeridade de seu adversário.

Jogaram quatro partidas. Badura-Skoda perdeu três, e a quarta terminou empatada. Não ficou satisfeito, certamente. Às três da madrugada se empenhou em analisar as partidas, até que Boris de Greiff o ajudou a identificar quais foram seus erros decisivos. Em seguida, quando o acompanhou ao hotel, pediu-lhe que subisse ao quarto para lhe explicar o sistema especial de notação do redator de xadrez do *Times*, e continuou a falar de xadrez até que a cidade amanheceu nas janelas. Todas as testemunhas daquela noite incomparável ficaram com a impressão de que Badura-Skoda — que é um dos pianistas mais notáveis de nosso tempo — é na realidade um enxadrista que só toca piano para sobreviver.

Pergunta sem resposta

O senhor Hans Knospe, leitor alemão, me diz o seguinte numa carta: "Você diz na página 239 de *Cem anos de solidão*: 'E quando levava toda sua roupa à casa de Petra Cotes, Aureliano Segundo tirava a cada três dias a roupa que vestia e esperava de cuecas que ficasse limpa.' Pergunto: quando Aureliano Segundo trocava e lavava as cuecas?"

O RIO DA VIDA

A única coisa que me dá vontade de voltar a ser criança é viajar outra vez de navio pelo rio Magdalena. Quem não viajou naqueles dias não pode sequer imaginar como era. Tive de viajar duas vezes por ano — uma vez de ida e outra de volta — durante os seis anos do secundário e os dois da universidade, e a cada vez aprendi mais da vida do que na escola, e melhor do que na escola. Na época da chuva, a viagem de subida durava cinco dias de Barranquilla a Puerto Salgar, onde se tomava o trem até Bogotá. Nos períodos secos, que eram maiores e durante os quais a viagem era mais divertida, ela podia durar até três semanas.

O trem de Puerto Salgar subia como que engatinhando pelas encostas das montanhas durante um dia inteiro. Nos trechos mais empinados, recuava para tomar impulso e voltava a tentar a subida resfolegando como um dragão, e em certas ocasiões era necessário que os passageiros descessem e subissem a pé até a próxima encosta, para aliviá-lo de seu peso. Os povoados do caminho eram gelados e tristes, e as vendedoras de sempre ofereciam pela janela do vagão umas galinhas grandes e amarelas, assadas inteiras, e umas batatas brancas que tinham gosto de comida de hospital. Chegava-se em Bogotá às seis da tarde, que desde então era a pior hora para viver. A cidade era lúgubre e glacial, com bondes ruidosos que soltavam chispas nas esqui-

Publicado originalmente em 25 de março de 1981.

nas, e uma chuva de água misturada com fuligem que não estiava jamais. Os homens vestidos de preto, com chapéus pretos, caminhavam depressa e aos tropeções, como se andassem com tarefas urgentes, e não havia uma só mulher na rua. Tínhamos de ficar ali o ano todo, fingindo estudar, mas na realidade só esperávamos que voltasse a ser dezembro para viajar outra vez pelo rio Magdalena.

Eram os tempos dos navios com três andares com duas chaminés, que circulavam de noite como se fossem uma cidade iluminada e deixavam um rastro de músicas e sonhos quiméricos nos povoados sedentários da margem. À diferença dos navios do Mississippi, a roda que impulsionava os nossos não estava na borda e sim na popa, e em nenhuma parte do mundo voltei a ver outros iguais. Tinham nomes fáceis e imediatos: *Atlántico*, *Medellín*, *Capitán de Caró*, *David Arango*. Seus capitães, como os de Conrad, eram autoritários e de bom coração, comiam como bárbaros, e nunca dormiam sozinhos em seus camarotes afastados. Os tripulantes se chamavam marinheiros por extensão, como se fossem do mar. Mas nas cantinas e bordéis de Barranquilla, onde chegavam misturados com os marinheiros do mar, eram diferenciados com um nome inconfundível: vaporzinhos.

As viagens eram lentas e surpreendentes durante o dia, e nós, passageiros, nos sentávamos no convés para ver a vida passar. Víamos os jacarés que pareciam troncos de árvores na margem, com as bocarras abertas, esperando que alguma coisa caísse dentro para comer. Viam-se as multidões de garças que alçavam vôo assustadas pelo rastro de espuma do navio, os bandos de patos selvagens dos pântanos interiores, os cardumes intermináveis, os monatis que amamentavam suas crias e gritavam como se cantassem nas praias grandes. Às vezes uma baforada nauseabunda interrompia a sesta, e era o cadáver de uma vaca afogada, imensa, que descia quase imóvel ao cabo da correnteza com uma ave de rapina solitária parada em seu ventre. Ao longo da viagem, despertava-se ao amanhecer, aturdido pelo alvoroço dos micos e pelo escândalo dos periquitos.

Nos tempos atuais é raro que se conheça alguém nos aviões. Nos navios do rio Magdalena, nós passageiros terminávamos por parecer uma única família, e nos púnhamos de acordo todos os anos para que a viagem coincidisse. Os Eljach embarcavam em Calamar, os Pena e os Del Toro — camponeses astutos — embarcavam em Plato; os Estorninos e os Vinas, em Magangue; os Villafañes, no Banco. À medida que a viagem avançava, a farra se tornava maior. Nossa vida se vinculava de modo efêmero, mas inesquecível, à dos povoados das escalas, e muitos se envolveram para sempre com seu destino. Vicente Escudero, que era estudante de medicina, entrou sem ser convidado num baile de casamento em Gamarra, dançou sem permissão com a mulher mais bonita do povoado, e o marido o matou com um tiro. Em compensação, Pedro Pablo Guillén se casou numa bebedeira homérica com a primeira jovem que lhe agradou em Barrancabermeja, e ainda é feliz com ela e seus nove filhos. O irrecuperável José Palencia, que era um músico nato, meteu-se num concurso de tambores em Tenerife e ganhou uma vaca que ali mesmo vendeu por cinqüenta pesos: uma fortuna na época. Às vezes o barco encalhava até 15 dias num banco de areia. Ninguém se preocupava, pois a festa continuava, e uma carta do capitão carimbada com o timbre de seu amigo servia de justificativa para chegar com atraso ao colégio.

Uma noite, em minha última viagem de 1948, despertou-nos um lamento dilacerador que vinha da ribeira. O capitão Climaco Conde Abello, que era um dos grandes, deu ordem de procurar com refletores a origem de semelhante dilaceramento. Era uma fêmea de manati que ficara presa nos galhos de uma árvore caída. Os vaporzinhos se atiraram na água, amarraram-na com um cabrestante, e conseguiram desencalhá-la. Era um animal fantástico e enternecedor, de quase quatro metros de comprimento, e sua pele era pálida e macia, e o torso era de mulher, com grandes tetas de mãe amantíssima, e de seus olhos enormes e tristes brotavam lágrimas humanas. Foi do capitão Conde Abello que ouvi pela primeira vez que o mundo ia se acabar se continuassem a matar os animais do rio, e proibiu disparar de seu barco.

— Quem quiser matar alguém, que vá matar em sua casa — gritou. — Não no meu barco.

Mas ninguém lhe deu ouvidos. Treze anos depois — em 19 de janeiro de 1961 — um amigo me telefonou no México para me dizer que o vapor *David Arango* se incendiara e ficara reduzido a cinzas no porto de Magangue. Desliguei com a terrível impressão de que minha juventude acabou naquele dia, e que tudo o que restava do nosso rio de nostalgia fora para o caralho.

E fora mesmo. O rio Magdalena está morto, com suas águas envenenadas e seus animais exterminados. Os trabalhos de recuperação de que o governo começou a falar — desde que um grupo concentrado de jornalistas pôs o problema na berlinda — são uma farsa para distrair a atenção da opinião pública. A recuperação do Magdalena só será possível com o esforço continuado e intenso de pelo menos quatro gerações conscientes: um século inteiro.

Fala-se com muita facilidade de reflorestamento. Isto significa, na verdade, a semeadura técnica de 59 milhões de árvores nas margens do Magdalena. Repito com todas as letras: cinqüenta e nove milhões de árvores. Mas o problema maior não é plantá-las, e sim onde plantá-las. Pois a quase totalidade da terra útil das margens é propriedade privada, e o reflorestamento completo teria de ocupar noventa por cento delas. Vale a pena perguntar quem seriam os proprietários que teriam a amabilidade de ceder noventa por cento de suas terras só para plantar árvores e por conseguinte renunciar a noventa por centro de seus lucros atuais.

Por outro lado, a poluição não afeta só o rio Magdalena, e sim todos os seus afluentes. São esgotos das cidades e povoados ribeirinhos que arrastam e ao longo do percurso acumulam dejetos industriais e agrícolas, animais e humanos, desembocando por fim no imenso mundo de porcarias nacionais em que se tornou Bocas de Ceniza. Em novembro do ano passado, em Tocaima, dois guerrilheiros se jogaram no rio Bogotá fugindo dos militares. Conseguiram escapar, mas quase morreram infectados pela água. É por isso que os habitantes do Magdalena, sobretudo os da parte baixa, há muito não tomam nem usam água pura nem comem peixes sem risco. Só recebem — como dizem as senhoras — merda pura.

A tarefa é descomunal, mas isto é talvez sua melhor parte. O projeto completo do que é preciso fazer está num estudo realizado há alguns anos por uma comissão mista da Colômbia e da Holanda, cujos trinta volumes dormem o sono dos injustos nos arquivos do Instituto de Hidrologia e Meteorologia (IMAT). O subdiretor desse estudo monumental foi um jovem engenheiro antioquenho, Jairo Murillo, que consagrou a ele metade da vida, e antes de concluí-lo entregou o que estava pronto: morreu afogado no rio de seus sonhos. Em compensação, nenhum candidato presidencial dos últimos anos correu o risco de se afogar nessas águas. Os habitantes dos povoados ribeirinhos — que nos próximos dias vão estar na primeira linha de intenção nacional com a viagem da *Caracola* — deveriam estar conscientes disso. E lembrar que de Honda até a Bocas de Ceniza há votos suficientes para eleger um presidente da República.

BREVE NOTA DE ADEUS AO CHEIRO DA GOIABA

O senhor presidente da República da Colômbia iniciou seu discurso de segunda-feira com as seguintes palavras:

— Não conservo, como seguramente os senhores tampouco, qualquer dúvida de que ao longo do acidentado percurso republicano de nosso país jamais a subversão se comprometeu com tanta sanha e persistência no propósito criminoso de se apoderar do aparato do Estado, como vem tentando durante o governo que presido.

Ao que parece, as aves emplumadas do senhor presidente necessitam repassar de boa-fé a história da Colômbia. Se algo de bom tem este país é que sempre conseguiu forças capazes de se levantar contra a injustiça e a desigualdade, e nenhuma dessas forças o fez com tanta persistência como o próprio Partido Liberal do senhor presidente da República. Ao longo do século XIX o país foi sacudido por oito guerras civis gerais, 14 locais, três quarteladas e, por último, a guerra dos mil dias, lideradas por liberais tão esclarecidos como Rafael Uribe e Benjamín Herrera. Só na guerra dos mil dias pereceram nada menos de oitenta mil colombianos. Em época mais recente, o mesmo Partido Liberal desencadeou uma subversão justa contra um regime conservador sanguinário e despótico. O próprio ministro de

Publicado originalmente em 3 de abril de 1981.

governo atual, o doutor Germán Zea, teve a honra de ser perseguido por dirigir uma emissora clandestina.

Portanto, houve mais sanha e persistência em outras rebeliões anteriores do que a de agora. Este exagero da retórica presidencial não teria maior importância, certamente, não fosse o fato de que muitas das determinações oficiais dos últimos dias parecem pecar pela mesma leviandade, entre elas — também certamente — a precipitada ruptura de relações com Cuba, sem outro fundamento público do que o depoimento de um suposto prisioneiro, cuja identidade não se conhece com certeza, e cujas acusações insuficientes e evasivas não convenceram ninguém. Nem sequer se sabe que o governo colombiano tentou obter explicação de um governo amigo, como demonstrou ser o de Cuba nos últimos anos. A forma com que o Equador acaba de lidar e resolver um incidente até mais grave em suas relações com Cuba ressalta, pelo contaste, a precipitação lamentável de nosso governo. Em outra parte de seu discurso disse o presidente que teve informações por confissão de guerrilheiros treinados em Cuba e que as armas capturadas são daquele país.

Como a última informação não foi dada pelo prisioneiro, até os mais crédulos pensariam que o governo apresentaria outras provas. De fato, no dia seguinte ao discurso presidencial, as autoridades militares realizaram diante dos jornalistas uma exibição cinematográfica das armas capturadas dos guerrilheiros. Mas não mostraram nenhuma prova de sua procedência. Pior ainda: a única coisa que se tentou apresentar como evidência da origem das armas foi a captura de várias pistolas iguais a uma que, segundo dizem os próprios militares, foi presenteada por Fidel Castro ao comandante da antiga Frente de Libertação Nacional, Fabio Vásquez Castaño, e que foi utilizada pelas forças armadas em 1957.

Anos atrás, depois do roubo das armas do Distrito Norte, centenas de presumíveis membros do M-19 denunciaram torturas e maus-tratos. Uma comissão da Anistia Internacional comprovou que muitas das denúncias eram procedentes. O governo do doutor Turbay Ayala, contudo, negou cabalmente todas as acusações, fundamentando-se sobretudo na falta de crédito dos guerrilheiros. Mas bastou que um único prisioneiro declarasse que foi treinado em Cuba para que o governo rompesse suas relações com esse país, como se se tratasse de uma verdade revelada.

Com igual inconseqüência tratou de eximir de qualquer responsabilidade o governo do Panamá, quando o mesmo prisioneiro disse que lá o haviam armado e embarcado. Tenho uma amizade pessoal muito antiga, séria e íntima com o general Omar Torrijos, e também com o presidente Arístides Royo, e não alimento a menor sombra de dúvida de que estão alheios a este incidente. Mas uma amizade semelhante me une ao presidente Fidel Castro, e com muitos outros dirigentes da revolução cubana, e não posso entender que a reputação que serve para uns não sirva para os outros.

Assinalou-se como prova da serenidade de nosso governo o fato de que as relações com Cuba não foram rompidas, e sim suspensas. A verdade é que na prática não há qualquer diferença. O chanceler Lemos Simonds, que é um homem culto e responsável, teve a infelicidade de se enredar neste sofisma em sua primeira atuação pública. Segundo disse ao jornalista Yamit Amat, numa entrevista radiofônica, a suspensão deixa aberta a possibilidade de que outro país se encarregue de nossos assuntos em Cuba, e vice-versa. Em compensação, segundo disse o chanceler colombiano, a ruptura excluiria essa possibilidade. É um erro.

Na realidade, a diferença não existe em Direito Internacional. Foi o doutor Alberto Lleras, um homem que conhece bem as sutilezas do idioma, quem a mencionou pela primeira vez quando seu governo rompeu relações com Cuba, em 9 de dezembro de 1961.

— Não rompemos relações com Cuba — disse em seu discurso naquela ocasião. — Apenas suspendemos as existentes com o regime de Castro.

Portanto, os assessores do presidente Turbay lhe fizeram repetir uma simples e muito precisa fórmula literária como se fosse uma figura do Direito Internacional.

Depois de 25 anos, eu tinha o propósito firme e grato de viver em meu país. Mas neste ambiente de improviso e equívocos, recebi uma informação séria de que havia uma ordem de prisão contra mim, emanada da justiça militar. Nada tenho a ocultar e jamais me servi de uma arma que não seja a máquina de escrever. Mas conheço a maneira como as autoridades militares procederam em outros casos semelhantes, incluindo alguém tão eminente como o poeta Luis Vidales, e me pareceu que era uma falta de respeito comigo mesmo facilitar essa diligência. As autoridades civis, entre as quais tenho bons e velhos amigos, deram-me toda espécie de garantia de que nada se pretendia contra mim. Mas num governo onde alguns dizem uma coisa e outros fazem outra bem diferente, e onde os militares guardam segredos que os civis desconhecem, não é possível saber onde está a terra firme. Uma prova disso é que o chanceler Lemos Simonds — com quem eu tinha marcado um encontro amistoso para a próxima segunda-feira — referiu-se à minha pessoa em termos cordiais pelo rádio, e em compensação o comunicado de sua própria chancelaria disse que minha decisão de abandonar o país sob a proteção da embaixada do México é mais uma manobra da campanha internacional de desprestígio contra o atual governo da Colômbia. Isto é: uma acusação concreta e gratuita que não fizera no dia anterior. Estando assim as coisas, com dor na alma, senti-me necessitado de seguir pastoreando, quem sabe por quanto tempo mais, minha persistente e dolorosa nostalgia do cheiro da goiaba.

PONTO FINAL NUM INCIDENTE DESAGRADÁVEL

Nunca, até onde eu me lembre, agradeci por um elogio escrito nem fiquei contrariado por uma injúria da imprensa. É justo: quando alguém se expõe à consideração pública com seus livros e seus atos, como é o meu caso, os leitores devem desfrutar o privilégio de dizer o que pensam, ainda que sejam pensamentos infames. Por isso renunciei há muito ao direito de resposta e retificação — que devia ser considerado um dos direitos humanos — e, desde então, em nenhum caso e nem uma só vez em qualquer parte do mundo respondi a qualquer uma das muitas ofensas que me foram feitas, e de maneira especial na Colômbia.

Vejo-me obrigado a me permitir uma única exceção, para comentar os dois argumentos únicos com que o governo quis explicar minha intempestiva saída da Colômbia na semana passada. Funcionários diferentes, em todos os tons e de todas as formas, foram unânimes ao fazer duas acusações concretas. A primeira é que saí da Colômbia para dar maior ressonância publicitária ao meu próximo livro. A segunda é que saí para apoiar uma campanha internacional de desmoralização do país. Ambas as acusações são tão levianas, além de contraditórias, que a gente pode se perguntar escandalizado se deveras haverá alguém com dois dedos de juízo no timão de nossos destinos.

Publicado originalmente em 8 de abril de 1981.

A única grande desgraça que conheci em minha vida é o assédio da publicidade. Isto, ao contrário do que acredito merecer, condenou-me a viver como um fugitivo. Jamais assisto a atos públicos e nem a reuniões muito concorridas, nunca fiz uma conferência, não participei e não penso participar jamais do lançamento de um livro, tenho tanto medo dos microfones e das câmeras de televisão como dos aviões, e os jornalistas sabem que quando concedo entrevista é porque respeito tanto sua profissão que não tenho coragem de lhes dizer não.

Esta determinação de não me converter em espetáculo público me permitiu conquistar a única glória que não tem preço: a preservação de minha vida privada. A toda hora, em qualquer parte do mundo, embora a imaginação pública me atribua compromissos fabulosos, estou sempre no único ambiente em que me sinto ser eu mesmo: com um grupo de amigos. Meu maior mérito não é ter escrito meus livros, e sim ter defendido meu tempo para ajudar Mercedes a criar bem nossos filhos. Minha maior satisfação não é ter ganho tantos e tão maravilhosos amigos novos, mas ter conservado, contra os ventos mais fortes, o afeto dos mais antigos. Nunca faltei a um compromisso, nem revelei segredo que me foi confiado, nem ganhei um centavo que não seja com a máquina de escrever. Tenho convicções políticas claras e firmes, sustentadas, acima de tudo, em meu próprio senso da realidade, e sempre as sustentei em público para que pudessem ouvi-las quem as quisesse ouvir. Viajei por quase todo o mundo — desde ser preso e cuspido pela polícia francesa, que me confundiu com um rebelde argelino, até ficar trancado com o papa João Paulo II em sua biblioteca particular, porque ele próprio não conseguia girar a chave na fechadura; desde ter comido as sobras de uma cesta de lixo em Paris até dormir na cama romana onde morreu o rei dom Alfonso XIII. Mas nunca, nos bons ou nos maus momentos, permiti-me a arrogância de esquecer que não passo de um dos 16 filhos do telegrafista de Aracataca. Dessa lealdade à minha origem deriva tudo o mais: minha condição humana, minha sorte literária e minha honradez política.

Disse uma vez que toda honraria se paga, todo subsídio compromete e todo convite se fica devendo. Por isso tenho sido sempre tão cuidadoso em minha vida social. Nunca aceitei mais almoços do que os dos meus verdadeiros amigos. Há muitos anos, quando era crítico de cinema e vivia pressionado pelos exibidores, conservava sempre o ingresso de cortesia para provar que não fora usado, e pagava a entrada. Não aceito convites de viagens com despesas pagas.

O bilhete de nosso vôo ao México da semana passada — apesar da gentil recusa da embaixadora daquele país na Colômbia — foi pago com nosso dinheiro. Poucos dias antes, sem me consultar, um amigo diligente pediu ao prefeito de Bogotá que mudasse o horário do racionamento elétrico em minha casa, pois coincidia com meu tempo de trabalho, e tenho um estúdio sem luz natural e uma máquina de escrever elétrica. O prefeito respondeu, com toda a razão, que Balzac era melhor escritor do que eu e, no entanto, escrevia à luz de velas. Ao amigo que me contou a história, indignado, disse que o senhor prefeito cumpriu seu dever, e respondeu como devia responder.

As pessoas que me conhecem sabem que esta é minha personalidade real, mais além da lenda e da perfídia, e que se vim com defeito "de fábrica" agora é tarde demais para ser refeito. De maneira que não, ilustres oligarcas de pacotilha: ninguém constrói uma vida assim, com as unhas, e com tanto rigor minuto a minuto, para sair de repente com a desculpa esfarrapada de se asilar e se exilar só para vender um milhão de livros que, além disso, já estavam vendidos.

A segunda acusação, de que saí da Colômbia com o único propósito de desmoralizar o país, é ainda menos consistente. Mas tem o mérito de ser uma criação pessoal do presidente da República, atordoado pela imagem cada vez mais deplorável de seu governo no exterior. O ruim é que a tenha atribuído a mim, pois tenho a felicidade de dispor de dois argumentos para tirá-lo de seu erro.

O primeiro é muito simples, mas suplico que o leiam com atenção, porque pode resultar surpreendente. É este: em nenhuma de minhas já incontáveis entrevistas no mundo inteiro — até agora — nunca fiz qualquer declaração sobre a situação interna da Colômbia e nem escrevi uma palavra que pudesse ser utilizada contra ela. Era uma norma moral que me impus desde que tive consciência do poder indesejável que tinha entre as mãos, e consegui mantê-la, fizesse chuva ou fizesse sol, durante quase trinta anos de vida errante. Sempre que desejei fazer um comentário sobre a situação interna da Colômbia o fiz dentro dela ou por intermédio de nossa imprensa. Suplico a quem tiver alguma evidência contra esta afirmação que a apresente logo, de modo sério e inequívoco e com provas cabais. Pois também suplico aos meus leitores que se essas provas não aparecerem, ou não forem convincentes, que a considerem e proclamem desde agora e para sempre como um reconhecimento público de minha razão.

O segundo argumento é ainda mais simples, e não depende tanto de mim como da fatalidade. É este: tenho a imensa honra de ter dado mais prestígio ao meu país no mundo inteiro do que qualquer outro colombiano em toda a sua história, mesmo considerando os mais ilustres, e sem excluir, um por um, todos os presidentes sucessivos da República. De maneira que eu próprio teria derrotado, de antemão, e com muita honra, qualquer dano que pudesse provocar minha forçada decisão.

Na realidade, o governo se entrincheirou nestas duas acusações pueris porque no fundo sabe que meu senso de responsabilidade me impedirá de revelar os nomes daqueles que me preveniram a tempo. Sei que a armadilha estava montada e minha condição de escritor não me serviria para nada, porque se tratava precisamente de demonstrar que para as forças da repressão da Colômbia não há valores intocáveis. Ou como disse o general Camacho quando prenderam Luis Vidales:

— Aqui não há poeta que valha.

Mauro Huertas Rengito, presidente da Assembléia de Tolima, declarou a jornalistas e se publicou no mundo inteiro que o exército me buscava havia dez dias para me interrogar sobre supostos vínculos com o M-19. O único comentário que conheço sobre esta declaração foi feito por um alto funcionário em particular:

— É um maluquinho.

Em compensação, o primeiro guerrilheiro que se declarou treinado em Cuba provocou, imediatamente, a ruptura de relações com aquele país. Mas há algo não menos inquietante: à meia-noite da quarta-feira passada, quando minha mulher e eu já estávamos mais de seis horas na embaixada do

México em Bogotá, o governo colombiano foi informado de nossa decisão, e de maneira oficial, por intermédio do secretário geral da chancelaria colombiana, o coronel Julio Londoño. Na manhã seguinte, quando a notícia se divulgou contra nossa vontade, os radialistas entrevistaram por telefone o chanceler Lemos Simonds, que não sabia de nada. Isto é: quase oito horas depois ainda não fora informado por seu subalterno. O ministro da Casa Civil, ainda mais desinformado, chegou até ao extremo de desmentir a notícia.

A verdade é que os comentários de que me iam prender eram de domínio público em Bogotá havia vários dias e — ao contrário dos maridos cornudos — não fui o último a saber. Alguém me disse:

— Não há melhor serviço de informação do que a amizade.

Mas o que me convenceu enfim de que não era um simples boato local foi que terça-feira, 24 de março, à noite, depois de um jantar no palácio presidencial, um alto oficial do exército o comentou com mais detalhes. Entre outras coisas disse:

— O general Forero Delgadillo teria gosto de ver García Márquez em seu escritório, pois tem algumas perguntas a fazer-lhe em relação ao M-19.

Numa outra reunião, nessa mesma noite, comentou-se como evidência comprometedora uma viagem que Mercedes e eu fizemos de Bogotá a Havana, com escala no Panamá, de 28 de janeiro a 11 de fevereiro. A viagem de fato ocorreu e foi pública, como as três ou quatro que fazemos todos os anos a Cuba, e o motivo foi uma reunião de escritores na Casa das Américas, da qual também participaram outros colombianos. Mesmo que tivesse sido pela suposição escandalosa de que essa viagem teve alguma relação com o posterior desembarque de guerrilheiros, teria tomado precauções para não cair nas mãos dos militares. Porém há mais, e estou certo de que o tempo irá trazendo à tona aos poucos.

A maneira com que a imprensa oficial tratou o incidente revela algumas destas coisas, e mais do que parece.

Houve de tudo para escolher. Jaime Soto — a quem sempre considerei um bom jornalista e um velho amigo que não vejo há muitos anos — explicou minha viagem da maneira mais tola:

— Quem deve, teme.

O comentário mais revelador foi publicado na página de opiniões do *El Tiempo*, domingo passado, assinado com o pseudônimo de Ayatolá. Não sei exatamente quem é, mas o estilo e a concepção de seu texto o delatam como um retardado mental que carece por completo do sentido das palavras, que desonra a profissão mais nobre do mundo com sua lógica de oligofrênico, que revela uma absoluta falta de compaixão pela pele alheia e raciocina como alguém que não tem a menor idéia de quão árduo e comprometedor é o trabalho de se fazer homem.

Apesar de seu propósito criminoso, é um texto importante, pois nele aparece pela primeira vez, numa tribuna respeitável da imprensa oficial, a pretensão de estabelecer uma relação precisa, até cronológica, entre minha recente viagem a Havana e o desembarque guerrilheiro no sul da Colômbia. É a mesma acusação que os militares pretendiam fazer contra mim, a mesma informação que me foi dada pela maioria de meus informantes, e da qual eu não falara até então em minhas numerosas declarações destes dias. É uma acusação formal — que o próprio governo tentou ocultar, e joga por terra, de uma vez por todas, a patranha sobre publicidade de meus livros e a campanha de desmoralização internacional. Agora se sabe por que me procuravam, por que tive de ir embora e por que terei de seguir vivendo fora da Colômbia, quem sabe até quando, contra minha vontade.

Não posso concluir sem fazer um reparo. Há muitos anos o tempo faz constantes esforços por dividir minha personalidade: de um lado, o escritor que eles não vacilam em qualificar de genial, e, do outro, o comunista feroz disposto a destruir sua pátria. Cometem um erro de princípio: sou um homem indivisível, e minha posição política obedece à mesma ideologia com que escrevo meus livros. O tempo me consagrou com todos os elogios como escritor, até exagerados, e ao mesmo tempo me tornou vítima de todas as diatribes, mesmo as mais infames, como animal político.

Nos dois extremos, o tempo fez seu trabalho sem que eu tenha tentado alguma réplica de qualquer espécie, nem para agradecer nem para protestar. Há mais de trinta anos, quando todos éramos jovens e acreditávamos — como continuo a acreditar — que não há nada mais belo do que viver, mantenho uma amizade fiel e afetuosa com Hernando e Enrique Santos Castillo — a quem quero bem apesar de nossa distância, porque aprendi a entendê-los bem — e com Roberto García Peña, a quem considero um dos homens mais decentes de nosso tempo. Quero pedir-lhes que digam aos seus leitores se alguma vez fiz alguma reclamação pelas injúrias de seus jornais, se alguma vez retifiquei em público ou em particular qualquer de seus excessos, ou se estes excessos alteraram de alguma maneira meu senso de amizade. Não; sempre tive a boa saúde mental de tratá-los como se eles nada tivessem a ver com um jornal que sempre vi como uma criatura disforme que se envenena com seus próprios fígados. Desta vez a criatura foi além do limite permissível e entrou no âmbito sombrio da delinqüência. Pergunto-me, depois de tantos anos, se eu também me enganei ao tentar dividir a personalidade de seus domadores.

Portanto, todo este ingrato incidente se resume a um confronto de credibilidades. De um lado está um governo arrogante, rachado e sem rumo, apoiado por um jornal demente cujo destino extraordinário, há muitos anos, é apostar sempre em presidentes que detesta. Do outro lado estou eu, com meus incontáveis amigos, preparando-me para iniciar uma velhice não merecida, mas meritória. A opinião pública só tem uma alternativa: em quem acreditar? Eu, com minha paciência sem fim, não tenho nenhuma pressa por sua decisão. Eu espero.

O OUTRO MITTERRAND: O ESCRITOR

Há alguns anos, ao final de um jantar oficial na embaixada francesa no México, fomos convidados por nossos anfitriões para tomar café diante da lareira. Era uma reunião reduzida, só de franceses, de que participei por uma amável sugestão do visitante de honra, François Mitterrand, candidato à presidência da República naquele momento. A conversa à mesa tivera um sabor complacente, mas efêmero, dos jantares mundanos, e era evidente que os anfitriões propuseram o café diante da lareira em busca de um ambiente mais propício para que Mitterrand se decidisse a nos falar dos assuntos atuais da França e do mundo. Parcimonioso e sorridente, como sempre, ele ocupou a poltrona predileta do dono da casa, e todos nos sentamos ao redor para não perder uma só sílaba de suas palavras. Então, Mitterrand, dirigindo-se a mim, disse:

— Muito bem. Falemos de literatura.

O anjo da desilusão se alojou na sala. A maioria pensou que Mitterrand, que é um político com esporas bem afiadas, recorrera àquele artifício para eludir o assunto central. Mas depois de breves minutos todos estávamos fascinados pela sabedoria e pelo encanto daquele mestre que discorria com originalidade sobre grandes nomes e os infortúnios eternos das letras universais.

Publicado originalmente em 14 de abril de 1981.

Descobri-o naquele dia. Eu o conhecera alguns anos antes, depois que Pablo Neruda falou de mim para ele e lhe levou alguns de meus livros traduzidos para o francês e lhe disse coisas enormes sobre nossa amizade. Quando nos encontramos pela primeira vez já parecíamos velhos amigos. Mas eu não superara o preconceito de que Mitterrand era antes de tudo um político, e tinha a tendência de lhe falar só de política, como faz sem remédio a imensa maioria dos políticos. Naquela noite, no México, dei-me conta de que o equivocado era eu, e que Mitterrand era com efeito um homem de letras, no sentido reverencial e um pouco fatalista que só os franceses entendem.

Na realidade, não só Mitterrand é um excelente escritor, mas daqueles que escrevem todos os dias de sua vida, como fazem os grandes. Em todos os seus livros, mas em especial em *La paille et la graine*, como tantas vezes na vida real, ele disse que nunca teve intenção de escrever suas memórias. É compreensível: memórias são um gênero a que recorrem os escritores cansados quando estão prestes a esquecer tudo. O propósito de Mitterrand é o oposto: escreve para não esquecer, e com seu bom costume nos ajuda a que tampouco nós esqueçamos.

— Tomo notas como um diabo sobre algum papel que perco mais amiúde do que me chegam a servir.

São, como ele mesmo diz, anotações fugazes escritas a golpes de emoção, a que dá uma importância por motivos variáveis e quase sempre subjetivos. Não há escritor que não o compreenda. Todos temos essas notas escritas nas costas dos envelopes, nas margens dos jornais, em passagens de ônibus usadas ou ainda por usar, onde escrevemos uma frase que num momento nos pareceu uma nova revelação do mundo, ou da alma humana, e que logo voltaremos a encontrar convertidas em bolinhas de cartolina, moídas pelas pás da lavadora automática, maceradas pelo sabão e petrificadas pelo ferro de passar. Mitterrand sabe e diz:

— É uma ilusão lírica.

E diz com toda a razão, porque estas notas fugazes são como os versos que às vezes conhecemos em sonhos, que nos perturbam enquanto dormimos, como se fossem a essência mesma da poesia, e ao despertar comprovamos que não era mais do que uma frase de publicidade no rádio da casa vizinha. Era, com efeito, uma ilusão lírica. Mas Mitterrand sabe, como todos os escritores, que desses minúsculos e contínuos malogros é feita a boa literatura.

Parece-me que sua visão do mundo, mais do que a de um político, é a de um homem abrasado pela febre da literatura. Por isso pensei sempre que seria — será? — um governante sábio. É um homem que se interessa por todas as coisas da vida, mesmo as mais simples, e com uma paixão, um gosto e uma lucidez que constituem sua maior virtude. Um homem para quem chama a atenção, lendo o diário dos irmãos Goncourt, o que talvez a outro leitor menos inteligente poderia parecer uma frivolidade: que a sociedade protetora de animais criada em 18.., antecipou-se em três anos à libertação dos escravos. Quando visitou Violete Trefusis, na casa do Ombrellino, de Florença, o que mais o impressionou e marcaria aquele instante para sempre foi o eco de seus passos na imensa galeria da entrada. De sua entrevista com Golda Meir, que sabemos que não era bonita, deixou-nos o testemunho de que era uma mãe severa e terna.

De todas as recordações escritas sobre Salvador Allende, a de Mitterrand me parece a mais reveladora. Era em 1971, e o presidente o conduzia pelas galerias do Palacio de La Moneda, em Santiago do Chile, quando se deteve diante de um busto de José Manuel Balmaceda:

— Este homem era um conservador eleito pela direita de sua época — disse. — Mas este conservador era também um legalista que não suportou as agressões ao direito: suicidou-se. — E o presidente Allende concluiu: — Agora todos os chilenos respeitam sua memória. Sua ação heróica pertence à consciência de nosso povo.

Estou seguro de que Mitterrand não podia afastar da mente aquele episódio, numa manhã em que tomamos o café da manhã, no México, com as filhas do presidente Allende, apenas um ano depois de sua morte: "Foi preciso mobilizar a aviação", anotou em seus papéis de bolso, "e destruir La Moneda só para assassiná-lo."

Dessas notas ficará uma visão de nosso tempo sem dúvida muito mais fiel do que supõem seus leitores distraídos. Sobre Georges Pompidou escreveu: "Tem a ambição mais alta do que sua poltrona." Como bom escritor, Mitterrand deve saber que nossas palavras nos perseguem não só até a morte, mas até muito além da morte. Mas, também como bom escritor, não teme esse destino. Um dia, enquanto almoçava sozinho na *brasserie* Lipps, o proprietário se aproximou e lhe disse ao ouvido:

— Dizem que o presidente morreu.

O presidente era Georges Pompidou. Recordando aquele dia, Mitterrand escreveu mais tarde que, de qualquer maneira, não pôde evitar uma certa piedade por esse morto já esquecido antes que o sepultassem. De Valéry Giscard d'Estaing, de quem disse tantas coisas, disse uma terrível: "Ninguém duvida que ele possua, em grau mais alto, a arte de explicar os fracassos dos quais resultam seus triunfos." Nenhuma indignação me pareceu mais lúcida do que a sua quando deram o Prêmio Nobel da Paz a Henry Kissinger. "Não tenho nada contra", escreveu então. Mas considerou que dar a Kissinger o Prêmio da Paz por ter posto um fim a uma guerra que ele mesmo exacerbou era como dá-lo a Sukarno porque não matou mais comunistas indonésios depois de ter matado trezentos mil, e como dá-lo a Papadopoulos, o coronel grego, porque fechou as câmaras de tortura que ele mesmo instalou, e abriu ao turismo as praias de duas ilhas de presidiários; ou a Idi Amin Dada, porque não voltou a esmagar o crânio de nenhum de seus ministros nos últimos anos. "Não dou mais exemplos", escreveu, "porque não quero me indispor com a metade do mundo."

A Júlio César, que também era um grande escritor, Thornton Wilder atribuiu esta frase feliz: "Eu, que governo tantos homens, sou governado por pássaros e trovões." O escritor Mitterrand não podia estar a salvo das pequenas superstições que fazem mais misteriosa e bela a vida dos homens. A sua, com numerosas anotações em seus livros, é a superstição do mês de maio. No mês das flores e das virgens que sobem ao céu em corpo e alma, aconteceram-lhe as piores e as melhores coisas. Há uns três meses, quando apenas se vislumbrava a possibilidade de sua candidatura, alguém falou disto num almoço que Mitterrand nos ofereceu em Paris.

— A reeleição do atual presidente é provável — disse — mas a minha eleição é possível.

Não sei por que tive então a impressão de que Mitterrand contava naquele momento com os inumeráveis fatores que determinam a vitória numa eleição, mas entre eles não descartava uma que era talvez a menos estranha ao seu coração de bom escritor: o mês de maio.

A ÚLTIMA E MÁ NOTÍCIA SOBRE HAROLDO CONTI

Haroldo Conti, um dos maiores escritores argentinos, foi avisado, em outubro de 1975, que as forças armadas o colocaram numa lista de agentes subversivos. O aviso se repetiu por diferentes canais nas semanas seguintes e, no início de 1976, era já de domínio público em Buenos Aires. Por aqueles dias me escreveu uma carta para Bogotá em que era evidente seu estado de tensão. "Martha e eu vivemos praticamente como bandoleiros", dizia, "ocultando nossos movimentos, nossos domicílios, falando de forma cifrada." E terminava: "Abaixo vai meu endereço, se eu continuar vivo." Esse endereço era o de sua casa alugada no número 1205 da rua Fitz Roy, em Villa Crespo, onde seguiu morando sem precauções de qualquer espécie até que um comando de seis homens armados a atacou à meia-noite, nove meses depois do primeiro aviso, e o levaram vendado e com os pés e as mãos amarrados, e o fizeram desaparecer para sempre.

Haroldo Conti tinha então 51 anos, publicara sete livros excelentes e não se envergonhava de seu grande amor pela vida. Sua casa urbana tinha um ambiente rural: criava gatos, criava pombos, criava cachorros, criava crianças e cultivava, em canteiros, legumes e flores. Como tantos escritores de nossa geração, era leitor constante de Hemingway, de quem aprendeu ademais a disciplina de caixa de banco. Seu pensamento político era claro e

Publicado originalmente em 21 de abril de 1981.

público, expressava-o de viva voz e o expunha na imprensa, e sua identificação com a revolução cubana não era mistério para ninguém.

Desde que recebeu os primeiros avisos tinha um convite para viajar ao Equador, mas preferiu ficar em sua casa. "A gente escolhe", me dizia em sua carta. O pretexto principal para não sair era que Martha estava grávida de sete meses e não poderia viajar de avião. Mas a verdade é que não queria ir. "Ficarei até quando puder, e depois Deus verá", me dizia em sua carta, "porque, além de escrever, e digamos que não muito bem, não sei fazer outra coisa." Em fevereiro de 1976, Martha deu à luz um menino, a quem puseram o nome de Ernesto. Haroldo Conti já pendurara um cartaz em seu gabinete: "Este é o meu lugar de combate, e daqui não saio." Mas os seqüestradores não souberam o que ele significava, porque estava escrito em latim.

Em 4 de maio de 1976, Haroldo Conti escreveu a manhã inteira no gabinete e acabou um conto que começara no dia anterior: "A la diestra" [À direita]. Em seguida, pôs um paletó e uma gravata para lecionar numa escola secundária do bairro, e antes das seis da tarde voltou para casa e trocou de roupa. Ao entardecer ajudou Martha a pôr cortinas novas no gabinete, brincou com o filho de três meses, e deu uma mão nas tarefas escolares à filha do casamento anterior de Martha, que vivia com eles: Myrian, de sete anos. Às nove da noite, depois de comer carne assada, foram ver *O poderoso chefão II*. Era a primeira vez que iam ao cinema em seis meses. As duas crianças ficaram aos cuidados de um amigo que chegara à tarde de Córdoba e o convidaram para dormir no sofá do escritório.

Quando voltaram, às 12h05 da noite, quem lhes abriu a porta da própria casa foi um civil armado de metralhadora. Dentro havia outros cinco homens, com armas semelhantes, que os derrubaram a coronhadas e os agrediram com pontapés.

O amigo estava inconsciente no chão, vendado e amarrado, e com a cara desfigurada por socos. No quarto de dormir, as crianças não perceberam nada porque foram adormecidas com clorofórmio.

Haroldo e Martha foram levados para dois quartos diferentes, enquanto o comando saqueava a casa até não deixar nenhum objeto de valor. Submeteram-nos em seguida a um interrogatório cruel. Martha, que guarda uma recordação minuciosa daquela noite espantosa, escutou as perguntas que faziam ao marido no quarto ao lado. Todas se referiam a duas viagens que Haroldo Conti fizera a Havana. Foram, de fato, duas vezes, em 1971 e em 1974, e em ambas as ocasiões como jurado do concurso da Casa das Américas. Os interrogadores tentavam inferir por essas duas viagens que Haroldo Conti era um agente cubano.

Às quatro da madrugada, um dos assaltantes teve um gesto humano e levou Martha ao quarto onde estava Haroldo para que se despedisse dele. Estava desfigurada pelos socos, com vários dentes quebrados, e o homem teve de conduzi-la pelo braço porque tinha os olhos vendados. Outro, que os viu passar pela sala, zombou:

— Você vai dançar com a senhora?

Haroldo se despediu de Martha com um beijo. Ela se deu conta então de que não estava vendado, e essa comprovação a aterrorizou, pois sabia que apenas os que iam morrer podiam ver a cara dos torturadores. Foi a última vez que estiveram juntos. Seis meses depois do seqüestro, tendo passado de um esconderijo para outro com seu filho menor, Martha se asilou na embaixada de Cuba. Ali ficou ano e meio esperando o salvo-conduto, até que o general Omar Torrijos intercedeu junto ao almirante Emilio Massera, que então era membro da Junta de Governo argentina, que lhe facilitou a saída do país.

Quinze dias depois do seqüestro, quatro escritores argentinos — entre eles os dois maiores — aceitaram um convite para almoçar no palácio presidencial com o general Jorge Videla. Eram Jorge Luis Borges, Ernesto Sábato, Alberto Ratti, presidente da Sociedade Argentina de Escritores, e o padre Leonardo Castellani. Todos haviam recebido por diferentes canais a solicitação de expor a Videla o drama de Haroldo Conti. Alberto Ratti, além disso, entregou uma lista de outros 11 escritores presos. O padre Castellani, que tinha então quase oitenta anos e fora professor de Haroldo Conti, pediu a Videla que lhe permitisse vê-lo no cárcere. Ainda que nunca se publicasse a notícia, soube-se que o padre Castellani o viu em 8 de julho de 1976 na prisão de Villa Devoto, e que o encontrou em tal estado de prostração que não foi possível conversar com ele.

Outros presos, libertados mais tarde, estiveram com Haroldo Conti. Um deles redigiu um testemunho, segundo o qual foi seu companheiro de presídio no campo de concentração da Brigada Goemez, na auto-estrada Richieri, a 12 quilômetros de Buenos Aires pelo caminho de Ezeiza. "Em maio de 1976", diz o testemunho, "Haroldo Conti se encontrava numa cela de dois metros por um, com chão de cimento e porta metálica. Chegou dia 20. Disse ter estado numa dependência do exército, onde passou muito mal. Disse que ficara encerrado num banheiro, onde desmaiou. Mal conseguia falar e não podia comer. No dia 21 pôde comer algo. Via-se que caminhava mal porque lhe deram uma surra e iam vê-lo com freqüência. Na madrugada do dia 22 o tiraram da cela. Parece que o iam rever ou algo assim. Estava muito mal e não retinha a urina." A testemunha não voltou a vê-lo na prisão.

Não houve gestão, nem direita nem torta, que a mulher e os amigos de Haroldo Conti não fizemos no mundo inteiro para esclarecer seu destino. Há uns dois anos tive uma entrevista no México com o almirante Emilio Massera, que já então estava afastado tanto das armas como do governo, mas mantinha bons contatos com o poder. Prometeu-me averiguar tudo o que pudesse sobre Haroldo Conti, mas nunca me deu uma resposta definitiva.

Em junho de 1980, a rainha Sofia viajou à Argentina à frente de uma delegação cultural para participar das festividades do aniversário de Buenos Aires. Um grupo de exilados pediu a alguns membros da comitiva que intercedessem junto ao governo argentino pela libertação de vários presos políticos proeminentes. Eu, em nome da Fundação Habeas, e como amigo pessoal de Haroldo Conti, pedi-lhes uma gestão modesta: definir de uma vez por todas qual era sua situação real. A gestão se fez, mas o governo argentino não deu qualquer resposta. Em outubro do ano passado, quando já estava decidida sua saída da presidência, o general Jorge Videla concedeu uma entrevista a uma delegação de alto nível da agência Efe, e respondeu a algumas perguntas sobre os presos políticos. Pela primeira vez falou então sobre Haroldo Conti. Não precisou data, lugar ou outra circunstância, mas revelou sem qualquer dúvida que estava morto. Foi a primeira notícia oficial, e até agora a única. Mas o general Videla pediu aos jornalistas espanhóis que não a publicassem de imediato, e eles cumpriram a promessa. Considero, agora que o general Videla não está no poder, e sem consultar ninguém, que o mundo tem direito de conhecer essa notícia.

QUEM ACREDITA EM JANET COOKE?

Tudo começou no dia em que Janet Cooke, repórter do *Washington Post*, disse ao chefe de redação que ouvira falar de um menino de oito anos que se injetava heroína com a complacência da mãe.

— Encontre esse menino — disse o chefe de redação. — Será uma reportagem de primeira página.

Em outubro do ano passado, com efeito, o revelador e tremendo relato — sob o título de "O mundo de Jimmy" — abalou os Estados Unidos. Há duas semanas, com apenas três anos de profissão e 26 de idade, Janet Cooke mereceu a honra mais cobiçada no jornalismo de seu país: o Prêmio Pulitzer. A satisfação durou poucas horas, pois a investigação inclemente de seus chefes e a pressão de sua própria alma a obrigaram a confessar que a reportagem era inventada e que o pequeno Jimmy só existira em sua imaginação.

Este incidente expõe, mais uma vez, o drama do jornalismo dos Estados Unidos, cujo rigor quase puritano o converteu no melhor do mundo, mas cujas contradições traumáticas também o converteram no mais perigoso. Daí porque toda história falsa, como a que Janet Cooke acaba de contar, termine por provocar sem remédio uma crise de consciência nacional.

Tive uma demonstração pessoal desse rigor, há uns quatro anos, quando a revista *Harper*, de Nova York, me pediu um artigo exclusivo sobre o

---

Publicado originalmente em 29 de abril de 1981.

golpe militar no Chile e o assassinato de Salvador Allende. Um dos principais editores da revista me telefonou de Nova York a Paris quando leu o original, e me submeteu a um interrogatório quase policial de mais de uma hora sobre a origem de minhas informações. Não queria, é claro, que eu revelasse minhas fontes confidenciais, mas queria estar certo de que eu estava seguro delas, e em condições de defendê-las. Mais tarde vi personificada essa moral em meu amigo Elie Abel — o antigo diretor da escola de jornalismo da Universidade de Colúmbia —, com quem trabalhei na comissão especial da Unesco que realizou um estudo sobre a comunicação e a informação no mundo atual. Elie Abel e eu estávamos a uma distância política de séculos, mas a clareza e a integridade com que se batia por seus princípios naquelas reuniões soporíferas me recordavam os pregadores iluminados de seu compatriota Nathaniel Hawthorne.

Por isso é mais surpreendente que um jornalismo com fundamentos morais tão drásticos seja também capaz de chegar a extremos inconcebíveis de manipulação e falsidade. Há dois anos, por exemplo, a revista *Time* publicou em meia página a foto de algo que parecia ser duas telas de radar assentadas numa colina. O texto dizia que fora tirada em segredo no interior de Cuba, e que eram sofisticados dispositivos soviéticos para captar toda espécie de mensagens originadas nos Estados Unidos. Acreditei, e me pareceu um recurso normal na guerra sem quartel da informação. Mas meus filhos, que se interessam mais do que eu por ficção científica, fizeram-me cair na realidade de que víramos estas telas muitas vezes em nossas tantas viagens a Cuba. Não deviam ser tão secretas se milhares de turistas estrangeiros podiam vê-las e fotografá-las viajando pela estrada de Havana até o leste do país. Na semana seguinte, de fato, o encarregado do escritório de interesses de Cuba em Washington esclareceu numa carta que aquelas telas estavam instaladas ali desde antes da revolução por uma empresa de comunicações dos Estados Unidos. Vinte anos depois, apesar do bloqueio, das sabotagens e dos desembarques armados, as telas continuavam em seu lugar, ainda a serviço da mesma empresa transnacional norte-americana, e sob sua responsabilidade absoluta. A revista *Time* publicou este esclarecimento de três centímetros na seção de cartas, e ficou em paz com sua consciência. Nunca retificou.

Mais infame e persistente foi a guerra de informação contra o Vietnã, há dois anos. A imprensa ocidental, instigada pela dos Estados Unidos, convenceu o mundo de que o governo vietnamita estava mandando morrer em alto-mar os residentes chineses. Poucos de nós tivemos o trabalho de ir ao Vietnã conversar com todos, incluindo os chineses que queriam partir, como tanta gente quer partir de todas as partes. O que então averiguamos parece hoje muito simples: a solidariedade mundial que o Vietnã conseguira durante a guerra militar continuava a ser uma dor de cabeça para os Estados Unidos, que se propuseram liquidá-la com outra guerra feroz de informação. Conseguiram, certamente.

Em todo o caso, além da ética e da política, a audácia de Janet Cooke, uma vez mais, propõe também as perguntas de sempre sobre as diferenças entre jornalismo e literatura, que tanto os jornalistas como os literatos carregamos sempre adormecidas, mas sempre a ponto de despertar no coração. Para começar, devemos nos perguntar qual é a verdade essencial em seu relato. Para um romancista, o primordial não é saber se o pequeno Jimmy existe ou não, mas saber se sua natureza de fábula corresponde a uma realidade humana e social, dentro da qual poderia ter existido. Este menino, como tantos meninos da literatura, poderia não ser mais que uma metáfora legítima para enfatizar a verdade de seu mundo. Há pelo menos um argumento a favor deste álibi literário: antes que se descobrisse a farsa de Janet Cooke, vários leitores escreveram ao seu jornal para dizer que conheciam o pequeno Jimmy e muitos diziam conhecer casos semelhantes. Isso faz pensar, graças aos deuses tutelares das belas letras, que o pequeno Jimmy não só existe uma vez, mas muitas vezes, mesmo que não seja o mesmo inventado por Janet Cooke.

O problema é que em jornalismo um só dado falso desvirtua irremediavelmente os outros dados verídicos. Em ficção, em compensação, um só dado real bem usado pode tornar verossímeis as criaturas mais fantásticas. A norma ocasiona injustiças de ambos os lados: em jornalismo há que se apegar à verdade, mesmo que ninguém creia nela, e por outro lado em literatura se pode inventar tudo, desde que o autor seja capaz de torná-la verossímil. Há recursos intercambiáveis. Se um escritor diz que viu uma manada de elefantes voando, não haverá ninguém que acredite nele, porque o bom jornalismo fez o mundo acreditar que os elefantes não voam. Mas não faltará quem acredite se apelar para o recurso jornalístico da precisão e disser que os elefantes que voavam eram 326. Ouvi contar muitas vezes, sendo bem criança, a história de um padre rural que levitava no momento de consagrar o cálice. Tentei contar num romance, mas eu próprio não conseguia acreditar, até que troquei o vinho por uma taça de chocolate, e o padre se elevou como um anjo a dois centímetros do nível do solo. Foi mais ou menos o caso do prefeito de Washington, Marion Barry, o primeiro a denunciar a falsidade da reportagem de Janet Cooke. E não porque acreditasse que o menino não existia, mas porque lhe pareceu impossível que a mãe permitisse injetar-lhe heroína diante de um repórter.

John Hersey, que era um bom romancista, escreveu uma reportagem sobre a cidade de Hiroshima devastada pela bomba atômica, e é um relato tão apaixonante que parece um romance. Daniel Defoe, que era também um grande jornalista, escreveu um romance sobre a cidade de Londres devastada pela peste, e é um relato tão surpreendente que parece uma reportagem. Nessa linha de demarcação invisível podem estar os anjos que Janet Cooke necessita para a salvação de sua alma. Pois não seria justo que lhe dessem o Prêmio Pulitzer de jornalismo, mas em compensação seria uma injustiça maior que não lhe dessem o de literatura.

“MARÍA DE MEU CORAÇÃO”

Há uns dois anos, contei um episódio da vida real ao diretor de cinema mexicano Jaime Humberto Hermosillo, com a esperança de que o convertesse em filme, mas não me pareceu que lhe tivesse despertado a atenção. Dois meses depois, veio me dizer, sem anúncio prévio, que já tinha o primeiro esboço do roteiro, de maneira que seguimos trabalhando juntos até sua forma definitiva. Antes de estruturar a índole dos protagonistas, pusemo-nos de acordo sobre quais eram os atores que poderiam encarná-los melhor: María Rojo e Héctor Bonilla. Isto também nos permitiu contar com a colaboração de ambos para escrever certos diálogos, e até deixamos alguns apenas esboçados para que eles os improvisassem com sua própria linguagem durante a filmagem.

A única coisa que eu escrevera dessa história — desde que me contaram há muitos anos em Barcelona — eram umas notas soltas num caderno escolar, e um projeto de título: “Não: só vim para telefonar”. Mas na hora de registrar o projeto de roteiro pareceu-nos que o título não era adequado, e pusemos outro, provisório: *María de meus amores*. Mais tarde, Jaime Humberto Hermosillo pôs o título definitivo: *María de meu coração*. Era o que melhor se enquadrava na história, não só por sua natureza, mas também por seu estilo.

Publicado originalmente em 5 de maio de 1981.

O filme foi feito com a contribuição de todos. Criadores, atores e técnicos contribuímos com nosso trabalho para a produção, e o único dinheiro líquido de que dispusemos foram dois milhões de pesos da Universidade de Vera Cruz; isto é, uns oitenta mil dólares, que, em termos de cinema, não dá nem para os doces. Filmou-se em 16 milímetros e em cor, e em 93 dias de trabalhos forçados no ambiente febril da colônia Portales, que me parece ser uma das mais definitivas da Cidade do México. Eu a conhecia muito bem, porque há mais de vinte anos trabalhei na gráfica desta colônia, e pelo menos num dia da semana, quando terminávamos o trabalho, ia com aqueles bons artesãos e melhores amigos beber até o álcool dos lampiões nas cantinas do bairro. Pareceu-nos que este era o ambiente natural de *María de meu coração*. Acabo de ver o filme concluído, e me alegrei ao comprovar que não nos enganamos. É excelente, terno e brutal ao mesmo tempo, e ao sair da sala me senti abalado por uma rajada de nostalgia.

María, a protagonista, era na vida real uma mulher de uns 25 anos, recém-casada com um funcionário público. Uma tarde de chuva torrencial, quando viajava sozinha por uma estrada solitária, seu automóvel enguiçou. Depois de uma hora de sinais inúteis aos veículos que passavam, o motorista de um ônibus se compadeceu dela. Não ia muito longe, mas para María bastava encontrar um telefone para pedir ao marido que viesse buscá-la. Jamais lhe ocorreria que naquele ônibus de aluguel, completamente ocupado por um grupo de mulheres espantadas, começara para ela um drama absurdo e não merecido que lhe mudou a vida para sempre.

Ao anoitecer, ainda sob a chuva persistente, o ônibus entrou no pátio pavimentado de um prédio enorme e sombrio, no centro de um parque natural. A mulher responsável pelas outras as fez descer com ordens um tanto infantis, como se fossem colegiais. Mas todas eram maiores, emaciadas e ausentes, e se moviam numa andadura que não parecia deste mundo. María foi a última a descer, sem se preocupar com a chuva, pois de qualquer maneira estava encharcada até a alma. A responsável pelo grupo entregou-o então a outras pessoas, que saíram para recebê-lo, e se foi com o ônibus. María não se dera conta de que aquelas mulheres eram 32 doentes sossegadas transportadas de alguma outra cidade, e que na realidade se encontrava num asilo de loucas.

No interior do prédio, María se separou do grupo e perguntou a uma funcionária onde havia um telefone. Uma das enfermeiras que conduzia as enfermas a fez voltar para a fila enquanto lhe dizia de uma maneira bem suave:

— Por aqui, minha linda, por aqui há um telefone.

María prosseguiu, juntamente com as outras mulheres, por um corredor tenebroso, e ao final entrou num dormitório coletivo onde as enfermeiras começaram a distribuir os lugares nas camas. Uma das camas também foi designada para María. Divertindo-se com o engano, María explicou então a uma enfermeira que seu automóvel sofrera uma pane na estrada e só precisava de um telefone para avisar o marido. A enfermeira fingiu escutá-la com atenção, mas a levou de novo para a cama, tentando acalmá-la com palavras suaves.

— Tudo bem, minha linda — lhe dizia. — Se você se comportar, poderá falar pelo telefone com quem quiser. Mas agora não. Amanhã.

Compreendendo de repente que estava prestes a cair numa armadilha mortal, María escapou correndo do dormitório. Mas antes de chegar ao portão, um guarda corpulento a alcançou e lhe aplicou uma chave de braço, e outros dois o ajudaram a colocar-lhe uma camisa-de-força. Pouco depois, como não cessava de gritar, injetaram-lhe um sonífero.

No dia seguinte, persistindo ela em sua atitude insurrecta, transportaram-na para o pavilhão das loucas furiosas, e a submeteram até o esgotamento com uma mangueira de água de alta pressão.

O marido de María comunicou o desaparecimento pouco depois da meia-noite, quando se assegurou de que ela não estava em casa de algum conhecido. O automóvel — abandonado e depenado por ladrões — foi recuperado no dia seguinte. Depois de duas semanas, a polícia declarou encerrado o caso, e se deu por boa a explicação de que María, desiludida por sua breve experiência matrimonial, fugira com outro.

Por essa época, María não se adaptara ainda à vida do sanatório, mas sua personalidade fora subjugada. Ainda se negava a participar dos jogos ao ar livre com as enfermas, mas ninguém a forçava. Enfim, diziam os médicos, assim começavam todas, e cedo ou tarde acabavam por se incorporar à vida da comunidade. Pelo terceiro mês de reclusão, María conseguiu por fim ganhar a confiança de uma assistente social, que aceitou levar uma mensagem ao marido.

O marido de María a visitou no sábado seguinte. Na sala de recepção, o diretor do sanatório lhe explicou em termos convincentes qual era o estado de María e a maneira como ele mesmo poderia ajudá-la a se recuperar. Preveniu-o sobre sua obsessão dominante — o telefone — e o instruiu sobre a maneira de tratá-la durante a visita, para evitar uma recaída em suas freqüentes crises de fúria. Tudo era questão, como se diz, de seguir a corrente.

Apesar de ele seguir ao pé da letra as instruções do médico, a primeira visita foi terrível. María tentou sair com ele a todo custo, e tiveram de recorrer outra vez à camisa-de-força, para submetê-la. Pouco a pouco foi se tornando mais dócil nas visitas seguintes. De maneira que o marido continuou a visitá-la todos os sábados, levando de cada vez meio quilo de bombons de chocolate, até que os médicos lhe disseram que não era o presente mais conveniente para María, porque estava engordando. A partir de então, só levou-lhe rosas.

COMO ALMAS PENADAS

Já faz muitos anos que ouvi contar pela primeira vez a história do velho jardineiro que se suicidou na Finca Vigía, a bela casa entre grandes árvores, num subúrbio de Havana, onde passava a maior parte de seu tempo o escritor Ernest Hemingway. Desde então continuei ouvindo-a muitas vezes em numerosas versões. Segundo a mais corrente, o jardineiro tomou a decisão extrema depois que o escritor o despediu, porque se empenhava em podar as árvores contra sua vontade. Esperava-se que em suas memórias, se as escrevesse, ou em qualquer um de seus escritos póstumos, Hemingway contasse a versão real. Mas, ao que parece, não contou.

Em todas as versões, o jardineiro, que já era o jardineiro antes que o escritor comprasse a casa, desapareceu de repente sem explicação. Depois de quatro dias, pelos sinais inequívocos das aves de rapina, descobriram o cadáver no fundo de um poço artificial que abastecia de água potável Hemingway e sua mulher de então, a bela Martha Gelhorm. O escritor cubano Norberto Fuentes, que fez uma investigação minuciosa da vida de Hemingway em Havana, publicou há pouco outra versão e talvez mais bem fundamentada daquela morte tão controvertida. Contou-a o antigo mordomo da casa, e, de acordo com ela, o poço do morto não fornecia água para beber, e sim para nadar na piscina. Segundo contou o mordomo, jogavam na piscina,

---

Publicado originalmente em 12 de maio de 1981.

com freqüência, pastilhas desinfetantes, ainda que talvez não tantas para desinfetá-la de um morto inteiro. De qualquer maneira, a última versão desmente a mais antiga, que era também a mais literária, segundo a qual o casal Hemingway tomou a água do afogado durante três dias. Dizem que o escritor teria dito:

— A única diferença que notamos era que a água se tornara mais doce.

Esta é uma das tantas e tantas histórias fascinantes — escritas ou faladas — que ficam com alguém para sempre, mais no coração do que na memória, e das quais está cheia a vida de todo o mundo. Talvez sejam as almas penadas da literatura. Algumas são pérolas legítimas de poesia que alguém apanhou em pleno vôo sem registrar bem quem era o autor, porque parecia inesquecível, ou que ouvimos contar sem perguntar a quem, e depois de um certo tempo já não sabíamos com certeza se eram histórias que sonhamos. De todas elas, sem dúvida a mais bela, e a mais conhecida, é a do ratinho recém-nascido que se encontrou com um morcego ao sair pela primeira vez de sua caverna, e retornou assombrado, gritando:

— Mamãe, vi um anjo.

Outra, também da vida real, mas que supera por muitos corpos a ficção, é a do radioamador de Manágua que, ao amanhecer de 22 de dezembro de 1972, tentou se comunicar com qualquer parte do mundo para informar que um terremoto havia apagado a cidade do mapa da Terra. Depois de uma hora de explorar um quadrante no qual só se escutavam assobios siderais, um companheiro mais realista do que ele o convenceu a desistir.

— É inútil — disse. — Isto sucedeu em todo o mundo.

Outra história, tão verídica como as anteriores, foi protagonizada pela orquestra sinfônica de Paris que, há uns dez anos, esteve a ponto de se desfazer por um inconveniente que não ocorreu a Franz Kafka: o prédio que lhe foi designado para ensaiar tinha um só elevador hidráulico para quatro pessoas, de maneira que os oitenta músicos começavam a subir às oito da manhã, e quatro horas depois, quando todos tinham acabado de subir, tinham que descer de novo para almoçar.

Entre os contos escritos que deslumbram desde a primeira leitura, e que se volta a ler sempre que se pode, o primeiro para o meu gosto é *A pata do macaco*, de W.W. Jacobs. Só me recordo de dois que parecem perfeitos: este, e *O caso do doutor Valdemar*, de Edgar Allan Poe. Enquanto no conto de Poe se pode identificar até a qualidade de suas peças íntimas, do conto de Jacobs é pouco o que se sabe. Não conheço muitos eruditos que possam dizer o que significam suas iniciais repetidas sem consultar mais uma vez a enciclopédia, como acabo de fazer: William Wymark. Nasceu em Londres, onde morreu em 1943, com a modesta idade de oitenta anos, e suas obras completas em 18 volumes — embora a enciclopédia não diga — ocupam 64 centímetros de uma biblioteca. Mas sua glória se sustenta completa numa obra-prima de cinco páginas.

Por último, gostaria de recordar — e sei que algum leitor caridoso me vai dizer nos próximos dias — quem são os autores de dois contos que alvoroçaram a fundo a febre literária de minha juventude. O primeiro é o drama do desencantado que se jogou na rua do décimo andar, e à medida que caía ia vendo pelas janelas a intimidade de seus vizinhos, as pequenas tragédias domésticas, os amores furtivos, os breves instantes de felicidade, cujas notícias jamais chegaram à escada comum, de maneira que no instante de rebentar contra o pavimento da rua havia mudado por completo sua concepção do mundo, e chegara à conclusão de que aquela vida que abandonava para sempre pela porta falsa valia a pena ser vivida. O outro conto é o dos dois exploradores que conseguiram se refugiar numa cabana abandonada, depois de viver três angustiantes dias extraviados na neve. Depois de outros três dias, um deles morreu. O sobrevivente cavou uma fossa na neve, a uns cem metros da cabana, e sepultou o cadáver. No dia seguinte, ao despertar de seu primeiro sono aprazível, encontrou-o outra vez dentro da casa, morto e petrificado pelo gelo, mas sentado como um visitante formal diante de sua cama. Sepultou-o de novo, talvez num túmulo mais distante, mas ao acordar no dia seguinte voltou a encontrá-lo sentado diante de sua cama. Então perdeu a razão. Pelo diário que tinha até então se pôde conhecer a verdade de sua história. Entre as muitas explicações que se tentaram dar ao enigma, uma parecia ser a mais verossímil: o sobrevivente se sentira tão afetado pela solidão que ele mesmo desenterrava, adormecido, o cadáver que enterrava acordado.

A história que mais me impressionou na vida, a mais brutal e ao mesmo tempo mais humana, foi contada a Ricardo Muñoz Suay em 1947, quando estava preso no cárcere de Ocaña, província de Toledo, Espanha. É a história real de um prisioneiro republicano fuzilado nos primeiros dias da guerra civil na prisão de Ávila. O pelotão de fuzilamento o tirou de sua cela num amanhecer glacial, e todos tiveram de atravessar a pé um campo nevado para chegar ao local da execução. Os guardas civis estavam protegidos do frio com capas, luvas e tricórnios, mas ainda assim tiritavam ao atravessar o terreno gelado. O pobre prisioneiro, que só tinha um casaco de lã desfiado, não fazia mais do que esfregar o corpo quase petrificado, enquanto se lamentava em voz alta por causa do frio mortal. Num certo momento, o comandante do pelotão, exasperado com os lamentos, gritou-lhe:

— Porra, acabe já de bancar o mártir por causa do frio, cornudo. Pense em nós, que temos de regressar.

A *CONDUERMA* DAS PALAVRAS

Meu amigo Argos observou que, na *Crônica de uma morte anunciada,* há três expressões que não são de compreensão imediata na Colômbia. A observação é digna de um interesse mais especial não só por vir de quem vem, mas porque há indícios sérios de que o romance se passa na Colômbia. Um deles é a nacionalidade do autor. Outro, mais significativo ainda, é que perto do anônimo povoado onde transcorre o drama existe uma cidade colombiana muito conhecida no mundo inteiro, Cartagena de Indias, fundada 374 anos antes que Madri se convertesse na capital da Espanha, e um pouco mais longe existe outra cidade também colombiana, Riohacha, fundada 64 anos antes que o navegante inglês Henry Hudson explorasse o lugar onde ia fundar a cidade de Nova York. Portanto, seria razoável esperar que todas as expressões idiomáticas do romance fossem também colombianas.

Argos sabe bem, como todo bom escritor, que a guerra cotidiana das palavras não respeita fronteiras. Um pobre homem solitário, sentado seis horas diárias diante da máquina de escrever, com o compromisso de contar uma história que seja ao mesmo tempo convincente e bela, agarra suas palavras onde pode. A guerra é mais desigual ainda se o idioma em que se escreve é o castelhano, cujas palavras mudam de sentido a cada quinhentos

Publicado originalmente em 19 de maio de 1981.

quilômetros, e têm de passar cem anos no purgatório do uso comum antes que a Real Academia lhes dê permissão de serem enterradas no mausoléu de seu dicionário.

As três expressões observadas são *conduerma*, *cruda* — entendida como o mal-estar que se sofre no dia seguinte decorrente da noite anterior — e *hacerse bolas*. As duas últimas, de fato, são originárias do México. A primeira, segundo o dicionário de americanismos de Alfredo Neves, e também segundo o Vox e o da Real Academia, é um venezuelismo. As três são de uso corrente em suas pátrias originais.

Contudo, não aprendi a palavra *conduerma* em nenhum dicionário estrangeiro com pretensões internacionais, e sim na casa de meus avós, aos cinco anos, e com um significado muito mais intenso. Quando me empenhava em conseguir algo com um bordão invencível de dias e dias inteiros — como continuo a fazer depois de velho —, minha avó acabava por assomar:

— Caralho, esta criatura é uma *conduerma*.

Assim que mais do que modorra ou sono pesado — que têm algo de metafórico — a *conduerma* de minha infância é um tormento contínuo e iniludível, como a ameaça da morte, que é o sentido que tem em meu romance. Tive, contudo, o cuidado de não dizê-la como narrador, e a pus na boca de um personagem, e todo mundo sabe que os personagens dos romances são os donos de suas palavras.

É provável, certamente, que aquela *conduerma* errante viesse da Venezuela. Em criança aprendi que muitas palavras que mais tarde voltei a encontrar naquele país passavam de contrabando de um lado ao outro, como as sedas da China e os perfumes da França, por uma fronteira que naquela época era de domínio público. O que devemos nos perguntar é se depois de cinqüenta anos — e quem sabe quantos antes — as palavras emigrantes podem trocar de nacionalidade com tanto direito como trocam de sentido.

Certamente conheci a palavra *cruda* no México. Na Colômbia se diz *guayabo*, mas eu preferi a mexicana, porque a nossa também possui uma conotação de saudade que me incomodava no texto. Nesse sentido escrevi há muitos anos, em outro romance, que um personagem se sentia atormentado pelo "aromático e inquietante *guayabal* de amor que o ia arrastando até a morte". Na *Crônica de uma morte anunciada*, a palavra *guayabo* também aparece em outra parte com o sentido de *cruda*, mas não é dita pelo narrador e sim pelo protagonista: "Imagine, com este *guayabo*." Por certo que revisando a versão inglesa achei que *cruda* fora traduzida de forma correta — *hangover* —, que é como se a gente continuasse ainda pendurada da noite anterior. Em compensação, *guayabo* fora traduzida erradamente como *hullabaloo*, que não tem nada a ver com nada, talvez porque o tradutor, sem se dar conta, pisou numa das armadilhas freqüentes e perigosas do senso comum. Em todo o caso, se escolhi *cruda* foi por motivo de gosto pessoal, pois nenhum outro estado de ânimo tem tantos nomes para escolher em castelhano: *resaca* na Espanha (como no Brasil, ressaca), *ratón* na Venezuela, *perseguidora* em Cuba, *chuchaque* no Equador. É uma verdadeira dor de cabeça, não tanto para os sobreviventes da festança, mas também para os sábios lingüistas de água mineral.

O tradutor inglês não entendeu tampouco a expressão "hacerse bolas" e perguntou o que significava, em carta, ao escritor Pedro Gómez Valderrama, que resolveu de maneira correta não só este como vários outros enigmas do mesmo romance. Aprendi, com efeito, o termo no México, e não me deu trabalho entendê-lo, porque é quase igual a outro colombiano que quer dizer a mesma coisa e não figura ainda em nenhum dicionário oficial: *embolatarse*. No romance preferi o mexicano, porque me pareceu mais expressivo, e também mais fácil de decifrar pelo senso comum.

Pensando nisto tudo, dei-me conta de que no mesmo romance há outros mexicanismos, além dos assinalados por Argos. Diz-se: "*habladas de borrachos*", "*mulatas destrampadas*", "*un poco al desgarriate*". Não sei de onde vem *habladas*, no sentido de fanfarronices, mas a aprendi no México, e não encontrei outra palavra mais feliz na Colômbia. *Destrampadas* vem de *destrampe*, que é a festança delirante em que tudo é permitido. Fazer as coisas *al desgarriate* é fazê-las da pior maneira possível, e me dá trabalho imaginar uma palavra que se pareça tanto ao que quer dizer.

Nós, colombianos, que nos últimos tempos ganhamos uma péssima fama no mundo por tantos motivos diferentes, temos há muitos anos a fama de falar o castelhano mais puro. Dormimos sobre falsos lauréis, pois na realidade falamos coloquialmente uma língua muito bela, rica e útil, mas a que nos deu fama não é essa, mas a que repetem como papagaios nossos acadêmicos poeirentos e nossos presidentes embalsamados.

Para mim, o melhor idioma não é o mais puro, e sim o mais vivo. Isto é: o mais impuro. O do México me parece o mais imaginativo, o mais expressivo, o mais flexível. Talvez porque seja a língua de emergência de uma nação que esqueceu os idiomas nacionais antigos, e ao mesmo tempo aprendeu mal aquele trazido por Hernán Cortés. A síntese consegue às vezes dimensões mágicas. Só um exemplar de amostra: existe no México, com seu significado completo, a palavra *mendigo*. Mas há outra, que é a mesma, mas pronunciada como proparoxítona: *méndigo*. Costuma-se usar mais como adjetivo, e significa, mais ou menos, miserável. Os mexicanos têm para as duas uma explicação deslumbrante: "*Mendigo* é o que pede esmola, e *méndigo* é o que não a dá."

O OUTRO MITTERRAND: O PRESIDENTE

Não foi nada fácil reunir em Paris os convidados latino-americanos do presidente François Mitterrand. Em parte porque ninguém sabe muito bem em que lugar do mundo se encontram a cada momento nossos escritores e artistas, e em parte porque a decisão de convidá-los se tomou 72 horas antes da posse do novo presidente. Ainda na véspera não estava ainda claro quem conseguiria chegar e quem se estava desculpando com telegramas que seriam recebidos quando já estivessem arriadas as bandeiras do júbilo e as ruas de Paris varridas da concorrida festança mais alegre e ruidosa de que se teve lembrança desde outro maio histórico: o de 1968.

O escritor Carlos Fuentes, de quem ninguém dava notícia, estava fazendo uma conferência numa remota universidade dos Estados Unidos, e teve o valor civil de tomar em Washington o Concorde que vinha do México para chegar a tempo para a festa. Matilde Neruda, a mulher do imortal poeta chileno, preparava-se para voar a Buenos Aires quando a avisaram que o novo presidente da França, que fora amigo pessoal e leitor perpétuo de Pablo Neruda, queria tê-la ao lado no dia da posse. Miguel Otero Silva, em Caracas, teve de vencer seu medo de avião pela terceira vez num mesmo ano, e chegou no instante em que começavam a tocar a *Marselhesa* sob o Arco do Triunfo.

Publicado originalmente em 26 de maio de 1981.

Outros dois convidados notáveis, ambos brasileiros, não conseguiram vencer o medo de avião: o escritor Jorge Amado e o arquiteto Oscar Niemeyer. O cardeal Paulo Evaristo Arns, que era o terceiro brasileiro convidado, não foi por motivos diferentes. O professor Juan Bosch, ex-presidente da República Dominicana, que sabia que o novo presidente da França não incluíra nenhum político em sua lista de convidados pessoais, surpreendeu-se ao receber o telegrama. Só então se inteirou de que não fora convidado como político, e sim como escritor. Dona Hortensia Allende, a viúva do presidente assassinado no Chile, estava em Paris uma semana antes do segundo turno eleitoral, e não permaneceu porque não estava muito convencida do triunfo de Mitterrand. Oito dias depois teve de tomar de novo o avião de regresso para atravessar o Atlântico pela sexta vez em um ano. Julio Cortázar foi o que chegou com mais facilidade: tomou o metrô na esquina de sua casa e saiu na estação Concorde, a vinte passos do Champs-Élysées.

Eu estava no México, sonhando que ia num trem cheio de papagaios, quando tocou o telefone infame da mesa-de-cabeceira. Era Monique Lang, a mulher do novo ministro da Cultura, que calculara mal a diferença de fuso horário e me transmitiu o muito amável convite às quatro da madrugada. Ainda bem, porque às seis devia viajar à selva de Chiapas em busca de um lugar com papagaios silvestres para fazer um filme, e não estaria ao alcance de ninguém durante uma semana.

De maneira que na quinta-feira, dia 21 de maio, a uma da tarde, a maioria dos convidados latino-americanos estava no refeitório do Champs-Élysées, respirando o ar rarefeito dos gobelinos grandiloqüentes, mas com um cardápio inspirado na inventiva sóbria e original da nova cozinha francesa, como se fosse um sinal de um estilo diferente de governo. Havia uns duzentos comensais, mas os trinta convidados estrangeiros do presidente da República ocupávamos as duas mesas centrais. Uma era presidida pelo próprio presidente e a outra por sua mulher, Danielle. À direita do presidente, não por disposição do protocolo, mas pela vontade do novo dono da casa, sentou-se dona Hortensia Allende. Não se requeria muita perspicácia para se dar conta de que aquela deferência tão especial tinha um significado político muito importante para os convidados latino-americanos. Pouco depois, quando tomávamos café nos jardins nublados, o presidente se aproximou dos diferentes grupos para se despedir. Eu lhe disse:

— Nós, latino-americanos, temos pela primeira vez a impressão de contar na França com um presidente nosso.

Mitterrand sorriu:

— Sim, mas quais latino-americanos?

De manhã, às 9h30, tomara posse da presidência num ato sem convidados. Em seguida, percorreu o Champs-Élysées, de pé num automóvel conversível, sob o eterno céu nublado de Paris, aclamado por uma multidão interminável, e depositou uma oferenda de rosas frescas no túmulo do soldado desconhecido. A última vez que vira Mitterrand foi em 18 de janeiro do ano anterior, quando era candidato recente pela terceira vez, e poucos acreditávamos em sua vitória. Comuniquei-lhe que ia para a Colômbia, e ele me fez a distinção de convidar-me mais uma vez para seu escritório da rua Solferino para nos despedirmos. Não foi por premonição, nem por ilusão, mas por uma realidade demasiado evidente, que naquela ocasião me pareceu que já atuava como se fosse presidente da França.

A impressão foi diferente na quinta-feira passada, quando já era presidente na realidade, e estava escutando a *Marselhesa* sob o Arco do Triunfo, diante da chama eterna do soldado morto. Estava mais pálido que de costume, com os olhos fixos no horizonte de seu destino e tentando reprimir, para que ninguém notasse, as batidas do coração. Dedicara toda a sua vida a merecer aquele instante, fracassara em duas tentativas anteriores sem se deixar vencer pelo óxido da derrota, e era, enfim, o presidente de sua pátria havia três horas, mas estava tão bem instalado dentro de sua pele que dava a impressão de tê-lo sido durante toda a vida. Às seis da tarde, sob um chuvisco suave, atravessou sozinho e a passo lento a Praça do Panteão com duas rosas na mão. Os coros da Orquestra de Paris, dirigida por Daniel Barenboim e com alto-falantes desmesurados nas extremidades da praça, cantavam a *Ode à Alegria*, da *Nona Sinfonia* de Beethoven. O presidente entrou sozinho no espaço gelado do Panteão, caminhando ereto e sem pressa por entre as lousas funerárias dos mortos mais ilustres da França, e depositou uma rosa em cada um dos túmulos de dois grandes mártires: Jean Jaurès, um dirigente socialista assassinado a faca em 1914 por sua decidida oposição à guerra, e Jean Moulin, dirigente da resistência durante a Segunda Guerra Mundial, mutilado e morto por seus torturadores alemães. A multidão conservava um silêncio profundo que só se podia entender como assombro inexorável diante do mistério insondável da poesia. Logo estourou uma comoção de alegria que se iniciou no Quartier Latin e contagiou a cidade inteira. Pela primeira vez desde o maio glorioso de 1968, a torrente incontrolável da juventude estava na rua, mas desta vez não exaltada contra o poder, e sim embriagada pelo delírio de que uma época feliz começara. Em meio às músicas embaralhadas, dos bailes frenéticos, dos teatros de esquina, dos amores públicos daquela noite enlouquecida em que toda a Paris era uma única rumba, eu pensava que semelhante paroxismo da esperança era tão emocionante como perigoso. Não: eu queria estar então em qualquer parte menos dentro da pele de François Mitterrand.

VIDAS DE CÃES

Subíamos em silêncio pela velha escada rolante, aprumados e em ordem, como sempre pensei que se deve subir ao céu, quando se ouviu um berro espantoso, uma explosão como a de uma *piñata* [panela cheia de doces no baile de máscaras do primeiro domingo da Quaresma] quando se rebenta numa festa infantil, e todos corremos sem saber o que se passava, mas com o instinto certo de que era algo grave. Numa rajada de pânico cheguei a ver uma senhora com um pobre casaco de primavera salpicado de sangue ainda quente, e outra que tratava de limpar as pernas de seu filho lambuzadas de uma matéria espessa. Só então nos demos conta do que acontecia: a escada rolante comprimira entre os degraus um cãozinho pequinês, rebentara-o, e suas vísceras dispersas salpicaram os que estavam por perto. Na escada vazia só permaneceu o dono do cãozinho, paralisado de espanto, olhando com a boca aberta a guia esfarrapada que ficou pendurada em sua mão. Isto aconteceu quinta-feira da semana passada numa loja de departamentos de Paris, e é um dos episódios mais extraordinários e assustadores que vi na vida. O mais extraordinário, no entanto, foi a reação do público. Logo que passou o pânico, todos soltaram uma gargalhada um pouco histérica, e se puseram a falar de cães com um desvio de consciência que não pude entender. O dono do cãozinho morto, por sua vez, teve de ser atendido com

Publicado originalmente em 2 de junho de 1981.

urgência pelo serviço médico da loja. Mais tarde soubemos que fizera desmontar um setor da escada rolante para resgatar até o último fragmento do cãozinho despedaçado e os levou dentro de uma caixa de sapatos. Talvez esta mesma tarde tenha ido ao cemitério de cães, sob a chuva desolada daquela péssima quinta-feira, com sua gabardina suja e seus sapatos caros, e enterrou a caixinha com o pouco que restou do cão entre os túmulos opulentos dos cães mais amados e estimados de Paris. Estou seguro, no entanto, de que esse pobre homem não voltará jamais a ser o mesmo de antes.

Paris é uma cidade de cães privilegiados. Nas ruas, incluindo a avenida Champs-Élysées, que tem a reputação de ser a avenida mais bela do mundo, deve-se caminhar aos pulos para não pisar na incrível quantidade de cocô de cachorro encontrado em todas as partes. Também em Nova York é familiar a imagem dos vizinhos que levam os cães ao entardecer para que façam suas necessidades na rua, mas carregam um bastão especial, com uma mão mecânica, como as que usaram os astronautas para recolher pedras no solo da lua. Com essa mão de ficção científica recolhem o que o cão deixa, jogam-no numa bolsinha de plástico, que as lojas especializadas vendem especialmente para isso, e o depositam numa cesta de lixo da esquina mais próxima.

Em Paris, onde a arte de amar os cães não alcançou semelhante refinamento, os animais deixam seus resíduos em qualquer lugar e de qualquer maneira. Calcula-se que em toda a cidade, incluindo os subúrbios, recolhe-se todos os dias quase uma tonelada de cocô de cães, cujo aproveitamento industrial ainda não foi decidido. As autoridades municipais buscam há anos uma solução desesperada, mas nenhuma se mostrou eficaz. Pintaram, na calçada, a silhueta de um cachorro, e uma flecha indicando onde devem cumprir seu dever os cães da realidade. O sinal está num lugar por onde passa ao entardecer um arroio artificial inventado pelos engenheiros municipais com o objetivo de arrastar até o esgoto o cocô dos cachorros. Mas são poucos os que obedecem aos sinais, e urinam sempre, como se diz, fora do penico. Portanto, não há solução: em Paris sempre há alguém numa visita com cocô de cachorro na sola do sapato. Na minha terra dizem que isso traz boa sorte. Se for assim, em nenhuma parte do mundo há gente tão afortunada como na França.

Ao que parece, os franceses querem ter seus cães domésticos acima de qualquer problema que possam causar. Só em Paris há mais de um milhão. Isto é: um cachorro para cada dez habitantes. Mas as estatísticas reais não são tão redondas, porque muitos franceses já têm dois cachorros em casa e estão tentando ter três, enquanto o governo realiza uma campanha inútil para que tenham um terceiro filho. O controle voluntário da natalidade é tão severo — ao contrário do que ocorre no Terceiro Mundo — que as autoridades começam a se preocupar a sério.

— Entre nós, um nascimento é agora um acontecimento — diz um especialista. — As famílias com três filhos se consideram numerosas; as que têm mais de cinco são merecedoras de medalhas especiais, e as que têm sete ou mais se tornam célebres na imprensa regional.

A média nacional é de dois filhos para cada casal. As mães que estão neste ponto, e trabalham para melhorar o orçamento familiar, recebem a oferta oficial de ganhar o mesmo salário em casa se tiverem um terceiro filho. Não são muitas as que se deixam tentar. Em compensação, é cada vez maior a tendência de ter um terceiro cachorro.

Tudo isto me parece assombroso e digno de ser escrito, porque pertenço ao abundante e respeitável grupo de mortais que gostaríamos de ter 12 filhos, como minha mãe, e em compensação não nos entendemos com os cães. Mais ainda: tenho terror deles. Ao que parece, os cachorros sabem, porque quando chego a uma casa com eles desprezam de modo olímpico os que os amam e desejam acariciá-los, e em compensação tentam subir em cima de mim e dobrar-me com beijos de sedução. Sempre achei que os donos de cachorros não são conscientes de quanto sofremos os que não os querem. Quando já se está a ponto de sucumbir ao horror, os donos se dão o incômodo de dizer:

— *Dandy*, fica quieto.

Dandy certamente não faz o menor caso, e quando já parece ter ido embora, sente-se na mesa um rumor, depois um calor sobrenatural que desliza por baixo da toalha e, em seguida, um focinho que surge por entre nossas pernas. Grito:

— Aqui está ele de novo!

É sempre um grito exagerado, com a esperança de que os comensais achem graça, de que os donos se envergonhem, de que alguém sinta um pouco de pena por quem teve a infelicidade de não gostar de cachorros, mas nunca obtenho o resultado desejado. Os donos da casa apenas interrompem a conversação para dizer, sem a menor pretensão de autoridade:

— Sai daí, *Nero*.

Mas *Nero* continua ali, gozando com o espetáculo de Roma à mercê das chamas, e ali continua até o final do jantar. Então é para mim a hora providencial em que volto para minha casa cheia das tartarugas da boa sorte, do papagaio que canta as árias afetuosas de Puccini e das rosas da alma que perfumam a casa sem latir, que não mordem, que não sobem em cima de ninguém, as quais não há que levá-las a passear todas as tardes para que sujem a cidade com suas graças odoríferas.

Isto não quer dizer certamente que sou contra os cachorros. Sou contra muitos donos de cachorros que se derretem de ternura por eles e, em compensação, são capazes de qualquer crueldade com os seres humanos. Ou dos que são vítimas de uma confusão de sentimentos cujos estragos são imprevisíveis. Lembro-me, faz muitos anos, de uma senhora coberta quase por completo de pele de raposa azul, a quem as autoridades de Nova York não deixaram desembarcar seu cachorro. Levava-o numa cesta de vime, com um agasalho tecido à mão e um laço de organza na cabeça, e não podia suportar a idéia de que o submetessem à quarentena. No final, ante a intransigência das autoridades, jogou o cãozinho na água, e o viu se afogar ante o assombro de todos, com os olhos cheios de lágrimas, mas feliz de que o animalzinho de seu coração estivesse para sempre a salvo do mal da raiva dos cachorros humanos.

FANTASIA E CRIAÇÃO ARTÍSTICA

Segundo o dicionário da Real Academia de la Lengua, a *fantasia* é "uma faculdade que tem a intenção de se reproduzir por meio de imagens". É difícil conceber uma definição mais pobre e confusa do que essa primeira acepção. Em sua segunda acepção diz que é "uma ficção, conto ou romance, ou pensamento elevado ou engenhoso", o que provoca maior confusão do que a já criada pela definição inicial.

Da palavra *imaginação*, o mesmo dicionário diz que é a "apreensão falsa de uma coisa que não existe na realidade ou não tem fundamento". Por sua vez, dom Juan Corominas, esse grande detetive das palavras castelhanas — cuja língua materna não era, certamente, o castelhano, e sim o catalão —, afirmou que fantasia e imaginação têm a mesma origem e que em última análise se pode dizer sem muito esforço que são a mesma coisa.

Um de meus maiores defeitos intelectuais é que nunca consegui entender o que querem dizer os dicionários, e menos do que qualquer outro o terrível espantalho repressivo da Academia de la Lengua. Quando tive a curiosidade de voltar a ele para ver a diferença entre fantasia e imaginação, deparei-me com a desventura de que suas definições, além de serem pouco compreensíveis, estão trocadas. Quero dizer que, segundo entendo, a fantasia é a que nada tem a ver com a realidade do mundo em que vivemos: é

Publicado originalmente em 9 de junho de 1981.

uma pura invenção fantástica, um embuste, e certamente de gosto pouco recomendável nas belas-artes, como bem entendeu o que nomeou o jaleco de fantasia. Por mais fantástica que seja a concepção de que um homem amanheça transformado em um gigantesco inseto, não ocorrerá a ninguém dizer que a fantasia seja a virtude criadora de Franz Kafka, e em compensação não há dúvida de que foi o recurso primordial de Walt Disney. Ao contrário, ao reverso do que diz o dicionário, penso que a imaginação é uma faculdade especial que têm os artistas de criar uma realidade nova a partir da realidade em que vivem. É, além disso, a única criação artística que me parece válida. Falemos, portanto, da "imaginação na criação artística na América Latina" e deixemos a fantasia para uso exclusivo dos maus governos.

Na América Latina e no Caribe, os artistas tiveram de inventar pouco, e talvez seu problema seja o contrário: tornar crível sua realidade. Sempre foi assim desde nossas origens históricas, até o ponto em que não há em nossa literatura escritores menos verossímeis e ao mesmo tempo mais apegados à realidade do que os nossos cronistas das Índias. Também eles — para dizer com um lugar-comum insubstituível — perceberam que a realidade ia mais longe do que a imaginação.

O diário de Cristóvão Colombo é a peça mais antiga dessa literatura. A começar pelo fato de que não se sabe com certeza se o texto existiu na realidade, visto que a versão que conhecemos foi transcrita pelo padre Las Casas de uns originais que disse ter encontrado. Em todo o caso, essa versão é apenas um reflexo infiel dos assombrosos recursos de imaginação a que teve de apelar Cristóvão Colombo para que os Reis Católicos acreditassem na grandeza de seus descobrimentos.

Colombo disse que as pessoas que foram ao seu encontro em 12 de outubro de 1492 "estavam como suas mães as pariram". Outros cronistas também relatam que os caraíbas, como era natural num trópico ainda a salvo da moral cristã, andavam nus. No entanto, os exemplares escolhidos levados por Colombo ao palácio real de Barcelona iam enfeitados com folhas de palmeiras pintadas e penas e colares de dentes e garras de animais raros. A explicação parece simples: a primeira viagem de Colombo, ao contrário de seus sonhos, foi um desastre econômico. Encontrou algum ouro, mas perdeu o seu maior navio e não pôde levar na volta nenhuma prova tangível do valor enorme de seus descobrimentos, nem nada que justificasse os gastos de sua aventura e a conveniência de continuá-la. Vestir os seus prisioneiros da maneira como fez foi um truque convincente de publicidade. O simples testemunho oral não bastaria, um século depois de Marco Polo ter regressado da China com realidades tão novas e inequívocas como o espaguete e os bichos-da-seda, bem como o foram a pólvora e a bússola.

Toda a nossa história, desde o descobrimento, destacou-se pela dificuldade de acreditar nela. Um de meus livros favoritos sempre foi *Primeira viagem em torno do globo*, do italiano Antonio Pigafetta, que acompanhou Magalhães em sua expedição ao redor do mundo. Pigafetta disse que viu no Brasil uns pássaros que não tinham rabo, outros que não faziam ninhos porque não tinham patas, mas cujas fêmeas punham e chocavam seus ovos nas costas do macho e no meio do mar, e outros que só se alimentavam dos excrementos de seus semelhantes. Disse que viu porcos com o umbigo nas costas e uns pássaros grandes cujos bicos pareciam uma colher, mas não tinham língua. Também falou de um animal com cabeça e orelhas de mula, corpo de camelo, patas de veado e rabo e relincho de cavalo. Foi Pigafetta quem contou a história de como encontraram o primeiro gigante da Patagônia e como ele desmaiou quando viu sua própria face num espelho que lhe puseram na frente.

A lenda do El Dorado é, sem dúvida, a mais bela, a mais estranha e decisiva de nossa história. À procura dessa terra fantástica, Gonzalo Jiménez de Quesada conquistou quase metade do território do que hoje é a Colômbia, e Francisco de Orellana descobriu o rio Amazonas. Porém o mais fantástico é que o descobriu de maneira direita — isto é, navegando das cabeceiras até a desembocadura —, que é o sentido contrário com que se descobrem os rios. El Dorado, como o tesouro de Cuauhtémoc, continuou a ser um enigma para sempre. Como continuaram a ser as 11 mil lhamas, carregadas cada uma com cinqüenta quilos de ouro, despachadas de Cuzco para pagar o resgate de Atahualpa, e que nunca chegaram ao seu destino. A realidade foi outra vez mais longe há menos de um século, quando uma missão alemã encarregada de elaborar um projeto de construção de uma estrada de ferro transoceânica no istmo do Panamá concluiu que o projeto era viável, mas com uma condição: que os trilhos não fossem feitos de ferro, que era um metal difícil de conseguir na região, mas de ouro.

Tanta credulidade dos conquistadores só era compreensível depois da febre metafísica da Idade Média e do delírio literário dos romances de cavalaria. Só assim se explica a tresloucada aventura de Álvaro Núñez Cabeza de Vaca, que precisou de oito anos para ir da Espanha ao México percorrendo todo o território que hoje corresponde ao sul dos Estados Unidos, numa expedição cujos membros se comeram uns aos outros, até que só ficaram cinco dos seiscentos originais. A motivação de Cabeza de Vaca, ao que parece, não era a busca do El Dorado, e sim algo mais nobre e poético: a fonte da eterna juventude.

Acostumado a uns romances em que havia ungüentos para colar as cabeças cortadas dos cavaleiros, Gonzalo Pizarro não podia duvidar quando lhe contaram em Quito, no século XVI, que perto dali havia um reino com três mil artesãos dedicados a fabricar móveis de ouro, e em cujo palácio real havia uma escada de ouro maciço vigiado por leões com correntes de ouro. Leões nos Andes! Contaram a Balboa história semelhante em Santa María del Darien e descobriu o oceano Pacífico. Gonzalo Pizarro não descobriu nada de especial, mas o tamanho de sua credulidade pode ser medido pela expedição que montou para procurar o reino inverossímil: oitocentos espanhóis, quatro mil índios, 130 cavalos e mais de mil cães amestrados para a caça de seres humanos.

NO CHILE COMO EM CHICAGO

Calama é uma cidade remota da província de Arica, no meio do deserto desolado de Acatama e a uns trezentos quilômetros de Santiago do Chile. O único acontecimento que quebrou a rotina rural nos últimos anos foi o assalto armado à sucursal do Banco do Estado em dezembro do ano passado. Por isso, o gerente do estabelecimento, Guillermo Martínez, e seu caixa, Sergio Yáñez, entenderam como algo natural que dois funcionários da segurança local quisessem tomar medidas especiais para evitar futuros assaltos. Foi o que lhes disseram os dois homens que entraram em seus escritórios dia 9 de março, às 8h30 da manhã, e pediram que colaborassem com eles para realizar um assalto simulado. Os dois homens eram o chefe local da Central Nacional de Informações (CNI), Gabriel Hernández Anderson, e seu braço direito, Eduardo Villanueva Márquez. Os funcionários do banco os conheciam bem havia muito tempo, porque todo mundo se conhecia na cidade, mas os conheceram melhor desde dezembro, porque foram eles os encarregados de investigar o assalto, sem qualquer resultado.

A primeira coisa que fizeram foi tirar todo o dinheiro do cofre de segurança para colocá-lo em várias caixas de maçãs que trouxeram em sua perua sem letreiros: 45 milhões de pesos chilenos, equivalentes a um milhão de dólares. Em seguida, puseram as caixas na perua e os quatro homens

---

Publicado originalmente em 23 de junho de 1981.

saíram por uma das portas dianteiras do banco, no momento em que entravam os primeiros clientes pela porta principal. Só um disse tê-los visto e assegurou que os bancários iam com as mãos amarradas. Mas foi uma declaração ilusória, pois na verdade ambos saíram sem resistência, convencidos de que estavam brincando de cinema na vida real.

Os quatro homens chegaram a um lugar ermo nas cercanias de Calama, e os funcionários da segurança pediram aos bancários que se colocassem de costas numa parede de areia, para simular o episódio em que seriam mortos pelos assaltantes. Os bancários obedeceram, e de fato foram fuzilados, mas não com balas de festim, como lhes fizeram acreditar, mas com rajadas de submetralhadora. Seus corpos foram sepultados na areia. Naquela mesma noite, quando seus parentes notaram a ausência, os autores do crime fizeram circular a hipótese de que os dois funcionários roubaram o dinheiro do banco e fugiram do país.

A Central Nacional de Informação é um órgão secreto de repressão política. Existe outra polícia civil, que é um órgão aberto, ao qual coube a incumbência de investigar o caso. Entre os dois órgãos existe uma rivalidade mortal. Passados poucos dias do crime, os autores compreenderam que a polícia civil farejava pistas que irremediavelmente levariam ao esclarecimento da verdade. Por essa razão, voltaram ao local do fuzilamento, desenterraram os cadáveres em decomposição e os estraçalharam com várias cargas de dinamite. A explosão foi tão poderosa que removeu dezessete toneladas de terra, sob as quais ficaram sepultados os membros dispersos.

Foi inútil, porque a polícia civil esclareceu o crime poucos dias mais tarde. Os cadáveres foram resgatados em pedaços e recuperado o dinheiro, que fora escondido em diferentes lugares da cidade. Uma parte apareceu numa quebrada, escondida por um irmão do principal autor do crime. Outra parte apareceu na casa de seu sogro, que era nada menos do que o novo prefeito municipal. Mais de dez pessoas foram presas em conexão com o assalto e o assassinato e, de uma ou outra maneira, todas tinham algum vínculo com o governo.

A polícia acreditava ter concluído seu trabalho de limpeza na semana passada quando ocorreu um episódio inesperado. Um major do exército chileno e chefe da Central Nacional de Informação na cidade de Arica, Juan Dalmas, apareceu morto em seu carro, no deserto, com um tiro na cabeça. Ao seu lado estava o revólver calibre 38 do qual saíra a bala. O major Juan Dalmas, que exercia seu cargo com o nome falso de Carlos Vargas, foi apontado pela imprensa como o autor intelectual do assalto e do crime de Calama. A polícia, também com certeza, informou que se suicidara.

A Central Nacional de Informação é em essência a mesma DINA, o órgão de repressão política que se encarregou do extermínio da oposição depois da tomada do poder pelo general Augusto Pinochet. Mudaram-lhe o nome e fizeram-lhe algumas mudanças de forma em 1979, quando a polícia dos Estados Unidos descobriu que esse organismo de terror organizou, do Chile, o assassinato de Orlando Letelier, ex-ministro da Defesa de Salvador Allende. Uma bomba mortal fora colocada sob o assento de seu automóvel e detonada por controle remoto quando circulava pelo centro de Washington. A secretária de Letelier, Romy Mofit, também morreu no atentado. Um norte-americano, Michael Townley, e cinco cubanos foram identificados pela polícia americana como os autores materiais do crime. Townley e três dos cubanos foram condenados a penas pequenas, reduzidas mais ainda há poucas semanas. Os outros dois nunca foram encontrados dentro dos Estados Unidos. O diretor da DINA, general Manuel Contreras, foi convocado pela justiça norte-americana para que respondesse pela concepção do atentado. O governo chileno, certamente, negou a extradição, mas mudou o nome da DINA para que parecesse que deixara de existir. O general Contreras foi para casa, no gozo de uma boa aposentadoria.

Foi, com certeza, uma aposentadoria aparente. O general Contreras é hoje um dos homens mais poderosos do Chile e um rival implacável do general Humberto Gordon Rubio, diretor geral do CNI, cujos subalternos cometeram o crime de Calama. É, além disso, o diretor de uma agência particular de proteção bancária que não depende de nenhum organismo oficial a cujo encargo está a custódia forçada ou voluntária de todos os bancos do Chile. O general Contreras tem também grande influência no corpo da polícia civil, que esclareceu o crime de Calama, e é, enfim, um dos proprietários de *La Tercera*, um jornal sensacionalista que descobriu e divulgou a plenos pulmões a culpa da CNI. Tudo perfeito, como na Chicago de Al Capone.

Este sórdido enigma parece ter uma peça solta. Há algum tempo foram encontrados por acaso numerosos restos humanos numa mina de Lonquen, a poucos quilômetros de Santiago, e numa região isolada perto de Concepción, a segunda cidade do Chile. Apesar das versões distorcidas das autoridades, ninguém duvidou que eram corpos de prisioneiros políticos executados pelas forças de segurança. Ambos os achados tinham uma coisa em comum: os cadáveres pareciam estraçalhados por uma explosão.

ALGO MAIS SOBRE LITERATURA E REALIDADE

Um problema sério que nossa realidade desmedida cobra da literatura é a insuficiência das palavras. Quando falamos de um rio, o mais longe que pode chegar um leitor europeu é imaginar algo tão grande como o Danúbio, que tem 2.790 quilômetros. É difícil que imagine, se não se descrever para ele, a realidade do Amazonas, que tem 5.500 quilômetros de comprimento. Em Belém do Pará, onde ele é mais largo do que o mar Báltico, não é possível ver a outra margem. Quando escrevemos a palavra "tempestade", os europeus pensam em relâmpagos e trovões, mas dificilmente vão conceber o mesmo fenômeno que nós queremos representar. A mesma coisa ocorre, por exemplo, com a palavra "chuva". Na cordilheira dos Andes, segundo a descrição feita para os franceses por um francês chamado Xavier Marimier, há tempestades que podem durar até cinco meses.

— Quem não viu essas tormentas — diz — não poderá fazer uma idéia da violência com que se desenvolvem. Durante horas inteiras os relâmpagos se sucedem rapidamente à maneira de cascatas de sangue e a atmosfera treme sob a agitação contínua dos trovões, cujos estampidos repercutem na imensidão da montanha.

A descrição está longe de ser uma obra-prima, mas bastaria para estremecer de horror o europeu menos crédulo.

Publicado originalmente em 1º de julho de 1981.

Portanto, seria necessário criar todo um sistema de palavras novas para o tamanho de nossa realidade. Os exemplos dessa necessidade são intermináveis. F.W. Up de Graff, um explorador holandês que percorreu o alto Amazonas no início do século XX, disse que encontrou um arroio de água fervente onde se faziam ovos cozidos em cinco minutos, e passara por uma região onde não se podia falar em voz alta porque se desatavam aguaceiros torrenciais. Em algum lugar da costa caribenha da Colômbia vi um homem fazer uma oração na frente de uma vaca que tinha vermes na orelha, e vi cair os vermes mortos enquanto transcorria a oração. Aquele homem garantia que podia conseguir a mesma cura a distância se lhe fizessem a descrição do animal e indicassem o lugar em que se encontrava. Em 8 de maio de 1902, o vulcão Mont Pele, na ilha de Martinica, destruiu em poucos minutos o porto de Saint-Pierre e matou e sepultou em lava a totalidade de seus trinta mil habitantes. Menos um: Ludger Sylvaris, o único preso da população, protegido pela estrutura invulnerável da cela individual que construíram para que ele não pudesse escapar.

Seriam necessários vários volumes para expressar a realidade incrível do México. Depois de estar aqui quase vinte anos, poderia passar ainda horas inteiras, como fiz tantas vezes, contemplando uma vasilha de feijões dançarinos. Nacionalistas benevolentes me explicam que sua mobilidade se deve a uma lã viva que têm por dentro, mas a explicação parece pobre: o maravilhoso não é que os feijões se movimentem porque têm uma lã dentro, e sim que tenham uma lã dentro para que possam se mover. Outras das estranhas experiências de minha vida foi meu encontro com o axolotle. Julio Cortázar conta em um de seus relatos que conheceu o axolotl no Jardin des Plantes, em Paris, num dia em que queria ver leões. Ao circular diante dos aquários, conta Cortázar, "passei por cima os peixes vulgares até dar com o *axolotle*." E conclui: "Fiquei olhando-o por uma hora, e saí, incapaz de outra coisa." Ocorreu-me a mesma coisa, em Pátzcuaro, só que não o contemplei por uma hora, e sim uma tarde inteira, e voltei várias vezes. Mas havia algo ali que me impressionou mais do que o animal em si, e era a placa pendurada na porta da casa: "Vende-se xarope de axolotle."

Essa realidade incrível alcança sua densidade máxima no Caribe, que, a rigor, estende-se (pelo norte) até o sul dos Estados Unidos, e, pelo sul, até o Brasil. Não se imagine que é um delírio expansionista. Não: o Caribe não é apenas uma área geográfica, como certamente crêem os geógrafos, mas uma área cultural muito homogênea.

No Caribe, aos elementos originais das crenças primárias e concepções mágicas anteriores ao descobrimento, somou-se a abundante variedade de culturas que confluíram nos anos seguintes num sincretismo mágico cujo interesse artístico e cuja própria fecundidade artística são inesgotáveis. A contribuição africana foi forçada e ultrajante, mas afortunada. Nessa encruzilhada do mundo, forjou-se um sentido de liberdade incomparável, uma realidade sem lei nem rei, onde cada um sentiu que era possível o que quisesse sem limites de qualquer espécie: e os bandoleiros amanheciam convertidos em reis, os fugitivos em almirantes, as prostitutas em governadoras. E também o contrário.

Nasci e cresci no Caribe. Conheço-o país a país, ilha a ilha, e talvez daí provenha minha frustração de que nunca me aconteceu nada nem pude fazer algo que seja mais assombroso do que a realidade. O mais longe a que pude chegar foi a transposição com recursos poéticos, mas não há uma só linha em nenhum de meus livros que não tenha sua origem num fato real. Uma dessas transposições é o estigma do rabo de porco que tanto inquietava a estirpe dos Buendía em *Cem anos de solidão*. Poderia recorrer a outra imagem qualquer, mas pensei que o temor do nascimento de um filho com rabo de porco era o que menos probabilidade tinha de coincidir com a realidade. Logo que o romance começou a ser conhecido, surgiram em diferentes lugares das Américas confissões de homens e mulheres que tinham algo semelhante a um rabo de porco. Em Barranquilla, um jovem se apresentou aos jornais: nascera e crescera com aquele rabo, mas não revelara a ninguém, até que leu *Cem anos de solidão*. Sua explicação era mais assombrosa do que seu rabo:

— Nunca disse que o tinha porque me dava vergonha, mas agora, lendo o romance e ouvindo as pessoas que o leram, dei-me conta de que é uma coisa natural.

Pouco depois, um leitor me mandou o recorte da foto de uma menina de Seul, capital da Coréia do Sul, que nasceu com um rabo de porco. Ao contrário do que eu pensava quando escrevi o romance, cortaram o rabo da menina de Seul e ela sobreviveu.

Minha experiência de escritor mais difícil foi a preparação de *O outono do patriarca*. Durante quase dez anos li tudo o que pude sobre os ditadores da América Latina, e em especial do Caribe, para que o livro que pensava escrever se parecesse o menos possível com a realidade. Cada momento era uma desilusão. A intuição de Juan Vicente Gómez era mais penetrante do que uma verdadeira faculdade divinatória. O doutor Duvalier, no Haiti, mandou exterminar os cães pretos no país, porque um de seus inimigos, tentando escapar da perseguição do tirano, despira-se de sua condição humana e se transformara em cão preto. O doutor Francia, cujo prestígio de filósofo era tão extenso que mereceu um estudo de Carlyle, fechou a República do Paraguai como se fosse uma casa, e só deixou aberta uma janela para que entrasse a correspondência. Antonio López de Santa Anna enterrou sua própria perna em funeral esplêndido. A mão cortada de Lope de Aguirre flutuou rio abaixo durante vários dias, e os que a viam passar estremeciam de horror, pensando que mesmo naquele estado a mão assassina podia erguer um punhal. Anastasio Somoza García, na Nicarágua, tinha no pátio de sua casa um jardim zoológico com jaulas de dois compartimentos: num deles estavam as feras e no outro, separado apenas por uma grade de ferro, encerrados seus inimigos políticos.

Martínez, o ditador teosofista de El Salvador, mandou forrar com papel vermelho toda a iluminação pública do país, para combater uma epidemia de sarampo, e inventara um pêndulo que colocava sobre os alimentos antes de comer, para verificar se estavam envenenados. A estátua de Morazán que ainda existe em Tegucigalpa é em realidade do marechal Ney: a comissão oficial que viajou a Londres para buscá-la resolveu que era mais barato comprar esta estátua esquecida num depósito do que mandar fazer uma autêntica de Morazán.

Em síntese, nós, escritores da América Latina e do Caribe, temos de reconhecer, com a mão no coração, que a realidade escreve melhor. Nosso destino, e talvez nossa glória, é tentar imitá-la com humildade, e da melhor maneira possível.

MR. ENDERS ATRAVESSA O ESPELHO

O governo colombiano se encontra emparedado por duas dores de cabeça. De um lado, o temor de um conflito internacional por suas múltiplas disputas de fronteiras, e, do outro lado, a realidade de uma insurreição interna que não se enfrenta com pistolas de água. A Colômbia tem conflitos territoriais com a Venezuela, por um pleito que começou há muitos anos e se encontra hoje mais atolado do que no princípio. Tem conflito com a Nicarágua, a quem está reivindicando em mau momento, e com pouca lucidez política, umas ilhotas desertas do arquipélago de San Andrés y Providencia que sempre foram colombianas. Terá a qualquer momento problemas com o Brasil, cuja penetração silenciosa, mas implacável, inquieta os militares colombianos muito mais do que as guerrilhas domésticas. Um oficial de alto escalão me recordou há poucos anos que nos grandes rios do Sul da Colômbia já não se faz comércio em castelhano, mas em português.

As guerrilhas, por sua vez, não estão tão derrotadas como queriam os militares, que nos últimos trinta anos proclamaram 11 vezes a morte em combate do mesmo comandante guerrilheiro. Pelo contrário, este ano — segundo se depreende das próprias informações militares — as guerrilhas estão mais fortes, mais extensas e mais bem armadas do que no ano anterior, e conseguiram uma simpatia popular que não tinham em outro tem-

---

Publicado originalmente em 8 de julho de 1981.

po. Hoje, as forças armadas da Colômbia precisam de mais armas para esconjurar ambas as ameaças. Com uma condição difícil, no entanto: que sejam armas suficientes para ganhar a guerra interna, mas não tantas nem tão destruidoras para alarmar os vizinhos, que têm mais dinheiro para comprálas em maior quantidade.

Esta necessidade iniludível de caminhar pela corda bamba ficou evidente em 10 de junho, depois que os membros do estado-maior das forças armadas da Colômbia visitaram seu presidente, o doutor Turbay Ayala, um geminiano perfeito por sua sensualidade e desídia, que naquele dia completou seus primeiros 65 anos de felicidade. Ao sair da festa, o ministro da Defesa, general Camacho Leyva, fez uma declaração pública que era ao mesmo tempo um prodígio de acrobacia militar:

— Cada país deve ter o armamento que requer para combater a subversão interna e a que vem de outra nação, mas nada mais. — E em seguida acrescentou: — Deve-se ter o normal. — Mas acrescentou sem explicar, e talvez sem explicar a si mesmo, o que se entende por quantidades normais quando se fala de ferros para matar. Para qualquer bom entendedor dos mistérios colombianos, certamente, o ministro da Defesa estava pensando que o inimigo imediato são as guerrilhas, mas que o inimigo principal é a Venezuela.

Os problemas de má vizinhança entre a Colômbia e seu vizinho rico foram notados durante a visita a Bogotá, também em junho, do ministro de Relações Exteriores da Guiana, Rashleig E. Jackson. Não acredito que haja muitos colombianos — além do chanceler — que saibam com certeza onde fica a Guiana, nem que alguém na Colômbia tenha algo a ver com ela. Acredito, além disso, que a indiferença é recíproca. No comunicado conjunto assinado pelos dois chanceleres se nota também que aquela não foi uma reunião entre os representantes de países amigos, mas de dois governos que se sentem inimigos do mesmo inimigo. Só assim se entende que insistissem tanto nos princípios fundamentais da integridade territorial e na solução pacífica das disputas internacionais, e se comprometessem a "continuar os esforços para manter a soberania e a exclusiva jurisdição de cada país nas águas marinhas e submarinas adjacentes às suas costas, de acordo com as normas estabelecidas no Direito internacional". Tudo isto careceria de sentido entre dois países que não têm fronteiras comuns, nem idiomas e nem religiões comuns, nem uma história comum, mas em compensação permanece esse assunto de quem veio primeiro, o ovo ou a galinha, entre dois países que mantêm há tempo suas respectivas disputas territoriais com a Venezuela.

Ambos certamente se entendem bem. Há algumas semanas, por causa de uma carta que lhe escreveu o secretário de Estado dos Estados Unidos, general Alexander Haig, o presidente da Venezuela reuniu o estado-maior de suas forças armadas para explicar a necessidade de que os norte-americanos vendam mais armas à Colômbia para se defender de uma suposta agressão de Cuba. No entanto, os serviços de inteligência militar da Venezuela sabem menos que os da Colômbia. Em março, quando o exército colombiano capturou um grupo de guerrilheiros do M-19 infiltrado no Sul do país, os militares venezuelanos lhes pediram para compartilhar suas informações para ver se a Venezuela estava incluída nos supostos planos de Cuba. Agora sabem que não estava, entre outras coisas porque esses planos só existiam na imaginação fantástica dos surpresos e assustados militares colombianos.

Os venezuelanos também sabem — como agora o sabem os próprios militares da Colômbia, embora não digam por conveniência política — que se Cuba teve algo a ver com o treinamento daqueles guerrilheiros, não teve, em compensação, nada a ver com o navio em que chegaram nem com as armas com que desembarcaram. Mais ainda: sabem bem quem os embarcou e quem os armou. Portanto, a propalada ameaça de Cuba não lhes pareceu mais do que um pretexto da Colômbia para se armar contra a Venezuela, e assim disseram ao seu presidente, do modo mais delicado possível. Para eles, o inimigo principal não é Cuba, e sim a Colômbia.

Dentro deste espelho de desconfiança não é necessário ser clarividente para supor o que veio buscar na Colômbia e na Venezuela o secretário de Estado adjunto dos Estados Unidos, Thomas Enders, há duas semanas. A única coisa que se propunha era conciliar os interesses dos dois países, para que cada um deles permitisse que o outro se armasse, equilibrando assim contra Cuba o potencial militar no Caribe. Na Colômbia, Enders tentou convencer o presidente Turbay Ayala — na véspera de seu feliz aniversário — de que o inimigo principal não é a Venezuela como pensam seus militares, e sim a pérfida Cuba. Talvez o presidente não acreditasse nele, porque faz muito tempo que não acredita em nada, mas fez cara de quem acreditou, como faz sempre, para não ter que pensar. Os Estados Unidos precisam que se acalme a rivalidade entre a Colômbia e a Venezuela, mas lhes convém que se acirre a que a Venezuela mantém com a Guiana — que consideram um aliado em potencial de Cuba — e que se radicalize também a que mantêm Colômbia e Nicarágua, que os Estados Unidos consideram uma simples extensão de Cuba em terra firme. Por isto, Enders disse ao presidente Turbay Ayala que seu país via com inquietação o comunicado conjunto da Guiana e Colômbia, que afeta as relações entre a Colômbia e a Venezuela. Em compensação, assegurou-lhe que o Departamento de Estado fará com que o Congresso dos Estados Unidos ratifique o acordo que assegura à Colômbia a soberania sobre as restingas do arquipélago de San Andrés, porque esse acordo há de deteriorar ainda mais as relações da Colômbia com a Nicarágua. Ao presidente da Venezuela, por sua vez, disse a mesma coisa que ao da Colômbia, mas ao contrário. Na realidade, ao passar de um país para outro, Enders deve ter sentido a mesma coisa que a pequena Alice ao atravessar o espelho.

O mais triste deste ir e vir de Enders, e de todo o projeto do presidente Reagan na América Central e no Caribe, é que parece elaborado com materiais de arquivo. Há vinte anos os Enders do presidente Eisenhower, e depois os do presidente Kennedy, estavam fazendo a mesma coisa que fazem os Enders de hoje através dos espelhos ilusórios do presidente Reagan. Não é que o tempo não passe para eles — como ocorre nos retratos — mas que passe ao contrário. Como no interior dos espelhos, certamente.

UMA ENTREVISTA? NÃO, OBRIGADO

No decorrer de uma entrevista, um repórter me fez a pergunta eterna:

— Qual é seu método de trabalho?

Permaneci pensativo, buscando uma resposta nova, até que o jornalista me disse que se a pergunta me parecesse demasiado difícil poderia trocá-la por outra.

— Pelo contrário — disse. — É uma pergunta tão fácil e tantas vezes respondida por mim que estou procurando uma resposta diferente.

O jornalista se aborreceu, pois não podia entender que eu explicasse meu método de trabalho de maneira diferente em cada ocasião. Mas era assim. Quando se tem de conceder a média de uma entrevista mensal durante 12 anos, acaba-se por desenvolver outra espécie de imaginação especial para que todas não sejam a mesma entrevista, repetida.

Na realidade, o gênero entrevista abandonou há muito os modelos rigorosos do jornalismo para se internar com patente de pirataria nos mangues da ficção. O ruim é que a maioria dos entrevistadores o ignoram, e muitos entrevistados ingênuos ainda não sabem. Uns e outros, por sua vez, não aprenderam ainda que as entrevistas são como o amor: são necessárias pelo menos duas pessoas para fazê-las, e só resultam boas se essas duas pessoas se querem. Caso contrário, o resultado será uma série de perguntas e

---

Publicado originalmente em 15 de julho de 1981.

respostas das quais pode sair um filho no pior dos casos, porém jamais sairá uma boa recordação.

A introdução é sempre a mesma, e quase sempre por telefone.

— Li todas as suas entrevistas e todas são iguais — diz uma voz amável e segura de si mesma. — A que eu quero fazer é algo diferente.

É inútil contestar que todos dizem a mesma coisa. Além disso, não replico de maneira nenhuma, porque sempre me considerei um jornalista, acima de tudo, e quando outro jornalista me pede uma entrevista me sinto num beco sem saída: ao mesmo tempo vítima e cúmplice. Por isso, acabo sempre por aceitar, com essa fibra de suicida irremediável que todos carregam consigo.

Em dois de cada três casos, o resultado é o mesmo: não resulta uma entrevista diferente, porque as perguntas são as de sempre, incluindo a última:

— Há alguma pergunta que nunca lhe fizeram e gostaria de responder?

A resposta é sempre a mais desoladora:

— Nenhuma.

Talvez os entrevistadores não se dêem conta de que até que ponto dói em nós, os entrevistados, seu fracasso, pois na realidade não é um fracasso deles somente e sim, sobretudo, um fracasso nosso. Sempre fico com a impressão comovente de que no próximo domingo, quando os leitores abrirem o jornal, dirão a si mesmos e com grande desencanto, e talvez com uma raiva justa, que ali está outra vez a mesma entrevista de sempre, do escritor de sempre, do qual já estão saturados e passarão com toda a razão e todo o direito à página providencial das histórias em quadrinhos. Tenho a esperança de que um dia não muito longínquo ninguém voltará a comprar jornais onde se publiquem minhas entrevistas.

Há entrevistadores de diversas espécies, mas todos têm duas coisas em comum: pensam que aquela será a entrevista de sua vida, e estão assustados. O que não sabem — e será útil que o saibam — é que todos os entrevistados com senso de responsabilidade estão mais assustados do que eles. Como no amor, certamente. Os que acreditam que só eles estão assustados incorrem num dos dois extremos: ou se tornam demasiado complacentes, ou se tornam demasiado agressivos. Os primeiros nunca farão nada que na realidade valha a pena. Os últimos só conseguem irritar o entrevistado.

— Isso é bom — me disse um excelente radialista. — Se a gente consegue irritar o entrevistado, ele acaba gritando a verdade só de raiva.

Outros empregam o método dos maus professores, tentando que o entrevistado caia em contradição, tentando que diga o que não quer dizer, e tentando, no pior dos casos, que diga o que não pensa. Tive de enfrentar algumas vezes essa espécie de entrevistadores, e os resultados sempre foram os mais deploráveis. Devo reconhecer, no entanto, que, em outro gênero de entrevista, o método pode levar a uma explosão deslumbrante. Este foi o caso, há alguns anos, numa entrevista coletiva sobre temas econômicos concedida pelo presidente francês Valéry Giscard d'Estaing. Foi um espetáculo radiante, no qual os jornalistas disparavam bombas de profundidade e o entrevistado respondia com uma precisão, uma inteligência e um conhecimento assombrosos. De repente, uma jornalista perguntou com o maior respeito:

— Sabe, senhor presidente, quanto custa um bilhete de metrô?

O senhor presidente, com certeza, não sabia.

Nesta espécie de entrevista, que talvez deva se chamar entrevista de guerra, o nome principal é o de minha admirada Oriana Fallaci. Outros jornalistas que acreditam conhecê-la — mas que sem dúvida não gostam dela — têm reservas em relação ao seu método. Dizem que de fato não altera uma só das palavras do entrevistado diante do microfone, mas em compensação acomoda ao seu capricho a ordem em que foram ditas e retoca suas próprias perguntas como melhor lhe convém. Não me consta, e é provável que aqueles que dizem não saibam tampouco de primeira mão. No fim das contas, não creio que esse método seja menos suspeito do que o empregado na atualidade pelas revistas norte-americanas *Time* e *Newsweek*, que gravam uma conversa de várias horas e só utilizam o material para uma página, sem perguntar se as omissões não alteram de algum modo o sentido do texto original. Em todo o caso, o resultado do método de Oriana Fallaci é quase sempre revelador e fascinante, e poucas personalidades deste mundo resistiram à vaidade de lhe conceder uma entrevista. Seu coração só se abrandou diante de dom Helder Câmara. O próprio Henry Kissinger admitiu em suas memórias que a entrevista de Oriana Fallaci foi a mais catastrófica que jamais concedeu. E é fácil compreender, porque em nenhuma outra ficara tão a descoberto por dentro e por fora, e de corpo inteiro. Como só se pode conseguir com os recursos mágicos da ficção.

No meu modo de ver, um bom entrevistador deve ser capaz de manter com o entrevistado um diálogo fluente, e reproduzir em seguida a essência dessa conversa a partir de algumas anotações. O resultado não será literal, mas creio que será mais fiel, e sobretudo mais humano, como o foi durante tantos anos de bom jornalismo antes dessa invenção diabólica que responde pelo nome abominável de gravador. Agora, em compensação, a gente tem a impressão de que o entrevistador não está ouvindo o que se diz, nem se importa, porque acredita que o gravador está ouvindo tudo. E se engana: não ouve as batidas do coração, que é o aspecto mais importante em uma entrevista. Não creia, porém, que estes impropérios me agradem. Pelo contrário: depois de tantos anos de frustrações, a gente continua esperando no fundo do coração que por fim chegue o entrevistador de sua vida. Sempre como no amor.

A propósito

Depois de concluir esta crônica me deparei com uma entrevista de Mario Vargas Llosa publicada na revista *Cromos*, de Bogotá, com o seguinte título: "Gabo publica as sobras de *Cem anos de solidão*". A frase, entre aspas, quer dizer que é uma citação literal. Mas o que Vargas Llosa disse em sua resposta é o seguinte:

— Impressiona-me ainda um livro como *Cem anos de solidão*, que é uma soma literária e vital. García Márquez não repetiu a façanha porque não é fácil repeti-la. Tudo o que escreveu depois é uma reminiscência, são as sobras desse imenso mundo que ele projetou. Mas creio que é injusto criticá-lo. É injusto dizer que a *Crônica* não é um bom livro porque não é como *Cem anos de solidão*. É impossível escrever um livro como esse todos os dias.

Na realidade — ante uma pergunta provocadora do entrevistador — Vargas Llosa deu uma boa lição de como se deve entender a literatura. O redator, por sua vez, também deu uma boa lição de como se pode fazer mau jornalismo. A propósito disto, creio que alguma vez teremos de falar sobre outro dos aspectos mais sujos de uma entrevista: a manipulação.

EDÉN PASTORA

Tenho uma foto de Edén Pastora com uniforme e botas de campanha, dormindo ao comprido numa mesa de refeitório de quartel.

— É uma foto histórica — me disse um companheiro seu — porque Edén Pastora não dorme nunca.

Edén Pastora, por sua vez, me disse:

— Tenho tanta confiança em você que me atrevi a dormir na sua frente.

Ambos os comentários definem muito bem a personalidade deste comandante sandinista de 45 anos, duro e desconfiado, que resolveu renunciar às vaidades do poder terrestre para ir trocar tiros em outras terras, como alguns reis medievais que abandonavam tudo e iam para Jerusalém em busca do santo sepulcro.

A foto foi tirada no amanhecer de 25 de agosto de 1978, numa guarnição do Panamá, poucas horas depois de nos conhecermos. Edén Pastora tomara de assalto na terça-feira anterior o Palácio Nacional de Manágua à frente de um comando de 25 sandinistas determinados, e tomou como refém toda a Câmara dos Deputados. Depois de dois dias de negociações intensas, o ditador Anastasio Somoza libertou sessenta prisioneiros políticos, que voaram para o Panamá juntamente com o comando. Edén Pastora estava então há cinqüenta horas sem dormir, e os outros dois responsáveis pela

---

Publicado originalmente em 22 de julho de 1981.

ação haviam dormido pouco, mas de imediato todos aceitaram me contar a história para uma reportagem mundial.

O comandante Hugo Torres, que era o segundo responsável pela ação e é na atualidade secretário geral do Conselho de Estado da Nicarágua, curvou a cabeça sobre a mesa, depois de seis horas, e dormiu profundamente. Um momento depois, Edén Pastora sofreu uma espécie de colapso demolidor, como se lhe tivessem batido na cabeça com um martelo de pedreiro, e mergulhou num sonho sobrenatural, boca para cima, entre os pratos sujos e os restos de comida de soldados que permaneciam na mesa. A única que conseguiu se manter em pé foi Dora María Téllez, a bela, a única mulher do comando e sua responsável número Três, e que ocupa na atualidade um cargo superior nas forças armadas da Nicarágua com seu grau de comandante conquistado na guerra. Ela continuou a me contar o final da história com um sentido surpreendente de narração, humano e minucioso, até que o magnífico sol de agosto se acendeu nas janelas. Então acordamos o fotógrafo, que dormia num banco afastado, e foi ele quem tirou a foto histórica do guerreiro derrubado.

A impressão que me causou Edén Pastora desde aquela noite em que o vi pela primeira vez é que era um sandinista diferente. Eu já conhecia quase todos os dirigentes do movimento. Eu tivera algo a ver com as negociações longas e difíceis que culminaram com a unificação dos três grupos em que estavam divididos, e daí surgiu uma relação que foi além da política e da guerra, e acabou por ser uma amizade boa que ainda se mantém. Alguns deles apareciam em minha casa no México na hora menos esperada, e preparavam na cozinha umas comidas rápidas que "sempre pareciam de campanha", e às vezes passávamos as noites em claro, falando de tudo, enquanto esperávamos as notícias que não nos deixavam dormir. Ali pusemos neles aquele nome genérico, em código, que logo se tornou público: os rapazes. Alguns se iam com sua mochila nas costas, despediam-se com a mão até o mês seguinte, quando conseguissem a vitória, e poucos dias depois nos chegava a notícia de sua morte. Era uma realidade da guerra a que não nos acostumamos nunca. Em todo o caso, o que mais admirava neles, e continuo admirando, eram as duas virtudes maiores que ainda não perderam no poder: o realismo e a paciência. Eram bons guerreiros, mas se notava em quase todos que seu mundo não era o da guerra, e que estavam nela por necessidade. Em compensação, tinham uma inteligência política que foi quase tão útil para ganhar a guerra como seu sentido militar, e lhes serviu no poder para resistir a toda espécie de injúrias e provocações. Edén Pastora, em compensação, pareceu-me desde o primeiro momento um guerreiro puro.

Assim o descrevi: "Um homem de 42 anos, com vinte de militância intensa, e com uma decisão de comando que não dissimula seu excelente bom humor." Quando entrou no salão azul da Câmara dos Deputados soltou no ar uma rajada de submetralhadora e gritou:

— Todo mundo no chão.

Uma testemunha me contou depois que mais de sessenta deputados obedeceram imediatamente, não tanto pelo pavor do chumbo como pela devastadora autoridade de sua voz. É de baixa estatura, largo e maciço, com uns olhos intensos e uma barba tão dura e cerrada que se tem a impressão de vê-la crescer logo que acaba de se escanhoar. Desde a ação do Palácio Nacional até os meses incertos em que foi responsável pela guerra na frente sul, aquele rosto de lavrador arisco herdado dos avós sicilianos se tornou popular no mundo inteiro, sob sua estrela solitária de comandante. O nome, que é autêntico ainda que pareça de mentira, e é apenas um a mais dos tantos nomes líricos de sua família, parecia completar sua predestinação para a lenda. Tem o carisma. Um carisma estranho, terrestre, que é sem dúvida o espírito insaciável da guerra.

Um homem assim não podia se acostumar ao tempo vagaroso do poder. Há um ano voltei a encontrá-lo numa recepção diplomática em Manágua, e não cabia dentro da pele: queria sair de si mesmo. Poucas horas antes desfilara diante da multidão que esteve presente ao primeiro aniversário da vitória, à frente das milícias populares que ele formou e treinou, e parecia o comandante-em-chefe das forças armadas do universo. Era, pois, evidente que não agüentava a paz precária de seu país, ameaçada pelos quatro costados, e com a má consciência de não ser já um guerrilheiro da justiça, e sim um homem de governo que devia levar em conta razões de Estado, considerações diplomáticas, critérios de política fugaz. Edén Pastora carece dessa vocação, e já sabemos que o caráter dos dirigentes é um elemento inevitável dos processos históricos, de maneira que se deixará levar pela maré: porque não pode suportar, atrás de uma escrivaninha, que outros estejam sofrendo sem ele.

No entanto, passa por um mau momento. Creio que em política não há erro mais grave do que ser inoportuno, e a determinação de Edén Pastora o é para o destino de seu país. É um prato demasiado suculento e gratuito para seus inimigos. Não haverá no mundo uma força de dissuasão capaz de convencer alguém de que não é esta a primeira rachadura mortal no interior do sandinismo no poder. A analogia com Che Guevara é inevitável, e é inevitável a repetição das mesmas evasivas. Em seu número desta semana, *Time* vai mais longe: destila a hipótese perversa de que os cinqüenta mil homens que a Nicarágua tem em armas — e que necessita para a defesa de suas fronteiras — poderiam ser muito úteis se um de seus próprios táticos, ansioso por lutar, decide de repente se pôr à frente da contra-revolução.

Se há algo que os sandinistas demonstraram no poder é a sua inteligência para se livrar de toda espécie de provocações na busca da felicidade para o povo, mediante uma fórmula original fundamentada em suas próprias realidades. No entanto, é também impossível impedir que seus inimigos interpretem a decisão de Edén Pastora como uma forma sandinista de intervir nos assuntos dos vizinhos e de exportar sua revolução. Por isto se fizeram tantos esforços para convencer o comandante indócil a voltar para casa. Um dos argumentos mais convincentes, sem dúvida, é que se quer lutar de verdade por uma causa justa não tem por que ir tão longe. Este 19 de julho, ao celebrar o segundo aniversário da vitória, a Nicarágua já é um país bloqueado pelos Estados Unidos, quase tanto como Cuba há vinte anos. Isto é: está sendo submetida a um castigo de país socialista, sem sê-lo. Na fronteira de Honduras há mais de três mil antigos guardas somozistas dispostos a invadir a Nicarágua a qualquer momento, com os recursos da potência militar mais agressiva do mundo. Quando isso ocorrer — e que este dia esteja longe — Edén Pastora saberá quanta falta faz ao país sua estrela solitária.

MEU HEMINGWAY PESSOAL

Reconheci-o logo, passeando com sua mulher, Mary Welsh, pelo bulevar Saint Michel, em Paris, num dia da chuvosa primavera de 1957. Caminhava do outro lado da rua em direção ao Jardim de Luxemburgo, e tinha uma calça de vaqueiro muito usada, uma camisa quadriculada e um boné de beisebol. A única coisa que não parecia sua eram os óculos de armação metálica, redondos e minúsculos, que lhe davam um ar de avô prematuro. Fizera 59 anos, e era enorme e demasiado visível, mas não dava a impressão de força brutal que sem dúvida ele teria desejado, porque tinha cadeiras estreitas e as pernas um tanto magras sobre a base. Parecia tão vivo entre as barracas de livros de segunda mão e a torrente juvenil da Sorbonne que era impossível imaginar que lhe faltavam apenas quatro anos para morrer.

Por uma fração de segundo — como sempre me ocorreu — me encontrei dividido entre minhas duas profissões rivais. Não me decidia se o entrevistava ou apenas atravessava a avenida para expressar minha admiração sem reservas. Para ambos os desígnios, no entanto, havia o mesmo grande inconveniente: eu falava então o mesmo inglês rudimentar que segui falando sempre, e não estava muito seguro de seu espanhol de toureiro. De maneira que não fiz nenhuma das duas coisas, que poderiam ter estragado aquele

---

Publicado originalmente em 29 de julho de 1981.

instante, e sim pus as mãos em forma de buzina, como Tarzan na selva, e gritei de uma calçada para a outra:

— *Maeeeestro.*

Ernest Hemingway compreendeu que não podia haver outro mestre entre a multidão de estudantes, voltou-se com a mão para cima, e gritou em castelhano com uma voz um tanto pueril:

— *Adioooos, amigo.*

Foi a única vez que o vi.

Eu era então um jornalista de 28 anos, com um romance publicado e um prêmio literário na Colômbia, mas estava encalhado e sem rumo em Paris. Meus dois mestres maiores eram os dois romancistas norte-americanos que pareciam ter menos coisas em comum. Lera tudo o que eles publicaram até então, mas não como leituras complementares, muito pelo contrário: como duas formas distintas e quase excludentes de conceber a literatura. Um deles era William Faulkner, a quem nunca vi com estes olhos e a quem só posso imaginar como o rancheiro em mangas de camisa que esfregava o braço perto de dois cachorrinhos brancos, na foto célebre feita por Cartier Bresson. O outro era aquele homem fugaz que acabara de me dar adeus da outra calçada, e me deixara a impressão de que algo ocorrera em minha vida, e que ocorrera para sempre.

Não sei quem disse que nós, romancistas, lemos os romances dos outros só para saber como são escritos. Creio que é isso mesmo. Não nos conformamos com os segredos expostos diante da página, mas voltamos atrás, para decifrar as costuras. De alguma maneira impossível de explicar desarmamos o livro em suas peças essenciais e voltamos a armá-lo quando já conhecemos os mistérios da relojoaria pessoal. Essa tentativa é desencorajadora nos livros de Faulkner, porque não parece ter um sistema orgânico de escrever, e sim que andava às cegas em seu universo bíblico como um tropel de cabras soltas numa loja de vidros. Quando se consegue desmontar uma página sua, tem-se a impressão de que sobram molas e parafusos e que será impossível devolvê-la ao estado original. Hemingway, em compensação, com menos inspiração, menos paixão e menos loucura, mas com um rigor lúcido, deixava os parafusos à vista pelo lado de fora, como nos vagões do trem. Talvez por isso Faulkner seja um escritor que teve muito a ver com minha alma, mas Hemingway é o que mais teve a ver com minha profissão.

Não só por seus livros, mas por seu assombroso conhecimento do aspecto artesanal da ciência de escrever. Na entrevista histórica ao jornalista George Plimpton para *Paris Review* ensinou para sempre — contra o conceito romântico da criação — que a segurança econômica e a boa saúde são convenientes para escrever, que uma das dificuldades maiores é a de organizar bem as palavras, que é bom reler os próprios livros quando se torna difícil escrever para recordar que sempre foi difícil, que se pode escrever em qualquer lugar sempre que não haja visitas nem telefone, e que não é certo que o jornalismo acabe com o escritor, como tanto se disse, e sim o contrário, desde que se o abandone a tempo.

— Uma vez que escrever se converteu no vício principal e no maior prazer — disse — só a morte pode acabar com ele.

Contudo, sua lição foi a descoberta de que o trabalho de cada dia só deve ser interrompido quando já se sabe como se vai começar no dia seguinte. Não creio que se tenha dado jamais um conselho mais útil para escrever. É, sem mais nem menos, o remédio absoluto contra o fantasma mais temido dos escritores: a agonia matinal diante da página em branco.

A obra de Hemingway demonstra que seu fôlego era genial, mas de curta duração. E é compreensível. Uma tensão interior como a sua, submetida a um domínio técnico tão severo, é insustentável no âmbito vasto e arriscado de um romance. Era uma condição pessoal, e o seu erro foi ter tentado rebaixar seus limites esplêndidos. É por isso que o supérfluo se nota mais nele do que em outros escritores. Seus romances parecem contos sem medida em que sobram muitas coisas. Em compensação, o melhor de seus contos é a impressão de que algo ficou faltando, e é isso precisamente o que lhes confere mistério e beleza. Jorge Luis Borges, que é um dos maiores escritores de nosso tempo, tem os mesmos limites, mas teve a inteligência de não rebaixá-los.

Um único tiro de Francis Macomber no leão ensina tanto como uma lição de caça, mas também como resumo da ciência de escrever. Em algum conto escreveu que um touro de lida, depois de passar roçando pelo peito do toureiro, revolveu-se "como um gato dando a volta numa esquina". Acredito, com toda a humildade, que essa observação é uma das tolices geniais que só são possíveis nos escritores mais lúcidos. A obra de Hemingway está cheia desses achados simples e deslumbrantes, que demonstram até que ponto se cingiu à sua própria definição de que a escrita literária — como o *iceberg* — só tem validade se está apoiada sob a água por sete oitavos de seu volume.

Por causa dessa consciência técnica, sem dúvida Hemingway não entrará para a história por nenhum de seus romances, mas por seus contos mais rigorosos. Falando de *Por quem os sinos dobram*, ele mesmo disse que não tinha um plano prévio para compor o livro, mas inventava à medida que ia escrevendo. Não precisava dizer: nota-se. Em compensação, seus contos de inspiração instantânea são invulneráveis. Como aqueles três que escreveu na tarde de 16 de maio numa pensão de Madri, quando uma nevada cancelou uma tourada da feira de San Isidro. Esses contos — segundo ele próprio contou a George Plimpton — são: *Assassinos*, *Dez índios* e *Hoje é sexta-feira*, e os três são magistrais.

Dentro dessa linha, para o meu gosto, o conto em que melhor se resumem suas virtudes é um dos mais curtos: *Um gato na chuva*. No entanto, ainda que pareça uma brincadeira do destino, parece-me que seu livro mais bonito e humano é o que apresenta mais problema de realização: *Do outro lado do rio e entre as árvores*. Como ele próprio revelou, é algo que começou como conto e se extraviou pelos mangues do romance. É difícil entender tantas rachaduras estruturais e tantos erros de mecânica literária num técnico tão sábio, e diálogos tão artificiais e até tão artificiosos num dos mais brilhantes ourives de diálogos da história das letras. Ao ser publicado, em 1959, a crítica foi feroz. Porque não foi certeira. Hemingway se sentiu ferido onde mais doía, e se defendeu em Havana com um telegrama passional que não pareceu digno de um autor de sua estatura. Não só era seu melhor romance, mas também o mais pessoal, pois fora escrito no princípio de um outono incerto, com a saudade irreparável dos anos vividos e a premonição nostálgica dos poucos anos que restam por viver. Em nenhum de seus livros deu tanto de si mesmo nem conseguiu plasmar com tanta beleza e tanta ternura o sentimento essencial de sua obra e vida: a inutilidade da vitória. A morte de seu protagonista, de aparência tão tranqüila e natural, era a prefiguração cifrada do próprio suicídio.

Quando se convive por tanto tempo com a obra de um escritor muito apreciado, termina-se irremediavelmente por misturar sua ficção com a realidade. Passei muitas horas de muitos dias lendo naquele café da Place de Saint Michel que ele considerava bom para escrever, porque lhe parecia simpático, quente, limpo e amável, e sempre esperei encontrar outra vez a moça que ele viu entrar uma tarde de vento gelado, que era bela e diáfana, com o cabelo cortado em diagonal, como uma asa de corvo. "Você é minha e Paris é minha", escreveu para ela, com esse inexorável poder de apropriação que tem sua literatura. Tudo o que escreveu, todo instante que foi seu, continuam a lhe pertencer para sempre. Não posso passar pelo número 112 da rua do Odéon, em Paris, sem imaginá-lo conversando com Sylvia Beach numa livraria que já não é a mesma, fazendo tempo até as seis horas, quando talvez chegasse James Joyce. Nas pradarias do Quênia, só de olhar uma vez, fez-se dono de seus búfalos e seus leões, e dos segredos mais intrincados da arte de caçar. Fez-se dono de toureiros e pugilistas, de artistas e pistoleiros que só existiram por um instante, enquanto foram seus. Itália, Espanha, Cuba, meio mundo está cheio dos lugares de que se apropriou só por mencioná-los. Em Cojímar, um povoado perto de Havana onde vivia o pescador solitário de *O velho e o mar*, há uma capelinha comemorativa de sua façanha, com um busto de Hemingway pintado com verniz dourado. Em Finca Vigía, seu refúgio cubano onde viveu até pouco antes de morrer, a casa está intacta entre as árvores sombrias, com seus livros desiguais, seus troféus de caça, seu atril para escrever, seus enormes sapatos de morto, as incontáveis bugigangas da vida e do mundo inteiro que foram suas até a morte, e continuam a viver sem ele com a alma que lhes infundiu pela única magia de seu domínio. Há alguns anos entrei no automóvel de Fidel Castro — que é um obstinado leitor de literatura — e vi no banco um livrinho encadernado em couro vermelho.

— É o mestre Hemingway — me disse.

Na realidade, Hemingway continua a estar onde menos se imagina — vinte anos depois de morto —, tão persistente e ao mesmo tempo tão fugaz como naquela manhã, que talvez fosse de maio, em que me disse adeus, amigo, da outra calçada do bulevar Saint Michel.

BREVE NOTA DE ADEUS AO CHEIRO DE GOIABA DE FELIZA BURSZTYN

Se alguém a avisasse a tempo que ia ser presa, a escultora colombiana Feliza Bursztin teria podido se asilar numa embaixada antes de ser pega pelos militares. O governo disse então que nada havia contra ela e que só se asilaria para fazer propaganda de seus brinquedos de sucata ou contribuir para a campanha de desmoralização da Colômbia no exterior. Mas ninguém a avisou, apesar das boas relações de Feliza Bursztyn nas altas rodas políticas de seu país, e antes de se asilar teve de sofrer a humilhação de um assalto à sua casa, às cinco da madrugada, por 18 militares em trajes civis, e viver toda uma sexta-feira de trevas com os olhos vendados, respondendo a perguntas imbecis numa estrebaria militar. Por mais cultas que sejam as forças armadas da Colômbia, não se pode exigir de seus torturadores que sejam especialistas em belas-artes, mas devem ao menos saber quem são os torturados, para não perder tempo fazendo perguntas que se podem aprender na escola primária.

Desta vez, além de ter cometido uma violação, os militares colombianos fizeram algo pior: o ridículo. Não há necessidade de ser adivinho para saber o que andavam procurando estes Sherlock Holmes de meia-tigela, que esquadrinharam toda a cidade à procura de um morteiro com o qual foram

Publicado originalmente em 5 de agosto de 1981.

disparadas três granadas contra o palácio presidencial. Alguém foi tão bronco para imaginar que Feliza Bursztyn tinha uma enorme oficina de fundição na qual foram forjadas as armas mais mortíferas da escultura nacional, e que com semelhantes recursos se pudesse fundir um morteiro. O ridículo de tudo é que, enquanto os serviços de segurança buscavam o canhão secreto no galpão de ferros-velhos de Feliza Bursztyn, o homem que concebeu, e talvez dirigiu, o bombardeio do palácio presidencial morria de rir num bairro adjacente, participando de uma entrevista forçada com uma das jornalistas mais bonitas da Colômbia, Alexandra Pineda, e com meu querido amigo Fernando González Pacheco, que é talvez o animador mais feio da TV.

A única vez que Feliza Bursztyn participou de uma conspiração foi em 1958, e junto com as senhoras mais perfumadas da oligarquia nacional, que se sentaram no meio da rua para derrubar a ditadura do general Gustavo Rojas Pinilla, instigadas pelos dirigentes dos partidos tradicionais. Desde então não fez nada mais subversivo do que converter em obras de arte os acidentes de trânsito, com uma temeridade que lhe custou uma insuficiência pulmonar séria por causa dos vapores tóxicos da fundição, uma insuficiência, diga-se de passagem, que lhe causou transtornos respiratórios, mas não tirou o fôlego para soltar palavras do mais grosso calibre nas rodas sociais. Não são esses, por certo, seus únicos problemas de saúde. Parece ter ossos de vidro. Há alguns meses fraturou uma vértebra e teve de colocar um colete ortopédico que parecia um cinto de castidade fabricado por ela própria, cuja chave ela perdia em cada festa. Salvo pela língua descontrolada, não conheço ninguém mais inofensivo do que ela, nem ninguém mais indefeso, nem ninguém a quem os amigos queiram mais. Tem suas idéias políticas, é claro, e muito bem postas em seu lugar. Temos, além de muitas outras, uma convicção comum: repudiamos o terrorismo como instrumento de luta política, sejam as bombas sem coração ou o atentado pessoal dos guerrilheiros desesperados, ou as revistas militares de madrugada e o cativeiro de olhos vendados em nome de qualquer lei. A coisa mais disparatada da violação injustificável de que foi vítima Feliza Bursztyn é que seu exílio vai tirar o voto mais garantido e fervoroso do candidato conservador à presidência da República, dom Belisario Betancur.

Não se trata certamente de um equívoco. Na mesma noite em que Feliza Bursztyn era detida, voltaram a derrubar a porta do velho poeta Luis Vidales, e sua casa foi submetida a uma revista tão feroz como infrutífera. A única diferença entre esta vez e a anterior é que então o levaram vendado às cocheiras militares, e ali o mantiveram vários dias no que há de ficar para a história como o episódio mais sombrio não só da presidência do doutor Turbay Ayala, mas de seu próprio destino pessoal. O poeta Luis Vidales nunca recebeu uma explicação satisfatória pela violação. A repetição da revista em sua casa tem, sem dúvida, uma finalidade precisa: mostrar de uma vez por todas que nenhuma das duas violações foi por equívoco — como se chegou a acreditar depois da primeira —, e sim que corresponde ao pensamento expresso pelo senhor ministro da Defesa: aqui não há poeta que valha. Nem escritores, nem músicos, nem senhoras escultoras, por inocentes que sejam e doentes que estejam. É uma guerra aberta contra os intelectuais e os artistas que têm a temeridade de pensar, e cuja solidariedade com as causas mais justas não deixam dormir tranqüilo um presidente que certa vez declarou ter lido uma biblioteca completa de cinco mil volumes. Há poucos meses, um querido amigo meu, e também do presidente Turbay Ayala, e além disso seu partidário incondicional, disse na minha presença ao general Omar Torrijos que todos os governantes que rompem relações com a inteligência vão para o caralho. Não sei se é tarde demais que o diga também a Turbay Ayala.

Tudo isto acontece num momento crítico da Colômbia, em que a luta armada contra o poder estabelecido está mais forte e extensa do que nunca. Já não são bandos dispersos, com escopetas primitivas, que passeiam ao longo e ao largo de nossa história, mas um verdadeiro exército nacional, com bazucas e morteiros capazes de explodir na frente do próprio quarto de dormir do presidente da República. Várias vezes, nos últimos tempos, as forças armadas proclamaram a vitória final sobre a subversão, mas a realidade se encarregou de demonstrar no dia seguinte que a guerra continua cada vez mais intensa e ameaça ser sangrenta e sem limite.

Todos sabemos por que se chegou a este ponto. Há menos de dois anos, o movimento M-19 expressou seu propósito de entregar as armas para participar da luta política, em troca de uma anistia real e completa. O governo teve então a oportunidade de instaurar uma paz civil que talvez tivesse sido a única verdadeira e estável nos últimos trinta anos. Mas o presidente Turbay Ayala desconsiderou as sugestões de seus conselheiros mais próximos, fez ouvidos de mercador ao clamor nacional, recusou até um projeto aceitável de seus próprios parlamentares e promulgou uma lei de anistia que não perdoava ninguém, muito pelo contrário. Ninguém a aceitou. Com razão: era a anistia da trapaça, com a qual o governo pretendia resolver seu problema sem se preocupar com o dos adversários. Não era uma lei concebida pelos assessores jurídicos do presidente, mas pelos assessores militares, que não puderam ganhar a guerra contra as guerrilhas em 25 anos e não se conformam em perdê-la no papel. O M-19 declarou naquela ocasião: "Ou é a anistia ou é a guerra." Visto que não foi a anistia, foi a guerra.

Os militares pensam que quando se publicam os relatórios de batalha, os únicos que lamentam os mortos militares são os membros de suas famílias e os próprios militares. Enganam-se. Não creio que sou exceção entre os adversários deste governo e deste sistema que lamentamos a morte dos militares, sobretudo a dos soldados que têm a mesma idade de nossos filhos. Lamentamos mais porque somos conscientes de que os militares que morrem em combate com as guerrilhas não estão ali por sua vontade nem por sua ideologia, mas por conta dos poucos que tomam decisões políticas dentro das forças armadas e escolhem o prolongamento de uma guerra ainda que seja por simples considerações de machismo profissional. São eles, em última instância, os que menos pensam, com a mão no coração, que também os militares morrem na guerra.

As cartas estão de novo na mesa. A oposição armada voltou a fazer uma proposta de paz, nos mesmos termos que a anterior, e num momento em que não é possível dizer que seja por fraqueza, e o governo está outra vez com a palavra, mas se espera que desta vez não a tenha sozinho. Que a tenha todo o país, sem excetuar certamente os militares que pensam de forma diferente e os padres que ainda acreditam em Deus. Os candidatos presidenciais de todos os partidos não poderão continuar suas campanhas eleitorais sem definir com certeza sua posição frente a um assunto de tanta gravidade para o destino da nação. Tudo isto, no fim das contas, convém ao presidente Turbay Ayala: faz já bastante tempo que se aborreceu do ofício estéril de governar sem soluções, e a única coisa que deseja é que acabe o mandato o mais rápido possível, para se retirar e gozar as glórias passadas, a salvo para sempre do óxido implacável do poder e das estátuas de pesadelo de Feliza Bursztyn. Conclua, pois, seu funesto governo com um capítulo de paz, e não com essa má imagem de mouro exacerbado que não perdoa nem as belas-artes.

TORRIJOS

O general Omar Torrijos e um grupo reduzido de amigos fomos convidados para um jantar em 20 de julho, no Panamá. Pouco antes do momento em que devíamos sair, a secretária de plantão interrompeu a conversa informal, que se prolongara desde o almoço, e lembrou ao general que além do jantar, às 8h30, era convidado da festa de aniversário de um ministro, às 11 da noite, e que no dia seguinte, bem cedo, devia participar de uma solenidade oficial. O general se voltou para mim, mastigando o charuto, e disse com bom humor:

— Já estão tentando organizar a você e a mim, que somos uns anárquicos. — E em seguida, dirigindo-se aos outros amigos, precisou: — Eu disse anárquicos, não anarquistas.

À tarde demonstrara várias vezes seu entusiasmo pelo jantar, em honra do ex-presidente colombiano Alfonso López Michelsen, mas naquele instante compreendi que não participaria dele nem de nenhuma das outras solenidades programadas. E assim foi. Pouco depois ordenou que deixassem um avião e um helicóptero no vizinho aeroporto de Paitilla prontos para levantar vôo a qualquer momento. Isto significava que ainda não tomara uma decisão sobre seu destino imediato, pois só usava o avião à noite para voar à ilha de Contadora ou à base militar de Farallón, que tem serviços de

---

Publicado originalmente em 12 de agosto de 1981.

aterrissagem noturna, e o helicóptero poderia servir para ambos os lugares ou para o centro agrícola de Coclecito, um lugar remoto das montanhas do norte, onde costumava se isolar do mundo entre os camponeses. Disse aquela noite, como em tantas outras:

— O que mais me agrada é que nunca sei onde vou dormir.

Ninguém sabia. Só no momento em que o avião ou o helicóptero estava pronto para levantar vôo indicava ao piloto o lugar de destino. Esta vez não foi uma exceção. Quando regressei do jantar, encontrei a casa iluminada, mas deserta e silenciosa, e compreendi que ele se fora havia pouco tempo, pois no ar refrigerado ainda subsistia o cheiro de seu charuto. Nunca soube para onde foi, mas agora sei que desde aquela noite jamais voltaria a vê-lo.

Eu chegara do México dois dias antes. Viajava ao Panamá duas ou três vezes por ano, só para estar com ele e com os amigos comuns, e sempre ia para um hotel. Esta vez fiquei num quarto de sua casa da capital, onde ele aparecia poucas vezes.

— As coisas não estão boas para andar por aí — eu disse.

A frase chamou-lhe tanto a atenção que a repetiu várias vezes naquele fim de semana. Na realidade, ele estava consciente de que a situação na América Central e no Caribe exigia precauções, e ele as estava tomando. Seus serviços de segurança começaram a tomar medidas excepcionais e ele próprio, que era o homem mais imprevisível que conheci, adotara um comportamento mais imprevisível ainda. Minha impressão é que poucas vezes, nos tempos em que esteve no poder, teve um instante de sossego, e criara à sua volta uma disponibilidade permanente para trocar de lugar. Há poucos anos, depois de uma reunião de seis presidentes sobre os tratados do Canal do Panamá, vários amigos o convencemos a ficar mais uma noite em Bogotá. Seu avião, como sempre, estava pronto para partir a qualquer momento. A festa começava apenas a esquentar quando sua escolta informou que o aeroporto local ficaria fechado para reparos das 12 da noite até as seis da manhã. O general se sentia tão à vontade que não deu importância, mas às dez saltou da cadeira e ordenou:

— Vamos embora.

A caminho do aeroporto me confessou que não poderia ficar ali durante as seis horas em que seria impossível partir imediatamente para onde lhe desse na telha.

Já sabemos que cada palavra de alguém, cada gesto anterior, e mesmo seus atos mais naturais, adquirem um significado especial depois de sua morte. Talvez por isso tenho a impressão de que nunca como nesta última vez falei tanto da morte com o general Torrijos, e sobretudo daquela que sempre nos ameaça durante um vôo. Ele conhecia bem meu medo de voar, e sempre o levava em conta com grande respeito. Quando eu estava a bordo dava aos pilotos instruções suplementares para que evitassem os céus tormentosos, e ordenava que me trouxessem um cantil com uísque.

— Não há nada melhor para voar — dizia. — Se pusessem uísque em vez de gasolina nos tanques, os aviões jamais voltariam a cair.

Na mesma noite em que cheguei, há duas semanas, ao Panamá, fomos de helicóptero à ilha de Contadora. O céu estava semeado de estrelas, o ar estava cheiroso e transparente sobre o Pacífico. Torrijos me olhou de repente, com seus olhos clarividentes e me encontrou impassível com o copo de uísque na mão. Então se virou para sua mulher, Raquel, com quem eu nunca voara, e lhe disse:

— A única pessoa com quem Gabriel voa tranqüilo é comigo.

Dois dias depois repetiu o conceito ao ex-presidente da Venezuela, nosso amigo Carlos Andrés Pérez, quando regressávamos de avião à Cidade do Panamá, só que então acrescentou uma frase:

— Gabriel sabe que comigo não lhe pode acontecer nada.

O avião em que voávamos então, num trajeto de vinte minutos, era o bimotor *Twin Otter*, da força aérea panamenha, em que Torrijos ia morrer na sexta-feira seguinte, em circunstâncias que não parecem de todo acidentais.

Foi um fim de semana alegre e extraordinário no paraíso de Contadora. Domingo, dia 19 de julho, Gabriel Lewis Galindo, que foi embaixador do Panamá em Washington durante a época mais difícil das negociações do canal, convidou um grupo de amigos para um passeio de lancha em torno da ilha. Não convidou Torrijos, pois todos sabíamos que não tinha nenhuma vocação náutica. No entanto, à última hora conseguimos embarcá-lo, e assim viveu de bom humor o segundo dia de mar de sua vida. Enquanto navegávamos, olhei-o várias vezes e achei-o impassível, com o copo de uísque na mão, e não pude me esquivar da hipótese de que devia se sentir no mar como eu me sentia no ar. Na hora das fotos me dei conta de que não tínhamos nenhuma juntos, e lhe disse. Então ele fez com que tirassem, e essa talvez seja a foto em que menos nos parecemos conosco: em traje de banho. Mas tudo indica que foi a última de sua vida.

Sempre tive a impressão de que Torrijos corria mais riscos do que podia se permitir um homem que vivia em meio a tantas ameaças. Aceitava a duras penas as normas de segurança, talvez porque fosse o ser humano mais desconfiado que se podia imaginar, e em última instância não confiava em ninguém nem em nada além de suas intuições misteriosas e acertadas. Era sua única orientação nas trevas do acaso. Não creio que exista alguém capaz de dizer com certeza o que ele pensava na verdade, nem qual era o segredo de seus sonhos e nem o sentido último de seus presságios. Sua única fraqueza era o coração e ele conseguira domá-lo.

— Os aflitos se acovardam — dizia.

Os aviões em que voava quase todos os dias havia muitos anos eram bons e bem mantidos, e seus pilotos rigorosos eram os únicos que tomavam as decisões de vôo. No entanto, talvez Torrijos não se desse conta de que aquela sujeição à sua intuição sobrenatural, que provavelmente lhe salvou a vida muitas vezes, terminou por ser seu flanco mais exposto, pois enfim dava tantas oportunidades à fatalidade como a seus inimigos. Qualquer dos dois podia causar-lhe a morte. Mas é impossível não relacionar esta catástrofe com outras semelhantes ocorridas em pouco mais de um ano. Em junho de 1980, o avião em que voava o vice-presidente eleito da Bolívia, Jaime Paz Zamora, caiu no solo, envolto em chamas. Pensou-se então, ainda que não tenha sido possível comprovar, que haviam posto açúcar no tanque de gasolina. Depois foi a tragédia do presidente do Equador, Jaime Roldós; mais tarde, a do chefe do estado-maior do Peru, general Luis Hoyos Rubio, e agora a do general Omar Torrijos, o homem providencial e insubstituível do Panamá. Quatro personalidades progressistas, cujo desaparecimento só podia favorecer as tendências mais tenebrosas das Américas. Não é fácil acreditar que tantos desastres sucessivos sejam casuais, porque o índice de morte não é tão seletivo, e até as próprias casualidades têm suas leis implacáveis.

Em todo o caso, não era esta espécie de fim que Torrijos esperava, nem a que desejava ou merecia. Sempre tive a impressão de que se reservara o privilégio de escolher a maneira e a ocasião de sua morte, e que a tinha reservada como a última e decisiva carta de seu destino histórico. Era uma vocação de mártir que talvez fosse o aspecto mais negativo de sua personalidade, mas também o mais esplêndido e comovente. O desastre, acidental ou provocado, frustrou-lhe este desígnio, mas a multidão desconsolada que assistiu ao seu funeral ia sem dúvida movida pela sabedoria secreta de que aquela morte impertinente e sem grandeza é uma das formas mais dignas do martírio. Eu não estava ali, com certeza. Nunca tive coração para enterrar os amigos.

FANTASMAS DE ESTRADAS

Dois rapazes e duas moças que viajavam num Renault 5 deram carona a uma mulher vestida de branco que lhes fez sinais numa encruzilhada pouco depois da meia-noite. O tempo estava claro e os quatro jovens — como se comprovou depois à saciedade — estavam em seu perfeito juízo. A mulher viajou em silêncio vários quilômetros, sentada no meio do banco de trás, até um pouco antes da ponte de Quatre Canaux. Então apontou para frente com um dedo indicador e gritou:

— Cuidado, essa curva é perigosa — e desapareceu.

Isto ocorreu em maio na estrada de Paris a Montpellier. O comissário dessa cidade, a quem os quatro jovens tiraram da cama para contar o acontecimento espantoso, chegou até a admitir que não se tratava de brincadeira nem alucinação, mas arquivou o caso porque não soube o que fazer com ele. Quase toda a imprensa francesa comentou-o nos dias seguintes, e numerosos parapsicólogos, ocultistas e repórteres metafísicos foram ao local da aparição para estudar suas circunstâncias, e cansaram com interrogatórios racionalistas os quatro eleitos pela mulher de branco. Mas ao cabo de poucos dias tudo caiu no esquecimento, e tanto a imprensa como os cientistas se refugiaram na análise de uma realidade mais fácil. Os mais com-

---

Publicado originalmente em 19 de agosto de 1981.

preensivos admitiram que a aparição podia ter ocorrido, mas também eles preferiram esquecê-la ante a impossibilidade de entendê-la.

A mim — que sou um materialista convicto — não resta qualquer dúvida de que aquele foi mais um episódio, e dos mais bonitos, da muito rica história da materialização da poesia. O único defeito que encontro é ter ocorrido à noite, e, pior ainda, ao redor da meia-noite, como nos piores filmes de terror. Salvo por isso, não há um só elemento que não corresponda à metafísica das estradas que todos sentimos passar tão perto no decurso de uma viagem, mas nos negamos a nos render diante de uma verdade tão assustadora. Terminamos por aceitar a maravilha dos navios fantasmas que vagueiam pelos mares procurando sua identidade perdida, mas negamos esse direito às tantas e pobres almas penadas que ficaram esparramadas e sem rumo à margem das estradas. Só na França se registravam até há poucos anos uns duzentos mortos semanais nos meses mais frenéticos do verão; portanto, não há como se surpreender com um episódio tão compreensível como o da mulher de branco, que sem dúvida continuará a se repetir até o fim dos séculos, em circunstâncias que apenas os racionalistas sem coração são incapazes de compreender.

Sempre pensei, em minhas longas viagens por tantas estradas do mundo, que a maioria dos seres humanos destes tempos somos sobreviventes de uma curva. Cada uma delas é um desafio ao acaso. Bastaria que o veículo que nos precede sofresse um percalço depois da curva para que se nos frustrasse para sempre a oportunidade de narrá-lo. Nos primeiros anos do automóvel, os ingleses promulgaram uma lei — *The Locomotive Act* — que obrigava todo motorista a se fazer preceder de outra pessoa a pé, levando uma bandeira vermelha e fazendo soar uma campainha, para que os transeuntes tivessem tempo de se afastar. Muitas vezes, no momento de acelerar para submergir no mistério insondável de uma curva, lamentei do fundo da alma que aquela disposição sábia dos ingleses tenha sido abolida, sobretudo uma vez, há 15 anos, em que viajava de Barcelona a Perpignan com Mercedes e as crianças a cem quilômetros por hora, e tive de repente a inspiração incompreensível de diminuir a velocidade antes de entrar na curva. Os carros que me seguiam, como ocorre sempre nesses casos, ultrapassaram-nos. Não esqueceremos nunca: eram uma caminhonete branca, um Volkswagen vermelho e um Fiat azul. Lembro-me até do cabelo encaracolado e luminoso da holandesa vistosa que dirigia a caminhonete. Depois de nos ultrapassar numa ordem perfeita, os três carros se perderam na curva, mas voltamos a encontrá-los um instante depois uns sobre os outros, num monte de ferro-velho fumegante, e incrustados num caminhão descontrolado que vinha em sentido contrário. O único sobrevivente era a criança de seis meses do casal holandês.

Tornei a passar muitas vezes por aquele lugar, e sempre volto a pensar na mulher bonita que ficou reduzida a um montículo de carne rosada no meio da estrada, nua por causa do impacto, e com sua bela cabeça de imperador romano dignificada pela morte. Não seria surpreendente que alguém a encontrasse um dia destes no local de sua desgraça, viva e inteira, fazendo os sinais convencionais da mulher de branco de Montpellier, para que a tirassem por um instante de seu estupor e lhe dessem a oportunidade de advertir com o grito que ninguém lançou por ela:

— Cuidado, essa curva é perigosa.

Os mistérios das estradas não são mais populares que os do mar, porque não há ninguém mais distraído do que os motoristas amadores. Em compensação, os profissionais — como os antigos condutores de mulas — são fontes infinitas de relatos fantásticos. Nos botequins de estradas, como nas estalagens antigas das picadas, os caminhoneiros curtidos, que não parecem acreditar em nada, relatam sem descanso episódios sobrenaturais de sua profissão, sobretudo os que ocorrem à luz do dia, e ainda nos trechos mais concorridos. No verão de 1974, viajando com o poeta Álvaro Mutis e sua mulher pela mesma estrada onde agora apareceu a mulher de branco, vimos um carro pequeno que se desprendeu da longa fila engarrafada em sentido contrário e veio contra nós numa velocidade desatinada. Mal tive tempo de desviar, mas nosso carro saltou no vazio e ficou incrustado no fundo de uma valeta. Várias testemunhas conseguiram fixar a imagem do automóvel fugitivo: era um Skoda branco, cujo número da placa foi anotado por três pessoas diferentes. Fizemos o registro no posto de polícia de Aix-en-Provence, e ao cabo de alguns meses a polícia francesa comprovou sem qualquer dúvida que o Skoda branco com as placas indicadas existia na realidade. No entanto, comprovou também que na hora de nosso acidente estava no outro extremo da França, guardado em sua garagem, enquanto seu dono e único motorista agonizava no hospital próximo.

Destas e de outras experiências aprendi a ter um respeito quase reverencial pelas estradas. Contudo, o episódio mais inquietante que recordo me ocorreu em pleno centro da Cidade do México, há muitos anos. Esperara um táxi durante quase meia hora, às duas da tarde, e já estava a ponto de desistir quando vi se aproximar um que à primeira vista me pareceu vazio e além disso estava com a bandeira levantada. Mas já um pouco mais perto vi sem dúvida que havia uma pessoa ao lado do motorista. Só quando ele se deteve, sem que eu sinalizasse, dei-me conta de meu erro: não havia nenhum passageiro ao lado do motorista. No trajeto contei a ele minha ilusão de ótica, e ele me escutou com toda a naturalidade.

— Sempre acontece — me disse. — Às vezes passo o dia inteiro dando voltas sem que ninguém me pare, porque quase todos vêem esse passageiro fantasma no banco do lado.

Quando contei esta história a dom Luis Buñuel, pareceu-lhe tão natural como ao motorista.

— É um bom começo para um filme — me disse.

O CONTO DO CONTO

Pouco antes de morrer, Álvaro Cepeda Samudio me deu a solução final da crônica de uma morte anunciada. Eu voltara da Europa, depois de uma longa viagem, e estávamos em sua casa de praia, diante do mar miserável de Sabanilla, cozinhando seus lendários ensopados de peixe de dois mil pesos.

— Tenho uma idéia que interessa a você — me disse de repente. — Bayardo San Ronán voltou para buscar Ángela Vicario.

Tal como ele esperava, fiquei petrificado.

— Estão vivendo juntos em Manaure — prosseguiu —, velhos e fodidos, mas felizes.

Não precisou dizer mais nada para que eu compreendesse que chegara ao fim de uma longa procura.

O que essas duas frases queriam dizer era que um homem que abandonara a mulher na própria noite do casamento voltara a viver com ela depois de 23 anos. Em decorrência do abandono, um grande e querido amigo da minha juventude, apontado como autor de uma injúria nunca provada, fora morto a facadas na presença de toda a cidade pelos irmãos da jovem rejeitada. Chamava-se Santiago Nasar e era alegre e gentil, e membro destacado da comunidade árabe local. Isto ocorreu pouco antes que eu soubesse o que ia

---

Publicado originalmente em 26 de agosto de 1981.

ser na vida, e senti tanta urgência de contá-lo que talvez tenha sido o acontecimento que definiu para sempre minha vocação de escritor.

As primeiras pessoas a quem a contei foram Germán Vargas e Alfonso Fuenmayor, uns cinco anos depois, no bordel de beira de estrada da negra Eufemia. Então eu já resolvera ser escritor, e meu pai me dissera:

— Você vai comer papel.

Durante anos sonhei que rasgava resmas inteiras e as comia em bolinhas, e nunca era o papel de sobra dos jornais onde trabalhava então, mas um bom papel de 36 gramas, áspero e com marca-dágua, tamanho carta, que sempre usei desde que tive dinheiro para comprá-lo. Afonso Fuenmayor e Germán Vargas disseram que a história do crime merecia ser escrita, mesmo que fosse comendo papel.

— Não importa que seja inventada — me disse Alfonso Fuenmayor. — Sófocles inventava assim, e veja como ficava bem.

Mais tarde, quando regressou formado da Universidade de Colúmbia, Álvaro Cepeda Samudio concordou, mas me preveniu sem reticências:

— A única coisa perigosa — me disse — é que falta uma perna nessa história.

De fato, faltava o final imprevisível que ele próprio contou 23 anos depois do crime, mas então era impossível imaginá-lo. Germán Vargas, com sua prudência nata, aconselhou-me a esperar um ou dois anos até que tivesse a história mais amadurecida. Não esperei nem um nem dois, mas trinta anos.

Não foi uma demora excepcional, pois nunca escrevi uma história antes que se passassem, pelo menos, vinte anos de sua concepção. Mas neste caso o motivo era mais consciente: continuava buscando, na imaginação, a perna indispensável que faltava ao tripé, tentando inventá-la à força, sem pensar que também a vida inventava por sua conta e com melhor engenho. Foi dom Ramón Vinyes quem me deu a fórmula de ouro:

— Conte-a bastante — me disse. — É a única maneira de descobrir o que uma história tem por dentro.

Certamente segui o conselho. Durante muitos anos contei a história pelo direito e pelo avesso, de todos os lados, com a esperança de que alguém encontrasse o defeito. Mercedes, que também se recordava dela aos pedaços desde menina, voltou a montá-la inteira de tanto ouvi-la, e acabou por contá-la melhor. Luis Alcoriza gravou-a em sua casa no México, numa época em que todo mundo era jovem. Contei-a a Ruy Guerra durante seis horas numa cidade remota de Moçambique, numa noite em que os amigos cubanos nos deram para comer um cachorro vira-latas nos fazendo acreditar que era carne de gazela, e nem assim pudemos descobrir o elemento que lhe faltava. Contei-a muitas vezes a Carmen Balcells, minha agente literária durante muitos anos, em trens e aviões, em Barcelona e no mundo inteiro, e ela sempre chorou como na primeira vez, mas nunca pude saber se chorava porque a emocionava ou porque eu não a escrevia. O único amigo próximo a quem nunca a contei foi Álvaro Mutis, por uma razão prática: ele sempre foi o primeiro leitor de meus originais, e cuido para que os leia sem nenhuma idéia preconcebida.

A revelação de Álvaro Cepeda Samudio naquele domingo de Sabanilla pôs o meu mundo em ordem. O retorno de Bayardo San Román com Ángela Vicario era sem dúvida o final que faltava. Tudo ficou claro então: por me afeiçoar à vítima, sempre pensei que essa era a história de um crime atroz, quando na realidade devia ser a história secreta de um amor terrível. Só que estive a ponto de jamais conhecer seus pormenores ocultos porque Álvaro e eu caímos no barranco duas horas depois no caminhão de Alejandro Obregón, e não morremos por milagre. "Puxa vida", pensava, enquanto caíamos até o fundo daquele mar perdulário. "Procurei tanto esse final para depois morrer sem contá-lo." Logo que me restabeleci, sobretudo do susto, fui procurar Bayardo San Román e Ángela Vicario em sua casa feliz de Manaure, para que me contassem os segredos de sua reconciliação incrível. Foi uma viagem mais reveladora do que pensava, e por melhores motivos, porque à medida que tratava de esquadrinhar a memória dos outros, ia encontrando os mistérios de minha própria vida.

Há duas cidades próximas, porém muito diferentes, que se chamam Manaure. Uma delas possui uma única rua muito larga, com casas iguais, num pequeno planalto verde de um silêncio sobrenatural. Ali levavam minha mãe para respirar novos ares quando era criança. Tanto me falaram dessa cidade medicinal em casa de meus avós que, quando a vi pela primeira vez, dei-me conta de que a recordava como se a tivesse conhecido numa vida anterior. Não era ali que vivia o casal feliz, porém Rafael Escalona, sobrinho do bispo, errou o caminho quando íamos para a outra Manaure. Tomávamos uma cerveja gelada na única cantina da cidade quando se aproximou de nossa mesa um homem parecido com uma árvore, com polainas de montaria e um revólver de uso exclusivo do exército preso no cinto. Rafael Escalona nos apresentou e ele ficou com minha mão na dele, olhando-me nos olhos.

— Tem algo a ver com o coronel Nicolás Márquez? — me perguntou.

— Sou seu neto.

— Então — disse ele —, seu avô matou meu avô.

Não me deu tempo de me assustar, porque o disse de um modo muito caloroso, como se essa também fosse uma forma de sermos parentes. Era um contrabandista da estirpe lendária dos Amadises e, como eles, era um homem direito e de bom coração. Ficamos de farra três dias e três noites em seus caminhões de fundo falso, bebendo conhaque e comendo ensopado de cabrito em memória dos avós mortos. Levou-me a cidades diferentes, até o interior da península Guacari, para que conhecesse 19 dos incontáveis filhos que o coronel Nicolás Márquez deixou espalhados durante a última guerra civil. Depois de uma semana me deixou na outra Manaure: uma cidade de salitre diante de um mar em chamas. Deteve-se diante de uma casa que eu teria reconhecido de qualquer maneira, pelo muito que ouvira falar dela.

— É aqui — disse.

Na janela da sala, costurando à máquina na hora de mais calor, havia uma mulher semi-enlutada com óculos de arame, cabelos grisalhos, e acima de sua cabeça havia uma gaiola com um canário que não parava de cantar. Ao vê-la assim, dentro da moldura idílica da janela, eu não queria admitir que fosse ela, porque resistia a acreditar que a vida acabasse por se parecer tanto com a má literatura. Mas era ela: Ángela Vicario 23 anos depois do drama.

O CONTO DO CONTO
(conclusão)

Dou-me conta de que o lugar onde se cometeu o crime foi idealizado pela saudade. Era inevitável: ali passei os anos da adolescência, os mais livres de minha vida, até que a família teve de mudar de ares. Voltei depois duas vezes, sempre por causa do projeto do livro. A primeira foi uns 15 anos depois, tentando resgatar da memória das pessoas as numerosas peças misturadas do quebra-cabeça do crime, e tentando sobretudo encontrar o final que a vida ainda não resolvera. Não me pareceu que o tempo tivesse sido demasiado severo com alguém, nem com algo, exceto a casa de prazer de María Alejandrina Cervantes, transformada em escola de freiras. Foi uma experiência perturbadora ver um tropel de meninas com uniformes celestiais entrando pelo mesmo portão de amores-perfeitos por onde toda a minha geração entrara para perder a virgindade.

A segunda vez que voltei foi para escrever esta crônica. Fui induzido pelo engodo, tão comum entre os realistas teóricos, de capturar ao vivo, para descrevê-la, a mesma vida que se está vivendo. Escrevi de cueca das nove da manhã às três da tarde durante 14 semanas sem trégua, suando por todos os poros, na pensão para homens solteiros onde viveu Bayardo San Román os seis meses em que esteve na cidade. Era um quarto despojado com uma cama

---

Publicado originalmente em 2 de setembro de 1981.

de ferro, uma mesa manca que devia ser nivelada com cartões nas pernas, e uma janela por onde entravam as moscas aturdidas pelo calor e pela pestilência das águas mortas do porto antigo. Essa foi a única contribuição da vida circundante ao meu esforço de escritor comprometido. À medida que escrevia me dava conta de que a realidade imediata nada tinha a ver com a que eu tentava transpor para o papel, nem talvez tampouco com a que recordava, e estava tão confuso que cheguei a me perguntar se a própria vida era também uma invenção da memória.

O doutor Dionisio Iguarán, primo-irmão de minha mãe e nosso único médico na época do drama, morreu entre essas duas visitas. Seu prestígio merecido permanece dividido entre vários médicos novos, em especial o doutor Cristóbal Bedoya, a quem chamávamos Cristo, que estava no terceiro ano de medicina no momento do crime, e é um dos protagonistas exemplares desta crônica. Foi o amigo íntimo que acompanhou Santiago Nasar até uns minutos antes de sua morte, e o único dos vinte mil habitantes da cidade que se propôs e esteve a ponto de impedir que o matassem. Seu testemunho foi o mais inteligente e profundo. Foi ele quem me lembrou, ao final de nossas evocações incansáveis, um dos dados mais extraordinários desta desgraça: a necrópsia de Santiago Nasar não foi feita por um médico, e sim pelo padre da paróquia.

Chamava-se Carmen Amador, gabava-se de ter nascido num rochedo da Galícia onde nunca se fala a língua castelhana, e bastava ouvi-lo falar para saber que não estava mentindo. Recordava-me dele com certa amargura porque, sendo eu muito pequeno, fazia-me repetir de cor os falsos poemas de Gabriel y Galán e foi quem me disse mais tarde que Deus proibira a leitura de Gil Vicente. Era nosso único pároco até onde alcança minha memória, mas quando voltei já adulto, pela primeira vez, havia partido sem deixar rastros.

Nunca tentei encontrá-lo. Mas durante um verão que passei há 12 anos na praia de Calafell, perto de Barcelona, alguém me falou de um padre internado numa tenebrosa casa de saúde local, que dizia ter perdido metade de sua vida na minha terra. Reconheci-o logo, ainda que fosse pelos seus olhos de bezerro desmamado e seu castelhano rupestre com cadências do

Caribe. Falamos muito e muitas vezes até o final do verão, e era evidente que não conseguira assimilar a má recordação daquela necrópsia.

Um ano depois que Álvaro Cepeda Samudio me deu a chave final, o livro estava pronto para ser escrito. No entanto, por algum desses motivos demasiado simples que nós, escritores, não conseguimos entender, passou-se muito tempo sem que o escrevesse. Mais ainda: houve uma época em que o esqueci por completo. De repente, no outono de 1979, Mercedes e eu estávamos no salão do aeroporto de Argel, esperando que nos chamassem para embarcar, quando entrou um príncipe árabe com a túnica imaculada de sua estirpe e com um falcão amestrado no punho. Era uma fêmea esplêndida de falcão peregrino, e em vez do capuz de couro da falcoaria clássica tinha um de ouro com incrustações de diamantes. Lembrei-me logo de Santiago Nasar, que aprendera com seu pai os fundamentos da arte da altanaria, no começo com gaviões locais e depois com exemplares magníficos trazidos da Arábia afortunada. No momento da morte tinha em sua fazenda uma falcoaria profissional, com duas fêmeas e um macho adestrados para a caça de perdizes, e um nebri adestrado para a defesa pessoal.

A evocação de Santiago Nasar não foi tão compreensível como me pareceu quando vi o monarca do deserto entrar com seu animal de altanaria coroado de ouro. Foi mais uma pancada do destino. No vôo de regresso compreendi que a história tantas vezes adiada voltara desta vez para ficar para sempre, e que eu não poderia continuar vivendo um só instante sem escrevê-la. Sentia-a então com tanta intensidade como nunca sentira em 32 anos, desde a segunda-feira infame em que María Alejandrina Cervantes irrompeu nua no quarto onde eu continuava dormindo apesar das campainhas de incêndio, e me acordou com seu grito de louca:

— Mataram meu amor.

A propósito: George Plimpton, em sua histórica entrevista para a *Paris Review*, perguntou a Ernest Hemingway se poderia dizer algo sobre o processo de converter um personagem da vida real em personagem de romance. Hemingway respondeu:

— Se eu explicasse como se faz isso algumas vezes seria um manual para os advogados especializados em casos de difamação.

A DESGRAÇA DE SER UM ESCRITOR JOVEM

Em minha dupla condição de jornalista e escritor só recordo agora duas coisas de que me arrependo, e é ter ganho dois concursos literários. O primeiro foi em 1954, patrocinado pela Associação dos Escritores da Colômbia, cujo secretário de então me pediu que participasse com um conto inédito, porque não se apresentara nenhum texto que valesse a pena e temia que o certame fosse um fracasso. Entreguei-lhe um conto inacabado — "Um dia depois do sábado" — e poucos dias mais tarde surgiu ofegante em meu escritório para me dizer, como se fosse um milagre alheio à sua diligência, que me concederam o primeiro prêmio. Não me lembro quanto representava em dinheiro, mas estou seguro que apenas deu para celebrar a vitória. O ganho maior, certamente, foi a repercussão na imprensa. Mas eu já não era muito sensível a essa glória instantânea, apesar de ter apenas 25 anos, porque já ganhava a vida há cinco anos escrevendo matérias assinadas em jornais de província, e naquele momento era redator de *El Espectador*. A impressão que me ficou depois da premiação solene, em que puseram flores no estrado e foram feitos discursos brilhantes, foi a de me ter prestado a uma farsa pública.

O segundo concurso foi ainda mais triste. Era patrocinado, em 1962, pela filial colombiana de uma empresa de petróleo dos Estados Unidos, e dava

Publicado originalmente em 9 de setembro de 1981.

como prêmio a publicação da obra, e nada menos do que três mil dólares da época. Eu vivia no México, e sequer tivera notícia daquela proposta tentadora, mas seus patrocinadores mandaram — com todas as despesas pagas — meu querido amigo e mestre Guillermo Angulo me convencer a participar do concurso. O motivo da diligência era o mesmo: ninguém mandara nada que valesse a pena, e os patrocinadores temiam que o concurso fosse um fracasso.

Eu terminara havia mais de um ano um romance que não me preocupei em publicar, pois o prazer naqueles tempos não era esse, e sim o mais puro e simples de escrever. Tinha o original enrolado e amarrado com uma gravata no fundo de um baú e o entreguei a Guillermo Angulo tal como estava, com gravata e tudo, sem me dar ao trabalho de relê-lo nem de pensar num título. Só quando o romance ia ser impresso encontrei um adequado: *O veneno da madrugada (A má hora)*. Com os três mil dólares comprei um automóvel de segunda mão e paguei as despesas de nascimento de meu filho mais jovem, que daquela maneira trouxe seu próprio pão sob o braço. Mas não viajei a Bogotá para receber o prêmio com todas as despesas pagas, porque tinha a sensação ingrata de me haver prestado mais uma vez à promoção de uma empresa que nada tinha a ver com a literatura.

Vinte anos depois, evocando aqueles tempos difíceis e vendo como proliferam agora os concursos literários, continuo a pensar que meus escrúpulos de então eram bem fundamentados. No entanto, o entusiasmo quase pueril com que entram em concursos os escritores que hoje têm a mesma idade e as mesmas ilusões que eu tinha então me faz pensar que eles não compartilham meus receios, e sim o contrário, e que muitos não escrevem por uma necessidade iniludível, como deve ser, mas apenas para ganhar um concurso, e isso é algo que deve alarmá-los, como me alarma, se na realidade estão dispostos a entrar com o pé direito no inferno dos grandes escritores.

Os concursos literários patrocinados por editoras só favorecem a elas próprias. Os editores pensam, desde o dia de infortúnio em que foram inventados, que eles é que fazem aos escritores o favor de publicar-lhes seus livros, sobretudo os escritores novos, e que, por conseguinte, são eles que devem pagar pela publicação. Um editor me disse há pouco que a indústria editorial não é feita pelos escritores, nem pelos escritores e editores juntos, mas só pelos editores. Disse-lhe que era o mesmo que pretender que a indústria petrolífera é feita só pelas companhias petrolíferas, sem a modesta colaboração do petróleo. Esta concepção messiânica de seu próprio destino foi sem dúvida o que induziu as editoras ao embuste dos concursos literários. Elas os organizam com pretensão de benfeitores da humanidade e arcanjos da cultura, quando a única coisa que fazem na realidade é promover o nome de suas próprias empresas à custa dos escritores que não têm quem os publique, como não tiveram no início de suas vidas nenhum dos escritores que foram grandes no mundo.

Estas reflexões me ocorrem a propósito da batalha justa e solitária de um jovem romancista colombiano contra a agência da Editorial Plaza & Janés na Colômbia, que lançou nesse país um concurso anual de romance. O prêmio, segundo as bases do concurso, é de trezentos mil pesos colombianos: seis mil dólares. Mas a verdade é que não há prêmio, porque obrigam o vencedor a assinar um contrato no qual se estabelece que essa soma é uma antecipação dos direitos autorais, que será descontada da prestação de contas periódica. E há mais ainda. Os direitos autorais do favorecido não são os 10% tradicionais sobre o preço de capa, mas apenas 7%. Isto quer dizer que com a venda de uma edição de três mil exemplares — que se vende sem dificuldade, dada a repercussão do concurso — o editor se ressarce de todas as despesas e ganha, além disso, a propaganda grátis que a imprensa dá ao concurso, com o apoio dos organismos culturais e a participação alegre dos outros escritores e artistas. Um cálculo conservador do que Plaza & Janés ganha em propaganda grátis com seu concurso anual é de cerca de três milhões de pesos. Isto é, que não apenas comete um assalto contra o escritor estreante, mas que é ele o que serve ao editor para enriquecer com o menor esforço. Como se não fosse o bastante, o contrato que o obrigam a assinar assegura à editora os direitos do livro por toda a vida, e não por cinco anos, como deve ser, e não apenas para uma parte do território, mas para todos os países de língua castelhana. Mas tão logo se esgote a edição de lançamento, o livro fica prisioneiro do contrato e sem a esperança de nova edição, e não circula em todo o território contratado, e sim a duras penas no país onde ganhou o concurso.

O caso é este: não há desgraça maior neste mundo que a do escritor jovem. Sobretudo nestes tempos funestos em que está na moda ser famoso. Antes, quando nós escritores jovens escrevíamos porque não havia outra solução, tínhamos além disso a vantagem de que os editores não se importavam conosco. Necessitei de cinco anos para encontrar quem publicasse meu primeiro romance, e o que encontrei foi um pobre editor amador e sem recursos que abandonou o país fugindo dos credores. Eduardo Zalamea Borda, que foi meu verdadeiro pai literário, chamou então seus livreiros amigos para que comprassem o livro no depósito da gráfica, e meus outros amigos de sempre escreveram as notas de imprensa para que se soubesse que já estava à venda. Há poucos anos descobri que os exemplares restantes daquela edição miserável de mil exemplares estavam sendo vendidos nas ruas de Bogotá a um peso cada exemplar, e comprei tudo o que pude, com a impressão de comprar os farrapos soltos de meu próprio passado. Agrada-me contar estas coisas não pela obsessão que os escritores temos de falar de nós mesmos, mas com a esperança de que sirvam alguma coisa para os que vêm depois e acreditam ainda que é impossível viver sem os editores. Um dia — que tomara não esteja longe — se convencerão não apenas de que é possível, mas o contrário: são os editores que não podem viver sem nós. "Os pobres coitados dos editores."

TREZENTOS INTELECTUAIS JUNTOS

Mais de trezentos intelectuais da América Latina e do Caribe e um grupo de observadores da Espanha se reuniram quatro dias em Havana na semana passada para conversar em família. Havia de tudo: escritores, pintores, músicos, professores universitários e até um comunista indignado pelas agressões ao clero de seu país feitas por um sacerdote disposto a explicar as conveniências do socialismo. Mas o tema era um só: os perigos que ameaçam a soberania e a identidade cultural de nossas nações, nestes tempos em que um caubói do cinema entrou a cavalo na Casa Branca.

Sempre tive um preconceito contra os intelectuais, entendendo por intelectual alguém que tem um esquema mental preconcebido, e trata de meter dentro dele, ainda que à força, a realidade em que vive. Graham Greene, que ao que parece tem o mesmo preconceito, explicou certa vez que os romancistas não são intelectuais, e sim emocionais, e esse esclarecimento me pôs a consciência em ordem. No entanto, nunca participara de uma reunião de intelectuais, muito menos uma de trezentos, porque me parecia que era como participar de uma assembléia de trezentos partidos políticos rivais.

Pelo menos desta vez me enganei. O encontro de intelectuais pela soberania dos povos de nossa América foi um ato público compacto e sério, no qual se passou por cima de tantas diferenças secundárias e se conseguiu um

---

Publicado originalmente em 16 de setembro de 1981.

acordo unânime em torno de uma preocupação que era a maior de todas. A imprensa estrangeira e sobretudo as agências dos Estados Unidos colocaram seus enormes recursos a serviço do silêncio. Que nada se soubesse de nós, que nunca nos vimos, e aqueles que se viram não eram os melhores. A verdade é que foram poucos os que faltaram — muitos deles porque não puderam desmarcar outros compromissos. O documento final, curto, sóbrio, não só é o reflexo fiel do espírito predominante dos quatro dias, mas mostra bem o grau de maturidade do encontro.

Uma novidade notável foi a reincorporação dos amigos do Brasil a um diálogo interrompido há muito tempo. Para mim, e de maneira particular, este é um motivo grande de alegria: de algum modo difícil de explicar, os brasileiros, que levam a todas as partes um grão de loucura que lhes dá uma dimensão nova às coisas, são portadores da boa sorte. Foi a delegação estrangeira mais numerosa: 36 iluminados, precedidos por um terremoto, a atriz Ruth Escobar, que veio reivindicar, com sua bonita voz de navegante, os direitos da mulher. Tinha razão: uma falha do encontro era a escassa participação feminina. Ruth Escobar o fez notar desde a primeira sessão. Eu, que apesar de meus esforços constantes não consegui superar o machismo intravenoso que me injetaram no berço, fiquei pensando que na realidade só há algo em que o homem é superior à mulher, e é na ternura. Não disse para perturbar Ruth Escobar: acredito. Como acredito que a mulher dispõe de uma força de poder de que os homens carecemos: sua falta de indulgência.

Um jornalista europeu, surpreendido pela unanimidade deste encontro, perguntava entre os presentes se seríamos capazes de sustentar um diálogo tão fluente com os intelectuais europeus. A título pessoal lhe respondi que não, por uma razão que nem os europeus nem nós nos decidimos a aceitar: nossa concepção da América Latina parte de duas análises diferentes. Durante os anos 60, os intelectuais europeus se colocaram na primeira linha da solidariedade conosco, derramaram-se com um alvoroço idealista que, no entanto, não resistiu ao primeiro embate sério da realidade. Sua análise tinha, e continua a ter, um rescaldo colonial: só eles se acreditam depositários da verdade. Para eles só é bom o que ficou provado ser bom em sua própria experiência. Todo o resto é extravagante, e, portanto, inaceitável e corruptor. Na atualidade é para eles quase impossível fazer qualquer análise do mundo sem tomar como ponto de referência a intervenção soviética no Afeganistão ou a panela de pressão da Polônia. Para eles nada acontece em nosso âmbito que não seja um desígnio tenebroso da União Soviética. Uma tentativa de impor seu modelo. Talvez sem se dar conta e, certamente sem desejar, os intelectuais europeus comungam as mesmas concepções que as do governo do presidente Reagan.

Trezentos intelectuais deste lado do Atlântico discutiram nossos assuntos durante quatro dias sem apelar para nenhum ponto de referência que não seja de nossa própria realidade. Para nós, por cima de qualquer outro, o risco maior e iminente é a forma com que somos concebidos pelo governo Reagan, cujo porta-voz para o mundo é a tenebrosa Kirkpatrick — embaixadora nas Nações Unidas —, que declarou há pouco que o regime do general Pinochet é um exemplo da democracia autoritária que nos faz falta para sermos felizes, e que os nicaragüenses eram menos oprimidos com o general Anastasio Somoza do que com o governo atual.

O paradoxo maior é que me parece impossível convencer de seu erro os intelectuais europeus, e, em compensação, creio ser possível e urgente convencer os norte-americanos. Sempre achei que eles carecem da arrogância que distingue os europeus, e são movidos por um desejo de entender o que os aproxima mais de nós.

Na realidade, a opinião pública dos Estados Unidos é muito mais sensível ao nosso drama, e se mostra mais disposta a escutar e admitir nossas razões. Além disso, está tão penetrada pelas correntes profundas de nossa cultura que quase nada nosso lhe parece estranho. Neste encontro, a tendência foi quase unânime: vamos conversar, o mais convenientemente possível, com os intelectuais dos Estados Unidos.

A LONGA VIDA FELIZ DE MARGARITO DUARTE

Voltei a ver Margarito Duarte. Apareceu de repente numa das ruazinhas tranqüilas da Roma antiga e não só me surpreendeu por seu aspecto irreversível de romano velho mas também por sua tenacidade irracional. Na última vez que o vira, há mais de vinte anos, conservava ainda a roupa fúnebre e o comportamento discreto dos funcionários públicos dos Andes. Agora, suas maneiras me pareceram as de alguém que já não pertence a ninguém mais do que a si próprio. Depois de quase duas horas de recordações saudosistas num dos cafés do Trastevere me atrevi a fazer a pergunta que mais me ardia por dentro:

— O que houve com a santa?

— Está aí, esperando.

Só o tenor Rafael Rivero Silva e eu podíamos entender a tremenda carga humana da resposta. Conhecíamos tanto seu drama que durante muitos anos pensei que Margarito Duarte era o personagem em busca de autor que todos os romancistas esperamos durante toda a vida, e se nunca tomei a decisão de me deixar encontrar foi porque o final de sua história era imprevisível e quase impossível de inventar. Ainda continua sendo.

Margarito Duarte chegou em Roma no verão de 1954. Era a primeira vez que saía de sua remota aldeia dos Andes, e não necessitava dizer para

---

Publicado originalmente em 23 de setembro de 1981.

que se percebesse à primeira vista. Apresentara-se uma manhã no consulado de seu país em Roma, com aquela mala de couro lustroso que por seu tamanho e forma parecia o estojo de um violoncelo, e expusera ao cônsul o motivo assombroso de sua viagem. O cônsul chamou então seu amigo, o tenor colombiano Rafael Rivero Silva para que conseguisse um quarto para Margarito Duarte na pensão onde ambos vivíamos. Assim nos conhecemos.

Naquele mesmo dia nos contou sua história. Não passara do primário, mas sua vocação para as belas-letras o induzira a se dar uma formação cultural mais alta, mediante a leitura consciente e um pouco apaixonada de qualquer material impresso que estivesse ao seu alcance.

Aos 18 anos casou-se com a moça mais bonita da província, que morreu dois anos depois, e dela ficou uma filha mais bonita ainda, que morreu pouco depois, com sete anos. Margarito Duarte era o escrivão de documentos públicos do município desde que terminara a escola primária. E continuou a sê-lo até que uma travessura de seu destino o embarcou naquela viagem demente que ia desviar para sempre o rumo de sua vida. Tudo começou seis meses antes de sua chegada a Roma, quando houve a necessidade de mudar a localização do cemitério da cidade, para construir a sede de uma empresa. Margarito Duarte, como todos os habitantes da região, desenterrou seus mortos para a mudança e aproveitou a oportunidade para dar-lhes urnas novas. A mulher se convertera em poeira ao cabo de 12 anos, mas a menina estava intacta. Quando abriram o caixão sentiu-se o odor das rosas frescas com que a enterraram. Vozes proclamando milagre se ouviram logo até além da província, e durante toda a semana acudiram à cidade os curiosos menos imaginados. Não havia dúvida: a incorruptibilidade do corpo sempre foi um dos sintomas mais visíveis da santidade, e até o bispo da diocese concordou em que a notícia daquele acontecimento devia chegar ao Vaticano para que a sagrada congregação do rito desse seu veredicto. Fez-se uma coleta pública para que Margarito Duarte viajasse a Roma para batalhar por uma causa que já não era só sua, nem do âmbito estreito de sua cidade, mas uma questão nacional.

No decorrer de sua narrativa, Margarito Duarte abriu a fechadura e em seguida a tampa do baú primoroso que parecia um estojo de violoncelo, e então o tenor Rivero Silva e eu participamos do milagre. Não era uma múmia murcha como as que se vêem em tantos museus do mundo, pois aquela se poderia confundir com uma criatura que continuava adormecida ao cabo de 12 anos sob a terra. Não havia cor de mel em repouso, e os olhos abertos eram transparentes e vivos, e causavam a impressão irresistível de que nos olhava pelo lado da morte. A menina fora vestida de noiva virgem para ser sepultada, de acordo com um costume antigo da região, e lhe puseram nas mãos um ramo de rosas.

Mas o cetim e as flores de laranjeira artificiais da coroa não resistiram ao rigor do tempo com tão boa saúde como a pele. Contudo, o mais surpreendente era que o cabelo não cessara de crescer e lhe chegava até os pés. A mesma coisa ocorrera com as unhas, mas foram cortadas por decisão unânime da cidade. Pois até os intérpretes mais puros concordaram em que era um espetáculo contrário à santidade. Mas Margarito Duarte levava num frasco as unhas cortadas — caso se necessitasse de prova adicional do prodígio.

Margarito Duarte começou seus trâmites nos últimos meses daquele verão ardente e ruidoso. No início recebeu uma certa ajuda das autoridades diplomáticas de seu país, mas logo ficou à mercê de sua própria inspiração. Pio XII, que era o papa de então, nunca deu sinal de ouvir falar do milagre. Mais ainda: a Secretaria de Estado nunca respondeu à carta manuscrita de sessenta folhas que Margarito Duarte escreveu e entregou pessoalmente. No verão seguinte, desistiu do apoio inútil de seus diplomatas, e foi sozinho a Castelgandolfo com o estojo da santa para mostrá-la ao papa, mas não foi possível porque o Sumo Pontífice não circulava por entre os turistas que chegavam de todo o mundo para vê-lo, mas aparecia num balcão do pátio interior, e dali pronunciava seis vezes o mesmo discurso em seis idiomas. Mas nem aquela frustração inicial nem as outras incontáveis que sofreu desde então conseguiram enfraquecer sua determinação.

Invencível Margarito Duarte. Na semana passada, enquanto conversava no café do Trastevere, dei-me conta de que já se passaram quatro papas desde que ele esperava, de maneira que há razões para acreditar que suas possibilidades, falando em termos estatísticos, são cada vez maiores. Depois disso não tenho nenhuma dúvida: o santo é ele. Sem se dar conta, por intermédio do cadáver não corrompido de sua filha, Margarito Duarte está há mais de vinte anos lutando em vida pela causa legítima de sua própria canonização.

OS IDOS DE MARÇO

Voltei a ler esta semana *Os idos de março*, o belo romance de Thornton Wilder que li pela primeira vez há uns 25 anos em sua tradução apressada, e que reli muitas vezes desde então com o mesmo prazer da primeira vez. Quando estava escrevendo *O outono do patriarca*, como era natural, tive-o sempre à mão como fonte deslumbrante da grandeza e das misérias do poder. Comprei-o várias vezes em diferentes idiomas para compartilhar minha afeição profunda com amigos do mundo inteiro, e não recordo de nenhum que não sucumbisse diante daquele manancial de beleza. Voltei a lê-lo recentemente quando menos esperava, num vôo tranqüilo de quatro horas e num exemplar que não me pertencia, e só agora descobri o quanto teve a ver com minha vida este romance magistral.

Minha preocupação pelos mistérios do poder se originou de um episódio que presenciei em Caracas na época em que li pela primeira vez *Os idos de março*, e não sei com certeza qual das duas coisas ocorreu primeiro. Aconteceu no início de 1958. O general Marcos Pérez Jiménez, que fora ditador da Venezuela durante dez anos, fugira para Santo Domingo ao amanhecer. Seus ajudantes tiveram de içá-lo até o avião com uma corda, pois ninguém teve tempo de colocar uma escada, e na pressa da fuga esqueceu a mala em que levava o dinheiro de bolso: 13 milhões de dólares. Poucas horas depois

---

Publicado originalmente em 30 de setembro de 1981.

todos os jornalistas estrangeiros credenciados em Caracas esperávamos a composição do novo governo num dos salões suntuosos do palácio de Miraflores. De repente, um oficial do exército em uniforme de campanha, cobrindo a retirada com uma metralhadora pronta para disparar, abandonou o gabinete de reuniões e atravessou o suntuoso salão caminhando de costas. Na porta do palácio entrou no táxi que o levou ao aeroporto, e fugiu do país. A única coisa que ficou dele foram as pegadas de barro fresco de suas botas nos tapetes perfeitos do salão principal. Senti uma espécie de deslumbramento: de maneira confusa, como se uma cápsula proibida rebentasse dentro de minha alma, compreendi que naquele episódio estava a essência do poder. Quinze anos depois, a partir desse episódio e sem deixar de evocá-lo, ou sem deixar de evocá-lo de modo constante, escrevi *O outono do patriarca*. Meu primeiro texto para aprender a decifrar o mistério foi *Os idos de março*. Como sabem todos os que o leram, o romance é a reconstituição literária dos últimos anos da República Romana e da própria vida do ditador, Júlio César. O pretexto do relato, em torno do qual se constrói, é uma festa ruidosa que Clódia Pulcher e seu irmão ofereciam em honra de dois varões ilustres: Júlio César e Caio Valério Catulo. É uma licença literária, porque no ano da festa, em 45 a.C., Catulo já estava morto havia oito anos. Mas um grande escritor como Thornton Wilder não podia se deter nessas miudezas racionalistas. Foi muito mais longe. No romance, o ditador, adornado com suas roupas mais finas, abandonou a recepção descomunal que a rainha Cleópatra lhe oferecia aquela noite e foi velar Catulo em seu leito de moribundo. "Toda noite ouvimos as orquestras, vendo o céu iluminado pelos fogos de artifício", disse uma hipotética testemunha. O autor atribuiu o relato daquela cerimônia a uma carta que a mulher de Cornélio Nepos escreveu à sua irmã Postúmia, e concluiu que César, para consolar o moribundo, passou o tempo todo falando de Sófocles. "Caio morreu com um coro de *Édipo em Colono*", dizia o relato.

Antes de *Os idos de março*, a única coisa que eu lera sobre Júlio César foram os livros de texto do secundário, escritos pelos padres, e o drama de Shakespeare, que, ao que tudo indica, deve mais à imaginação do que à realidade histórica. Mas a partir de então submergi nas fontes fundamentais: o inevitável Plutarco, o incorrigível fofoqueiro Suetônio, o árido Carcopino e os comentários e as memórias de guerra do próprio Júlio César. Todos eles se referem com certeza à diligência frenética com que os áugures oficiais esquartejavam animais e esquadrinhavam a natureza para inquirir o futuro. Em 1º de setembro de 45 a.C. — segundo conta Thornton Wilder — o ditador recebeu de seus adivinhos mais de 15 informes, entre eles o de um ganso com manchas no coração e no fígado, e um pombinho implume e sinistro que tinha um rim fora do lugar, o fígado inchado e amarelado e uma pedrinha de quartzo no estômago.

— Eu, que governo tantos homens, sou governado por pássaros e trovões — disse Júlio César, aturdido por tantos e tão confusos presságios.

Não sei onde li que terminou por aprisionar o colégio de áugures, e escreveu contra eles um livro de protesto cujo título sozinho era um poema: *Auguralia*. Procurei-o durante muitos anos, até que o crítico Ernesto Volkenin, que é a pessoa que mais sabe disso neste mundo, me disse de modo categórico e definitivo:

— Esse livro nunca existiu.

No final das contas, *Os idos de março* é só uma hipótese sobre a personalidade de Júlio César. Mas é uma hipótese que talvez supere a realidade. "Todos compreendemos bem o cozinheiro de César que se matou quando o fogão se incendiou", conta um Cornélio Nepote inventado por Thornton Wilder. Disse que havia convidados importantes quando ocorreu o incidente, e o mordomo, assustado, obrigou o cozinheiro a contar o fato a César. Mas César não se alterou quando soube, e pediu com bons modos ao cozinheiro que trouxesse tâmaras e salada para substituir o jantar perdido. Então o cozinheiro saiu para o jardim e se degolou com a faca das verduras.

Vinte séculos depois desse suicídio circulou na Espanha uma história que ilustra tão bem como aquela a fatalidade do poder. Segundo essa história, uma neta do generalíssimo Franco, de uns sete anos, demonstrou irritação na casa de um ministro quando viu uma atraente apresentadora na televisão: "É uma chata", disse a menina. Perguntaram-lhe então por que o dizia, e ela disse: "Porque meu avozinho disse que é uma chata." Aquela foi a última vez em que a atraente apresentadora foi vista na televisão.

Em 15 de março de 44 a.C., todo mundo em Roma sabia que iam matar César. Todo mundo menos o próprio. Plutarco conta que o grego Artemidoro, professor de retórica helênica, abriu caminho através da multidão que aclamava o ditador quando ia para o Senado, e lhe entregou um papel com a advertência de que lesse imediatamente. César costumava entregar aos secretários os muitos papéis que lhe davam na rua, mas reteve aquele na mão esquerda para lê-lo na primeira oportunidade.

Ali estavam relatados os pormenores da conspiração e a maneira como César seria assassinado. Não o leu nunca, pois um instante depois entrou no Senado e foi morto com 23 punhaladas. Suetônio termina seu relato deste modo: "Antísio, o médico, disse que de todas aquelas feridas só a segunda no peito deve ter sido mortal." Qualquer semelhança com qualquer outra história, viva ou morta, será mera coincidência.

QUEM TEM MEDO DE LÓPEZ MICHELSEN?

Um amigo linguarudo — que também existem, e bons — tornou públicos, na semana passada, alguns comentários que fiz em particular sobre a candidatura de Alfonso López Michelsen para a presidência da Colômbia, e além disso me atribuiu conclusões prematuras e simples, que nunca me ocorreriam em sã consciência. Antes que eu fizesse o esclarecimento devido, já muitos amigos me telefonaram para expressar sua confusão ou contrariedade. A coisa não terminou aí, no entanto. No domingo seguinte, pela primeira vez desde o início, há um ano exato, esta coluna semanal não foi publicada em *El Espectador*, de Bogotá. Apesar de o jornal explicar aos leitores que isso se deveu a um inconveniente telegráfico, muitos amigos voltaram a me ligar indignados, porque acreditavam que a censura interna de *El Espectador* vetara o artigo por ser favorável a López Michelsen. Expliquei a todos que na realidade o artigo tratava de Thornton Wilder, um romancista norte-americano criado em Hong Kong que não tem nada a ver com a política colombiana. Também lembrei que estou ligado a *El Espectador* há mais de trinta anos por motivos que transcendem a profissão e a política; e que, por conseguinte, não era provável que seus donos torcessem o pescoço de meu cisne desencaminhado, e que em caso extremo não o fariam sem dizer a verdade aos nossos leitores.

Publicado originalmente em 7 de outubro de 1981.

O incidente não valeria sequer uma lembrança dominical se não fosse revelador de modo inquietante o grau de mobilização dos colombianos diante da candidatura de López Michelsen. Parece não haver expressões neutras, nem a menor incerteza da razão, e sim que todos acreditamos já saber onde estamos, e parecemos decididos a ficar ali até a morte. Desde que me conheço por gente, não me recordo de uma candidatura que provocasse semelhante polarização passional. Nem sequer a de Alfonso López Pumarejo, pai do Alfonso atual, em seu segundo assalto ao poder, em 1942. Talvez o único antecedente seja a candidatura de Laureano Gómez, em 1949, mas ocorrido num momento em que a imensa maioria dos colombianos estávamos dominados pelo terror praticado pelo poder, e ninguém podia exprimir seu repúdio.

Tampouco, desde que tenho memória, havia visto o país num estado de prostração como este, que tem todas as características de uma encruzilhada final. O que nos falta agora não é um presidente como tantos outros, e sim um salvador providencial. Nunca estivemos pior. Para começar, pela primeira vez não há governo. Vivemos uma espécie de salve-se-quem-puder nacional, em que cada um tem de contar consigo próprio, mesmo para os atos mais simples da vida. A partir de 1948, quando o regime conservador assassinou 450 mil colombianos com sua política de terra arrasada, nós, sobreviventes, acreditávamos no poder medicinal das eleições. Havia então uma oligarquia intacta, inteligente e recorrente, que se dava até o luxo de uma certa sensibilidade social. Hoje essa oligarquia está se desintegrando em sua cadeira de rodas, e ameaça cair sobre nós com todo o peso de suas culpas. Ninguém acredita, não sem uma certa razão, que as eleições sirvam para algo, e nos núcleos mais atrasados das forças armadas, como no coração de muitos civis, desenvolve-se a ilusão de cura com um purgante militar. Portanto, a hora não é para traquinagens democráticas, e a forma emocional com que os partidários e os inimigos de López Michelsen estão considerando sua candidatura não se harmoniza com a seriedade do momento.

O menos sério de tudo foi a maneira com que a decisão foi tomada. Claro que, dentro das normas que se impôs a si mesmo o partido liberal, a decisão foi legítima. O argumento de que a convenção que tomou a decisão era manipulada não tem valor, porque não há neste mundo convenção que não seja manipulada: para isso se inventaram as convenções. O que me parece escandaloso num país tão carente de seriedade é que a indicação se fez por pura politicagem por trás dos panos e, em último caso, por interesses de amizade e simpatia pessoal, favorecendo um homem imprevisível que até 48 horas antes e durante muitos meses não se cansou de reiterar que não queria ser candidato. Menos sério ainda é que tudo isto aconteceu sem que López Michelsen dissesse o que nos propõe e se propõe, e quais são as armas secretas de que dispõe para esconjurar as ventanias sinistras do apocalipse. O que temos pela frente agora é a realidade irreversível de um fato consumado, com o qual poucos tiveram a ver, mas que concerne a todos, e creio que é por aí que devemos começar.

Há muitos anos mantenho boa amizade pessoal com Alfonso López Michelsen. Conheci-o na Universidade Nacional de Bogotá, em 1947, quando ele era o melhor professor de Direito Constitucional, aos 34 anos, e eu era seu pior aluno, aos 19. Chegava sempre com uma pontualidade irritante, com magníficos casacos de casimira, cortados em Londres pelo alfaiate de seu pai, que, segundo se dizia, era o melhor do mundo, e dava sua aula sem olhar para ninguém, com esse ar celestial dos míopes inteligentes, que sempre parecem circular por entre os sonhos alheios. Era uma aula muito aborrecida, como eram para mim todas as aulas que não fossem sobre poesia, mas seu jeito de falar monocórdio tinha o fascínio de um encantador de serpentes. Essa é ainda, aos 68 anos, sua virtude mais notável. Tem uma cultura literária que muitos escritores gostariam de ter, ainda que só para os domingos; tem um encanto pessoal perigoso, tem uma lucidez quase mágica para descobrir de imediato as segundas intenções das pessoas, sobretudo das que gosta menos, e um talento especial para que suas opiniões pareçam corretas, ainda que não o sejam. Por tudo isto tenho por ele uma admiração pessoal imensa, e a proclamei sempre sem estreitezas de qualquer espécie, mas também consegui, ao longo de muitos anos, que não interferisse em meu julgamento político.

Não só não o vi nenhuma vez enquanto foi presidente da república, mas sempre partilhei e sigo compartilhando a responsabilidade da oposição feroz — nem sempre suficiente e nem sempre justa — que lhe fez a revista *Alternativa*, em seus quatro anos de mau governo. Fui, pois, seu adversário merecido, e estou preparado para sê-lo outra vez com o mesmo ardor e tomara que com melhores recursos, se seu segundo governo for igual ao primeiro. Mas também estou pronto para ajudá-lo até onde puder, sempre na oposição democrática e sem complacência, se for, ao contrário de seu pai, o homem providencial da segunda oportunidade.

Creio, contra toda a evidência, que López Michelsen tem condições de sobra para nos pagar com juros os três milhões de votos que ficou devendo de seu primeiro mandato, e que não é impossível encontrar uma fórmula que nos proteja de uma reincidência. Acredito, por pura intuição poética, que tem a inteligência, a formação e a autoridade para encontrar uma solução política para a guerra civil insidiosa que todos sofremos, em ambos os lados, e creio que pode promover um processo de justiça social e recuperação democrática, e recolher do chão os cacos da política internacional. Só isso já bastaria para cumprir um destino histórico. Mas o que ninguém sabe é se López Michelsen quer, porque ao que parece não existe alguém neste mundo que saiba com certeza o que deseja fazer este homem insondável, além de ser outra vez presidente da república.

NO TEMPO DA COCA-COLA

Os cubanos demonstraram, entre outras coisas, que se pode viver sem Coca-Cola a 150 quilômetros dos Estados Unidos. Foi o primeiro produto que acabou com o bloqueio e hoje não ficou nenhum vestígio de seu passado na memória das novas gerações. Como em todos os países capitalistas, mas de maneira especial na velha Cuba pervertida por um turismo desalmado, a bebida mais famosa do mundo terminou por se converter num ingrediente essencial da vida. Sua inserção se deu na ditadura feroz do general Gerardo Machado, na segunda década do século XX nascida sob o signo da frivolidade, quando ainda não se tinham inventado as tampinhas de metal e as garrafas de refrigerante eram fechadas com uma bolinha de cristal presa com um arame, como as rolhas de champanha. Foi uma implantação difícil, talvez por um inconveniente cultural que ninguém levou em consideração: a Coca-Cola não tem sabor latino. No entanto, uma pressão publicitária insidiosa conseguiu abrir pouco a pouco uma fenda de complacência nos núcleos sociais mais influenciados pelo gosto dos Estados Unidos, até que o novo sabor saxônico deslocou do mercado a limonada doméstica — de limão de verdade — e todos os veneráveis refrigerantes gasosos herdados da Espanha provinciana, e derrotou o aguerrido chiclete Wrigley's como símbolo de um modo alheio de viver.

Publicado originalmente em 14 de outubro de 1981.

Supõe-se que quem bebe uma Coca-Cola todos os dias à mesma hora sucumbe ao feitiço de um vício semelhante ao do cigarro ou do café. Supõe-se que isso se deve a um ingrediente secreto. De acordo com certos peritos, a Coca-Cola continha cocaína até 1903, e sua origem permite presumir que tal hipótese está correta. Foi inventada como remédio e não como refrigerante no fim do século XIX por um certo doutor W. Pamberton, um boticário de Alabama, Geórgia, que a engarrafava com etiquetas e vendia com seu nome premonitório para curar certas dores menstruais, espasmos do ventre e cólicas da madrugada. O nome e a época permitem pensar que na realidade era elaborada com folhas de coca, que é de onde se extrai a cocaína, e que naqueles tempos de beladona e elixir paregórico era de uso corrente para aliviar as dores domésticas. O doutor Pamberton vendeu a fórmula em 1910 à empresa de refrigerantes que a lançaria à conquista do mundo, e só porque tinha um ingrediente misterioso cobrou por ela uma quantia fabulosa para a época: quinhentos dólares. No entanto, as autoridades do Peru comprovaram em 1970 que não continha cocaína, e a teriam proibido se quisessem, porque seu nome insinuava para o público que continha algo que na realidade não tinha. Na França, onde todos os produtos devem advertir se contêm ingrediente de uso delicado, as garrafas de Coca-Cola têm impressa a advertência de que contêm cafeína. Reza a lenda que só duas pessoas no mundo conhecem a fórmula secreta, e que nunca viajam no mesmo avião.

Durante o Festival da Juventude de 1957, em Moscou, a primeira coisa que surpreendeu a nós, visitantes ocidentais, foi que em quatro dias de viagem através da Ucrânia vimos estábulos solitários com vacas que se deixavam entrever pelas janelas, e povoados ásperos com carroças carregadas de flores e homens indecifráveis que saíam de pijama para receber o trem nas estações, mas não vimos em nenhuma parte sob o céu ardente de verão um único anúncio de Coca-Cola. Era extraordinário para nossas mentes saturadas pela publicidade ocidental. Depois de vários dias de intimidade, uma intérprete ansiosa de conhecer os encantos do capitalismo se atreveu a me perguntar que gosto tinha a Coca-Cola, e eu respondi com minha verdade:

— Tem gosto de sapato novo.

Já então havia médicos que a recomendavam como hidratante para crianças com disenteria, e outros que a aconselhavam para restaurar o ritmo do coração, e aqueles que afirmavam por experiência própria que tomada com aspirina tinha poderes alucinógenos. Meu dentista garante sem pestanejar que um dente mergulhado num copo de Coca-Cola se dissolve em 48 horas.

Com o triunfo da revolução de Cuba, o mercado da Coca-Cola tinha pouca possibilidade de expansão. Seus promotores de vendas tinham conseguido ampliar suas possibilidades como refrigerante, ao inventar a cuba-libre — que é uma mistura de Coca-Cola com rum cubano. Mesmo assim, de seis milhões de cubanos só novecentos mil tinham condição de comprá-la regularmente. Quando os trabalhadores cubanos se apossaram da engarrafadora de Havana não puderam continuar fabricando a Coca-Cola, porque o ingrediente básico vinha dos Estados Unidos e havia pouco dele armazenado na fábrica. Restavam apenas, espalhadas por todo o país, um milhão de garrafas vazias.

Os mais radicais foram contrários à tentativa de substituir um produto que era o símbolo de tudo quanto os cubanos queriam esquecer. Mas Che Guevara, com sua assombrosa sabedoria política, respondeu que o símbolo do imperialismo não era a bebida em si mas a forma da garrafa. Talvez ele não soubesse, mas na realidade a garrafa só foi desenhada em 1915, quase vinte anos depois da invenção do doutor Pamberton e quando a Coca-Cola só tinha vida própria dentro dos Estados Unidos. Foi a partir da mudança da garrafa que se atreveram a mandá-la caminhar sozinha pelo mundo.

O próprio Che Guevara, como ministro da Indústria, decidiu que se tentasse fabricar um substituto como complemento da cuba-libre. As mentes mais quadradas pensaram destruir as garrafas existentes para exterminar o vírus. Um cálculo mais sereno demonstrou que as fábricas de garrafas de Cuba demorariam vários anos para substituí-las por outras de forma menos perversa, e os revolucionários mais duros tiveram de se resignar a utilizar a garrafa maldita até sua extinção natural. Só que a utilizaram em toda espécie de refrigerantes, menos com aquele que improvisaram para a cuba-libre. Os visitantes do mundo capitalista, até há poucos anos, sofríamos uma certa confusão mental ao beber uma limonada transparente numa garrafa de Coca-Cola.

Os próprios cubanos foram os primeiros a admitir que a imitação da Coca-Cola não foi um de seus maiores êxitos. Uma brincadeira de rua bem popular que os próprios químicos aplaudiam era que cada garrafa tinha um sabor diferente, o que convertia o novo produto no mais original do mundo. Quando apresentaram a Che Guevara a primeira amostra, ele provou, saboreou com a seriedade de bom entendedor, e disse sem nenhuma dúvida:

— Tem gosto de merda.

Mais tarde, disse na televisão que tinha gosto de barata. Porém mesmo assim foi em frente.

O novo produto, que se chama refrigerante cola, sem mais palavras no nome, acabou por encontrar uma cor que se parece muito com o original, com um gosto que não é nem de merda nem de barata, e nunca teve aquele sabor saxônico. É um pouco mais doce, menos gasoso e com um estranho toque de chocolate, e é bom para a sede e o calor, e misturado com o rum cubano legítimo dissimula mais seu semblante de forasteiro. Por outro lado, o mau uso deliberado acabou com as garrafas antigas antes do tempo previsto, e o símbolo se dissolveu na memória social e não atingiu as novas gerações. Quinze anos depois de iniciado o bloqueio, um escritor cubano de passagem por Paris encontrou por acaso uma garrafa de Coca-Cola extraviada do Marrocos, com o célebre logotipo em caracteres árabes. O escritor, por curiosidade, comprou a garrafa para levá-la a Havana, e ao chegar mostrou-a entusiasmado à sua filha de 15 anos. A menina olhou perplexa para a garrafa sem compreender o alvoroço do pai.

— Olhe-a bem — disse ele. — É uma garrafa de Coca-Cola com letras árabes.

A menina, ainda mais perplexa, perguntou:

— E o que é Coca-Cola?

BOGOTÁ, 1947

Naquela época todo mundo era jovem. Mas havia algo pior: apesar de nossa juventude inverossímil, sempre encontrávamos outros que eram mais jovens do que nós, e isso nos causava uma sensação de perigo e uma urgência de acabar as coisas que não nos deixavam desfrutar com a calma de nossa juventude merecida. As gerações se empurravam umas às outras, sobretudo entre os poetas e os criminosos, e mal alguém terminava de fazer algo quando já entrava na fila alguém que ameaçava fazê-lo melhor. Às vezes encontro por acaso alguma fotografia daquele tempo e não consigo conter um estremecimento de compaixão, porque me parece que na realidade os retratados não éramos nós e sim que éramos os filhos de nós mesmos.

Bogotá era então uma cidade distante e lúgubre, onde caía um chuvisco inclemente desde o início do século XVI. Sofri essa amargura pela primeira vez numa funesta tarde de janeiro, a mais triste de minha vida, em que cheguei do litoral com 13 anos mal completos, com uma roupa preta de algodão que reformaram de meu pai, e com colete e chapéu, e um baú de metal que tinha algo do esplendor do Santo Sepulcro. Minha boa estrela, que poucas vezes me falhou, me fez o favor de não existir nenhuma foto daquela tarde.

A primeira coisa que me chamou a atenção nesta capital sombria foi que havia muitos homens apressados na rua, que todos estavam vestidos como

Publicado originalmente em 21 de outubro de 1981.

eu, com roupas pretas e chapéus, e não se via nenhuma mulher. Chamaram-me a atenção os enormes cavalos que puxavam os carros de cerveja sob a chuva, as faíscas dos bondes ao dobrar as esquinas sob a chuva, e os engarrafamentos do trânsito para dar passagem aos enterros intermináveis sob a chuva. Eram os enterros mais lúgubres do mundo, com carruagens de altar-mor e cavalos cobertos de veludo e capacetes de penas pretas, e cadáveres de boas famílias que se sentiam os inventores da morte. Sob o chuvisco tênue da Plaza de las Nieves, à saída de um funeral, vi pela primeira vez uma mulher nas ruas de Bogotá, e era esbelta e discreta, e com tanta distinção como uma rainha de luto, mas fiquei para sempre com a metade da ilusão, porque ela tinha o rosto coberto com um véu intransponível.

A imagem dessa mulher, que ainda me inquieta, é uma de minhas escassas saudades daquela cidade de pecado, em que quase tudo era possível, menos fazer amor. Por isso eu disse certa vez que o único heroísmo de minha vida, e o de meus companheiros de geração, é ter sido jovem na Bogotá daquele tempo. Minha diversão mais impudica era entrar aos domingos nos bondes de vidros azulados que, por cinco centavos, circulavam sem cessar da Plaza de Bolívar à Avenida de Chile, e passar neles essas tardes de desolação que pareciam arrastar uma fila interminável de outros muitos domingos vazios. A única coisa que eu fazia durante a viagem de círculos viciosos era ler livros de versos e versos e versos, à razão talvez de uma quadra de versos por cada quadra da cidade, até que se acendiam as luzes na chuva eterna, e então percorria os cafés taciturnos da cidade velha em busca de alguém que me fizesse a caridade de conversar comigo sobre os versos e versos e versos que acabara de ler. Às vezes encontrava alguém, sempre um homem, e ficávamos até depois da meia-noite tomando café e fumando os tocos de cigarros que nós mesmos havíamos consumido, e falando de versos e versos e versos, enquanto no resto do mundo a humanidade inteira fazia amor.

Numa noite em que voltava de meus solitários festivais poéticos nos bondes aconteceu pela primeira vez algo que merecia ser contado. Numa das paradas do norte subira um fauno no bonde. Disse bem: um fauno. Segundo o dicionário da Real Academia Española, um fauno é "um semideus dos campos e dos bosques". Cada vez que leio essa definição infeliz lamento que seu autor não estivesse ali aquela noite em que um fauno de carne e osso subiu no bonde. Ia vestido à moda da época, como um senhor diplomata que regressara de um funeral, mas era denunciado pelos cornos de bezerro e as barbas de bode, e as patas bem cuidadas por baixo das calças de fantasia. O ar se impregnou com sua fragrância pessoal, mas ninguém pareceu perceber que era água de lavanda, talvez porque o mesmo dicionário repudiara a palavra lavanda como galicismo para significar água de alfazema.

Os únicos amigos a quem contei estas coisas foram Álvaro Mutis, porque lhes pareciam fascinantes ainda que não acreditasse nelas, e Gonzalo Mallarino, porque sabia que eram verdadeiras ainda que não as fossem. Em outra ocasião, nós três vimos no átrio da igreja de São Francisco uma mulher que vendia umas tartarugas de brinquedo cujas cabeças se moviam com uma naturalidade assombrosa. Gonzalo Mallarino perguntou à vendedora se essas tartarugas eram de plástico ou se estavam vivas, e ela respondeu:

— São de plástico, mas estão vivas.

Na noite em que vi o fauno no bonde nenhum dos dois estava perto do seu telefone, e eu sufocava de ânsia para contar a alguém. De maneira que escrevi um conto — o conto do fauno no bonde — e o mandei pelo correio ao suplemento dominical de *El Tiempo*, cujo diretor, dom Jaime Posada, nunca o publicou. A única cópia que eu conservava pegou fogo na pensão onde eu vivia, em 9 de abril de 1948, dia do bogotaço, e desse modo a história pátria fez um favor duplo: a mim e à literatura.

Não pude evitar estas recordações pessoais lendo o livro encantador que Gonzalo Mallarino acaba de publicar em Bogotá: *Historias de caleños e bogoteños* [naturais de Cáli e Bogotá]. Gonzalo e eu estivemos ao mesmo tempo na faculdade de Direito da Universidade Nacional, mas não éramos tão assíduos nas aulas como no bar universitário, onde enganávamos o torpor dos códigos trocando versos e versos e versos da vasta poesia universal que ambos podíamos declamar de memória. Acabadas as aulas ele ia para sua casa familiar, que era grande e tranqüila entre os eucaliptos. Eu ia para minha pensão lúgubre da rua de Florián, com meus amigos caribenhos, com meus livros emprestados e meus tumultuados bailes dos sábados. Na realidade, nunca me indaguei sobre o que fazia Gonzalo Mallarino nas muitas horas em que não estávamos na universidade, onde caralho estava enquanto eu dava a volta completa na cidade lendo versos e versos e versos nos bondes. Necessitei mais de trinta anos para saber, lendo este livro exemplar em que ele revela com tanta simplicidade e tanta humanidade essa outra metade de sua vida daquele tempo.

QUARENTA E OITO HORAS EM CANCÚN

No início foi o pânico: alguém espalhou o boato de que a delegação dos Estados Unidos ia pedir um minuto de silêncio em memória do presidente Sadat. A delegação da Argélia fez saber de imediato, com outro boato em sentido contrário, que abandonaria a conferência com uma batida de porta que ecoaria no mundo inteiro. A notícia eletrizou, pouco antes do jantar inaugural, a hermética recepção do Hotel Sheraton, de Cancún, onde essa noite havia mais chefes de Estado por metro cúbico do que em qualquer outro lugar do planeta, e foi interpretada como um mau presságio. Porém ao chanceler do México, Jorge Castañeda, que é um homem sereno e com bom senso, ocorreu a solução mais simples, que não ocorrera a ninguém: perguntar ao secretário de Estado dos Estados Unidos, Alexander Haig, se a versão era verdadeira. Haig, para alívio de todos, respondeu que não. E foi assim que no dia seguinte começou sem nenhum tropeço esta reunião internacional sobre cooperação e desenvolvimento, em que 11 países ricos e 11 países pobres se sentaram para conversar em torno de uma mesa redonda em cujo centro, à falta de uma idéia menos lúgubre, semeou-se um jardim de crisântemos.

Foi deveras uma reunião secreta. Não só pelas medidas de segurança, que converteram o confuso Hotel Sheraton num recinto sagrado, mas por-

Publicado originalmente em 28 de outubro de 1981.

que se cumpriu à risca o acordo de que ninguém além dos escolhidos pudesse entrar na sala de debates, para que todos dissessem o que lhes desse na telha. Mais ainda: no interior do imenso hotel de 323 apartamentos só podiam entrar alguns membros seletos das diferentes comitivas com uma credencial inconfundível. Não houve uma só exceção, num país da América Latina onde quase sempre as regras servem para confirmar as exceções. Os próprios automóveis oficiais que regressavam ao hotel eram submetidos a uma revista meticulosa. Do outro lado do jardim, num dos mares mais belos do mundo, três navios de guerra vigiavam o horizonte, e três helicópteros militares sobrevoavam a cidade e vinham pousar nestas praias de areia branca que parecem anteriores ao descobrimento da América.

O sigilo das sessões foi proposto pelo México com o objetivo de estabelecer um diálogo real e não uma competição de discursos para brilhar na imprensa. Não se permitiu um só gravador no interior do recinto, nem ninguém tomou notas oficiais para a história. Do ponto de vista cartorial, em resumo, esta conversação a 22 vozes nunca existiu.

Os jornalistas, certamente, envidaram esforços para burlar o cerco. As entrevistas coletivas das diferentes delegações, depois de cada sessão, não só pareciam suspeitamente parciais como tinham sabor de comida enlatada. Portanto, quem pôde fez tudo para agarrar um pássaro vivo. No primeiro dia os serviços de segurança encontraram um microfone escondido entre os crisântemos. Um microfone sem fio, de uma sofisticação impressionante, cujo ponto de destino não foi possível encontrar. Uma tarde, dois assessores presidenciais credenciados para assistir à reunião foram surpreendidos com gravadores ocultos. Um alto funcionário mexicano se introduziu numa cabine de tradução simultânea, e foi convidado a se retirar imediatamente pelos serviços de segurança. Assim sendo, entre os chefes de Estado com seus assessores, os tradutores simultâneos e os fotógrafos da imprensa que só conseguiram ouvir umas frases soltas durante os breves minutos em que lhes permitiam entrar, restaram numerosas peças soltas de um imenso quebra-cabeça que os 1.200 jornalistas credenciados tentaram armar ao término da reunião.

O presidente norte-americano Ronald Reagan foi o exemplar mais curioso deste estranho cardume presidencial. Os que não entenderam antes se deram conta agora do motivo de seu empenho para que Cuba não participasse da reunião. Na realidade, o presidente Reagan estava consciente de que participava de sua primeira apresentação pública internacional, e de que um confronto com Fidel Castro não era o que mais convinha à sua imagem de caubói de cinema de quase oitenta anos. Sua degradação física, vista de perto e sob as luzes impiedosas dos refletores, é mais notável do que se possa imaginar. Os cinegrafistas de cinema e televisão não se enganam nas coisas de sua profissão, e muitos deles são de opinião que a maquiagem do presidente Reagan, incluindo as camadas de ruge, é completa e trabalhosa desde o desjejum até o jantar, e não é uma técnica atual e sim do cinema mudo. Suas intervenções foram poucas, repetitivas e bem elementares. Mas várias testemunhas presentes concordaram que sua posição foi moderada, e fez todo o possível para evitar qualquer empate com algum de seus interlocutores desfavorecidos. Não se sabe se por cálculo ou descuido, mas recusou o uísque oferecido no aeroporto pelo presidente López Portillo ao chegar, mas pediu, na presença de meio mundo, sua bebida favorita: vodca russa com água tônica.

A reunião corria o risco de fracassar no pântano florido dos convencionalismos e das boas maneiras. Na primeira manhã, numa amostra sem precedentes, 22 delegados conseguiram discursar, graças à rigidez com que o mestre-de-cerimônias, Pierre Trudeau, primeiro-ministro do Canadá, fez respeitar os minutos concedidos a cada um deles. Mas ainda na reunião da tarde as coisas pareciam seguir sem mudanças notáveis, até as 16h20, quando o presidente Reagan se aventurou na defesa ardorosa da propriedade privada na produção agrícola. Disse que se todos os países do mundo cultivassem a terra da maneira como o fazem os Estados Unidos, e com iguais recursos, não só se resolveria o drama mundial da fome, mas que se reduziriam em grande quantidade as terras necessárias para a agricultura. O que significa, em termos simples, que se todos os países fossem tão desenvolvidos como os Estados Unidos não haveria problemas de alimentação no planeta. Isto serviu de base para que o presidente da Tanzânia, Julius Nyerere, convertesse por fim num diálogo verdadeiro o que até então fora uma série de monólogos. Com voz cortante e num inglês pedregoso, o carismático Nyerere pôs as coisas no lugar ao recordar a Reagan que a produtividade agrícola não é só um problema técnico, mas também cultural. De passagem, propôs uma interessante questão semântica.

— A Tanzânia — disse — não é um país em vias de desenvolvimento, como se diz agora por uma tradução fácil do inglês (*developping country*), mas um país subdesenvolvido que nem sequer começou a encontrar o caminho para deixar de sê-lo.

Na realidade, ainda que Nyerere não dissesse, a pobreza de seu país é uma das mais penosas e originais: seu único produto de exportação são as castanhas-de-caju, cuja renda mal lhe permite comprar a metade do petróleo que consome.

Contudo, a opinião quase unânime, ao término desta conversação multilateral, é que os resultados foram melhores do que todos esperavam. O documento final, que não estava previsto, é um mapa com os problemas pendentes entre os ricos do Norte e os pobres do Sul, e uma orientação que pode ser útil para tentar uma solução global. Em resumo, acha-se que valeu a pena a iniciativa em que o presidente López Portillo empenhou a fundo sua inteligência e o seu merecido prestígio internacional, que manteve no ar durante 48 horas a atenção de meio mundo e custou ao México a bagatela de 15 milhões de dólares.

GEORGES BRASSENS

Há alguns anos, em meio a uma discussão literária, alguém perguntou quem era o melhor poeta atual da França, e eu respondi sem vacilar: Georges Brassens. Nem todos os que estavam ali tinham ouvido falar dele — uns por serem muito velhos e outros por serem muito jovens — e alguns que o menosprezavam porque era autor de discos e não de livros consideraram que eu o citava só para desconcertar. Apenas meus companheiros de geração, os que desfrutaram e sofreram em Paris os anos ingratos da guerra da Argélia, sabiam que eu falava a sério e além disso tinha razão.

Para eles, mais do que para o resto do mundo, George Brassens morreu, na semana passada aos sessenta anos, diante do volúvel mar de Sète que tanto amava, e onde tinha sua casa cheia de flores e de gatos que circulavam na fronteira entre a vida real e suas canções. Só que não morreu nela. Sua discrição lendária era tão verdadeira que foi morrer na casa de um amigo para que ninguém a conhecesse. E a triste notícia só foi conhecida 72 horas depois por um telefonema anônimo, quando já tinha sido enterrado no cemitério local por um reduzido grupo de parentes e amigos. Não podia ser de outra forma: para um homem como ele, a morte era o ato pessoal mais secreto da vida privada.

Foi sempre assim. Nasceu em 1921, na casa pobre de um pedreiro que desejava para o filho a mesma profissão. Como todas as crianças com voca-

---

Publicado originalmente em 11 de novembro de 1981.

ção nata, o pequeno Georges detestava a escola pelo que ela tinha de quartel. Uma professora desesperada deu o último acabamento: trancou-o a chave num roupeiro durante horas, e quando por fim o libertaram, haviam germinado em seu coração, para sempre, as sementes da anarquia. Seu ódio à autoridade e a qualquer norma estabelecida foram a base de suas canções mais bonitas. Para ele, só haveria luz naquelas trevas com a independência pessoal e o amor. Uma vez cantou: "Morrer pelas idéias, sim; mas de morte lenta." O Partido Comunista francês botou a boca no mundo em nome de tantos compatriotas mortos de morte rápida durante a resistência.

Na realidade, Georges Brassens carecia por completo de instinto gregário. Levava uma vida tão reservada que tudo o que tinha a ver com ele se confundia com a lenda e se podia perguntar às vezes se de fato existia. Mesmo em sua época de maior esplendor, em meados dos anos 50, era um homem invisível. Ninguém sabe como René Clair o convenceu a trabalhar num filme, e ele o fez muito mal, oprimido pela vergonha de ser o centro das atenções; mas em compensação cantou uma série de canções originais que ficavam ressoando no coração. O tempo — dizia uma delas — era um bárbaro da mesma índole de Átila, e por onde seu cavalo passava não voltava jamais a crescer o amor.

Vi-o pessoalmente só uma vez por ocasião de sua primeira apresentação no Olympia, e essa é uma de minhas recordações irremediáveis. Apareceu por entre as bambolinas como se não fosse a estrela da noite, mas um maquinista extraviado, com o enorme bigode de turco, o cabelo desgrenhado e uns sapatos deploráveis, como os que seu pai usava quando juntava os tijolos. Era um urso terno, com os olhos mais tristes que jamais vi e um instinto poético que não se detinha diante de nada.

— A única coisa que não me agrada são seus palavrões — dizia sua mãe.

Na realidade, era capaz de dizer tudo e muito mais do que era admissível, mas o dizia com uma força lírica que arrastava qualquer coisa até a outra margem do bem e do mal. Naquela noite inesquecível no Olympia cantou como nunca, agonizando por seu medo congênito do espetáculo público, e era impossível saber se chorávamos pela beleza de suas canções ou pela compaixão que nos causava a solidão daquele homem feito para outros mundos e outro tempo. Era como ouvir François Villon em pessoa, ou um Rabelais desamparado e feroz. Nunca tive mais oportunidade de vê-lo, e mesmo seus amigos mais chegados o perdiam de vista. Pouco antes de morrer alguém lhe perguntou o que fazia durante as jornadas de maio de 1968, e ele respondeu:

— Tive uma crise renal.

A resposta foi interpretada como uma irreverência a mais entre as tantas que deixava escapar na vida. Mas agora se sabe que era verdade. Sem que quase ninguém soubesse, começara a morrer em silêncio havia mais de vinte anos.

Em 1955, quando era impossível viver sem as canções de Brassens, Paris era diferente. Os parques públicos se enchiam à tarde de anciãos solitários, os mais velhos do mundo; mas os casais de namorados eram donos da cidade. Beijavam-se por toda parte com beijos intermináveis, nos cafés e no metrô, no cinema e em plena rua, e até paravam o trânsito para continuar se beijando, como se tivessem consciência de que a vida não ia durar para tanto amor. O existencialismo ficara para trás, sepultado nas caves de Saint Germain-des-Prés, e a única coisa que restava dele era exatamente a melhor: a ânsia irreprimível de viver. Uma noite, à saída de um cinema, uma patrulha de policiais me derrubou na rua, cuspiram-me na cara e me puseram dentro de uma caminhonete blindada embaixo de socos. Estava cheia de argelinos taciturnos, recolhidos a socos e também cuspidos nos bares do bairro. Também eles, como os agentes que nos prenderam, acreditaram que eu era argelino. De maneira que passamos a noite juntos, apertados como sardinhas numa cela da delegacia mais próxima, enquanto os policiais, em mangas de camisa, falavam de seus filhos e comiam pedaços de pão ensopados em vinho. Os argelinos e eu, para estragar-lhes a festa, ficamos toda a noite acordados, cantando as canções de Brassens contra os desmandos e a imbecilidade da força pública.

Naquela época, Georges Brassens já fizera seu testamento cantado, que é um de seus poemas mais bonitos. Aprendi-o de cor sem saber o que significavam as palavras, e à medida que o tempo passava e aprendia o francês ia decifrando pouco a pouco seu sentido e sua beleza, com o mesmo espanto com que fosse descobrindo, uma depois da outra, as estrelas do universo. Agora, transcorridos 25 anos, ninguém mais se beija nas ruas de Paris, e perguntamos assustados o que aconteceu com tantas pessoas que se amavam tanto e agora não são vistas no mundo. Georges Brassens morreu e alguém terá de pôr na porta de sua casa, como ele pediu no testamento, um letreiro simples: "Fechado por motivo de enterro."

UM DICIONÁRIO DA VIDA REAL

Há quatro anos foi levado a Paris o corpo mumificado do faraó egípcio Ramsés II para ser submetido a um exame médico que determinaria a natureza e o remédio de uma floração parasitária que ameaçava destruí-lo. Como era o cadáver do monarca de um país com o qual a França tem boas relações, o presidente de então, Valéry Giscard d'Estaing, recebeu-o no aeroporto com honras militares. Mas este não foi o problema mais difícil do exame do corpo, mas outro, menos convencional e talvez insolúvel: as vísceras estavam recheadas com uma espécie de serragem de diversas matérias vegetais, entre elas pedaços de folhas de tabaco.

Aquela descoberta parecia um disparate histórico. Ramsés II morreu em 1235 a.C., isto é, há mais de três mil anos, e é uma verdade aceita por todo o mundo que o tabaco foi descoberto por Cristóvão Colombo e levado por ele à Europa depois do descobrimento da América. O fato de que um faraó milenar o tivesse nas vísceras, no entanto, fez pensar na possibilidade de que os egípcios conhecessem o tabaco, não para fumar, mas para uso medicinal, e de forma concreta para embalsamar esses faraós que acreditavam continuar vivos enquanto se conservasse seu corpo.

Esta informação surpreendente, que não me lembro de ter lido na imprensa, encontrei-a num dicionário ao mesmo tempo curioso e divertido

Publicado originalmente em 18 de novembro de 1981.

que comprei há pouco por acaso. Chama-se *Desde cuándo?*, e é o catálogo da origem de oitocentos objetos e costumes da vida cotidiana, escrito pelo francês Pierre Germa. Certa vez ouvi dizer que Aldous Huxley leu página por página os quase trinta volumes da Enciclopédia Britânica, e durante anos sonhei em repetir essa proeza extenuante e proveitosa. Agora ganhei um prêmio de consolação: numa noite li este dicionário da vida diária com a mesma tensão e o mesmo prazer com que se lê um romance policial.

Na escola primária, chamava-me a atenção o fato de que os professores atribuíam aos chineses a invenção das coisas mais fantásticas, além da pólvora e da bússola. Lembrei-me disso porque os sábios que estudaram a múmia de Ramsés II estavam informados de que o tabaco talvez tivesse chegado ao Egito vindo da China e dali passado para as nossas Américas. Em compensação, o dicionário de origens diz que as lentes para corrigir os defeitos da visão foram descritas no ano 990 pelo físico árabe Ibn al Haytam, mas só foram cortadas para óculos em 1285, pelos vidraceiros italianos. Talvez por uma deformação inculcada pelos meus professores da escola primária, eu estava convencido de que também os óculos foram inventados na China. Não tenho à mão *O livro das maravilhas do mundo*, de Marco Polo, mas me parece que era ele quem o dizia, e sua viagem de vinte anos pelo Extremo Oriente terminou em 1292.

Os dados mais interessantes se referem ao progresso da ciência, e sobretudo da medicina. É bom saber que Juno, mulher de Júpiter, foi, em seu Olimpo, a primeira protagonista de um parto sem dor, graças às virtudes narcóticas da alface. Também é bom recordar mais uma vez que a operação cesariana não se chama assim por causa de Caio Júlio César, como tantas vezes se disse sem fundamento. Na realidade, praticava-se desde tempos imemoriais em mulheres que morriam quando estavam prestes a dar à luz, e dessa maneira se salvava a vida do filho. A primeira cesariana numa mulher viva foi feita em 1500 por um castrador de porcos de Shiegerhasen, na Turgóvia, Suíça, depois que os médicos e as parteiras declararam que o parto de sua mulher seria impossível. O homem, que se chamava Jacques Nufer, abriu-lhe o ventre com sua faca de castrador, remendou-a com fios de costurar, sem nenhuma espécie de anestesia e tanto ela como o filho viveram muitos anos.

Em 1667, como conta este dicionário alegre, o colégio de medicina de Londres pagou vinte xelins a um louco para que se deixasse fazer uma transfusão de sangue de cordeiro. Não era a primeira vez a ser tentada, mas as transfusões foram proibidas poucos anos antes na Inglaterra, porque eram poucos os que sobreviviam. No entanto, o louco não só assimilou bem o sangue do cordeiro mas uma testemunha da época declarou que a transfusão o transformara num homem diferente.

Um dos tópicos mais notáveis é o dos métodos anticoncepcionais. Fala-se ali de uma receita encontrada num papiro egípcio, que é um emplastro à base de cocô de crocodilo e goma arábica, cuja eficácia era absoluta se fosse colocado no fundo da vagina. Este método me lembrou o mais primitivo que encontrei quando tive de colocá-lo a serviço de um personagem de romance. Eram uns cataplasmas de mostarda cujos vapores deviam circular na vagina pouco antes de se fazer amor, e ao que parece eram usados mais do que se imagina, na América Latina, no tempo das guerras civis do coronel Aureliano Buendía, quatro séculos depois de que o anatomista italiano Fallopio aperfeiçoou o preservativo com tripas de cordeiro. Lendo isto me lembrei de uma história que circulou em Cuba nos anos 60, cuja veracidade não consegui comprovar em minhas freqüentes viagens àquele país. Diz-se que Cuba comprou da China vários milhões de preservativos, mas que eram tão pequenos que os cubanos os punham, às gargalhadas, no dedo mínimo. Ao que parece, foram retirados do comércio e finalmente coloridos e usados inchados como bolas nas festas de carnaval.

Em suma, o dicionário das origens conta com precisão e graça quem inventou a máquina de lavar, onde se construiu o primeiro farol, em que mar navegou o primeiro petroleiro, desde quando se usa óleo de rícino, quem foi o primeiro homem a se lançar de pára-quedas, e tantas outras coisas que apenas cabem em sua ordem alfabética. Os escritores gostariam de saber, por exemplo, que uma das máquinas de escrever construídas no século XIX era conhecida como "o piano do escritor" e que seu usuário mais entusiasta foi o escritor Mark Twain. O dicionário não diz, mas se perguntarão sem dúvida o que foi feito da máquina de escrever em chinês, inventada, segundo se diz, há muitos anos, pelo escritor americanizado Lin Yutang. Gostarão de saber que o corpete de varetas de aço foi muito popular no século XIX apesar de ser tão incômodo e perigoso que em alguns casos podia causar a morte. Mas o dicionário assinala que as mulheres dos Estados Unidos não deixaram de usá-lo por causa desse risco, mas em resposta ao apelo do governo em 1917 para que contribuíssem com suas varetas de metal para o esforço patriótico da Grande Guerra. Dessa maneira amealharam 28 mil toneladas de aço, suficientes para construir dois encouraçados da época.

A NICARÁGUA ENTRE DUAS SOPAS

Os Estados Unidos pensavam que os comunistas iam tomar o poder na Itália na eleição geral de abril de 1948. A Agência Central de Inteligência (CIA), que acabara de ser criada, contribuiu para impedi-lo com todo um sistema de maquinações truculentas reveladas há pouco pelo escritor norte-americano Thomas Powers em seu bem documentado livro *The Man Who Kept Secrets.* Visto agora, é espantoso como esse episódio da Itália daquela época se parece com outros que ocorreram no Chile quando o presidente Allende era o presidente constitucional e aos que acontecem quase todos os dias na América Central e no Caribe.

Powers conta que o presidente Harry Truman desejava uma intervenção direta dos Estados Unidos na Itália caso os comunistas vencessem. George Kennan, que era o diretor de previsões políticas do Departamento de Estado, enviou aos diplomatas norte-americanos na Europa a seguinte circular: "A Itália é o país chave do continente. Se os comunistas ganharem a eleição, nossa posição no Mediterrâneo, e talvez em toda a Europa, ficaria deveras vulnerável." Não se pode censurar nesta mensagem a moderação de seus termos. Mas basta substituir o Mediterrâneo pelo mar do Caribe para se surpreender com as analogias. É como se os Estados Unidos, em 35 anos e depois de ter chegado à Lua, não tivessem mudado uma vírgula em seu sis-

---

Publicado originalmente em 25 de novembro de 1981.

tema de análise nem seus métodos de intervenção. Diz Powers que a CIA fez circular cartas falsas e documentos hipotéticos do partido comunista para deteriorar sua imagem pública. "Fez circular publicações anônimas", acrescenta, "que evocavam de maneira impressionante os excessos cometidos pelo Exército Vermelho na Alemanha, onde os soldados russos saqueavam e violavam sem pudor, e previa para a Itália o mesmo destino que o da Polônia e o da Tchecoslováquia, que apenas algumas semanas antes passaram para o domínio comunista."

Manobras como estas foram postas em prática pelos serviços secretos dos Estados Unidos, e até de modo aberto por suas mais altas autoridades, para justificar uma intervenção direta em Cuba e na Nicarágua e para facilitar um golpe de Estado em El Salvador. Com o mesmo descaramento com que teriam denunciado se fosse verdade, os Estados Unidos disseram há uns dois meses que havia assessores cubanos na guerrilha salvadorenha. Pouco depois, o próprio secretário de Estado dos Estados Unidos, o general Alexander Haig, comunicou a vários governos amigos que Cuba enviara de quinhentos a seiscentos soldados de seu exército para reforçar as forças armadas da Nicarágua. O governo de Cuba desmentiu em ambos os casos as afirmações dos Estados Unidos e pediu que se publicassem as provas. Certamente nunca serão publicadas, mas já se conseguiu o efeito: a dúvida ficará para sempre no espírito do mundo.

Cuba e Nicarágua, que interpretaram estas e outras mentiras semelhantes como indícios seguros de que os Estados Unidos preparavam algo grande contra elas, tomaram precauções elementares. Mais ainda: Cuba começou a tomá-las, com uma previsão de gato escaldado, desde a chegada de Reagan ao poder. Treinou meio milhão de civis para a defesa do país diante de uma invasão eventual, com meio milhão de armas compradas com urgência no único país que lhes vende: a União Soviética. Isto significou, certamente, um enorme sacrifício para a economia cubana e um novo baque em sua produção. Quer dizer que só de ameaçar Cuba os Estados Unidos conseguem provocar-lhe prejuízos irreparáveis.

A Nicarágua, por sua vez, vive uma situação de romance fantástico: todos os seus esforços, desde a vitória contra Somoza, orientaram-se no sentido de estabelecer uma democracia pluralista, e os Estados Unidos tudo fizeram para impedir. Ameaçado desde o primeiro dia por três mil guardas somozistas concentrados na fronteira com Honduras, o governo nicaragüense procurou as armas para se defender, e solicitou-as em primeiro lugar aos Estados Unidos. Foram negadas. Por essa razão, foram buscá-las onde as quiseram dar, e encontraram um pouco em lugares diferentes, incluindo a União Soviética e os países socialistas. Isto foi o pretexto usado pelos Estados Unidos para castigar a Nicarágua no seu flanco mais vulnerável, a economia: cancelaram um empréstimo de setenta milhões de dólares, que no fundo não resolvia seus problemas, e suspenderam sem aviso prévio um carregamento de trigo, apenas 48 horas antes que o país ficasse sem pão. O México, cuja solidariedade tem sido constante, auxiliou a Nicarágua com um carregamento de emergência. Outro país se apressou a ajudá-la, nesta ocasião, sem condições políticas de nenhuma espécie: Bulgária.

Há pouco, um grupo de comunistas nicaragüenses foi encarcerado por incitar a população a exigir a imposição imediata de um regime socialista. Quase ao mesmo tempo, um grupo de empresários privados, que cometeu o mesmo delito mas no extremo oposto, foi também aprisionado. O fato teve uma vasta repercussão internacional, como prova de uma perseguição à iniciativa privada. Em compensação, o encarceramento dos comunistas, do qual mal se falou na imprensa internacional, foi considerado uma farsa do governo da Nicarágua, a que se prestaram os próprios extremistas presos.

Não é de estranhar que um governo acossado de modo tão injusto pelos dois extremos às vezes perca a paciência. É isto o que parece ter acontecido com o jornal *La Prensa*, que se deleita em hostilizá-lo, e nem sempre com argumentos justos e oportunos. Em duas ocasiões recentes, o governo suspendeu sua publicação por um máximo de dois dias, ao final dos quais o diário reapareceu com ares de mártir e com a circulação aumentada. É compreensível, mas não justificável, que o governo da Nicarágua não tenha suficiente serenidade e maturidade para tolerar os excessos de um jornal que lhe pode fazer mais dano com o desaparecimento do que com as provocações.

Conheço os mais destacados dirigentes da Nicarágua de hoje desde antes que subissem ao poder, e sei que seus objetivos não estão inscritos em nenhum esquema anterior, mas num esquema próprio e original, de acordo com as condições de um país cujo caráter nada tem de comum com seus vizinhos. "Não queremos fazer uma nova Cuba", disseram eles muitas vezes, "mas uma nova Nicarágua." Sou o primeiro a reconhecer que em dois anos tiveram de fazer muitas coisas ao contrário do que queriam. Mas o fizeram obrigados pela teimosia dos Estados Unidos que se empenham em jogá-la nos braços da União Soviética para demonstrar que só há duas sopas neste mundo, e que os países desamparados só têm a opção de escolher uma das duas ou morrer de fome.

AS DORES DO PODER

O estado de saúde de uma pessoa é assunto de sua vida privada, a não ser que ocorra a casualidade de que essa pessoa seja presidente da república. François Mitterrand sabe, e por isso decidiu sem que nenhuma lei exigisse, publicar a cada seis meses um informe minucioso sobre sua saúde. O primeiro deles, tornado público em 20 de maio, apenas alguns dias depois de sua posse, era mais do que satisfatório para um homem de 64 anos que não se priva de nenhum dos prazeres saudáveis da vida, e que foi visto há pouco, perto da meia-noite, comendo arenques defumados num restaurante do Quartier Latin.

Os Estados Unidos são o país onde menos segredos se guardam sobre as doenças dos presidentes e de seus parentes e colaboradores. Em 1961, o jovem e esportivo John Kennedy sofreu uma lesão lombar no decurso de um encontro com Nikita Krushev, em Viena, e regressou ao seu país caminhando com um par de muletas, que lhe valeram uma certa auréola de veterano de guerra. Há poucos anos, um dos filhos de seu irmão Edward teve uma perna amputada em conseqüência de um câncer ósseo, e o fato foi celebrado pela imprensa como uma prova a mais do valor da família. Na mesma época, a mulher do presidente Gerald Ford e a mulher de Nelson Rockefeller, governador de Nova York, foram mutiladas pelo rigor de seus cirurgiões, e

---

Publicado originalmente em 2 de dezembro de 1981.

sua desventura mereceu a homenagem das primeiras páginas. Não parecem coisas de descendentes de ingleses, para quem é de mau gosto falar em público de filhos, dinheiro e doenças. Mas é, em compensação, um costume sadio, não só para se antecipar a toda espécie de especulações, mas também, em alguns casos, uma maneira de se proteger contra a verdade.

A saúde do presidente Ronald Reagan, que já passou dos setenta anos, prestou-se a muitas conjeturas, até que uma bala de nove milímetros penetrou abaixo de sua axila esquerda e se incrustou perto da coluna vertebral. A aparência desenvolta e o sorriso de propaganda de pasta dental com que saiu do hospital fizeram muitas pessoas pensar que era tão bom cáuboi na vida real como no cinema. Mas as conjeturas não terminaram. Ainda se diz que o presidente dos Estados Unidos perdeu o ímpeto de sua quinta juventude depois do atentado, e que seu dia de trabalho se reduziu a não mais de três horas. Mas aqueles que o vimos em Cancún vestido com um casaquinho de tecido leve e a maquiagem que mais parecia um embalsamamento em vida não tivemos a impressão de que esmorecia nas discussões nem em seus numerosos compromissos sociais. De qualquer maneira, para dissipar os boatos, Reagan se submeteu antes a um minucioso exame médico, e saiu do hospital com ares de gladiador invencível que suscitou mais suspeitas do que convicção.

Os soviéticos, em compensação, não modificaram em absoluto o hermetismo tradicional do poder russo. Seus dirigentes morrem com idades bíblicas, sem aviso prévio à opinião pública. Há uns três anos, enquanto eu estava em Moscou, morreu o grande poeta e herói de guerra Constantin Simonov. A notícia era de domínio público 48 horas depois da morte, e fora publicada no mundo inteiro, menos na União Soviética. Os escritores, consternados por aquela perda irreparável, e que haviam velado a noite inteira o ataúde do poeta, não souberam nos explicar por que uma notícia conhecida de todos só foi divulgada de modo oficial quase 72 horas depois de ocorrida. Como ninguém tinha uma resposta segura, nós nos conformamos com a mais poética: enquanto não se divulgasse a notícia oficial era como se de certa forma Constantin Simonov continuasse vivo.

A apoteose deste hermetismo parece ser a doença do presidente do Conselho de Estado e secretário geral do Partido Comunista soviético, Leonid Brejnev. Aos 75 anos, este enigma humano aparece e desaparece da cena política, às vezes num estado de degradação física impressionante, e pouco depois com a força e o arrojo de um touro de lida. Nunca se deu uma única informação sobre seu estado de saúde, que, sem dúvida, se converterá num dos grandes mistérios de nosso tempo.

Anos atrás os serviços de inteligência da França conseguiram abrir uma brecha no enigma, e estiveram a ponto de provocar um incidente diplomático grave. Conta-se que, no decurso de uma visita oficial a Paris, o presidente Brejnev se esqueceu de puxar a descarga do sanitário de sua residência oficial. Os serviços de inteligência recolheram suas insignes matérias fecais, submeteram-nas a uma análise de laboratório e conseguiram estabelecer que tipo de medicamentos tomava o visitante ilustre. Pelos medicamentos, os cientistas franceses deduziram o teor de seus achaques. Mas as considerações de ordem política prevaleceram acima de qualquer coisa, e o veredicto dos médicos permanece ainda nas trevas das razões de Estado.

Na França, o precedente mais espetacular de um presidente enfermo é o de Georges Pompidou. Morreu na cama do poder, em meio à boataria mundial de que estava gravemente doente havia muitos anos, enquanto os serviços de imprensa negavam sem pestanejar. Quem conhece Mitterrand, no entanto, sabe que não é por este precedente, nem por qualquer outro, que decidiu por iniciativa própria publicar um boletim semestral de seu estado de saúde. Para ele é uma questão de princípios. É uma característica de seu caráter jogar com as cartas na mesa e exigir dos outros a mesma conduta. O que talvez não pensasse é que uma lesão dorsal durante uma partida de tênis pudesse ter algum interesse para a opinião pública. Por outra parte, o lumbago não afeta tanto a saúde como a dignidade, e saber dissimulá-lo e suportá-lo com um sorriso não só faz parte da boa educação como é até certo ponto um dos compromissos do poder.

O lumbago do presidente Mitterrand era conhecido desde o fim do último verão por seus amigos mais chegados e seus colaboradores imediatos. Há uns dois meses, no México, quando tive oportunidade de estar perto dele em diferentes ocasiões, ninguém percebeu seu sofrimento apesar da atividade febril que se impôs durante a visita oficial. O único momento em que teve de interromper um programa foi quando percorria os labirintos arqueológicos de um dos templos maias. Em Cancún, apesar dos dias cansativos e da intensa vida social, não fez qualquer gesto que permitisse vislumbrar o que parece ser o sintoma mais notável de seu achaque: o mau humor. O que o presidente Mitterrand não pareceu prever é que seu estoicismo e sua discrição iam dar margens para uma boataria da qual o menos que se pode dizer é que é apressada, e não isenta além disso de uma certa dose de perversão política.

COMO SOFREM AS FLORES

Para que a boa sorte retorne a uma casa atingida pela desgraça não há nada mais eficaz do que um ramalhete luminoso de flores amarelas. É até mesmo um exorcismo invencível contra as nuvens obscuras que costumam perturbar em certos dias incertos o ofício maravilhoso de escrever. Quando os dedos se enredam na tecla equivocada, quando não conseguimos que os personagens respirem com seu fôlego próprio no âmbito do romance, quando não se encontra a palavra compadecida que os ajude a morrer sem dor, é porque falta algo no espaço da peça em que se escreve. E o que quase sempre falta é uma flor.

Portanto, não é por superstição, mas por uma experiência purificada e proveitosa, que nunca me aventuro a escrever sem que haja no vaso de meu escritório uma rosa amarela.

— As flores são gente — ouvi uma vez um menino de sete anos dizer, e sem dúvida ele sabia bem o que queria dizer.

A conduta humana das flores e das plantas, com efeito, está presente na poesia de sempre, tanto na boa como na má. É difícil se lembrar das irmãs Brontë sem evocar em algumas de suas páginas mais belas um tépido perfume de mimosa ao entardecer. *Mimosa pudica*, porque suas folhas se retraem, até quando ninguém as toca, com a simples passagem de uma sombra. Nin-

Publicado originalmente em 9 de dezembro de 1981.

guém terá direito de se acreditar poeta se não compartilha com as irmãs Brontë a idéia de que o cheiro das mimosas é uma alma penada que volta ao mundo dos vivos em busca de uma pessoa amada. Em algum de meus livros me apropriei dessa idéia com todo o direito de minha grande admiração. "O jasmim é uma flor que parte", escrevi, sem que ninguém até agora me recriminasse. Do romance mais bonito de William Faulkner conservo a recordação persistente de um ramo de glicínias junto à janela numa tarde de verão ardente. Sempre voltei com o mesmo espanto à lenda do conde Drácula, tal como Bram Stoker a inseriu para sempre na literatura; porém o que mais continua me impressionando nessa obra-prima do horror não é a condição sobrenatural do vampiro, sua faculdade de desembarcar no porto de Londres convertido em animal, mas a angústia que causavam em sua alma as flores do acônito.

Um dos espantos de minha infância era o cerimonial com que minha avó tirava as flores de nosso quarto antes de dormir. Alguém me explicou mais tarde que ela tinha razão: o anidro carbônico exalado pelas flores pode ser prejudicial para quem dorme com elas num quarto fechado. Mas a verdade é que minha avó tinha relações com o mistério mais reveladoras do que as dos cientistas, e o que sempre me disse foi que as rosas nos quartos de dormir suscitam sonhos indesejáveis que nos perseguem até a morte.

Falamos destas coisas outra noite numa reunião de amigos, e um deles fez uma dissertação sábia e fascinante sobre a alma das plantas. Tudo começou quando alguém se referiu a *The day of the Triffids*, de John Wydham, que é um dos romances mais aterrorizadores de que me lembro. Um trífido — ao contrário do que muitos acreditávamos ao ler o romance — não é uma planta assassina, capaz de desenvolver seus tentáculos vorazes e exterminar em poucas horas o gênero humano. Não: é um modesto adjetivo para uso dos botânicos, com o qual qualificam algo que está fendido ou aberto em três partes. Só que o autor do romance conseguiu infundir um significado que hoje passou a ser um símbolo da ameaça tremenda representada para os mortais pelo reino vegetal.

Nosso amigo, e creio que com razão, acredita que é justamente o contrário.

— Dentro das casas as plantas chegam a fazer parte do núcleo familiar — nos disse naquela noite. — Gozam e sofrem conosco, alarmam-se diante das ameaças verbais e podem morrer de terror diante de uma agressão real, contra a qual carecem de defesas.

Os animais, sobretudo os cães domésticos, os ratos e certos insetos perniciosos, são para elas um tormento sem fim. Isto é possível concluir de modo cabal com o uso do galvanômetro, que é um instrumento para comprovar a existência, medir a intensidade e determinar o sentido de uma corrente elétrica mediante o desvio que ela produz numa agulha magnética. Conectado a uma planta, o galvanômetro revela suas reações e até seus sentimentos mais íntimos.

Já se fez uma experiência que hoje é célebre no mundo inteiro. Um cientista destruiu um filodendro na presença de outras plantas. Participaram também quatro estudantes que desconheciam os planos do agressor e o objetivo da experiência. Mais tarde se comprovou, com o galvanômetro, que as plantas estremeciam de horror diante do algoz e não diante das testemunhas, e até reagiam de maneira diferente diante da faca com que foi destruído o primeiro filodendro.

— As plantas — continuava meu amigo — reagem diante da felicidade e do prazer.

Colocada num quarto em que um casal humano faz o amor, uma planta viverá os mesmos estados de ânimo dos amantes. O galvanômetro, exacerbado, registrará vibrações febris que só poderiam ser definidas como um orgasmo.

O centro nervoso das plantas, concluiu o informante, localiza-se nas texturas das raízes, que se dilatam e se contraem como os músculos do coração humano. Além disso, têm memória: são capazes de acumular impressões e retê-las por longos intervalos de tempo. Pode-se perguntar, portanto, que recordações históricas poderia armazenar uma sequóia, essa árvore fabulosa que chega a crescer até 150 metros e pode viver até três mil anos do tempo humano.

Há plantas nas quais se injetou uma forte dose de álcool, e o resultado se observou em seu comportamento: uma embriaguez triste. No dia seguinte, o galvanômetro revelou sintomas semelhantes aos que os seres humanos sentem pelos excessos de uma festa. Também parece demonstrado que os sons harmônicos influem no crescimento de algumas plantas. Os autores preferidos em seu estágio mais primário são Johann Sebastian Bach e os barrocos em geral. Mas é possível refinar-lhes o gosto até conseguir que sintam um êxtase real com Bartók ou Schoenberg. Em compensação, parece que as plantas de hoje detestam o *acid rock*, e que suas estridências fazem diminuir o tamanho de suas folhas.

Pergunto-me, depois destas revelações que suponho bem fundamentadas, como será o sofrimento dos bonsais, essas árvores normais que os japoneses convertem à força em anãs. Pergunto-me o que sentirão as rosas de cultivo industrial, como existem tantas na Colômbia, das quais se eliminou o aroma. Nosso amigo botânico não pôde explicar o motivo dessa mutilação da fragrância, mas há quem diga que é uma exigência dos importadores norte-americanos, cujos clientes adoram as rosas, mas detestam seu perfume. O professor René Dumont, num de seus livros de protesto contra a destruição do meio ambiente, revelou um drama fantástico: o papel de cada edição dominical do *New York Times* é fabricado com o sacrifício de duzentos hectares de floresta.

No entanto, nem todos os que estávamos naquela reunião parecíamos tão sensíveis ao sofrimento das plantas e o genocídio das florestas. Há poucos instantes, acabei de ter mais uma surpreendente prova de como os homens vêem estes temas insólitos. Um amigo, que considero inteligente e sério, telefonou-me para perguntar qual era o tema da minha crônica desta semana.

— Estou escrevendo sobre o sofrimento das plantas e das flores — respondi.

Meu amigo, certamente alarmado, exclamou:

— Ah, caralho! Você está ficando maricas?

A PESTE

No dia 1º de maio, o menino Jaime Baquero García, de oito anos, morreu em Torrejón de Ardoz, Espanha, em conseqüência de uma doença que surpreendeu os médicos porque não se parecia com nenhuma outra conhecida até então. Depois de duas semanas, mais cinco pessoas morreram pela mesma causa sem nome, e outras 2.500 foram hospitalizadas numa faixa de trezentos quilômetros entre Madri e León, pela estrada nacional VI.

A doença começava com febres intensas, insuficiência respiratória e dores musculares, como a gripe vulgar, mas na radiografia apareciam edemas pulmonares e até cerebrais em alguns casos. Depois apareciam transtornos vasculares, uma deterioração orgânica geral e, por último, uma paralisia progressiva que provocava a morte ao alcançar os centros respiratórios. Na maioria dos casos, os pacientes reagiam bem aos tratamentos experimentais, porém muitos dos que recebiam alta voltaram ao hospital algum tempo depois, e alguns morreram na recaída. Isto é: a recuperação não era definitiva, mas um alívio passageiro cujo desenlace era imprevisível. Os médicos particulares, com muito bom senso, deram-lhe um nome que era mais uma hipótese de trabalho: pneumonia atípica. A única coisa que se sabia com certeza é que todos os casos ocorriam numa área bem definida, que a doença não era contagiosa e que todas as vítimas, sem exceção, eram pobres.

Publicado originalmente em dezembro de 1981.

Ante a iminência de um pânico social, e contra o critério de outros médicos que observaram o fenômeno com um ceticismo científico muito mais sério, o governo assumiu o conceito do Centro Oficial de Microbiologia, segundo o qual a causa do flagelo era um microplasma. O ministro do Trabalho, Saúde e Segurança Social, Jesús Sancho Roff, disse na televisão apenas vinte dias depois da morte do primeiro menino, e disse de uma forma que não podia ser mais tranqüilizadora, nem menos responsável, com certeza:

— Já localizamos o bichinho. Conhecemos seu nome, mas não ainda o sobrenome, e é tão pequeno que se cair aqui, no chão, se quebra.

Hoje, sete meses depois dessa declaração folclórica, o flagelo incógnito causou 217 mortos, e mais de dez mil pessoas foram hospitalizadas, sem que ainda fosse possível determinar com certeza se a natureza da sua doença é a que supõem os médicos, nem se sabe qual é o remédio definitivo e nem o diagnóstico apropriado. Na Idade Média, quando os ministros não podiam explicar nada pela televisão, um flagelo social com semelhante poder devastador tinha um nome genérico e simples: a peste.

Uma das primeiras pestes de que temos registro foi a de Atenas, que ocorreu nos anos 430 a.C., e deve ser a que inspirou Sófocles a escrever a tragédia *Édipo rei*. A peste de Londres, em 1664, produziu mais de cem mil mortos, que eram quase a quarta parte da população urbana. Daniel Defoe, que foi testemunha dessa imensa desgraça, quando tinha cinco anos, reconstituiu-a muito mais tarde, com a forma de uma falsa reportagem, num romance magistral. Mas a peste mais terrível da história humana foi a de 1346, a chamada peste negra, que causou 25 milhões de mortes na Europa e 23 milhões na África em apenas sete anos. Isto é: quase a quarta parte da humanidade conhecida. A última peste de nosso tempo, sofrida pela população de Argel até 1944, é provável que tenha inspirado o romance inesquecível de Albert Camus.

Há alguns anos, quando o general Franco ainda vivia, as autoridades da base militar norte-americana de Torrejón — situada na zona da peste atual — tiveram de enfrentar o problema imaginável dos sisões, uma espécie de abetardas de passo veloz e vôo lento, que se metiam nas turbinas dos aviões de guerra. Os espanhóis, no apogeu de seu desenvolvimento industrial, propuseram aos norte-americanos uma bonita solução esquecida: a falcoaria. E de fato soltaram falcões amestrados para destruir os sisões. Mas aquela ressurreição de uma arte tão nobre e tão antiga pareceu demasiado cara aos norte-americanos, que optaram por uma mais barata, mais radical e, sobretudo, mais apropriada para o nosso tempo: irrigaram a região com um tóxico que envenenou os sisões, e os aviões da morte puderam voar outra vez sem a ameaça das aves.

Quinze anos depois, custou muito trabalho convencer os assustados habitantes de Torrejón que a origem das mortes incompreensíveis não vinha daquele tóxico. Mais ainda: pensaram com algum bom senso que outros animais o ingeriram sem morrer, e o transmitiam aos humanos, e que voltara a ressurgir nos legumes e a fluir sem cor, sem cheiro nem sabor na água dos rios. E assim organizaram batidas contra todo ser vivo da região que pudesse ser o portador da morte, e talvez jamais concluíssem seu ímpeto de anjos exterminadores se um médico inteligente e determinado não afirmasse que a causa provável da peste estava no azeite de couve (colza). Um azeite desnaturalizado para uso industrial que algum químico atabalhoado tentou naturalizar de novo, e ao que parece inventou o agente de uma nova peste de nosso tempo, da qual a ciência ainda ignora tudo, salvo que é mortal.

Não é estranho, pois, que eu tivesse sofrido uma impressão tão forte durante minha visita à Espanha na semana passada, ao encontrá-la num estado de tensão diante do veneno da colza, apenas comparável à tensão de sua incerteza política. A coincidência com as pestes medievais, misturadas com os elementos mais sofisticados do capitalismo industrial e o delírio do consumo, só podem ser uma tentação quase irresistível para um romancista atento aos mistérios humanos de seu tempo.

RECORDAÇÕES DE JORNALISTA

Uma de minhas melhores recordações de jornalista é a forma com que o governo revolucionário de Cuba se inteirou, com vários meses de antecedência, de como e onde eram treinadas as tropas que iam desembarcar na baía dos Porcos. A primeira informação que tivemos foi no escritório central da Prensa Latina, em Havana, onde eu trabalhava, em dezembro de 1960, e se deveu a um acaso quase inverossímil. Jorge Ricardo Masetti, o diretor-geral, cuja obsessão dominante era fazer da Prensa Latina uma agência melhor do que todas as outras, as capitalistas e as comunistas, instalara uma sala especial de teletipos só para receber e em seguida analisar na reunião de pauta o material diário dos serviços de imprensa do mundo inteiro. Dedicava muitas horas a esquadrinhar os longos rolos de notícias que se acumulavam sem cessar em sua mesa de trabalho, avaliava a torrente de informação tantas vezes repetida por tantos critérios e interesses contrapostos nos despachos das diferentes agências e, por fim, as comparava aos nossos próprios serviços. Uma noite, nunca se soube como, encontrou uma bobina que não era de notícias mas do tráfego comercial da Tropical Cable, filial da All American Cable na Guatemala. Em meio às mensagens pessoais havia uma muito comprida e densa, e escrita num código hermético. Rodolfo Walsh, que além de ser muito bom jornalista publicara vários livros de con-

---

Publicado originalmente em 16 de dezembro de 1981.

tos policiais excelentes, empenhou-se em decifrar aquele telegrama com a ajuda de uns manuais de criptografia que comprara em algum sebo de Havana. Conseguiu-o ao cabo de muitas noites insones, e o que encontrou dentro não era apenas emocionante como notícia e sim um informe providencial para o governo revolucionário. O telegrama era dirigido a Washington por um funcionário da CIA ligado à embaixada dos Estados Unidos na Guatemala, e constituía um informe minucioso dos preparativos de um desembarque armado em Cuba organizado pelo governo norte-americano. Revelava-se até o lugar de preparação dos recrutas: a fazenda de Retalhuleu, um antigo cafezal ao norte da Guatemala.

Um homem com o temperamento de Masetti não poderia dormir tranqüilo se não conseguisse tirar proveito daquela descoberta acidental. Como revolucionário e como jornalista nato se empenhou em infiltrar um enviado especial na fazenda de Retalhuleu. Durante muitas noites em claro, enquanto nos reuníamos em seu gabinete, tive a impressão de que não pensava em outra coisa. Por fim, e talvez quando menos pensava, concebeu a idéia magistral. Concebeu-a de repente, vendo Rodolfo Walsh entrando pela estreita recepção da redação com sua postura um pouco rígida e seus passos curtos e rápidos. Tinha os olhos claros e risonhos por trás das lentes de míope com a armação grossa de tartaruga, tinha uma calvície incipiente com mechas grandes flutuantes e descoradas e sua pele era dura com velhas rugas solares, como a pele de um caçador em repouso. Naquela noite, como quase sempre em Havana, usava uma calça de tecido bem escuro e uma camisa branca, sem gravata, com as mangas arregaçadas até os cotovelos. Masetti me perguntou:

— Rodolfo tem cara de quê?

Não tive de pensar na resposta porque era demasiado evidente:

— De pastor protestante — respondi.

Masetti replicou radiante:

— Exato, mas pastor protestante que vende bíblias na Guatemala.

Concluía, enfim, as suas intensas elucubrações dos últimos dias.

Como descendente direto de irlandeses, Rodolfo Walsh era também um bilíngüe perfeito. Portanto, o plano de Masetti tinha poucas probabilidades de falhar. Rodolfo Walsh viajaria no dia seguinte para o Panamá, e dali passaria para a Nicarágua e a Guatemala com uma roupa preta e um colarinho branco, pregando os desastres do apocalipse que conhecia de cor e vendendo bíblias de porta em porta, até encontrar o lugar exato do campo de treinamento. Se conseguisse a confiança de algum recruta poderia escrever uma reportagem excepcional. O plano fracassou porque Rodolfo Walsh foi detido no Panamá devido a um erro de informação do governo panamenho. Sua verdadeira identidade ficou tão óbvia que não se atreveu a insistir em sua farsa de vendedor de bíblias.

Masetti nunca se resignou com a idéia de que as agências ianques tivessem correspondentes próprios em Retalhuleu enquanto a Prensa Latina devia se conformar com a decifração dos telegramas secretos. Pouco antes do desembarque, ele e eu viajamos do México ao Peru e tivemos de fazer uma escala inesperada para trocar de avião na Guatemala. No sufocante e sujo aeroporto da Aurora, tomando cerveja gelada sob os enferrujados ventiladores de pás daquele tempo, atormentado pelo zumbido das moscas e pelos eflúvios de frituras rançosas da cozinha, Masetti não teve um instante de sossego. Estava determinado a alugar um carro, fugir do aeroporto e ir sem demora fazer a grande reportagem de Retalhuleu. Já então o conhecia suficientemente para saber que era um homem de inspirações brilhantes e impulsos audazes, mas que, ao mesmo tempo, era sensível à crítica razoável. Naquela vez, como em algumas outras, consegui dissuadi-lo.

— Está bem, *che* — me disse, convencido à força. — Já conseguiu me foder com seu bom senso. — E em seguida, disse-me pela milésima vez: — Você é um liberalzinho tranqüilo.

Em todo caso, como o avião estava demorando, propus uma aventura de consolação que ele aceitou encantado. Escrevemos a quatro mãos um relato pormenorizado com base nas tantas verdades que conhecíamos pelas mensagens cifradas, mas fazendo crer que era uma informação obtida por nós no próprio local ao longo de uma viagem clandestina pelo país. Masetti escrevia às gargalhadas, enriquecendo a realidade com detalhes fantásticos que inventava ao calor da labuta. Um soldado índio, descalço e esquálido, mas com um capacete alemão da Segunda Guerra Mundial, cabeceava ao lado da caixa de correio, sem desviar de nós seu olhar abismal. Mais adiante, num parquinho de palmeiras tristes, havia um fotógrafo lambe-lambe com camisa preta, daqueles que tiravam fotos instantâneas com uma paisagem idílica de lagos e cisnes ao fundo. Quando terminamos de escrever o relato, acrescentamos umas tantas diatribes pessoais que nos vieram da alma, assinamos com nossos nomes verdadeiros e nossos créditos de imprensa, e nos deixamos tirar fotos testemunhais, mas não com o fundo dos cisnes, mas diante do vulcão arquejante e inconfundível que dominava o horizonte ao entardecer. Existe uma cópia desta foto: está com a viúva de Masetti em Havana. Por fim, colocamos as folhas e a foto num envelope dirigido ao senhor general Miguel Ydígoras Fuentes, presidente da República da Guatemala, e numa fração de segundo em que o soldado de guarda se deixou vencer pela modorra da sesta lançamos o envelope pela abertura da caixa. Alguém dissera em público por estes dias que o general Ydígoras Fuentes era um ancião inútil, e ele apareceu na televisão vestido de atleta aos 69 anos, fez flexões na barra e levantou pesos, e até revelou algumas façanhas íntimas de sua virilidade para demonstrar aos telespectadores que ainda era um militar inteiro.

Masetti estava radiante. Eu, menos, e cada vez menos, porque o ar se saturava com um vapor úmido e gelado e umas nuvens grandes e densas começavam a se concentrar sobre o vulcão. Então me perguntei espantado o que seria de nós se desabasse uma tormenta inesperada e o vôo fosse adiado para o dia seguinte, e o general Ydígoras Fuentes recebesse a carta com nossos retratos antes que saíssemos da Guatemala. Masetti se indignou com minha imaginação diabólica. Mas duas horas depois, voando para o Panamá, e a salvo dos riscos daquela travessura infantil, acabou por admitir que os liberaizinhos tranqüilos tínhamos às vezes uma vida mais longa, porque levávamos em consideração até os fenômenos menos previsíveis da natureza. Depois de 21 anos, a única coisa que me inquieta a respeito daquela dia inesquecível é nunca ter sabido se o general Ydígoras Fuentes recebeu nossa carta no dia seguinte, como prevíramos durante o êxtase metafísico.

O CAMPO, ESSE LUGAR HORRÍVEL ONDE OS GALOS PASSEIAM CRUS

Numa recente pesquisa de comportamento entre crianças das grandes cidades da Europa, perguntou-se como se chama o homem que leva as cartas para casa, como se chama o que leva o leite, o que leva o jornal e o pão, o que recolhe o lixo e o que conserta os pequenos problemas de fornecimento de luz e água. A resposta das crianças foi quase unânime: o porteiro.

Não têm como responder outra coisa, pois já sabemos que nestes grandes conglomerados urbanos, onde o nascimento de uma flor é como que um milagre da criação, tudo o que entra nos apartamentos deve passar pela via normal e iniludível — e além disso providencial — do porteiro. Aquilo que quando crianças nos ensinaram como sendo a natureza, que na realidade era tudo o que nos rodeava na cidade, acabou por parecer um programa fantástico na televisão. Não é estranho, portanto, que uma criança que vive no décimo sexto andar, que só sai de casa para ir à escola de ônibus, que passa as férias de inverno numa estação de neve e o verão numa praia urbanizada, ignore que em certa época havia um homem de uniforme azul que levava as cartas de bicicleta, e que havia outro de avental branco que não só levava o leite, mas que era tão pontual que servia ao mesmo tempo de des-

---

Publicado originalmente em 23 de dezembro de 1981.

pertador. Todos acabavam por fazer parte da família, demoravam-se na cozinha tomando café e comentando com os empregados domésticos os segredos da vizinhança, até que um dia ouvíamos dizer na hora do almoço, com toda a naturalidade:

— Petra está grávida do carteiro.

A única inocência que nos permitíamos, nós crianças de então, era crer que o filho de Petra só podia ser um carteiro recém-nascido.

Os ventos da civilização não conseguiram exterminar por completo na Espanha um dos personagens característicos de sua vida e sua literatura: o guarda-noturno. Ainda continuam por aí alguns desses velhos aposentados para quem não havia segredos na rua, pois nada acontecia nela que eles não soubessem. O guarda noturno era o responsável pela segurança de seu setor e tinha consigo o molho de chaves de todas as casas. Ninguém que regressava tarde levava suas próprias chaves, pois a porta era aberta pelo guarda noturno. Sempre estava ao alcance: bastava procurá-lo no bar da esquina, onde costumava passar a noite conversando com os outros guardas noturnos do bairro, ou bater palmas para que ele acudisse de imediato. Pergunto-me o que pensariam as crianças de hoje nas grandes cidades da Espanha se ocorrer a alguém contar como era o senhor guarda-noturno que nos abria a porta. Não acreditariam, sem dúvida, como tampouco fará parte de suas lembranças, quando forem velhos, o personagem do amolador de facas e tesouras, que passava periodicamente, como os eclipses, e deixava impregnado o ar da rua com a música de sua charamela.

De todos esses personagens de nossa infância, cada vez menos visíveis e evidentes para as crianças de hoje, o único que se destacava por uma aura fatídica era o pobre homem que levava os telegramas. Talvez os próprios mensageiros tivessem contribuído para que se formasse essa imagem sinistra, pela maneira premente com que batiam na porta, faziam soar um apito, que sempre parecia de emergência, e gritavam:

— Telegrama!

Muito antes, quando o mundo nos pertencia inteiramente, essa função anunciadora era reservada aos vaticínios. Mas os telegramas, desde sua invenção, converteram-se em mensageiros da morte. Antes mesmo que alguém tivesse tempo de abrir a porta já se tinha de socorrer a avó, que caíra em estado de torpor; latiam os cães no pátio e as galinhas subiam, em pleno sol, para dormir nos poleiros, com o sentido do tempo transtornado pelo desastre. Sondava-se o rosto impenetrável do mensageiro quando entregava o telegrama, pois parecia impossível que não conhecesse o texto de nossa desgraça, e agradecíamos com a voz por um fio, com o coração desordenado e lamentando no fundo da alma que não existisse mais o costume medieval de enforcar o portador de más notícias. Com o tempo, aquele horror dos telegramas foi derrotado pelas brincadeiras a respeito de sua lentidão. Então, alguém, que ia viajar mandou à amada o seguinte telegrama: "Quando este chegar estarei em teus braços."

Até o médico da família, de quem apenas a presença na casa fazia baixar a febre, foi substituído nas cidades por uma divindade desconhecida cujo coração nos desconhece. Alguém contava há pouco o caso de um doente grave a quem os diferentes especialistas de uma clínica particular ordenaram seis exames diferentes. O doente morreu de noite, mas 24 horas depois, quando já estava enterrado, os exames revelaram que estava em perfeito estado de saúde. Estes episódios tremendos da civilização, que por desgraça se contam como piadas cruéis, só são compreensíveis num mundo em que as crianças perguntam aos pais se as vacas põem ovos e se o espaguete nasce nas árvores.

A televisão não pode resolver essas dúvidas. Por isso, as escolas francesas criaram um curso especial que consiste em levar as crianças para viver no campo durante um mês, ao ar livre e com os olhos bem abertos, de modo que conheçam a outra metade do mundo que a metade civilizada não lhes permite ver. Imagino que aconteça com eles o mesmo que aconteceu a nós, crianças rurais, na primeira vez que nos levaram à cidade. Imagino que contemplem uma galinha pondo um ovo com o mesmo temor reverencial com que nós conhecemos o cinema; que vêem dois cachorros atracados na rua com a mesma emoção com que nós víamos os bombeiros apagando um incêndio; que vêem passar os burros de carne e osso, e os ouvem zurrar de verdade e arrancam-lhes os pêlos da garupa com a mesma ilusão de aventura com que nós víamos aterrissar os primeiros aviões.

Meu amigo Alejandro Santos Rubino, de quem tenho uma vantagem de quase 42 anos de vida, e que acaba de fazer seu curso sobre natureza no norte da França, contou-me sua experiência com o mesmo deslumbramento com que deviam narrar suas viagens os navegantes antigos. Mas seu relato, a dez mil quilômetros de nossa pátria comum, também me fez perceber a distância que estávamos dela no tempo. A turma de Alejandro foi levada para ver como se corta uma árvore. Mas o lenhador já não é daqueles que passava um dia inteiro cortando o tronco com o machado, como um picapau, e sim que cortava a árvore com precisão científica, servindo-se de uma serra elétrica. Viu ordenhar uma vaca, mas não como já vira fazer nas sete colinas coloridas de Boyacá, com as próprias, mas mediante um sistema de ordenha elétrica cujos tubos esterilizados conduziam o leite até as câmaras de pasteurização. Vale dizer que nos países mais industrializados já é quase impossível encontrar um lugar onde as crianças urbanas façam uma imagem real da linda e triste barbárie do subdesenvolvimento. Meus filhos, em compensação, lembram-se, como um dos momentos privilegiados de sua vida, a tarde em que viram um sapo vivo e verdadeiro pela primeira vez, na cidade caribenha onde foram visitar seus avós. Foi tanta a sua emoção que carregaram um balde de tinta e um pincel de parede que encontraram disponíveis e pintaram de amarelo todos os sapos que encontraram na cidade.

POLÔNIA: VERDADES QUE DOEM

Uma das impressões irreparáveis de minha vida foi minha primeira e única visita a Varsóvia no outono de 1955. Mal haviam se passado dez anos do final da Segunda Guerra Mundial e seus estragos enormes eram extremamente visíveis não só na devastação da cidade, mas também no espírito de seus habitantes. Uma multidão densa, esfarrapada e triste, deslizava sem rumo pelas ruas despojadas com um murmúrio de rios que transbordam, e havia grupos atônitos que passavam horas inteiras contemplando as vitrinas das lojas do Estado, onde vendiam coisas novas que pareciam velhas, mas que em todo o caso não podiam comprá-las por causa de seus preços irreais. Havia poucos automóveis, e os bondes decrépitos passavam fazendo estrondo pelas ruas desertas. Em algumas esquinas havia caminhões do Estado com alto-falantes descomunais que transmitiam música popular a todo volume, e em especial canções latino-americanas. Mas essa alegria oficial, imposta por decreto, não se refletia no ânimo das pessoas. Percebia-se ao primeiro olhar que a vida era dura, que os sobreviventes do cataclismo bélico passaram por sofrimentos difíceis de serem imaginados por quem não os conheceu, e que havia uma situação de penúria e amargura que o socialismo não podia remediar com música de caminhão nas esquinas.

Publicado originalmente em 30 de dezembro de 1981.

Seria frívolo, para dizer o mínimo, formar uma opinião sobre a verdade da Polônia a partir de uma visão superficial da rua, mas tudo o que saltava aos olhos podia ser atribuído aos horrores da guerra. No entanto, três elementos que pareciam de fundo me chamaram a atenção em poucas horas. O primeiro era a impopularidade dos governantes, em especial entre a juventude. A universidade era um barril de pólvora que podia explodir com a mínima faísca de um erro, e as críticas ao sistema eram abertas e implacáveis.

A outra coisa que me chamou a atenção, ainda que já fosse demasiado sabida, foi o imenso poder político e espiritual da Igreja Católica, ambos sustentados no sentimento religioso da população. As freiras e os padres, com trajes demasiado ostensivos, tinham uma participação ativa em todas as manifestações da vida pública. Na ampla e vazia avenida de Marszalkowa, que era a artéria vital da cidade, surpreendeu-me um Cristo coroado de lâmpadas, em cujos pés ardiam lamparinas acesas por fiéis que rezavam de joelhos em plena rua. Uma unidade da moeda polonesa, pequena e brilhante, foi retirada de circulação porque os traficantes do mercado negro a convertiam em medalhas da Virgem para vendê-las pelo triplo de seu valor nominal. A terceira coisa que me chamou a atenção foi o anti-sovietismo dos poloneses. Era um sentimento enraizado e histórico e que me pareceu irremediável.

Depois de duas semanas de conversas, encontros casuais e observações feitas na rua, não encontrei um só polonês que estivesse satisfeito com seu governo. Mas eles mesmos me pareceram perdidos num labirinto de confusões. Os intelectuais — que na Polônia são os mais intelectuais do mundo — estavam enredados na definição de matizes doutrinários enquanto a situação econômica e política adquiria proporções catastróficas. Muitos reconheciam a necessidade do socialismo para reconstruir o país com uma sociedade mais justa, mas negavam categoricamente a competência das equipes no poder. Acusavam-nos de não levar em conta a realidade do país, mas as mesmas pessoas que formulavam a acusação estimulavam as greves, faziam manifestações e provocavam choques com a polícia nas ruas para reivindicar coisas que as condições econômicas não permitiam.

A maioria de meus informantes considerava que aquilo não era a ditadura do proletariado, como rezava a versão oficial, mas o domínio de um grupo do Partido Comunista que tentara impor a qualquer custo e ao pé da letra o esquema soviético. Os trabalhadores contavam com as melhores condições possíveis, mas careciam de consciência política. Não entendiam por que o governo lhes dizia que eles é que estavam no poder, e tinham de trabalhar como burros para comprar um par de sapatos que lhes custava o salário de um mês. Não entendiam, e ninguém lhes explicava, por que os trabalhadores ocidentais, explorados pelo capitalismo, tinham melhores condições de vida e direito de greve. As respostas não eram difíceis, mas o Partido Comunista não fazia um trabalho ideológico eficaz onde mais devia fazer. Em compensação, a Igreja Católica o fazia sem descanso, no confessionário e no púlpito, na fábrica e em casa, com o enorme poder de penetração dos sacramentos. A distância entre os dirigentes e a população terminaria se tornando irremediavelmente intransponível. Assim não haveria socialismo possível: dos ministérios às cozinhas domésticas surgia um inconformismo justo e incontrolável e uma parafernália burocrática que só um regime popular autêntico poderia desfazer.

Minha impressão global daquela visita inesquecível foi que a vida na Polônia estava longe de ser o socialismo idealizado no colégio em meus vinte anos. Era, pelo contrário, uma realidade crua e amarga, cuja tensão interna haveria de explodir mais cedo ou mais tarde, se não fosse corrigida a tempo. Isto é: se não se fizesse uma revolução própria dentro das condições reais do país. Quando regressei à Colômbia, poucos meses depois, escrevi tudo isto num artigo cujo título parece de hoje: "Com os olhos abertos sobre a Polônia em ebulição". A publicação logo me valeu recriminações dos dogmáticos daquela época — alguns dos quais estão hoje sentados nas cadeiras do poder e das finanças —, e não faltou alguém mais original que me acusasse de estar sendo financiado pelo Departamento de Estado dos Estados Unidos. Agora, transcorridos 24 anos, vejo-me obrigado a chamar a atenção, com muita pena, que era eu quem tinha razão, ainda que seja uma razão indesejável, e que quase tudo o que revelava meu artigo de jornalista iniciante era o embrião e a única explicação de fundo do beco em que se encontra neste momento atolada a Polônia.

Um beco sem saída, certamente. Desde que começou a crise, há 16 meses, e ainda contra o critério de meus amigos mais sábios, tenho sido um otimista teimoso. Confiava na inteligência quase lendária e no sentido de responsabilidade histórica dos poloneses de ambos os lados do conflito, conscientes sem dúvida de que tinham nas mãos não só a sorte de sua pátria, mas de toda a humanidade. Sempre existiu o risco de que os acontecimentos ultrapassassem seus protagonistas, e algo disto parece ter ocorrido. Estando assim as coisas, o otimismo seria uma forma quase irracional da temeridade.

Não sei, por outro lado, se o drama da Polônia pode nos dizer alguma coisa na América Latina, e de que maneira direta. Sabe-se por rumores públicos, por suposições bem fundamentadas e por conversas confidenciais, que qualquer tentativa da União Soviética contra a Polônia seria seguida por uma réplica imediata dos Estados Unidos na América Central. E em primeiro lugar contra Cuba e a Nicarágua, duas experiências difíceis, mas diferentes e exemplares, que não merecem este destino de reféns dos equívocos alheios.

São verdades que doem, mas que devem ser ditas. O contrário seria deixá-las nas mãos de quem menos precisam delas, que são os anti-soviéticos e os anticomunistas profissionais de sempre, e os reacionários de sempre, que agora estão saindo juntos e determinados pelas ruas do mundo inteiro, derramando pela Polônia suas lágrimas de crocodilo.

A REALIDADE MANIPULADA

Uma coisa são as tremendas condições históricas da Polônia — que foram tema desta coluna na semana passada — e outra coisa bem diferente, indigna e ultrajante, foi a manipulação política da informação ocidental. Uma infâmia maior, não só contra a nação polonesa, que está tentando corrigir seu destino com tanta dificuldade e sacrifício, mas também contra a opinião pública das democracias capitalistas, que nestas três semanas tem estado à mercê de uma histeria informativa com poucos precedentes e poucas exceções.

Apenas agora se começa a saber a duras penas o que aconteceu de verdade na Polônia, mas já ninguém poderá apagar o escândalo de uma imprensa falada, televisada e escrita, que parecia desejar um cataclismo universal. Este delírio atuou em muitos casos contra a corrente dos próprios governos ocidentais, que por uma vez deram mostras de prudência afortunada. Não é para menos. Depois da crise de outubro de 1962, que o historiador inglês Hugh Thomas considerou a mais grave da comédia humana, esta da Polônia só necessitava um passo em falso, por menor que fosse, para acabar com o pouco que ainda resta deste mundo.

A culpa, com certeza, está bem repartida. Se o governo polonês não tivesse trancado suas portas por dentro, como de fato fez, não teria sido tão

---

Publicado originalmente em 6 de janeiro de 1982.

fácil distorcer a verdade. Isto prova mais uma vez que a única coisa mais perigosa do que a má informação é a falta absoluta de informação. Mas bastou que se abrissem as primeiras fendas na cortina de ferro do general Wojciech Witold Jaruzelski para que se comprovasse até que ponto pode ser diabólica uma realidade manipulada.

Eu estava em Paris naquele lúgubre domingo de inverno, quando um amigo meu me ligou para me dizer, sem rodeios, que as tropas soviéticas tinham invadido a Polônia. A primeira coisa que me veio à mente foi a comprovação de uma casualidade: também nas duas ocasiões anteriores em que algo semelhante ocorreu eu me encontrava em Paris, em circunstâncias sempre diferentes. A primeira vez, em 1956, quando eu era um correspondente encalhado, foi o drama da Hungria. Minha reação, penso agora, foi a correta: lancei-me à rua disposto a viajar a Viena de qualquer maneira para entrar clandestinamente em Budapeste, como estavam fazendo tantos outros jornalistas do mundo, e escrever no calor dos acontecimentos a reportagem de minha vida. A segunda vez, em setembro de 1968, liguei, meio adormecido, o receptor do rádio da mesa-de-cabeceira, como que obedecendo a um presságio, e escutei a notícia: as tropas do Pacto de Varsóvia estavam entrando na Tchecoslováquia. Minha reação, penso agora, foi a correta: escrevi uma nota de repúdio pela interrupção brutal de uma tentativa de liberalização que merecia sorte melhor. Desta vez, penso agora, também minha reação foi a correta: senti um terror irresistível pelo destino de tantos homens e mulheres inocentes que esperaram o domingo para ser felizes, sem pensar que era um dia marcado para a morte. Na realidade, desde que começou esta crise, eu pensava que uma intervenção soviética só seria possível se a Polônia resolvesse abandonar o Pacto de Varsóvia, e pensava também disso que aquela determinação inconcebível seria o pretexto que os Estados Unidos desejavam para se lançar a uma aventura louca no Caribe. Naquele domingo aziago — de acordo com a notícia que um amigo acabara de me dar por telefone — o impossível acontecera. De maneira que me levantei pensando no Caribe, aquele mundo remoto e amado onde contudo continuava sendo a noite anterior, uma noite de sábado quente e inquieta, como todas as nossas.

As informações eram tão confusas, e dirigidas com tanta perversidade, que foram necessárias várias horas para se perceber que a intervenção soviética não ocorrera. Mas tanto no rádio como na televisão continuava pairando a dúvida de que haveria soldados soviéticos disfarçados com uniformes poloneses e misturados com a tropa local. Logo se estabeleceu como fato consumado que o número de detidos nas revistas noturnas era de cinqüenta mil, que todos foram enviados a campos de concentração do Mar Báltico, a trinta graus abaixo de zero e com dois metros de neve neste inverno implacável, e que os dirigentes do sindicato Solidariedade eram vítimas de torturas infames. Não era pouco o que se dizia sobre a sorte de Lech Walesa: que fora enviado à Sibéria, que o governo militar o mantinha como refém para deter a resistência, que sofrera um ataque cardíaco e se temia que estivesse morto. Um ataque em que ninguém acreditava, talvez com razão. Comentou-se também que o arcebispo primaz da Polônia, monsenhor Josef Glemp, fora preso; que um dirigente do Solidariedade se suicidara, e que Tadeusz Mazowiecki, chefe de redação do semanário do Solidariedade e um dos principais conselheiros de Walesa, morrera na prisão em conseqüência das torturas. Sobre Mazowiecki, um de seus antigos companheiros, residente em Paris, escreveu no *L'Express* de duas semanas atrás uma elegia tão comovente como precipitada. Hoje se sabe que todas estas notícias não só eram falsas, mas algo pior: inventadas.

Comoveu-me de maneira especial o embaixador da Polônia na França, que se prestou a uma entrevista de televisão ao vivo tão logo teve notícias de primeira mão sobre a situação de seu país. Sua imagem foi a de um homem brilhante, de uma serenidade a toda prova e de uma boa educação sem uma única ruga, que respondeu em francês perfeito às perguntas mais impertinentes que jamais escutei.

— Que diferença faria o senhor entre o general Jaruzelski e o general Pinochet? — foi uma delas.

Sempre acreditei que não há grosseria mais detestável do que o abuso da boa educação do adversário. Este foi o caso. Por sorte, o resultado saiu pela culatra: muitos telespectadores que começaram a ver o programa com uma posição contrária à do embaixador acabaram de seu lado. No mesmo dia, numa entrevista pelo rádio, perguntaram a um viajante escandinavo recém-chegado da Polônia se ouvira dizer que os prisioneiros poloneses estavam sendo deportados para a Sibéria. O viajante, surpreso, respondeu que não, que não ouvira dizer. Mas desde aquele dia ficou pairando no ar a impressão de que havia algo de verdadeiro na pergunta, já que o jornalista se atreveu a fazê-la.

Contudo, a comprovação mais amarga que me ficará desta experiência é que a opinião pública européia, capaz de chegar a estes paroxismos pela sorte de um país europeu, mal se comove atualmente pela sorte de nossos países remotos. O escândalo da lei marcial na Polônia é apenas uma prova entre outras tantas. Na realidade, essa medida de exceção, que corresponde ao estado de sítio, está vigente na Colômbia há trinta anos quase ininterruptos, e à sua sombra se consumaram mais arbitrariedades, e se aplicaram torturas mais atrozes, e se cometeram mais crimes oficiais do que todos os que sem dúvida resultaram da lei marcial da Polônia. Os europeus mais bem informados ainda se atrevem a declarar que, além de uma das últimas democracias da América Latina, é a mais antiga.

Há uns dias, a senhora Danielle Mitterrand, mulher do presidente da França, mostrava-se, em particular, consternada por um documentário que vira sobre o massacre de El Salvador. A senhora Mitterrand é presidenta da comissão francesa de solidariedade a este país infeliz, do qual poucos franceses sabem onde fica, e no qual se cometeram mais de 15 mil crimes oficiais no ano que acaba de passar. Isto é: uma média de quarenta mortos por dia. Consta-me que os dirigentes da Internacional Socialista, com poder ou sem ele, têm um grande interesse pela sorte da América Latina. Consta-me, por incontáveis conversas privadas, que o presidente Mitterrand partilha da consternação de sua mulher pelo estado de prostração de nossos países. Mas não acredito que nem ele, nem ela, nem a Internacional Socialista inteira, consigam mobilizar a opinião pública européia a favor de uma causa nossa, muito menos sob a forma quase epiléptica em que a conseguiram a favor da Polônia os desenfreados meios de informação da Europa ocidental. Há um mês Paris foi palco de duas manifestações. Uma, dos artistas argentinos por mais de dez mil desaparecidos em seu país, e outra pelo massacre sem fim em El Salvador. Em ambas só compareceram os latino-americanos residentes na França, seus escassos amigos europeus e nossos eternos compadres espanhóis.

— É natural — me disse sem se alterar um jornalista francês. — Já faz muito tempo que a América Latina deixou de ser notícia na Europa.

ESPANHA: A NOSTALGIA DA NOSTALGIA

Há vinte anos, no México, fui ver várias vezes o filme *A última canção*, atraído pela saudade das canções que tanto ouvi minha avó cantar. Na semana passada, em Barcelona, fui com um grupo de amigos ver o espetáculo ao vivo de Sara Montiel, mas não mais para escutar outra vez as canções da vovó, mas atraído pela nostalgia daqueles tempos do México. Quando minha avó as cantava, nos meus seis anos, as canções me pareciam tristes. Quando voltei a escutá-las, trinta anos mais tarde, pareceram-me ainda mais tristes. Agora, em Barcelona, me pareceram tão tristes que apenas um nostálgico irremediável como eu poderiam suportá-las. Ao sair do teatro, a noite era transparente e tépida e havia no ar uma fragrância de rosas do mar, enquanto o resto da Europa naufragava na neve. Senti-me comovido naquela cidade bonita, lunática e indecifrável, onde deixei tantos anos de minha vida e da vida de meus filhos, e o que então sofri não foi a nostalgia de sempre, mas um sentimento mais fundo e dilacerador: a nostalgia da nostalgia.

Para minha geração, que andava pelos 15 anos quando terminou a Guerra Civil Espanhola, esta melancolia das nostalgias superpostas tem suas raízes na Espanha. Corresponde-nos viver, num momento em que todas as recordações são eternas, o que chamamos de a segunda conquista da América.

Publicado originalmente em 13 de janeiro de 1982.

Refiro-me ao desembarque em massa dos republicanos derrotados, que não iam armados com a cruz e a espada, como da primeira vez, e sim com uma força de espírito que nos transformou a vida. Muitos chegaram convencidos de que era um exílio passageiro. Dizia-se até há pouco, e mais a sério do que poderia parecer, que muitos dos que chegaram ao México não quiseram sair do porto de Veracruz, e nem sequer desfazer as malas, para não perder o lugar nos primeiros navios de regresso. No café Parroquia, que é um salão enorme de azulejos com ventiladores de pás e mesas de mármore sobre as quais os garçons faziam a soma, como se fosse em Cádiz, a guerra continuava aos gritos. Em Buenos Aires, em Bogotá, na Cidade do México, em Havana, apareceram logo restaurantes populares que pareciam trazidos inteiros de Madri ou Sevilha, com seus presuntos pendurados, seus cartazes de touradas e as enormes *paellas* improvisadas com os ingredientes locais. Os exilados permaneciam depois que os outros clientes haviam saído, de madrugada, e voltavam a contar, uns para os outros, mais uma vez, a história sem fim da batalha do Ebro ou o episódio amplificado do Alcázar de Toledo. Em certa ocasião, quando viajava de Veracruz a Cartagena de Indias num navio espanhol, testemunhei um momento que me pareceu a síntese perfeita de todo o drama do exílio. Um refugiado subira ao navio para tomar um *brandy* no bar. O barman, que ao que tudo indica o conhecia de outras viagens, perguntou-lhe se queria o *brandy* com água. O refugiado disse que não, mas o barman o convenceu, porque se inclinou sobre o balcão e lhe disse com uma voz de cúmplice:

— A água é da Espanha.

Em meio a tantas verdades diferentes e embaralhadas, não sei se os refugiados espanhóis na América Latina eram conscientes do vento de renovação com que nos mudaram tantas coisas essenciais da vida: as universidades, as livrarias, o jornalismo e, sobretudo, nossas ultrapassadas concepções políticas. E como nos ensinaram a amar para sempre uma Espanha menos inevitável e portanto mais humana do que aquela outra Espanha de óleo de rícino que os padres ignorantes da escola primária nos faziam engolir à força.

De certo modo eu também fui um exilado espanhol. Desde a escola, influenciado pelos professores republicanos, prometi-me não pisar em terra espanhola enquanto o general Franco fosse vivo. Foi uma determinação tão drástica que, em 1955, fiz uma escala técnica no aeroporto de Madri e nem sequer saí do avião, apesar da lucidez com que J.M. Caballero Bonald tratou de me explicar que a Espanha eterna era tão fantástica que continuaria a ser apesar do general Franco. Só aos 42 anos de idade — há 11 anos — tive suficiente uso da razão para me dar conta de que Caballero Bonald a tinha toda, porque, apesar de minha resistência passiva e anônima, a Espanha continuava no tempo e o general Franco permanecia sem a menor disposição de morrer para me agradar. De maneira que cheguei a Barcelona no outono de 1967, com toda a minha família e com a idéia de permanecer oito meses que me sobraram de um romance, e fiquei sete anos. Mais ainda: de algum modo difícil de explicar, ainda não saí por completo nem creio que sairei nunca.

Eu não estava consciente de tudo isto até a semana passada, quando saí do teatro com meus amigos de Barcelona de repente e descobri a nostalgia da nostalgia. Compreendi, como tantos outros da minha geração, que sofrera a nostalgia da Espanha antes de conhecê-la, não apenas pelas evocações implacáveis dos republicanos errantes mas também pela grande poesia que eles próprios me ensinaram. Julio Cortázar disse num de seus livros que depois de conhecer Viena não continuava recordando-a como a vira na realidade mas como a imaginava antes de conhecê-la. Comigo ocorreu a mesma coisa em muitos lugares do mundo, mas não com a Espanha. Pois seu descobrimento foi uma experiência platônica: encontrei-a igual, rua por rua, tarde por tarde, nuvem por nuvem, a Espanha que já conhecia por sua literatura, de modo que conhecê-la na realidade não foi mais do que recordá-la.

Percebi, com efeito, como já dissera dom Antonio Machado, que os campos de Soria eram áridos e frios, com serras peladas e montes cinzentos, onde a primavera deixava por entre a erva um rastro perfumado de margaridas brancas. Reconheci as cidades da Andaluzia, que parecem desenhadas à pena, e senti ao entardecer os chocalhos dos cordeiros e o cheiro do tomilho esmagado pelo tropel do rebanho. Vi pássaros que conhecia só de leitura, como as gralhas e os tordos, e árvores que até então acreditava imaginárias, como os choupos nas margens dos rios, e escutei vozes de crianças distantes que só conhecia de ouvir falar nos campos de Moguer, e compreendi o drama da história de Castilla numa única noite de janeiro em El Escorial, onde a solidão e o frio só podiam ser comparáveis aos da morte. Em Granada fui procurar a rua Elvira, para ver se era verdade que ali viviam as *manolas* [moças espanholas do povo] como escrevera García Lorca. Não as encontrei, mas, em compensação, tive a sorte de ver Alhambra como os califas sempre quiseram vê-la: sob um aguaceiro torrencial. Não pude reprimir um estremecimento oculto quando apareceu na janela do trem uma das cidades mais belas do mundo: Córdova, longínqua e solitária, onde, por trás dos muros, disse o poeta que a morte espiava. Uma noite, enquanto jantávamos no desolado refeitório do Hotel Atlântico, em Cádiz, tive de repente a impressão maravilhosa de que o prédio zarpara para as Américas. Em Burgos, alguém apontou o dedo indicador para uma casa de paredes sombrias e me disse:

— Ali vive o carrasco.

Sentia uma grande nostalgia daquelas belas nostalgias na noite da semana passada em que saí do teatro com meus amigos de Barcelona. As Ramblas estavam mais concorridas e delirantes do que nunca, ainda com as enormes estrelas de luzes coloridas do Natal. Em meio à multidão agitada, aos gringos desnorteados e às suecas suculentas e quase nuas em janeiro, estavam os exilados da América Latina vendendo coisas sem valor, a céu aberto, com suas crianças envoltas em trapos, sobrevivendo como podiam enquanto também aguardam o navio de regresso. São talvez 250 mil em toda a Espanha, e não são muitos os que têm a sorte de ser queridos na Espanha como nós queríamos os republicanos errantes que nos ensinaram a viver a nostalgia da nostalgia.

OS 166 DIAS DE FELIZA

A escultora colombiana Feliza Bursztyn, exilada na França, morreu de tristeza às 10h15 da noite de sexta-feira passada, dia 8, num restaurante de Paris. O diário *El Tiempo*, de Bogotá, publicou a notícia na primeira página de sua edição de domingo. E explicou aos leitores, em três linhas, por que a escultora não estava na Colômbia: "Feliza viajou há dois meses para Paris em companhia do marido, e antes passou várias semanas no México." Nada mais. Mas no dia seguinte apareceu uma nota assinada com iniciais que coincidem com as do diretor do jornal, Hernando Santos, em que se faziam duas perguntas sobre Feliza Bursztyn: "Por que teve de ir embora? Por que foi vítima de um exílio incompreensível do qual poderia ter se livrado com duas simples palavras?" Mas a nota não diz quais eram estas duas palavras mágicas que acaso prolongariam sua vida.

De méritos tão grandes como suas gargalhadas, amiga mais querida de seus amigos de todas as partes, não só diria duas palavras simples mas quantas fossem necessárias para retornar ao único país onde sempre quis viver. Se alguém lhe tivesse feito a caridade de revelá-las a tempo, talvez cumprisse seu desejo e exercesse o direito de morrer em sua cama de Bogotá, rodeada por seus poetas loucos, e não estirada no chão de um restaurante forrado de espelhos, diante da insistência inútil de seis médicos do Corpo de Bombei-

Publicado originalmente em 20 de janeiro de 1982.

ros que tentavam reanimá-la e do espanto do marido e quatro amigos que já sabíamos que estava morta desde o primeiro instante.

Ninguém sabe melhor do que minha família e eu como foi a vida de Feliza Bursztyn, minuto a minuto, nos 166 dias de seu exílio mortal. Em nossa casa do México, onde passou quase três meses desde que saiu de Bogotá sob proteção diplomática da embaixada mexicana, até quando pôde viajar para Paris, não só tivemos tempo de sobra para falar de seu drama, mas só pudemos falar disso, porque Feliza caiu numa espécie de torpor de disco riscado que não lhe permitia falar de outra coisa. Infinitas vezes, guiada por minha curiosidade invencível de jornalista e escritor, contou-me até os detalhes mais ínfimos suas tristes recordações; preenchemos juntos os espaços vazios, tentamos compreender o incompreensível, ansiosos por tocar o fundo de um mistério que não queria se deixar tocar. Em Paris, onde chegamos em outubro do ano passado com poucos dias de diferença, continuamos a nos ver com freqüência. Portanto, considero um direito, e até um dever de sanidade mental, que seja eu quem trate de responder às duas perguntas de H.S., ainda que seja só para que seus leitores não sucumbam também à peste do esquecimento.

Feliza Bursztyn teve de fugir da Colômbia — como poderia ter feito o protagonista de *O processo*, de Franz Kafka — para não ser presa por um delito que nunca lhe foi revelado. No dia 24 de julho de 1981, sexta-feira, uma patrulha de militares comandada por um tenente se apresentou em sua casa de Bogotá às quatro da madrugada. Todos estavam vestidos como civis, com uma espécie de ponchos compridos, sob os quais levavam escondidas as submetralhadoras, e tinham autorização de um juiz militar para fazer uma revista. O comportamento deles foi correto, até mesmo amável, e a vistoria feita na casa durou quase quatro horas, mas foi mais ritual do que minuciosa. Feliza e o marido, Pablo Leyva, tiveram a impressão de que eram uns rapazes inexperientes que não sabiam o que buscavam nem tinham muito interesse em encontrar. A única coisa que revistaram a fundo foi a cama de casal, até o extremo de desmontá-la e tornar a montá-la.

— Talvez buscassem meus pós perdidos — comentou mais tarde Feliza com seu humor cruel.

Outra coisa que lhes chamou a atenção foi uma caixa com fotografias que Feliza trouxera de Havana, poucos dias antes, onde estivera para participar de uma exposição de suas obras na Casa de las Américas. Eram as fotos de uma exposição coletiva de fotógrafos colombianos realizada em Havana no ano anterior, também com o patrocínio da embaixada da Colômbia em Cuba, e com a presença de seus funcionários. A Casa de las Américas pedira a Feliza a gentileza de devolvê-las aos seus autores, cujos nomes e endereços estavam escritos no dorso de cada foto. Os soldados deram uma olhada superficial em quase uma centena de fotos e puseram de lado três, que levaram consigo. Feliza, que sequer tivera tempo de abrir o pacote, não pôde ver bem que fotos eram, mas pareceu-lhe que pelo menos uma vira publicada na imprensa da Colômbia. Também levaram uma pistola Beretta sem préstimo que um amigo lhe presenteara em 1964, numa época em que vivia sozinha em Bogotá, antes de casar com Pablo Leyva.

— Nunca me atrevi a tocá-la — me disse Feliza —, com medo de perder um olho.

Foi tudo quanto levaram. É certo que depois Feliza deu pela falta de duas correntes e três anéis que pusera na mesa-de-cabeceira antes de dormir, e que eram as únicas coisas de ouro, mas também as mais baratas em seu paraíso de sucata. Mas sempre insistiu, com sua boa-fé inquebrantável, que não podia supor algo que não vira.

Terminada a revista, Feliza foi levada, sem o marido, para o estábulo da Brigada de Institutos Militares. Permaneceu sentada, sem comer nem beber, durante as 11 horas do interrogatório. Vendaram-lhe os olhos e pregaram no peito uma fita adesiva com seu número de presidiária: 5. Esse emplastro, com o número, ainda está pendurado na parede da cozinha de sua casa de Bogotá. Sempre insistiu em que a trataram com correção, que pediram desculpas por ter de vendá-la, e que nenhuma das incontáveis perguntas lhe permitiu vislumbrar de que a acusavam. Perguntou a um de seus interrogadores invisíveis, que lhe deu uma resposta deslumbrante:

— Vamos saber agora com base no que nos disser.

É surpreendente que resistisse àquela provação com tanta firmeza, porque Feliza tinha uma limitação pulmonar séria, devido às substâncias tóxicas com que trabalhava, além de uma lesão na coluna vertebral de que não se recuperou nunca. Mas não perdeu o senso de humor em nenhum instante daquelas 11 horas desgraçadas de nossa história pátria.

Perguntaram-lhe se conhecia algum escritor, e respondeu que sim: Hernando Valencia Goelkel. Perguntaram-lhe se conhecia outros, e respondeu que sim, mas não os mencionava porque eram maus escritores. Perguntaram-lhe se temia que a violassem, e respondeu que não, porque toda mulher casada está acostumada a que a violem todas as noites. Todos os diferentes interrogadores, a quem nunca pôde ver, puseram em dúvida sua nacionalidade colombiana. Jamais, nas horas intermináveis de seu exílio, Feliza parecia esquecer que alguém em seu próprio país lhe fizesse essa ofensa.

— Sou mais colombiana do que o presidente da República — costumava dizer em seus últimos dias. Mais ainda: bem antes que tivesse de abandonar a Colômbia, uma revista perguntou a vários artistas colombianos em que cidade do mundo gostariam de viver, e Feliza foi a única que respondeu: — Em Bogotá.

Dois dias depois do interrogatório, quando já se considerava a salvo de qualquer suspeita, Feliza foi intimada por um juiz militar, que a acusou de ter em casa uma arma sem registro. O juiz lhe mostrou o texto da lei que previa para aquele delito uma pena de cinco anos de prisão. Obrigou-a a assinar uma intimação e convocou-a para dois dias depois, advertindo-a de que não podia sair de Bogotá. Dois dias depois, com dor na alma, asilou-se na embaixada do México.

Não é compreensível, pois, que alguém se pergunte agora por que Feliza saiu da Colômbia. O próprio Hernando Santos, que foi um de seus amigos mais queridos, teve a dignidade de telefonar para o ministro da Defesa, general Camacho Leyva, para interceder por ela, quando ainda estava detida. O general respondeu que nada podia fazer, porque havia contra Feliza uma denúncia concreta. Poucos dias depois, quando Feliza ainda estava asilada na embaixada do México, a Chancelaria colombiana disse, num comunicado, que não havia qualquer acusação contra ela, que podia viajar sem salvo-conduto para onde quisesse e retornar à Colômbia com toda a liberdade. Mas outros dias mais tarde, o redator de assuntos militares do *El Espectador*, de Bogotá, publicou uma declaração explícita de um alto oficial das forças armadas da Colômbia, que nunca se identificou, mas que tampouco foi desmentido por ninguém. O militar anônimo afirmava ter provas de que Feliza Bursztyn servira de correio entre os dirigentes cubanos e o M-19, mas que fora tratada com a maior consideração por ser mulher e artista. Outras gestões que amigos de Feliza fizeram depois perante as autoridades militares receberam a mesma resposta. É alarmante, mas já se sabe: na Colômbia, os militares conservam segredos que as autoridades civis desconhecem.

Feliza não estava em Paris por prazer. Seu objetivo original era viajar aos Estados Unidos, onde viviam as três filhas, a irmã e a mãe, todas de nacionalidade norte-americana. Mas a embaixada dos Estados Unidos no México, depois de consultar a de Bogotá, negou-lhe o visto. Amigos de Feliza lhe conseguiram então, no Ministério da Cultura da França, uma bolsa de duração indefinida e um ateliê para que continuasse fazendo suas sucatas, e a carteira da Seguridade Social para que cuidasse melhor de sua má saúde. Em Paris o marido encontrou-a apenas dez dias antes de sua morte, quando veio de Bogotá para passar com ela o último Ano-Novo de sua vida.

A mulher que Pablo Leyva encontrou em Paris não era a mesma de quem se despediu em Bogotá. Estava perplexa e distante, e seu riso explosivo e desbocado se apagara para sempre. Um exame médico completo diagnosticou um esgotamento geral, que é o nome científico da tristeza. Sexta-feira, 8 de janeiro, em nosso retorno de Barcelona, Mercedes e eu os convidamos para jantar, juntamente com Enrique Santos Calderón e sua mulher, María Teresa. Era uma noite glacial deste inverno feroz e triste, e havia rastros de neve congelada na rua, mas preferimos caminhar até um restaurante por perto. Feliza, sentada à minha esquerda, não acabara de ler o cardápio para encomendar o jantar, quando inclinou a cabeça sobre a mesa, lentamente, sem um suspiro, sem uma palavra nem uma expressão de dor, e morreu instantaneamente. Morreu sem saber sequer por quê, nem o que fizera para morrer assim, nem quais eram as duas palavras simples que poderia dizer para não morrer tão longe de casa.

CONTOS DE ESTRADA

Há muitos anos eu estava esperando um táxi numa avenida central do México, em pleno dia, quando vi se aproximar um que não me mexi para chamá-lo, porque havia uma pessoa sentada ao lado do motorista. No entanto, quando chegou mais perto, compreendi que era uma ilusão de ótica: o táxi estava livre.

Minutos depois contei ao motorista o que vira, e ele me disse, com naturalidade absoluta, que não era alucinação minha:

— Sempre acontece a mesma coisa, sobretudo à noite — disse. — Às vezes passo horas inteiras rodando pela cidade sem que ninguém me chame, porque sempre vêem uma pessoa no banco do lado.

Era o banco confortável e perigoso que em alguns países se chama "o lugar do morto", porque é o mais atingido nos acidentes, e nunca foi tão merecedor desse nome como no caso daquele táxi.

Quando contei o episódio a Luis Buñuel, ele disse, com grande entusiasmo:

— Isso pode ser o início de algo muito bom.

Sempre achei que ele tinha razão. Pois o episódio não é em si mesmo um conto completo, mas é, sem dúvida, um magnífico ponto de partida para um relato escrito ou cinematográfico. Com o grave inconveniente de

Publicado originalmente em 27 de janeiro de 1982.

que tudo o que ocorresse depois teria de ser melhor. Talvez por isso nunca o usei.

O que me interessa agora, no entanto, e depois de tantos anos, é que alguém me contou a mesma história como se acabasse de acontecer com ele próprio em Londres. É curioso, além disso, que fosse ali, porque os táxis londrinos são diferentes dos do resto do mundo. Parecem uns coches mortuários, com cortinas de renda e tapetes roxos, com assentos fofos de couro e bancos suplementares para até sete pessoas, e um silêncio interior que tem algo do esquecimento funéreo. Mas em lugar do morto, que não está à direita, e sim à esquerda do motorista, não há uma cadeira para outro passageiro, e sim um espaço destinado à bagagem. O amigo que me contou a história em Londres me assegurou, no entanto, que foi naquele lugar que viu a pessoa inexistente, mas que o motorista lhe dissera — ao contrário do que disse o do México — que talvez fosse uma alucinação. Pois bem: ontem contei tudo isto a um amigo de Paris e ele se convenceu de que eu estava caçoando dele, e diz que o episódio aconteceu com ele. Além disso, segundo me disse, ocorreu de maneira mais grave, pois contou ao motorista do táxi como era a pessoa que vira ao seu lado, descreveu a forma de seu chapéu e a cor da gravata borboleta, e o motorista o reconheceu como o espectro de um irmão morto pelos nazistas durante os anos da ocupação alemã na França.

Não creio que qualquer destes amigos mentisse, como eu não menti a Luis Buñuel, mas me interessa destacar o fato de que há histórias que se repetem no mundo inteiro, sempre da mesma maneira, e sem que ninguém possa afirmar com certeza se são verdades ou fantasias, nem decifrar jamais seu mistério. De todos eles, talvez o mais antigo e recorrente eu o ouvi pela primeira vez no México.

É o eterno conto da família na qual morre a vovó durante as férias na praia. Poucas atividades são tão difíceis e custosas e requerem tantos trâmites e papelada legal como transportar um cadáver de um estado para outro. Alguém me contou na Colômbia que teve de sentar seu morto entre dois vivos, no banco dianteiro de seu automóvel, e até pôs em sua boca um charuto aceso no momento de passar pela fiscalização da estrada, para evitar os inevitáveis obstáculos da transferência legal. De maneira que a família mexicana enrolou a avó morta num tapete, amarraram-na com cordas e a puseram bem amarrada no bagageiro do capô do automóvel. Numa parada do caminho, enquanto a família almoçava, o automóvel foi roubado com o cadáver da avozinha em cima, e nunca mais se encontrou nenhuma pista. A explicação que se dava para o desaparecimento era que os ladrões talvez tivessem enterrado o cadáver num descampado e haviam desmanchado o carro para tirar literalmente o morto de cima deles.

Durante uma época, este conto se repetia no México por todas as partes, e com nomes diferentes. Mas as várias versões tinham algo em comum: aquele que narrava dizia sempre ser amigo dos protagonistas. Alguns, além disso, davam o nome e o endereço. Passados tantos anos, voltei a escutar este conto nos lugares mais distantes do mundo, incluindo o Vietnã, onde a repetiu um intérprete como se tivesse acontecido a um amigo seu nos anos da guerra. Em todos os casos as circunstâncias são as mesmas e, se alguém insiste, dão o nome e o endereço dos protagonistas.

Uma terceira história recorrente a conheci há menos tempo do que as outras, e aqueles que têm a paciência de ler esta coluna todas as semanas talvez se recordem. É a história arrepiante de quatro rapazes franceses que no verão passado deram carona a uma mulher vestida de branco na estrada de Montpellier. De repente, a mulher apontou para a frente com o dedo indicador aterrorizado, e gritou:

— Cuidado! Esta curva é perigosa.

E desapareceu. Soube do caso por diversos jornais da França, e fiquei tão impressionado que escrevi uma crônica sobre ele. Parecia-me espantoso que as autoridades francesas não prestassem atenção a um acontecimento de tanta beleza literária e o arquivassem por não encontrar uma explicação racional. Um amigo jornalista, no entanto, contou-me há alguns dias em Paris que o motivo da indiferença oficial era outro: na França, essa história se repete e se conta há muitos anos, até mesmo antes da invenção do automóvel, quando os fantasmas errantes dos caminhos noturnos pediam o favor de ser levados nas diligências. Isto me lembrou que também entre as histórias da conquista do Oeste dos Estados Unidos se repetia a lenda do passageiro solitário que viajou a noite inteira na carruagem, juntamente com o velho banqueiro, o juiz recém-formado e a bela jovem do Norte, acompanhada pela governanta, e no dia seguinte seu lugar apareceu vazio. Mas o que mais me surpreendeu foi descobrir que o conto da mulher de branco, tal como o li na imprensa francesa, e tal como o contei nesta coluna, já fora contado pelo mais prolífico de todos nós, Manolo Vázquez Montalbán, num dos poucos livros seus que não li: *La soledad del manager*. Tomei conhecimento da coincidência pela fotocópia que me mandou um amigo, que além disso já conhecia a história há algum tempo e por fontes diferentes.

O problema dos direitos, com Vázquez Montalbán, não me preocupa: ambos temos o mesmo agente literário de todos *els altres catalans*, que se encarregará de distribuir os direitos do conto a quem de fato merecê-los. O que me preocupa é a outra casualidade de que este conto recorrente — o terceiro que descubro — seja também um episódio de estrada. Sempre conheci uma expressão que agora não pude encontrar em tantos dicionários inúteis de minha biblioteca, e é uma expressão que seguramente tem algo a ver com estas histórias: "São contos de estrada." O ruim é que esta expressão quer dizer que são histórias mentirosas, e estas três que me perseguem são, sem dúvida, verdades completas que se repetem sem cessar em lugares diferentes e com diferentes protagonistas, para que ninguém esqueça que também a literatura tem suas almas penadas.

OUTRA VEZ DO AVIÃO À MULA... QUE FELICIDADE!

De maneira que fiz as malas, encomendei minha alma a meia garrafa de uísque e me rendi ao Concorde. Já estava havia quase duas horas numa sala de espera do Aeroporto Charles de Gaulle, de Paris, que em todos os sentidos parece uma estação espacial, e não deixara de olhar um só instante, através das vidraças panorâmicas, aquele esbelto pássaro em repouso, com suas imensas asas estendidas, e não cessava de me perguntar, entre cada gole de uísque puro, por que chegara a ser tão covarde que não tivera sequer a coragem de desistir da aventura. Ao lado do Concorde passavam os outros aviões de estirpe mais modesta sem que alguém dissesse adeus das janelas, sem alguém que chorasse de desolação no cais como ocorria quando zarpavam os navios de outros tempos, sem nos deixar sequer o consolo de seus brados de adeuses, e meu coração se encolhia ao comprovar que o avião mais veloz e mais caro era o menor de todos, e suas janelas eram apenas do tamanho da palma da mão, e sua envergadura era menor do que a dos primeiros aviões a hélice que assombraram o mundo. Entrar naquele foguete, a duas vezes a velocidade do som, só para chegar a Nova York três horas antes que um avião convencional, era uma temeridade senil. No entanto, ali estava eu, entre os executivos impassíveis e as alegres putas de luxo, sentindo que nem

---

Publicado originalmente em 3 de fevereiro de 1982.

a vida dura nem a vida mole mudaram algo dentro de mim desde aquele ardente meio-dia, sabe-se lá quando, em que meu avô me pôs pela primeira vez no trem de Aracataca. Era a mesma coisa: também agora ia embalado pelo medo, que é o único avô que me ficou desde que morreram os de carne e osso.

Um amigo colombiano me explicou o Concorde com uma frase fulminante:

— É igual ao DC-3, mas a toda merda.

Não acrescento nem tiro uma letra desta definição.

Seu comprimento é quase quatro vezes maior, mas a altura do teto, a estreiteza do corredor central, o tamanho dos assentos são os mesmos daqueles aviões primitivos em que atravessávamos selvas e saltávamos montanhas com a irresponsabilidade feliz da juventude.

Não havia, pois, motivo para ter agora mais medo do que então, salvo pela diferença poética de que as vacas de antigamente deixavam de comer para ver passar os aviões por cima dos estábulos e, em compensação, o Concorde navega por um céu solitário, que já não é deste mundo. A não ser por isso, todo o resto parece igual. Até pelo que me pareceu o mais importante: o ambiente interior. O passageiro espera encontrar uma cápsula sideral, com uma estética diferente da dos outros aviões mortais; mas é a mesma dos hotéis de província onde passava as noites chorando de solidão.

— Por este preço — disse uma senhora que regressava do sanitário — bem que podiam ter um Picasso pendurado em cada Concorde.

Surpreendeu-me pela lucidez com que conseguiu expressar uma idéia que eu tivera para explicar meu mal-estar.

Uma das perdas que mais me doeu e desconcertou na vida foi a de uma noite completa num vôo de Los Angeles a Tóquio. Nunca tornei a encontrá-la, e cada vez que a recordo me pergunto o que faria com ela, se não seria a noite mais feliz que me estava destinada, e que perdi para sempre por não ficar quieto em casa. Saímos de Los Angeles um domingo às duas da tarde e chegamos a Tóquio às duas da tarde de segunda-feira, depois de voar 11 horas em pleno dia. A primeira coisa que notei ao desembarcar era que faltava na minha vida a noite de domingo, não apenas com suas horas contadas, com seu céu e suas estrelas, mas também com seu sonho. Essa noite, no enorme hotel de Tóquio, onde as pessoas são despertadas por computadores ocultos que cantam como pássaros, eu não me preocupava por tantas maravilhas da ciência, mas me sentia confuso pela aflição de tentar dormir numa noite que não era a minha.

No Concorde, a confusão do tempo é mais desagradável, porque se sai de Paris às 11 da manhã e se chega a Nova York às oito da manhã do mesmo dia. Os mais avançados nestes mistérios da ciência acabáramos de aceitar a confusão convencional de que alguém saísse de Paris ao meio-dia e chegasse a Nova York às duas da tarde, depois de voar sete horas. Mas fazer o desjejum uma vez em Paris e voltar a fazê-lo em Nova York no mesmo dia, à mesma hora, é uma usurpação inadmissível dos mistérios reservados à poesia. Estas curiosidades físicas que todos aceitam como normais, mas que eu nunca consigo entender por mais que meus amigos sábios me expliquem com números e desenhos, deixam de ser poéticas quando se sabe qual é o risco a que alguém se submete para torná-las possíveis. Na realidade, este avião supersônico, que é em si mesmo uma proeza da inteligência humana, voa a 2.200 quilômetros por hora, ou seja, mais de seis vezes do que o bisavô de hélice. Para conseguir essa velocidade vertiginosa tem de subir a quase vinte quilômetros de altura, onde já não há mais ar, onde a temperatura invernal é de 66 graus abaixo de zero e a pressão atmosférica é vinte vezes menor do que a do mar. Para que se desfrute do serviço excelente, tomar todo o champanha que se deseja e se extasiar com os melhores queijos do mundo é necessário que o ambiente da aeronave se mantenha igual ao nível do mar. Vale dizer que entre a pressão exterior e a interior há uma diferença tão grande que cem viajantes felizes vão dentro de uma bomba duas vezes mais veloz do que o som e que uma simples fissura invisível bastaria para convertê-los numa gloriosa poeira de estrelas. Seria não só a forma mais moderna de morrer, mas talvez a única garantida de morrer para sempre de corpo e alma.

Por sorte, na única revista que encontrei a bordo havia um artigo consolador, sobre a possibilidade iminente de que o dirigível, o manso e venerável dinossauro da aeronáutica, seja ressuscitado com fins comerciais, quarenta anos depois que o gigantesco *Hindenburg* foi consumido pelas chamas em Nova Jersey, com um saldo de 36 mortos. O *Hindenburg* realizara 144 vôos no Atlântico, e sua única falha foi a causa de seu desastre: era inflado com oxigênio, que é um gás inflamável. O novo dirigível, em compensação, será inflado com hélio, e já existe uma versão inglesa que entrará em serviço entre Londres e Paris dentro de cinco anos, com uma carga útil de duas toneladas e uma velocidade de 115 quilômetros por hora. Mas haverá outra versão norte-americana capaz de levar setecentos passageiros pelo Atlântico, com dormitórios, corredores de luxo, salão de festa e áreas de recreação, mas a não mais de trinta metros sobre o nível do mar. Algo assim como um barco que voasse a uma velocidade humana de quinhentos quilômetros por hora, sem pressa nem sobressalto, para que seja outra vez verdadeiro o prazer de viajar. Foi difícil e doloroso passar da mula ao avião, mas agora vamos bem na viagem de retorno. Outra vez do avião à mula.

GRAHAM GREENE: A ROLETA-RUSSA DA LITERATURA

Nem bem acabara de ler o último livro de Graham Greene — *Pontos de fuga*, que é o segundo volume de suas memórias descosturadas — quando estourou na França o escândalo de seu livro seguinte, *Eu acuso*, que é, ao que parece, uma reportagem sobre a corrupção na muito corrupta e muito bonita cidade de Nice. O prefeito, como qualquer chanceler colombiano em ocasião recente — apressou-se a declarar que o grande escritor inglês, cujos livros figuram entre os mais vendidos do mundo, só estava buscando publicidade para aumentar suas vendas. Graham Greene, que é refratário a toda espécie de declarações dramáticas, reiterou para a imprensa as denúncias de seu livro, e pôs um grave ponto final no assunto:

— Prefiro que me matem a tiro a morrer de velho na cama.

A declaração, mais do que sua, parece de algum de seus personagens. Deve-se aceitar que não há muitos franceses que compartilhem a opinião apressada do prefeito de Nice, que nenhum deles dispute com Graham Greene o direito indesejável de morrer de morte natural, e que todos terminem por entender que os escritores são uma praga imprevisível, incapazes de calar aquilo que no seu entender se deve dizer.

Publicado originalmente em 10 de fevereiro de 1982.

Graham Greene, nos seus 78 anos bem vividos, não podia fazer menos do que durante toda a vida: escrever contra toda injustiça. Há tempo vive em Antibes, cidade marítima a trinta quilômetros de Nice, perto de onde viveu e morreu Pablo Picasso, e onde foram morrer muitos grandes artistas de nosso tempo. Os elefantes têm um lugar comum para morrer, e chegam até ali com o último esforço. Nesse sentido se disse muitas vezes que a Côte d'Azur é um dos mais esplêndidos cemitérios de elefantes do mundo, e Antibes um de seus recantos mais tranqüilos e formosos. Sem dúvida, aqueles que sabiam que Graham Greene se instalara ali havia muitos anos não podiam evitar a metáfora dos elefantes. Publicou um livro quase todos os anos, e há apenas quatro publicou o que para meu gosto é uma de suas obras-primas: *O fator humano*. Mas não dava entrevistas, não era visto em lugares públicos, a não ser em algum bar escondido cujo proprietário o conhece e o recebe sempre com um coquetel diabólico inventado por ele mesmo, e conseguira até a sorte de não ser incluído todos os anos na lista de candidatos ao Prêmio Nobel:

— Não me darão nunca porque não me consideram um escritor sério — me disse uma vez, e é possível que tenha razão.

O que ninguém podia imaginar é que aquele inglês rosado e de aspecto um tanto distraído, que não se convertera em personagem típico da região, como tantos artistas em repouso, enxergava mais do que parecia, e sondava com sua atenção implacável as entranhas mais obscuras e perigosas da cidade.

A mim não surpreendeu. Em primeiro lugar, porque acredito ter uma certa idéia de como são os escritores por dentro. Mesmo em seus instantes mais passivos, quando estão deitados de barriga para cima na praia, trabalham como burros. O próprio Graham Greene disse:

— Escrever é uma forma de terapia: às vezes me perguntam como se arranjam os que não escrevem, os que não pintam ou não compõem música, para escapar da loucura, da melancolia, do pavoroso pânico inerente à condição humana.

Rilke disse a mesma coisa de outra maneira:

— Se você acredita que é capaz de viver sem escrever, não escreva.

O livro sobre a corrupção de Nice não me surpreendeu, em segundo lugar, porque Graham Greene esteve em incontáveis lugares do mundo — como jornalista, espião, correspondente de guerra, simples turista — e todos eles apareceram cedo ou tarde incorporados à essência de seus livros. Graham Greene o reconhece em suas memórias, ainda que se pergunte, por sua vez, como todo escritor, até que ponto era consciente da busca ou do aproveitamento de suas fontes de inspiração. "Não as buscava", escreveu. "Tropeçava nelas." Era difícil certamente que não tropeçasse no submundo de Nice.

Não me surpreendi, em último lugar, porque, de modo consciente ou inconsciente, Graham Greene buscou sempre suas fontes de inspiração em lugares distantes e arriscados. Em certa ocasião, sendo muito jovem, jogou a roleta-russa. O episódio está contado sem dramaticidade no primeiro volume de suas memórias, que chegam até quando fez 27 anos. Muito antes se falara disso com certa freqüência, como uma extravagância da juventude. Mas, pensando com mais vagar, Graham Greene quase nunca deixou de jogar a roleta-russa da literatura com os pés na terra. O último episódio é sem dúvida este livro sobre a face oculta de Nice, que tantos leitores de Graham Greene estamos ansiosos por conhecer.

É difícil encontrar no século XX um escritor que seja vítima de tantos julgamentos apressados como Graham Greene. O mais grave deles é a tendência a ser considerado simples escritor de romances de mistério, e que, mesmo se fosse assim, se esqueça com tanta facilidade que muitos romances de mistério circulem pelos mais altos céus da literatura. Porém o mais injusto desses julgamentos é o de que Graham Greene não se interessa pela política. Nada mais falso. "A partir de 1933", ele mesmo escreve, "a política foi ocupando um lugar maior em meus romances." De sua permanência no Vietnã, como enviado do *Times* de Londres para escrever sobre a guerra de independência contra os franceses, ficou-nos seu romance *O americano tranqüilo*. O mais distraído dos leitores deveria se dar conta de que esse romance não é só uma representação literária daquele drama humano e sim uma visão profética da intervenção posterior dos Estados Unidos na vida privada do Vietnã.

Sob este aspecto, Graham Greene diz respeito a nós, latino-americanos, até por seus livros menos sérios. Em *O poder e a glória* deixou plasmada uma visão fragmentária, mas muito comovente, de toda uma época do México. *Os comediantes* é uma exploração no inferno do Haiti sob a ditadura vitalícia do doutor Duvalier. *Nosso homem em Havana* é um olhar fugaz, mas de uma ironia amarga, sobre o bordel turístico do general Fulgencio Batista. *O cônsul honorário* foi um dos poucos relatos que a literatura nos deu sobre o despotismo obscuro do general Stroessner no Paraguai. Por tudo isto, certa vez lhe perguntei se não se considerava um escritor da América Latina. Não me respondeu, mas ficou me olhando com uma espécie de estupor muito britânico que nunca consegui decifrar.

Quando se assinaram os tratados do Canal do Panamá, há quatro anos, Graham Greene e eu viajamos a Washington como convidados pessoais do general Omar Torrijos. Para nós dois foi uma boa ocasião de entrar nos Estados Unidos sem a tecnocracia da imigração: ambos temos limitado nosso ingresso por motivos que nem um nem o outro conhecemos bem. Nunca me esquecerei o alvoroço de criança travessa de Graham Greene quando desembarcamos na base militar de Andrews, perto de Washington, com nossos passaportes oficiais panamenhos válidos só para essa vez, entre as músicas marciais e a saudação oficial de 21 tiros de canhão: "Estas coisas só se passam comigo", eu pensava, morrendo de rir, enquanto a jornalista Amparo Pérez tentava extrair de mim uma declaração transcendental. Graham Greene, em compensação, inclinou-se para mim, menos sério do que eu, e me disse em francês:

— Estas coisas só acontecem nos Estados Unidos.

Na mesma noite, um grupo de amigos teve de se ocupar dele, porque queria participar de uma recepção oficial na Casa Branca só para ofender a mãe do general Pinochet. Não se estranhe portanto que um homem assim tenha escrito um livro sobre a face oculta de Nice, que seus leitores assíduos e devotos do mundo inteiro estamos ansiosos por ler.

MEU OUTRO EU

Pouco tempo atrás, ao despertar em minha cama no México, li num jornal que eu fizera uma conferência literária no dia anterior em Las Palmas de Gran Canaria, do outro lado do oceano, e o diligente correspondente não só fez uma descrição pormenorizada do ato mas também uma síntese atraente de minha exposição. Porém o interessante é que os temas do resumo eram mais inteligentes do que poderiam me ocorrer, e a forma com que foram expostos era muito mais brilhante do que eu poderia ser capaz. Só havia uma falha: eu não estivera em Las Palmas nem no dia anterior nem nos 22 anos precedentes, e nunca fiz conferência sobre qualquer tema em qualquer parte do mundo.

Acontece amiúde que se anuncie minha presença em lugares onde não estou. Tenho dito por todos os meios que não participo de atos públicos, não pontifico na cátedra, nem me exibo na televisão, nem participo de eventos destinados a promover meus livros, nem me presto a nenhuma iniciativa que possa me converter em espetáculo. Não o faço por modéstia, e sim por algo pior: por timidez. E não me custa nenhum trabalho, porque a coisa mais importante que se aprende a fazer depois dos quarenta é dizer não quando é não. No entanto, nunca falta um divulgador abusivo que anuncia pela imprensa, ou em convites particulares, que estarei na próxima terça-

---

Publicado originalmente em 17 de fevereiro de 1982.

feira, às seis da tarde, em algum ato do qual não tenho notícia. Na hora da verdade, o divulgador se desculpa perante o público pela desistência do escritor que prometeu vir e não veio, acrescenta algumas gotas de leite azedo sobre os filhos de telegrafistas a quem a fama subiu à cabeça, e acaba por conquistar a benevolência do público para fazer com ele o que quiser. No princípio desta infeliz vida de artista, aquele truque malvado começou a me fazer mal ao fígado. Mas me consolei um pouco lendo as memórias de Graham Greene, que se queixa da mesma coisa no capítulo final, e me fez compreender que não há remédio, que a culpa não é de ninguém, porque existe outro eu que anda solto pelo mundo, sem controle de nenhuma espécie, fazendo tudo o que a gente deveria fazer, e não se atreve.

Nesse sentido, o mais curioso que me aconteceu não foi a conferência inventada de Las Palmas, mas o mau pedaço que passei há alguns anos com a Air France, a propósito de uma carta que nunca escrevi. Na realidade, a Air France recebera um protesto altissonante e colérico, assinado por mim, no qual eu me queixava de maus-tratos no vôo regular da companhia entre Madri e Paris, e numa data precisa. Depois de uma investigação rigorosa, a empresa impôs à aeromoça as sanções cabíveis, e o departamento de relações públicas me mandou para Barcelona uma carta de desculpas, muito amável e compungida, que me deixou perplexo, porque na realidade nunca estive naquele vôo. Mais ainda: eu vôo tão assustado que sequer me dou conta de como me tratam, e consagro todas as minhas energias a segurar a poltrona com as mãos para ajudar o avião a se sustentar no ar, ou a tratar de que as crianças não corram pelos corredores com medo de que façam um buraco no piso. O único incidente indesejável de que me lembro foi num vôo a partir de Nova York num avião tão lotado e opressivo que era difícil até respirar. Em pleno vôo, a aeromoça deu a cada passageiro uma rosa vermelha. Eu estava tão assustado que lhe abri meu coração.

— Em vez de nos dar rosa — disse-lhe — seria melhor que dessem cinco centímetros mais de espaço para os joelhos.

A bela jovem, que era da estirpe arrogante dos conquistadores, respondeu-me impávida:

— Se não gosta, desça.

Não me ocorreu certamente escrever nenhuma carta de protesto a uma empresa cujo nome nem quero recordar, e sim que fui comendo a rosa, pétala por pétala, mastigando sem pressa suas fragrâncias medicinais contra a ansiedade, até que recuperei o fôlego. Por isso, quando recebi a carta da companhia francesa me senti tão envergonhado por algo que não fizera que fui em pessoa aos seus escritórios para esclarecer as coisas, e ali me mostraram a carta de protesto. Não poderia repudiá-la, não só pelo estilo, e sim porque a mim próprio me deu trabalho descobrir que a assinatura era falsa.

O homem que escreveu essa carta é, sem dúvida, o mesmo que fez a conferência de Las Palmas, e faz tantas coisas de que só tenho notícia por casualidade. Muitas vezes, quando estou em casa de amigos, procuro meus livros na biblioteca com ar distraído e escrevo uma dedicatória sem que eles percebam. Porém me aconteceu encontrar livros que já estavam com dedicatória, com minha própria letra, com a mesma tinta preta que sempre uso e o mesmo estilo rápido, com um autógrafo que para ser meu só faltava que eu o tivesse escrito.

Igual surpresa me leva a ler em jornais improváveis alguma entrevista minha que jamais concedi, mas que não reprovaria honestamente, porque corresponde linha por linha ao meu pensamento. Mais ainda: a melhor entrevista minha até hoje, a que exprime melhor e de maneira mais lúcida as reviravoltas mais intrincadas de minha vida, não só em literatura mas também em política, em meus gostos pessoais e nos alvoroços e incertezas de meu coração, foi publicada há uns dois anos numa revista marginal de Caracas, e era inventada até o último suspiro. Causou-me grande alegria, não só por ser tão exata mas porque era assinada com o nome completo por uma mulher que eu não conhecia, e que devia me amar muito por me conhecer tanto, ainda que apenas por intermédio de meu outro eu.

Algo semelhante me acontece com pessoas entusiasmadas e carinhosas que encontro pelo mundo inteiro. Sempre é alguém que esteve comigo num lugar onde eu nunca estive, e conserva uma grata recordação daquele encontro. Ou que é muito amigo de algum membro da minha família, a quem na realidade não conhece, porque o outro eu parece ter tantos parentes como eu próprio, mesmo que tampouco eles sejam verdadeiros, e sim que são os duplos dos meus parentes.

No México me encontro com freqüência com alguém que me conta as farras babilônicas que costuma fazer com meu irmão Humberto, em Acapulco. A última vez que o vi me agradeceu o favor que lhe fiz por intermédio dele, e só pude dizer que pois não, cara, não faltava mais nada, porque nunca tive coração para lhe confessar que não tenho nenhum irmão chamado Humberto e nem que vive em Acapulco.

Há uns três anos, eu acabava de almoçar na minha casa do México quando bateram na porta, e um de meus filhos me disse às gargalhadas:

— Pai, você está perguntando por você mesmo.

Saltei da cadeira, pensando com uma emoção incontrolável: "Finalmente, está aí." Mas não era o outro, e sim o jovem arquiteto mexicano Gabriel García Márquez, um homem tranqüilo e bem-apessoado, que suporta com estoicismo a desgraça de figurar na lista telefônica. Teve a gentileza de localizar meu endereço para me levar a correspondência que se acumulara durante anos em seu escritório.

Há pouco, alguém que estava de passagem pelo México procurou nosso telefone na lista, e lhe disseram que estávamos no hospital porque a senhora acabara de ter uma filha. Como eu gostaria! O fato é que a mulher do arquiteto deve ter recebido um ramo de rosas esplêndidas, e além disso bem merecidas, para celebrar a feliz chegada da filha com que sonhei toda a vida e nunca tive.

Não. Tampouco o jovem arquiteto era meu outro eu e sim alguém muito mais respeitável: um homônimo. O outro eu, em compensação, jamais me encontrará, porque não sabe onde vivo, nem como sou, nem poderia conceber como somos tão diferentes. Continuará desfrutando sua existência imaginária, deslumbrante e alheia, com seu iate próprio, avião particular e palácios imperiais onde dá banhos de champanha em suas amantes douradas e derrota a socos os príncipes rivais. Continuará se alimentando de minha lenda, rico até não mais poder, jovem e belo para sempre e feliz até a última lágrima, enquanto eu continuo envelhecendo sem remorso diante de minha máquina de escrever, alheio aos seus delírios e desaforos, e buscando todas as noites meus amigos de toda a vida para tomarmos os tragos de sempre e recordarmos inconsoláveis o cheiro da goiaba. Porque o mais injusto é isso: o outro é quem goza a fama, mas sou eu quem se fode vivendo.

AS ESPOSAS FELIZES SE SUICIDAM ÀS SEIS

Às vezes me divirto no supermercado observando as donas-de-casa que vacilam diante das prateleiras enquanto decidem o que comprar, vejo-as vagar com o carrinho pelos labirintos de mercadorias oferecidas à sua curiosidade, e sempre me pergunto, no fim do exame, qual delas é a que vai se suicidar naquele dia às seis da tarde. Este mau hábito me veio de um estudo médico de que me falou uma boa amiga, há alguns anos, segundo o qual as mulheres mais felizes das democracias ocidentais, ao final de uma vida fecunda de matriarcas evangélicas, depois de ter ajudado os maridos a vencer as dificuldades e formar os filhos com pulso duro e coração terno, acabam por se suicidar quando todas as dificuldades pareciam superadas e deveriam navegar nos charcos tranqüilos do seu outono. A maioria delas, segundo as estatísticas, suicida-se ao entardecer.

Sempre se escreveu sobre a condição feminina, sobre o mistério de sua natureza, e é difícil saber quais foram as opiniões mais acertadas. Lembro-me de uma opinião feroz, cujo autor não denuncio aqui porque é alguém a quem admiro muito e temo entregá-lo à fúria das leitoras eventuais desta crônica. Diz assim o parágrafo: "As mulheres não desejam mais do que o calor de um lar e o amparo de um teto. Vivem com o temor da catástrofe e nenhuma segurança é bastante segura para elas e, aos seus olhos, o futuro

Publicado originalmente em 24 de fevereiro de 1982.

não é só inseguro, mas catastrófico. Para se prevenir contra esses males desconhecidos não há fingimento a que não recorram, não há rapacidade de que não se sirvam, e não há nenhum prazer nem ilusão que não combatam. Se a civilização estivesse nas mãos das mulheres, continuaríamos vivendo nas cavernas dos montes, e a criatividade dos homens teria cessado com a conquista do fogo. Tudo o que pedem da caverna, além de abrigo, é que seja um pouco mais luxuosa do que a do vizinho. Tudo o que pedem para a segurança dos filhos é que estejam abrigados numa caverna semelhante à sua." Na época em que tomei conhecimento deste trecho, declarei numa entrevista:

— Todos os homens são impotentes.

Muitos amigos e, sobretudo, alguns que não eram, não puderam reprimir seus ímpetos machistas e me responderam com insultos públicos e privados que poderiam se resumir num único: "O ladrão julga por sua natureza." Penso agora que, tanto no parágrafo sobre as mulheres como na minha frase sobre os homens, a única coisa reprovável é o exagero. Não há dúvida: todos os homens somos impotentes quando menos esperamos e, sobretudo, quando menos queremos, porque nos ensinaram que as mulheres esperam de nós mais do que somos capazes, e esse fantasma, na hora da verdade, inibe os humildes e perturba os arrogantes. No parágrafo sobre as mulheres, que na realidade foi atribuído às mulheres do império romano, falta assinalar o horror dessa condição que em nosso tempo conduz tantas donas-de-casa a consumir o frasco de soníferos, um depois do outro, e melhor se for com um copo de álcool, às seis da tarde.

Não há nada mais difícil, mais estéril e depauperador do que a logística do lar. Uma das coisas que mais me intrigam e mais admiro neste mundo é como fazem as mulheres para que nunca falte papel higiênico nos banheiros. Calcular por metros enrolados uma necessidade cotidiana que é a mais íntima, a menos previsível e a mais arraigada de cada membro da família, requer não só um instinto especial mas um talento administrativo digno de melhor causa. Se não as admirasse tanto por tantos motivos, como creio ter demonstrado em meus livros, bastaria esta virtude para admirar tanto as mulheres. Creio que poucos homens seriam capazes de manter a ordem da casa com tanta naturalidade e eficácia, e eu não o faria por nenhum dinheiro nem qualquer razão deste mundo.

Nessa logística doméstica está o lado oculto da história que os historiadores não costumam perceber. Para não ir longe, acreditei sempre que as guerras civis da Colômbia no século XIX não seriam possíveis sem a disponibilidade das mulheres para ficar sustentando o mundo em casa. Os homens se lançavam na estrada, escopeta ao ombro, sem mais rodeios, e iam à aventura. Não tomavam qualquer providência para a vida da família enquanto estivessem ausentes, muito menos diante da possibilidade de sua morte. Minha avó me contava que meu avô, sendo muito jovem, foi-se com as tropas do general Rafael Uribe Uribe, e não voltou a saber dele durante quase um ano. Uma madrugada bateram na janela de seu quarto de dormir, e uma voz que nunca identificou lhe disse:

— Tranquilina, se quer ver Nicolás, dê uma olhadela agora mesmo.

Ela, que então era jovem e bonita, abriu logo a janela e só pôde ver a poeira da cavalgada que acabava de passar e na qual, com efeito, ia o marido, que sequer distinguiu. Mulheres como ela criavam sozinhas os filhos, transformavam-nos em homens para outras mulheres que seriam também heroínas invisíveis de outras guerras futuras, e tornavam mulheres as filhas para outros maridos guerreiros que sequer estavam escritos nas linhas de suas mãos, e sustentavam a casa nos ombros até que o homem voltasse. Como fizeram, com que ideais e com que recursos é algo que não se encontra em nossos textos de história escritos pelos homens. Na realidade, em toda a história da poeirenta e hipócrita Academia da História da Colômbia só houve uma mulher. Está ali apenas há pouco mais de um ano e tenho motivos para acreditar que vive intimidada pelo fingimento de seus companheiros de glória.

A explicação de que as mulheres submetidas à sua condição atual de donas-de-casa acabem por se suicidar às seis da tarde não é tão misteriosa como poderia parecer. Elas, que em outros tempos foram bonitas, casaram-se jovens com homens empreendedores e capazes que apenas começavam suas carreiras. Eram trabalhadoras, determinadas, leais e empenharam o melhor de si próprias para empurrar o marido para a frente, com uma das mãos, enquanto com a outra criavam os filhos com uma devoção que nem elas estimavam como um milagre de cada dia. "Levavam", como tantas vezes ouvi minha mãe dizer, "todo o peso da casa nas costas." Tal como faziam suas avós em outras tantas guerras esquecidas. Aquele heroísmo secreto, por desgastante e ingrato que fosse, era para elas uma justificação de suas vidas. Tornava-se mais leve anos depois, quando o marido que acabaram de criar conquistava uma posição profissional, e mais leve ainda quando os filhos acabavam de crescer e saíam de casa. Aquele era o começo de um grande vazio, que não era ainda irremediável porque deixava uma abertura de alívio no trabalho mais aborrecido do mundo: as obrigações da casa, com as quais as perfeitas casadas solitárias suportavam as horas da manhã. Mas não comiam sozinhas se o marido ligasse no último momento para dizer que não o esperassem para almoçar: algumas amigas, em condições semelhantes, mostravam-se ansiosas por acompanhá-las. No entanto, depois da sesta estéril, do salão de beleza obsessivo, das novelas de televisão ou dos telefonemas intermináveis, só ficava para o futuro o abismo das seis da tarde. Nessa hora, ou conseguiam um amante sem maiores compromissos, daqueles que sequer têm tempo de tirar os sapatos, ou tomavam de uma só vez todo o conteúdo do frasco de soníferos. Muitas, as que foram mais dignas, faziam as duas coisas.

O comentário dos amigos seria sempre o mesmo:

— Que coisa estranha. Tinha tudo para ser feliz.

Minha impressão pessoal é que estas mulheres felizes só foram felizes, na realidade, quando tinham poucos motivos para serem felizes.

O FANTASMA PARA O PROGRESSO

Em 13 de março de 1961 o presidente dos Estados Unidos, John Kennedy, reuniu na Casa Branca os membros do Congresso e o corpo diplomático dos países latino-americanos para lançar um projeto espetacular. Chamou-o de Aliança para o Progresso, e continha dez pontos com os quais pretendia resolver num decênio o insondável drama econômico, político e social da América Latina, não tanto por compaixão diante das injustiças seculares, mas como um paliativo improvisado às pressas para barrar os ventos novos da revolução cubana. A magnitude desmedida do projeto se resumia àquele discurso do presidente Kennedy, cujo fôlego profético fazia concorrência ao Velho Testamento. Eu estava naquele dia histórico na Casa Branca, na minha condição de correspondente de imprensa, e só pude me lembrar dele mais uma vez e com mais força em 24 de fevereiro passado enquanto escutava o discurso do presidente Ronald Reagan na OEA.

A semelhança dos dois discursos, com vinte anos de distância, é surpreendente, sobretudo, como uma confirmação — mais uma vez — de que a história apenas se repete como comédia. O presidente Kennedy, jovem e bem-apessoado, leu o discurso com um sotaque juvenil da Universidade de Harvard. O presidente Ronald Reagan, mastigando seu sotaque de caubói da Califórnia, leu sem um único tropeço as dez páginas maciças que trazia

Publicado originalmente em 3 de março de 1982.

na mão, para as quais não dirigiu sequer um simples olhar de modéstia. Mas não foi um improviso. Várias horas antes, cópias do discursos foram distribuídas às agências de notícias, com autorização de transmitir aos clientes do mundo inteiro os parágrafos mais palpitantes. A correspondência exata entre as linhas escritas e as linhas ditas pelo presidente Reagan só podia se explicar como uma proeza em sua interminável carreira de ator: decorara um discurso de quase três mil palavras. E não só o repetiu sem tropeço como soube dar-lhe a ênfase e até as tonalidades de dúvida de um improviso. Não o digo como censura, mas pelo contrário: como o reconhecimento a um ancião quase embalsamado que, no entanto, foi capaz de semelhante aventura escolar.

A Aliança para o Progresso foi concebida como um programa de desenvolvimento social para se opor à expansão soviética na América Latina. Kennedy disse:

— Neste momento de grande oportunidade enfrentamos as mesmas forças que fizeram a América perigar no decorrer de sua história, forças alheias que mais uma vez pretendem impor aos povos do novo mundo o despotismo do velho mundo.

Reagan, como se o tempo só tivesse passado para ele, disse:

— Se não atuarmos com urgência e de maneira decisiva em defesa da liberdade, novas Cubas nascerão das ruínas dos conflitos existentes agora mesmo na região, e vamos nos deparar com regimes incompetentes, totalitários, exportadores da subversão e unidos militarmente à União Soviética.

Ambos os presidentes se penitenciaram pelos erros de seus antecessores.

— Permitam-me antes de tudo admitir — disse Kennedy — que nós, norte-americanos, nem sempre compreendemos o significado desta missão comum.

Reagan, por sua vez, disse:

— Nem sempre honramos estes ideais, fomos politicamente débeis em alguns momentos de nossa história e economicamente atrasados, socialmente injustos ou incapazes de resolver nossos problemas por intermédio de meios pacíficos.

Kennedy, comovido pela luta dos países da América Latina, chamou-nos de compatriotas. Reagan foi mais longe:

— Neste momento, meu país está disposto a ser algo mais do que um simples bom vizinho, isto é, ser amigo e irmão.

Kennedy citou Juárez:

— A democracia é o destino da humanidade futura.

Mas não citou outra frase sua que também teria sido adequada:

— O respeito ao direito alheio é a paz.

Reagan, com um cinismo admirável, citou José Martí:

— A humanidade se compõe de dois tipos de homens, os que amam e criam, e os que odeiam e destroem.

Mas não citou outra frase que teria definido melhor a ideologia de José Martí, em relação aos Estados Unidos:

— Vivi com o monstro e conheço suas entranhas, e minha funda é a de Davi.

Para concluir, Kennedy expressou sua esperança de que Cuba "se reintegre à sociedade dos homens livres, unindo-se a nós num esforço comum". Reagan, pensando, sem dúvida, em Cuba e talvez na Nicarágua, disse que alguns países latino-americanos se isolaram dos vizinhos e de sua própria herança:

— Que retornem às tradições ideais comuns deste hemisfério e todos os receberemos com prazer.

São demasiadas semelhanças para serem casuais. E são além disso desencorajadoras. A Aliança para o Progresso pretendia se fundamentar numa aplicação de quinhentos milhões de dólares para o desenvolvimento social em todos os países da América Latina. O projeto do presidente Reagan prevê uma aplicação de 350 milhões de dólares para os países da América Central e do Caribe. Uma soma risível no mundo de hoje, que mal daria para aliviar a mortalidade infantil no Haiti, que é uma das mais dramáticas do mundo. O fato de que o projeto se dirija ao setor continental ameaçado pela expansão soviética é também significativo: os gorilas do Cone Sul podem dormir tranqüilos.

A única coisa surpreendente no discurso do presidente Reagan foi a mudança de seu estilo fanfarrão de caubói velho por outro de aparência evangélica que foi ainda mais parecido com o do presidente Kennedy. Mas isto não nos deve tranqüilizar, e sim o contrário. Apenas um mês depois de proclamada a Aliança para o Progresso, o próprio presidente Kennedy autorizou o desembarque na Baía dos Porcos, e apenas um ano mais tarde impôs a Cuba o bloqueio que cinco presidentes sucessivos mantiveram sem o menor indício de piedade nem lucidez. No entanto, para vislumbrar o que será o projeto do presidente Reagan dentro de vinte anos, basta reler o parágrafo fundamental do discurso do presidente Kennedy: "Se tivermos êxito, se nossos esforços forem audazes e resolutos, no fim deste decênio (isto é, no fim dos anos 60) marcarão o começo de uma nova era na experiência americana. Os níveis de vida de toda a família americana se elevarão, a educação básica estará disponível para todos, a fome será uma experiência esquecida, a necessidade de uma ajuda exterior maciça terá passado, a maioria das nações entrarão no período de desenvolvimento com seus próprios recursos, e ainda assim haverá muito por fazer, todas as repúblicas americanas serão donas de sua própria esperança e seu progresso." Deve-se crer que se o presidente Kennedy, em vez de ser vítima de uma bala infame, sobrevivesse àquele decênio de seus sonhos — que terminou há 11 anos — talvez tivesse bastante senso de humor para morrer de rir de seu próprio horóscopo de delírio.

CRÔNICA DA MINHA MORTE ANUNCIADA

O mais conhecido advogado de presos políticos foi assassinado na semana passada numa rua de Bogotá, com cinco tiros de pistola na cabeça; horas depois, o grupo clandestino MAS assumiu o crime e distribuiu aos meios de comunicação uma lista de suas próximas vítimas. Ainda que a lista completa não tenha sido publicada até o último sábado, sabe-se que nela figuravam três pessoas conhecidas. Uma era a jornalista María Gimena Duzán, que dias antes fora seqüestrada e levada ao centro de operações das guerrilhas do M-19, para que fizesse à força uma reportagem que, no entanto, nenhum jornalista verdadeiro recusaria. Outro nome da lista era o do doutor Alfredo Vázquez Carrizoza, embaixador em Londres no governo de Alfonso López Michelsen e atual presidente da Comissão de Direitos Humanos da Colômbia. O terceiro da lista — modéstia à parte — era eu.

O grupo MAS — segundo eles mesmos divulgaram — supunha-se constituído para lutar contra os seqüestros na Colômbia, daí seu nome: Morte aos Seqüestradores. Desde o primeiro momento seus métodos revelaram um alto nível técnico, um poder surpreendente e uma liberdade de ação difícil de explicar, a não ser pela cumplicidade ou a complacência das autoridades. Dizia-se que seus membros eram militares da reserva, financiados pelas máfias de traficantes de drogas, alguns familiares de vítimas de seqüestros

Publicado originalmente em 17 de março de 1982.

milionários. As autoridades colombianas sempre guardaram um silêncio misterioso diante das atividades intrépidas e arrogantes do MAS, e o ministro da Defesa, general Luis Carlos Camacho Leyva, definiu-as para a imprensa com uma frase definitiva: são disputas entre mafiosos.

Mas o assassinato de um criminalista e a ameaça a três pessoas que nunca tiveram nada a ver com seqüestros e nem negócio com as máfias põem as coisas em seu verdadeiro lugar. O MAS é um grupo organizado para combater ações políticas com métodos ilegais e para matar os opositores do sistema. Portanto, não parece equivocada a velha suposição popular de que na verdade são comandos do serviço de inteligência militar, armados com os métodos repressivos da Argentina, Uruguai e Chile. Agora se sabe que os esquadrões da morte desses países eram formados por militares de carreira que escolhiam por vocação ou convicção a sinistra especialidade do extermínio físico. Muitos deles, uma vez terminada a tarefa em seus próprios países, oferecem seus serviços no estrangeiro. Concentram-se em Honduras para dirigir ações contra a Nicarágua. Assessoram trabalhos de terror e morte contra a Junta de Governo de El Salvador. Vão até além de nosso continente: até a África do Sul, onde um dos governos mais repressivos do mundo leva em grande consideração seu selvagem nível profissional. Seus países de origem resolvem assim o problema de não saber o que fazer com eles, uma vez que sua própria eficácia os tornou inúteis.

Na Colômbia, apesar das negativas sistemáticas do governo, era evidente a existência destes organismos terroristas. Em julho de 1980 chegou aos jornais de Bogotá uma carta bem reveladora que, no entanto, nenhum deles publicou. Era escrita à mão por um antigo membro de um esquadrão da morte, que era tenente do exército, e assinada por seus companheiros: dois sargentos e dois cabos, que diziam ter participado do Batalhão de Inteligência e Contra-inteligência, mais conhecido como Batalhão Charry Solano.

Contava-se, na carta, com tantos detalhes que nem o mais imaginativo dos autores de ficção poderia inventar, uma história de arrepiar os cabelos. Revelava-se que em meado de 1978 se organizou um grupo chamado Triple A, cujo nome e função eram os mesmos de seu equivalente argentino. Havia um esquadrão de propaganda cuja única missão era pintar *slogans* nos muros da rua usando uma motocicleta do batalhão. "Caso fôssemos descobertos", dizia a carta, "podíamos nos deixar capturar sem nada dizer e posteriormente seríamos libertados por ordens superiores." Outro dos grupos, segundo a carta, foi o que pôs naquele ano as bombas em três jornais de Bogotá: *Alternativa*, *El Bogotano* e *Voz Proletaria*. Ainda que não dissessem na carta, presume-se, com boa lógica, que também foram eles os que puseram uma carga explosiva na casa do jornalista Enrique Santos Calderón, diretor de *Alternativa*, cuja mulher, María Teresa, quase perdeu a vida por causa da explosão. As atividades deste grupo, que naquela ocasião não prosperaram, eram semelhantes às que hoje estão sendo desenvolvidas pelo MAS, de modo mais sistemático e alarmante.

A carta identificava, com seus nomes próprios, os autores da morte de Manuel Martínez Quiroz, um dirigente guerrilheiro "assassinado dentro de uma caminhonete, depois de lhe serem extraídas todas as informações sob tortura". Alguns episódios chamaram mais atenção devido a seu espantoso refinamento: "À doutora López deram uma faca para que se matasse, e, diante do desespero da tortura, ela cortou as veias na altura do pulso. A Augusto Sánchez foi dada uma navalha de barbear e ele tentou se suicidar, cortando a veia aorta, mas não conseguiu porque ela não estava bem afiada. A Ivan Moreno Ospina deixaram uma navalha no banco e ele tentou cortar as veias na altura dos braços." Em algum lugar a carta dizia: "Podemos testemunhar sobre estes crimes a qualquer momento, e também sobre os métodos utilizados." Até onde sei, só um jornal publicou um fragmento da carta, apesar de seu primeiro destinatário ser o atual presidente da República.

Temos, pois, um esquadrão da morte na Colômbia, de cuja vontade depende agora nosso destino. Contra o parecer de muitos amigos incrédulos, decidi levar esta ameaça com toda a seriedade que ela merece. Declarei e reiterei muitas vezes meu repúdio pelo terrorismo, venha de onde vier, e qualquer que seja sua finalidade, pois o considero um método de luta ilegítimo e indigno. Seria pouco menos que uma ironia que fosse vítima dele. Sempre sonhei como sonhou também um grande escritor de nosso tempo: morrer pelas mãos de um marido ciumento. Mas, ao que parece, este será outro de meus tantos sonhos frustrados.

Não há neste mundo glória mais fácil do que a de me assassinar, não tenho nenhuma arma de defesa além da máquina de escrever, e a esta altura não estou disposto a mudar de vida só para viver alguns anos a mais. A única coisa triste seria ser vítima do governo mais atabalhoado que teve meu país em toda a sua história, e por um atentado que não seria sequer crime político, mas um simples ato administrativo cometido por membros das forças armadas da Colômbia, cujo comandante supremo e primeiro responsável é o presidente da República.

EUA: POLÍTICA DE SUPOSIÇÕES

— Estamos envolvidos no pior desastre diplomático em muito tempo — disse o senador Cristopher Dodd, membro da Comissão de Relações Exteriores dos Estados Unidos. — Conseguimos que todo o mundo nos considere os vilões do romance: a direita de El Salvador acredita que somos um bando de comunistas, e a esquerda pensa que somos fascistas.

Quase toda a imprensa dos Estados Unidos e da Europa, mesmo aquela que nunca se destacou como a mais liberal, parecia concordar com a consternação do senador, neste fim de semana. Na realidade, o que mais teme a opinião pública dos Estados Unidos é que a América Central se converta num novo Vietnã. Mas no que talvez não se pensou é que também poderia se converter num Vietnã político, do qual fora tão difícil encontrar uma saída honrosa como de um Vietnã militar. No entanto, foi isso o que ocorreu. Os Estados Unidos já estão com a água pelo pescoço e a ponto de afundar irremediavelmente num Vietnã político na América Central. Em outras palavras, foi isso o que sem dúvida quis dizer o senador Dodd. E não é uma boa notícia, porque uma potência desesperada pode tentar se salvar de um atoleiro político pelo pior caminho, o da solução militar. Estamos nesse ponto.

Publicado originalmente em 24 de março de 1982.

As duas áreas de fogo, neste momento, são a Nicarágua e El Salvador. Mas uma análise mais tranqüila nos permite afirmar que o problema mais grave não é a situação real desses países, mas a enrascada em que os próprios Estados Unidos se meteram tentando sair da pior maneira. Passo a passo, desde o dia da posse, o presidente Ronald Reagan vem construindo para a América Central e o Caribe uma política sem saída de emergência, e na hora da verdade percebeu que nenhuma de suas opções é viável, a menos que tivesse para alguma delas uma boa saída de emergência que lhe permitisse, em última instância, salvar a face. O erro principal estava no ponto de partida. Sua análise da realidade se sustentava na suposição falsa de que os conflitos na América Central e no Caribe não são o resultado das condições históricas da região e sim um capítulo a mais numa vasta conspiração soviética. Tentando demonstrá-la à força, mesmo contra as evidências mais claras, o governo dos Estados Unidos acabou caindo num terreno movediço para onde poderá nos arrastar se alguém não lhe fizer e nos fizer a todos o favor de atirar-lhe uma tábua de salvação.

Isto ficou mais claro nas últimas semanas. O governo do presidente Reagan apelou para todos os seus recursos mágicos para tentar demonstrar que a Nicarágua é a via de abastecimento de armas para as guerrilhas de El Salvador, que os instrutores são soviéticos e cubanos, e que suas operações são dirigidas por telégrafo sem fio do território nicaragüense. Para prová-lo, o governo Reagan elaborou, a partir de aviões e satélites espiões, um mapa fotográfico completo da superfície da Nicarágua. A revelação devia, sem dúvida, ser definitiva. Quase como um símbolo, o protagonista escolhido para aquele golpe de publicidade foi John Hugues, o mesmo especialista em interpretação fotográfica que revelou em 1962, e pelo mesmo método, a existência de foguetes soviéticos em Cuba. Uma vez mais a história se repetiu como comédia. Hugues conseguiu demonstrar, com toda a honestidade, que na Nicarágua se estão construindo vários aeroportos estratégicos com técnicas que parecem de engenharia soviética, que há alguns tanques e canhões antiaéreos de fabricação soviética — coisa que já se sabia de sobra desde que os Estados Unidos se negaram a vender armas à Nicarágua — e que o exército nicaragüense é tão numeroso e bem treinado como se disse tantas vezes sem necessidade de semelhante espetáculo. Descobriu-se também que no aeroporto internacional de Manágua estão sendo feitos os alicerces de algo que parece ser uns hangares. A partir dessa suposição gráfica, Hugues elaborou uma hipótese para os Migs 21 soviéticos, que "supomos que serão enviados aos sandinistas em algum momento deste ano". Isto, somado à suposição de que quinhentos pilotos de guerra nicaragüenses estão sendo treinados na Bulgária, permitiu a Hugues supor que a Nicarágua "terá talvez a melhor força aérea da América Central". Depois que o próprio secretário de Estado dos Estados Unidos, Alexander Haig, mostrou em público umas fotos que não eram do que ele dizia, depois que se tentou provar que um navio carregado de armas chegou de Cuba até o golfo de Fonseca sem passar de um oceano ao outro, e depois que um revolucionário nicaragüense de 19 anos se retratou em Washington do que lhe fizeram dizer sob tortura em El Salvador, o folhetim fotográfico de John Hugues acabou por convencer a imprensa dos Estados Unidos de que as revelações de seu governo carecem por completo de seriedade.

Há uma semana, no *Spor Lacustre*, de Manágua, Sergio Ramírez — membro da Junta de Reconstrução Nacional — falou a um grupo de convidados, entre os quais eu estava, sobre o que se poderia chamar de política de suposições do governo Reagan.

— Há quase três anos estamos vivendo com pluralismo de partidos, economia mista e liberdade de expressão — nos disse Sergio Ramírez.

Seus dados eram claros. Na Nicarágua há 11 partidos em plena atividade. Seis são contra o governo, e atuam na oposição, e cinco são aliados na Frente Patriótica Revolucionária, dentro da qual está a Frente Sandinista de Libertação Nacional; 60% da economia nacional estão nas mãos de particulares; 35% estão em poder do Estado, e 5% em empresas mistas. No país há 25 emissoras de rádio de propriedade particular, 15 estatais e uma única — Rádio Sandino — é dos sandinistas. Há três jornais diários: *La Prensa* e *El Nuevo Diario*, de propriedade privada, e *Barricada*, que é da Frente Sandinista. Participei, na Rádio Sandino, de um programa com liberdade total: *Linha Direta*. No programa, o convidado responde ao vivo durante uma hora a todas as ligações feitas da rua, e que entram sem filtro no estúdio da emissora. A maioria das ligações, como eu pedira, era sobre temas literários, e em especial perguntas sobre meus livros. Mas muitos ouvintes, que se identificaram como todos os outros, não fizeram qualquer pergunta e sim aproveitaram a ligação para dizer pelo rádio tudo o que quisessem contra o governo.

— No entanto — concluiu Sergio Ramírez — os Estados Unidos não nos deram um minuto de trégua em quase três anos, com o argumento de que não seremos pluralistas, de que não vamos ter economia mista e nem haverá liberdade de expressão.

Não: a política de suposições não tem fundo nem termo, e é, sem dúvida, a que pôs o governo dos Estados Unidos no Vietnã político no qual se meteu e do qual talvez pudesse ser tirado pela pressão de sua própria opinião pública. Mesmo assim é difícil, porque a política de suposições se fundamenta num sistema de pensamento que se alimenta de si próprio. Há pouco, depois de uma conversa com uma personalidade estrangeira de alto nível, o general Alexander Haig comentou em particular:

— É um homem tão convincente que me teria convencido de tudo o que disse se eu não soubesse de antemão que não era verdade.

BANGCOC, A HORRÍVEL

Bangcoc é a cidade mais feia do mundo. É enorme, caótica, infernal, e ainda muito mais feia do que digo. Muitas vezes, num pesadelo recorrente, encontrei-me outra vez perdido naquela grande praia poeirenta de casas miseráveis e pagodes esplêndidos, e sempre voltei a sofrer o horror de que nunca mais encontraria a maneira de sair. Voltei a me sentir aturdido pelo ruído apocalíptico dos automóveis loucos que circulam como querem pelo lado esquerdo, à maneira inglesa, e pelos estrondos das motocicletas e pelo alvoroço dos triciclos chineses e pelos palanquins de tração humana. São três milhões de pessoas amontoadas na margem de um delta vasto e imóvel, com um eterno vapor de água apodrecida, com a cor de lamaçal revolvido dos grandes rios asiáticos. Num de seu bairros, o Sam Peng, vivem 150 mil chineses por quilômetro quadrado.

Como todo mundo sabe, Bangcoc é a capital da Tailândia, que antes foi o reino fabuloso do Sião. Portanto, é apenas natural que sua imagem esteja vinculada aos sonhos da minha infância e a minhas leituras juvenis. *Ana e o rei do Sião* foi um dos filmes inesquecíveis de minha geração. Há alguns anos, essa imagem voltou à moda com o filme *Emmanuelle*, que era proibido para menores, quando na realidade devia ser também proibido para maiores, e não por sua crueza e sim pelo seu poder de mistificação da vida real. Então

Publicado originalmente em 31 de março de 1982.

se organizaram caravanas de turistas seduzidos, que sonhavam em fazer amor em barcos idílicos que navegavam por canais floridos. O que encontraram não era mais do que os bairros lacustres de quase todas as cidades fluviais do Terceiro Mundo, com mercados flutuantes de comidas típicas mais ou menos venenosas, e artigos de artesanato popular. O lugar mais apropriado para fazer amor, como sempre, são os hotéis americanos com ar condicionado e lençóis limpos.

Além do espetáculo histórico e turístico do palácio real, o único consolo que se encontra em Bangcoc são três estátuas de Buda que bem valem uma viagem, e a mania nacional das massagens. Há um Buda de ouro maciço, um Buda de esmeralda integral, e um Buda deitado que mede sessenta metros e pesa oitenta toneladas. O Buda deitado é quase tão grande como o santuário onde jaz, construído ao seu redor, e que teria de ser demolido para poder tirá-lo. Além disso, os serviços de turismo inventam toda espécie de distrações para ganhar tempo, mas a única coisa sensata a fazer é escapar o quanto antes daquela cidade insuportável. Não é difícil, pois uma das extravagâncias incompreensíveis de Bangcoc é que as 21 empresas de aviação mais importantes do mundo prestam ali um serviço contínuo. Nos cartazes de publicidade, Bangcoc é chamada de Porta da Ásia. Poderia ser tão falso como seu nome primitivo: "A cidade dos anjos". Mas não é. Uma noite, desesperado por aquele horror de cidade, perguntei no aeroporto quando haveria um avião para Nova Déli, e havia sete jumbos de grandes companhias européias nas próximas horas.

Os salões de massagens, tão populares na Tailândia, não passam em muitos casos de uma forma dissimulada de prostituição, e são tão deprimentes como em qualquer outra parte do mundo. Mas há uma tradição de massagem medicinal que é uma instituição patriótica. Ao que parece, os tailandeses a consideram um bom remédio para tudo, como a acupuntura para os chineses, e a praticam entre si a toda hora e em todas as partes. Nos mercados, enquanto esperam os clientes, os comerciantes fazem massagens entre si. Os noivos, nos parques e nos cinemas, fazem-se massagens recíprocas, com uma inocência real. Os anúncios de massagens estão por toda parte, ocupam páginas inteiras nos jornais, e a primeira coisa que oferecem nos hotéis, antes da comida ou da bebida ou dos programas turísticos, é uma massagem no quarto. Em alguns casos se pode escolher num álbum de fotos a pessoa, homem ou mulher, preferida para a massagem. O espantoso, certamente, é que em muitos casos se trata na realidade de massagens. Nos hospitais de medicina tradicional existentes em quase todas as cidades do Extremo Oriente, as enfermeiras e enfermeiros se põem na cama com seus pacientes exaustos, e tentam reanimá-los com massagens heróicas. Vi uma enfermeira corpulenta com as pernas enroscadas num doente que parecia moribundo, a quem tentava reanimar com uma massagem tão dramática que não a fazia com as mãos e sim com os calcanhares.

O consolo final é comprar roupa. À semelhança de Hong Kong, pode-se chamar um alfaiate que tira as medidas antes do almoço, faz a primeira prova duas horas depois e às quatro da tarde está com a roupa pronta e impecável, de 120 dólares. Numa lojinha de camisas me fizeram meia dúzia de seda legítima, sob medida, e em duas horas, enquanto o proprietário da fábrica nos fazia uma revelação: ali, atrás do balcão, estavam confeccionando as coleções que os grandes estilistas franceses iam lançar na próxima estação. Não lhe faltava senso de humor: quando me entregou as camisas me perguntou de que marca desejava. E não era brincadeira, pois ali estavam as etiquetas dos grandes nomes da alta costura européia. Seu cálculo era que um traje de noite para mulher comprado nas lojas do Faubourg de Saint Honoré, em Paris, custava duzentas vezes mais do que sua confecção em Bangcoc.

Ao contrário de Hong Kong, onde há um ar de mistério internacional que torna críveis todas as fábulas de espionagem, em Bangcoc se tem a impressão de que nada pode acontecer que não esteja na superfície da vida. Não creio que John Le Carré pudesse conceber uma boa história em Bangcoc; e nem *A casa nobre*, que tantos leitores está conquistando no mundo, poderia ter acontecido ali.

Pouco antes de chegar a Bangcoc estive em Hong Kong, e a primeira coisa que me chamou a atenção nos velhos hotéis ingleses, agora reformados e embelezados, era que os automóveis do serviço público eram Rolls Royces resplandecentes. Tenho no mundo muitos amigos que têm iates e aviões particulares, mas nenhum com Rolls Royce. Portanto, não pude resistir à tentação de conhecer a cidade num daqueles transatlânticos de terra firme, cheirando por dentro a couro de animal vivo, ainda que fosse para contar alguma vez aos meus leitores. Era como se imagina que seja um veículo espacial. Mas depois de uma hora, quando se dispunha a subir pela estrada que rodeia a cidade para que tivéssemos uma visão panorâmica a partir da colina mais alta, o automóvel começou a falhar, resistiu a seguir, e entregou a alma ao Senhor com toda a mansidão. O motorista não sabia o que fazer com sua vergonha. Tentei tranqüilizá-lo com o argumento de que me interessava mais a história de um Rolls Royce que não conseguia subir uma colina do que a história óbvia de que a subira como um bólido. Além disso, era melhor para minhas memórias, se algum dia as escrever, porque quase trinta anos antes me ocorreu a mesma coisa na ilha de Capri, mas não com um Rolls Royce e sim com um coche puxado por um cavalo velho e esquálido que morreu na ladeira. O motorista de Hong Kong me deu então um novo dado: seu automóvel tinha de Rolls Royce apenas a carroceria. O motor e o resto eram transferidos de um automóvel norte-americano. Na semana seguinte, escandalizado com a feiúra de Bangcoc, compreendi que ali não poderia acontecer — como não aconteceu — nada parecido com a história do Rolls Royce. E nem a do pobre cavalo de Capri.

"PEGGY, ME DÁ UM BEIJO"

Num comprido muro branco, em frente à minha casa no México, uma pichação enorme amanheceu na sexta-feira passada: *Peggy, me dá um beijo*. Foi pintada com um spray de tinta indelével, desses que se usam para a guerra política das paredes, e nota-se neles o pulso tenso e intenso das pichações clandestinas escritas com a alma suspensa no segredo da madrugada, enquanto os cúmplices vigiam as esquinas para dar o alarme oportuno. Mas está fora das áreas urbanas onde costumam acontecer aquelas guerras de sombras, e onde não chegam sequer os desabafos murais da vizinha cidade universitária. Mas é suficientemente grande para que, por mais distraída que ande e que seja, Peggy o veja ao passar, sem dúvida, e desolado o bastante para tocar seu coração de pedra.

Quando o descobri, acabara de ler os jornais, que nestes tempos é como tomar um frasco de óleo de rícino em jejum. Pensara, lendo as notícias da Guatemala, que talvez surgisse a única coisa que nos faltava, para o cúmulo das impossibilidades: um aiatolá. Pensara que a noite da Polônia era cada vez mais obscura, que o governo Reagan necessitava cada vez mais de uma tábua de salvação para sair com dignidade do pântano em que se atolara, e que nunca, enfim, desde que tenho memória, vira tão incerto o destino de meu país. Tentara, como em todas as manhãs ao despertar, obter uma visão

---

Publicado originalmente em 7 de abril de 1982.

panorâmica do mundo por intermédio da imprensa, e por toda parte encontrara memória amarga de tudo, e não só de mim mesmo, como dom Juan Tenorio em outros tempos menos tormentosos. Portanto, senti um sopro de alívio ao descobrir que ainda restava alguém tão perto de minha casa cujo único problema neste mundo era que Peggy lhe desse um beijo.

O semanário italiano *L'Espresso* publicou há pouco um artigo sobre a hipótese de que o sexo está saindo de moda e que o amor à antiga retorna com todos os seus direitos. Revelava o resultado de pesquisas de opinião segundo as quais mais homens e mulheres praticam cada vez menos o ato sexual, e que até há casais que continuam sendo felizes quando já não o fazem. Atribuía-se esta diminuição ao frenesi sexual dos anos 60, com o qual, ao que parece, a humanidade gastou quase todas as suas reservas eróticas. E há estatísticas para demonstrar: 30% das moças e 55% dos rapazes tiveram experiências sexuais aos 15 anos durante o apogeu dos anos 60, enquanto que apenas 4% dos rapazes e 13% das moças de 15 anos reconheceram havê-las tido no final do decênio.

Não creio, no entanto, que estas estatísticas demonstrem que estamos cansados do sexo, mas que estamos dando a ele, em nossas vidas, a proporção que lhe corresponde com justiça, enquanto devolvemos ao amor outros ingredientes que lhe foram tirados. Ao longo de minha vida presenciei um processo de liberação sexual em dois países onde parecia menos possível: Espanha e Colômbia. Na Espanha, que era uma imensa casa de Bernarda Alba do Cantábrico ao Mediterrâneo, começaram-se a notar as tremendas pressões sociais contra o cinto de castidade muito tempo antes da morte do general Franco. Há apenas 15 anos — quando a necessidade se tornou mais forte do que a moral e se abriram as portas para o turismo europeu — os guardas civis afugentavam das praias as valquírias que escapavam das neves do norte vestidas apenas com escassos biquínis. "Vadias", diziam escandalizadas as boas mães de família que as viam da janela. Nos hotéis, mesmo os mais modernos e caros, eram proibidas as visitas aos quartos, e mais ainda se eram do mesmo sexo. Para mim, o primeiro sintoma de que algo estava mudando de repente naquela sociedade medieval foi o fechamento, por falta de clientes, do famoso hotel de encontros da cidade: o *meublé* de Pedralbes.

Era um palácio decadente, com um quarto chinês onde tudo era como na China, e um quarto persa onde tudo era como na Pérsia, com cortinas de veludo como em todos os bordéis do mundo e espelhos grandes até nos tetos, talvez para que os clientes tivessem a impressão de que lhes davam pela mesma quantia a mesma felicidade muitas vezes repetida. Meus filhos, cuja escola primária era contígua àquele paraíso secreto, não tinham melhor diversão durante o recreio do que subir no muro divisório para espiar o que se passava do outro lado. O mais divertido, na verdade, era que os empregados cobriam as placas dos automóveis que entravam, para que os outros clientes não pudessem ver quem eram, na vã ilusão de guardar segredo numa cidade pequena e maledicente onde as coisas se sabiam antes mesmo de acontecer.

Tudo aquilo me recordava a Bogotá dos anos 40, quando cheguei pela primeira vez da costa caribenha, aos 13 anos e já com a virgindade perdida, como era de bom uso em minha terra. Minha mãe, como todas as outras, pusera-me de guarda contra os perigos mais graves que nos ameaçavam naquelas alturas: a pneumonia e o casamento à força. Na realidade, acostumados a tirar a roupa em qualquer parte a trinta graus à sombra, os caraíbas (e não os caribenhos, como se diz agora, não sei por quê) andávamos à mercê dos ventos cruzados dos Andes, e muitos morriam de pneumonia de maneira tão fulminante e triste como os turistas bogotanos se afogavam no mar. Por isto nos aconselhavam a tirar a roupa sempre com as portas fechadas, e sair do cinema com a boca coberta com um lenço, como ainda se faz em Bogotá, não sei com que fundamento científico.

O outro perigo era o casamento forçado. Acostumados desde crianças a engatinhar nos quartos alheios, ou acostumados a que nossas próprias tias engatinhassem nos nossos, nós, os caribenhos, continuávamos em Bogotá acreditando que se podia fazer a mesma coisa com igual impunidade, e no fim nos deparávamos quase sempre com a grave situação de estarmos grávidos. Era, além disso, a menos terrífica das opções, porque estávamos no tempo de glória das doenças venéreas. Nos bondes, nos mictórios públicos, em toda parte, havia letreiros para recordar: "Se não temes a Deus, teme a sífilis." Portanto, o único remédio contra a solidão eram os bailes de sábado, com ingressos a dois pesos, nos quais se via a fundo o único lado permitido do amor: os boleros apertados, os encontros no dia seguinte à saída da missa, as cartas perfumadas, os cinemas furtivos, as lágrimas na almofada solitária, a poesia.

Tudo isso se fora nos anos 60, varrido pela ventania do sexo puro. Não me parecia ruim. Pelo contrário: sempre acreditei que a gente nasce com os dias contados, e que o que não se usa a tempo se perde para sempre. Mas é melhor o sexo e todo o resto, que é o amor completo. Isso é sem dúvida o que está acontecendo agora, a julgar pelos anúncios classificados pessoais. Os romances de amor voltaram a ser os mais vendidos. Os noivos voltam a se beijar na rua. Dias atrás meu filho de 18 anos pediu à mãe que o ensinasse a dançar bolero, porque o bolero voltou à moda, cantado e dançado, e nas cidades da América Latina e da Espanha estão se abrindo discotecas a meia-luz para dançá-lo de novo. Sempre acreditei que o amor salvará a espécie humana da destruição, e estes sinais que parecem retrógados são, pelo contrário, luzes de esperança. Por isso desejo com ansiedade que Peggy leia o letreiro que alguém escreveu para ela em frente da minha casa.

Por favor, Peggy, dê-lhe um beijo.

COM AS MALVINAS OU SEM ELAS

Na primeira quinta-feira eram 14. Na quinta-feira seguinte eram vinte e na terceira eram 32. Apareciam na Praça de Maio, de Buenos Aires, todas as quintas-feiras às 11 da manhã, e durante várias horas clamavam pelo aparecimento de seus filhos seqüestrados pelos serviços de segurança das forças armadas. O governo, surpreendido por aquela nova e temível forma de ação, chamou-as de Loucas da Praça de Maio. Hoje são mais de 2.500 em toda a Argentina, e no mundo inteiro são conhecidas e respeitadas com o nome de Mães da Praça de Maio.

O movimento começou sem plano definido há exatos cinco anos: 30 de abril de 1977. No início, a ditadura não sabia como reagir, mas à medida que os clamores aumentavam e se fortaleciam, cresciam também o torniquete da repressão. As mães eram dispersadas à ponta de baioneta, eram encerradas em calabouços imundos, cheios de urina, ratos e baratas, mas na quinta-feira seguinte havia na praça uma quantidade cada vez maior. Em certa ocasião prenderam quarenta e as fizeram passar a noite numa cela em que havia um jovem morto. Em 8 de dezembro de 1977, três mães foram presas durante uma manifestação, juntamente com duas freiras francesas que as acompanhavam, e nunca mais se soube qualquer coisa delas. Então as Mães da Praça de Maio compreenderam que haviam chegado a um pon-

---

Publicado originalmente em 14 de abril de 1982.

to irreversível, e só uma organização interna muito sólida e um bom apoio mundial poderiam deixá-las a salvo da selvageria da ditadura. Foi assim que criaram a Associação de Mães da Praça de Maio — em 14 de maio de 1978 — que todas as quintas-feiras, às 11 da manhã, com chuva ou com sol, promove ruidosas mas pacíficas manifestações diante do palácio do governo, e agora tem uma delegação que viaja pelo mundo em busca de solidariedade. Nunca, desde o primeiro dia, foram recebidas por algum funcionário de alto nível.

Na Argentina há uns quatro mil presos políticos identificados e localizados, de 15 mil que passaram pelos cárceres desde 1972. Calcula-se que nos combates houve uns cinco mil mortos das guerrilhas. No final de 1980, a revista *Seleções* da Reader's Digest calculou que as baixas oficiais ascendiam a 650. No entanto, o governo argentino nunca divulgou a cifra de suas baixas no combate de Tucumán com o ERP, que foi longo e sangrento. O general Harguindey, falando uma vez em termos gerais, calculou que as baixas oficiais foram mais de mil. O almirante Emilio Massera, que foi membro da Junta Militar na época mais feroz da repressão, calculou distraidamente que as perdas totais foram de uns cinqüenta mil mortos.

O número de desaparecidos é muito mais difícil de calcular, porque não se sabe com certeza quais os que estão vivos e quais os que estão mortos. Há informações confiáveis segundo as quais é impossível encontrar os cadáveres porque a força aérea argentina tinha helicópteros especiais para atirá-los com pressão ao mar, de modo que nunca mais voltaram a flutuar. De acordo com o dado mais recente da Anistia Internacional, o número de desaparecidos passa de 15 mil. Porém as Mães da Praça de Maio têm suas estatísticas e seus métodos próprios.

— Chamamos de desaparecidos todas as pessoas cujo destino se desconhece — disse sua presidenta, Hebe Pastor de Bonafini, numa entrevista esclarecedora publicada em dezembro pela revista *Testimonio Latinoamericano*.

Seu sistema é lógico. Se uma mãe afirma que o filho foi morto na porta de casa, e que outro desapareceu, conta-se o desaparecido, não o morto. No entanto, se uma mãe viu seu filho ser morto na porta de sua casa, mas não lhe entregaram o cadáver, então não o conta como morto e sim como desaparecido. Outra coisa é que as Mães da Praça de Maio não consideram morto qualquer desaparecido enquanto não ficar comprovado sem sombra de dúvida. O motivo, segundo elas, é também lógico:

— Há mães cujos filhos desapareceram e, por estas coisas estranhas que não se explicam, reapareceram mais tarde nas prisões comuns.

Em quatro casos, pelo menos, as mães que foram visitar os filhos reaparecidos mal conseguiram reconhecê-los.

— Não deixavam os rapazes ir ao banheiro durante dois ou três dias — contou uma delas — para que tivessem de fazer suas necessidades ali mesmo, de modo que quando as mães os viam os encontravam sujos e malcheirosos, encontravam seres que não eram seus filhos.

Não foram apenas os guerrilheiros que *desapareceram*.

— Noventa e nove por cento dos desaparecidos não caíram em combate nem em nenhuma guerra — diz uma mãe. — Levaram muitos médicos, muitos psiquiatras, muitos jornalistas que denunciaram a repressão.

Cerca de trezentos advogados foram mortos ou encarcerados, e até hoje não se tem notícia deles. Com as denúncias recebidas de fontes diretas, as Mães da Praça de Maio calculam que o número de desaparecidos é de trinta mil. Esta é a cifra com que a imprensa mundial trabalha, e por ela as autoridades argentinas têm de responder, enquanto não se prove coisa diferente.

Entre estes desaparecidos há muitas crianças de poucos anos. Alguns desapareceram juntamente com os pais, outros ficaram sozinhos porque seus pais desapareceram e outros nasceram na prisão. Em 1979 foram encontradas duas crianças numa praia de Valparaíso, no Chile. Ao que parece, foram levados em automóveis por militares argentinos e adotados por um casal chileno. Uma assistente social que se interessou pelo caso conseguiu identificá-los como os filhos de um casal uruguaio que desapareceu na Argentina. Diz-se que há milhares de argentinos que adotaram filhos de desaparecidos. Algumas parteiras que participaram de partos nas prisões passaram a informação à família da mãe presa. Vinte e três destes casos foram denunciados pela Fundação Hábeas para a defesa dos direitos humanos — da qual sou presidente — num congresso realizado pela Unicef no México por ocasão do Ano Internacional da Criança. Até hoje a Hábeas não recebeu nenhuma resposta.

A situação dos desaparecidos é talvez a mais dolorosa e grave das realidades argentinas que o general Leopoldo Galtieri tentou apagar de uma única penada com a ocupação militar das Malvinas. Estamos de acordo: as Malvinas são argentinas. Nesse sentido, o general Galtieri colocou as coisas no seu devido lugar. Mas o fez com um ato legítimo cuja finalidade era distorcida. A coroa inglesa, por sua vez, ao mandar uma frota de quarenta navios de guerra com um príncipe a bordo, não fez mais do que reparar a humilhação com o ridículo. É um espetáculo de capa e espada que só poderia ocorrer a um império arruinado. Mas quaisquer que sejam os resultados desta guerra de naftalina, o general Galtieri não conseguirá impedir que na próxima quinta-feira, às 11 da manhã, esteja na Praça de Maio a manifestação de sempre com as mães de sempre, cujo quinto aniversário se completa dentro de poucos dias. Estarão, como sempre, diante da ditadura mais sangrenta deste século na América Latina, pedindo-lhe contas que a ditadura terá de prestar, cedo ou tarde, com as Malvinas ou sem elas.

UMA TOLICE DE ANTHONY QUINN

— Cem anos de solidão seria ideal para uma série de televisão de cinquenta horas, mas Gabriel García Márquez não quer vender — declarou a uma revista espanhola o ator Anthony Quinn. E acrescentou: — Ofereci um milhão de dólares e não quis, porque García Márquez é comunista e não quer que se saiba que recebeu um milhão de dólares. Porque logo se aproximou, depois do jantar, e me disse à parte: "Como ocorreu a você me oferecer este dinheiro em público? Da próxima vez, ofereça-me sem nenhuma testemunha."

O problema desta declaração, além de sua infantilidade, é que não é correta. A realidade, como sempre, é mais interessante, e só por isso quero contar a história como aconteceu em uma de minhas tantas idas ao México, há uns cinco anos. Os jornalistas do aeroporto, que de tanto me verem acabaram por se tornar meus amigos, disseram-me que Anthony Quinn afirmara na noite anterior pela televisão mexicana que estava disposto a me dar um milhão de dólares pelos direitos para o cinema de *Cem anos de solidão*. Eu disse aos jornalistas, e eles publicaram em todos os lugares no dia seguinte, que aceitava vendê-los com a condição de que não fosse um, mas dois milhões: um para mim e outro para a revolução na América Latina.

Publicado originalmente em 21 de abril de 1982.

Essa mesma semana, e antes de se avistar comigo, Anthony Quinn respondeu na televisão:

— Dou um milhão de dólares para ele, mas o outro que o consiga em outro lugar.

A resposta me pareceu tão certeira e engraçada que aceitei o amável convite de uns amigos comuns para jantar com Anthony Quinn. Foi muito agradável. Anthony Quinn, aos 62 anos, conservava ainda uma vitalidade acelerada, e me pareceu simpático e afetuoso, e um pouco obcecado com a velocidade do tempo. Falou-se de tudo, mas ele não disse uma palavra sobre sua oferta da televisão, e isso me deu um grande alívio. Foi a primeira e última vez que o vi.

O que Anthony Quinn nunca soube é que, quando ele fez sua oferta na televisão, havia muito tempo que um consórcio de produtores dos Estados Unidos e Europa oferecera dois milhões de dólares pelos direitos para o cinema de *Cem anos de solidão.* A impressão que restou a muitos amigos meus é que o grande ator metido a produtor oferecera o que ofereceu apenas para dar uma de poderoso, ao qual não faria a menor falta um milhão de dólares. Não era a primeira vez que me ocorria. No fim dos anos 60, em Barcelona, um editor, com relógio de bolso e charuto havana, apareceu na televisão com dois milhões de pesetas ao vivo — que na época valia uns setenta mil dólares — e disse, abanando-se com as notas, que era o adiantamento que me oferecia pelo meu próximo livro. Essa noite, é claro, ganhou o direito de não publicar nem o próximo nem nenhum outro de meus livros.

Os ingleses consideram má educação falar em público dos filhos, das doenças e do dinheiro. Mas como não sou inglês, graças a Deus, e sim da rua Mayor de Aracataca, tenho outros pudores menos frívolos. Agrada-me falar de meus filhos porque são iguais à sua mãe: bem-apessoados, inteligentes e sérios. Agrada-me falar de minha úlcera duodenal, que só me alivia quando escrevo, porque os amigos não são apenas para compartilhar a boa vida mas também para se foder juntos. Agrada-me dizer quanto dinheiro ganho e quanto pago pelas coisas, porque só eu sei o trabalho que me dá ganhá-lo, e me parece injusto que não se saiba. A única exceção a esta norma é que nunca falo de dinheiro com os editores e os produtores de cinema, porque tenho um agente literário que fala por mim melhor do que eu; primeiro, porque é mulher e, depois, porque é catalã. Muitos editores a detestam pela ferocidade com que defende os centavos dos escritores, sobretudo dos jovens e mais necessitados, e o dia em que não a detestarem começarei a suspeitar que se passou para o lado contrário.

Minha experiência com os produtores de cinema, a partir de *Cem anos de solidão*, é uma das mais surpreendentes de minha vida. Em geral, só falam de dinheiro, mas na hora da verdade todos são como Anthony Quinn: não se vê dinheiro de nenhum lado. São grandiloqüentes, inseguros e imprevisíveis. Mercedes, minha mulher, tem horror deles, porque chegam ao primeiro encontro com projetos espaciais, arrasam com o bar e a despensa, falam com o mundo inteiro pelo nosso telefone sem perguntar quanto custa, e nunca mais se volta a saber deles. O italiano Paolo Bini, marido da bela Rossana Schiaffino, veio há uns três anos à nossa casa de Cuernavaca porque queria produzir um conto meu dirigido por Ruy Guerra. Mandou para Ruy Guerra uma passagem de avião ao Rio de Janeiro, e todos falamos do projeto durante um domingo inteiro. Na mesma semana apareceu na revista *Variety*, de Los Angeles — onde só anunciam os produtores mais afortunados —, um anúncio de página inteira sobre o filme que íamos fazer, como se já estivesse feito. Bini se foi com uma cópia do conto em inglês, para propor a Robert de Niro o papel principal, e prometeu pôr-se em contato com nossos agentes para comprar os direitos do meu conto e definir o cachê de Ruy Guerra. Essa foi a última vez que o vimos. A única notícia que tive dele desde então foi quando disse a alguns amigos de Roma que nos adiantara, a Ruy Guerra e a mim, uma boa quantidade de dólares para que trabalhássemos no roteiro e que nós o havíamos roubado.

Billy Friedkin — o diretor e produtor de *O exorcista* e *Operação França* — é um homem distinto, por fortuna, mas com as extravagâncias de todos os grandes produtores. Friedkin veio ao México há vários anos com a idéia de adaptar *O outono do patriarca* para o cinema. É um homem muito jovem, impecável, que ganhou uma fortuna com seus filmes, e o dinheiro que restou depois da compra de um avião particular queria doar a escolas públicas em Israel e na Bolívia. Tinha idéias tão atraentes para levar meu romance para o cinema que conseguiu me convencer. Falando de tudo, contou-me que o autor de *O exorcista*, que é um romance de segunda, recebeu uma soma modesta pelos direitos do livro, mas em compensação aceitou uma participação nos lucros do filme, e ganhou 17 milhões de dólares. Entendi que aquela era uma sugestão elegante e o disse à minha agente. Portanto, quando Friedkin falou com ela sobre os direitos do livro ela lhe disse que aceitávamos as mesmas condições que o autor de *O exorcista*. Friedkin me telefonou e, com a mesma elegância com que fazia tudo, desistiu do projeto. Nunca mais soube dele, a não ser pelos jornais, quando se casou em Paris com Jeanne Moreau e, pouco depois, quando se divorciaram.

O único que na realidade não me falou de dinheiro parece ser o que na realidade o tem: Francis Ford Coppola, o diretor de *O poderoso chefão*. Quando Coppola fez *Apocalypse now*, em Manila, o diretor de fotografia lhe falou muitas vezes de seu desejo de adaptar *Cem anos de solidão* para o cinema. No verão de 1979, Coppola e eu nos encontramos no Festival de Cinema de Moscou e ele me convidou para jantar, poucos dias depois, num barulhento e imenso restaurante de Leningrado. Falamos um pouco de seus filmes e de meus livros, e ele me contou o que seu fotógrafo lhe dissera sobre *Cem anos de solidão*, mas em nenhum momento formulou a possibilidade de filmá-lo. A única coisa que de verdade o interessou foi quando soube que meu filho mais velho fez um curso de alta cozinha em Paris. Coppola, que é um grande comilão e um cozinheiro de primeira ordem, deixou-se arrastar pela inspiração súbita de se meter com meu filho na cozinha do restaurante para preparar a comida que íamos comer. Foi uma noite inesquecível.

No entanto, minha reticência de que adaptem *Cem anos de solidão* para o cinema e, em geral, qualquer um de meus livros, não se fundamenta na extravagância dos produtores. Deve-se ao meu desejo de que a comunicação com meus leitores seja direta, mediante as palavras que eu escrevo para eles, de maneira que eles imaginem os personagens como queiram, e não com a cara emprestada por um ator na tela. Anthony Quinn, com todo o seu milhão de dólares, nunca será para mim, e nem para meus leitores, o coronel Aureliano Buendía. O único que poderia fazer esse papel, sem receber um centavo, é o jurista colombiano e meu grande amigo Mario Latorre Rueda. Quanto ao resto, vi muitos filmes bons feitos sobre romances ruins, mas nunca vi um bom filme feito sobre um bom romance.

THE FISH IS RED

The fish is red, que acabo de ler com um certo atraso, é um destes livros que parecem um romance fantástico pelo rigor com que estão aferrados à realidade. Seus autores são dois norte-americanos famosos por suas reportagens investigativas. Warren Hinckle ganhou há dois anos o Prêmio George Polk por suas revelações sobre as atividades da CIA dentro dos Estados Unidos, que são ilegais. William Turner é um antigo funcionário do FBI que escreveu, entre outros livros, uma reportagem exaustiva sobre o assassinato de Robert Kennedy. Ambos se dedicaram durante vários anos a rastrear a documentação e os protagonistas da guerra secreta que a CIA se arvorou a fazer contra Cuba desde 1959. Sem excluir, certamente, a meia centena de atentados contra Fidel Castro. O resultado é este livro fascinante, que vai além de qualquer obra de ficção. *The fish is red* era o nome cifrado do desembarque na Baía dos Porcos.

Lendo este livro assombroso, a gente se pergunta como é possível que os governos sucessivos de um país como os Estados Unidos, cujo gênio criador é uma das maravilhas do século XX, puderam perseverar durante vinte anos em semelhante sistema de disparates e desperdiçar sem medida tanta imaginação inútil e tanto dinheiro estéril. É apenas concebível que seus serviços de inteligência tenham sido tão pouco inteligentes para estabelecer um

Publicado originalmente em 28 de abril de 1982.

concubinato íntimo com o pior de sua sociedade: as máfias do jogo, os traficantes de narcóticos, os delinqüentes da índole mais sinistra, e tudo isso em nome dos interesses mais altos da democracia. Um de seus sócios eminentes, Howard Hughes — o excêntrico multimilionário que há poucos anos morreu por causa do seu medo de micróbios, fez com que os Estados Unidos, em troca de seus serviços, prolongassem a guerra do Vietnã, só para vender mais helicópteros de suas fábricas, e tentou subornar o presidente Lyndon Johnson com cem mil dólares em dinheiro vivo para que suspendesse os testes nucleares em Nevada, porque acreditava que faziam mal à sua saúde. Dentro deste cenário de loucura, a CIA tinha navios providos de artilharia que navegavam sem dificuldade com bandeiras inocentes que trocavam de cor e de forma com tanta freqüência que era impossível identificá-los. Em certo momento, essa frota da guerra secreta, que era autônoma e impune, e não tinha nada a ver com as forças armadas do país, foi a mais numerosa e destrutiva de todo o Caribe. Quanto custou e continua custando esta aventura manicomial é algo que o talento magistral dos autores desse livro não pôde precisar. Talvez porque ninguém saiba com exatidão.

Custa trabalho acreditar que na origem de tudo isto estava nada menos do que o criador do agente secreto 007. E assim foi. Na primavera de 1960 — segundo contam Hinckle e Turner —, o senador John Kennedy, que pouco depois seria presidente dos Estados Unidos, ofereceu um almoço ao seu autor favorito, Ian Fleming. O senador perguntou ao escritor que idéia teria James Bond se fosse encarregado de eliminar Fidel Castro. Fleming respondeu sem pestanejar que havia três coisas importantes para os cubanos: dinheiro, religião e sexo. A partir dessa premissa, imaginou três projetos. O primeiro era despejar sobre Cuba uma quantidade fabulosa de dinheiro falso, como uma cortesia dos Estados Unidos. O segundo era dar um jeito para que aparecesse no céu cubano uma cruz luminosa, como um anúncio da volta iminente de Cristo à Terra, para exterminar o comunismo. O terceiro era lançar panfletos sobre Cuba, assinados pela União Soviética, para advertir a população de que os testes moleculares dos Estados Unidos contaminaram de radioatividade as barbas dos revolucionários, e que isto os tornaria impotentes. Fleming supunha que depois desta advertência os revolucionários cortariam a barba, incluindo Fidel Castro. E concluiu:

— Sem barba não há revolução.

John Pearson, o biógrafo de Fleming, escreveu mais tarde que tudo o que foi dito naquele almoço histórico era uma brincadeira do romancista, para dar a entender que a única coisa eficaz para derrotar Fidel Castro era tentar levá-lo ao ridículo. Mas a CIA levou-a ao pé da letra, e o único projeto que ignorou foi o do dinheiro falso, porque não lhe pareceu original. De fato, fora estudado pelos nazistas para desorganizar a economia inglesa. A idéia de obrigar os revolucionários a cortar a barba não seria eficaz, pois eles se barbearam por iniciativa própria pouco tempo depois, e a revolução continuou seu curso. Antes disso, os laboratórios da CIA inventaram um pó que se fosse jogado dentro dos sapatos faria cair os pêlos do corpo, mas não encontraram ninguém para jogá-lo dentro das botas de Fidel Castro.

A grande maioria dos projetos — incluindo aí o desembarque na Baía dos Porcos, que era o mais ambicioso — fracassou. Mas alguns deles, destinados a destruir a economia, deram certo. "Aviões da base naval do Lago China", diz o livro, "sobrevoaram Cuba, espargindo substâncias químicas nas nuvens, que fizeram cair chuvas torrenciais sobre áreas não agrícolas e deixaram áridos os canaviais."

Mais conhecida foi a ação de um grupo terrorista que, em março de 1970, recebeu da CIA um frasco com o vírus da febre suína africana, para ser introduzida em Cuba. Seis semanas mais tarde, surgia na ilha o primeiro foco de febre suína africana do Ocidente, e cerca de trezentos mil porcos tiveram de ser sacrificados.

Os fracassos menos explicáveis, com certeza, foram os dos atentados a Fidel Castro. Na realidade, Fidel Castro tem uma vida cotidiana imprevisível, seus serviços de segurança são difíceis de penetrar, e a contra-inteligência cubana é considerada uma das mais eficazes do mundo. Mas isso não é suficiente para explicar o fracasso de mais de cinqüenta atentados preparados pela CIA com seus recursos mais notáveis. Deve-se pensar na existência de um elemento diferente que escapa aos computadores da CIA, e que talvez não seja de todo alheio à magia do Caribe.

Quando o presidente Kennedy mandou a Cuba o advogado nova-iorquino James Donovan, em 1963, para negociar a libertação de um grupo de prisioneiros norte-americanos, a CIA preparou, sem que Donovan soubesse, um presente especial para Fidel Castro. Era um equipamento de pesca submarina em cujos tanques de oxigênio pôs bacilos da tuberculose. O próprio Donovan não sabe por quê, mas o equipamento não lhe pareceu digno de um chefe de Estado, e o trocou por outro que ele mesmo comprou em Nova York.

— De qualquer maneira — disse um agente da contra-inteligência cubana — nós teríamos revistado o equipamento.

Os fracassos mais surpreendentes foram os três atentados que a CIA preparou contra Fidel Castro durante sua longa visita ao Chile, em 1971. No primeiro, Fidel Castro ia ser assassinado, durante uma entrevista coletiva, com uma metralhadora escondida dentro de uma câmera de televisão.

— Era algo semelhante ao assassinato de Kennedy — disse o homem da CIA que dirigiu o atentado — porque a pessoa que ia matar Fidel Castro tinha documentos que o fariam aparecer como um agente desertor dos serviços cubanos em Moscou.

Mas na hora da verdade, um dos assassinos teve uma crise de apendicite e o outro não se atreveu a disparar sozinho. O outro atentado estava previsto para a visita de Fidel Castro às minas de Antofagasta, no norte do Chile. Um automóvel com defeito, no caminho, obrigou a caravana oficial a parar. Dentro desse automóvel havia algumas toneladas de dinamite conectadas a um detonador elétrico. Mas, por motivos ainda não explicados, a dinamite não explodiu. A terceira tentativa devia ser um disparo de outro avião em terra, quando Fidel Castro fizesse escala em Lima; mas uma mudança na posição dos dois aviões fez com que o piloto da CIA se negasse a disparar, por temor de não poder escapar a tempo. Um quarto atentado, também frustrado, foi tentado por uma bela agente da CIA que teve acesso a Fidel Castro e estava disposta a derramar na bebida dele umas cápsulas de veneno. Mas introduzira as cápsulas em Cuba dentro de um frasco de *cold cream*, e quando quis utilizá-las não as encontrou: estavam dissolvidas.

Há três casos não contados pelos autores de *The fish is red*. Um deles foi quando eletrificaram com alta voltagem os microfones da tribuna onde Fidel Castro ia falar. A segurança cubana descobriu-o a tempo e sua explicação foi a mais simples:

— Já tínhamos pensado que alguma hora isso ia ocorrer a alguém.

O outro atentado que nunca ocorreu foi o que devia ser cometido por um empregado da cafeteria do Hotel Habana Libre, a quem a CIA deu umas cápsulas inodoras, incolores e insípidas, cujo efeito mortal era bastante retardado, para que o criminoso pudesse escapar. Ele teria de jogá-las na vitamina de frutas que Fidel Castro costumava tomar quando chegava à cafeteria na madrugada. O agente esperou mais de seis meses e quando por fim Fidel Castro apareceu as cápsulas já haviam perdido seu efeito. A CIA trocou-as por outras de atividade permanente se ficassem congeladas. O agente colocou-as no congelador, e quando Fidel Castro voltou, ao final de quatro meses, preparou-lhe a vitamina de frutas de sempre; mas na última hora não pôde quebrar o gelo que cobrira a cápsula.

Porém o maior perigo em que Fidel Castro se viu, e que tampouco está citado neste livro fantástico, não foi um atentado. Aconteceu depois do episódio da invasão da Baía dos Porcos, quando ele regressava do *front* num jipe descoberto. Dois sobreviventes da derrota, que estavam escondidos atrás de uns arbustos, viram-no passar a menos de dez metros, e um deles o teve na mira por breves segundos. Mas não se atreveu a disparar.

UM PALHAÇO PINTADO ATRÁS DE UMA PORTA

Há mais de trinta anos, a pintora Cecilia Porras pintou um palhaço em tamanho natural do lado de dentro da porta de uma cantina do bairro de Getsemaní, bem perto da rua agitada da Media Luna, em Cartagena de Indias; pintou-o com a broxa e os esmaltes coloridos dos pedreiros que faziam reparos na casa, e no fim fez algo que poucas vezes fazia em seus quadros: assinou. Desde então a casa onde se localizava a cantina mudou muitas vezes: vi-a convertida em pensão de estudantes com quartos escuros divididos com tabiques de papelão; vi-a convertida em hospedaria de chineses, em salão de beleza, em depósito de alimentos, em escritório de uma empresa de ônibus e, por último, em agência funerária. Mas na primeira vez em que voltei a Cartagena depois de quase dez anos, a porta fora substituída. Procurei-a em cada viagem, sabendo que as portas dessa cidade misteriosa nunca se acabam, mas que trocam de lugar, e há pouco voltei a encontrá-la instalada, como em sua própria casa, num bordel de classe baixa do bairro de Torrices, onde fui com vários de meus irmãos para resgatar nossas próprias nostalgias dos maus tempos. No lado de trás da porta estava o palhaço pintado. Nós a compramos como se fosse um capricho de bêbados e a tiramos das dobradiças, e a mandamos para a casa de nossos pais numa caminhonete de aluguel que nunca chegou. Mas não me preocupei muito. Sei

---

Publicado originalmente em 5 de maio de 1982.

que a porta intacta está por aí, encaixada em alguma dobradiça ocasional, e que no dia em que menos imaginar voltarei a encontrá-la. E comprá-la outra vez.

Isso é o que sempre me fascinou em Cartagena: o extraordinário destino de suas casas e de suas coisas. Todas parecem ter vida própria, tanto mais como mais parecem mortas, e vão mudando de forma e de utilidade no tempo, mudando de lugar e de ocupação habitual enquanto seus donos passam ao longo da vida sem muito ruído.

É uma magia de origem. Ninguém jamais se surpreendeu com o fato de que a casa mais bonita da cidade tenha sido o tremendo palácio de tortura da Inquisição, que os cárceres tenebrosos da colônia estejam agora convertidos em alegres bazares de artesanato, e que haja um restaurante de peixe na antiga mansão de luxo do marquês de Valdehoyos. Portanto, deve-se considerar a coisa mais natural do mundo que o Museu de Arte Moderna — depois de inumeráveis peripécias da casa e dos quadros — encontrasse por fim seu lugar nos antigos armazéns coloniais do porto.

Na época em que Cecilia Porras pintou o palhaço atrás da porta, tive uma relação de casualidade, porém muito assídua e agradável, com esse prédio abandonado. Eu dava meus primeiros passos de jornalista no *El Universal*, que acabara de ser fundado a pouças quadras dali, e a primeira coisa que aprendi da profissão foi o mau costume de viver ao contrário: dormindo de dia e trabalhando de noite. De madrugada, quando cessava o ruído do chuvisco dos teletipos, ia com os linotipistas às tabernas do porto, cujo vigia insone era o único amigo disposto a nos receber a essa hora. Ficávamos ali até o amanhecer, tomando aquele rum que parecia de fogo, e escutando as histórias fantásticas do vigia.

Do lugar em que nos sentávamos para conversar víamos o cais dos Pegasos, com seus veleiros de má morte, que iam ressuscitando à medida que a madrugada avançava. Nunca esquecerei, para o resto de minha vida, aqueles amanheceres irreais de minha juventude; sempre recordarei como ficávamos tristes quando as escunas se iam, e me lembrarei do papagaio que adivinhava o futuro na casa de camas alugadas de Matilde Arenales, os caranguejos que saíam caminhando dos pratos de sopa servida nas tabernas do mercado, do vento forte, os tambores remotos, a luz amarga dos primeiros dias de abril, enquanto o vigia nos contava incansavelmente a história da casa. Esse era seu tema único: a história da casa. Socando as paredes com o punho, detectava portas muradas, arcadas com colunas e capitéis escondidos, como se aquela não fosse apenas uma casa, mas um sistema de muitas casas superpostas através dos anos. Mais tarde percebi que suas histórias eram inventadas, mas não me senti traído, e sim o contrário, porque suas fábulas eram melhores do que a realidade. Foi ele quem falou de uma escrava fascinante pela qual um rico da época pagou seu peso em ouro, e que tivera de matá-la para se livrar de seu feitiço.

— Está enterrada aqui — dizia, golpeando um vazio na parede.

Contou-me que durante o cerco de Vernón os habitantes da cidade capturaram uma patrulha de ingleses que tentava se infiltrar pela lado da terra. Os ingleses foram esquartejados, assados e devorados pelos soldados da praça. Foi ele quem me falou pela primeira vez de Blacamán, metade mago, metade bandido, levado a Cartagena, ninguém sabia de onde, para embalsamar um vice-rei morto afogado numa cisterna enquanto estava de passagem pela cidade. Blacamán o embalsamou tão bem que o vice-rei morto continuou governando melhor do que quando era vivo, e assim pôde manter a ordem entre os escravos rebelados e os brancos cobiçosos, até que chegou o novo vice-rei e impôs a ordem a sangue e fogo.

Por aquela época alguns dos quadros pendurados nas paredes estavam prestes a ser pintados. Cecilia Porras pintava no terraço de sua casa de Manga, olhando para um pátio sombreado por galhos de mangueiras e guinés, mas os quadros que pintava não se inspiravam no pátio, e sim em outros recantos da cidade, com uma luz diferente que ela mesma inventava. Poucos anos depois conheci Enrique Grau à saída de um cinema, em Bogotá, e durante muito tempo não fizemos outra coisa que nos contar os argumentos completos dos filmes que já víramos, até que descobrimos por acaso que ele ilustrou o primeiro conto que publiquei na vida, e que era também o primeiro conto que ele ilustrou na vida dele. Grau morava num apartamento em que das janelas dos fundos se via o cemitério, e onde fazíamos umas festas barulhentas em cujos silêncios casuais escutávamos o ruído dos mortos apodrecendo no pátio. Eduardo Ramirez, em compensação, que me fez o grande favor de ilustrar um folheto de publicidade que escrevi por necessidade, vivia numa casa de La Perseverancia muito antes que morar em La Perseverancia estivesse na moda, e era uma casa grande e arrojada, cujos móveis estavam restritos a um catre de penitente e a um cavalete de pintura. Alejandro Obregón, que eu conhecera antes em Barranquilla, no bordel povoado de tartarugas e garças de Pilar Ternera, ia por aqueles dias a Bogotá. Uma tarde me disse que ia dormir em meu quarto, e como a campainha estava estragada lhe disse que me despertasse com uma pedrinha no vidraça da janela. Obregón atirou um tijolo que encontrou numa construção vizinha, e eu acordei coberto por uma saraivada de vidro. Mas ele entrou sem nenhum comentário, ajudou-me a tirar um colchão que eu guardava debaixo da cama para os peregrinos tresnoitados, e se estendeu para dormir no chão, sem mais coberta que o cachecol que levava no pescoço, e com os braços cruzados sobre o peito como as estátuas que jazem nas velhas catedrais. Acordou muito cedo e, com seus intensos olhos de água fixos no céu limpo, disse:

— Eritreno. O que significa eritreno?

— Não sei — respondi. — Mas algum dia encontrarei um lugar para colocar a palavra.

Precisei de mais de vinte anos para encontrar um lugar onde pendurar essa palavra enigmática num de meus romances mais recentes. Quase tanto tempo quanto necessitaram os quadros do Museu de Arte Moderna de Cartagena para encontrar uma parede onde ficar pendurados para sempre. Agora têm a parede. Mas ainda continua faltando um quadro: um palhaço pintado atrás de uma porta.

ESTA É A HISTÓRIA, COMO ME CONTARAM

Carlo di Lucca, herdeiro e presidente de um vasto império industrial, não só era um dos homens mais influentes da Itália aos 36 anos como talvez o mais elegante e simpático. As festas mundanas de Roma ou de Milão não tinham sentido sem ele. Além de ser um conversador brilhante e fluente em cinco idiomas, era um exímio tocador de piano, violão e saxofone, cantava e dançava como um profissional, praticava vários esportes, e era piloto, prestidigitador assombroso e imitador incrível dos personagens da moda. Apesar das esmagadoras solicitações que o assediavam, tanto no trabalho como na vida social, seu casamento era harmonioso e estável. A mulher, bela e distinta, parecia feliz. Tinham um filho único, Piero, de oito anos.

A personalidade deste homem fascinante suscitara uma inquietude secreta no coração de Silvio Peñalver, um emigrante latino-americano, tímido e capaz, que em poucos anos conseguira boa posição numa das empresas menores de Carlo di Lucca. Para Peñalver, seu patrão era o paradigma do homem feliz, e essa comprovação lhe era intolerável por motivos de ordem moral que ele próprio não poderia explicar. Incomodava-o sobretudo sua dupla personalidade: a do trabalho, onde era mesquinho e autoritário, e a da vida pública, onde seu encanto era tão deslumbrante que não parecia

---

Publicado originalmente em 12 de maio de 1982.

natural. No decorrer de uma festa dos executivos da empresa, a que Peñalver foi convidado com a mulher pela primeira vez, ele concebeu o mau pensamento de que fazia falta uma desgraça a Carlo di Lucca, ainda que fosse apenas para conhecer os limites da felicidade. No entanto, foi uma idéia fugaz que não deixou rastro em seu coração.

Peñalver estava ligando a motocicleta para voltar para casa, um domingo de primavera, quando o pequeno Di Lucca apareceu por entre as sebes. Estivera jogando sozinho no imenso jardim de sua casa, e, como acontecia com freqüência, escapara da governanta e do resto da criadagem que o vigiava sem sossego. Fascinado pela motocicleta nova, o menino pediu a Peñalver que o levasse para uma volta, e ele decidiu satisfazê-lo. Antes de arrancar o fez colocar o capacete protetor que levava sempre para seu filho, e lhe deu algumas instruções de segurança. O menino, acostumado ao eterno rigor de sua casa, cumpriu-as encantado. Em princípio seria apenas uma volta, mas o menino insistiu numa segunda, e depois numa terceira, cada vez mais longe de casa. De repente Peñalver percebeu que naquele instante tinha nas mãos a insuportável felicidade de Carlo di Lucca. Foi uma inspiração súbita e embriagadora. Então deu uma volta completa, sem nenhum plano preconcebido, e apertou fundo no acelerador e se afastou da casa. O pequeno Piero cantava de alegria.

Peñalver fez a primeira ligação de um café, tapando a boca do telefone com um lenço, como vira fazer no cinema. O mordomo que atendeu ao telefonema lhe disse o que já sabia: Carlo di Lucca saíra uma hora antes para o aeroporto, e sua mulher estava na Holanda. Em poucas palavras, Peñalver explicou então ao mordomo que falava em nome de um inexistente movimento de libertação operário, que o filho único de Carlo di Lucca estava em seu poder, e que só seria libertado mediante o cumprimento de duas condições inapeláveis: a entrega de cinqüenta milhões de dólares em dinheiro vivo, e a introdução de uma série de reformas de base que desse maior participação dos operários no império industrial de Carlo di Lucca. A voz era séria e decidida, e o prazo feroz para salvar a vida do pequeno Piero mal dava tempo de pensar: 24 horas. Carlo di Lucca recebeu a notícia quando o avião para Nova York acabara de decolar, e o fez voltar a Roma imediatamente.

Assim começou o dia mais terrível na vida daquele homem acostumado aos paraísos artificiais do poder. Para seu filho, em compensação, seria um domingo diferente.

Na verdade, Peñalver sabia conquistar as crianças, em especial seu filho, e além disso conhecia bem todos os lugares de diversão infantil da cidade. Não houve um para o qual não levasse o pequeno Piero, que logo se sentiu livre das normas rígidas e dos convencionalismos estreitos de seus vigilantes. Viu um filme de bandidos, comeu sorvetes e doces até se fartar, aprendeu a remar no lago do parque, caminhou descalço e até se espojou no barro, e entrou em todos os aparelhos da cidade mecânica. Nunca, desde o nascimento, experimentara semelhante sensação de liberdade.

Ao anoitecer, Peñalver chegou ao seu apartamento de Parioli com o pequeno Piero, que ainda não parecia cansado de ser tão feliz. A mulher e o filho, que tiveram um bom domingo, esperavam-no para jantar. Peñalver explicou a presença de Piero da maneira mais simples: o menino queria dormir com eles, pois seus pais não estariam em Roma aquela noite, e fora tanta sua insistência que o próprio Carlo di Lucca dera permissão antes de viajar para Nova York.

Foi um jantar muito divertido. O filho de Peñalver e o afortunado Piero se entendiam bem, e Piero pôde comer pela primeira vez o que queria e recusar o que não lhe agradava, e violar todas as leis da urbanidade na mesa sem que ninguém o repreendesse. Peñalver tranqüilizou a mulher: tudo era uma brincadeira. Parecia-lhe imoral que Carlo di Lucca fosse tão feliz, e queria dar-lhe ao menos um domingo de angústia. Ángela lhe fez ver que, de qualquer maneira, aquela brincadeira pesada lhe custaria o emprego. Peñalver contava com a cumplicidade de Piero para que não o descobrissem, mas em todo o caso estava disposto a retornar a seu país, onde começavam a mudar as condições políticas que os obrigaram a emigrar. Ángela, que era séria e lúcida, compreendeu que àquela altura só lhe restava compartilhar a sorte do marido. O noticiário de televisão acabara de aliviá-la: não se disse uma única palavra sobre o caso. Acabaram concordando: no dia seguinte, bem cedo, o menino voltaria para sua casa são e salvo.

Carlo di Lucca não dormiu um só instante. A discussão com seus sócios foi longa e difícil, mas ao amanhecer estavam a ponto de chegar a um acordo. As malas de dinheiro vindas de diversas fontes se acumulavam em seu escritório, e os cinqüenta milhões estavam sendo preparados para a entrega. Às sete da manhã, quando só se esperava o telefonema final para definir os pormenores do resgate, surpreendeu-os a notícia de que Piero voltara.

De fato, Peñalver o levara na motocicleta até o parque próximo. E ali se despediu com instruções precisas para ir direto para casa. O menino se afastou sem muito entusiasmo, um pouco triste porque a grande aventura de sua vida terminara. Nem ele nem seu amável seqüestrador se deram conta de que dois agentes dos muitos que vigiavam a zona — um disfarçado de leiteiro e outro de varredor público — os haviam descoberto.

Carlo di Lucca, abalado pela tensão e pela vigília, saiu correndo para receber o filho. Quase ao mesmo tempo se deteve diante deles o carro policial em que Peñalver estava preso. Carlo di Lucca compreendeu então a verdade, e descarregou no subalterno toda a fúria reprimida durante quase vinte horas de ansiedade. O menino, ainda nos braços de seu pai, teve um instante de incerteza. Mas quando a patrulha arrancou com seu escândalo de luzes e sirenes, soltou-se de seu pai e correu atrás do carro policial, chorando aos brados, para impedir que levassem para a prisão o falso papai que lhe presenteara com seu único domingo feliz.

A MAÇADA DOS DICIONÁRIOS

Um dos prazeres da vida é encontrar as imbecilidades dos dicionários. Para mim, em especial, constitui uma certa forma de vingança contra o destino, porque meu avô, o coronel, me ensinou desde criança que os dicionários não só sabiam tudo como além disso nunca se enganavam. O dele, que era um cartapácio muito velho e já prestes a se desmanchar, tinha impresso na lombada um Atlas corpulento com o globo terrestre sobre os ombros.

— Isto quer dizer que o dicionário tem de carregar o mundo inteiro — me dizia meu avô, a quem, sem dúvida, nunca ocorreu procurar o verbete sobre Atlas no próprio dicionário. Se o fizesse, perceberia que esse desenho era um erro grave. Atlas, com efeito, era um dos titãs da mitologia grega que provocou uma guerra contra os deuses, e por isso Zeus o condenou a sustentar o firmamento sobre as costas. O firmamento, e não o mundo, que estava desenhado na lombada do dicionário, porque nem o próprio Zeus sabia em seu tempo que a Terra era redonda como uma laranja.

Em todo o caso, o hábito do meu avô de consultar o dicionário para tudo ficou em mim para sempre, e se passaram muitos anos antes que eu descobrisse com minha própria alma que não só os dicionários não sabem tudo mas que, ainda por cima, cometem erros, quase sempre muito divertidos.

Publicado originalmente em 19 de maio de 1982.

Com o tempo acabei por confiar mais em meu instinto do idioma, tal como se fala coloquialmente, e nas leis infalíveis do bom senso. Consulto sempre o dicionário, mas não antes de escrever, e sim depois, para comprovar se estamos de acordo.

Outro dia, depois de decidir por minha conta e risco que se pode dizer pitoniso quando o vidente é um homem, descobri que nenhum dicionário inclui a palavra, embora nenhum a proíba. O da Real Academia a define assim: "Sacerdotisa de Apolo que proferia os oráculos no templo de Delfos, sentada na trípode." Uma pitada de bom senso nos permite pensar que a palavra não existe no masculino, porque as mulheres é que exerciam o formoso ofício de adivinhadoras no templo de Delfos, mas nada se opunha que se chamassem pitonisos se tivessem sido homens, como existem tantos em nosso tempo e, sobretudo, em nossos veículos de comunicação.

Em compensação, há erros imperdoáveis nos dicionários. O mais escandaloso deles me parece o da inesquecível María Moliner, em seu *Diccionario de uso del español*, quando define a palavra dia: "Espaço de tempo que o Sol demora para dar uma volta completa ao redor da Terra." Em primeiro lugar, incomoda-me sempre que se diga espaço de tempo. Não; ou é espaço ou é tempo, porque, ainda que sejam grandezas conjugadas, são duas coisas bem diferentes. Mas o que agora me interessa não é isso, e sim a barbaridade de que seja o Sol que dê uma volta completa ao redor da Terra, e não a Terra sobre si mesma, como nos ensinaram na escola. O erro, ao que parece, tem sua origem no dicionário da Real Academia Española, que define o dia desta maneira: "Tempo que o Sol emprega para dar, aparentemente, uma volta à Terra." A precaução do *aparentemente* não resolve o enigma, porque não fica claro se os reais acadêmicos quiseram dizer que a coisa parece assim, embora na realidade não seja, ou se quiseram dizer que eles não sabem com certeza. De qualquer maneira, o modesto *Petit Larousse*, que não tem pretensão a nada, traz uma definição diáfana: "Tempo que a Terra demora para dar a volta sobre si mesma."

Às vezes os dicionários se dão conta de que caíram no ridículo, e o corrigem numa edição posterior. Isso aconteceu ao da Real Academia com a famosa e inefável definição de cachorro: "Mamífero doméstico da família dos canídeos, de tamanho, forma e pelagem muito diversos, segundo as raças, mas sempre com o rabo de menor longitude do que as patas traseiras, uma das quais o macho levanta para urinar." Prestou-se a tantas gozações esta precisão excessiva — e entre elas uma muito feroz e inteligente de Guillermo Cabrera Infante em seu romance *Três tristes tigres* — que nas edições mais recentes do dicionário da Real Academia já os cachorros não levantam a pata posterior para urinar, embora continuem a levantá-la na vida real.

Outra coisa que sempre me inquietou no dicionário da Real Academia é a definição das cores. Amarelo: "De cor semelhante à do ouro, do limão, da flor da giesta etc." Na minha maneira de ver as coisas a partir da América Latina, o ouro era dourado, não conhecia as flores da giesta, e o limão não era amarelo, e sim verde. Mas antes já me havia chamado a atenção o octossílabo de García Lorca: "Na metade do caminho cortou os limões redondos, e os foi tirando o sumo até que o tornou de ouro."

Muitos anos se passaram até que viajei à Europa e me dei conta de que o dicionário tinha razão, porque, na realidade, os limões europeus são amarelos.

No entanto, parece-me justo dizer que, em meio a tantos tropeços, há um grande escritor escondido na Real Academia, o que escreveu as definições das plantas. Todas são excelentes, de um ritmo elegante, mas, em especial, a de uma planta com a qual tenho uma pinimba desde a infância, porque me davam em jejum como vermífugo. Refiro-me ao *paico*, *pazote* ou *epazote*, que vem definido assim no dicionário da Real Academia: "Planta herbácea anual, da família das quenopodiáceas, cuja haste, sulcada e muito ramosa, ergue-se até um metro de altura; tem as folhas em forma de lanças, algo dentadas e de cor verde-escura; as flores, aglomeradas em cachos frouxos e simples, e sementes nítidas e de borda sem ponta. Toda a planta emite um odor aromático, e as flores e as folhas podem ser tomadas em infusão, à maneira de chá. Oriunda da América, espalhou-se pelos países meridionais e a Europa Central, onde se encontra como se fosse espontânea entre os escombros dos edifícios."

Há com certeza uma dimensão das palavras que os dicionários não podem definir — o do seu significado subjetivo. Há alguns meses, meu amigo

Argos, em sua coluna inclemente do *El Espectador*, de Bogotá, perguntava-se que diferença há entre um barco e um navio. O dicionário da Academia descreve o navio deste modo: "Barco com coberta que, por seu tamanho, solidez e força, é adequado para navegações ou empresas marítimas de importância." Isto nos permite perguntar, em primeiro lugar, que empresas marítimas podem investir num navio sem ter de navegar, posto que o dicionário estabelece como diferentes as duas funções. E nos permite pensar, em segundo lugar, que um navio não serve para empresas fluviais, porque se diz que só serve para empresas marítimas. Mas o importante está dito, que um navio é um barco e navio. Para mim, no entanto, há uma diferença subjetiva que me obriga a utilizar ambas as palavras com um sentido diferente. Na casa dos meus avós, os navios eram só os do mar, como os que transportavam banana de Santa Marta a Nova Orleans. Em compensação, os barcos eram os do Rio Magdalena, com duas chaminés, alimentados a lenha e impulsionados por uma roda de madeira na popa. Para ambos, de qualquer maneira, havia um nome genérico: vapor.

Outra coisa que Argos se perguntava, outro dia, era o significado exato do verbo perecer, a propósito de um ferido a punhaladas que, segundo se disse, pereceu horas depois no hospital. Argos não achava correto seu uso neste sentido, mas não sabia por quê, e a mim tampouco me parece, e eu tampouco sei por quê. Há um instinto do idioma que indica, sem sombra de dúvida, que os doentes dos hospitais não perecem, e sim morrem, qualquer que seja o motivo, a menos que lhes caia o teto em cima. Em compensação, uma pessoa pode ter perecido numa catástrofe aérea, se foi essa a causa de sua morte, ainda que ela tenha ocorrido, na realidade, vários dias depois no hospital. Quase me atreveria a dizer que o ato de perecer pode não ser simultâneo com o de morrer, ainda que um tenha de ser conseqüência do outro. Mas, por sorte, não sou dicionário para me atrever a tanto.

UM JURADO EM CANNES

Os quase dois mil fotógrafos que vieram ao XXXV Festival de Cannes não correram muito este ano atrás das aspirantes a atriz que se despiam para eles na praia. Não; agora mesmo as areias da Côte d'Azur estão cobertas por um estranho tapete formado por mulheres de *topless*, de maneira que ninguém mais se dá ao trabalho de olhar de novo quando uma adolescente corajosa tira a roupa no meio da rua. Ninguém neste festival parece se importar com outra coisa que não seja a noite perpétua das vinte salas de cinema, onde são projetados 42 filmes diferentes por dia durante duas semanas extenuantes. Antes, as estrelas de cada delegação subiam ao palco depois da projeção, protegidas pela certeza de que ninguém se atreveria a vaiar em público uma mulher bonita. Talvez o último grito dessa feira mundana tenha sido aquele lançado por Johnny Weissmuller ao chegar a Cannes há três anos, pare recolher as cinzas de seu próprio Tarzan juvenil, antes de mergulhar para sempre nas trevas de um hospital psiquiátrico. Tudo isso foi levado pelo vento. Este ano, os únicos que subiram ao palco na noite inaugural foram uns homens maduros, tímidos e feios, a quem poucos podiam reconhecer pela cara, pois sempre estiveram atrás das câmeras. Com exceção de um, que estivera diante e atrás ao mesmo tempo: o francês Jacques Tati. Eram dos maiores diretores, a quem o festival rendeu uma merecida homenagem

---

Publicado originalmente em 26 de maio de 1982.

este ano: o norte-americano Joseph Losey, o austríaco Billy Wilder, o húngaro Miklos Jancso, o japonês Akira Kurosawa, o italiano Michelangelo Antonioni. Cada um improvisou um discurso breve, inteligente e com senso de humor, e isto pareceu dar em seu conjunto o tom do festival. Antonioni contou que um admirador o parou na rua para lhe dizer:

— Seus filmes me fizeram crescer.

Aquela foi para ele uma revelação alarmante, segundo disse, porque o homem tinha apenas um metro e quarenta centímetros de altura.

Esta derrota do *star system*, que durante tantos anos foi a atração maior do festival, poderia ser o sinal dos novos tempos. "Agora todo mundo sabe que o ator é apenas um meio de expressão do diretor", disse um crítico. Geraldine Chaplin, que é uma mulher inteligente e culta, e além disso uma excelente atriz, acha que essa concepção do ofício do ator será muito positiva, e em especial para o próprio ator.

— Assim seremos obrigados a aprender tudo — me disse ao fim de uma reunião do júri, do qual ambos fazemos parte. — Acabaremos por escrever e dirigir nossos próprios filmes.

No que se refere a ela, não está inventando nada: seu pai fazia até a música.

No mesmo tom, também é natural que o festival tenha sido aberto com a projeção de um dos mastodontes colossais da história do cinema: *Intolerância*, de D.W. Griffith. Foi uma noite memorável, consagrada a um dos maiores precursores, que, em 1918, gastou dois milhões de dólares da época para fazer este espetáculo fabuloso que parece mais atual do que muitos dos filmes mais ambiciosos de hoje. Sua duração inicial devia ser de oito horas, e só para transportar todos os dias os cavalos e os elefantes até a Babilônia reconstruída nos estúdios se fez uma estrada de ferro especial. Contudo, sua estréia no Liberty Theater de Nova York teve o mesmo destino infeliz da *Sagração da primavera*, de Stravinski, e foi o primeiro fracasso histórico do cinema.

Lillian Gish, a mãe recorrente que embala o berço no início de cada episódio de *Intolerância*, tem agora 85 anos. A jornalista francesa Catherine Laporte entrevistou-a há alguns dias em seu apartamento de Nova York, e a encontrou como que estratificada em suas recordações. "Tem a cútis ainda fresca", escreveu, "os lábios pintados em forma de coração, os cabelos tingidos de um vermelho delicado e os bucles à antiga, e toda ela exala um encanto fora de moda, mas tudo desmentido por uma impertinência muito contemporânea." Portanto, Lillian Gish também poderia vir em pessoa recolher suas últimas saudades. No entanto, esses louros foram reservados ao pianista Stanley Kilburn, de 87 anos, que acompanhou o filme com sua música original, como era de uso corrente nos tempos do cinema mudo. Acompanhou-o durante três horas na sessão vespertina, e durante outras três horas na sessão noturna, sem descanso, sem um instante de esmorecimento, como fez tantas vezes desde a primeira vez, aos 16 anos.

Outra personalidade cujo nome ficará ligado para sempre a este festival — qualquer que seja sua sorte no dia da premiação — é o cineasta turco Yilmaz Guney, que escreveu e dirigiu do cárcere de Kaisiri, na Turquia, o filme que mais impressionou o público do festival até este fim de semana: *Yol*. Os negativos chegaram à Suíça e depois à França por canais clandestinos, e ali se concluiu o trabalho de laboratório. Yilmaz Guney, que aos 45 anos cumpria sua terceira condenação por crimes políticos, fugiu do cárcere em outubro do ano passado e desapareceu sem deixar vestígio. Até a noite da estréia de seu filme em Cannes, quando reapareceu sem aviso prévio sob os projetores do Palácio do Cinema, com *smoking* e cachecol de seda e o cabelo pintado de ruivo, como o mais mundano e tranqüilo dos espectadores. Nesse momento havia uma manifestação de turcos encapuzados na porta do teatro, gritando *slogans* contra a repressão militar em seu país. Dois dias depois, o governo turco pediu à França a extradição de Yilmaz Guney.

No entanto, a personalidade que roubou a atenção das câmeras desde a noite de inauguração foi o ministro da Cultura da França, Jack Lang, um antigo ator de teatro, de 42 anos, com uma cabeleira alvoroçada de louco feliz. Agora que é ministro, e ainda que dentro de um *smoking* alugado, Jack Lang continua sendo igual a si mesmo: informal e simpático, de uma criatividade incontrolável e um dinamismo sem trégua, e com um desejo de renovação que de algum modo se projetou no estilo deste festival ainda bloqueado por excessos de convencionalismo.

Desde sua criação, o *smoking* é obrigatório nas sessões noturnas. O motivo não me entra na cabeça. Até onde sei, este casaco sem graça se chama como se chama porque era o que punham os cavalheiros ingleses para fumar numa peça separada, de maneira que a fumaça do tabaco não contaminasse o resto da casa nem seus bons trajes. Isto é: o contrário do que se faz agora. Eu nunca o pus e nem penso pô-lo, e não por preconceito nem porque me pareça feio. Meus motivos são mais profundos. Eu tinha uns oito anos em Aracataca quando vi num jornal a foto impressionante do cadáver embalsamado de Enrique Olaya Herrera, um ex-presidente da Colômbia que morreu em Roma, e fora exposto em câmara ardente durante vários dias no Capitólio. O que mais me impressionou foi que estava vestido segundo a etiqueta. Desde então pensei que essa espécie de roupa só se usava para exibir os mortos ilustres, e aquela idéia se converteu para sempre em superstição. Talvez eu tenha sido, portanto, o primeiro jurado de Cannes a romper o mau hábito do *smoking*.

Jack Lang, talvez sem intenção, deu-me uma boa mão nesta rebelião solitária: na noite de gala foi ao Palácio do Cinema em *smoking*, porque, na verdade, sendo ministro, não tinha alternativa. Mas na noite seguinte, depois de uma rápida viagem de ida e volta a Paris, e com o pretexto de que não tivera tempo de se trocar, reapareceu com a mesma calça jeans e o pulôver vermelho com que o conheci há anos no México, quando era diretor do Festival de Teatro de Nancy. Aquele gesto, sem dúvida bem calculado, foi como uma ventania de naturalidade num festival que se distinguiu sempre pelo rigor de suas escolhas, mas também por seu conservadorismo poeirento.

INCONFIDÊNCIAS DE UM JURADO EM CANNES

Desta vez não se ouviram as vaias habituais quando o presidente do júri, o italiano Giorgio Strehler, revelou o veredicto unânime na cerimônia de encerramento do XXXV Festival de Cannes. Aquele público compacto de especialistas e aficionados do mundo inteiro parecia aprovar dessa maneira o acordo nada fácil de duas mulheres e oito homens de nacionalidades diferentes, cuja reunião decisiva, na noite anterior, durara nove horas sem um único intervalo. Eu era um deles.

Como em tantas outras ocasiões, a Palma de Ouro foi dividida entre dois filmes. Nunca gostei desta solução, que sempre me parece combinada e que em todo caso é intermediária. Creio que um aprofundamento no julgamento dos filmes empatados deve conduzir inevitavelmente à descoberta de valores que fariam prevalecer um sobre o outro. A solução, com certeza, teria sido resolver a dúvida mediante votação. Mas desde o começo nos impusemos o compromisso de não apelar para esse recurso, a não ser em caso extremo. Mais ainda: quando o júri tem número par, como era nosso caso, o presidente tem direito a resolver os empates eleitorais com o voto de Minerva; mas Giorgio Strehler renunciou logo a esse privilégio para se sentir na mesma situação de todo o júri. Isto nos abrigou a analisar cada filme com argumentos ponderados. O diretor do festival,

---

Publicado originalmente em 2 de junho de 1982.

Robert Favre de Bret, comentou, quando soube, que em 35 anos não vira um júri que falasse tanto.

Meu candidato para a Palma de Ouro, sem dividir o prêmio, sempre foi *Desaparecido — Um grande mistério*, do grego naturalizado francês Costa-Gavras, que revela, por intermédio de um caso particular, toda a tragédia humana do golpe militar do Chile e denuncia a cumplicidade de altos funcionários dos Estados Unidos. Pareceu-me que a única limitação deste filme era sua escrita clássica, no âmbito de um festival onde se tem o direito de esperar invenções renovadoras. A atuação de Jack Lemmon, como o veredicto reconheceu, não só parecia a melhor do festival mas também a melhor de sua carreira. No decorrer do debate se definiu com clareza que todos os jurados estavam de acordo em que *Desaparecido* era um dos dois melhores filmes, mas nem todos pensávamos que fosse bom o bastante para ganhar sozinho a Palma de Ouro.

O outro filme favorito era *Yol*, do turco Yilmaz Guney, que, em noventa minutos de projeção intensa, faz sentir nas entranhas como é terrível o drama simples de estar vivo na Turquia de hoje. Ao contrário de *Desaparecido*, que teve a serviço de sua boa causa a enorme máquina de produção de Hollywood, o filme turco foi escrito e planejado no cárcere, até em seus menores detalhes, por um preso político, e dali dirigido por interposta pessoa, até o ponto em que não parece possível determinar com justiça quem é em última instância seu autor verdadeiro. Com todas as coisas raras que ocorreram na história do cinema não creio nunca tenha ocorrido nada tão extraordinário como isto.

Desde o início do debate ficou claro que *Yol* era o filme que mais impressionou a fundo todos os jurados, mas não existia a mesma unanimidade quanto ao prêmio que deveria receber. Para mim estava claro que parecia feito sob medida para o prêmio especial do júri, por uma verdade que pode parecer paradoxal: ainda que seja impossível definir quem é o autor verdadeiro, o filme tem uma respiração pessoal que é um de seus maiores encantos. Em todo o caso, o regulamento do festival, que Giorgio Strehler decorara como se fosse um texto de teatro, afirma de maneira expressa que a Palma de Ouro e o prêmio especial do júri não são um primeiro prêmio e um segundo prêmio, mas dois prêmios paralelos do mesmo nível. Contudo, mais por motivos práticos, a fórmula do *ex aequo* se impôs. Mas só na cerimônia de encerramento nós jurados percebemos que fizéramos pela harmonia interna do Terceiro Mundo algo mais do que dividir um prêmio. Conseguíramos o milagre de que um grego e um turco subissem a um palco para se beijar de felicidade diante dos olhos do mundo inteiro.

Os outros prêmios foram fáceis. A homenagem à obra de Michelangelo Antonioni, tomando como ponto de referência *Identificação de uma mulher*, que é seu filme mais refinado, aos setenta anos de idade, era um acordo que todos já tínhamos resolvido no coração. Minha única dúvida geral continua sendo que o prêmio especial do júri, atribuído a *A noite de são Lourenço*, dos irmãos Taviani, e o prêmio de direção, atribuído a *Fitzcarraldo*, do alemão Werner Herzog, ficaram em posições trocadas.

Desde que vi *A noite de são Lourenço* fiquei tocado por sua fluidez e deslumbrado pela luz diamantina da Toscana, mas me senti ao final com a aflição de não saber com certeza o que seus autores admiráveis quiseram dizer. Não fiquei sozinho nesse precipício: outros dois jurados pediram para vê-lo de novo. Mas depois de um dia de reflexão decidi não assistir à repetição privada, porque minhas relações com a arte foram sempre de amor à primeira vista, e não me lembro de nenhuma obra de nenhum gênero que tenha me impressionado mais na segunda vez do que na primeira. Na discussão final, certamente, minhas reservas não foram um obstáculo para a unanimidade.

O prêmio especial do júri me parecia mais adequado para *Fitzcarraldo*, não porque fosse melhor ou pior, mas porque tem esse sopro misterioso, indefinível e devastador que permite identificar imediatamente uma autêntica obra de arte: a inspiração. É essa magia oculta que permite ao filme alcançar com o mesmo impulso as alturas mais sublimes da loucura e os abismos mais insondáveis da imperfeição poética. Nenhum outro filme do festival tinha isto, e é um milagre cada vez mais raro nas artes contemporâneas. Se Herzog não despontou no primeiro lugar, no meu entender, foi porque se dissolveu no conformismo de um final à maneira de Rossini, em lugar do apocalipse wagneriano que todos esperávamos para nos saciar depois de tantos desaforos da imaginação.

Muitos espectadores acreditaram ver no delírio de *Fitzcarraldo* algo como um assalto à mão desarmada aos romances contemporâneos da América Latina. Sobretudo no episódio de um personagem que se vale de um bloco de gelo para impressionar os índios da Amazônia, e a imagem de um navio encalhado no meio da selva. Por isso fui claro entre os jurados no sentido de que estava disposto a renunciar ao que parecia meu, porque além disso não eram imagens essenciais, e sim o contrário: simples deslizes do filme. Quando Werner Herzog me telefonou no dia seguinte para me dizer, com uma amabilidade toda sua, que gostaria de fazer algo comigo, não pude resistir à má educação de responder:

— Não se preocupe, Herzog. Já fizemos.

Peço-lhe desculpas públicas.

ROMA NO VERÃO

Voltei a Roma, depois de uma longa ausência, e voltei a encontrá-la como sempre: mais bela, mais suja e mais louca do que da vez anterior. O verão estourou de repente na semana passada, com esse calor que parece de vidro líquido, e a moda feminina, que este ano deixou as portas abertas a toda espécie de descontrole de formas e cores, converteu a cidade eterna na mais moderna e juvenil do mundo.

Creio que foi Julio Cortázar quem observou em algum de seus livros que depois de conhecer uma cidade continuava recordando-a para sempre, não como era na realidade, mas como a imaginava antes de conhecê-la. Isto me parece certo, à exceção de Roma, pois é a única cidade que sempre imaginei tal como foi quando a conheci, que é como continua sendo sempre. Talvez a única de que posso dizer que me recordava dela sem a conhecer.

Estive aqui pela primeira vez no verão de 1955 — completa-se agora a módica soma de 27 anos —, como enviado especial de *El Espectador*, de Bogotá, para o funeral de um papa que ainda não morrera, mas que estava com soluço havia vários meses. Um amigo médico me dissera na Colômbia que esse é um sintoma de câncer de esôfago e que se não se conseguisse controlá-lo era uma causa segura de morte por desidratação. Eu conhecia um antecedente literário: o belo conto de Somerset Maugham de um imigrante inglês

---

Publicado originalmente em 9 de junho de 1982.

surpreendido pelo soluço num transatlântico de luxo que navegava no oceano Índico, e em poucos dias de esforços inúteis seu cadáver foi lançado à água, enrolado na bandeira britânica. O papa, como se sabe, não teve a mesma sorte. Em compensação, eu é que estive a ponto de morrer no mesmo dia de minha chegada a Roma, um alucinante domingo de julho em que havia, como sempre, uma greve geral, e a Itália parecia, como sempre, à beira do desastre. "Isto é igual a Aracataca", pensei, esmagado pelo calor e pela poeira, enquanto percorria a estação solitária procurando em vão uma alma caridosa que me ajudasse a carregar as malas. De repente, um fura-greve, dos que nunca faltam, mesmo nas melhores famílias, não só me ajudou a carregá-las por cinqüenta liras da época, mas se ofereceu para me conseguir um hotel na vizinha Via Nazionale.

Era um prédio muito velho e reconstruído com vários materiais e em cada um dos andares havia um hotel diferente. Suas janelas estavam tão perto das ruínas do Coliseu que não só se viam milhares de gatos adormecidos pelo calor nas escadarias mas se sentia o cheiro intenso das urinas fermentadas. Meu bom acompanhante, que ganhava comissão para levar clientes aos hotéis, recomendou-me o do terceiro andar, porque era o único que incluía as três refeições no preço. Além disso, a recepcionista era uma mulher gorda e florida, com uma voz quente de soprano, e parecia sensível à idéia de que um caribenho de 23 anos tivesse atravessado o oceano para conhecê-la. Eram cinco da tarde, e na recepção havia 17 ingleses sentados, todos homens e todos com calças curtas, e todos cabeceando de sono. Ao primeiro olhar me pareceram iguais, como se fosse um só repetido 16 vezes numa galeria de espelhos; porém o que mais me chamou a atenção foram os joelhos ósseos e rosados. Sempre gostei muito dos ingleses, até este ano funesto das Malvinas, em que uma imbecilidade de seu governo tirou-os para sempre do meu coração. No entanto, não sei que rara faculdade oculta do Caribe me soprou no ouvido que aquela sucessão de joelhos rosados era uma mensagem de mau agouro. Então disse ao meu acompanhante que me levasse a outro hotel onde não houvesse tantos ingleses sentados na recepção, e ele me levou, sem nada perguntar, ao do andar seguinte. Essa noite, os 17 ingleses e todos os hóspedes do hotel do terceiro andar se envenenaram com o jantar.

Assim começou para mim aquele verão inesquecível. De manhã, a cidade estava quase vazia, porque muitos romanos iam para a praia. Roma era ainda uma cidade com poucos automóveis, e o único luxo que se podiam dar os deslumbrantes automobilistas de hoje eram umas vespas rudimentares que se metiam em todos os lugares e atropelavam os transeuntes nas calçadas. Ao contrário do que fazíamos no trópico, abrindo portas e janelas para fazer entrar o ar fresco da rua, os romanos fechavam as casas com persianas herméticas. Faziam assim desde o tempo do Império, e assim continuavam fazendo, com toda a razão, porque impedem que entre nas casas o ar ardente da rua. Depois de um almoço leve à base de massa — essa comida prodigiosa que muda de sabor apenas mudando a forma — faziam uma sesta franca e densa que se parecia demais com a morte. A essa hora não havia uma alma na rua, o sol permanecia imóvel no centro do céu, e o silêncio era tão intenso que não parecia possível. Mas um pouco depois das seis da tarde todas as janelas se abriam de repente para chamar o ar fresco que começava a se mexer, e uma multidão alegre se lançava às ruas em meio ao estrondo das vespas, os gritos dos vendedores de melancias e as canções de amor entre as flores dos terraços, e sem qualquer outro objetivo a não ser o de viver. Hoje tudo continua igual. Os italianos, com efeito, descobriram há muito tempo que só há uma vida, e essa certeza os tornou refratários à crueldade.

Os únicos seres acordados às três da tarde naquele verão de 26 anos atrás eram as putinhas tristes da Villa Borghese, que faziam de dia o que todas as outras fazem de noite, incluindo tresnoitar. O tenor Rafael Rivero Silva e eu vivíamos em dois quartos contíguos de uma pensão da redondeza, cujo único defeito era estar voltada para o jardim zoológico, de maneira que se despertava à meia-noite assustado pelo rugido dos leões. Depois do almoço, enquanto Roma dormia, íamos numa vespa emprestada ver as putinhas vestidas de organdi azul, de popelina cor-de-rosa, de linho verde, e às vezes encontrávamos alguma que nos convidava para tomar sorvete. Uma tarde não fui. Fiquei dormindo depois do almoço, e de repente ouvi umas batidinhas tímidas na porta do quarto. Abri meio sonado, e vi na penumbra do corredor uma imagem de delírio. Era uma moça nua, muito bonita, que acabara de se banhar e perfumar, e com todo o corpo empoado.

— Boa tarde — me disse com uma voz doce. — Me manda o tenor.

Ao contrário do que aconteceu com o personagem de Somerset Maugham, o papa se recuperou na metade do verão e voltou às audiências públicas. Assisti a uma delas no pátio de Castelgandolfo, sua residência de verão. Vi-o bem de perto, com um traje imaculado e umas mãos parasitárias que pareciam esfregadas com lixívia, e naquele instante me dei conta de que tinha de buscar um assunto mais proveitoso e imediato do que o de sua morte. Fiz bem, porque quando o papa morreu, três anos depois, eu não estava já neste mundo, e sim no outro: em Caracas. Mas a imagem daquela moça em sua casta e formosa nudez às três da tarde me ficou para sempre na memória, como um dos tantos milagres que só são possíveis no torpor de Roma no verão.

O QUE O ORÁCULO NÃO ADIVINHOU

Quinta-feira fomos consultar o oráculo. Às sete da manhã tomamos em Atenas um ônibus refrigerado e três horas depois estávamos em Delfos, a pátria do oráculo, a cidade sagrada de Apolo que foi em seu tempo o umbigo do mundo. O ônibus ia cheio de gringos domesticados que acompanhavam compenetrados, nos folhetos coloridos, as explicações que o guia grego nos fazia em seu inglês quase imaginário.

Na realidade, o idioma universal não é o inglês e sim o inglês mal falado. Se alguém o fala apenas bem não encontrará quem entenda o que diz. Nas longas pausas sem informação nos deixávamos entorpecer pela música universal, que não é a de Mozart, como dizem os entendidos, e sim essa música infinita de malentendidos que soa sem misericórdia em todos os elevadores do mundo.

A viagem foi lenta e cautelosa, pois os motoristas gregos têm instruções de levar seu ofício com calma para não assustar as senhoras aposentadas que vêm de Nevada, Maryland, Kentucky, acompanhadas por velhos maridos que às vezes não são seus, e sim emprestados às escondidas para brincar de amor outonal depois de consultar o oráculo. Viajamos devagar por entre trigais ensolarados e oliveiras milenares, e depois por desfiladeiros pavorosos onde voavam uns pássaros enormes e escuros que em épocas melhores foram as águias de Zeus. Num certo momento o guia se atreveu a dizer:

Publicado originalmente em 16 de junho de 1982.

— À direita podem ver uma torre do século XV.

Disse-o com certa vergonha, e com razão, pois num país onde alguém de repente se encontra comendo com uma colher do século VII a.C., um pedaço de torre como aquela não tem mais interesse do que um posto de gasolina. Mas os guias cumprem seu dever, porque os turistas esperam que lhes digam tudo pelo dinheiro que pagam, e, de qualquer maneira, se não dizem, são perguntados. Por isso, cada vez que chego pela primeira vez a uma cidade, inscrevo-me num passeio turístico e resolvo a questão de uma vez por todas. A partir de então, sei que tudo o que vejo tenho de descobrir por meus próprios meios, visto que já conheço tudo o que é conhecido. Mais ainda: na Cidade do México, depois de morar ali por vinte anos, inscrevi-me numa excursão só pela curiosidade de saber como a cidade é ensinada aos turistas, e fiquei surpreso ao me dar conta de quantas coisas passaram despercebidas aos meus olhos de morador.

Devo reconhecer, no entanto, que a lenda me interessa mais do que a realidade histórica, e, em conseqüência, na Grécia me interessa mais Homero do que Heródoto. Em minha visita ao oráculo me interessavam mais as fontes do drama de Édipo do que a história de tantos tiranos que encontraram naquele lugar sua desgraça ou sua fortuna. A emoção começou no transcurso da viagem, quando o guia disse:

— Neste lugar, segundo a lenda, Édipo matou o rei Laio, seu pai.

Mas foi a única menção a Édipo feita em toda a viagem. Ao que parece, o drama de Édipo aqui é considerado pura ficção, tanto como as aventuras de Ulisses ou a desgraça de Medéia. Em compensação, não sei por qual estranha transposição os personagens da mitologia foram aceitos nos domínios da vida real.

Discorrem sobre Prometeu acorrentado e exposto à ferocidade das aves de rapina numa montanha, e contam que Apolo lutou contra a serpente Píton até que conseguiu suplantá-la, e explicam o mundo por intermédio dos deuses inumeráveis e das deusas travessas como se fossem mais reais do que os homens e as mulheres de Sófocles. Em compensação, as melhores verdades, as mais humanas, são ocultadas por pudor. Do Partenon, que se sustenta apenas como se fosse feito de cascas de ovo, dizem-nos que foi o grande templo de Atenas, que no século XIII foi convertido em santuário católico pelos cruzados e em mesquita turca dois séculos depois, mas nos ocultam o que foi seu destino mais humano: residência ocasional das cortesãs de algum rei da Macedônia no século IV a.C. Do mesmo modo, do oráculo nos contam que as pitonisas deviam passar dos cinqüenta anos, que deviam ser feias e vulgares e que "a partir do momento em que se consagravam ao serviço do deus deviam abandonar o marido e os filhos". Mas não dizem o motivo, e é que no início eram as virgens mais jovens e formosas do país, cujos encantos acabavam por abrandar o mais incorruptível dos peregrinos.

Portanto, quando chegamos ao cume do santuário de Delfos já o guia nos contara tudo, mas não dera nenhum elemento novo sobre o drama de Édipo que, afinal de contas, era a única coisa que me interessava do oráculo. Contam que a pitonisa, antes de fazer suas profecias, purificava-se nas águas de vizinha fonte de Castália e mastigava folhas de loureiro e aspirava vapores de incenso e mirra, até o ponto em que mal era dona de si mesma quando devia responder às perguntas feitas pelos viajantes chegados de todo o mundo conhecido, e que podiam ser indistintamente reis ou mendigos. Suas respostas eram alaridos e contorções incompreensíveis que os sacerdotes decifravam à sua maneira. Era, portanto, impossível conhecer o sentido exato da adivinhação, e, como as adivinhações, só podiam ser entendidas a fundo depois de cumpridas. A mais célebre foi sem dúvida a recebida pelo rei Creso, famoso por suas riquezas incontáveis, quando quis saber se convinha fazer a guerra contra os persas, cujo reino estava do outro lado do rio Halis. O oráculo respondeu:

— Se Creso atravessar o rio, destruirá um grande reino.

Creso atravessou e foi derrotado, e assim se cumpriu a predição, pois destruiu seu próprio reino, que era um dos mais poderosos de seu tempo. Em compensação, ao contrário do que ocorria na realidade, a predição recebida por Édipo, rei de Tebas, foi direta e explícita: a peste seria esconjurada no dia em que se descobrisse quem foi o assassino de Laio, o rei anterior. Édipo descobriu, como se sabe, e descobriu ao mesmo tempo sua própria identidade e seu próprio destino. E assim nasceu para sempre a única estrutura literária de uma perfeição absoluta: o investigador que descobre ser ele mesmo o assassino.

O mais impressionante do santuário de Delfos, sem dúvida, é o lugar onde foi construído. Poder-se-ia acreditar que era o umbigo do mundo se não se conhecessem as alturas de Machu Picchu, nos Andes, onde se tem de verdade a impressão de estar em outro planeta. Ou prostrar-se de admiração diante destas construções de pedra e de sonho se não conhecesse o âmbito mágico de Uxmal e Chichen, em Yucatán, onde ainda parece sentir-se a respiração dos seres que o habitaram. Mas a comparação não é justa, porque os centros cerimoniais do México estão quase intactos e os monumentos da Grécia são apenas os restos de uma pilhagem histórica impiedosa.

Na realidade, aqui se vem para se conhecer os lugares e para se imaginar, através de leituras atrasadas e do inglês aproximado dos guias, como eram os monumentos antes de que passassem por aqui as hordas imperiais dos países que hoje se consideram civilizados. Perdida na constelação das Cícladas há uma ilha minúscula — Milo — de que ninguém se lembraria de nada ao passar por ela se não fosse porque ali se encontrou a Vênus sem braços que é a maior atração — junto com a Gioconda — do Museu do Louvre.

No Museu de Delfos, por puro milagre, permanece a estátua de um cocheiro fundida em bronze que ainda parece vivo, e que para o meu gosto é uma das obras mais assombrosas das artes de todos os tempos. Mas o restante não passa de escombros que ficaram depois da pilhagem. Porque o melhor de todo este mundo — à exceção dos lugares que, por sorte, não podem ser levados — não está onde os deuses o puseram, e sim no Museu Britânico, em Londres, ou no Louvre, em Paris. Apesar da sabedoria e do poder divinatório deste oráculo de memória fraca que já não se lembra de Édipo.

A DURA VIDA DO TURISTA

Logo que subimos a bordo, uma voz melíflua de mulher bem servida ordenou em quatro idiomas pelos alto-falantes que os visitantes descessem à terra porque o navio se dispunha a partir, e mal acabara de dizer quando o navio partiu sem qualquer outro aviso. Depois de tantos anos sem navegações nem regressos senti reviver uma emoção quase esquecida vendo se apagarem nas brumas de junho as casas acotoveladas e descoloridas do Pireu, e permaneci ali com o ânimo disposto a não pensar em nada durante vários dias. Aqueles foram os únicos cinco minutos de descanso profundo em toda a viagem. Mal saíramos do porto quando a mesma voz de mulher, com ênfase mais destacada do que a vez anterior, ordenou que todos os passageiros nos reuníssemos no convés para um exercício de salvamento simulado. Acudimos em massa com os coletas salva-vidas pendurados no pescoço, olhando-nos uns aos outros com nossas caras de imbecis, enquanto a sirene do navio lançava bramidos de naufrágio e o primeiro-oficial distribuía instruções precisas e alarmantes que nenhum dos quinhentos turistas daquela catástrofe de mentira escutava com a atenção devida. Cinco minutos depois tudo estava terminado. Mas só por breves minutos, pois mal havíamos tirado o salva-vidas quando já nos convocavam ao salão principal para uma conferência sobre as incontáveis ilhas do mar Egeu que

---

Publicado originalmente em 23 de junho de 1982.

íamos conhecer nos próximos dias. Começou assim uma semana frenética que se serviu para algo foi para nos dar conta na própria carne de que não há profissão mais ingrata e extenuante do que a de turista de corpo inteiro. Isto é mais grave na Grécia do que em qualquer outra parte. Não sei por que sempre pensei que os gregos tinham algo do caráter desordenado e expansivo dos italianos. E não é assim: são loucos de uma outra forma. Do capitão do navio ao rapaz que carrega as malas eles têm um senso de autoridade que se parece muito com o autoritarismo, e são rigorosos e pontuais, mas de uma maneira diferente da dos ingleses, por sorte, até o extremo de que a gente tem a impressão de ser prisioneira de um mecanismo de relojoaria. Estas virtudes são ideais para o turista quadrado, a quem se deve indicar tudo. Mas aqueles que temos a pretensão de fazer as coisas de modo diferente tropeçamos irremediavelmente nos obstáculos da ordem.

Foi o que nos aconteceu quando dois casais amigos resolvemos sair da programação e ficar três dias na ilha de Mikonos. Descemos com oito malas num lugar em que os viajantes sensatos levam apenas a roupa de banho e uma escova de dentes. Os agentes da alfândega local, que talvez nunca viram uma bagagem semelhante, obstinaram-se em nos fazer uma revista a fundo. Em vão explicamos que a revista já fora feita no Pireu, quando entramos no país. Fizeram-na outra vez. Uma semana mais tarde, no porto de Heraklion, na ilha de Creta, estiveram a ponto de repeti-la, pela terceira vez.

— Já nos revistaram duas vezes — eu disse ao agente, um grego de olhos sonhadores e barba espessa.

— E como sei que é verdade? — ele me perguntou.

— Porque dou a minha palavra — disse-lhe.

O homem me deu uma palmada no ombro e nos deixou passar com um grande sorriso.

Foi nossa única vitória em dez dias. De resto, dava-nos trabalho comer porque não estávamos incorporados a nenhum grupo, porque chegávamos para o desjejum quando faltava meia hora para fechar a sala de refeição ou porque queríamos o peixe ao forno e não grelhado como estava previsto. Tínhamos a impressão de que havia uma única maneira de fazer as coisas, quaisquer que fossem, e que fazê-las de modo diferente era como romper a ordem do universo. Não me lembro de um olhar de maior assombro do que o do oficial de plantão do navio que me encontrou sondando o mar à meia-noite quando todas as atividades já estavam terminadas e todos os viajantes se encontravam nos camarotes, como lhes fora recomendado, porque no dia seguinte devíamos nos levantar às seis da manhã para a primeira excursão na ilha de Rodes. Mas quando fizemos o esforço para ajustar o passo com os outros, encontramo-nos num mundo alheio, um mundo feroz e vertiginoso, de que não nos seria fácil nos repor com outras duas semanas de férias em quem sabe que praia esquecida. As excursões de Mikonos à ilha de Delos saem todos os dias às nove da manhã e regressam à uma da tarde. Vale dizer que em três horas se deve reconstituir com a imaginação quase a quarta parte da história da humanidade. O resultado final é que a única coisa recordada com certeza não é a forma e o lugar em que Apolo nasceu, nem a decisão de que os nascimentos e mortes só podiam ocorrer na ilha da frente, porque ninguém podia nascer ou morrer em Delos. Não: só recordamos a fileira de latrinas públicas e coletivas onde os cidadãos notáveis se sentavam para aliviar o corpo enquanto elucidavam assuntos da maior importância. Só por casualidade nos demos conta, vários meses depois, que aquelas latrinas não eram em Delos e sim em Éfeso, onde estivemos com a mesma pressa cinco dias mais tarde. O espaço e o tempo acabam por se unificar na memória, submetida a uma provação excessiva. Quem veio primeiro, Píndaro ou Cleópatra?

Para mim, o pior é que, por andar correndo atrás de tantas pedras velhas, a gente acaba por não conhecer a vida real dos lugares visitados. A Grécia está tão viva como nos tempos de Péricles, mas as agências de viagens só continuam mostrando as coisas velhas e não os fascinantes tempos de hoje. Em todas as ilhas há ruas inteiras de lojas onde só se vendem peles finas de animais em pleno verão e jóias magníficas, muitas das quais são reproduções excelentes das bem antigas que estão nos museus. Isso foi algo que me surpreendeu também em Nova Déli, capital da Índia, onde as únicas filas intermináveis nas ruas são as das matronas diante das joalherias. Mulheres impassíveis, assediadas por hordas de mendigos leprosos. Lembro-me de que entrei num hotel de luxo, morto de fome depois de uma longa viagem desde a Tailândia. Minha alma se aquietou quando senti o delicado cheiro de carne assada que flutuava no ar. Só depois descobri que aquela fragrância apetitosa era dos mortos incinerados ao ar livre no rio mais perto. Nas ilhas gregas, ao contrário, pergunta-se onde esconderam a miséria: não há um mendigo nem um cachorro na rua. Rodes continua sendo uma cidade formosa. É difícil entender como são João Evangelista pôde conceber os horrores do Apocalipse na ilha de Patmos, cujas colinas tépidas e cujos mares internos só se podem parecer com o paraíso perdido. Num bar de Mikonos, onde talvez não cheguem os produtores de cinema, está o ser humano mais belo do mundo servindo cerveja gelada e polvo frito aos turistas. Mas não é fácil descobrir estas coisas, porque na programação dos turistas não está incluída a vida de hoje. A que nossos remotos descendentes conhecerão dentro de três mil anos, quando os navios da América Latina colossal os levarem a conhecer as ruínas de Nova York e os guias descreverão um lugar de Manhattan onde não há nada, mas onde lhes dirão que esteve em outro tempo o Empire State ou o posto de gasolina da rua Quarenta e Cinco.

ESTÁ NA MODA SER MAGRO

Sim, está na moda em quase todo o mundo, e até no Terceiro Mundo, onde dá tanto trabalho a muitos seres humanos comer para sobreviver. Há alguns anos, os artigos mais lidos nos jornais e revistas eram os relacionados com o câncer. Agora são os que falam da dieta, entendida como as restrições alimentícias para emagrecer, e não como um "regime que se manda os doentes ou convalescentes observarem no comer e no beber", segundo a inefável descrição do dicionário da Academia. Os livros sobre a matéria são cada dia mais numerosos e solicitados. Nas reuniões sociais, mais que a política e os signos do zodíaco, as conversas sobre métodos para recuperar a forma são quase obsessivas. Sempre há alguém que pretende ter encontrado uma dieta ideal — e irreal, com certeza — que permite emagrecer como uma gazela sem qualquer sacrifício. Distribuem-se cópias entre os amigos. Conta-se a quantidade de calorias, fala-se de comida antes de comer, e quando se chega à mesa se tem tanta fome que há um acordo unânime:

— Hoje não faço dieta, começo na segunda-feira.

Há os que não só calculam as calorias mas que pesam os alimentos na mesa com uma balança de farmacêutico. A duração das conversas telefônicas aumenta porque há um tempo suplementar destinado a falar da dieta. Às vezes alguém é convidado para comer, e o anfitrião é tão discreto que

---

Publicado originalmente em 30 de junho de 1982.

decide cozinhar para que ninguém engorde, e acaba-se comendo pior do que no hospital.

Depois de viver tantos anos dentro desta maçonaria de nutricionistas posso tirar algumas conclusões gerais. A mais curiosa é que os homens são mais obcecados do que as mulheres pela conservação da forma, sobretudo depois de certa idade. Parece que as mulheres renunciam mais cedo. Lembro-me de uma amiga escrava da silhueta que, em meio à festança ruidosa e concorrida de seus trinta anos, disse-me:

— O sonho de minha vida é chegar aos sessenta para poder comer tudo o que me der vontade.

É provável que quando chegar lá — e o dia ainda está longe — se sinta atravessando uma segunda juventude, e então seja mais intensa do que agora sua ansiedade por manter o peso. Penso, em compensação, que nós homens alimentamos o sentimento contrário, e que, à medida que nossa vida avança, temos maior preocupação por não parecer mais feios do que Deus nos fez. A melhor solução é ser rico na Índia, onde o tamanho da pança é proporcional à respeitabilidade de um homem.

Os fabricantes de alimentos e os proprietários de restaurantes começam a se preocupar. Acabo de saber que na Itália há uma campanha publicitária para convencer os clientes de que o prato nacional, isto é, a massa em todas as suas formas, tem a virtude mágica de não engordar se for comida sozinha. Em todo o caso, durante muitos anos se disse, e nunca foi desmentido, que a cantora de ópera Maria Callas, que na mocidade pesava quase cem quilos, recuperou a configuração corporal para sempre com uma dieta drástica de espaguete. A crença de que massa não engorda se for comida sozinha se generalizou na Itália. Sobretudo entre as pessoas do cinema, que são as que mais têm de cuidar da aparência para viver. No entanto vi Monica Vitti, uma das mulheres mais belas e esbeltas que conheço, comer dois pratos de espaguete à *putanesca* e um coelho inteiro com berinjela e, em seguida, dois quilos de sorvete de creme, enquanto via na televisão um filme de bandidos. Nunca soube, e sempre esqueci de perguntar, se a cara de complacência infinita com que olhava a tela era pelo prazer do sorvete depois de ter comido tanto, ou pela felicidade com que os bandidos metralhavam os policiais.

Como é natural, diante da obsessão da dieta surgiu a obsessão contrária: demonstrar os perigos da dieta. Há pouco, uma amiga se encontrou com um amigo que parecia ter envelhecido trinta anos durante os seis meses em que se deixaram de ver.

— Mas o que aconteceu com você? — exclamou ela, convencida de que aquele pobre homem era vítima de uma doença fatal.

Mas o amigo respondeu:

— É que fiz a dieta dos carboidratos.

Este método de emagrecimento, que voltou a ser popular há anos, com o prestígio real ou falso de ter sido criado para os pilotos da força aérea do Canadá, tem agora a estranha reputação de ser muito eficaz, não só para emagrecer, mas também para envelhecer sem necessidade de viver muitos anos. Segundo a Academia de Ciências dos Estados Unidos — citada por uma agência de notícias —, certas dietas podem provocar diversos tipos de câncer, como quase tudo, no final das contas, pois se alguém acredita no que lê, mesmo nas revistas especializadas e sérias, acaba por pensar que o que produz o câncer é o simples fato de estar vivo. Mas os dados da Academia de Ciências dos Estados Unidos são precisos e alarmantes: as dietas poderiam ser a causa de 40% dos casos de câncer nos homens e de 60% nas mulheres.

Porém um outro artigo sobre o mesmo assunto, publicado há pouco no *New York Times*, diz a mesma coisa, mas vista pelo lado positivo: uma dieta acertada pode prolongar a vida além dos limites imagináveis: "Se a reação do ser humano à restrição de alimentos fosse similar à dos animais de laboratório", diz o artigo, "a duração máxima da vida poderia se estender até 140 anos, e a média atual de vida poderia aumentar para mais de 120."

Nada me agrada mais neste mundo do que comer. Tenho a imensa sorte de que nenhum problema me tira a fome e, até pelo contrário, estimula-a. Até o ponto em que numa época ruim posso ficar comendo sem pausa durante todo o dia. Então, fico encerrado num círculo vicioso: quando o que escrevo não está saindo bom, caio em certa desmoralização que me produz uma fome insaciável, e de tanto comer para tentar saciá-la acabo por engordar sem nenhum controle, e esta gordura me produz um estado de desmoralização que me impede de escrever bem.

Portanto, tenho razões científicas, e até profissionais, para me preocupar com as dietas. Mas não creio muito nelas, porque me parece que tudo o que entra pela boca engorda, e me parece que tudo o que sai dela avilta. É um destino ruim: ter passado metade da vida sem comer porque não tinha com quê, e ter de passar da mesma maneira a outra metade, só para não engordar.

O AMARGO ENCANTO DA MÁQUINA DE ESCREVER

Os escritores que escrevem à mão, e que são mais numerosos do que se imagina, defendem seu sistema com o argumento de que a comunicação entre pensamento e escrita é mais íntima porque o fio contínuo e silencioso da tinta faz as vezes de uma artéria inesgotável. Nós que escrevemos à máquina não podemos ocultar por completo certo sentimento de superioridade técnica, e não entendemos como foi possível que em alguma época da humanidade se escrevesse de outra maneira. Ambos os argumentos, sem dúvida, são de ordem subjetiva. A verdade é que cada qual escreve como pode, mas o mais difícil desta profissão arriscada não é o manejo de seus instrumentos, e sim o acerto com que se põe uma letra depois da outra.

Fez-se muita literatura barata sobre as diferenças entre um texto escrito à mão e outro escrito à máquina. A única coisa certa, no entanto, é que se nota a diferença ao lê-los, embora não se acredite que alguém possa explicá-lo. Alejo Carpentier, que escrevia à máquina, contou-me certa vez que no decurso da escrita tropeçava em parágrafos de uma dificuldade especial que só conseguia resolver escrevendo-os à mão. Também isto é tão compreensível como inexplicável, e só se poderá admitir como mais um dos tantos mistérios da arte de escrever. Em geral, penso que os escritores iniciados no jornalismo conservam para sempre a afeição à máquina de escrever, enquan-

Publicado originalmente em 7 de julho de 1982.

to aqueles que não o foram permanecem fiéis ao bom hábito escolar de escrever devagar e com boa letra. Os franceses, em geral, pertencem a esse gênero. Até os jornalistas. Há pouco, em Cancún, chamou-me a atenção encontrar o diretor do *Nouvel Observateur*, Jean Daniel, escrevendo à mão seu editorial com uma caligrafia perfeita. O Café Flore, de Paris, chegou a ser um dos mais conhecidos de seu tempo porque ali ia Jean-Paul Sartre todas as tardes para escrever os livros que todos esperávamos com ansiedade no mundo inteiro. Sentava-se horas a fio com seu caderno escolar e a caneta rupestre que pouco tinha a invejar à pena de ganso de Voltaire, e talvez não fosse consciente de que o café se ia enchendo pouco a pouco com os turistas de todas as partes que atravessavam oceanos só para vê-lo escrever. Mas não havia necessidade de vê-lo para saber que era um livro escrito à mão.

Em compensação, é difícil imaginar um norte-americano que não escreva à máquina. Hemingway, até onde sabemos por suas confissões e as inconfidências de seus biógrafos, usava os dois sistemas — como Carpentier —, e ambos da maneira mais estranha: de pé. Em sua casa de Havana mandara construir uma estante especial sobre a qual escrevia com lápis de escola primária que apontava a cada instante com uma navalha de barbear. Sua letra era redonda e clara, um pouco desenhada, e de sua profissão original de jornalista lhe ficara o costume de não contar por páginas o rendimento de seu trabalho, mas pelo número de palavras. Ao lado, numa mesa tão alta como a estante, tinha uma máquina de escrever portátil e, ao que parece, num estado deplorável, da qual se servia quando deixava de escrever à mão. O que ninguém nunca soube foi quando e por que usava às vezes um sistema e às vezes outro. Quanto ao raro costume de escrever de pé, ele mesmo deu uma explicação muito sua, mas que não parece satisfatória:

— As coisas importantes se fazem de pé, como boxear.

Há o rumor de que sofria de uma doença sem importância, mas que o impedia de permanecer sentado durante muito tempo. Em todo o caso, o invejável não era apenas que pudesse escrever à mão ou à máquina, mas que pudesse fazê-lo em qualquer parte e, ao que parece, em qualquer circunstância. Uma vez, no curso de um combate, foi para a retaguarda escrever um despacho de imprensa sentado no chão e com o caderno apoiado nos joelhos. Em seu belo livro *Paris é uma festa* falou de uma radiante tarde de outono em que esteve na livraria de Sylvia Beach esperando a chegada de Joyce, e contou como caminhou depois até a *brasserie* Lip e como ficou ali escrevendo numa mesa afastada até que a noite caiu e o local se encheu, e já não foi possível escrever mais.

Não é freqüente que os escritores que escrevem à máquina o façam com todas as regras da datilografia, que é algo tão difícil como tocar bem o piano. O único que conheci capaz de escrever com todos os dedos e sem olhar para o teclado foi o inesquecível Eduardo Zalamea Borda, na redação do *El Espectador*, em Bogotá, que, além disso, podia responder perguntas sem alterar o ritmo de sua digitação virtuosa. O exemplo contrário é o de Carlos Fuentes, que escreve só com o dedo indicador da mão direita. Quando fumava, escrevia com uma mão e segurava o cigarro com a outra, mas agora que não fuma não se sabe com certeza o que faz com a mão ociosa. Pergunta-se com espanto como seu indicador pôde sobreviver incólume às quase duas mil páginas de seu romance *Terra nostra*.

Em geral, nós escritores à máquina o fazemos com os dois indicadores, e alguns procurando a letra no teclado, como as galinhas escarvam o pátio buscando minhocas ocultas. Os originais costumam estar repletos de emendas e manchas, e houve um tempo em que foram o horror dos linotipistas, que tantos e tão úteis segredos da profissão nos ensinaram na juventude, e que hoje foram substituídos pelas belas máquinas da composição fotográfica, que talvez também tenham nos ensinado outros tantos e apetitosos segredos da velhice. Alguns originais eram tão difíceis de decifrar que muitos escritores tinham de ser recomendados a determinados linotipistas que conheciam a fundo seus hieróglifos pessoais. Eu era um daqueles escritores, mas não pelo intrincado de meus originais, mas por meus desastres ortográficos, dos quais não estou ainda a salvo nestes tempos de glória.

O pior é que quando alguém se torna um datilógrafo completo já é impossível escrever de outra maneira, e a escrita mecânica acaba por ser nossa verdadeira caligrafia. Até o ponto em que faz falta a ciência para interpretar o caráter de um escritor pela alternativa da pressão exercida sobre o teclado. Em meus tempos de foco, escrevia a qualquer hora e em qualquer das máquinas paleolíticas da redação dos jornais, e nas laudas de um metro cortadas das sobras de papel nas rotativas. Metade de meu primeiro romance foi escrita nesse papel nas madrugadas ardentes e cheirando a tinta do jornal *El Universal*, de Cartagena, mas o continuei no verso de uns boletins de alfândega impressos em papel áspero e espesso. Esse foi o primeiro erro: desde então só posso escrever num papel semelhante: branco, áspero e de 36 gramas. Depois tive a infelicidade de conhecer uma máquina elétrica que não só era mais rápida, mas que parecia me ajudar a pensar, e já não posso usar uma máquina convencional. O tempo agravou as coisas: agora só posso escrever em máquina elétrica, sempre da mesma marca, com o tipo do mesmo tamanho, e sem um só deslize, porque até o menor erro de datilografia me dói na alma como um erro de criação. Não é extraordinário, pois, que o único quadro que tenho diante da escrivaninha onde escrevo seja o cartaz de uma máquina de escrever destroçada por um caminhão no meio da estrada. Que destino!

A NOITE QUENTE DE AMSTERDÃ

Fora o verão mais quente de Amsterdã e talvez de toda a Holanda em 152 anos, e não era necessário sentir para saber.

— Todo mundo ficou louco — me disse o empregado do hotel, empapado de suor dentro de sua libré. — Até os computadores.

As formosas valquírias vindas do norte em seu êxodo migratório anual às praias do Mediterrâneo andavam descalças pelas ruas com sandálias ao ombro, sentavam-se durante horas na borda dos canais para refrescar os pés, e uma delas tirou a pouca roupa e se jogou na água nua em pêlo, tão alta e dourada, em meio aos aplausos dos turistas entorpecidos sob os toldos dos cafés. Não foi resgatada pela polícia, e sim por uma ambulância da Segurança Social, preocupada com o que poderia acontecer com quem bebesse aquelas águas tranqüilas e poluídas. Havia músicas improvisadas nas ruas, havia pregadores e equilibristas, e havia um mímico que ganhou em três horas mais do que um motorista de táxi numa semana, imitando o modo de andar dos transeuntes. Era uma imitação tão admirável que mal se podia acreditar.

Alguma vez eu disse que o que mais me agrada em Amsterdã é o muito que se parece com Curaçau, e naquela tarde as cidades eram idênticas. Havia um ar lunático, um cheiro de frutas podres e pássaros mortos que agita-

---

Publicado originalmente em 14 de julho de 1982.

va a saudade do Caribe. As únicas que não desfrutaram do calor foram as pobres moças que se exibem nas vitrinas, e que em tempos normais constituem a maior atração para os visitantes. Ficaram em suas casinhas de bonecas fazendo chocolate em suas cozinhas pequeninas, consumindo-o com pão ensopado, nas caminhas de bonecas onde ninguém veio fazer amor. Não ocorreu a ninguém vir, certamente, porque todos os que queriam fazer amor naquela tarde babilônica o fizeram sem incomodar ninguém nos recantos outonais dos parques, agonizando de um amor verdadeiro e gratuito entre as tulipas e os avestruzes. Era algo tão insólito que os universitários se lançaram às ruas numa alegre manifestação de protesto contra tudo, menos contra o calor, e queimaram automóveis e trocaram pauladas com a polícia, e pediram a gritos o que não parecia possível que fosse pedido por alguém na Holanda:

— Abaixo a rainha.

Em meio a tanto descontrole, um balão amarelo e enorme, com letreiros pintados, dava voltas no céu, e seus tripulantes, impávidos na cesta pendente, diziam adeus com a mão à multidão como se deveras se fossem para sempre. "Voar é natural nos holandeses", pensei. O balão seguiu dando voltas pelo céu até que a noite caiu por volta das 11 horas, e só restou a luz cor de malva do verão nórdico, e ainda não havia ninguém no hotel capaz de usar os computadores enlouquecidos pelo calor.

Soube nessa hora, quando subi carregando as malas até o quarto que me foi designado no quinto andar, e encontrei um casal do mesmo sexo — embora não soubesse qual — brincando na cama. Reclamei na recepção, não porque o casal fosse do mesmo sexo, mas porque me deram um quarto no qual se estava fazendo amor. Então o empregado, impassível, ensopado de suor, disse-me que todos os horrores eram possíveis naquela noite, porque tudo no hotel estava à mercê dos computadores. Com efeito, tínhamos um cartão perfurado na mesma argola da chave, e com ele era possível fazer tudo: fechar a porta com um sistema de segurança sem se mexer na cama e abri-la da mesma maneira, controlar 11 canais de televisão de qualquer lugar do quarto, programar o despertador eletrônico, abrir e fechar as portas do elevador quando já estavam bloqueadas para quem não fosse cliente do hotel, e pedir comida ou bebida no quarto mediante um código de sinais luminosos. Eu já conhecia outros hotéis automatizados, mas o único que chegara a este ponto foi o New Otoni, de Tóquio. Programava-se o telefone para que despertasse a determinada hora, e no dia seguinte, na hora precisa, o quarto se enchia de gorjeios de pássaros que pareciam cantar de verdade entre as árvores, pássaros que pelo trinado podiam ser imaginados de todos os tamanhos e cores, e que cantavam com tanta paixão que não convidavam a se levantar, mas, pelo contrário, a permanecer em estado de graça em meio àquele bosque imaginário. A única coisa que não se quis perguntar era como calá-los, e durante todo o meu primeiro dia em Tóquio fui perseguido pela algaravia de tantos pássaros despertadores.

Em Amsterdã todos os horrores se tornaram possíveis naquela noite. A consternação do funcionário era justa: a única maneira de saber que quartos estavam disponíveis e quais estavam ocupados era indo de andar em andar com uma chave mestra, abrindo-os todos. A partir da meia-noite, os elevadores não obedeceram às ordens dos cartões, e subiam e desciam ao deus-dará e não paravam se não fossem controlados de dentro. Quando precisávamos, o empregado ligava para a recepção e alguém subia para buscá-lo no andar em que parara por sua própria vontade, e o levava como se fosse de cabresto até onde o esperávamos. Eu, que tenho tanto medo dos elevadores como dos aviões, e pelas mesmas razões, perguntei o que se passaria se ficássemos trancados.

— Não sabemos — me disse o empregado. — É a primeira vez que nos acontece, de maneira que dependemos da vontade de Deus nosso Senhor.

Mas isso não era a única coisa que nos faltava.

Um carregador de malas do hotel nos dissera que o quarto 507 estava livre com certeza, porque tirara a bagagem uma hora antes e acompanhara o hóspede até o táxi. Mas foi impossível abrir a porta, porque alguma falha de computação bloqueara por dentro o dispositivo de segurança. Devia-se esperar até que o cérebro mágico recobrasse a lucidez do inverno para que tudo voltasse a funcionar como na vida real. E não aconteceu até o dia seguinte. Enquanto isto, a solução que aceitamos, depois de quatro horas de aventuras, não foi a mais feliz.

Naquela tarde haviam alugado o dormitório de uma suíte para alguém que não quis ocupá-la por inteiro. Desta maneira nos acomodaram na sala contígua: o sofá se converteu numa cama, e subiram outra cama do depósito. Mal cabiam as duas no quarto, mas depois de tantas subidas e descidas heróicas não havia tempo para melindres. Só no dia seguinte, quando o céu voltou a nublar, soubemos que Gloria e Álvaro Castaño, que viajavam conosco, também passaram a metade da noite subindo e descendo escadas, procurando-nos de quarto em quarto para jantar, até se tornarem conscientes de sua ilusão e foram dormir extenuados.

Foi uma noite assombrosa. Junto à mesa-de-cabeceira havia um tabuleiro de comandos onde se controlavam, sem a pessoa se mexer, todos os serviços do quarto. Apenas começamos a dormir quando a televisão se ligou sozinha, e vimos Marlene Dietrich em seus melhores anos, com as pernas mitológicas e a voz de cinza, e apesar do cansaço não resistimos à tentação de vê-la até o final. Mas a canção não terminara quando o receptor da televisão se apagou sozinho, e ficou soando um sinal de alarme e uma rajada de luz intermitente, vermelha e intensa como uma mensagem interplanetária, impossível de decifrar. Resignamo-nos a conviver com aquela luz, quando se apagou por si própria, e o telefone começou a tocar com insistência. Mas a única coisa que ouvíamos do outro lado da linha era sempre a mesma voz que dizia:

— *Sorry.*

Pouco antes do amanhecer se acenderam todas as luzes, e o quarto se encheu com o mel derretido do piano de Richard Clayderman que disparou em nós a todo volume seu repertório completo de música enlatada. A essa hora o tabuleiro nos mandava sinais insondáveis de galáxias remotas e naufrágios intemporais. Em vão tentei desligá-lo da corrente elétrica, porque não estava conectado ao sistema central com a tomada simples dos mortais, e sim com um cabo mestre impossível de cortar sem correr o risco de desencadear algum mecanismo de autodestruição que nos arrastasse todos para a morte. O calor era ainda insuportável, como no Caribe às duas da tarde, mas abrir a janela era pior do que mantê-la fechada. Do lado de fora continuava o estrépito das motocicletas, o emaranhado da música, o trovão interminável de uma cidade tranqüila e formosa que recuperava de repente sua verdadeira vocação demoníaca. Sendo assim, dormimos como pudemos até as oito da manhã, quando alguém abriu a porta com a chave mestra, sem bater, e uma fila de camareiros solenes introduziu no quarto um suculento desjejum para 11 pessoas. Um momento depois, chamado com urgência, o empregado que fora nosso anjo da guarda na noite anterior chegou ao último limite da paciência. Aquele desjejum para 11 pessoas só podia ser outro erro dos computadores, que já se supunha normalizados com a mudança do clima. Como que tocado por um sopro revelador, o homem se voltou para mim com uma expressão aflita, e me disse:

— Espero que o senhor não vá escrever sobre isto, por favor.

Juro que até esse instante não me havia ocorrido.

— Claro que não — disse a ele. — Não faltava mais nada.

OS POBRES BONS TRADUTORES

Alguém disse que traduzir é a melhor maneira de ler. Penso também que é a mais difícil, a mais ingrata e a mais mal paga. *Traduttore, traditore*, diz o tão conhecido refrão italiano, dando por certo que quem nos traduz nos atraiçoa. Maurice-Edgar Coindreau, um dos tradutores mais inteligentes e diligentes da França, fez em suas memórias faladas algumas revelações de cozinha que permitem pensar o contrário.

— O tradutor é o macaco do romancista — disse, parafraseando Mauriac, e querendo dizer que o tradutor deve fazer os mesmos gestos e assumir as mesmas posturas do escritor, goste ou não. Suas traduções para o francês dos romancistas norte-americanos, que eram jovens e desconhecidos em seu tempo — William Faulkner, John Dos Passos, Ernest Hemingway, John Steinbeck —, não só são recriações magistrais, mas introduziram na França uma geração histórica, cuja influência entre seus contemporâneos europeus — incluindo Sartre e Camus — é mais do que evidente. Portanto, Coindreau não foi um traidor e sim, pelo contrário, um cúmplice genial. Como foram os grandes tradutores de todos os tempos, cujas contribuições pessoais à obra traduzida podem passar despercebidas, embora em geral só vejam seus defeitos.

Quando se lê um autor numa língua que não é a sua se sente um desejo natural de traduzi-lo. É compreensível, porque um dos prazeres da leitura

Publicado originalmente em 21 de julho de 1982.

— como da música — é a possibilidade de compartilhá-la com os amigos. Talvez isto explique por que Marcel Proust morreu sem cumprir um de seus desejos recorrentes, que era traduzir do inglês alguém tão estranho a ele próprio como John Ruskin. Dois escritores que eu gostaria de traduzir só pelo prazer de fazê-lo são André Malraux e Antoine de Saint-Exupéry, que, por certo, não desfrutam da maior estima de seus compatriotas atuais. Mas nunca passei do desejo. Em compensação, há muitos anos traduzo gota a gota os *Cantos* de Giacomo Leopardi, mas o faço às escondidas e em minhas poucas horas disponíveis, e com a plena consciência de que não será esse o caminho que nos levará à glória, nem a Leopardi nem a mim. Faço-o apenas como um desses passatempos de banheiro que os padres jesuítas chamavam de prazeres solitários. Mas só a tentativa me bastou para me dar conta de como é difícil e complicado tentar disputar a sopa com os tradutores profissionais.

É pouco provável que um escritor fique satisfeito com a tradução de um livro seu. Em cada palavra, em cada frase, em cada ênfase de um romance há quase sempre uma segunda intenção secreta que só o autor conhece. Por isso, é sem dúvida desejável que o próprio escritor participe da tradução até onde for possível. Uma experiência notável nesse sentido é a excepcional tradução de *Ulisses*, de James Joyce, para o francês. A primeira versão foi de autoria única e exclusiva de Augusto Morell, que depois trabalhou até a versão final com Valery Larbaud e o próprio James Joyce. O resultado é uma obra-prima só superada — segundo testemunhos sábios — pela que fez Antônio Houaiss para o português do Brasil. A única tradução existente em castelhano, em compensação, é quase inexistente. Mas sua história serve de desculpa. Foi feita para si mesmo, só para se distrair, pelo argentino J. Salas Subirat, que na vida real era um especialista em seguros de vida. O editor Santiago Rueda, de Bucnos Aires, descobriu-a em má hora, e a publicou no fim dos anos 40. Conheci Salas Subirat poucos anos depois em Caracas sentado numa escrivaninha anônima de uma companhia de seguros e passamos uma tarde estupenda falando de romancistas ingleses, que ele conhecia quase de cor. A última vez que o vi parece um sonho: dançava, já bastante velho e mais solitário do que nunca, no circuito louco dos carnavais de

Barranquilla. Foi uma aparição tão estranha que não me decidi a cumprimentá-lo.

Outras traduções históricas são as feitas para o francês por Gustav Jean-Aubry e Phillipe Neel dos romances de Joseph Conrad. Este grande escritor de todos os tempos — que na realidade se chamava Jozef Teodor Konrad Korzeniowski — nasceu na Polônia, e seu pai era precisamente um tradutor de escritores ingleses e, entre outros, de Shakespeare. O idioma básico de Conrad era o polonês, mas desde cedo aprendeu o francês e o inglês, e chegou a ser escritor em ambos os idiomas. Hoje o consideramos, com razão ou sem ela, um dos mestres da língua inglesa. Conta-se que tornou infernal a vida de seus tradutores franceses tentando impor-lhes sua própria perfeição, mas nunca decidiu traduzir a si mesmo. É curioso, mas não se conhecem muitos escritores bilíngües que o façam. O caso mais próximo de nós é o de Jorge Semprún, que escreve igualmente em castelhano e em francês, mas sempre em separado. Nunca se traduz a si mesmo. Mais estranho ainda é o irlandês Samuel Beckett, Prêmio Nobel de Literatura, que escreve duas vezes o mesmo livro em dois idiomas, e insiste em que um não é a tradução do outro, e sim que são dois livros distintos em dois idiomas diferentes.

Há uns anos, no ardente verão de Pantelaria, tive uma enigmática experiência de tradutor. O conde Enrico Cicogna, que foi meu tradutor para o italiano até sua morte, estava traduzindo naquelas férias o romance *Paradiso*, do cubano José Lezama Lima. Sou um admirador devoto de sua poesia, e também de sua rara personalidade, embora tivesse poucas ocasiões de vêlo, e naquele tempo queria conhecer melhor seu romance hermético. De maneira que ajudei um pouco Cicogna, mais do que na tradução, na dura empresa de decifrar a prosa. Então compreendi que de fato traduzir é a maneira mais profunda de ler. Entre outras coisas, encontramos uma frase cujo sujeito trocava de gênero e de número várias vezes em menos de dez linhas, até o ponto em que afinal não era possível saber quem era, nem quando era, nem onde estava. Conhecendo Lezama, era possível que aquela desordem fosse deliberada, mas só ele poderia dizer, e nunca pudemos perguntar. A pergunta que Cicogna se fazia era se o tradutor tinha de respeitar em italiano aqueles disparates de concordância ou se devia vesti-los com rigor acadêmico. Minha opinião era que devia conservá-los, de maneira que a obra passasse para o outro idioma tal como era, não só com suas virtudes mas também com seus defeitos. Era um dever de lealdade com o leitor do outro idioma.

Para mim não há curiosidade mais aborrecida do que ler as traduções de meus livros nos três idiomas em que me seria possível ler. Só me reconheço a mim mesmo em castelhano. Mas li alguns dos livros traduzidos para o inglês por Gregory Rabassa e devo reconhecer que encontrei algumas passagens que me agradaram mais do que em castelhano. A impressão dada pelas traduções de Rabassa é que decora o livro em castelhano e em seguida o reescreve por completo em inglês: sua fidelidade é mais complexa do que a simples literalidade. Nunca dá uma explicação no pé da página, que é o recurso menos válido e por desgraça o mais usual nos maus tradutores. Neste sentido, o exemplo mais notável é o do tradutor brasileiro de um de meus livros, que fez para a palavra *astromelia* uma nota de pé de página: "Flor imaginária inventada por García Márquez." O pior é que depois li não sei onde que as astromélias existem, como todo mundo sabe, no Caribe, e que seu nome é português.

E A GOIABA, NADA?

Incomoda-me falar mais uma vez de meu possível regresso à Colômbia havendo tantos temas de atualidade mais atraentes, mas o amável convite que me fez o presidente eleito para assistir ao ato de sua posse, em 7 de agosto, converteu-o — mesmo que ele não quisesse, nem eu tampouco — num assunto de interesse público. Não queria falar disto antes de receber em minha casa o convite oficial, e respondido nos termos que merece mensagem tão cordial e humana de um velho e muito apreciado amigo a quem a vida jogou nas costas a grande honra e a imensa desgraça pessoal de ser presidente da República dentro de um sistema insolúvel. No entanto, o convite não chegou às minhas mãos 72 horas depois que se tornou público, sem que eu fosse avisado, o que faz pensar que uma das primeiras coisas que deve fazer o novo mandatário será imprimir mais eficiência aos serviços telegráficos do país. Postas assim as coisas, decidi me ocupar do convite não recebido para acabar com a especulação crescente de que meu silêncio era uma falta de elegância em relação ao presidente eleito.

Muitos colombianos, eu entre eles, não concordam com as idéias políticas de Belisario Betancur, mas isso não seria um obstáculo para aceitar seu convite. Quando alguns amigos comuns me perguntaram há várias semanas qual seria minha atitude caso recebesse o convite, respondi que minha

Publicado originalmente em 28 de julho de 1982.

resposta seria negativa por motivos que nada tinham a ver com as idéias políticas do presidente eleito, muito menos com sua pessoa. Mais ainda: pedi-lhes que fizessem saber a ele que todo o trâmite fosse feito sem publicidade.

Apesar disso, o convite foi feito, e creio entender a razão: se Belisario convidasse um numeroso grupo de escritores e artistas e não me convidasse também, o fato poderia ser interpretado como uma discriminação. Além do convite, portanto, tenho de agradecer a Belisario por enfrentar o risco da negativa com a maior elegância.

Minhas razões são mais profundas. Em 26 de março do ano passado, quando Mercedes e eu saímos da Colômbia sob proteção diplomática do México, a reação das mais altas autoridades não só foi frívola como de uma vulgaridade inadmissível. O presidente Turbay Ayala repetiu mais uma vez o surrado argumento de que eu me alinhava à campanha de desmoralização internacional contra a Colômbia, sem sequer se perguntar se essa desmoralização não seria provocada pelos próprios atos do governo. O chanceler Lemos Simonds, que sempre considerei um homem inteligente, cometeu a tolice de dizer que o meu ato era um ato de publicidade para meu livro iminente. O ministro da Defesa disse que a única pessoa que me perseguia na Colômbia era um agente da polícia que desejava um autógrafo. Depois de 697.203 minutos de ter saído da Colômbia, não conheço qualquer ato nem qualquer declaração que permitam atribuir a esses três funcionários sequer a atenção de render tributo à boa-fé.

Nos meses seguintes à minha saída vieram à tona alguns fatos que exigiam pelo menos uma explicação do governo, não tanto por mim mas por respeito à opinião pública. Vários membros do Movimento Dezenove de Abril (M-19), de cuja seriedade não tenho dúvida, declararam no cárcere que a justiça militar tentava descobrir quais eram meus vínculos com eles, sobretudo em relação ao desembarque do ano passado no sul do país. Alguns foram indagados concretamente sobre qual fora minha participação no suposto treinamento que tiveram em Cuba e vários foram torturados para dizer alguma coisa que serviria para me acusar. Pelo menos um disse à imprensa, e foi publicado de maneira destacada, que assinara sob tortura uma folha de papel com acusações falsas contra mim.

Nada disso era novo. Muito antes do desembarque, Álvaro Fayad — a quem conheci e admirei como um homem sério e inteligente quando ainda não era um dos maiores dirigentes do M-19 — declarou, e foi publicado nos jornais, que no interrogatório insaciável e brutal a que o submeteram tentavam fazê-lo revelar à força uma suposta cumplicidade minha com seu movimento. No entanto, essas declarações não mereceram qualquer atenção do governo. Apesar de tantas revelações públicas, o ministro da Defesa voltou a repetir na semana passada, em sua entrevista coletiva, o gracejo bobo do policial que desejava um autógrafo. A boa-fé do ministro da Defesa seria demonstrada se pudesse provar que não conhece as atas dos interrogatórios, que há poucas semanas passaram da justiça militar para a civil quando se suspendeu o estado de sítio. Mas ainda assim sua situação seria muito grave, porque revelaria um grau inquietante de compartimentação entre os altos comandos das forças armadas.

Há mais. Pouco depois de minha saída da Colômbia, quando se inaugurou o novo aeroporto de Barranquilla, alguns membros da comitiva presidencial contaram a amigos meus — sem dúvida para que me fizessem saber — que quem me preveniu do que se tentava contra mim foi o próprio presidente Turbay Ayala, por intermédio de emissários não oficiais e sem que eu soubesse qual era a origem da informação. Segundo eles, o presidente agira assim porque não queria que se tentasse nada contra mim, mas não podia impedir, e decidiu fazer-me saber de segunda mão para que me pusesse a salvo enquanto os ânimos se acalmassem. O que o presidente imaginava — segundo seus inconfidentes — é que eu escaparia do país em silêncio, e não com o escândalo deliberado e necessário da proteção diplomática. Não dei crédito a essa versão, que me pareceu uma página a mais nesse grande romance de realismo mágico que é a vida real da Colômbia. Poucos meses depois, um dos ministros do presidente Turbay Ayala repetiu-a como se tivesse pleno conhecimento de causa e na presença de várias personalidades intelectuais e políticas. Conheço o nome do ministro e o nome de cada uma dessas personalidades, assim como a data e o lugar da reunião, mas tenho o direito profissional de não revelar as fontes. Além disso, o que importa não é saber se a versão é falsa ou verdadeira, mas o muito que revela sobre a crise de credibilidade deste governo que por fim acaba para alívio de todos.

Regressar à Colômbia nestas condições — apesar de minha saudade, já quase irresistível — seria admitir como certas as negativas sistemáticas das mais altas autoridades, nem tanto no meu caso pessoal mas no de numerosas vítimas da repressão oficial. Seria esquecer de uma única penada por que Feliza Bursztyn não poderá estar em 7 de agosto na primeira fila de convidados do novo presidente, como era seu desejo até o instante de morrer. Seria contribuir para o perdão e o esquecimento de um governo que os negou sem grandeza a uma oposição armada que parece disposta a se desarmar para o bem de todos. Com efeito, com a mesma negligência com que procedeu comigo, este governo se conformou em negar que cometeu toda espécie de abusos: revistas, torturas, desaparecimento de presos e, em geral, todas as formas de um terrorismo oficial tão abominável como o de seus contrários. Regressar enquanto não existem condições para que estas coisas se esclareçam — como se nada se tivesse passado e só para adornar a festa de um bom amigo meu — seria dar razão às piores razões do pior governo que meu país teve em toda a sua história.

A VELHICE JUVENIL DE LUIS BUÑUEL

A magnífica autobiografia de Luis Buñuel, que acaba de ser publicada, começa com um capítulo deslumbrante sobre a faculdade humana que mais nos condiciona e inquieta: a memória. Conta dom Luis que sua mãe a perdeu por completo nos últimos dez anos de sua vida e que lia uma mesma revista muitas vezes com o mesmo deleite porque sempre lhe parecia nova. "Chegou a não reconhecer seus filhos, a não saber quem éramos, nem quem ela era", diz. "Eu entrava, dava-lhe um beijo, sentava-me um momento ao seu lado, e em seguida saía e tornava a entrar." Ela o recebia com o mesmo sorriso e o convidava a se sentar como se o visse pela primeira vez e sem se lembrar como se chamava.

O que não nos diz dom Luis, e que talvez ninguém saiba com certeza, é se sua mãe tinha consciência de sua desgraça. Na melhor das hipóteses, não tinha: talvez sua vida voltasse a começar a cada minuto e terminasse no seguinte, com uma coincidência fugaz e sem dor de que desaparecessem não só as más recordações como também as boas, que em última instância são as piores porque são a semente da nostalgia. No entanto, não foi este enigma o que mais me impressionou neste livro excelente, mas a força com que me pôs a pensar pela primeira vez em algo que costuma estar sempre muito longe de nossas preocupações: a certeza da velhice. Em seu momento, li com

Publicado originalmente em 4 de agosto de 1982.

grande admiração o livro de Simone de Beauvoir sobre este tema — que é talvez o mais minucioso e documentado que se escreveu —, mas nenhuma de suas páginas me produziu esta impressão de desastre biológico de que fala Luis Buñuel. Segundo ele, aos setenta anos começou por não se lembrar dos nomes próprios com tanta facilidade como antes. Mais tarde começou a se esquecer onde deixara o isqueiro, onde pusera as chaves, como era a melodia que ouviu uma tarde de chuva em Biarritz. Isto o preocupa — agora que tem 82 anos — porque lhe parece o início de um processo que terminará por arrastá-lo ao limbo do esquecimento em que viveu sua mãe nos últimos anos. "Há que começar a perder a memória, ainda que seja por frações, para se dar conta de que esta memória é o que constitui nossa vida", diz. Por sorte, seu próprio livro demonstra que o drama de Luis Buñuel não é a perda da memória, e sim o medo de perdê-la.

Na realidade, é um livro de recordações, e ter a faculdade de reconstituí-las de maneira tão intensa é uma proeza que nega qualquer ameaça de amnésia senil. Há pouco eu disse a um amigo que me dispunha a escrever minhas memórias, e ele respondeu que eu ainda não estava em idade para isso.

— É que quero começar quando ainda me recordo de tudo — eu disse. — A maioria das memórias são escritas quando seu autor já não se lembra de nada.

Mas este não é o caso de Luis Buñuel. A precisão de suas lembranças, da vida medieval de Calanda, da Cidade Universitária de Madri — que tanto influenciou sua geração —, da época do surrealismo e, em geral, de tantos momentos cintilantes do século XX demonstram que ainda há neste ancião invencível um germe de juventude que nunca se extinguirá. É verdade, como ele mesmo diz, que perdeu há muito a audição, que o privou do prazer incomparável da música. Tem de ler a duras penas com uma lupa e uma iluminação especial, porque está perdendo a visão, e disse ter perdido também o apetite sexual. Seu último filme, *Esse obscuro objeto do desejo*, foi feito há cinco anos, e ele considera que é o derradeiro. Isto é, é certo que está doente, entediado com a falta de trabalho, com a sensação de que seus amigos o abandonaram e pensando na morte cada vez com mais freqüência e intensidade. Mas um homem que é capaz de analisar sua própria vida como ele e deixar um testemunho como este de seu mundo e seu tempo não é sem dúvida o velho decrépito que ele mesmo acredita ser.

As pessoas se consolam pensando que a velhice não é mais do que um estado de espírito. Quando vemos passar um ancião que já não pode sustentar sua alma, temos a tendência de achar que é um infortúnio que só acontece com os outros. Pensa-se, e tomara que com razão, que nossa vontade não terá força para se opor à morte e sim para deter o passo da velhice. Há alguns anos encontrei na sala de espera de um aeroporto da Colômbia um condiscípulo de minha idade que parecia ter o dobro. Um rápido exame permitia descobrir que sua velhice prematura não era tanto um fato biológico, mas pura e simples negligência sua. Não me contive. Disse-lhe, entre muitas outras coisas, que seu mau estado não era culpa de Deus, e sim sua, e que eu tinha direito de recriminá-lo porque sua deterioração não só envelhecia a ele, mas toda a nossa geração. Há pouco pedi a um amigo que viesse ao México.

— Ali não — me respondeu no ato — porque há vinte anos não vou ao México e não quero ver minha velhice na cara de meus amigos.

Percebi logo que ele tinha a mesma norma que eu: nada facilitar à velhice. Meu pai, que agora está com 81 anos, tem uma vitalidade e um aspecto excepcionais, e nós, seus filhos, sabemos que seu segredo contra a velhice é simples: não pensa nela.

Há exceções, certamente, boas e más, e o melhor neste assunto é só pensar nas exceções boas. Miguel Barnet, o escritor cubano, escreveu a biografia de um ex-escravo. Durante as entrevistas, pôde comprovar que, com efeito, o ancião tinha os 104 anos que dizia ter, e sua memória era tão boa que parecia um arquivo vivo da história de seu país. O doutor Grave E. Bird — citado por Simone de Beauvoir — fez uma pesquisa com quatrocentas pessoas com mais de cem anos e seus resultados são consoladores. "A maioria deles", conclui o estudo, "tinha planos precisos para o futuro, interessava-se pelos assuntos públicos, manifestava entusiasmos juvenis, tinha apetite sólido e senso de humor muito agudo, e uma resistência extraordinária. Eles eram otimistas e não manifestavam medo da morte." Quanto à atividade sexual dos velhos, há evidência de que aos noventa anos se inicia sob este aspecto uma segunda adolescência. A única condição parece ser que tenha sido ativo toda a vida anterior. Nada esfria mais do que a frieza. Tenho um amigo de 85 anos a quem alguém acusou de ser um velho imaturo porque gosta das meninas de 14 anos. Sua resposta foi arrasadora: também os garotos de 14 anos gostam delas e ninguém os chama de velhos imaturos.

O problema é que a sociedade, fingindo veneração e respeito, acaba por tornar as pessoas velhas à força. "Com o arco mais velho se prova a flecha", diz um provérbio *guajiro*. Há algum tempo, quando propus a um produtor que adaptasse para o cinema *Ninguém escreve ao coronel*, respondeu-me logo:

— Os velhos não vendem.

Na França — que em 1970 tinha a média de velhos mais alta do mundo — conseguiu-se a aposentadoria aos sessenta anos. É um escândalo. A melhor prova da injustiça dessa decisão é que não há seres mais agressivos no mundo do que os velhos franceses: disputam os táxis a golpe de guarda-chuva com os jovens, furam as filas a cotoveladas e são capazes de uma insolência devastadora numa discussão de rua. Sempre me perguntei se esses velhos sabem que são velhos. Não sei. Só sei que na semana passada um homem de 54 anos, que se sente na plenitude de sua vida, deu a um menino de cinco anos uma nota de cem pesos. O menino, feliz, correu para mostrá-la ao seu pai e lhe disse:

— Quem me deu foi aquele velhinho que está ali.

O velhinho que estava ali certamente era eu.

TAMBÉM O HUMANITARISMO TEM SEU LIMITE

Em 6 de dezembro de 1980, ao meio-dia, o navio *El Socorro*, com bandeira das Bahamas, foi capturado diante de Cayo Confites, em águas territoriais cubanas, por unidades da Marinha de guerra. Encontraram-se a bordo 514 fardos de maconha, que pesavam 19.506 quilos. Seu capitão era o norte-americano Vincent Saîvatore Simone, e a tripulação era composta por 12 colombianos. Todos foram condenados a dez anos de prisão por violação das águas territoriais e tráfico de droga.

Mais tarde, em 20 de abril de 1981, o navio *Liliana*, com bandeira de Honduras, foi capturado na ponta de Maisi, no extremo oriente de Cuba, e foram encontrados a bordo 25.200 quilos de maconha. Oito deles foram condenados a oito anos de prisão por tráfico de droga e outros quatro anos por entrada ilegal no país. Mas um deles, por motivos que as autoridades cubanas não explicaram, foi condenado a dez anos por tráfico de droga e a apenas dois anos por entrada ilegal no país.

Esta era a situação em novembro do ano passado, quando fui a Havana com um maço de cartas das famílias dos colombianos presos, em que me pediam para fazer algo para obter sua libertação. Todas coincidiam num ponto: o Ministério de Relações Exteriores da Colômbia se negava a qualquer gestão, por considerar que se tratava de delinqüentes comuns. As fa-

---

Publicado originalmente em 11 de agosto de 1982.

mílias se dirigiam a mim porque um ano antes conseguira indulto para outros dez colombianos presos em igual circunstância, e também agira por súplica das famílias. À semelhança da outra vez, fiz a solicitação informal de indulto ao presidente Fidel Castro em pessoa, e ele a apresentou ao Conselho de Estado.

Quatro meses depois, quando voltei a Cuba para me inteirar da situação em que se encontravam as gestões, informaram-me que os colombianos presos não eram mais 21 e sim trinta. Em 13 de fevereiro deste ano, às 15h20, a Marinha de guerra cubana capturara, a 4,8 quilômetros da costa da província de Holguín, um iate de luxo com bandeira colombiana cujo nome não lhe serviu para nada: *Lucky Star*, isto é, a estrela da boa sorte. A embarcação levava a bordo quatrocentos fardos de maconha, com um peso de 8.300 quilos. Seu capitão era um equatoriano radicado na Colômbia. Apesar de não ter nenhuma solicitação para a libertação destes novos presos pedi o favor de que fossem incluídos na lista anterior (incluindo o equatoriano), e as autoridades cubanas os libertaram antes que fossem julgados.

Nesta ocasião, um acaso que merece ser contado acrescentou um novo nome à lista. Meus amigos do jornal *El Heraldo*, de Barranquilla, pediram-me para averiguar se estavam presos em Cuba um piloto comercial e seu filho de 18 anos, que, meses antes, saíram de La Guajira num avião monomotor, rumo à Flórida, e não se soube mais nada deles. A mulher do piloto fez toda espécie de averiguações inúteis no trajeto: Jamaica, Haiti, Bahamas e também Estados Unidos. A última possibilidade que a mulher vislumbrava, como uma luzinha de esperança, era que estivessem presos em Cuba. Esta história comoveu tanto Fidel Castro que ele ordenou uma investigação a fundo. Mas foi em vão.

— Sinto muito — me disse então Fidel Castro — porque nada nos te ria alegrado mais do que dar uma resposta favorável a esta pobre mulher.

Em compensação, a investigação revelou que, além dos trinta marinheiros, estava preso um piloto colombiano que não era o que eu procurava.

Com efeito, no princípio de abril de 1981, este homem voava da costa caribenha da Colômbia até a da Flórida, como co-piloto de um Cessna de dois motores, pilotado pelo norte-americano Allen Jackson, que fora aviador no Vietnã. Às nove da noite, quando sobrevoavam o Haiti, o colombiano, que era quem conhecia a rota, indicou ao piloto que se pusesse no rumo do norte até ver novas luzes, que, sem dúvida, seriam as das Bahamas, e ali virasse para oeste até chegar à Flórida. Adormeceu em seguida, e quando o norte-americano o despertou, quase às dez da noite, estava perdido. Tinham combustível apenas para uma hora, e não havia outro recurso exceto aterrissar onde pudessem.

— Por sorte — disse o colombiano — havia uma lua como de meio-dia, e isso foi o que nos salvou.

Depois de procurar em vão uma pista, aterrissaram num trecho reto de estrada, sem saber sequer em que país estavam. A história é quase fantástica para os cubanos, porque poucos países do mundo têm uma barreira espacial como a de Cuba: seu céu é considerado praticamente invulnerável. No entanto, os aviadores perdidos sobrevoaram a Sierra Maestra e passaram sobre a base norte-americana de Guantánamo, e não foram detectados. Mais ainda: essa noite acamparam perto do avião, que só foi descoberto no dia seguinte, quando eles próprios se apresentaram a um posto policial que lhes foi indicado por um grupo de camponeses. No avião foram encontrados 630 quilos de pastilhas de dilaudide e de ruaalude lemon 174, que são entorpecentes de luxo. As autoridades cubanas aceitaram que se incluísse também este piloto na lista dos indultados, que passaram assim a ser 31. No entanto, na semana passada, quando fui mais uma vez a Cuba para apressar a saída dos presos, fiquei sabendo que em maio fora capturado um novo navio com mais 16 colombianos. Um deles estava com a saúde tão comprometida que desde então recebe cuidados intensivos num hospital.

Na realidade, este drama é infinito. O Canal dos Ventos, que é o estreito que separa Cuba do Haiti, bem como a costa norte cubana, são zonas de navegação difícil, e só especialistas conseguem evitar seus riscos incontáveis. Essa é, no entanto, a rota obrigatória dos navios carregados de droga que vão da Colômbia aos Estados Unidos. Por outro lado, as embarcações mal têm condições de navegar, e só pessoas muito necessitadas e inexperientes se atrevem a embarcar em semelhante aventura.

Nenhum dos navios capturados ia com destino a Cuba, um dos poucos países do mundo declarados, pelas Nações Unidas, livres do vício da droga. Os cubanos os capturam não apenas porque violam suas águas territoriais mas porque subscreveram tratados internacionais contra o tráfico de droga, que se esmeraram em cumprir mesmo em circunstâncias árduas. Os Estados Unidos, por pura crueldade política, inventam contra Cuba toda espécie de mentiras em relação ao tráfico de droga, mas sabem que a barreira estabelecida pelos cubanos é a mais difícil de ultrapassar pelos traficantes que se dirigem ao seu país. Os grandes tubarões do tráfico não viajam nestes navios incorrigíveis, que vêm quase sempre comandados por aventureiros gringos de terceira categoria. Também eles são condenados a penas duras. Mas não as cumprem por muito tempo. Cada vez que um norte-americano influente vai a Cuba — e são bem mais do que se imagina — leva de regresso um lote de compatriotas libertados, para usá-los como troféus. Apresentam-nos como vítimas do inferno comunista, mas eles são em sua maioria agentes da CIA ou traficantes de droga. Em janeiro deste ano levaram oito.

Os colombianos, em compensação, não têm quem lhes escreva. Mas escrevem. "A única coisa que nossa querida Colômbia nos oferece é traficar maconha", me disse um dos presos numa carta que me mandou para o México há pouco. "Para nós não passa de um trabalho fora da lei que, no entanto, nos permite não morrer de fome." É difícil não pensar que este homem tem toda a razão. Mas no que se refere a mim, esta carta e todas as que já sinto vir ficarão sem resposta, pois não estou disposto a interceder nem pelos 16 presos mais recentes nem por nenhum dos que, sem dúvida, serão capturados depois. O motivo é simples: neste ritmo, por puro humanitarismo fácil, tanto eu como as autoridades cubanas terminaremos por nos converter em servidores involuntários, mas eficazes, dos verdadeiros traficantes. As famílias destes presos, em todo o caso, têm agora a oportunidade de apelar para o novo governo da Colômbia, que talvez tenha melhor coração do que o que acaba de sair para o bem de todos.

FRASES DA VIDA

Há no México um ditado tão formoso como enigmático: "O que come e canta, louco se levanta." Sempre tive a curiosidade de pesquisar sua origem, embora pense que é uma deformação poética de outro ditado espanhol: "Ao que come e canta, falta-lhe bom-senso." Comer cantando foi um dos sonhos da infância, sonho proibido como tantos outros, pois sempre nos disseram que cantar na mesa espantava os duendes.

Estamos cheios de frases como essa desde o nascimento. O hábito de viver com elas, de guiar por elas nosso comportamento, atribui-se com muita facilidade aos avós, quando na realidade é a vida inteira que o transmite a nós a cada instante. Os velhos ditados espanhóis foram os primeiros e talvez os que mais cedo nos despertaram o sentido da poesia. "Cus conhecidos assoviam de longe", dizia um deles, por desgraça caído em desuso. As mães que não queriam ver as filhas namorando na rua, vendo bailes alheios pelas janelas, tinham uma maneira de dissuadi-las: "O bom pano é vendido sem sair da arca." Para se referir a alguém muito estouvado, diziam: "É das que confundem o cu com as têmporas." Ouvi-o dizer durante muitos anos, e nunca tive o cuidado de pesquisar o que eram as têmporas, até há pouco, quando uma necessidade profissional me obrigou a perguntar ao dicionário, que me respondeu: "Tempo de jejum prescrito pela Igreja nas quatro

---

Publicado originalmente em 18 de agosto de 1982.

estações." A absoluta falta de relação entre os dois termos do ditado me fez apreciá-lo mais do que já apreciava desde criança.

Nem todos os ditados espanhóis estavam ao alcance das crianças, com certeza. Havia um bárbaro, mas indiscutível: "Mais podem duas tetas do que duas carretas." Os valencianos diziam a mesma coisa, porém mais à valenciana: "Um pêlo de figo é mais forte do que um cabo de navio". Para falar de uma mulher que nunca pôs roupa fina, diziam: "Quem nunca usou anáguas, as costuras lhe fazem chagas." Mas quase tão deslumbrantes como os ditados são as desfigurações que se costuma fazer dos mais correntes. "Olhos que não vêem, pisam na merda." E outro, muito chulo, de Madri: "Mal de muitos, apepsia." E outro, de um realismo inclemente: "Ao que na boa árvore se encosta, se não vê ninguém, urina." Um escritor original intitulou seu livro recente: *Cría ojos*. Contudo, em matéria de desfigurações, eram mais divertidas as que fazíamos na juventude às obras de caridade: visitar os nus, enterrar os doentes, dar pousada aos mortos, dar de comer aos agonizantes. As possibilidades eram enormes, e cada um as adaptara conforme convinha ao seu gosto.

No México, terra de grandes provérbios, há um estupendo para se referir a algo que nos deixa indiferentes: "Isso me faz o que o vento a Juárez." A origem, de acordo com um informante que sabe das coisas, foi um furacão, em Oaxaca, que arrasou toda a população mas deixou intacta, na Praça Principal, a estátua de dom Benito Juárez. O mais apropriado dos ditados de que me lembro é da província colombiana de Antióquia: "Fala mais do que um perdido quando o encontram."

Ramón Gómez de la Serna — que algum dia será reconhecido como um dos grandes escritores da língua castelhana — povoou-nos a adolescência com frases formosas com suas melhores tiradas. "O melão tem gosto de fresca e limpa madrugada." E outra: "A flauta canta pelo nariz." E outra: "Pôs para secar tantas luvas que parecia ter recebido uma salva de palmas." Na época em que os trocadilhos estavam na moda, uma geração inteira de poetas colombianos deu-se ao luxo de brincar com as palavras. Arturo Camacho Ramírez, cujo conhecimento do idioma assombrava todos, fez conversões de frases correntes: converteu vida social em sócia vidal, santa Teresita em tanta cerejinha, e o contra-almirante Piedrahíta no pedra-almirante Contrahíta. Com esta técnica fez a melhor: "Se botan forrones." Ao poeta Jorge Rojas se atribuem duas frases daquela colheita. Uma: "A tartaruga é uma cumbuca cheia de lentidão." E outra: "A sereia não abre as pernas porque ficou desconfiada." A cartilha de alfabetização se tornou o modelo daquelas frases, que nada mais pretendiam do que aliterações úteis, e, no entanto, atingiam os limites da poesia: "Otilia lava a tina", "A mula vai ao moinho", "O adivinho se dedica ao vinho".

Já adultos, a publicidade encheu nossa vida de frases e *slogans* que acabam por se tornar refrãos do nosso tempo. Durante muitos anos, uma empresa aérea se anunciava com uma frase que se incorporou a nosso falar cotidiano: "Voar é natural nos holandeses." A imagem do holandês voador, que talvez nasce dentro de nós, tornou-se mais viva com essa frase, que afinal de contas não dizia uma verdade. Durante a Segunda Guerra Mundial, uma conhecida marca de cigarros se viu obrigada a retirar do maço a cor verde tradicional: "O verde foi para a guerra", era a explicação publicitária. Dizia-se de maneira corrente que cedo ou tarde seu rádio seria um Philips, ou que havia um Ford em seu futuro, ainda que no fundo do coração todos soubéssemos que não era verdade. Na Colômbia, em compensação, uma companhia de seguros contra incêndios concebeu a frase da verdade: "O fósforo tem cabeça, mas não tem coração."

Os sabores, os sons e os cheiros nos obrigaram sempre a forçar o idioma para descrevê-los. Há muitos anos, numa alcova alheia, ouvi durante toda a noite um cordeiro amarrado no pátio que lançava um balido de uma regularidade inclemente. A dona da alcova, deslumbrada pela simetria daquele lamento, disse na escuridão: "Parece um farol." Há menos anos, em Paris, a bela e voluntariosa Tachia Quintana improvisou uma tisana com quantas ervas secas encontrou nos armários, e quando a provei acreditei encontrar a descrição exata: "Tem gosto de procissão." Por isso entendi tão bem Che Guevara quando provou a primeira bebida que se fez em Cuba para substituir a Coca-Cola, e disse, sem vacilar: "Tem gosto de barata." Ninguém, ao que se saiba, comeu uma barata, mas é difícil que alguém não entenda que sabor tinha aquele refrigerante. Quantas vezes tomamos café com gosto de janela, pão com gosto de baú, arroz com gosto de depósito, sopa com gosto de sobras. Um amigo provou num restaurante de Paris um esplêndido guisado ao xerez, e disse, suspirando: "Tem gosto de mulher." Num ardente verão de Roma provei uma vez um sorvete que não me deixou a menor dúvida: tinha gosto de Mozart.

O MAR DE MEUS CONTOS PERDIDOS

Durante muitos anos quis escrever o conto do homem que se perdia para sempre nos sonhos. O homem sonhava que estava dormindo num quarto igual àquele em que dormia na realidade, e também nesse segundo sonho sonhava que estava dormindo, e sonhando o mesmo sonho num terceiro quarto igual aos dos dois anteriores. Naquele instante o despertador tocava na mesa-de-cabeceira da realidade, e o dorminhoco começava a despertar. Para isso, tinha de despertar do terceiro sonho para o segundo, mas o fez com tanta cautela que, quando despertou no dormitório da realidade, deixara de soar o despertador. Então, completamente acordado, teve o instante de dúvida de sua perdição: o dormitório era tão parecido com os outros dos sonhos superpostos, que não pôde encontrar nenhum motivo para não pôr em dúvida que também aquele era um sonho sonhado. Para sua grande infelicidade, cometeu o erro de dormir outra vez, ansioso por explorar o quarto do segundo sonho para ver se ali encontrava um indício mais preciso da realidade, e, como não o encontrou, dormiu por sua vez dentro do segundo sonho para procurar a realidade no terceiro, e em seguida no quarto e no quinto. Dali — já com as primeiras pulsações de terror — começou a despertar de novo para trás, do quinto sonho ao quarto, e do quarto ao terceiro, e do terceiro ao segundo, e, em seu impulso desatinado,

---

Publicado originalmente em 25 de agosto de 1982.

perdeu a conta dos sonhos superpostos com ela a noção da realidade. De maneira que seguiu despertando para trás, nos sonhos de outros quartos que já não estavam na frente e sim atrás da realidade. Perdido na galeria infinita de quartos iguais, ficou dormindo para sempre, passando de um extremo ao outro dos sonhos incontáveis sem encontrar a porta de saída para a vida real, e a morte foi seu alívio num quarto de número inconcebível que jamais se pôde identificar com certeza.

Durante muito tempo pensei que não escrevera este conto de horror porque seu parentesco com Jorge Luis Borges era demasiado evidente, e além disso inferior a todos os seus contos. No entanto, agora que me lembro dele e escrevo, dei-me conta que o quarto em que o faço — com a máquina de escrever diante de uma janela por onde se introduz sem permissão todo o mar do Caribe — é um quarto igual ao que sempre quis para o sonho do conto: quadrado exato e de paredes lisas e sem cor, com uma única porta e uma única janela, e nenhum outro móvel além da cama de solteiro e a mesa-de-cabeceira com um despertador que se repetiria sem descanso em cada um dos quartos sonhados, mas que tinha de sonhar no quarto real. Agora que o vejo na realidade me dei conta de que este conto não era de Borges, mas da estirpe mais antiga e assustadora de Franz Kafka. Em todo o caso, nunca o escrevi, e talvez seja este seu maior mérito.

Não é o único que ficou sem ser escrito, nem foi tampouco uma exceção no mundo da literatura. A vida dos escritores está cheia de livros que nunca escreveram, e que talvez em muitos casos tivessem sido melhores do que os que escreveram. Mas o curioso é que esse filete quase interminável de histórias concebidas e jamais nascidas constituem para os escritores uma parte invisível e importante de sua obra: a parte que nunca verão em suas obras completas.

Também durante muitos anos, e numa época posterior à do conto do homem que se perdeu nos sonhos, sonhei em escrever um conto do qual só tinha o título: *O afogado que nos trazia caracóis.* Lembro-me que falei do conto a Álvaro Cepeda Samudio numa ruidosa noite da casa de amores de Pilar Ternera, e ele me disse:

— Esse título é tão bom que não há necessidade de escrever o conto.

Quase quarenta anos depois me surpreendo de comprovar quão certa foi aquela resposta. De fato, a imagem do homem imenso e empapado que devia chegar à noite com um punhado de caracóis para as crianças ficou para sempre no desvão dos contos não escritos.

Em compensação, perdi muito tempo tentando escrever uma e outra vez o conto do homem que desmontava as máquinas. De certo modo, era uma nova variação do assunto que mais me obcecava de maneira iniludível: as pestes. O homem chegara caminhando a uma cidade de artesãos e perguntara por alguém a um homem que trabalhava com um trator. Sem remédio: o trator não voltou a funcionar. A mesma coisa aconteceu com a máquina de coser da costureira a quem fez a mesma pergunta pouco depois, e a todas as máquinas das diversas profissões com cujo proprietário teve algo a ver. Fiz muitas versões antes de o anjo da guarda que tão mal se ocupa dos escritores teimosos me convencer que não devia insistir mais, pela razão mais simples do mundo: era um conto muito ruim.

Sempre acreditei, em compensação, que era muito bom outro dos que tampouco pude escrever. Refiro-me ao que concebi numa enlouquecedora tarde de vento norte em Cadaqués, a cidade mais bonita e mais bem conservada da Costa Brava. Ao fim de três dias daquele vento inclemente tive de súbito a revelação deslumbrante de que jamais voltaria a essa cidade porque me custaria a vida. O personagem de meu conto devia sofrer a mesma obsessão durante muitos anos, até que numa noite de festa revelou-a a um grupo de amigos em Barcelona. Os amigos, com a boa intenção de combater seu medo com um tratamento de choque, meteram-no à força num automóvel e o levaram aquela mesma noite a Cadaqués. O homem viajou paralisado pela superstição e quando, por fim, viu as luzes da cidade da última curva da montanha, conseguiu fugir dos amigos e caiu num precipício, incapaz de suportar o terror do regresso.

Nesse estado ficou para sempre o conto da moça que procurou durante anos o desconhecido que a violou num parque, até que ela mesma descobriu que só queria encontrá-lo porque não podia viver sem ele. E o conto das crianças que conspiraram para matar o rei e por fim conseguiram com um caramelo envenenado, e o conto das crianças que mataram o companheiro que sabia tudo porque não podiam suportar que soubesse tanto. Houve um que terminei: o homem que se meteu numa armadura de aço para assustar os amigos numa festa e não pôde mais sair dela, de maneira que continuou a viver nela durante muitos anos e morreu dentro dela numa boa velhice. Estava a ponto de publicá-lo quando um amigo providencial o leu e me fez ver que as armaduras dos guerreiros medievais não eram conjuntos inteiriços — como eu acreditava então — e sim que os iam colocando sobre o corpo peça por peça, como os trajes dos toureiros. De maneira que, como tantos outros, também este conto naufragou para sempre, e com toda justiça, no mar dos contos perdidos.

TERRORISMO CIENTÍFICO

Há vinte anos o colesterol estava na moda. As dietas eram rigorosas e insípidas, e não eram destinadas, como agora, a regular o peso, e sim a impedir que o silencioso assassino se acumulasse no sangue. Alguma revista de divulgação científica publicou a versão de que a berinjela era o preventivo mais eficaz contra o colesterol: seus preços dispararam a ponto em que era como comer pepitas de ouro. Nas visitas não se falava de outra coisa. Como ocorre em cada época com cada doença da moda — tal como hoje com o câncer —, a simples menção da palavra adquiriu tanta força de superstição que ninguém se atrevia a mencioná-la. Alguém, falando de seus males, dizia apenas: "Isso." E já se sabia que isso só podia ser isso: colesterol.

Naquele tempo, sofri em silêncio a sorte de um amigo, pois um médico inconfidente me revelara seu diagnóstico:

— Tem o colesterol mais alto da cidade.

Não era surpreendente: o prato favorito de meu amigo eram as orelhas de porco, o focinho e as patas, que segundo seu médico eram colesterol puro e simples.

— Não viverá cinco anos — me disse seu médico.

Disse-me há trinta anos, e o amigo continua comendo orelhas de porco com uma facilidade que lhe sai pelas suas, e em compensação seu diligente

---

Publicado originalmente em 1º de setembro de 1982.

médico começou a virar pó há tanto tempo que já não me recordo quanto. Em todo caso, foi muito antes de que o colesterol caísse no esquecimento.

Evocando, outra noite, com alguns amigos, a época gloriosa do colesterol, acabamos por nos perguntar o que acontece com as doenças da moda, que de repente deixam de sê-lo sem qualquer motivo aparente, ou, pelo menos, sem qualquer explicação científica. O terror da nossa infância era uma delas: a amigdalite. Há toda uma geração de extirpados das amígdalas, a quem nunca se disse quais foram os motivos reais por que foram reduzidos a tão inexplicável condição. Lembro-me que em criança costumava prestar muita atenção às conversas cifradas dos adultos, e quando era surpreendido dissimulava minha atenção proibida com pestanejos pouco convincentes. Levaram-me ao oculista que, depois de um exame minucioso, ordenou que me extirpassem as amígdalas. Coisa que não se fez, por sorte, porque um médico menos dramático aconselhou substituir a operação por três colheradas de xarope de rábano iodado, e eu tive o cuidado de diminuir pouco a pouco meus pestanejos de susto, até que os médicos concluíssem que minhas amígdalas estavam completamente curadas.

Mais tarde, foi a apendicectomia. Ao contrário da grande maioria das doenças da moda, a apendicite entrou na vida social com uma aura de distinção que a tornava imprescindível. Uma mulher não se permitia aspirar o reinado da beleza se à beira de seu maiô não se pudesse ver — como uma condecoração de guerra — a cicatriz de sua apendicite de honra. Operava-se para não ser inferior ao vizinho. No internato em que estudei, éramos despertados várias vezes durante a noite pelo vaivém dos enfermeiros que levavam na obscuridade os que iam ser operados de apendicite. Os sintomas eram fáceis de detectar: uma dor lancinante na virilha direita, uma espécie de adormecimento na mesma perna e náuseas com vômitos nos casos mais graves. Quando alguém não se sentia preparado para o exame de álgebra, só tinha de fingir esses sintomas e ir para o hospital com a segurança de regressar com uma desculpa válida costurada na virilha. Era certo: os noivos se presenteavam o apêndice dentro de um frasco de formol, e na cerimônia de ruptura deviam ser devolvidos, juntamente com as cartas de amor.

Recordei estes tempos a propósito da publicação feita outro dia por uma revista norte-americana sobre o flagelo da moda nos Estados Unidos: o herpes. Segundo esse informe horripilante, vinte milhões de norte-americanos contraíram esta doença que não mata, mas tampouco morre. Supõe-se, diz a revista, que o agente transmissor se entrincheira no sistema nervoso, onde se sente em condições de sobreviver a qualquer ofensiva médica, e volta a aparecer à flor da pele quando encontra alguma abertura nas condições do indivíduo. Sobretudo, as condições emocionais. Esta lepra moderna, que vem à tona por meio de uma úlcera minúscula e recorrente em qualquer parte do corpo, sobretudo nos lábios, tem sua manifestação mais alarmante e devastadora nos órgãos genitais. Isto é: deve ser considerada uma doença venérea — contagiosa e incurável, certamente. E para cúmulo de tudo, não tem sequer possibilidade de ser curada com recursos cirúrgicos, como era o caso das amígdalas e o apêndice. A revista o diz da maneira mais simples: "O herpes não mata você, mas você tampouco pode matá-lo."

A primeira notícia que tive deste inimigo público do amor me foi dada por Carlos Fuentes, há cerca de um ano, com um estilo muito seu: "Mestre: já não se pode atirar a não ser em casa." Mas esta informação inquietante ainda parecia um doce para crianças ao lado dos informes aterrorizadores da revista norte-americana. Toda a vida íntima dos Estados Unidos — segundo o informe — está sendo abalada em suas bases. As relações pessoais sofrem modificações que podem ser de fundo. O ritmo social se altera, ou o sentimento que se vislumbra do futuro imediato é um único: o pânico. Uma mulher que sofrera de herpes leu numa revista que ele tinha uma relação direta com o câncer cervical: cortou a garganta com uma faca, para que o filho que tinha no ventre não viesse ao mundo com o estigma da moda. A cada dia, um número crescente de novas vítimas se incorpora às hostes dos pestilentos. Por conseguinte, um espectro percorre o país mais poderoso do mundo: o espectro da impotência sexual.

De qualquer maneira, o que parece mais desastroso não é o herpes, mas a maneira alegre com que se lida com sua informação. O mínimo que se pode dizer é que não é uma maneira higiênica: a notícia do flagelo pode ter uma gravidade social muito mais prejudicial do que o flagelo em si. Exatamente como na Idade Média — quando o medo da peste causava tantos estragos sociológicos e morais, e tanta desordem social, que era considerado outra peste diferente e mais temida.

Não se pode deixar de perguntar, havendo tantos precedentes, se estamos outra vez diante de uma nova campanha de terrorismo científico, cuja finalidade é condicionar as pessoas quem sabe para que tremenda operação comercial. Há alguns anos se proclamou com a mesma retumbância que correr era enfim a versão contemporânea da fonte maravilhosa da saúde. Os Estados Unidos inteiros e depois todo o mundo se puseram a correr até o delírio. O próprio presidente Carter não foi exceção. As vitrinas do mundo se encheram de folhetos para ensinar a correr, de tênis para correr, as camisas e as botinas, e os alimentos adequados para continuar correndo até a vida eterna. Agora, com o mercado saturado, as mesmas pessoas que proclamaram suas virtudes estão advertindo o mundo para os tremendos riscos de correr. Algo semelhante aconteceu com a notícia, agora desmentida, de que a sacarina produzia câncer, e a de que o tampax causava transtornos circulatórios, e de tantos outros produtos que agora estão absolvidos de suas supostas culpas. E como ocorre agora que a cafeína está sendo objeto de toda espécie de injúrias, no momento mesmo em que as grandes marcas de refrigerantes se dispõem a lançar no mercado novas versões descafeinadas. Com estes antecedentes, não é raro que o frankenstein tenebroso do herpes só pretenda adquirir condições para uma inovação radiante nos hábitos — já pré-históricos — das artes do amor. É preciso ser otimista.

O DESTINO DOS EMBALSAMADOS

Como um dos boatos periódicos divulgados pelas agências de notícias, surgiu agora a versão de que o corpo de Lenin exibido na Praça Vermelha de Moscou é, na realidade, uma estátua de cera. Diz-se que um sobrinho de Stalin chamado Budu Svakadze revelou o segredo num livro proibido pela KGB em 1952, mas uma cópia do manuscrito conseguiu chegar a Israel por vias clandestinas, e dali foi divulgada ao mundo pelo *Jerusalem Post*. Tudo isto é tão difícil de comprovar que talvez o método mais útil seja dar-se o trabalho de viajar a Moscou, entrar na fila de três horas sob a neve de janeiro e entrar no glacial e denso edifício de mármores incandescentes para tentar ver com os próprios olhos o que pode haver de certo neste folhetim fora de época.

Eu o fiz nas duas vezes em que estive na União Soviética, em 1957 e em 1979, e em ambas tive a impressão de que o corpo de Lenin era feito de sua matéria natural, ainda que seja fácil entender que um visitante distraído, ou demasiado incrédulo, sinta-se inclinado a pensar que é uma estátua de cera. Na primeira vez, o corpo de Lenin jazia em sua urna de cristal, à direita do corpo de Stalin, que ainda era considerado digno daquela glória banhada em formol. Lenin morrera 33 anos antes, e Stalin apenas quatro, e a diferença era visível. Stalin parecia irradiar uma aura de vida, e seu bigode histórico

---

Publicado originalmente em 15 de setembro de 1982.

de tigre montanhês mal ocultava um sorriso indecifrável. O que mais me chamou a atenção — como já disse nas reportagens que publiquei naquela ocasião — foram suas mãos finas e sensíveis, que pareciam de mulher. De maneira alguma se parecia com o personagem sem coração que Nikita Kruschev denunciara, com uma diatribe implacável, no vigésimo congresso do partido. Pouco depois, o corpo seria tirado de seu templo glorioso e mandado dormir um sono sem testemunhas, e talvez mais justo, entre os mortos numerosos dos pátios do Kremlin — bem perto do túmulo de John Reed, o único norte-americano que alimenta as rosas daquele jardim quimérico.

O corpo de Lenin era menos impressionante, porque estava menos conservado. Com efeito, 33 são muitos anos, mesmo para os mortos, e também neles se notam, com a passagem do tempo, os artifícios do embalsamamento. Ao lado da cabeça de Stalin, enorme e maciça, a de Lenin parecia tão frágil como se fosse de vidro, e seu semblante oriental parecia vir de muito longe. Talvez boa parte dessa degradação tivesse sido herdada de seus últimos dois anos de vida, que para Lenin foram de sofrimentos. Em 1922 fora operado para extrair uma bala que ficou encravada no pescoço no atentado de agosto de 1918, e o braço esquerdo ficou sem movimento. No ano seguinte sofreu várias recaídas, perdeu a fala, reduziu-se a nada sua fabulosa capacidade de trabalho, e em 21 de janeiro de 1922 morreu devastado pela arteriosclerose cerebral. Seu cérebro, extraído para embalsamar o corpo, tinha a consistência árida de uma pedra. A inutilidade do braço esquerdo se notava mesmo depois de embalsamado, e a erosão geral do cadáver, que já era evidente na primeira vez que o vi, era muito maior na segunda, quando já haviam transcorrido 55 anos da morte. Mas em nenhum caso me pareceu uma estátua de cera, entre outras coisas porque a cera não tem a boa virtude de envelhecer.

Na realidade, o que mais me emocionou nas duas ocasiões em que vi a múmia de Lenin foi a impressão iniludível de que o corpo não estava completo sob os lençóis da urna, mas que o haviam cortado pela cintura para facilitar a conservação. Até o peito, com efeito, o relevo do corpo era convincente, mas logo se confundia com a superfície do estrado onde estava estendido, e se abriam as portas a qualquer aventura da imaginação. Não era fácil admitir a idéia de que a multidão que desfilava pelo mausoléu estava rendendo tributo a um herói partido ao meio, cuja parte inferior apodrecera e virara pó em algum monturo diferente.

Em todo o caso, estas suposições são possíveis pelo mau costume de conservar cadáveres para serem adorados pela multidão. Nada se parece menos com a imagem que se tem de um homem ou uma mulher memorável que seus restos mortais arrumados para uma festa funerária. Os motivos dos egípcios eram perdoáveis, porque acreditavam que enquanto se conservasse o corpo se conservaria também o espírito, e em nenhum caso embalsamavam seus faraós para exibição pública. Os católicos, ao contrário, pensam que a conservação casual do corpo é um indício de santidade, e o expõem em suas igrejas para deleite dos fiéis. Mas é difícil encontrar uma justificativa doutrinária para o costume crescente dos regimes comunistas que parecem confundir o culto dos heróis com o culto de suas múmias. É o caso da Bulgária, onde se conserva o corpo de Dimitrov, e o caso da China, onde se conserva o corpo de Mao, e o caso do Vietnã, onde se conserva o corpo de Ho Chi Min. Não se precisa ser adivinho para supor que Kim Il Sung, o presidente da Coréia do Norte, que desconhece por completo o doce encanto da modéstia, já deve estar ansioso para submeter seu corpo glorioso aos bons ofícios de seus embalsamadores.

Por sorte, Cuba estabeleceu um precedente exemplar neste lado do mundo com as mãos de Che Guevara, cortadas pela CIA para uma análise detalhada das impressões digitais. Um antigo funcionário do governo boliviano, que desertou de seu cargo, levou-as depois a Havana, e não faltou quem sugerisse a idéia de conservá-las para o culto público. Fidel Castro, que tem o bom costume de levar estes problemas até a última instância, consultou a multidão no final de um discurso num ato de massa. A resposta, que era a que Fidel Castro esperava, foi unânime e categórica: de maneira alguma!

Há na América Latina outros antecedentes nada confortantes. O general Antonio López de Santa Anna, que governou o México várias vezes desde 1833, perdeu a perna direita na guerra contra os invasores franceses e a fez enterrar na catedral, sob o pálio de bispo e com todas as honras militares e religiosas, num funeral babilônico presidido por ele próprio. Mais tarde, o general Álvaro Obregón perdeu o braço esquerdo em conseqüência de uma bala de canhão disparada por Pancho Villa na batalha de Celaya, e sua mão ainda é conservada na Cidade do México, bronzeada pelo formol, num monumento público que por motivos insondáveis se converteu em local de peregrinação dos jovens namorados. O caso mais estranho de nosso tempo é o do cadáver de Evita Perón, que desapareceu de Buenos Aires depois de embalsamado e reapareceu muitos anos depois na Itália, sob a responsabilidade do Vaticano. O homem que a embalsamou era um catalão grandiloqüente que montou guarda na ante-sala da doente durante as longas semanas de sua agonia, pois devia proceder ao embalsamamento no instante mesmo da morte para uma conservação mais convincente e duradoura. Enquanto esperava, mostrava aos visitantes ilustres o álbum de fotos de seus trabalhos mais notáveis. Entre eles, sua obra-prima: um menino de Montevidéu que morrera aos nove anos, cujos pais mandaram embalsamá-lo sentado numa cadeirinha, vestido de marinheiro. Anualmente, durante muito tempo, seus irmãos comemoraram seu aniversário com os que foram seus amigos, até que todos cresceram, casaram-se e tiveram outros filhos para embalsamar, e o pobre menino embalsamado em sua cadeirinha de madeira e com um traje de marinheiro, ficou à mercê das traças e do esquecimento num armário do quarto de dormir.

O AVIÃO DA BELA ADORMECIDA

Era bela, elástica, com a pele tenra da cor do pão e os olhos de amêndoas verdes, e tinha o cabelo liso e preto e comprido até os ombros, e uma aura de antigüidade oriental que tanto podia ser da Bolívia como das Filipinas. Estava vestida com um gosto sutil: um casaco de lince, a blusa de seda com flores bem suaves, calças de linho cru, e uns sapatos de saltos baixos da cor da buganvília. "É a mulher mais bela que vi em minha vida", pensei, quando a vi na fila à espera de embarcar no avião para Nova York, no Aeroporto Charles de Gaulle, em Paris. Cedi-lhe a vez, e quando cheguei à poltrona que estava designada no cartão de embarque, encontrei-a instalando-se na poltrona ao lado. Quase sem fôlego, cheguei a me perguntar qual dos dois teria a má sorte daquele acaso aterrador.

Instalou-se como se fosse para ficar muitos anos, pondo cada coisa em seu lugar numa ordem perfeita, até que seu espaço pessoal ficou tão bem arrumado como uma casa ideal onde tudo estava ao alcance de sua mão. Enquanto isto, o comissário de bordo nos ofereceu champanha de boas-vindas. Ela recusou, e tentou explicar algo num francês rudimentar. O comissário falou-lhe então em inglês, e ela agradeceu com um sorriso estelar, e pediu-lhe um copo de água, acrescentando que não a despertassem para nada durante o vôo. Depois abriu sobre os joelhos uma frasqueira grande e qua-

---

Publicado originalmente em 22 de setembro de 1982.

drada, com cantos de cobre como os baús de viagem das avós, e engoliu duas pastilhas douradas que retirou de um estojo onde havia outras de diversas cores. Fazia tudo de maneira metódica e minuciosa, como se não houvesse nada que já não estivesse previsto para ela desde o nascimento.

Por fim, pôs o travesseirinho no canto da janela, cobriu-se com o cobertor até a cintura sem tirar os sapatos, e se acomodou de lado na poltrona, quase em estado fetal, e dormiu sem uma única pausa, sem um suspiro, sem uma mudança mínima de posição, durante as sete horas pavorosas e os 12 minutos de atraso que durou o vôo até Nova York.

Sempre acreditei que não há nada mais belo na natureza do que uma mulher bonita. De maneira que me foi impossível escapar um só instante ao feitiço daquela criatura fabulosa que dormia ao meu lado. Era um sono tão estável que, em certo momento, tive o temor de que as pastilhas que tomara não fossem para dormir e sim para morrer. Contemplei-a muitas vezes centímetro a centímetro, e o único sinal de vida que pude perceber foram as sombras dos sonhos que passavam por sua fronte como as nuvens na água. Tinha no pescoço uma corrente tão fina que era quase invisível sobre a pele dourada, tinha as orelhas perfeitas sem perfurações para brincos, e tinha um anel fino na mão esquerda. Como não parecia ter mais de 22 anos, consolei-me com a idéia de que não fosse um anel de casamento, mas de um noivado efêmero e feliz. Não tinha nenhum perfume: sua pele desprendia uma exalação tênue que só podia ser o cheiro natural de sua beleza. "Você no seu sonho e os navios nos mares", pensei, a sete mil metros de altura sobre o oceano Atlântico, tentando recordar na ordem o soneto inesquecível de Gerardo Diego. "Saber que você dorme, certa, segura, curva fiel de abandono, linha pura, tão perto de meus braços atados." Minha realidade se parecia de tal maneira com a do soneto que, ao fim de meia hora, tinha-o reconstituído de memória até o final: "Que pavorosa escravidão de ilhéu, eu insone, louco, nas falésias, os navios pelo mar, você por seu sonho." No entanto, depois de cinco horas de vôo contemplara tanto a bela adormecida, e com tanta ansiedade sem objetivo, que compreendi de repente que meu estado de graça não era o do soneto de Gerardo Diego, e sim o da obra-prima da literatura contemporânea, *A casa das belas adormecidas*, do japonês Yasunari Kawabata.

Descobri este belo romance por um caminho comprido e diferente, mas que de qualquer maneira termina com a bela adormecida do avião. Há vários anos, em Paris, o escritor Alain Jouffroy me telefonou para dizer que queria me apresentar uns escritores japoneses que estavam em sua casa. A única coisa que eu conhecia então da literatura japonesa, além dos tristes haicais do secundário, eram alguns contos de Junichiro Tanizaki traduzidos para o castelhano. Na realidade, o que eu sabia com certeza dos escritores japoneses era que todos, cedo ou tarde, acabariam por se suicidar. Ouvi falar de Kawabata pela primeira vez quando lhe deram o Prêmio Nobel em 1968, e então tentei ler alguma coisa sua, mas peguei no sono. Pouco depois ele se estripou com um sabre ritual, tal como fizera em 1946 outro romancista notável, Osamu Dazai, depois de várias tentativas frustradas. Dois anos antes de Kawabata, e também depois de várias tentativas frustradas, o romancista Yukio Mishima, que é talvez o mais conhecido no Ocidente, praticara o haraquiri completo depois de fazer um desafio patriótico aos soldados da guarda imperial. Portanto, quando Alain Jouffroy me telefonou, a primeira coisa que me veio à memória foi o culto à morte dos escritores japoneses.

— Vou com prazer — disse a Alain — mas com a condição de que não se suicidem.

Não se suicidaram, com efeito, e passamos uma noite encantadora, na qual o melhor que aprendi foi que todos eram loucos. Eles concordaram.

— Por isso queríamos conhecer você — me disseram.

No fim, deixaram-me convencido de que para os leitores japoneses não há dúvida de que sou um escritor japonês.

Tentando entender o que quiseram me dizer, fui no dia seguinte a uma livraria especializada de Paris e comprei todos os livros dos autores disponíveis: Shusako Endo, Kenzaburo Oe, Yasushi Inoue, Ryunosuke Akutagawa, Masuchi Ibuse, Osamu Dazai, além, é claro, de Kawabata e Mishima. Durante quase um ano não li outra coisa, e agora também estou convencido: os romances japoneses têm algo em comum com os meus. Algo que eu não poderia explicar, que não senti na vida do país durante minha única visita ao Japão, mas que a mim me parecia mais do que evidente.

No entanto, o único romance que eu gostaria de escrever é *A casa das belas adormecidas*, de Kawabata, que conta a história de uma estranha casa no subúrbio de Kyoto onde os velhos burgueses pagavam somas enormes para desfrutar a forma mais refinada do último amor: passar a noite contemplando as moças mais belas da cidade, que jaziam nuas e drogadas na mesma cama. Não podiam despertá-las, sequer tocá-las, ainda que tampouco tentassem, porque a satisfação mais pura daquele prazer senil era que podiam sonhar ao lado delas.

Vivi essa experiência com a bela adormecida do avião de Nova York, mas não me alegro. Pelo contrário: a coisa que desejava na última hora do vôo era que o comissário a despertasse para que eu pudesse recuperar minha liberdade, e talvez até minha juventude. Mas não aconteceu assim. Despertou sozinha quando o avião já estava em terra, preparou-se e se levantou sem me olhar, e foi a primeira a sair do avião e se perdeu para sempre na multidão. Continuei no mesmo vôo até o México, pastoreando as primeiras saudades de sua beleza ao lado da poltrona ainda aquecida por seu sono, sem poder tirar da cabeça o que me haviam dito de meus livros os escritores loucos de Paris. Antes de aterrissar, quando me deram a ficha de imigração, preenchi-a com um sentimento de amargura. Profissão: escritor japonês. Idade: 92 anos.

BEGIN E SHARON, PRÊMIOS "NOBEL DA MORTE"

O mais incrível de tudo é que Menahem Begin seja Prêmio Nobel da Paz. Mas é, sem misericórdia — ainda que seja difícil de acreditar —, desde que lhe foi concedido em 1978, juntamente com Anuar Sadat, então presidente do Egito, por ter assinado um acordo de paz separada em Camp David. Aquela decisão espetacular custou a Sadat o repúdio imediato da comunidade árabe e, mais tarde, a vida. A Begin permitiu, em compensação, a execução metódica de um projeto estratégico que ainda não foi concluído. Mas que há poucos dias propiciou o massacre bárbaro de mais de mil refugiados palestinos num acampamento de Beirute. Se existisse o Prêmio Nobel da Morte, teria sido ganho este ano, sem rivais, pelo mesmo Menahem Begin e seu assassino profissional Ariel Sharon.

Vistos agora, os acordos de Camp David não tinham para Begin outra finalidade senão respaldá-lo para exterminar, primeiro, a Organização para a Libertação da Palestina (OLP), e em seguida criar novos assentamentos israelenses na Samaria e Judéia. Para nós que temos idade que nos permite recordar os *slogans* dos nazistas, estes dois propósitos de Begin despertam reminiscências espantosas: a teoria do espaço vital, com que Hitler se propôs estender seu império a meio mundo, e o que ele mesmo chamou de

Publicado originalmente em 29 de setembro de 1982.

solução final do problema judaico, que levou aos campos de extermínio mais de seis milhões de seres humanos inocentes.

A ampliação do espaço vital do Estado de Israel e a solução final do problema palestino — tal como as concebe hoje o Prêmio Nobel da Paz de 1978 — se iniciaram, na noite de 5 de junho, com a invasão do Líbano por forças militares israelenses especializadas na ciência da demolição e do extermínio. Menahem Begin tentou justificar esta expedição sangrenta com dois argumentos falsos. O primeiro foi a tentativa de assassinato do embaixador de Israel em Londres, Shlomo Argov, no final de maio. O segundo foi o suposto bombardeio da Galiléia pela OLP, refugiada no Líbano. Begin atribuiu o atentado à resistência palestina e ameaçou represália imediata. Mas a Scotland Yard revelou mais tarde que os verdadeiros autores foram membros da organização dissidente de Abu Nidal, que nos meses anteriores assassinara inclusive vários dirigentes da OLP. Quanto ao segundo argumento, comprovou-se logo que os palestinos só dispararam duas ou três vezes contra a Galiléia e causaram um morto. Os disparos foram feitos em represália aos bombardeios de Israel contra os campos de refugiados palestinos, que provocaram a morte de centenas de civis.

Na realidade, a guerra cruel desencadeada por Begin com base naqueles dois pretextos não era novidade para os leitores do semanário israelense *Haclam Haze*, que a anunciara em todos os seus pormenores desde setembro de 1981. Isto é: nove meses antes. Contrário ao ditado segundo o qual uma guerra prudente não mata ninguém, as tropas israelenses — consideradas entre as melhores do mundo — mataram nas primeiras duas semanas quase trinta mil palestinos e libaneses e converteram em escombros meia cidade. Suas perdas no mesmo período não passaram de trezentas.

Agora a estratégia de Begin é clara. Ao destruir a OLP tentou eliminar o único interlocutor palestino que parecia capaz de negociar uma paz com base na instalação de um Estado palestino independente na Cisjordânia e em Gaza, que o próprio Begin proclamou territórios ancestrais do povo judeu. Esse acordo estava ao alcance da mão desde 4 de julho, quando Yasser Arafat, líder da OLP, aceitou o princípio de um reconhecimento recíproco dos povos de Israel e da Palestina, numa entrevista publicada no *Le Monde*, de Paris, naquela data. Mas Begin ignorou essa declaração, que retardava seus projetos expansionistas já em pleno desenvolvimento, e prosseguiu com o estabelecimento de um cinturão de segurança em torno de Israel. Uma mudança de governo na Síria poderia ser o passo imediato, com a ampliação subseqüente de uma guerra desigual e sem quartel, cujas conseqüências finais são imprevisíveis.

Eu estava em Paris em junho quando as tropas de Israel invadiram o Líbano. Por acaso estava também no ano anterior, quando o general Jaruzelski estabeleceu o poder militar na Polônia contra a vontade evidente da maioria do povo polonês. E também por acaso me encontrava ali quando as tropas argentinas desembarcaram nas Malvinas. As reações dos meios de comunicação diante destes três acontecimentos, assim como dos intelectuais e da opinião pública em geral, foram para mim uma lição perturbadora. A crise da Polônia produziu na Europa uma espécie de comoção social. Tive oportunidade de acrescentar minha assinatura à dos seletos e notáveis intelectuais e artistas que subscreveram o convite para uma homenagem ao heroísmo do povo polonês, que se realizou na Ópera de Paris, patrocinada pelo Ministério da Cultura da França. Alguns anticomunistas profissionais, no entanto, acusaram-me em público de que meu protesto não era tão histórico como o deles. Naquele clima passional, toda atitude que não fosse maniqueísta era considerada ambígua.

Em compensação, quando as tropas de Israel invadiram e ensangüentaram o Líbano, o silêncio foi quase unânime mesmo entre os mais exaltados Jeremias da Polônia, apesar de que nem o número de mortos nem o tamanho dos estragos admitissem qualquer possibilidade de comparação entre a tragédia dos dois países. Mais ainda: por essa mesma época, os argentinos recuperaram as Malvinas, e o Conselho de Segurança das Nações Unidas não esperou 48 horas para ordenar a retirada das tropas e nem a Comunidade Econômica Européia pensou muito para impor sanções comerciais à Argentina. Em compensação, nem esse mesmo organismo nem qualquer outro de sua envergadura ordenou a retirada das tropas israelenses do Líbano naquela ocasião. O governo do presidente Reagan, com certeza, foi o cúmplice mais serviçal da gangue sionista. Por último, a prudência quase inconcebível da União Soviética, e a fragmentação fraternal do mundo árabe acabaram por preencher as condições propícias para o messianismo demente de Begin e a barbárie belicista do general Sharon. Tenho muitos amigos cujas vozes fortes poderiam ser escutadas em meio mundo, que gostariam e sem dúvida continuam querendo expressar sua indignação por este festival de sangue, mas alguns deles confessam em voz baixa que não se atrevem com medo de serem acusados de anti-semitas. Não sei se estão conscientes de que cedem — ao preço de sua alma — a uma chantagem inadmissível.

A verdade é que ninguém esteve tão sozinho como o povo judeu e o povo palestino em meio a tanto horror. Desde o início da invasão do Líbano começaram em Tel Aviv outras cidades as manifestações populares de protesto que ainda não terminaram, e que no fim da semana passada atingiram uma força emocionante. Eram mais de quatrocentos mil israelenses proclamando nas ruas que aquela guerra suja não é a sua porque está muito longe de ser a do seu Deus, que durante tantos séculos se alegrou com a convivência de palestinos e judeus sob o mesmo céu. Num país de três milhões de habitantes, uma manifestação de quatrocentas mil pessoas equivale em termos proporcionais a uma de quase trinta milhões em Washington.

É com este protesto interno que me identifico cada vez que conheço as notícias das hostilidades dos Begins e dos Sharons no Líbano, e em qualquer parte do mundo, e a ele quero somar minha voz de escritor solitário pelo grande carinho e a admiração imensa que sinto por um povo que não conheci pelos jornais de hoje e sim na leitura admirada da Bíblia. Não temo a chantagem do anti-semitismo, como nunca temi a chantagem do anticomunismo profissional, que andam juntos e às vezes misturados, e sempre fazendo estragos semelhantes neste mundo infeliz.

PRECISA-SE DE UM ESCRITOR

Perguntam-me com freqüência o que é que me faz mais falta na vida, e sempre respondo com a verdade: "Um escritor." O gracejo não é tão tolo como parece. Se alguma vez me deparasse o compromisso inadiável de escrever um conto de 15 laudas para esta noite, recorreria às minhas incontáveis anotações atrasadas e estou certo de que chegaria a tempo à gráfica. Talvez resultasse um conto ruim, mas o compromisso seria saldado, que afinal de contas é a única coisa que quis dizer com este exemplo de pesadelo. Em compensação seria incapaz de escrever um telegrama de felicitação ou uma carta de condolências sem rebentar o fígado durante uma semana. Para estas tarefas indesejáveis, como para tantas outras da vida social, a maioria dos escritores que conheço gostariam de apelar para os bons ofícios de outros escritores. Uma boa prova do sentido quase bárbaro da honra profissional é sem dúvida esta crônica que escrevo todas as semanas, e que por estes dias de outubro vai completar seus primeiros dois anos de solidão. Só uma vez faltei neste canto, e não foi por culpa minha e sim por uma falha de última hora nos sistemas de transmissão. Escrevo-a todas as sextas-feiras, das nove da manhã às três da tarde, com a mesma vontade, a mesma consciência, a mesma alegria e muitas vezes com a mesma inspiração com que teria de escrever uma obra-prima. Quando não tenho o tema bem definido

Publicado originalmente em 6 de outubro de 1982.

me deito mal na noite de quinta-feira, mas a experiência me ensinou que o drama se resolverá por si só durante o sono e que começará a fluir pela manhã, a partir do instante em que me sentar diante da máquina de escrever. No entanto, quase sempre tenho vários temas imaginados com antecedência, e pouco a pouco vou recolhendo e ordenando os dados de diferentes fontes e verificando-os com muito rigor, pois tenho a impressão de que os leitores não são tão indulgentes com meus erros como talvez fossem com o outro escritor que me faz falta. Meu primeiro objetivo com estas crônicas é que a cada semana ensinem algo aos leitores comuns e correntes, que são os que mais me interessam, ainda que estes ensinamentos pareçam óbvios e talvez pueris aos doutores sábios que tudo sabem. O outro objetivo — o mais difícil — é que sempre estejam tão bem escritas como eu seja capaz de escrever sem a ajuda do outro, pois sempre acreditei que a boa escrita é a única felicidade que se basta a si mesma.

Impus-me esta servidão porque senti que entre um romance e outro eu ficava muito tempo sem escrever, e pouco a pouco — como os jogadores de beisebol — o braço ia esfriando. Mais tarde, essa decisão artesanal se converteu em compromisso com os leitores, e hoje é um labirinto de espelhos do qual não consigo sair. A não ser que encontrasse o escritor providencial que escrevesse por mim. Mas temo que já seja tarde demais, porque as três únicas vezes em que tomei a determinação de não escrever mais estas crônicas, fui impedido, com seu autoritarismo implacável, pelo pequeno argentino que também tenho dentro de mim.

A primeira vez que tomei tal decisão foi quando tentei escrever a primeira, depois de mais de vinte anos, e precisei de uma semana de remador das galés para terminá-la. A segunda vez foi há mais de um ano, quando passava alguns dias de descanso com o general Omar Torrijos na base militar de Farallón, e o dia estava tão transparente e o oceano tão pacífico que dava mais vontade de navegar do que de escrever. "Mando um telegrama ao diretor dizendo que hoje não há crônica, e pronto", pensei, com um suspiro de alívio. Mas não pude almoçar com o peso da má consciência e, às seis da tarde, encerrei-me no quarto, escrevi em uma hora e meia a primeira coisa que me veio à mente e entreguei a crônica a um ajudante-de-ordens do general Torrijos para que a enviasse por telex a Bogotá, com o pedido de que a retransmitissem dali para Madri e México. Só no dia seguinte soube que o general Torrijos teve de ordenar o envio do texto num avião militar até o aeroporto do Panamá, e dali, por helicóptero, ao palácio presidencial, de onde me fizeram o favor de distribuí-lo por algum canal oficial.

A última vez foi há seis meses, quando descobri ao despertar que já tinha maduro no coração o romance de amor que tanto desejara escrever havia tantos anos, e que tinha a alternativa de não escrevê-lo nunca ou mergulhar nele de imediato e em tempo integral. No entanto, na hora da verdade, não tive força suficiente para renunciar ao meu cativeiro semanal, e pela primeira vez estou fazendo algo que sempre pareceu impossível: escrevo o romance todos os dias, letra por letra, com a mesma paciência e oxalá com a mesma sorte com que as galinhas bicam nos pátios, e ouvindo cada dia mais perto os passos temíveis de animal grande da próxima sexta-feira. Mas aqui estamos outra vez, como sempre, e tomara que para sempre.

Já suspeitava de que jamais escaparia desta jaula desde a tarde em que comecei a escrever a crônica em minha casa de Bogotá e a terminei no dia seguinte sob a proteção diplomática da embaixada do México; continuei suspeitando no escritório dos Telégrafos da ilha de Creta, uma sexta-feira de julho passado, quando consegui me entender com o funcionário de plantão para que transmitisse o texto em castelhano. Continuei suspeitando em Montreal, quando tive de comprar uma máquina de escrever de emergência porque a voltagem da minha não era a mesma do hotel. Acabei de suspeitar para sempre há apenas dois meses, em Cuba, quando tive de trocar duas vezes as máquinas de escrever porque se negavam a se entender comigo. Por fim, deram-me uma eletrônica de hábitos tão avançados que terminei escrevendo à mão num caderno de folhas quadriculadas, como nos tempos remotos e felizes da escola primária de Aracataca. Cada vez que me ocorria um destes percalços apelava com mais ansiedade para o meu desejo de ter alguém que tomasse conta de minha boa sorte: um escritor.

Contudo, nunca senti tanto essa necessidade de maneira tão intensa como num dia, há muitos anos, em que cheguei à casa de Luis Alcoriza, no México, para trabalhar com ele no roteiro de um filme. Encontrei-o consternado às dez da manhã porque sua cozinheira lhe pedira o favor de escrever uma carta para o diretor da Previdência Social. Alcoriza, que é um escritor excelente, com prática cotidiana de caixa de banco, e fora o escritor mais inteligente dos primeiros roteiros para Luis Buñuel e, mais tarde, para seus próprios filmes, pensara que a carta seria um assunto de meia hora. Mas o encontrei, louco de fúria, em meio a um monte de papéis amassados, nos quais não havia muito mais do que todas as variações concebíveis da fórmula inicial: por meio da presente, tenho a satisfação de me dirigir ao senhor para... Tentei ajudá-lo, e três horas depois continuávamos fazendo rascunhos e amassando papel, já meio ébrios de gim com vermute e empanturrados de chouriços espanhóis, mas sem ir além das primeiras palavras convencionais. Nunca me esquecerei da cara de misericórdia da boa cozinheira quando voltou para apanhar a carta às três da tarde e lhe dissemos sem pudor que não conseguíramos escrevê-la.

— Mas é tão fácil — nos disse, com toda a sua humildade. — Olhem como se faz.

Então começou a improvisar a carta com tanta precisão e tanto domínio que Luis Alcoriza se viu em apuros para copiá-la na máquina com a mesma fluência com que ela ditava. Naquele dia — como ainda hoje — fiquei pensando que talvez aquela mulher, que envelhecia sem glória no limbo da cozinha, fosse o escritor secreto que me fazia falta na vida para ser um homem feliz.

O CONTO DEPOIS DO CONTO

Clotilde Armenta, que é personagem de meu romance mais recente, exclamou de repente em alguma parte do livro:

— Meu Deus, como são solitárias as mulheres no mundo!

Rossana Rossanda, que é um dos seres humanos mais inteligentes que conheço, perguntou-me numa entrevista como eu havia chegado a essa conclusão.

— Desde quando você sabe? — foi sua pergunta concreta.

Nenhum jornalista me fizera pensar tanto sobre o comportamento de algum de meus personagens. Sobretudo, nenhum, como Rossana Rossanda nessa ocasião, me obrigara a pensar tão a sério sobre o papel das mulheres em meus livros — talvez na minha vida —, que é algo do qual muitos críticos não só falaram mais do que devem mas até mais do que sabem.

A personagem de Clotilde Armenta, que não existiu na realidade, foi inventada por mim, de corpo inteiro, porque me fazia falta como contrapeso a Pura Vicario, a mãe da personagem principal. Fui construindo o caráter de Clotilde Armenta à medida que escrevia, de acordo com os meandros imprevistos do drama. Sempre tive a intuição de que o crime da realidade não pôde ser impedido porque na vida real não existiu uma mulher como ela, e em algum momento tive a tentação de que o impedisse no livro. No

---

Publicado originalmente em 13 de outubro de 1982.

entanto, a cada passo me dava conta de que a única coisa que ela podia fazer para impedi-lo era pedir a ajuda de outros, e quase sempre esses outros eram homens. Era uma realidade, não só dentro da ficção, mas dentro das condições sociais do lugar. No ápice do drama, eu mesmo descobri, não sem certo deslumbramento, que era ali que se radicava a impotência de Clotilde Armenta para impedir o crime. Foi então que ela exclamou:

— Meu Deus, como são solitárias as mulheres no mundo!

Não fui eu quem disse. Foi ela, ainda que seja algo difícil de entender por alguém que não seja escritor. Creio que ela e eu descobrimos ao mesmo tempo, e que ao descobrir nos demos conta de que sabíamos há muito tempo mas não conseguíamos explicar. Foi isso o que respondi a Rossana Rossanda numa entrevista que publicou há poucos meses em seu jornal, *Il Manifesto*, de Roma.

Um dos primeiros leitores do livro me disse:

— Isto não passa de um assunto sujo de mulheres.

Outro assinalou que era um drama de jovens, pois, na realidade, nenhum dos protagonistas tinha mais de 25 anos, e este leitor acreditou entender que o livro era uma prova de que foram os preconceitos dos adultos que determinaram a tragédia. Em todo o caso, minha convicção é que a participação das mulheres foi decisiva no drama, e isto corresponde à minha convicção de que o machismo é um produto cultural das sociedades matriarcais. A pessoa que comandava o drama por trás de tudo era Pura Vicario, a mãe de Ángela — coisa que não ocorreu, por certo, na realidade —, e não creio que o fizesse por vocação e sim porque pensava que a família não seria capaz de sobreviver ao repúdio social se seus filhos não lavassem a honra. Ángela Vicario descobriu essa verdade muito mais tarde, no hotel do porto de Riohacha, quando voltou a ver o marido que a rejeitara e descobriu que o amava acima de tudo, e compreendeu que a mãe era a única responsável pela desgraça. Então a viu tal como era: "Uma pobre mulher consagrada ao culto de seus defeitos." Em todo o caso, no meu modo de ver, o que revela melhor a injustiça e a miséria daquela sociedade é que a mulher mais livre da cidade, na realidade a única livre, era María Alejandrina Cervantes, a grande puta.

Outro aspecto que interessava muito a Rossana Rossanda era o ingrediente de fatalidade no drama. Na realidade nunca me interessou a fatalidade como fator determinante. O que se parece com a fatalidade na *Crônica de uma morte anunciada* não passa de um elemento mecânico da narrativa. Tal como ocorreu no *Édipo rei*, de Sófocles, ainda que pareça estranho numa tragédia grega, cuja essência não é a fatalidade dos fatos e sim o drama do homem na busca de sua identidade e seu destino.

Em meu romance, o trabalho maior foi descobrir e revelar a série quase infinita de coincidências minúsculas e encadeadas que dentro de uma sociedade como a nossa tornaram possível aquele crime absurdo. Tudo era evitável, e foi a conduta social, e não o *fatum*, o que impediu de evitá-lo. Rossana Rossanda não só estava de acordo, mas talvez decifrou a chave mais inquietante.

— Este não é o drama da fatalidade — me disse — e sim o drama da responsabilidade.

Mais ainda: o drama da responsabilidade coletiva. Creio, até, que o romance termina por desprestigiar o mito da fatalidade, visto que trata de desmontá-lo em suas peças primárias e demonstra que somos nós os únicos donos de nosso destino.

Tudo isto me parece mais evidente cada vez que evoco o dia de mau agouro em que ocorreram os fatos na realidade. Não fui testemunha ocular, mas conhecia bem o lugar e conhecia bem os protagonistas, que afinal de contas eram todos os habitantes da cidade. Lembro-me que quando tomei conhecimento da notícia e seus pormenores, minha primeira reação foi de raiva, pois, por mais que desse voltas e mais voltas, tudo me parecia evitável. A partir de então, todas as testemunhas com quem continuei falando continuavam a se perguntar como foi que eles próprios não puderam impedi-lo, e em todos encontrei tanta ansiedade de justificar seus atos naquele dia que acreditei reconhecer nessa ansiedade um certo sentimento de culpa. Creio que o que paralisou todos foi a crença, consciente ou inconsciente, de que aquele crime ritual era um ato socialmente legítimo.

As circunstâncias em que Bayardo San Román voltou com a mulher rejeitada não foram tampouco as mesmas do livro. Devo reconhecer que neste caso a realidade foi mais esclarecedora. Tudo foi, ao que parece, um boato que circulou quase vinte anos depois entre as testemunhas. Segundo esse boato, o marido fizera toda espécie de trâmites para voltar com a mulher rejeitada, e foi ela quem não quis aceitar. O tempo, sem dúvida, não passara com a mesma velocidade nem com a mesma intensidade para ela e para o marido. Mas o que então me interessava era que aquela tentativa de reconciliação — talvez inventada pelas próprias testemunhas — se espalhou logo entre os sobreviventes, e eles divulgaram o boato como se fosse um fato consumado que os velhos esposos voltaram a se reunir e viveriam felizes para sempre. Talvez sentissem que todos necessitávamos dessa reconciliação, porque era como o final da culpa coletiva, como se o desastre de que todos éramos culpados pudesse não só ser reparado mas apagado para sempre na memória social. O ruim para todos é que sempre aparece um desmancha-prazeres desgarrado cuja única função no mundo é recordar o que os outros esquecem.

OBREGÓN OU A VOCAÇÃO ARREBATADA*

Há muitos anos, um amigo pediu a Alejandro Obregón que o ajudasse a procurar o corpo do patrão de seu barco, que se afogara ao entardecer, enquanto pescava savelhas de nove quilos no grande pântano. Ambos percorreram durante toda a noite aquele imenso paraíso de águas barrentas, explorando seus ângulos menos imaginados, com lanternas de caçadores, seguindo a corrente dos objetos flutuantes, que costumam conduzir para os lugares mais profundos onde param para dormir os afogados. De repente, Obregón o viu: estava submerso até o cocuruto, quase sentado dentro da água, e a única coisa que flutuava na superfície eram os fios errantes de sua cabeleira. "Parecia uma medusa", me disse Obregón. Agarrou o chumaço de cabelos com as duas mãos e, com sua força descomunal de pintor de touros e tempestades, puxou o afogado inteiro, os olhos abertos, enorme, esguichando lama de anêmonas e mantarraias, e o atirou como uma savelha morta no fundo do barco.

Este episódio, que Obregón torna a me contar porque eu peço sempre que bebemos até cair — e que aliás me deu a idéia para um conto de afogado —, é talvez o instante de sua vida que mais se parece com sua arte. Pinta

Publicado originalmente em 20 de outubro de 1982.

*Esta é a nota de apresentação do catálogo da exposição que o pintor colombiano Alejandro Obregón inaugurou esta semana no Metropolitan Museum and Art Center de Coral Gable, Flórida, Estados Unidos.

como se estivesse pescando afogados na escuridão. Sua pintura com horizontes de trovões sai jorrando minotauros ferozes, condores patrióticos, bodes sensuais, barracudas ameaçadoras. Em meio à fauna tormentosa de sua mitologia pessoal circula uma mulher coroada de grinaldas florentinas, a mesma de sempre e de nunca, que vagabundeia por seus quadros com as chaves trocadas, pois na realidade é a criatura impossível pela qual este romântico de cimento armado gostaria de morrer. Porque ele é como somos todos os românticos, e como se deve ser: sem qualquer pudor.

A primeira vez que vi essa mulher foi no mesmo dia em que conheci Obregón, há 32 anos, em seu ateliê da rua de San Blas, em Barranquilla. Eram dois aposentos grandes e despojados, e, pelas janelas escancaradas, entrava o fragor babilônico da cidade. Num canto isolado, entre as últimas naturezas-mortas picassianas e as primeiras águias de sua predileção, estava ela com seus lotos pendentes, verde e triste, segurando a alma com a mão. Obregón, que acabara de regressar de Paris e andava meio atarantado pelo cheiro de goiaba, já era idêntico a este auto-retrato que olha da parede enquanto escrevo, e que ele tentou matar numa noite de loucos com cinco tiros de grande calibre. No entanto, o que mais me impressionou quando o conheci não foram esses olhos transparentes de pirata que faziam suspirar os maricas do mercado, e sim suas mãos grandes e rudes, com as quais vimos derrubar meia dúzia de marinheiros suecos numa briga de bordel. São mãos de castelhano velho, terno e bárbaro ao mesmo tempo, como dom Rodrigo Díaz de Vivar, que alimentava seus falcões de caça com as pombas da mulher amada.

Essas mãos são o instrumento perfeito de uma vocação arrebatada que não lhe deu um instante de paz. Obregón pinta desde antes de adquirir o uso da razão, a qualquer hora, em qualquer lugar, com o que tiver na mão. Uma noite, na época do afogado, fomos beber chá de ervas numa cantina, ainda em obras, de marinheiros. As mesas estavam amontoadas nos cantos, entre sacos de cimento e fardos de cal, e as mesas de carpintaria para fazer as portas. Obregón ficou algum tempo como que no ar, transtornado pelo cheiro da terebentina, até que subiu numa mesa com um balde de tinta, e com um único traço pintou com a broxa, na parede limpa, um unicórnio verde. Não foi fácil convencer o proprietário de que aquela pincelada única custava mais do que a própria casa. Mas conseguimos. A cantina, ainda sem nome, passou a se chamar El Unicornio desde aquela noite, e foi atração de turistas gringos e janotas imbecis até ir para o caralho pelos ventos inexoráveis do tempo.

Em outra ocasião, Obregón fraturou as duas pernas num acidente de trânsito, e durante as duas semanas de hospital esculpiu seus animais totêmicos no gesso com um bisturi emprestado pela enfermeira. Mas a obra-prima não foi a sua, e sim o trabalho do cirurgião para tirar o gesso das duas pernas esculpidas, que agora estão numa coleção particular nos Estados Unidos. Um jornalista que o visitou em sua casa perguntou com enfado por que sua cachorrinha d'água não tinha um instante de sossego, e Obregón respondeu:

— Está nervosa porque sabe que vou pintá-la.

Pintou-a, com certeza, como pinta tudo o que encontra pela frente, porque pensa que tudo o que existe no mundo foi feito para ser pintado. Em sua casa de vice-rei de Cartagena de Indias, onde todo o mar do Caribe entra por uma única janela, encontra-se sua vida cotidiana e além disso outra pintada por todas as partes: nas lâmpadas, na tampa do sanitário, na borda dos espelhos, no caixote que embala a geladeira. Muitas coisas que em outros artistas são defeitos, nele são virtudes legítimas, como o sentimentalismo, os símbolos, os arrebatamentos líricos, o fervor patriótico. Até alguns de seus malogros permanecem vivos, como essa cabeça de mulher que se queimou no forno da fundição, mas que Obregón conserva ainda no melhor lugar de sua casa, com meio lado carcomido e um diadema de rainha na fronte. Não é possível pensar que aquele malogro não foi desejado e calculado quando se descobre nesse rosto sem olhos a tristeza inconsolável da mulher que nunca chegou.

Às vezes, quando há amigos em casa, Obregón se mete na cozinha. É um prazer vê-lo à mesa organizando as mojaras azuis, o focinho do porco com um cravo no nariz, a costela de bezerro ainda com a marca do coração, as bananas verdes de Arjona, o aipim de San Jacinto, o inhame de Turbaco. É um prazer ver como prepara tudo, como corta e distribui segundo suas formas e cores e como põe para ferver com o mesmo espírito com que pinta.

— É como jogar toda a paisagem dentro da mesma panela — diz.

Depois, à medida que ferve, vai provando o caldo com uma colher de madeira e derramando dentro garrafas e garrafas e mais garrafas de rum de Tres Esquinas, de maneira que o rum acaba por substituir na panela a água que se evapora. Enfim, compreende-se a longa espera por semelhante cerimonial de sumo pontífice: aquele cozido da idade da pedra que Obregón serve em folhas de *bijao* não é assunto de cozinha, e sim pintura para comer. Faz tudo assim, como se estivesse pintando, porque não sabe fazer nada de outra maneira. Não é que só viva para pintar. Não: é que só vive quando pinta. Sempre descalço, com uma camisa de algodão que em outro tempo deve ter servido para limpar pincéis e as calças cortadas por ele próprio com uma faca de açougueiro, e com um rigor de pedreiro que Deus já quis para seus sacerdotes.

HEMINGWAY EM CUBA

Ernest Miller Hemingway chegou pela primeira vez a Havana em abril de 1928, a bordo do vapor francês *Orita*, que o levou do Havre a Cayo Hueso numa travessia de duas semanas. Acompanhava-o a segunda mulher, Pauline Pfeiffer, com quem se casara apenas dez meses antes, e nem ele nem ela deviam ter por aquela cidade do Caribe um interesse maior do que o de uma escala tropical de dois dias depois do vasto oceano e do rigoroso inverno da França. Hemingway tinha trinta anos, fora correspondente de imprensa na Europa e motorista de ambulância na Grande Guerra, e publicara, com algum êxito, seu primeiro romance. Mas ainda estava longe de ser um escritor famoso, e continuava precisando de uma ocupação secundária para comer e não tinha casa estabelecida em nenhuma parte do mundo. Pauline, em compensação, era então o que se chamava de mulher da sociedade. Sobrinha de um magnata norte-americano dos cosméticos, que a mimava como se fosse neta, tinha tudo na vida, incluindo a beleza de estrela e o humor incerto da mulher de Francis Macomber. Mas aquele não era o melhor ano de sua mocidade. Estava grávida e enjoada do mar, e o único desejo de ambos era chegar a Cayo Hueso, onde iam se instalar para que Hemingway terminasse seu segundo romance: *Adeus às armas*.

Publicado originalmente em 27 de outubro de 1982.

Dessas 48 horas de Hemingway em Havana não ficou nenhum vestígio em sua obra. É verdade que em seus artigos para jornal costumava fazer revelações inteligentes sobre os lugares visitados e as pessoas que conhecia, mas então se impusera um recesso como jornalista para se consagrar por inteiro a escrever romances. Seis anos depois, no entanto, escreveu seu primeiro artigo de reincidente, e era sobre um tema cubano. A partir de então escreveu uma meia dúzia sobre sua casa em Cuba, mas em nenhum dos artigos fez revelações úteis para a reconstituição de sua vida particular, pois se referiam de modo geral à sua paixão dominante naquela época: a grande pesca. "Esta pesca", escreveu ele em 1956, "era em outro tempo o que nos levava a Cuba." A frase nos permite pensar que no momento de escrevê-la, quando Hemingway morara há vinte anos em Havana, os motivos de sua permanência eram mais profundos ou pelos menos mais variados do que o simples prazer de pescar.

Perto do bar El Floridita fica o hotel Ambos Mundos, onde Hemingway alugava um quarto cada vez que ficava para dormir em terra, e acabou por fazer dele um lugar permanente para escrever quando regressou da guerra civil espanhola. Anos depois, em sua histórica entrevista com George Plimpton, disse: "O hotel Ambos Mundos era um bom lugar para escrever." Quando se pensa na meticulosidade com que Hemingway escolhia os lugares para escrever, sua preferência por aquele hotel poderia ter uma explicação: sem se propor, talvez sem saber, sucumbia a outros encantos de Cuba, diferentes e mais difíceis de decifrar do que os grandes peixes de setembro e mais importante para sua alma penada do que as quatro paredes de seu quarto. No entanto, qualquer mulher que devesse esperar que ele terminasse seu dia de escritor para voltar a ser sua esposa não poderia suportar aquele quarto sem vida. A bela Pauline Pfeiffer o abandonara nos momentos mais duros. Mas Martha Gellhorn, com quem Hemingway se casou pouco depois, encontrou a solução inteligente, que foi procurar uma casa onde o marido pudesse escrever e, ao mesmo tempo, fazê-la feliz. Foi assim que encontrou nos classificados dos jornais o belo refúgio campestre de Finca Vigía, a poucos quilômetros de Havana, que alugou primeiro por cem dólares mensais e que Hemingway comprou mais tarde por 18 mil à vista. A muitos escritores que têm casas em diferentes lugares do mundo se costuma perguntar quais consideram sua residência principal, e quase todos respondem que é aquela onde têm seus livros. Em Finca Vigía, Hemingway tinha nove mil e, além disso, quatro cachorros e 34 gatos.

Morou em Havana 22 anos, no total. Ali passou quase a metade de sua vida útil de escritor, e escreveu seus livros mais importantes: parte de *Ter e não ter*, *Por quem os sinos dobram*, *Do outro lado do rio, entre as árvores*, *Paris é uma festa* e *Ilhas da corrente* e, além disso, fez incontáveis tentativas do extraordinário romance proustiano sobre o ar, a terra e a água, que sempre quis escrever. No entanto, são esses os anos menos conhecidos de sua vida, não só porque foram os mais íntimos, mas porque seus biógrafos foram unânimes em passar por cima deles com uma fugacidade suspeita.

Como era esse Hemingway secreto foi a pergunta que se fez o jovem jornalista cubano Norberto Fuentes, em junho de 1961, quando seu chefe de redação o mandou a Finca Vigía para escrever um artigo sobre o homem que na semana anterior fizera voar a cabeça com um tiro de rifle no céu da boca. A única coisa que Norberto Fuentes sabia de Hemingway naquele momento era o pouco que seu pai lhe contara uma tarde em que o encontraram por acaso no elevador de um hotel. Em certa ocasião — quando não tinha mais de dez anos — o vira passar no banco dianteiro de um comprido Plymount preto, e teve a impressão fantástica de que o levavam para enterrar sentado no carro fúnebre mais conhecido nas cantinas da cidade. A partir daquelas impressões fugazes, Norberto Fuentes se dedicou à tarefa colossal de pesquisar como era o Hemingway de Cuba, que alguns de seus biógrafos póstumos pareciam interessados não apenas em ocultar, mas também em desconversar. Precisou de vinte anos de pesquisas meticulosas, de entrevistas difíceis, de reconstituições que pareciam impossíveis, até resgatá-lo da memória dos cubanos anônimos que verdadeiramente compartilharam sua ansiedade cotidiana: o médico pessoal, os tripulantes de seus barcos de pesca, os companheiros de rinhas de galo, os cozinheiros e serventes das cantinas, os bebedores de rum nas noites de festa de San Francisco de Paula. Ficou meses inteiros esquadrinhando os rescaldos de sua vida em Finca Vigía, e conseguiu descobrir os vestígios de seu coração nas cartas que nunca pôs no correio, nos esboços deixados de lado, nas notas não concluídas, no magnífico diário de navegação, onde brilha toda a luz de seu estilo. Sozinho percebeu que Hemingway estivera dentro da alma de Cuba muito mais do que supunham os cubanos de seu tempo, e que poucos escritores deixaram tantas impressões digitais que denotem sua passagem pelos lugares menos imaginados da ilha. O resultado final é esta reportagem encarniçada e esclarecedora de quase setecentas páginas que acabo de ler no original, e que nos devolve o Hemingway vivo e um pouco pueril que muitos de nós acreditamos vislumbrar apenas nas entrelinhas de seus contos magistrais. O nosso Hemingway: um homem conturbado pela incerteza e a brevidade da vida, que nunca teve mais de um convidado em sua mesa e que conseguiu decifrar como poucos na história humana os mistérios práticos da profissão mais solitária do mundo.

CÂNDIDA ERÊNDIRA E SUA AVÓ IRENE PAPAS

Há muitos anos, numa noite de festa de um remoto povoado do Caribe, conheci uma menina de 11 anos que era prostituída por uma matrona que bem poderia ser sua avó. Ia num bordel ambulante de cidade em cidade, seguindo o itinerário dos feriados locais e levando consigo sua própria lona, a própria banda de músicos e a própria venda de bebidas alcoólicas e comida. Eu estava então com cerca de 16 anos e tinha consciência de que cedo ou tarde seria escritor. A menina era um dos seres mais esquálidos que recordo, e sua postura nada tinha a ver com sua profissão. Quase se podia dizer que não tinha a menor idéia do que fazia, e sim que parecia repetir uma lição aprendida de cor. Sua permanência na cidade foi só de três dias, mas a lembrança que deixou durou muito tempo. Ao que parece fora seduzida com dez anos por um comerciante libidinoso, que lhe deu uma banana em troca de sua virgindade, e a velha matrona que se aproveitava dela exercia sobre ela um domínio inclemente mediante o terror.

Nunca me esqueci daquele episódio, e à medida que a vida passava se definia em minha memória a certeza de que a matrona era sua avó. Quando escrevi *Cem anos de solidão* me pareceu que aquela recordação era adequada para a iniciação sexual do adolescente que mais tarde se converteria no coronel Aureliano Buendía, e assim a utilizei. Mas no momento de escrever

---

Publicado originalmente em 3 de novembro de 1982.

me ocorreu algo que era fundamental: por que a avó explorava a neta. E então soube que fazia para recuperar o valor da casa que se incendiara por culpa de um descuido da neta.

Embora não fosse a primeira vez que me sucedia, chamou-me a atenção que aquela imagem continuou a me perseguir, apesar de já tê-la utilizado. No entanto não conseguia senti-la como um romance e sim como um drama em imagem. Era mais cinema do que literatura. Portanto, escrevi-o em forma de roteiro e só muitos anos depois decidi submetê-lo a um segundo tratamento romanceado.

O nome da menina, que me ocorreu no último momento, eu o conhecera no México e é um nome dos índios tarascos: Erêndira. Em compensação, nunca me ocorreu um nome convincente para a avó, como não me ocorreu tampouco para o coronel a quem ninguém escrevia, nem para o velho patriarca de mais de duzentos anos que às vezes respondia pelo nome de Nicanor e às vezes de Zacarias. Parece tolice, mas está longe de ser: se o nome não se ajusta ao personagem ninguém acredita nele, e há muitos romances neste mundo, incluindo bons romances, que esbarram no ouvido porque os personagens têm nomes equivocados. Algum dia, com mais tempo, gostaria de fazer algumas reflexões e contar experiências relacionadas com os nomes dos personagens. Juan Rulfo — cujos personagens têm os nomes mais bonitos e surpreendentes de nossa literatura — me disse uma vez que os encontrava nas lápides dos cemitérios, misturando nomes de alguns mortos com os sobrenomes de outros, até conseguir suas combinações incomparáveis: Fulgor Sedano, Matilde Arcángel, Toribio Altrete e tantos outros. É algo tão importante que a atriz grega Irene Papas resistia a aceitar o papel da avó no filme enquanto eu não lhe pusesse um nome.

— Se não tem um nome não conseguirei sentir que sou eu — me disse.

Mas eu também fui sincero: se não sabia o nome não podia pôr um qualquer, porque corria o risco de que se tornasse uma personagem diferente. Irene Papas decidiu então colocar na personagem um nome secreto, só para ela, para poder evocá-la e entrar com facilidade em sua pele. Prometeu-me nunca dizer, e se alguma vez o disse, espero não conhecer.

O primeiro tratamento do roteiro cinematográfico foi escrito há 14 anos. Durante todo esse tempo as tentativas de realização se frustraram por motivos diferentes. Mas todas as condições que sempre pareciam dispersas começaram a se integrar há cerca de dois anos, até se converter numa aventura compacta, capaz de instalar na realidade um sonho muito antigo. Ruy Guerra, o diretor brasileiro nascido em Moçambique, esperara vários anos com uma paciência de português até que o sonho se completasse. Agora me parece uma situação irreal aquela noite de quem sabe quando em Barcelona quando ele e eu definimos que ele seria o diretor do filme. Estávamos numa sala tão grande, ele sentado num extremo e eu sentado no outro, que eu tinha de atravessá-la cada vez que ia lhe servir um trago. De maneira que resolvemos o problema com um sentido prático digno de dois poetas: abrimos uma garrafa para cada um e só quando acabamos de tomá-las demos por terminada a conversa. Já eram sete da manhã e mal podíamos caminhar, mas ambos tínhamos a convicção de que cedo ou tarde faríamos o filme. Desde então, quase como se fosse um rito memorável, Ruy Guerra e eu conservamos o hábito de nos encontrar em qualquer parte do mundo e nos momentos menos imaginados, mas sempre que nos sentamos para beber o fazemos cada um com sua própria garrafa.

Eu não estava seguro de que a personagem da avó caísse bem em Irene Papas, que é uma das maiores atrizes de nosso tempo. Sempre imaginei a avó como está escrita: com uma gordura imensa e uns enormes olhos transparentes e uns setenta anos de idade. Fiz o possível para convencer Simone Signoret de que tinha o tipo perfeito e que com um pouco de trapos a mais e uma maquiagem adequada podia ganhar o que lhe faltava. Mas não foi possível, e nas diversas ocasiões em que discutimos o assunto seu argumento foi sempre o mesmo e muito respeitável: ao cabo de uma carreira longa e brilhante, Simone Signoret conseguira impor a mesma imagem que tem na realidade, e não queria frustrá-la com a encarnação de uma personagem desalmada. Em contrapartida, quando conheci Irene Papas num hotel de Roma ela me impressionou com a força devastadora de um furacão e me seduziu de imediato seu coração de grega transgressora, mas me pareceu demasiado jovem e esbelta para representar a avó. Ruy Guerra me pediu um pouco de confiança.

— Tudo bem — eu disse a ele. — Já veremos na tela.

Para o resto do elenco não houve problema. Durante muitos anos repeti a Ruy Guerra minha convicção de que o Brasil é um país cheio de Erêndiras por toda parte, e ali encontrou ele Cláudia Ohana, que é uma réplica embelezada do original. Ulisses, o adolescente holandês da história, apareceu feito sob medida com seus resplendores angelicais numa escola de dança clássica da Alemanha Ocidental. Todo o resto era fácil.

Na semana passada, enquanto os amigos do mundo inteiro comemoravam o meu Nobel, todo o interesse de minha alma estava concentrado numa fazenda em ruínas, a setenta quilômetros de San Luis Potosi, no México, onde acaba de se iniciar a filmagem da história escrita há 14 anos. É um empreendimento babélico: autor colombiano, diretor brasileiro nascido em Moçambique, uma atriz grega e outra brasileira, e o restante alemães, franceses e mexicanos, numa produção franco-alemã-mexicana. Cada qual fala como pode na língua que pode, mas todo mundo se entende pela história. Para mim, a maior alegria é ter de admitir mais uma vez que a realidade acaba por se impor à força sobre qualquer tentativa mistificadora da imaginação. Quando vi Irene Papas metida em sua pele de avó, confirmei o que pensara em Roma: era demasiado jovem e esbelta para a personagem inventada por mim. Mas em compensação me bastou o mesmo golpe de vista para descobrir — não sem certa vergonha de mim mesmo — que era idêntica àquela avó desalmada da realidade que conheci há tantos anos numa noite de pândega no Caribe.

EUA: MELHOR FECHADOS DO QUE ENTREABERTOS

Há uns 18 anos acompanhei Mercedes e nossos dois filhos à cidade fronteiriça de Nuevo Laredo, onde há uma ponte de ferro que tem uma perna no México e outra nos Estados Unidos. Os três passaram para o outro lado com o objetivo de solicitar vistos de reingresso no México, pois os seus estavam vencidos. O meu também, com certeza, mas eu não podia acompanhá-los ao outro lado, porque os Estados Unidos me negaram até uma permissão simples de três horas para atravessar a ponte. A circulação de pessoas em ambos os sentidos era constante e numerosa. Como em quase todas as fronteiras do mundo, há muitas pessoas que vivem num lado e trabalham do outro, de maneira que são conhecidas dos funcionários de ambos os lados que sequer exigem uma identificação. Mas o controle de imigração e aduana nos dois extremos da ponte era severo com os desconhecidos, e muito mais com os não mexicanos: portanto, sequer tentei convencer alguém. Sentei-me num banco de madeira do lado mexicano e me dispus a ler um maço de revistas em ambos os idiomas, enquanto minha família regressava daquela extraordinária viagem ao exterior. Demoraram menos do que supúnhamos, mas antes de regressar ocorreu algo que sem dúvida não poderei deixar de lado em minhas memórias: Mercedes queria trazer-me um suéter de presente, mas não se decidia a escolher a cor. De

Publicado originalmente em 10 de novembro de 1982.

maneira que ficou em frente à porta de uma loja do outro mundo e dali me mostrava os suéteres disponíveis, até que indiquei por gestos qual era o de meu agrado. Tenho este episódio bem anotado, não só por ser tão insólito e divertido, mas porque me parece um bom exemplo dos extremos de ridículo a que as pessoas podem ser levadas pela estupidez alheia.

Essa foi a primeira vez que os Estados Unidos me negaram um visto e, desde então, cada viagem minha a esse país — com permissões provisórias e sob condições — originou episódios estranhos. Para começar, nunca pude saber por que fui declarado inapto a entrar nos Estados Unidos. Em 1959, quando solicitei em Bogotá meu primeiro visto para trabalhar como correspondente da agência cubana de notícias em Nova York, deram-me logo uma autorização de residente; utilizei-a durante quase um ano, até que deixei a agência e fui para o México. Um funcionário da embaixada dos Estados Unidos no México me encontrou sem dificuldade e me pediu para devolver as autorizações de residentes de toda a família. Impressionou-me a eficácia com que localizaram meu endereço, da mesma maneira como ia me surpreender depois que nunca o encontrassem para devolver-me os dólares excedentes da última declaração de renda que fiz em Nova York.

Durante mais de dez anos foram inúteis todos os meus esforços para que me concedessem o visto ou, pelo menos, que alguém me explicasse qual era o motivo da recusa. Um amigo que acreditou decifrar um código secreto da embaixada onde trabalhava me disse o motivo: atos terroristas em Camarões. Não me surpreendeu, porque estou acostumado a esta espécie de despropósitos, sobretudo tendo consciência de que sempre fui um inimigo público do terrorismo e nunca em minha vida estive em Camarões. No entanto, a razão oficial que diferentes consulados me repetiram muitas vezes ao longo de tantos anos sempre foi a mesma. Atribuem-me a acusação frívola de pertencer, ou ter pertencido, a um partido comunista e a alguma organização semelhante. Poderia ser certo, e não me arrependeria, mas o caso é que não é. Nunca pertenci a qualquer partido de qualquer espécie.

A primeira vez que aceitaram dar um visto de uma semana, circunscrito à ilha de Manhattan, foi em 1971, quando a Universidade de Colúmbia, de Nova York, concedeu-me o título de doutor *honoris causa* em Letras. Meu contentamento de voltar a Nova York se obscureceu muito por outro incidente tão divertido como lamentável. O Departamento de Estado, temendo que as autoridades de imigração do aeroporto de Nova York fizessem algo indevido que pudesse repercutir na imprensa, mandou de Washington um funcionário que deveria me receber às oito da noite no aeroporto, acompanhar-me ao hotel e regressar de imediato no primeiro avião, para estar no dia seguinte em seu gabinete. Só que meu avião não ia de Frankfurt, mas de Barranquilla (Colômbia), e não chegou às oito da noite, mas às quatro da madrugada.

Encontrei o pobre homem morto de fome e de sono, depois de ter lido quase três vezes durante a espera uma tradução inglesa de *Ninguém escreve ao coronel*. Conseguira-o para saber ao menos quem era e o que escrevera o homem a quem ia receber no aeroporto. Ao amanhecer, quando me deixou no hotel, eu quis colocar um autógrafo no livro, mas ele me confessou envergonhado que era de um círculo de livros e não se podia riscar nada em suas páginas. Saiu às pressas, tentando pegar o avião da madrugada que lhe permitiria chegar a tempo em seu gabinete, e me deixou com gosto ruim de haver estragado uma noite inteira de um pobre funcionário público, mal pago e sem nenhum senso de humor, e que nada tinha a ver com a imbecilidade dos burocratas que não se atreviam a me conceder o visto completo e nem a negá-lo completamente.

Uma das coisas que me agradam menos nos gringos é sua consciência de pecadores. Vivem enredados nela. E onde mais se nota é neste problema que eles mesmos criaram com seus vistos a escritores e artistas latino-americanos. Tenho muitos amigos a quem foi proibida a entrada nos Estados Unidos. Convidado permanente das universidade e outros organismos culturais norte-americanos, Julio Cortázar tem de se submeter a toda espécie de rodeios cada vez que quer cumprir um compromisso nesse país. No entanto, a única acusação que podem fazer contra ele — além do fato de ser um escritor que pensa com a própria cabeça — é que sempre foi partidário da revolução cubana e agora é partidário do processo da Nicarágua. Carlos Fuentes, cujas idéias políticas ele mesmo proclama quando pode, mesmo dentro dos Estados Unidos, é uma *persona non grata* a quem concedem uma permissão provisória muito limitada. São muitos os escritores, artistas e professores da América Latina que não são vítimas do mesmo sistema de discriminação. Isto é: permitem a entrada nos Estados Unidos quando vamos prestar algum serviço. Caso contrário a negam com o argumento repetitivo dos vínculos comunistas.

Nesse sentido, os casos da crítica de arte argentina Marta Traba e do professor e crítico uruguaio Ángel Rama constituem um escândalo muito especial. Ao cabo de vários anos de excelentes serviços na Universidade de Maryland, foram notificados sem rodeios de que devem sair do país. A Ángel Rama oferecem a opção mais humilhante: recorrer como advogado e prometer mediante declaração juramentada que renuncia à sua pretendida vocação comunista. A Marta Traba negam até essa opção.

Tudo isto me parece não apenas estupidez mas além disso inconseqüente: se nos impedem a entrada, seria racional que impedissem também nossos livros, pois se os talentos ocultos do Departamento de Justiça pensassem duas vezes se dariam conta de algo que já Hitler havia descoberto, que os livros são mais perigosos do que aqueles que os escrevem. O fato de que isto não interesse aos governos dos Estados Unidos permite pensar que a proibição de ingresso não é um ato de defesa da sociedade norte-americana, como seus governantes dizem, e sim que é um simples castigo imperial contra seus críticos.

A PENUMBRA DO ESCRITOR DE CINEMA

Em Fregene, uma localidade à beira-mar perto de Roma, morreu há pouco meu querido amigo Franco Solinas, um dos roteiristas de cinema mais qualificados de nosso tempo. Creio que não conseguiu terminar seu último roteiro, no qual trabalhou junto com o diretor Costa-Gavras, sobre o tema atual e apaixonante do povo sem terra da Palestina. Vários diretores de renome aguardavam sua vez, pois aceitavam as longas e imprevisíveis esperas a que o obrigavam os numerosos compromissos de Franco Solinas. Era, de qualquer maneira, um caso raro em seu meio: nunca aceitou trabalhar em mais de um roteiro ao mesmo tempo, e a ele consagrava toda a sua energia, a paciência infinita e a autocrítica implacável, durante um tempo que era impossível calcular de antemão. Um ano de trabalho diário era sua média para cada roteiro. Sua obra-prima foi, sem dúvida, *A batalha de Argel*, que escreveu para o diretor Gillo Pontecorvo, para quem escreveu também *Queimada*. Para Costa-Gavras escreveu *Estado de sítio*, e para Joseph Losey escreveu *Cidadão Klein*. A lista de seus filmes não é muito longa, mas é de altíssima qualidade. Para meu gosto, foi um dos profissionais mais rigorosos numa das profissões mais difíceis e menos servidas, e também das mais ingratas. Prova disto é que a notícia da morte de Franco Solinas passou quase em branco, mesmo nas publicações especializadas, e poucos amigos pessoais e admiradores sabemos com certeza o que perdemos.

Publicado originalmente em 17 de novembro de 1982.

Esta é, em todo o caso, uma oportunidade de refletir sobre o destino obscuro dos roteiristas. Ninguém sabe quem são, a menos que sejam conhecidos como escritores de outra coisa, e, neste caso, até eles mesmos têm a tendência de pensar que seu trabalho para o cinema é secundário. Um expediente para comer. As revistas de cinema se fixam, acima de tudo, no diretor — não sem razão — e poucas vezes se lembram de que, antes de chegar à tela, todo filme tem de passar pela prova de fogo da palavra escrita. Portanto, são os escritores, e não os diretores, que fornecem a base literária que dá sustentação ao filme. Mas o roteiro, com certeza, não é nem literatura nem cinema.

Depois da Segunda Guerra Mundial, os roteiristas de cinema viveram seus 15 minutos com a aparição em primeiro plano do roteirista Cesare Zavattini, um italiano imaginativo e muito afetuoso que insuflou no cinema de sua época um sopro de humanidade sem precedente. O diretor que dirigiu seus melhores argumentos foi Vittorio de Sica, seu grande amigo, e eram tão identificados que não era fácil saber onde terminava um e onde começava o outro. Eles foram as duas maiores estrelas do neo-realismo, em cujo céu havia outras tão brilhantes como Roberto Rossellini. Fizeram juntos *Ladrões de bicicletas*, *Milagre em Milão*, *Umberto D.* e outros filmes inesquecíveis. Falava-se dos filmes de Zavattini como se fala dos filmes de Bertolucci: como se fosse o diretor. Na prática, foram poucos os filmes italianos daquele tempo cujos roteiros não passaram pelo pente fino purificador de Zavattini, que aparecia sempre em último lugar nos créditos só porque vinham na ordem alfabética. Sua criatividade era tal que, dizem os que o conheceram nesse tempo, tinha um arquivo enorme abarrotado de argumentos resumidos, em fichas. Os produtores, sempre pobres de idéias, acudiam a ele desesperados. Em certa ocasião, um deles pediu com urgência uma história de amor, e Zavattini perguntou, a sério:

— Prefere sem cachorrinho ou com cachorrinho?

Toda uma geração fanática pelo cinema foi estudar no Centro Experimental de Cinematografia, em Roma, com a esperança de ter Zavattini como professor.

Era uma exceção. Na realidade, o destino do roteirista de cinema está na glória secreta da penumbra, e só aquele que se resigna a esse exílio interior tem alguma probabilidade de sobreviver sem amargura. Nenhum trabalho exige maior humildade. Mais ainda: deve se considerar um fator transitório na criação do filme e é uma prova viva da condição subalterna da arte do cinema. Enquanto necessitar de um escritor, ou seja, do auxílio de uma arte vizinha, o cinema não conseguirá voar com suas próprias asas. Esse é um de seus limites. O outro, e ainda mais grave, com certeza, é seu compromisso industrial. O próprio diretor acaba por se dar conta, cedo ou tarde, de que é pouco o que pode fazer dentro da estreita margem de criação deixada pela contabilidade do produtor, por um lado, e pelos fantasmas emprestados do escritor, por outro. É um milagre que ainda possa ter a impressão de que consegue se expressar com profundidade dentro desse beco rarefeito. Por isso me assombra tanto, e me alegra tanto, cada vez que encontro um filme capaz de me fazer chorar, que é o que se busca no fundo da alma quando se apagam as luzes da sala.

Nestes dias de tantas entrevistas, uma pergunta que se repete sem trégua é a de minhas relações com o cinema. Minha única resposta tem sido a mesma de sempre: são as de um casamento conturbado. Isto é, não posso viver sem o cinema nem com o cinema, e, a julgar pela quantidade de ofertas que recebo dos produtores, também ocorre com o cinema a mesma coisa que comigo. Desde criança, quando o coronel Nicolás Márquez me levava em Aracataca para ver os filmes de Tom Mix, surgiu em mim a curiosidade pelo cinema. Comecei, como todas as crianças de então, por exigir que me levassem para trás da tela para descobrir como eram os intestinos da criação. Minha confusão foi grande quando só vi as mesmas imagens ao contrário, porque me produziu uma impressão de círculo vicioso do qual não pude me restabelecer por muito tempo. Quando por fim descobri como era o mistério, atormentou-me a idéia de que o cinema era um meio de expressão mais completo do que a literatura, e essa certeza não me deixou dormir tranqüilo também por muito tempo. Por isso fui um dos tantos que viajaram a Roma com a ilusão de aprender a magia secreta de Zavattini, e também um dos que apenas conseguiram vê-lo a distância. Já então havia ganho na Colômbia uma batalha para o cinema. Quando cheguei ao *El Espectador* de Bogotá, em 1954, a única crítica de cinema possível no país era a complacente. Caso contrário, os exibidores ameaçavam suspender os anúncios de filmes, que são para a imprensa uma apreciável fonte de recursos. Com o apoio dos diretores do jornal, que assumiram o risco, escrevi então a primeira coluna regular de crítica de cinema, durante um ano. Os exibidores que no início assumiram minhas críticas desfavoráveis como se fossem óleo de rícino, acabaram por admitir a conveniência de contar com um público bem orientado.

Foi também pela ilusão de fazer cinema que vim ao México há mais de vinte anos. Ainda depois de ter escrito roteiros que depois não reconhecia na tela, continuava convencido de que o cinema seria a válvula de libertação de meus fantasmas. Demorei muito tempo para me convencer do contrário. Uma manhã de outubro de 1965, cansado de me ver e de não me encontrar, sentei-me diante da máquina de escrever, como todos os dias, mas dessa vez só voltei a me levantar ao cabo de 18 meses, com o original concluído de *Cem anos de solidão*. Naquela travessia do deserto compreendi que não havia ato mais esplêndido de liberdade individual do que me sentar e inventar o mundo diante de uma máquina de escrever.

O LUXO DA MORTE

Já disse muitas vezes que não tenho coração para enterrar os amigos. Mas em 2 de novembro, Dia de Finados, acompanhei a mulher de um amigo querido que seria incinerado no improvável jazigo das Lomas. O corpo passara a noite no hotel funerário da agência Gayoso, na avenida Félix Cuevas, na Cidade do México, que se encarregara dos trâmites da incineração e do transporte final até o forno crematório. O encontro era às 11 da manhã e todos supúnhamos que seria um ato técnico, sem cerimônia de qualquer espécie, e que não duraria mais de duas horas. Mas ao chegar ao jazigo nos explicaram que havia outros cadáveres na frente, e que o de nosso amigo teria de esperar pelo menos até as cinco da tarde. Na lúgubre sala de espera, gelada, sem uma flor e sem um banco miserável onde sentar, estavam alinhados, contra a parede e em posição vertical, os caixões usados dos que tiveram a precaução de morrer mais cedo. Aqueles caixões foram vendidos pelas agências funerárias e serviram para o velório e o transporte, mas era óbvio que os parentes que pagaram por eles a peso de ouro não tinham nada a fazer com eles, de maneira que alguém se encarregaria de vendê-los novamente para outros mortos futuros. O motorista do coche que levara o corpo de nosso amigo disse:

— Por que não voltam amanhã e tentam ser os primeiros?

Publicado originalmente em 24 de novembro de 1982.

Esta única pergunta, formulada por alguém que sem dúvida conhecia melhor do que nós os dramas da burocracia fúnebre, fez-nos vislumbrar de imediato qual era a espécie de dia que nos esperava.

Ana María Pecanins se encarregou do problema e relatou a experiência numa carta à imprensa que não deveria passar despercebida, porque é apenas uma pequena amostra do desamparo em que se encontram os sobreviventes diante das agências funerárias depois que os serviços são pagos. Há alguns meses, também Fernando Benítez contou num jornal como foram tratados pela Gayoso os parentes de um escritor que não tinham dinheiro para pagar a conta do funeral, uma conta talvez superior à soma dos direitos autorais recebidos em toda a vida pelo amigo morto. A revista do Instituto Nacional do Consumidor também se ocupou em várias ocasiões do preço exagerado da morte no México, mas sua prédica, como tantas outras sobre outros temas mortais, perdeu-se para sempre no deserto. É como se as agências funerárias no mundo inteiro gozassem de foro especial que as pusessem a salvo de qualquer penalidade por seus abusos.

Ana María Pecanins contou que o único funcionário que encontrou no crematório lhe deu uma explicação tão realista que mais parecia a de um padeiro:

— O forno está ocupado — disse. — O cremador está lá dentro e só terminará de cremar em três horas.

Não houve outra informação. Ana María ligou então para a agência Gayoso pensando obter um auxílio suplementar depois de ter pago pelo serviço completo, e um funcionário que disse se chamar Ricardo López informou que a responsabilidade da empresa termina no momento em que o cadáver sai da casa funerária. Ponto final: e bateu o telefone. Ana María, com sua temeridade catalã, voltou a discar o mesmo número, e dessa vez respondeu um outro funcionário, que lhe explicou com a voz colorida dos comerciantes da morte que nada se podia fazer para apressar a incineração.

— Infelizmente — disse, sem saber talvez que estava inventando um provérbio desolador —, a sorte é dos que chegam primeiro.

Nada havia a fazer. O serviço, o apoio e a compreensão ajustados pelos vendedores da morte, que prometem até a entrada no céu com trombetas angelicais, haviam cessado para sempre.

Aquele fora um drama a mais, e dos menos graves, de quantos ocorrem a cada minuto no mundo em decorrência da voracidade e do coração de pedra das agências funerárias. No México, onde o comércio da morte é um dos mais impiedosos e mais rentáveis, os abusos costumam invadir os territórios mais esquivos da literatura fantástica. "O serviço dura apenas dez ou quinze minutos no máximo", diz um folheto de propaganda de uma agência funerária. "Não é deprimente, pode-se ir até em dia de lazer. É muito bonito. Não é um jazigo tradicional, é muito moderno, atapetado, tem luz, vitrais, ar-condicionado e conta com filtro de ar dentro das criptas."

O Instituto do Consumidor calculou que existem no México 195 agências funerárias com registro legal, e 110 que atuam quase clandestinamente. Sobretudo as clandestinas, que agem mais pelas leis da oferta e da procura conjunturais do que por uma tarifa estabelecida, e participam de uma pavorosa disputa de cadáveres nas portas e corredores dos hospitais. Porém mesmo nas funerárias dos ricos os vendedores carecem de uma norma precisa para definir os preços do serviço. Guiam-se mais pelo aspecto e pelo estado do cliente no momento de fechar o negócio. O preço do caixão determina o valor de todo o serviço, e não é possível combinar um caixão caro com um serviço modesto, ou vice-versa. Enfim, a morte não passa de uma viagem, por mais eterna que seja, e as agências não encontraram uma razão para não organizar seus serviços como as excursões turísticas nas quais tudo está incluído, até a possibilidade de amor ocasional. O negócio é fabuloso: em 1976, as funerárias legais do México ganharam 175 milhões de pesos, operando com uma taxa de lucro de 76% em relação aos seus custos.

A concepção vem dos Estados Unidos e é simples: o luxo da morte é de primeira necessidade. O norte-americano médio não tem em nenhum momento um nível de vida mais alto do que o nível de sua morte. Nunca é mais belo do que no caixão: os próprios parentes se espantam com o quanto ele é favorecido pelo embalsamamento, com quanta ternura sorri e quão compreensivo e amoroso parece com a cabeça apoiada nos travesseiros da morte e talvez sofram em segredo porque ainda não se inventou a possibilidade de embalsamar em vida os seres difíceis. Mas é uma ilusão que custa caro e por trás dela prospera um dos comércios mais desalmados e sujos do mundo. Há muitos anos, num livro fascinante sobre o tráfico funerário nos Estados Unidos, li uma história de horror. Uma viúva de classe média investiu suas últimas economias para dar ao marido morto um funeral mais luxuoso do que sua possibilidade real. Tudo parecia combinado, quando um funcionário da agência mortuária telefonou-lhe para dizer que o cadáver era maior do que o previsto no contrato, e que por essa razão ela devia pagar uma soma suplementar. A viúva não tinha mais nenhum centavo. Então o funcionário, com a voz melodiosa característica da profissão, ofereceu uma solução:

— Nesse caso, peço-lhe que nos autorize serrar os pés do cadáver.

A pobre viúva certamente encontrou onde pôde o dinheiro que não tinha, só para que a agência lhe fizesse a caridade de enterrar o marido inteiro.

BEM, FALEMOS DE MÚSICA

Numa destas enquetes que proliferam diariamente me perguntaram, como tantas outras vezes, qual é a música que levaria para uma ilha deserta, se só pudesse levar uma. Não pestanejei um instante: as *Suítes para violoncelo solo*, de Johann Sebastian Bach. E se só pudesse levar uma delas, escolheria a número um. Conheço diferentes versões e, entre elas, certamente, a de Pau Casals. Além de seu valor histórico é uma versão excelente, mas a gravação é tão antiga que se perde muito de sua excelência. Na realidade, a versão que mais me comove é a de Maurice Gendron e, por conseguinte, seria esta a que levaria para a ilha deserta, juntamente com um único livro: uma boa antologia da poesia espanhola do Século de Ouro.

Este tema me oferece a oportunidade de responder a outra pergunta que os jornalistas me fazem com freqüência sobre minhas relações com a música. Respondo sempre a verdade: a música me agrada mais do que a literatura, até o ponto de que não consigo escrever com música de fundo porque presto mais atenção a ela do que ao que estou escrevendo. No entanto, nunca vou além em minhas explicações, entre outras coisas porque tenho a impressão de que minha vocação musical é tão entranhada que faz parte de minha vida pessoal. Quando estou sozinho com meus amigos íntimos não há nada que me agrade mais do que falar de música. Jomi García Ascot, que

---

Publicado originalmente em 1º de dezembro de 1982.

é um destes amigos, publicou um livro excelente sobre suas experiências de melomaníaco empedernido, e incluiu uma frase que me ouviu dizer certa vez:

— A única coisa melhor que a música é falar de música.

Continuo acreditando que é verdade.

O estranho é que quando alguém diz que gosta de música pensa-se quase sempre na música que por pura preguiça mental se resolveu chamar de música clássica. Também se chama música erudita, o que não resolve o problema, pois penso que a música popular também é erudita, embora de uma cultura diferente. Mesmo a simples música comercial, que nem sempre é tão ruim como costumam dizer os sábios de salão, tem o direito de se chamar erudita, ainda que não seja o produto da mesma cultura de Mozart. Enfim, os grandes mestres de todos os tempos sabem que o manancial mais rico de sua inspiração é a música popular. A foto mais comovente na vasta e formosa iconografia de Béla Bartók é uma em que aparece colhendo uma canção dos lábios de uma camponesa, com um gravador de rolo, que nada tinha a invejar do primeiro construído por Edison, e no qual ficaram gravadas para a história as preciosas linhas do *Cordeirinho de Maria.*

Tudo isto para mim é bem simples: música é tudo o que soa, e o trabalho de definir se é boa ou má é posterior. Tenho mais discos do que livros, mas muitos amigos, sobretudo os mais intelectualizados, surpreendem-se que a relação em ordem alfabética não termine em Vivaldi. Seu estupor é mais intenso quando descobrem que o que vem depois é uma coleção de música do Caribe — que é, de todas, sem exceção, a que mais me interessa — desde as canções já históricas de Rafael Hernández e o trio Matamoros, os *tamboritos* do Panamá, os *polos* da ilha de Margarita, na Venezuela, ou os *merengues* de Santo Domingo. E, com certeza, a que mais teve a ver com minha vida e meus livros: os cantos *vallenatos* da costa do Caribe da Colômbia, aos quais deveria dedicar um dia uma crônica especial. A Jamaica e a Martinica têm uma grande música, e foi Daniel Santos quem divulgou algumas canções que estiveram na moda há muitos anos sem que ninguém soubesse que eram de Curaçau com letra em papiamento [idioma falado nas Antilhas Holandesas]. Devo dizer, no entanto, que a canção mais bela que jamais escutei nessa região alucinada foi a que cantou uma menina indígena de uns nove anos nas ilhas San Blas do Panamá. A menina cantava com uma formosa voz primitiva, acompanhando-se apenas com um maracá, enquanto balançava-se na mesma rede em que dormia um menino de poucos meses. Fiquei extasiado, flutuando na magia da canção e lamentando não ter levado comigo um gravador. Nosso guia local nos disse — sem pretender qualquer jogo de palavras — que era uma canção de ninar (*cuna*) dos índios cunas. Foi tão profunda minha impressão que no dia seguinte falei de minha emoção ao general Omar Torrijos, para que me facilitasse o regresso às ilhas com um gravador, mas ele me dissuadiu com seu estranho e demolidor bom senso:

— Não volte mais, que estas coisas acontecem uma só vez na vida.

Não voltei, mas a certeza de que nunca mais voltarei a escutar aquela canção é uma das poucas amarguras de minha vida.

Tenho versões não encontráveis em nenhum lugar do Caribe, que, no entanto, encontrei onde menos se podia imaginar: nos mercados de discos latinos da Rua 14 de Nova York. Tenho discos de salsa, sem dúvida, mas com a consciência de que não é uma música nova, mas a continuação exilada e sofisticada para o bem da música tradicional de Cuba. Como o disse há pouco, numa entrevista, Dámaso Pérez Prado, o imortal, que é um de meus ídolos mais antigos e tenazes, como deve constar dos arquivos dos jornais em que escrevi minhas primeiras crônicas. Alegra-me comprovar, por outra parte, que minha paixão pela música do Caribe é bem correspondida. Há alguns anos recebi em Barcelona um telegrama de alguém que pedia minha ajuda para escrever suas memórias e que se assinava com o pseudônimo de *El Inquieto Anacobero*. Um pseudônimo cujo titular é conhecido em todo o Caribe: Daniel Santos, o chefe. Mais tarde me telefonou de Nova York meu amigo Rubén Blades para me dizer que queria musicar alguns de meus contos, e eu lhe respondi que ficaria encantado, até pela curiosidade de saber que espécie de transposição endiabrada poderia resultar de semelhante aventura. Digo sem ironia: nada me teria agradado mais neste mundo do que escrever a história bela e terrível de Pedro Navajas. Por último, na recente enxurrada telefônica que estremeceu minha casa do México, uma das primeiras ligações foi de outro gigante da canção, Nelson Ned. Há poucos anos perdi a amizade de alguns escritores sem senso de humor porque declarei numa entrevista — pensando de verdade — que um dos maiores poetas atuais da língua castelhana era meu amigo Armando Manzanero.

Falar de música sem falar dos boleros é como falar de nada. Mas isso também é motivo para uma crônica à parte, e talvez interminável. Neste gênero, a Colômbia teve um mérito que só é disputado pelo Chile, de se ter mantido fiel ao bolero apesar de todas as modas, e com uma paixão que sem dúvida nos enaltece. Por isso devemos nos sentir recompensados com a notícia de que o bolero voltou, que os filhos estão pedindo aos seus pais com urgência que os ensinem a dançá-lo para não se sentirem inferiores aos outros nas festas de sábado, e que as velhas vozes de outros tempos retornam ao coração nas homenagens mais do que justas prestadas à memória imemorial de Toña la Negra. No entanto, e sem dúvida, minha resposta à pergunta de sempre foi bem pensada e sincera: o disco que levaria a uma ilha deserta é a *Suíte número um para violoncelo solo*, de Johann Sebastian Bach. Coisa de teimoso.

A LITERATURA SEM DOR

Há pouco incorri na frivolidade de dizer a um grupo de estudantes que a literatura universal pode ser aprendida numa tarde. Uma moça do grupo — fanática pelas belas-letras e autora de versos inéditos — propôs imediatamente:

— Quando você vai nos ensinar?

Marcamos a aula para a sexta-feira seguinte às três da tarde e falamos de literatura até as seis, mas não passamos do romantismo alemão porque também eles incorreram na frivolidade de sair para um casamento. Disse-lhes, então, que uma das condições para aprender toda a literatura numa tarde era não aceitar ao mesmo tempo convite para casamento, pois para casar e ser feliz há muito mais tempo disponível do que para conhecer a poesia. Tudo começara e continuara e terminara em gracejo, mas no fim fiquei com a mesma impressão que eles: embora não aprendêssemos a literatura em três horas, pelo menos formáramos uma noção bastante aceitável sem necessidade de ler Jean-Paul Sartre.

Quando se escuta um disco ou se lê um livro encantador, o impulso natural é procurar alguém para contar. Aconteceu comigo quando descobri por acaso o *Quinteto para quarteto de cordas e piano*, de Béla Bartók, que naquela época não era muito conhecido, e voltou a acontecer quando escu-

---

Publicado originalmente em 8 de dezembro de 1982.

tei no rádio do carro o belo e estranho *Concerto gregoriano para violino e orquestra*, de Ottorino Respighi. Ambos eram difíceis de encontrar, e meus amigos melomaníacos mais chegados não tinham informação sobre onde encontrá-los, de maneira que recorri a meio mundo tentando consegui-los para escutá-los com alguém. Algo semelhante me ocorre com o romance *Pedro Páramo*, de Juan Rulfo, do qual creio já ter esgotado uma edição só para ter sempre exemplares disponíveis para que os amigos os levem. A única condição é que voltemos a nos encontrar logo para falar daquele livro profundo.

Certamente a primeira coisa que expliquei aos meus bons estudantes de literatura foi a idéia, talvez demasiado pessoal e simplista, que tenho do ensino. Sempre acreditei que um bom curso de literatura não deve ser mais do que um guia dos bons livros que devem ser lidos. Cada época não tem tantos livros essenciais como dizem os professores que se deleitam em aterrorizar seus alunos, e de todos eles se pode falar numa tarde, sempre que não se tenha um compromisso inadiável para um casamento. Ler estes livros essenciais com prazer e com discernimento já é um assunto diferente para muitas tardes da vida, mas se os alunos têm a sorte de poder fazê-lo, acabarão por saber tanto de literatura quanto o mais sábio de seus professores. O passo seguinte é algo mais temível: a especialização. E um passo mais adiante é o mais detestável que se pode dar neste mundo: a erudição. Mas se o que os alunos desejam é brilhar nas visitas, não precisam passar por nenhum desses três purgatórios, e sim comprar os dois tomos de um livro providencial que se chama *Mil libros*. Escreveram-no Luis Nueda e dom Antonio Espina, aí por 1940, e ali estão resumidos por ordem alfabética mais de mil livros básicos da literatura universal, com seu enredo e interpretação, e com informações impressionantes de seus autores e sua época. São muitos mais livros, sem dúvida, dos que fariam falta para o curso de uma tarde, mas têm sobre eles a vantagem de que não há necessidade de lê-los. Nem há por que se envergonhar: eu tenho estes dois volumes salvadores na mesa em que escrevo, tenho-os há muitos anos, e me tiraram de graves apuros no paraíso dos intelectuais, e por tê-los e conhecê-los posso assegurar que os têm e usam muitos pontífices das festas sociais e das colunas de jornais.

Os livros da vida não são muitos, felizmente. Há pouco, a revista *Pluma*, de Bogotá, perguntou a um grupo de escritores quais foram os livros mais importantes para eles. Só deviam ser citados cinco, sem incluir os de leitura óbvia, como a Bíblia, a *Odisséia* ou o *Quixote*. Minha lista final foi esta: *As mil e uma noites*; *Édipo rei*, de Sófocles; *Moby Dick*, de Melville; *Floresta da lírica espanhola*, uma antologia de dom José María Blecua que se lê como um romance policial, e um *Dicionário da língua castelhana* que não seja, é claro, o da Real Academia. A lista é discutível, certamente, como todas as listas, e oferece tema para falar durante muitas horas, mas minhas razões são simples e sinceras: se só tivesse lido esses cinco livros — além dos óbvios, é claro —, com eles teria material o bastante para escrever o que escrevi. Isto é: é uma lista de caráter profissional. Mas não cheguei a *Moby Dick* por um caminho fácil. No início pus em seu lugar *O conde de Montecristo*, de Alexandre Dumas, que, no meu entender, é um romance perfeito, mas só por motivos estruturais, e este aspecto já estava mais do que preenchido por *Édipo rei*. Mais tarde pensei em *Guerra e paz*, de Tolstói, que, em minha opinião, é o melhor romance escrito na história do gênero, mas na realidade é tão grandioso que me pareceu justo omiti-lo como um dos livros óbvios. *Moby Dick*, em compensação, cuja estrutura anárquica é um dos mais belos desastres da literatura, insuflou-me um alento mítico que sem dúvida me teria feito falta para escrever.

Em todo o caso, tanto o curso de literatura de uma tarde como a enquete dos cinco livros levam a pensar, mais uma vez, em tantos livros inesquecíveis que as novas gerações esqueceram. Três deles, há pouco mais de vinte anos, eram de primeira linha: *A montanha mágica*, de Thomas Mann; *O livro de San Michele*, de Axel Munthe, e *O grande Meaulnes*, de Alain Fournier. Pergunto-me quantos estudantes de literatura de hoje, mesmo os mais diligentes, se deram sequer ao trabalho de perguntar o que pode haver dentro destes três livros marginalizados. Tem-se a impressão de que tiveram um bom destino, mas passageiro, como alguns de Eça de Queirós e de Anatole France, e como *Contraponto*, de Aldous Huxley, que foi uma espécie de coqueluche de nossos anos azuis; ou como *O homem dos gansos*, de Jacob Wassermann, que talvez deva mais à nostalgia do que à poesia; ou como *Os moedeiros falsos*, de André Gide, que acaso foram mais falsos do que pensou seu próprio autor. Só há um caso surpreendente neste asilo de livros aposentados, e é o de Hermann Hesse, que foi uma espécie de explosão deslumbrante quando lhe concederam o Prêmio Nobel de 1946, e em seguida caiu no esquecimento. Mas nestes últimos anos seus livros foram resgatados com tanta força como antigamente por uma geração que talvez encontre neles uma metafísica que coincide com suas próprias dúvidas.

Claro que tudo isto só é preocupante como enigma de salão. A verdade é que não deve haver livros obrigatórios, livros de penitência e que o método saudável é renunciar à leitura na página em que se torne insuportável. No entanto, para os masoquistas que preferem seguir adiante apesar de tudo há uma fórmula certeira: pôr os livros ilegíveis no banheiro. Talvez com vários anos de boa digestão possam chegar ao término feliz de *Paraíso perdido*, de Milton.

JANTAR DE PAZ EM HARPSUND

Ao fim de quase duas horas de viagem noturna por uma estrada glacial, chegamos à residência campestre de Harpsund, onde o primeiro-ministro da Suécia, Olof Palme, convidou-nos para jantar naquela noite tranqüila de 9 de dezembro. Mercedes e eu estávamos preparados para descobrir, por entre a bruma, um castelo medieval daqueles dos contos de Andersen, e encontramos, em compensação, uma casa muito simples e limpa junto a um lago adormecido no gelo, e em meio a um prado aprazível onde havia outras casas iguais para os convidados. Aquele conjunto é a casa de campo dos primeiros-ministros da Suécia.

Todos os atos promovidos naquela semana extenuante em Estocolmo se converteram em homenagens públicas à América Latina. Alguns espíritos puros da Colômbia tinham o temor provinciano de que nossa delegação cultural fizesse feio na civilizada Escandinávia. O que fez, ao contrário, não foi apenas um trabalho excelente de afirmação cultural mas uma demonstração emocionante de que nossa identidade já é bem específica para ser exportada sem reservas. A própria rainha Sílvia, que está na vida real com os pés no chão, falou-me de seu pesar por não ter tido ocasião nem tempo de aprender a dançar a *cumbia* com o conjunto de nossa delegação cultural. Disse-me que a dançara uma vez e desejava decifrar a fundo o segredo dessa

---

Publicado originalmente em 22 de dezembro de 1982.

dança tão nossa, cuja elegância natural deixou na Suécia um rastro de dignidade e bom gosto. Talvez nosso único mérito tenha sido este: o decoro de nos mostrarmos tal como somos, e não como gostaríamos que os outros acreditassem que somos.

O jantar na casa de campo do primeiro-ministro Olof Palme não foi uma exceção: também aquela reunião, despojada de caráter oficial e oferecida como um encontro entre velhos amigos, acabou convertida pela mesma dinâmica dos fatos em homenagem à América Latina. Era um grupo reduzido de amigos comuns. Ali estava Danielle Mitterrand, a mulher do presidente da França, que não esconde sua satisfação de ser a alma da comissão francesa de solidariedade a El Salvador. Estavam Régis Debray e Pierre Schori, um francês e o outro sueco, ambos intimamente ligados à América Latina. Havia um grupo seleto de escritores suecos, entre eles o presidente do Pen Club Internacional, e nosso querido Sven Linqvist, autor de um estudo sério e famoso sobre as relações entre a propriedade da terra e o poder político na América Latina. Estava, enfim, o ex-primeiro-ministro turco, Bulen Ecevit, homem de pulso forte e coração generoso, que passou vários meses na prisão depois de ser deposto, e que até a semana passada não tinha permissão para sair de seu país. Olof Palme convidou-o para este jantar íntimo, mas não como político, e sim como poeta, que, segundo ele mesmo disse, é sua maior vocação. Em sua breve e amável saudação daquela noite, o primeiro-ministro sueco disse com seu habitual senso de humor:

— Alegro-me muito em meu foro íntimo que as autoridades turcas entenderam que nossas extravagâncias desta noite são tão inocentes que deram ao nosso amigo Bulen Ecevit a permissão de vir.

A sensibilidade de Olof Palme pelos sofrimentos da América Latina — comum na maioria dos suecos que conheço — está, com certeza, na origem de nossa amizade. François Mitterrand nos apresentou há muitos anos em sua casa da rua de Bièvre, em Paris, entre uma e outra de suas tantas derrotas anteriores. Havia ali personalidades políticas e literárias de todas as partes, de maneira que a conversa era suculenta e ao mesmo tempo divertida. De repente, sem que nada de especial acontecesse, Olof Palme me mandou recado de que desejava sair para tomar uma cerveja com os latino-americanos. Fomos ao La Coupole, como era de praxe à meia-noite, e durante mais de duas horas Olof Palme nos interrogou sobre a situação de nossos países, com um conhecimento de causa e um interesse que nos surpreendeu. Nenhum de nós percebeu um casal de adultos tranqüilos que seguia a conversa com grande interesse numa mesa vizinha. Ao final, quando Olof Palme se empenhou em pagar a conta, a mulher da outra mesa lhe perguntou em sueco se pagara com dinheiro seu ou com dinheiro do Estado sueco. Palme então se sentou na mesa de seus compatriotas desconhecidos e lhes deu toda espécie da explicações. Na realidade pagara com dinheiro seu, mas considerava que teria sido legítimo pagar com dinheiro do Estado, porque lhe parecia que aquela reunião esclarecedora sobre a América Latina era um ato oficial importante do primeiro-ministro sueco.

No jantar de sua casa de campo conseguiu também nos cativar com suas recordações de nossos países remotos. Evocou uma conversa com Pablo Neruda em sua casa da Isla Negra, em 1969, um ano antes da vitória eleitoral de Salvador Allende:

— Falamos toda a noite diante da lareira, rodeados pelas soberbas carrancas de proa que navegaram por todos os mares do mundo. Falamos, e Neruda era inesgotável em suas reflexões sobre a ditadura como fenômeno onipresente da história latino-americana, inesgotável como o movimento incessante da ressaca do Pacífico que naquela noite subia até sua casa.

Sua saudação pôs sobre a mesa o tema da América Latina, e ali ficou até a hora tardia em que nos levantamos para dormir.

Ao término do serão, o primeiro-ministro me pediu que fizesse para seus convidados uma síntese da situação da América Central neste momento. Eu já estava há três dias sem dormir, esmagado pelas solicitações insaciáveis daquela festa mortal, mas o pedido do primeiro-ministro me pareceu tão importante que me meti numa análise minuciosa de quase duas horas até que Pierre Schori, interrompeu-me às gargalhadas para dizer:

— Está bom, Gabriel. Já estamos convencidos.

Foi assim que surgiu a idéia da convocação dos seis presidentes da América Central para um esforço imediato em favor da paz na região. O sentido desse chamamento, que correspondia ao da minha exposição, era que a América Central nunca esteve tão perto de uma guerra generalizada, mas que tampouco — talvez por isso mesmo — nunca foram tão propícias as condições para uma solução negociada.

DE PARIS, COM AMOR

Vim a Paris pela primeira vez numa noite gelada de dezembro de 1955. Cheguei no trem de Roma a uma estação enfeitada com luzes natalinas, e a primeira coisa que me chamou a atenção foram os casais de namorados que se beijavam por todos os lugares. No trem, no metrô, nos cafés, nos elevadores, a primeira geração depois da guerra se lançava com toda a energia ao consumo público do amor, que era ainda o único prazer barato depois do desastre. Beijavam-se em plena rua, sem se preocupar se embaraçavam os pedestres, que se afastavam sem olhá-los nem fazer caso, como ocorre com esses cachorros de rua de nossas cidades, fazendo filhotes no meio da praça. Aqueles beijos a céu aberto não eram freqüentes em Roma — a primeira cidade européia onde eu vivera —, nem tampouco, certamente, na brumosa e pudibunda Bogotá daquele tempo, onde era difícil se beijar até nos dormitórios.

Era o tempo obscuro da guerra da Argélia. No fundo das músicas nostálgicas dos acordeões nas esquinas, além do cheiro, na rua, das castanhas assadas na brasa, a repressão era um fantasma insaciável.

De repente, a polícia bloqueava a saída de um café ou de um dos bares árabes do bulevar Saint Michel e levava na porrada todo aquele que não tinha cara de cristão. Irremediavelmente, eu era um deles. Não valiam expli-

---

Publicado originalmente em 29 de dezembro de 1982.

cações: não só a cara mas também o sotaque com que falávamos francês eram motivos de perdição. Na primeira vez que me puseram na gaiola dos argelinos, na delegacia de Saint Germain-des-Prés, senti-me humilhado. Era um preconceito latino-americano: o cárcere era então uma vergonha, porque em crianças não fazíamos distinção clara entre as razões políticas e as comuns, e nossos adultos conservadores se encarregavam de nos inculcar e nos manter na confusão. Minha situação era ainda mais perigosa, porque, embora os policiais me arrastassem por acreditar que eu era argelino, eles desconfiavam de mim dentro da cela quando se davam conta de que, apesar de minha cara de vendedor de tecidos em domicílio, não entendia patavina de suas algaravias. No entanto, tanto eles como eu continuamos sendo visitantes tão assíduos das delegacias noturnas que acabamos por nos entender. Uma noite, um deles me disse que para ser preso inocente era melhor ser culpado, e comecei a militar na Frente de Libertação Nacional da Argélia. Era o médico Amed Tebbal, que naquele tempo foi um dos meus grandes amigos de Paris, mas que morreu de uma morte diferente da guerra depois da independência de seu país. Vinte e cinco anos depois, quando fui convidado para os festejos daquele aniversário em Argel, declarei a um jornalista algo que parecia difícil de acreditar: a única revolução pela qual fui preso foi a argelina.

A Paris de então não era só a da guerra da Argélia. Era também a do exílio mais generalizado que a América Latina teve em muito tempo. Juan Domingo Perón — que então não era o mesmo dos anos seguintes — estava no poder na Argentina, o general Odría no Peru, o general Rojas Pinilla na Colômbia, o general Pérez Jiménez na Venezuela, o general Anastasio Somoza na Nicarágua, o general Rafael Leónidas Trujillo na República Dominicana, o general Fulgencio Batista em Cuba. Éramos tantos os fugitivos de tantos patriarcas simultâneos, que o poeta Nicolás Guillén assomava todas as madrugadas à sua sacada do hotel Grand Saint Michel, na rua Cujas, e gritava em castelhano as notícias da América Latina que acabava de ler nos jornais. Uma madrugada gritou:

— Caiu o homem.

O que caíra era só um, com certeza, mas todos despertamos iludidos com a idéia de que o derrubado fosse o de nosso próprio país.

Quando cheguei a Paris eu não passava de um caribenho verde. O que mais agradeço a esta cidade, com a qual tenho tantas contendas antigas, e tantos amores ainda mais antigos, é que me deu uma perspectiva nova e definitiva da América Latina. A visão de conjunto, que não tínhamos em nenhum de nossos países, tornava-se mais clara aqui em torno de uma mesa de café, e as pessoas se davam conta de que apesar de serem de países diferentes eram todos tripulantes do mesmo barco. Era possível fazer uma viagem por todo o continente e se encontrar com seus escritores, artistas, políticos em desgraça ou à beira de sê-lo, só percorrendo os cafés populosos de Saint Germain-des-Prés. Alguns não chegavam, como me aconteceu com Julio Cortázar — a quem eu já admirava por seus belos contos de *Bestiário* —, e a quem esperei durante quase um ano no Old Navy, onde alguém me dissera que ele costumava ir. Uns quinze anos depois o encontrei, enfim, também em Paris, e era ainda como eu o imaginava muito antes: o homem mais alto do mundo, que nunca se decidiu a envelhecer. Era a cópia fiel daquele latino-americano que, num de seus contos, gostava de ir nos amanheceres de bruma ver as execuções na guilhotina.

Respiravam-se as canções de Brassens no ar. A bela Tachia Quintana, uma basca temerária a quem os latino-americanos de todas as partes convertêramos numa exilada das nossas, realizava o milagre de fazer uma suculenta *paella* para dez num fogareiro a álcool. Paul Coulard, outro de nossos franceses convertidos, encontrara um nome para aquela vida: *la misère dorée*: a miséria dourada. Eu ainda não tinha uma consciência clara da minha situação até uma noite em que me vi de repente nas imediações do Jardim de Luxemburgo sem ter comido uma só castanha durante todo o dia e sem lugar para dormir. Estive vadiando longas horas pelos bulevares, com a esperança de que passasse a patrulha que levava os árabes para que me levasse também para dormir numa cela quente, porém por mais que a procurasse não a encontrei. Ao amanhecer, quando os palácios do Sena começaram a se delinear em meio à neblina espessa, dirigi-me à Cité com passos largos e decididos e a cara de trabalhador honrado que acabara de se levantar para ir à sua fábrica. Quando atravessava a ponte de Saint Michel senti que não estava sozinho dentro da névoa, porque percebi os passos nítidos de alguém que se aproximava em sentido contrário. Vi-o compor-se na névoa, na mesma calçada e com o mesmo ritmo que eu, e vi de perto seu casaco escocês de quadrados vermelhos e pretos, e no instante em que cruzamos no meio da ponte vi seu cabelo emaranhado, o bigode de turco, o semblante triste de fome atrasada e de noites maldormidas, e vi seus olhos marejados de lágrimas. Gelou-me o coração, porque aquele homem parecia ser eu mesmo vindo de volta.

Essa é minha recordação mais intensa daquele tempo, e a evoquei com mais força do que nunca agora que voltei a Paris, de regresso de Estocolmo. A cidade não mudou desde então. Em 1968, atraído pela curiosidade de ver o que se passara depois da maravilhosa explosão de maio, achei que os namorados não se beijavam em público, e que haviam recolocado os paralelepípedos nas ruas, e haviam apagado as pichações mais belas que jamais se escreveram nos muros: *A imaginação no poder*; *Sob esta rua está a praia*; *Amai-vos uns sobre os outros*. Ontem, depois de percorrer os lugares que algumas vezes foram meus, só pude perceber uma novidade: uns funcionários públicos vestidos de verde, que percorrem as ruas em motocicletas verdes e levam umas mãos mecânicas de exploradores siderais para recolher na calçada o cocô que um milhão de cachorros cativos expelem cada 24 horas na cidade mais bela do mundo.

FELIPE

Estive duas vezes na semana passada com Felipe González e Carmen, sua mulher, no lar tranqüilo que têm dentro do palácio da Moncloa. A casa é a coisa menos doméstica que se pode imaginar, e mais parece um cenário teatral para uma peça de dom Jacinto Benavente — que Deus o tenha em seu Santo Reino — do que um lugar para viver. Mas os González conseguiram até agora — e espero que por muito tempo —, e não tanto pela decoração mas pelo modo de ser, conservar-se naturais, dentro do ar rarefeito do poder. Mesmo para mim, que me considero, com muita honra, o ser humano mais refratário à formalidade, aquelas duas visitas demoradas e sossegadas foram uma lição inesquecível.

Ainda não me acostumei à idéia de que meus amigos cheguem a ser presidentes, nem pude superar o preconceito de que as casas de governo me incomodam. Elas têm um cheiro próprio, uma espécie de fôlego sobrenatural que talvez seus moradores sejam os últimos a perceber, e que a mim causam uma incerteza que mal consigo dominar. Por isso, ainda que Felipe González e eu tenhamos entrado sem gravata em alguns lugares onde outros se sentiriam inibidos também de *smoking*, senti-me obrigado a usá-la, não tanto como uma homenagem àqueles santos lugares, mas para que não parecesse que estava usurpando o direito de ser informal onde não seria de

---

Publicado originalmente em 5 de janeiro de 1983.

boa educação. Cheguei com Mercedes e nosso filho mais novo num meio-dia radiante e doce deste estranho inverno de Madri, e Felipe saíra com algum de seus assessores para dar um passeio no parque aprazível dentro do qual se encontra o palácio da Moncloa. Quando o vi vindo por entre as árvores com um suéter azul de mangas compridas, que lhe dava um ar mais de universitário do que de presidente, senti-me com muita roupa para a ocasião. Menos mal que ele também estava de gravata. A primeira que via ao redor do seu pescoço desde aquela noite fugaz de há oito anos em que nos conhecemos num quarto de hotel em Bogotá.

Fui, com Enrique Santos Calderón e Antonio Caballero, entrevistá-lo para a revista *Alternativa*, que era a ovelha desgarrada da imprensa nacional, mas Felipe não se assustou com nossa má reputação política, e de alguma maneira diferente, mas inteligente, terminou concordando conosco sem necessidade de dizê-lo. A verdade, no entanto, foi que de alguma maneira tanto ele como nós compreendíamos que aquela entrevista não passava de pretexto e concordamos em nos encontrar no dia seguinte para conversar sem testemunhas nem gravador. Fizemos a entrevista, por iniciativa do próprio Felipe, num ambiente ao mesmo tempo acolhedor e insuspeitável: entre as estantes de uma livraria, onde os clientes, absortos, mal se apercebiam de nossa presença. Pareceu-me que aquela maneira de estar quase invisível, mas sem necessidade de se esconder, era para Felipe um hábito cotidiano da clandestinidade, na qual vivera por tantos anos nos tempos ruins da Espanha. No entanto, onde em realidade nos tornamos amigos foi em outras épocas diferentes, nas diferentes casas que o general Omar Torrijos tinha no Panamá. A gente chegava quase que de surpresa à antiga base militar de Farallón, onde rebentavam sem trégua as ondas indomáveis do Pacífico, ou ao paraíso cativo da ilha de Contadora, e se encontrava sempre com alguém que tinha algo a dizer sobre o destino da América Latina, e em especial sobre a América Central. Sobretudo, três pessoas que seriam fundamentais na batalha surda e difícil pela recuperação do canal do Panamá: Carlos Andrés Pérez, Alfonso López Michelsen e o próprio Omar Torrijos. Entre eles, o jovem Felipe González, que andava pelos trinta e poucos anos quando os outros três já eram presidentes, parecia apenas um discípulo privilegiado que se movia na cátedra com tanta ponderação e tanto interesse como seus professores. Sua carreira até a vitória foi tão fulminante que tudo isto parece ter acontecido há muitos anos, com um distanciamento histórico que já oferece até uma certa perspectiva para a análise. Talvez seja esta a razão pela qual quando vi Felipe González passeando pelo parque da Moncloa me deu trabalho me acostumar à idéia de que nosso amigo de férias em Farallón e Contadora se convertera em presidente do governo em seu país com apenas quarenta anos mal contados. Para mim, na realidade, continuava sendo mais um dos sobreviventes daquele avião do general Torrijos em que todos andávamos para todos os lados a toda hora. Por entre sóis e tempestades, talvez sem pensar que era um avião marcado pela morte.

Como aconteceu em nossa primeira tarde em Bogotá, como aconteceu tantas vezes no Panamá, no México e também nas ilhas San Blas, onde uma vez fizemos uma viagem de volta no tempo, Felipe González e eu ocupamos as quase dez horas das duas visitas falando da América Latina. Em mim não é uma coisa extraordinária, pois é uma, e talvez a mais dominante, de minhas três obsessões. O extraordinário é que não seja tampouco num homem como Felipe González, que tem tanto a fazer e tanto o que pensar para governar como se deve um país tão difícil.

— É o maior especialista que conheço sobre a América Central — eu disse aos jornalistas espanhóis, que queriam saber tudo.

Não era exagero. Na realidade, não conheço ninguém que não seja latino-americano e se interesse tanto por nossa sorte, consciente talvez de que, de alguma maneira, a sorte da Espanha e a nossa poderiam ser complementares. Na primeira visita de uma tarde de domingo completa me chamou a atenção algo que é insólito num presidente: durante cinco horas ninguém lhe passou o telefone e nem se viu o eterno ajudante de sempre passando um papelzinho com um recado urgente. Todo o tempo era para os amigos com quem estava, e que é, no meu modo de ver as coisas, a melhor prova do respeito à amizade. Na segunda visita aconteceu algo ainda mais significativo. Os González nos convidaram para ver um filme numa sala improvisada da Moncloa e a cada sete minutos havia uma interrupção para trocar o rolo no projetor. Felipe e eu aproveitávamos aqueles três minutos de intervalo para continuar nosso diálogo sobre a América Latina. A grave situação da América Central certamente era um tema específico. Quando saímos dali à uma da madrugada e com a certeza de que perdêramos o último avião para as Américas, eu ia impelido pela idéia real de que não só aprendera muito sobre quem somos e para onde nós latino-americanos e espanhóis vamos, mas também pela convicção de que nossos caminhos continuam cruzados, que muitos dos trechos há que percorrer juntos, e que Felipe pode ser um homem decisivo não só para a Espanha, mas também para nosso destino comum. Não pude pensar em outra coisa nas dez horas seguintes, enquanto voava através dos céus solitários e estrelados de Cristóvão Colombo, tentando escrever pela primeira vez a três mil metros de altura esta crônica de meus tormentos semanais.

AS VINTE HORAS DE GRAHAM GREENE EM HAVANA

Graham Greene fez em Havana uma escala de vinte horas, a que os correspondentes locais da imprensa estrangeira deram toda espécie de interpretações. Não era para menos: chegou num avião executivo do governo da Nicarágua em companhia de José de Jesús Martínez, poeta e professor de matemática panamenho que foi um dos homens mais próximos do general Omar Torrijos, e foram recebidos no aeroporto por funcionários do protocolo dentro da maior discrição, de maneira que nenhum jornalista soube da visita a não ser depois de concluída. Foram levados para uma casa de visitantes importantes, reservada, em geral, aos chefes de Estado de países amigos, e puseram à sua disposição um solene Mercedes Benz preto dos que só se usaram durante a sexta reunião de cúpula dos países não-alinhados, há quatro anos. Não o usaram, na realidade, pois não saíram da casa, onde foram visitados por alguns velhos amigos cubanos, que se inteiraram da notícia pelo próprio escritor. O pintor René Portocarrero, amigo desde o tempo em que Graham Greene passou por aqui para estudar o ambiente de *Nosso homem em Havana*, recebeu o recado tarde demais e quando chegou o escritor já se fora por onde viera. Comeu apenas uma vez naquelas vinte horas, bicando um pouco de tudo como um pássaro molhado, mas tomou

---

Publicado originalmente em 19 de janeiro de 1983.

uma garrafa de vinho tinto espanhol à mesa e durante sua estada fugaz consumiram seis garrafas de uísque na casa. Quando se foi, deixou a estranha impressão de que nem ele próprio soube a que veio, como só poderia acontecer a um desses personagens de seus romances, atormentados pela incerteza de Deus.

Estive na casa duas horas depois da chegada, porque me ligou logo que soube que eu estava na cidade, e isto me produziu uma grande alegria, não só pela antiga e inesgotável admiração que lhe tenho como escritor e como ser humano, mas porque se passaram muitos anos desde a última vez que nos vimos. Fora — como ele mesmo recordou — quando ambos viajamos a Washington na delegação panamenha para a assinatura dos tratados do Canal. Alguns jornais especularam na ocasião que o convite fora uma manobra de Torrijos para enfeitar a delegação com os nomes de dois escritores famosos que nada tinham a ver com aquela festa. Na realidade, ambos tivemos a ver com as negociações do tratado muito mais do que supunha a imprensa, mas não foi por uma coisa ou outra que o general Torrijos nos convidou para acompanhá-lo a Washington, mas porque não pôde resistir à tentação de fazer uma brincadeira cordial ao seu amigo o presidente Jimmy Carter. O caso é que tanto Graham Greene como eu — e tantos outros escritores e artistas deste mundo — somos proibidos de entrar nos Estados Unidos há muitos anos por motivos que nem os próprios presidentes jamais puderam explicar, e o general Torrijos tentara resolver o problema. Expôs o assunto a muitos funcionários de alto escalão que o visitaram naquele tempo, e por último o levou ao próprio presidente Carter, que manifestou surpresa e prometeu resolvê-lo com toda a brevidade, mas se acabou o tempo de seu poder antes de dar uma resposta. Quando estava formando a delegação para ir a Washington, ocorreu a Torrijos a idéia de colocar Graham Greene e eu de contrabando nos Estados Unidos. Era uma obsessão: pouco antes, propusera a Greene que se disfarçasse de coronel da Guarda Nacional e fosse a Washington em missão especial ao presidente Carter, só para fazer-lhe uma de suas brincadeiras habituais. Mas Graham Greene, que é mais sério do que parece por alguns de seus livros, não quis emprestar seu corpo glorioso para um episódio que, sem dúvida, seria um dos mais divertidos em suas memórias. Mas quando o general Torrijos nos propôs assistir à cerimônia dos tratados com nossas próprias identidades, porém com passaportes oficiais panamenhos e integrados à delegação desse país, ambos aceitamos com um certo regozijo infantil. Chegamos juntos à base militar de Andrews. Ambos com calças *jeans* e camisa de mescla, em meio a uma delegação de caribenhos vestidos de preto e aturdida pela detonação de 21 canhonaços de júbilo e os acordes marciais do hino norte-americano, que pareciam fazer parte da brincadeira. Consciente da carga literária do momento, Graham Greene me disse ao ouvido, quando descíamos pela escadinha do avião:

— Meu Deus, que coisas acontecem com os Estados Unidos!

O próprio Carter não pôde deixar de rir com seus dentes luminosos de anúncio de televisão quando o general Torrijos contou sua travessura.

Ao fim de tantos anos me encontrei com um Graham Greene rejuvenescido, cuja lucidez continua sendo sua virtude mais surpreendente e inalterável. Falamos, como sempre, um pouco de tudo. Porém o que mais me chamou a atenção foi o senso de humor com que evocava os quatro julgamentos que deve enfrentar esta semana em diferentes tribunais da França, em conseqüência do livro que publicou denunciando a máfia de Nice. Para muitos conhecedores do submundo da Côte d'Azur, as revelações de Greene nada diziam de novo. Mas nós, amigos do escritor, temíamos por sua vida. Ele não se perturbou e continuou em frente com sua denúncia.

— A morrer com um câncer na próstata, prefiro morrer com um tiro na cabeça.

Eu disse, então, não recordo onde, que Graham Greene estava fazendo uma roleta literária, como fizera em sua juventude com um Smith & Wesson calibre 32, segundo contou em suas memórias. Ele recordou esta minha declaração durante a visita e a tomou como ponto de partida para nos contar os pormenores de seus quatro processos judiciais.

À uma da madrugada Fidel Castro veio visitá-lo. Conheceram-se no princípio da revolução, bem no princípio, quando Graham Greene acompanhou as filmagens de *Nosso homem em Havana*. Voltaram a se ver várias vezes, nas viagens periódicas de Graham Greene, mas, ao que parece, não se viram nos últimos anos, porque desta vez, quando se deram a mão, Graham Greene disse:

— Não nos víamos há 16 anos.

Ambos me pareceram um pouco intimidados, e não lhes foi fácil começar a conversa. Por isso perguntei a Graham Greene o que havia de verdade no episódio da roleta-russa que ele narrou em suas memórias. Seus olhos azuis, os mais transparentes que conheço, iluminaram-se com as recordações:

— Isso foi aos 19 anos, quando me apaixonei pela professora de minha irmã.

Contou que de fato jogara então o jogo solitário da roleta-russa com um velho revólver de um irmão mais velho, e em quatro ocasiões diferentes. Entre as duas primeiras, houve uma semana de intervalo, mas as duas últimas foram sucessivas e com poucos minutos de diferença. Fidel Castro, que não podia passar por cima de um dado como esse sem esgotar até as últimas minúcias, perguntou-lhe para quantas balas era o tambor do revólver.

— Para seis — respondeu Graham Greene.

Fidel Castro, então, fechou os olhos e começou a murmurar cifras de multiplicação. Por último, olhou para o escritor com uma expressão de assombro e disse:

— De acordo com o cálculo das probabilidades você deveria estar morto.

Graham Greene sorriu com a serenidade de todos os escritores quando se sentem vivendo um episódio de seus próprios livros, e disse:

— Ainda bem que sempre fui péssimo em matemática.

Talvez porque se falava da morte, Fidel Castro se fixou na face juvenil e saudável do escritor e perguntou que exercícios praticava. Era uma pergunta que não podia faltar, porque Fidel Castro considera a educação física uma das chaves da vida. Faz várias horas de exercícios todos os dias, com a mesma proporção descomunal de tudo o que empreende, e aconselha regime semelhante aos amigos. Suas condições físicas são excepcionais para um homem de 56 anos e a elas atribui sua boa saúde mental. Por isso se surpreendeu tanto quando Graham Greene lhe respondeu que nunca fizera nenhum exercício em toda a sua vida, e, no entanto, sentia-se lúcido e sem nenhum transtorno de saúde aos 79 anos. Além disso, revelou que não tinha regime especial de alimentação, que dormia de sete a oito horas diárias, coisa que também era surpreendente num ancião de hábitos sedentários, e além disso bebia, às vezes, até uma garrafa de uísque por dia e um litro de vinho em cada refeição, sem nunca sofrer a servidão do alcoolismo.

Por um instante, Fidel Castro pareceu pôr em dúvida a eficácia de seu regime de saúde. Mas logo compreendeu que Graham Greene era uma exceção admirável, porém nada mais do que uma exceção. Quando nos despedimos, já me inquietava a certeza de que aquele encontro, cedo ou tarde, ia ser evocado no livro de memórias de algum de nós três, ou talvez dos três.

REGRESSO AO MÉXICO

Certa vez eu disse, numa entrevista:

— Da Cidade do México, onde tenho tantos amigos, não vai me restando mais do que a recordação de uma tarde incrível em que chovia com o sol entre as árvores do bosque de Chapultepec, e fiquei tão fascinado com aquele prodígio que minha orientação se perturbou e me pus a dar voltas na chuva, sem encontrar a saída.

Dez anos depois dessa declaração voltei a procurar aquele bosque encantado e o encontrei apodrecido pela contaminação do ar e com a aparência de que nunca mais voltou a chover entre suas árvores murchas. Esta experiência me revelou de repente quanta vida minha e dos meus ficou nesta cidade demoníaca, que hoje é uma das mais extensas e povoadas do mundo, e quanto mudamos juntos, a cidade e nós, desde que chegamos sem nome e sem um centavo no bolso, em 2 de julho de 1961, à poeirenta estação central da estrada de ferro.

Nunca me esquecerei da data, ainda que não estivesse num carimbo de um passaporte inútil, porque no dia seguinte, bem cedo, um amigo me despertou pelo telefone para me dizer que Hemingway morrera. Destroçara a cabeça com um tiro de fuzil no céu da boca, e essa barbaridade ficou para sempre em minha memória como o começo de uma nova época. Mercedes

Publicado originalmente em 26 de janeiro de 1983.

e eu, que tínhamos dois anos de casados, e Rodrigo, que ainda não tinha um ano, vivêramos nos meses anteriores num quarto de hotel em Manhattan. Eu trabalhava como correspondente na agência cubana de notícias de Nova York, e não conhecia até então um lugar mais idôneo para morrer assassinado. Era um escritório sórdido e solitário num velho edifício do Rockefeller Center, com uma sala de teletipos e uma sala de redação com uma única janela que dava para um pátio abissal, sempre triste e cheirando a fuligem gelada, de cujo fundo subia a todo momento o ruído dos ratos disputando sobras nas latas de lixo. Quando aquele lugar se tornou insuportável, pusemos Rodrigo numa canastra e subimos no primeiro ônibus que saiu para o Sul. Todo o nosso capital no mundo eram trezentos dólares, e outros cem que Plinio Apuleyo Mendoza nos mandou de Bogotá para o consulado colombiano em Nova Orleans. Não deixava de ser uma bela loucura: tentávamos chegar à Colômbia por entre os algodoais e os povoados de negros dos Estados Unidos, levando como único guia minha memória recente dos romances de William Faulkner.

Como experiência literária, tudo aquilo era fascinante, mas na vida real — mesmo sendo tão jovens — era um disparate. Foram 14 dias de ônibus por estradas marginais, ardentes e tristes, comendo em pensões de má morte e dormindo em hotéis com as piores companhias. Nas grandes lojas das cidades do Sul conhecemos pela primeira vez a ignomínia da discriminação: havia dois bebedouros públicos, um para os brancos e outro para os negros, com um letreiro em cada um deles. No Alabama passamos uma noite inteira procurando um quarto de hotel, e em todos nos diziam que não havia vaga, até que um porteiro noturno descobriu por acaso que não éramos mexicanos. No entanto, como sempre, o que mais nos fatigava não eram os dias intermináveis sob o calor ardente de junho nem as más noites nos hotéis de encontros amorosos, mas a má comida. Cansados de hambúrgueres baratos e de leite maltado, acabamos partilhando com a criança as compotas em conserva. Ao término daquela travessia heróica conseguimos confrontar mais uma vez realidade e ficção. Os partenões imaculados em meio aos campos de algodão, os rancheiros fazendo a sesta sentados sob a varanda fresca das estalagens, os barracos dos negros sobrevivendo na miséria, os herdeiros brancos do tio Gavin Stevens, que iam para a missa dominical com suas mulheres lânguidas vestidas de musselina: a vida terrível do condado de Yoknapatawpha desfilara diante de nossos olhos pela janelinha de um ônibus, e era tão certa e humana como nos romances do velho mestre.

No entanto, toda a emoção daquela experiência foi para o caralho quando chegamos à fronteira do México, à suja e poeirenta Laredo que já nos era familiar por tantos filmes de contrabandistas. A primeira coisa que fizemos foi entrar numa taberna para comer algo quente. Serviram-nos, para começar, à maneira de sopa, um arroz amarelo e macio, preparado de modo diferente do que no Caribe.

— Bendito seja Deus — exclamou Mercedes ao prová-lo. — Ficaria aqui para sempre ainda que fosse só para continuar comendo este arroz.

Nunca se poderia imaginar até que ponto seu desejo de permanecer seria cumprido. E não por aquele prato de arroz frito, no entanto, porque o destino nos pregaria uma peça bem divertida: o arroz que comemos em casa vem da Colômbia, quase de contrabando, nas malas dos amigos que vêm, porque aprendemos a sobreviver sem as comidas de nossa infância, mas não sem esse arroz patriótico cujos grãos brancos como a neve podem ser contados um a um no prato.

Chegamos à Cidade do México num entardecer cor de malva, com os últimos vinte dólares e sem nada no futuro. Só tínhamos aqui quatro amigos. Um era o poeta Álvaro Mutis, que já comera o pão que o diabo amassou no México mas ainda não encontrara o que Deus assou. O outro era Luis Vicens, um catalão dos grandes que viera pouco antes da Colômbia, fascinado pela vida cultural do México. O outro era o escultor Rodrigo Arenas Betancur, que semeava cabeças monumentais nos quatro cantos deste país interminável. O quarto era o escritor Juan García Ponce, que eu conhecera na Colômbia como jurado de um concurso de pintura, porém mal nos lembrávamos um do outro, pelo estado de densidade etílica em que nos encontrávamos na noite em que nos vimos pela primeira vez. Foi ele quem me telefonou logo que soube de minha chegada, e me gritou com sua loquacidade opulenta:

— O cabrão do Hemingway rebentou a cara com uma descarga de escopeta.

Esse foi o momento exato — e não às seis da tarde do dia anterior — em que cheguei verdadeiramente à Cidade do México. Sem saber bem por quê, nem como, nem até quando. Passaram-se até agora 21 anos e ainda não sei, mas aqui estamos. Como disse numa memorável ocasião recente, aqui escrevi meus livros, aqui criei meus filhos, aqui semeei minhas árvores.

Revivi este passado — rarefeito pela saudade, é certo — agora que voltei ao México como tantas e tantas vezes, e pela primeira vez me encontrei numa cidade diferente. No bosque de Chapultepec não ficaram sequer os namorados de antigamente, e ninguém parece acreditar no sol radiante de janeiro, porque na verdade se tornou raro nestes tempos. Nunca encontrei tanta incerteza no coração dos amigos. Será possível?

SIM, O LOBO VEM AÍ

Muitos amigos da Nicarágua, incluindo alguns bem informados, pensam que os gritos de alarme que os sandinistas emitem a cada minuto no mundo inteiro não correspondem a uma ameaça real em suas fronteiras, e sim que são como os gritos simulados com que o pastor da fábula anunciava que o lobo já vinha. No entanto, a ameaça a partir do território de Honduras não só é verdadeira e constante mas conta cada vez com maiores recursos, e se não chegou às últimas conseqüências é que diferentes setores do governo dos Estados Unidos não chegaram a um acordo quanto a uma decisão final.

Há alguns meses, um oficial do exército argentino, mandado por seu governo como instrutor de repressão em Honduras, pediu demissão por causa da atitude dos Estados Unidos na guerra das Malvinas, e revelou à imprensa todos os seus segredos. Sua confissão espontânea não deixava dúvida de que a Agência Central de Inteligência dos Estados Unidos estava amadurecendo um projeto de agressão em grande escala contra o governo da Nicarágua, e contava não só com antigos militares de Somoza e mercenários do mundo inteiro, mas também com o apoio de oficiais argentinos, chilenos e israelenses. Esse arrependido de última hora nos permitia pensar também que fora uma mentira do governo argentino a retirada anunciada

---

Publicado originalmente em 2 de fevereiro de 1983.

de seus técnicos de repressão na América Central, também em represália à atitude dos Estados Unidos na guerra das Malvinas. A farsa acabou por se confirmar com aspecto de zombaria sangrenta há algumas semanas, quando, de novo, o governo militar argentino voltou a anunciar que retirava os assessores que se supunham já retirados e que, ao que parece, ainda hoje continuam dando aulas em suas escolas sinistras, o que é — agora sim — uma versão moderna da fábula do lobo, porém ao contrário.

Tudo isto recorda, a nós que temos boa memória de jornalistas, a véspera do desembarque na Baía dos Porcos, em abril de 1961. Nessa ocasião, como todo mundo sabe agora, chegou-se ao extremo de pintar as insígnias da aviação cubana na fuselagem de aviões de guerra dos Estados Unidos, os quais bombardearam a base de San Antonio de los Baños, em Cuba, com o objetivo — cumprido pela metade — de destruir os poucos aviões cubanos que podiam resistir ao desembarque. Os aviões disfarçados regressaram à Flórida, e seus pilotos, que na realidade eram exilados cubanos, apresentaram-se à imprensa como desertores da aviação revolucionária que bombardeara sua própria base com aviões roubados. É certo que as condições da América Central e do Caribe e do mundo não são as mesmas de há vinte anos, mas também é verdade que o governo de Ronald Reagan age como se não soubesse. Mais uma vez, portanto, os nicaragüenses têm razão, para gritar com toda a força que podem, e que seus amigos os ajudemos a gritar com toda a força que podemos, porque é verdade que o lobo vem aí, e vem pisando com passos de animal tão grande que até o pastor mais ingênuo se daria conta de que não vem sozinho.

As manobras conjuntas que 1.700 soldados norte-americanos e quatro mil hondurenhos começaram ontem na fronteira de Honduras com a Nicarágua, não contribuem para a paz, que meio mundo está desejando para a América Central, nem para a solução pacífica negociada que tantos governos de boa vontade estão tentando conseguir, nem revelam em seus protagonistas nenhuma vontade real de pôr fim à sangria constante sofrida por esse infeliz cinturão das Américas. Não compartilho dos temores daqueles que pensam que semelhante manobra militar é apenas uma cortina para encobrir uma invasão maciça da Nicarágua. Não é assim que as coisas costumam acontecer. Mas estou de acordo com aqueles que pensam que são decisivas para melhorar as condições profissionais do exército de Honduras, bem treinado para a repressão interna mas não para uma guerra internacional. As manobras militares permitiriam também aos Estados Unidos introduzir equipamento bélico melhor e maior, e deixá-lo em Honduras depois da retirada das tropas, e não apenas a serviço das forças armadas hondurenhas, mas também dos somozistas e suas gangues de mercenários. Em compensação, compartilho o temor daqueles que pensam que o perigo real não está nas manobras de terra que se realizarão em Mosquitia, no mar do Caribe, e sim nas manobras navais que se realizarão ao mesmo tempo no golfo de Fonseca, no oceano Pacífico. Esse belo lugar, cujas costas são partilhadas por Honduras, El Salvador e Nicarágua, é a esquina quente da América Central. Os três países limítrofes montam ali uma guarda constante e tensa, e qualquer provocação que em qualquer outro lugar seria resolvida com um protesto diplomático formal, poderia ser o princípio de uma deflagração irreparável. Os Estados Unidos gostam de comer duas vezes no mesmo prato, mesmo os mais amargos, e não seria espantoso se tentassem no golfo de Fonseca uma provocação semelhante à do golfo de Tomkin, o mar da China, que lhe serviu de pretexto para intervir no Vietnã. As analogias, por desgraça, são cada dia mais inquietadoras.

Aos numerosos jornalistas que foram à minha casa do México em 21 de outubro do ano passado, às seis da manhã, expressei meu temor de uma invasão iminente da Nicarágua a partir do território hondurenho, e disse que devia se fazer o impossível para evitá-la. Não falava para dizer algo de ressonância na manhã do Nobel, não; o projeto de invasão da Nicarágua, a partir de Honduras, foi preparado pela CIA sob o patrocínio do último secretário de Estado dos Estados Unidos, Alexander Haig, e seu sucessor, George Shulz, encontrou-o pronto quando assumiu o cargo. Foi a mesma coisa que aconteceu ao presidente John Kennedy, em 1961, quando encontrou pronto em sua mesa o projeto de invasão de Cuba preparado por seu antecessor, o general Eisenhower. Duas personalidades que falaram em separado com George Shulz no início de outubro o encontraram preocupado pelo que poderia ocorrer entre Honduras e Nicarágua, e, embora não falasse do projeto, assegurou-lhes que se opunha a qualquer ação de guerra nessa linha de alta tensão, e que faria o que estivesse ao seu alcance para impedi-la. Eu tinha versões diretas dessas conversas quando disse o que disse aos jornalistas, e hoje creio e comemoro o fato de que talvez Shulz tenha conseguido impedir o desastre no início de dezembro, que era a época prevista. O que não sabemos hoje é se aquilo não passou de um adiamento.

Tudo isto impõe uma mobilização mais ativa, eficaz e coerente para conseguir uma solução pacífica e global do drama da América Central. A oposição armada de El Salvador vê aumentar cada dia suas possibilidades de uma vitória total sobre um exército cada dia mais dividido e desmoralizado. Cinco mil rebeldes, a metade deles com armas automáticas sofisticadas, avançam diante de um exército regular que abandona suas posições e suas armas sem combater. Os próprios Estados Unidos devem estar conscientes de que aquela é para eles e seus sócios salvadorenhos uma guerra que não ganharão, mas que pode se prolongar com uma crueldade que nenhum dos dois lados merece. Os chanceleres do México, Colômbia, Venezuela e Panamá se reuniram há pouco na ilha de Contadora, tentando encontrar a fórmula de paz necessária para a América Central, mas a reunião, ao que parece, foi mais um torneio de boa vontade que de sentido prático. Não tenho qualquer dúvida da sinceridade e da antigüidade das aspirações do México, e me consta que a paz nesta região, como em seu próprio país, é um dos propósitos mais profundos do presidente da Colômbia. No entanto, em lugar de prestar atenção ao clamor, já quase mundial, por um acordo político que os próprios governantes nicaragüenses e os rebeldes salvadorenhos estão dispostos a patrocinar, o governo do presidente Reagan prefere seguir mostrando seus dentes de lobo, de lobo, de lobo, em manobras de olha o lobo que, na melhor das hipóteses, deveria ser repudiada de qualquer maneira como uma impertinência estúpida.

ESTÁ BEM, FALEMOS DE LITERATURA

Jorge Luis Borges disse numa velha entrevista que o problema dos jovens escritores de então era que no momento de escrever pensavam no êxito ou no fracasso. Em compensação, quando ele estava em seus começos só pensava em escrever para si mesmo.

— Quando publiquei meu primeiro livro, em 1923 — contava — mandei imprimir trezentos exemplares e os distribuí entre meus amigos, salvo cem exemplares, que levei para a revista *Nosotros*.

Um dos diretores da publicação, Alfredo Bianchi, olhou aterrado para Borges e disse:

— Mas você quer que eu venda todos esses livros?

— Claro que não — respondeu Borges. — Apesar de tê-lo escrito não estou completamente louco.

O autor da entrevista, Alex Zisman, que então era um estudante peruano em Londres, contou à margem que Borges sugerira a Bianchi que pusesse exemplares do livro nos bolsos dos sobretudos pendurados no roupeiro de seu escritório, e assim conseguiram que se publicassem algumas notas críticas.

Pensando neste episódio, lembrei-me de outro, talvez conhecido demais, de quando a mulher do já famoso escritor norte-americano Sherwood

---

Publicado originalmente em 9 de fevereiro de 1983.

Anderson encontrou o jovem William Faulkner escrevendo a lápis com o papel apoiado num velho carrinho de mão.

— Que está escrevendo? — perguntou ela.

Faulkner, sem levantar a cabeça, respondeu:

— Um romance.

A senhora Anderson só conseguiu exclamar:

— Meu Deus!

De fato, uns dias depois Sherwood Anderson mandou dizer ao jovem Faulkner que estava disposto a levar seu romance a um editor, com a condição de não ser obrigado a lê-lo. O livro viria a ser *Paga de soldado*, publicado em 1926 — ou seja, três anos depois do primeiro livro de Borges —, e Faulkner publicaria quatro outros antes que fosse considerado um autor conhecido, cujos livros fossem aceitos por editores sem muitos rodeios. O próprio Faulkner declarou certa vez que depois desses primeiros cinco livros se sentiu forçado a escrever um romance sensacionalista, já que os anteriores não renderam dinheiro o bastante para alimentar a família. Esse livro forçado foi *Santuário* e vale a pena assinalá-lo, porque indica bem qual era a idéia que Faulkner tinha de um romance sensacionalista.

Lembrei-me destes episódios das origens dos grande escritores no decurso de uma conversa de quase quatro horas que tive ontem com Ron Sheppard, um dos críticos literários da revista *Time*, que está preparando um estudo sobre a literatura da América Latina. Duas coisas me deixaram satisfeito nessa entrevista. A primeira é que Sheppard só me falou e só me fez falar de literatura, e demonstrou, sem o menor assomo de pedantismo, que sabe bem o que é. A segunda é que lera com atenção todos os meus livros e os estudou, em separado, e também em sua ordem e em seu conjunto, e além disso se dera o trabalho árduo de ler numerosas entrevistas minhas para não recair nas perguntas de sempre. Este último ponto não me interessou tanto por afagar minha vaidade — coisa que de qualquer maneira não se pode nem se deve descartar quando se fala com qualquer escritor, mesmo os que parecem mais modestos — mas porque me permitiu explicar melhor, com minha própria experiência, minhas concepções pessoais sobre o ofício de escrever. Todo escritor entrevistado descobre logo — por qualquer descuido ínfimo — se seu entrevistador leu um livro do qual está falando, e, a partir desse instante, sem que o outro o perceba, coloca-o em situação de desvantagem. Em compensação, conservo uma grata recordação de um jornalista espanhol, bem jovem, que fez uma entrevista minuciosa sobre minha vida acreditando que eu era o autor da canção das borboletas amarelas, que naquela época tocava em todas as partes, mas que não tinha a menor idéia de que aquela música se originara de um livro e que, além disso, fora eu quem o escrevera.

Sheppard não fez nenhuma pergunta concreta, nem utilizou um gravador, mas de tempo em tempo tomava notas breves num caderno escolar, nem se importou com os prêmios que eu recebi antes ou agora, nem tentou saber qual é o compromisso do escritor, nem quantos exemplares vendi, nem quanto dinheiro ganhei. Não farei um resumo de nossa conversa, porque tudo quanto nela se falou pertence agora a ele. Mas não resisti à tentação de assinalar o fato como um acontecimento alentador no rio revolto de minha vida particular de hoje, em que não faço nada mais do que responder várias vezes por dia às mesmas perguntas com as mesmas respostas de sempre. E pior ainda: as mesmas perguntas, que cada dia têm menos a ver com minha profissão de escritor. Sheppard, em compensação, e com a mesma naturalidade com que respirava, movia-se sem tropeços nos mistérios mais densos da criação literária, e quando se despediu me deixou empapado da saudade dos tempos em que a vida era mais simples e se desfrutava do prazer de perder horas e horas falando de nada mais do que de literatura.

No entanto, nada do que falamos se fixou em mim de maneira mais intensa do que a frase de Borges: "Agora, os escritores pensam no êxito ou no fracasso." De uma maneira ou de outra, disse a mesma coisa a tantos escritores jovens que encontro por esses mundos. Nem todos, por fortuna, vi tentando terminar um romance de qualquer maneira para chegar a tempo a um concurso. Vi-os se precipitando em abismos de desmoralização por uma crítica desfavorável, ou pela recusa de seu original numa editora. Certa vez ouvi Mario Vargas Llosa dizer uma frase que me desconcertou de saída:

— No momento de se sentar para escrever, todo escritor decide se vai ser um bom escritor ou um mau escritor.

Vários anos depois chegou em minha casa no México um rapaz de 23 anos que publicara seu primeiro romance seis meses antes e que naquela noite se sentia triunfante porque acabara de entregar ao editor seu segundo romance. Expressei minha perplexidade pela pressa que imprimia em sua carreira prematura, e ele me respondeu, com um cinismo que ainda quero lembrar como involuntário:

— É que você tem de pensar muito antes de escrever, porque todo mundo está interessado naquilo que você escreve. Em compensação, eu posso escrever rapidamente, porque pouca gente me lê.

Então entendi, como uma revelação deslumbrante, a frase de Vargas Llosa: aquele rapaz decidiu ser um mau escritor, como de fato foi até que conseguiu um bom emprego numa agência de carros usados, e não voltou a perder tempo escrevendo. Em troca, penso agora, talvez seu destino fosse outro se antes de aprender a escrever tivesse aprendido a falar de literatura. Por estes dias há uma frase da moda: "Queremos menos ação e mais palavras." É uma frase certamente carregada de uma grande perfídia política. Mas serve também para os escritores.

Há uns meses disse a Jomi García Ascot que a única coisa melhor do que música era falar de música, e ontem à noite estive a ponto de dizer a mesma coisa sobre a literatura. Mas logo pensei com mais cuidado. Na realidade, a única coisa melhor do que falar de literatura é fazê-la bem.

MEMÓRIAS DE UM FUMANTE APOSENTADO

Numa época quase irreal em que todo mundo era jovem, o crítico mexicano de cinema Emilio García Riera adormeceu num quarto de hotel enquanto lia fumando na cama. O cigarro escorregou de seus lábios ao mesmo tempo que o livro escorregou de suas mãos, e quando despertou estava a ponto de morrer asfixiado num quarto cheio de fumaça e sobre um colchão em chamas. Não foi possível convencer o gerente do hotel que fora um acidente comum, que devia estar previsto no contrato de seguro, como os vasos que se quebram e os tapetes que se estragam porque se deixa aberta a torneira da banheira, e que, portanto, não era justo que tratassem de colocar o preço do colchão queimado na conta de um crítico de cinema cujo único luxo burguês era fumar adormecido. Não houve nada a fazer: o hotel cobrou o colchão a preço de colchão novo.

Recordei este contratempo de juventude lendo um artigo sobre os perigos de fumar, entre os quais não se menciona o câncer como um dos mais temíveis. Não: parece que nos Estados Unidos, onde o temor ao fogo é uma espécie de obsessão patriótica, o vício de fumar provoca mais incêndios do que qualquer outra causa — até mais do que cozinhar. "Calcula-se", diz o artigo distribuído pela agência de notícias do *New York Times*, "que não menos de 2.500 pessoas morrem a cada ano em incêndios provocados por

---

Publicado originalmente em 16 de fevereiro de 1983.

cigarros, e umas 25 mil ficam feridas em incêndios da mesma origem, em que se registram prejuízos de mais de trezentos milhões de dólares." É provável, além disso, que estes desastres ocorram em lugares onde não é proibido fumar, o que pode dar uma idéia de qual seria o tamanho do estrago se não existisse nenhum limite ao arbítrio dos fumantes.

Um piloto me explicou uma vez porque nos aviões é proibido fumar só durante a decolagem e a aterrissagem, e não recordo sua justificativa, talvez porque não me pareceu convincente. Mas cada vez que vejo alguém fumando durante um vôo tenho a impressão iniludível de que está cometendo uma imprudência e expondo todos os passageiros a um risco adicional, além dos muitos a que por si só a navegação aérea nos expõe. A um vizinho de assento que me perguntou outro dia, sobre o oceano Atlântico, se me incomodava se fumasse, respondi que não, desde que tivesse a amabilidade de fumar seu cigarro apagado. Queria dizer-lhe que o fumo não me incomodava nada, mas que não podia suportar a tensão de ver uma brasa ardendo num ambiente artificial submetido a uma pressão de mil a cinco mil metros de altura, e acelerado a uma velocidade de novecentos quilômetros por hora.

Até há uns cinco anos não era proibido fumar nos toaletes dos aviões. Agora não só há letreiros alarmantes que o impedem, mas nas instruções verbais feitas pelos alto-falantes se sublinha com uma ênfase suspeita, e às vezes sem motivo aparente, que é proibido fumar nos lavabos. Há indicações verossímeis de que essa proibição foi o resultado de um acidente atroz ocorrido há uns seis anos num aeroporto de Paris, quando um avião gigante de uma empresa latino-americana se precipitou no solo a poucos metros da pista. A investigação do acidente, que eu saiba, nunca foi divulgada, mas há versões sérias de que os passageiros morreram asfixiados pela fumaça proveniente do material plástico incendiado num lavabo. Ao que tudo indica, um passageiro deixou ali um cigarro aceso.

É fácil imaginar por que me sinto tão à vontade contando estes horrores. Acontece que sou um fumante aposentado, e não dos menores. Há pouco ouvi um amigo dizer que prefere ser um bêbado conhecido do que um alcoólatra anônimo. Eu disse outra coisa menos inteligente, mas talvez mais sincera nesse momento:

— Prefiro morrer a deixar de fumar.

Mas deixei de fumar dois anos depois. Passaram-se, desde então, 14 anos, e eu fumava desde os 18 anos, e a um ritmo que não conheço em muitos fumantes empedernidos. Ao parar, fumava quatro maços em 14 horas: oitenta cigarros. Alguém calculara que dessas 14 horas úteis na vida desperdiçava quatro horas completas no ato simples de puxar o cigarro, buscar os fósforos e acender. Fumava em excesso, mas não era um dependente catastrófico: nunca adormeci fumando, nem queimei uma poltrona ou um tapete numa visita, nem fumei nu, mas caminhando só de sapatos — que é uma das coisas mais agourentas que se pode fazer na vida —, nem esqueci um cigarro aceso em nenhuma parte, e muito menos, com certeza, no lavabo de um avião. Não estou tentando fazer proselitismo, ainda que costume e me agrade fazê-lo, como todos os convertidos. Ao contrário, devo dizer que em meus longos e ditosos anos de fumante nunca tive um acesso de tosse, nem qualquer problema de coração, nem qualquer dos males maiores e menores atribuídos aos grandes fumantes. Em compensação, quando deixei de fumar contraí uma bronquite crônica que me deu muito trabalho para curar. Mais ainda: não deixei de fumar por qualquer motivo especial, e nunca me senti nem melhor nem pior, nem me azedou o caráter, nem aumentei de peso, e tudo continuou como se nunca tivesse fumado em minha vida. Ou melhor: como se continuasse fumando.

Durante muitos anos repeti uma piada sem graça: "A única maneira de deixar de fumar é não fumar mais." Minha maior surpresa neste mundo é que quando deixei de fumar compreendi que não era uma piada sem graça e sim a pura verdade. Mas a forma em que ocorreu merece ser recordada, caso estas linhas cheguem ante os olhos de alguém que quis deixar de fumar e não conseguiu. Aconteceu em Barcelona, uma noite em que saímos para jantar com o médico Luis Feduchi e sua mulher, Leticia, e ele estava feliz porque deixara o cigarro fazia um mês. Admirado com sua força de vontade, perguntei-lhe como conseguira, e me explicou com argumentos tão convincentes que, ao final, esmaguei a guimba de meu cigarro no cinzeiro, e foi o último que fumei na vida. Duas semanas depois o doutor Luis Feduchi voltou a fumar, primeiro com um cachimbo apagado, depois com um cachimbo aceso, e depois em dois, em três e em quatro cachimbos diferentes, e agora com uma preciosa coleção de quarenta cachimbos de todas as espécies. Às vezes, para descansar de tantos cachimbos, fuma charutos de todas a marcas, sabores e tamanhos. Sua explicação é válida: nunca me disse que deixara de fumar, e sim que largara o cigarro.

Todas essas experiências — que talvez não passem de rajadas de inveja que devem sentir os padres que penduraram a batina — me permitem pensar que, enfim, talvez seja a mesma coisa fumar ou não fumar. Mas aqueles que dirigem as campanhas contra o tabagismo não deviam ser os médicos e os psicólogos — que, afinal de contas, não conseguiram convencer muitos —, e sim que devia ser uma das tantas e proveitosas atribuições dos bombeiros.

HISTÓRIAS PERDIDAS

Um jovem da Tchecoslováquia abandonou seu país com a intenção de fazer fortuna. Vinte e cinco anos depois, casado e rico , voltou à cidade na tal, onde a mãe e a irmã tinham um hotel. Só para fazer-lhes uma brincadeira, o viajante deixou a mulher em outro hotel e alugou um quarto no hotel da mãe e da irmã, que não o reconheceram depois de tantos anos de separação. Sua idéia, ao que parece, era se identificar no dia seguinte durante o café da manhã. Mas à meia-noite, enquanto dormia, a mãe e a irmã o assassinaram para roubar-lhe dinheiro.

Este é o núcleo de *O mal-entendido*, a conhecida peça teatral de Albert Camus, inspirada numa destas histórias sem origem certa que a tradição oral transmite — com ligeiras modificações —, não só no espaço mas também no tempo. Roger Quillot, autor das notas com que o drama de Camus foi publicado na edição da Pléiade, diz que a história se encontra, com variantes, em numerosos países e que desde a Idade Média aparecia na tradição oral ou na imprensa. "Paul Benicaou me indicou em particular uma velha canção de Nivernais, *O soldado morto por sua mãe*", escreve Roger Quillot. "Da mesma forma, em *Mon portrait*, de Louis Claude de Saint-Martin, apresenta-se esta história como um caso policial acontecido em Tours em junho de 1796. Por último, o escritor latino-americano Domingo Sarmiento asse-

Publicado originalmente em 23 de fevereiro de 1983.

gura que a mesma lenda é conhecida no Chile, e uma ação idêntica é o tema da tragédia intitulada *O 24 de fevereiro*, de Zacarías Werner."

Não sei se existe, ainda que devesse existir, uma antologia dessas histórias que se repetem em todo o mundo e das quais quem as conta garante que foram testemunhas oculares. Ou os narradores mentem, coisa que é provável, ou é certo que as histórias ocorrem uma e outra vez em culturas diferentes e em épocas diversas. Uma delas, das quais falei outras vezes nesta coluna, é a do automobilista que dá carona a uma mulher solitária na estrada, que desaparece de seu banco vizinho no transcurso da viagem. Há um dado constante em todas as versões dos diferentes países: no lugar onde a mulher é recolhida houve um acidente atroz em que morreu uma mulher vestida da mesma maneira. Na última vez que escrevi sobre isto recebi muitas cartas em que me diziam que o mesmo caso ocorrera em lugares diferentes, e em algumas delas se dava até o nome dos protagonistas. Alguém me mandou a cópia de várias páginas de um livro do meu amigo e escritor catalão Manolo Vázquez Montalbán, publicado muito antes que a imprensa francesa divulgasse a história ocorrida no verão anterior. Volto ao tema porque um amigo do México, cuja palavra não pode ser posta em dúvida, conta-me que viveu a mesma história um dia da semana passada, em pleno dia, quando regressava de Taxco à Cidade do México por uma auto-estrada tão concorrida que se pode perguntar como não se instalaram sinais de trânsito em algumas curvas.

No entanto, a mais estranha, horrorosa e complicada destas histórias recorrentes se supõe que ocorreu em algum lugar do Afeganistão há muitos anos. É a de um homem que se encontrou por acaso num mercado com uma mulher que lhe pareceu a mais bela do mundo. De acordo com os costumes locais, não tentou seduzir a bela com os sadios recursos ocidentais, mas acertou o casamento com seus pais. A moça aceitou por obediência, mas impôs ao marido a condição não só de dormir em quartos separados mas também de não terem qualquer tipo de relação sexual, salvo nas escassas ocasiões em que ela determinasse. O marido se submeteu a semelhantes normas contra a natureza até uma noite em que descobriu que a mulher costumava fugir da casa enquanto ele dormia, para visitar um amante secreto, que mantinha desde antes do casamento numa cabana não muito distante da sua. Então o marido a seguiu armado com sua espada, esperou que ela saísse da casa alheia para voltar à sua e decapitou o amante com um golpe certeiro. Em seguida, limpou a espada com tanto cuidado que quando a mulher a examinou — imaginando quem poderia ser o autor do crime — não encontrou qualquer vestígio que lhe permitisse culpar o marido. Ele, enfim, coroou sua ambição de dormir e se alegrar com a mulher mais bela do mundo, que por sinal acabou por ser feliz com ele e lhe dando três filhos. Muitos anos depois, quando passaram por acaso diante da cabana do amante morto, a mulher não pôde dissimular o nervosismo e pediu ao marido que se afastassem dali o mais rapidamente possível. Então o marido cometeu a imprudência que o delatou.

— Naquele tempo você não tinha tanta pressa — disse.

A mulher não fez nenhum gesto revelador, mas naquela noite, quando o marido voltou para casa, encontrou os três filhos decapitados com a mesma espada com que ele decapitara seu rival e nunca mais na vida teve notícia da mulher mais bela do mundo.

A história, com toda espécie de variações, repete-se com freqüência em todas as partes; mas o último que a contou foi um professor universitário que garantiu ter estado no Afeganistão e conhecido o protagonista. E acrescentou um dado fulminante: o homem tinha uma cicatriz nas costas, causada pela própria mulher com a espada insaciável quando também tentou decapitá-lo. Isto converteria em contemporânea uma história que se supunha muito antiga, dos tempos em que as espadas se antecipavam às armas de fogo nos crimes passionais, e quando não era possível conceber uma história com final feliz, destes que hoje se consideram desastre literário.

Li *As mil e uma noites* quando apenas começava a ter uso da razão, e talvez seja mais uma das razões pelas quais continuo apreciando-as como meu livro inesquecível. Pois bem: cada vez que ouço contar a história do amante decapitado desperto emoções adormecidas daquelas leituras nebulosas de minha infância, mas não consigo localizá-la nas diferentes versões que tenho dos relatos fantásticos de Sherazade. Tropeço sempre, em compensação, com outra parecida e tremenda: a história da mulher que em casa só comia grãos de arroz, um por um, espetando-os com um alfinete, até que o marido descobriu que não comia porque de noite fugia de casa para ir comer cadáveres no cemitério. E tropeço em outra mais bonita que jamais li: a história do pescador que pede a um vizinho um chumbo para sua rede, com a promessa de lhe dar em troca o primeiro peixe do dia. Cumpre sua promessa, e quando a mulher do vizinho estripa o peixe para prepará-lo, encontra no estômago um diamante do tamanho de uma avelã. Encontro estas e muitas histórias de maravilhas, mas não consigo encontrar a origem da outra terrível da mulher mais bela do mundo que decapitou seus três filhos porque o marido decapitara o amante. Haverá algum leitor benevolente que me ajude a encontrá-la?

PARA QUE SERVEM OS ESCRITORES?

A forma colérica, irônica e pejorativa com que a imprensa dos Estados Unidos reagiu à reunião de quase quinhentos intelectuais na venerável Universidade da Sorbonne, em Paris, é bem um sintoma de que sua transcendência foi mais significativa do que poderia parecer à primeira vista. Os argumentos contrários são, em geral, os mais frívolos. Os que se repetem com mais insistência são que os convidados viajam de graça na primeira classe, e alguns, sobretudo os norte-americanos, de Concorde, o que apenas quer dizer que iam com menos conforto mas chegaram antes; e todos foram alojados no hotel Plaza Athenée, que é o local predileto dos grandes burgueses do mundo quando visitam Paris; e que se fartaram com refeições deliciosas nos restaurantes mais refinados. Não há nada falso nestas informações, mas tampouco nada de extraordinário.

Tanto o mundo deste lado como o do outro lado sempre tiveram o prazer de agradar os intelectuais enquanto eles não levantarem a mão contra seus governos soberanos, e nunca vi nada de censurável em que escritores, artistas e cientistas desfrutem a boa vida que os burgueses reservaram só para eles. Se o governo francês os convidou, é bom que o tenha feito com todas as honras, e seria descortês se fosse de outra maneira.

Publicado originalmente em 2 de março de 1983.

A outra censura da imprensa dos Estados Unidos é menos frívola. Diz que a França tenta recuperar uma liderança cultural perdida há muito tempo, e que para conseguir está disposta a gastar até o dinheiro que não tem e num momento em que o país — como quase todos os do mundo, incluindo os mais desenvolvidos — atravessa o deserto da crise e enfrenta o espectro do desemprego. A imprensa dos Estados Unidos, mesmo a que costuma ser a mais serena, aproveitou a ocasião para dizer que a França já não é a dos grandes dias de glória de seu hino nacional, que faz mais de 25 anos que seus romancistas não escrevem um grande romance, nem seus poetas cantam com a mesma voz de outros tempos, nem seus músicos fazem o melhor, nem seus pintores fazem sequer o menos ruim. São exageros de verdades que sem dúvida os franceses sabem mais do que ninguém, mas servem melhor para louvar do que para recriminar as boas intenções de um bom ministro da Cultura que tenta recuperar o paraíso perdido. Está em seu direito, e se nós, amigos da França, pudermos fazer algo para ajudá-lo, não há nada de reprovável nisso, antes pelo contrário.

Tenho e sempre tive grandes reservas, em geral, pelos congressos de escritores e artistas. Sobretudo nos últimos tempos, em que ficaram na moda, a ponto de que qualquer intelectual mais ou menos solicitado pode passar o ano inteiro viajando pelo mundo e dessa maneira desperdiçar seu tempo sem fazer nada mais proveitoso. Segundo cálculos preliminares, e segundo se depreende das cartas e telegramas de convite que passaram pelas minhas mãos nos últimos dias, neste ano que apenas está começando haverá 63 congressos, encontros, reuniões ou seminários de grande vulto de escritores.

Os custos somados dariam sem dúvida para resolver a situação de muitos escritores com menos recursos que gostariam de ter melhores condições para escrever. Mas não é isso o que importa tanto, porém o fato demonstrável pela experiência de anos anteriores de que os congressos de escritores não servem para nada. Coisa diferente são sem dúvida os congressos científicos, nos quais se discutem e se trocam segredos úteis para o gênero humano. Mas nós escritores não temos segredos para trocar, nem sua divulgação — caso tivéssemos — serviria para alguma coisa. Durante muitos anos me neguei a participar de congressos de escritores, mas cada vez me custou mais trabalho dizer não, por motivos que quase nunca tinham algo a ver com literatura. O resultado foi sempre o mesmo: me aborreci a mais não poder, assediado por perguntas cujas respostas todo mundo conhece, ou esmagado pelas discussões que os profissionais dos congressos sustentam sem trégua, ainda que seja só para que o congresso exista. Em geral, não há muita probabilidade de que todos os participantes tenham alguma possibilidade de participação. Não quer dizer certamente que os escritores e artistas sejam cordeiros fáceis de pastorear. Pelo contrário, poucos escritores gostam de congressos, e se participam deles é por motivos que nada têm a ver com o congresso em si. A maioria — sobretudo os que escrevem bem — se aborrece mortalmente durante os debates e só deseja que a sessão acabe para que a vida volte a recomeçar. A verdade é que alguns participam para poder viajar, outros para conhecer lugares que de outra maneira não poderiam visitar, ou para voltar a se encontrar com amigos que de outra maneira não poderiam ver. O último motivo é talvez o mais perdoável de todos, e o único, definitivamente, que me motivou a participar alguma vez a uma concorrida reunião de intelectuais.

Outra noite se discutia numa festa que métodos deviam ser utilizados pelos Estados benévolos para promover a criação artística. Minha resposta foi bem simples: a única coisa que o Estado pode fazer é assegurar aos escritores as proteínas necessárias desde seu nascimento, e então garantir-lhes as condições para que possam exercer sua profissão sem sobressaltos e com uma independência absoluta. É uma verdade acaciana, mas, por desgraça, não há outra.

Por sorte, o que Jack Lang pretendeu na Sorbonne não é que os escritores escrevam melhor, e sim algo ainda mais original na França, onde já se inventaram tantas coisas originais. Tentou que os artistas e os economistas se pusessem de acordo sobre o que se pode fazer a partir dos palácios de cultura para enfrentar a crise deste mundo. Um convidado norte-americano, quem sabe se a sério ou de brincadeira, disse que os economistas complicaram de tal maneira a economia que talvez sejam os artistas os únicos capazes de simplificá-la. Não sei por que esta frase me lembrou o belo e sábio discurso de Saint-John Perse ao receber o Prêmio Nobel, no qual demonstrou que os métodos da poesia podiam ser de enorme utilidade para a pesquisa científica. Lembrei-me também de outro episódio menos significativo mas que, de qualquer maneira, tinha muito a ver com o caso. Há vários anos, um professor de sociologia de uma universidade dos Estados Unidos fez uma enquete entre os romancistas latino-americanos para saber qual era o método que eles utilizavam em seus esforços para decifrar a realidade de seus países. O professor considerava que a metodologia dos sociólogos fracassara nessa tentativa, e pensava que o método dos romancistas podia ser útil também para os sociólogos.

Nunca conheci os resultados de sua enquete, mas sei que a resposta de vários escritores foi a mesma: a única coisa que faziam para tentar interpretar a realidade era observar a vida, outra verdade acaciana que, sem dúvida, era a que o ministro da Cultura da França, que é um homem inteligente e entusiasmado, esperava escutar também como resultado final do encontro na Sorbonne. Afinal, também a cultura, como tantas outras coisas de nosso tempo, carece de uma boa dose de bom senso.

O PAPA, NO INFERNO

Há muitos motivos para perguntar que raros desígnios de Deus inspiraram ao papa João Paulo II a decisão surpreendente de visitar o inferno da América Central. No mesmo dia de sua chegada a Costa Rica estavam enterrando em Manágua 17 milicianos adolescentes abatidos por bandos somozistas que penetraram na Nicarágua vindo de Honduras, e seis guatemaltecos eram fuzilados pelo regime militar de seu país, presidido por um general fanático que celebra missas como sumo sacerdote de uma seita religiosa que nada tem a ver com a Igreja Católica. Em menos de um ano, o regime deste aiatolá de grosso calibre mandou matar mais de dez mil indígenas no genocídio mais barato destes tempos em nossa América. Mas o país em que resultava mais embaraçosa a visita do papa era a república de El Salvador, em cuja capital foi assassinado, num ato de poucos antecedentes, nada menos do que o arcebispo-primaz, no altar-mor da catedral e no instante da elevação.

No entanto, até onde se soube, não foi com El Salvador nem com a Guatemala que o Vaticano fez mais reservas para a visita do Sumo Pontífice, e sim com um terceiro país, a Nicarágua, cujo governo não matou ninguém e conta além disso com a colaboração ativa de sacerdotes católicos em níveis bem elevados e com o apoio do baixo clero. A presença de sacerdotes no governo

Publicado originalmente em 9 de março de 1983.

foi o principal obstáculo nas longas negociações secretas precedentes que, enfim, tornaram possível a visita. A decisão original do Vaticano era que o papa fosse à Nicarágua só como chefe espiritual da Igreja, sem levar em conta as autoridades terrestres. As autoridades, com toda a razão, permitiram-se recordar aos emissários papais que João Paulo II é o dirigente máximo de um Estado com o qual a Nicarágua não só mantém relações diplomáticas mas que essas relações são muito boas. Não são tão boas, em compensação, as relações do governo com a hierarquia eclesiástica, por causa da colaboração de sacerdotes católicos no processo de transformação social em curso no país. A pretensão do Vaticano, no último caso, era que estes sacerdotes não estivessem presentes na chegada do papa, para que não tivesse de saudá-los, e, com eles, o que ocupa nada menos do que o cargo de chanceler — o padre Manuel d'Escoto. Não haveria nenhum problema, pois ele deveria estar na Conferência dos Países Não-Alinhados, de Nova Déli; mas os outros estariam ali, com todo o seu direito. O Vaticano acabou por aceitar que a visita fosse oficial e não apenas pastoral, e o governo da Nicarágua foi tão estrito em suas regras de cortesia que o comandante Daniel Ortega, membro da Junta de Governo, chegaria atrasado à reunião de Nova Déli para estar presente em Manágua durante a chegada do Sumo Pontífice.

Estas manobras, cujos propósitos políticos eram indisfarçáveis, obrigavam a seguinte pergunta: que invulgares desígnios de Deus determinaram esta visita? Não parecia provável que os informantes do papa fossem os melhores com relação ao drama da América Central, uma terra tão distante do Vaticano que se tem o direito de perguntar se João Paulo II sabia com certeza qual dos dois oceanos banha as costas de Honduras; uma pergunta que, além disso, estou seguro que poucos leitores desta crônica se atreveriam a responder sem vacilar. Quando o papa João Paulo II me fez o extremo favor de me receber em audiência privada poucos meses depois de sua eleição, causou-me uma agradável e grata impressão, de que falei muito sempre que tive oportunidade. Havia uma extraordinária contradição entre sua fortaleza física, sua compleição de atleta, e o calor humano, quase afetuoso, de suas boas maneiras. Mas algo mais me chamou a atenção, e foi um certo e compreensível condicionamento mental que o impedia de entender uma situação de qualquer parte do mundo que não se relacionasse com a Europa oriental. Seguindo com o propósito de minha visita, fiz-lhe uma breve exposição sobre a situação dos presos e desaparecidos políticos na Argentina, que era o que causava maior preocupação naquele momento. O papa expressou seu assombro com uma frase:

— Que horror, é como na Europa oriental!

Fui capaz de imaginar naquele momento que o papa não acreditava tanto como dizia, mas que alguém o preparara para minha visita e talvez lhe dissera, com a ingenuidade dos padres dos velhos romances espanhóis, que eu era um comunista daqueles que comem crianças cruas, algo que nunca fui nem serei, entre outras coisas porque não corresponde nem à minha concepção da vida nem à minha formação nem ao meu caráter. Mas era provável que alguém sugerira ao papa que não me dissesse algo comprometedor, e ao bom pastor não ocorreu nada melhor do que se defender com um exagero teatral invencível: "É como na Europa oriental." Com certeza, eu não estava ali para encetar com o Sumo Pontífice uma polêmica sobre as analogias e a diferenças entre o Oriente e o Ocidente, e sim tentar que nos ajudasse a encontrar os desaparecidos do sul, mas tive motivos para me preocupar com o que ia fazer em sua iminente visita ao México, que seria a primeira de seu papado. A hierarquia eclesiástica do México não se distingue por sua mentalidade progressista, e não era provável que suas informações permitissem ao papa se colocar ao lado dos justos em sua primeira viagem às Américas. Mas houve uma diferença grande entre o discurso que o papa pronunciou em sua chegada e o que pronunciou depois que viu com os próprios olhos a miséria de certas províncias mexicanas, cuja gravidade, diga-se o que se disser, não admitia comparações com a pobreza indiscutível de alguns setores da Europa oriental. Quando visitou mais tarde o Brasil, em compensação, João Paulo II se comportou como um bom pastor, bem informado sobre a realidade graças à sensibilidade social dos bispos brasileiros influentes, entre eles dom Helder Câmara, sem dúvida, e dom Paulo Evaristo Arns, cardeal de São Paulo. Tomara que o mesmo Deus que quis que o papa baixasse agora ao inferno da América Central queira que seus informantes sejam mais justos.

O ACORDO DE BABEL

Na semana anterior, quando se preparava a última conferência de cúpula dos países Não-Alinhados, a cidade de Nova Déli tinha um aspecto cândido de noiva recém-casada, com suas amplas avenidas bem varridas e as calçadas pintadas de branco. Os leprosos, os encantadores de serpentes, os levitadores que em plena rua estendiam um lençol no ar e se deitavam nele, tudo o que fazia deste país e desta cidade os lugares mais fascinantes e misteriosos do mundo desapareceram para alegrar a vista de mais de mil visitantes, entre eles cerca de sessenta chefes de Estado e de governo. Nada fazia pensar na possibilidade de ocorrer algo sangrento, até que um comando iraquiano armado para a guerra desembarcou no aeroporto disposto a enfrentar a tiros outro comando, iraniano, que chegara no dia anterior. A coisa não era simples de resolver: os iraquianos aterrissaram num avião especial sem permissão das autoridades indianas e entraram na cidade à força. A qualquer momento aqueles dois grupos ferozes poderiam se enfrentar a tiros no próprio recinto da conferência, e talvez terminar de uma vez por todas com o movimento multinacional mais heterogêneo e difícil de quantos existem no mundo, e também, sem dúvida, o que tem um futuro mais promissor.

Publicado originalmente em 16 de março de 1983.

Nem o Iraque nem o Irã pareciam dispostos a impedir a desgraça. Ante o chamado à paz feito por Indira Gandhi no discurso inaugural, um delegado iraniano declarou:

— Agrada-nos muito esta iniciativa, mas a solução deste conflito não está aqui, e sim no campo de batalha.

Outros dois espectros que pairavam sobre a conferência, desde antes da inauguração, eram os da intervenção soviética no Afeganistão, que é um país não-alinhado, e a velha disputa sobre quem devia se sentar na cadeira de Kampuchea. Em seu relatório final sobre seus três anos como presidente dos não-alinhados, Fidel Castro se referiu ao Afeganistão com muita precisão, e revelou quais foram os esforços de mediador para conseguir uma solução para a presença soviética. É um conflito que Fidel Castro mantém perto do coração, pois surgiu apenas alguns meses depois de ter assumido a presidência do movimento e não deixou de pesar um só instante sobre seus ombros. Esta sétima conferência, com certeza, tampouco poderia resolvê-lo, e é um dos maiores impasses de quantos carrega a senhora Gandhi desde o princípio de seu mandato. Quanto ao problema de Kampuchea, o próprio chanceler do Vietnã, que é um velho amigo com senso de humor inesgotável, disse-me:

— Fizemos tudo o que nos cabia para que o assunto de Kampuchea não fosse um obstáculo.

A solução, com certeza, é a mais fácil: deixar a cadeira vazia enquanto a vida resolve o problema.

Quando se pensa na serenidade, paciência e maturidade que fazem falta a um chefe de Estado, há razões para se perguntar como é que em meio a tantas e enormes responsabilidades haja homens de poder que parecem dispostos a pôr tudo a perder por qualquer tropeço fútil. Foi o caso do admirável Yasser Arafat, que ameaçou se retirar da conferência se não lhe deixassem fazer seu discurso. Pouco antes, um governante africano fez a mesma ameaça se não se permitisse a entrada no país de um membro de sua delegação detido no aeroporto porque não se vacinara contra a febre amarela. O fato merece um esclarecimento: quando alguém vai à Índia, os médicos ocidentais fazem toda espécie de advertências alarmantes — e até alarmistas —

contra as enfermidades terríveis que ameaçam os estrangeiros, e obrigam a aplicação de cinco vacinas diferentes e a fazer tratamentos preventivos contra o tifo e a malária. Os indianos não se preocupam em demasia com estes medos ocidentais, mas em compensação são de uma severidade intransigente com as vacinas da febre amarela, porque elas não existem na Índia e os vários milhões de macacos sagrados existentes no país se contagiam com facilidade. É um temor tão enraizado nos indianos protetores de suas divindades, que o delegado africano — apesar das ameaças de seu presidente — teve de regressar ao seu país.

O espantoso é que as coisas caminhem. Na realidade, o movimento dos não-alinhados, agora que arredondou sua centena de membros com o ingresso da Colômbia, é a representação moderna da torre de Babel. Não tanto pela diversidade de seus idiomas, que são muitos, sem dúvida. Uma imagem triste do que foi o colonialismo se reflete no fato de que os delegados de cem países do Terceiro Mundo têm de se entender entre si em três idiomas europeus: inglês, francês e espanhol.

Os únicos que fogem a este jugo são os árabes, que sobem à tribuna dos oradores com as vestimentas compridas com capuz, para recitar seus sofrimentos na mesma língua recitada pelos seus antepassados há quase tantos milênios quanto tem o mundo. Os indianos, em compensação, cujo dinheiro de papel tem a denominação escrita em 14 idiomas nacionais, vêem-se obrigados a falar inglês não apenas na tribuna, mas também em suas relações particulares. No entanto, não é pela confusão das línguas que se define a dimensão babélica deste movimento, e sim pela multiplicidade de suas idéias e suas posições políticas. Aqui há desde o extremo mais reacionário até o mais progressista. Aqueles que se opuseram na Colômbia ao ingresso do país nos não-alinhados usaram o argumento, mais tolo do que simplista, de que íamos cair nos braços da União Soviética, porque esses eram os desígnios de Fidel Castro. O que deviam esclarecer agora é algo que sabiam de sobra e nunca disseram: no instante em que a delegação colombiana entrou no recinto dos novos membros já fazia 24 horas que Fidel Castro não era o presidente do movimento. E já não era — penso eu — com grande alívio, enquanto a senhora Gandhi, com uma serenidade e uma doçura que não parecem lhe faltar mesmo nos instantes da pior incerteza, preparava-se para pastorear, pelos próximos três anos, os dirigentes de duas terças partes do mundo.

Pois ao cabo de cinco dias de discursos intermináveis, repetitivos e em sua maioria soporíferos, as divergências espinhosas do primeiro dia se canalizaram para a única coisa que estes cem países têm em comum: a urgência de um acordo a qualquer preço na luta contra a desgraça sem fim do subdesenvolvimento e da exploração estrangeira. A única, digo, porém mais do que suficiente para suportar estes cinco dias extenuantes. Aqueles que tivemos a paciência de vivê-los de perto — às vezes com um sentimento de incerteza, às vezes de desalento, mas também às vezes com uma grande esperança — não esqueceremos com facilidade a experiência de ter visto como surgiu um acordo final, útil e alentador, em meio à algaravia de Babel.

MÃOS AO ALTO!

Poucos anos antes de sua morte, o general Omar Torrijos visitou várias fazendas de gado da costa caribenha da Colômbia, e a todos que queriam ouvir manifestou seu entusiasmo pelo desenvolvimento técnico daquela indústria, em especial quanto à genética. Repetiu a visita mais de uma vez, e até esteve pensando em implantar no Panamá a experiência colombiana. No entanto, o que mais o impressionou foram os exércitos particulares com que os magnatas da pecuária protegiam seus bens e suas vidas das incursões freqüentes de guerrilheiros ou bandoleiros comuns. Torrijos, que, como todo mundo sabe, era um homem de armas, surpreendeu-se não só com a quantidade de gente armada e com treinamento militar que o escoltava durante suas visitas, mas também com a quantidade e a espécie de armas de guerra que tinham consigo. Ao mesmo tempo, o governo da Colômbia se sentia obrigado a protegê-lo com uma escolta suplementar que não o perdia de vista um só instante.

— Acaba-se por não saber se estão protegendo ou vigiando — disse uma vez, com seu humor de sempre, e decidiu renunciar, contra seu próprio coração, a um dos poucos prazeres da idade adulta, que era viajar incógnito pelos países vizinhos, e em especial pela Colômbia. Este prazer, entre parênteses, esteve a ponto de criar um problema grave entre o Panamá e o Brasil,

---

Publicado originalmente em 23 de março de 1983.

quando os serviços de segurança brasileiros descobriram que o general Torrijos — que já não era chefe de governo, mas continuava sendo comandante da Guarda Nacional — viajava por terras brasileiras com o nome trocado. Por inocente e explicável que seja a intenção, é um delito grave entrar no Brasil e se registrar nos hotéis com a identidade trocada, e só a compreensão do governo impediu que a travessura do general Torrijos se convertesse em incidente grave, e se mantivesse em segredo. Até este momento, suponho.

Mas o que vem ao caso aqui é que o general Torrijos, ante as tropas particulares dos latifundiários colombianos, teve a impressão de voltar a viver uma experiência que já vivera anos antes em El Salvador, onde fez um curso de especialização em seus primeiros anos de militar.

— Assim começou tudo — dizia, referindo-se aos grupos de extermínio que semeavam o terror em El Salvador, e que chegaram ao extremo inimaginável de fuzilar um arcebispo no altar-mor da catedral no instante da elevação. Pensava que os integrantes dos exércitos particulares — muitos dos quais, sem dúvida, não passavam de camponeses desempregados — terminariam por desviar o rumo para a prática de uma delinqüência comum incontrolável. Era tão sincero seu alarme, que considerou um dever transmiti-lo ao presidente da Colômbia, o doutor Turbay Ayala, e a seu ministro da Defesa, o general Camacho Leyva, durante uma entrevista formal que teve com eles em Cartagena. O doutor Turbay escutou-o com o paternalismo mouro com que costumava tratar o general Torrijos, mas o general Camacho Leyva não dissimulou sua contrariedade pelo que lhe pareceu uma impertinência, e mudou de assunto com uma frase fulminante:

— Não se engane, general — disse ao general Torrijos. — Neste país há paz social.

Também aquele incidente ficou como um segredo entre poucas pessoas — até agora, em que me pareceu oportuno evocá-lo ante a imprevisível corrida armamentista civil e militar que em curso na Colômbia. De uma maneira ou outra, com maior ou menor intensidade, com diferentes motivos e razões, meu país viveu uma guerra interna em conta-gotas desde o primeiro instante de seu ser natural. Sempre fomos, portanto, um país de gente armada, e temo que seja essa sua natureza real, por baixo do pano do legalismo com que tentamos convencer o mundo, e até a nós próprios. Não parece provável que em qualquer outro país haja tanta gente armada, nem com tanto ânimo de usar suas armas. Ao término da guerra dos mil dias, em 1903, os coronéis menores de idade e de ambos os lados voltaram aos colégios com suas armas na cintura, e não faltavam os que trocavam tiros, durante o recreio, por causa de um simples esbarrão. Meu avô, que era um coronel revolucionário com vocação pacífica, dormia sempre com um revólver debaixo do travesseiro, e para mim era algo corriqueiro, desde que me entendo por gente, que todos os que entravam e saíam de casa levassem suas armas à vista, nos tempos audazes de Aracataca. Suponho que a única coisa que mudou desde então é que agora levam suas armas um pouco mais escondidas.

Creio que nunca como nos últimos tempos houve uma aceleração mais inquietante do armamentismo nacional. Se não me engano, foi o próprio general Camacho Leyva quem recomendou, há uns três anos, aos civis pacíficos que aprendêssemos a nos defender de agressões que as autoridades não estavam em condições de evitar ou combater. Aquilo foi como o anúncio de lançamento de uma nova marca de pomada com virtudes afrodisíacas, pois o Instituto de Indústrias Militares abriu aos civis sua loja bem sortida de armas para matar. As exigências não eram mais rigorosas do que para a obtenção de passaporte, e segundo dados que obtive há dois anos, vendiam-se, com as licenças respectivas, até duzentas armas diariamente. Isto quer dizer que desde o anúncio promocional do general Camacho Leyva devem ter sido vendidas umas duzentas mil armas leves, com licença, e só no depósito de Bogotá. Mais ainda: em condições especiais, uma pessoa pode adquirir uma arma leve e outra pesada, de maneira que o cálculo pode ser insuficiente. E tudo isto sem contar as armas sem licença, que são as que mais se vendem.

Um amigo imaginoso me dizia há alguns anos em Bogotá que bastaria reunir todos os seguranças do país para colocar de pé uma força civil tão numerosa como a militar. Não é difícil saber quantos são, e é sem dúvida uma das profissões mais solicitadas e talvez mais bem remuneradas nestes tempos difíceis. Nos prédios de apartamentos das cidades da Colômbia, mais do que espaço e comodidade, está-se vendendo segurança armada. A soma é astronômica: entre militares, guerrilheiros urbanos e rurais, terroristas, traficantes de droga e de todo o resto, contrabandistas de toda espécie, assaltantes comuns, assassinos de aluguel, seguranças e guardas-costas, e os incontáveis civis de boa índole com licença para não se deixar matar, talvez nós escritores sejamos dos poucos colombianos que já não temos mais armas do que a máquina de escrever. É um arsenal de proporções incalculáveis, cujas possibilidades de destruição deixam as pessoas com os cabelos em pé. O tema é bem conhecido, sem dúvida, mas não me parece supérfluo pedir aos leitores mesmo que sejam cinco minutos de reflexão sobre o prognóstico assustador do general Omar Torrijos, um militar de bom coração que estava mais para um visionário do que para um guerreiro.

ALSINO Y EL CÓNDOR

Entre os muitos que disputavam este ano a indicação para Oscar de melhor filme estrangeiro, quatro chegaram quase em igualdade de condições à decisão final: o turco *Yol*, que dividiu com *Desaparecido — Um grande mistério*, de Costa-Gavras, a Palma de Ouro do Festival de Cannes do ano passado; *Fitzcarraldo*, alemão, de Werner Herzog, que ganhou, no mesmo festival, o prêmio de melhor direção; *A noite de são Lourenço*, italiano, dos irmãos Taviani, que no mesmo festival levou o prêmio especial do júri, e *Alsino y el cóndor*, da Nicarágua, dirigido pelo chileno exilado no México Miguel Littin, que dava seus primeiros passos no mundo. Os três primeiros eu os conhecia bem, porque discuti sobre eles em minha condição de jurado em Cannes, e são de uma qualidade tão alta que num determinado momento disputaram a Palma de Ouro. Em compensação, tinha boas referências de amigos que viram *Alsino y el cóndor* em sessões privadas, mas eu ainda não tivera oportunidade de vê-lo. Acabo de vê-lo agora, surpreendido pela notícia de que foi escolhido em Los Angeles como candidato ao prêmio de melhor filme estrangeiro entre competidores tão bem qualificados. É muito bom.

No entanto, talvez sua excelência não é seu mérito maior, e sim o fato de que o seja apesar das condições quase inverossímeis em que foi realizado.

Publicado originalmente em 30 de março de 1983.

No início não havia nem roteiro nem dinheiro, mas o Instituto do Cinema da Nicarágua queria que Miguel Littin fizesse um filme, e Miguel Littin queria fazer, sobre uma idéia antiga e promissora, inspirada num conto do escritor chileno Pedro Prado, sobre um menino do campo que se atirava das árvores porque queria voar.

Era um bom exemplo da obsessão lírica de Miguel Littin, o aspecto mais vulnerável de seus filmes, a que se rende sempre como a uma amante ilusória, apesar das duras críticas dos críticos e das ainda mais duras e secretas dos amigos. Por sorte, não há professora mais cabeça-dura do que a realidade. Percorrendo os campos da Nicarágua em busca de um cenário para seu menino voador, em busca de árvores para que voasse, em busca de justificações sociais para tornar verossímil a aventura de seu Ícaro tropical, Miguel Littin descobriu na memória coletiva recordações nunca contadas da guerra de libertação da Nicarágua e encontrou de repente — talvez sem perceber — um filme diferente, porém mais verdadeiro e comovedor do que o que procurava. Não há nisto nada de novo nem de extraordinário: sempre foi assim na arte.

As circunstâncias em que foi realizado poderiam servir de roteiro para outro filme. O governo da Nicarágua participava com toda espécie de recursos — civis e militares, materiais e morais —, mas, somando tudo o que se pôde conseguir em dinheiro vivo, levantou apenas sessenta mil dólares, que não deram nem para o cachê de um ator norte-americano, indispensável para o drama. Cuba forneceu a equipe técnica, e até com um de seus diretores de fotografia mais qualificados — Jorge Herrera, de 56 anos —, que adquirira prestígio com *Lucía* e *La primera carga al machete*. O México contribuiu com três atores e outros se ofereceram como voluntários. A Nicarágua fez a contribuição mais substancial, com tropas armadas, carros de combate, o único tanque disponível e um helicóptero destinado a ser uma das estrelas do filme. Sua glória foi efêmera: ao cabo de uma semana de rodagem sofreu um acidente mortal, com 14 pessoas a bordo, enquanto fazia trabalhos de resgate numa zona de inundações, e todas as cenas tiveram de ser refeitas.

O outro helicóptero, marca Bell, que é o único de que dispõe o governo nicaragüense, cumpriu sua missão artística até o final, mas com veleidades que nenhum produtor permitiria à sua estrela mais cotada. Quando menos se imaginava, tinha de se deslocar para zonas de conflito na fronteira com Honduras, e as filmagens eram suspensas até que o helicóptero voltasse a ficar disponível. Nada, em geral, permitia planos definitivos. Os próprios soldados do filme tinham de se mobilizar, quando menos se pensava, para a defesa das fronteiras, e quando voltavam tinham caras novas, armas diferentes e, às vezes, até um ânimo diferente, e para evitar problemas de continuidade muitas cenas eram refeitas. Numa ocasião, ao retornar de um combate protagonizaram uma cena com projéteis reais, sem que o diretor se desse conta, porque haviam acabado as balas de festim. Em outro momento, os habitantes da cidade queriam incendiar o tanque — como o faziam durante a guerra — porque com ele os somozistas do filme ganharam um combate, de acordo com o roteiro. Um ator nicaragüense representou com tanta propriedade o papel de sargento de Somoza que despertou suspeitas da população, pensando que era talvez um antigo membro da Guarda Nacional infiltrado no filme. Um dia ruim, enquanto filmava a bordo do helicóptero, o fotógrafo Jorge Herrera apertou o peito com as duas mãos e ficou imóvel, com um olhar de deslumbramento.

— Era como se estivesse vendo algo que só ele podia ver — diz Miguel Littin.

Morrera de uma congestão cerebral fulminante.

O resultado de tantas contrariedades e incertezas foi este filme, em que o menino que queria voar não é mais do que um elemento circunstancial. Interpretou-o Alan Esquivel, o filho de um trabalhador da construção civil, que não sabia ler aos 13 anos e decorava as falas com um assistente que as lia em voz alta para ele. Era, sem dúvida, um ator nato, e o próprio Miguel Littin disse que poucos dias bastaram para que lhe fizesse as mesmas orientações que a um profissional. No entanto, no meu modo de ver, muito pessoal, o verdadeiro drama deste filme exemplar, o que de fato convence e comove, é o do capitão Frank, um instrutor norte-americano interpretado de modo magistral por seu compatriota Dean Stockwell. Não é um ator muito conhecido na atualidade, mas os que têm boa memória para nomes do cinema recordarão que é o mesmo que aos dez anos fez o papel de *O menino dos cabelos verdes*, de Joseph Losey. Stockwell não só aceitou fazer o filme por um cachê irrisório, mas suportou com estoicismo e bom humor os contratempos incontáveis e resistiu com seriedade às pressões políticas feitas de diferentes frentes. Não há dúvida que é um homem inteligente que sabia bem o que estava fazendo.

Na realidade, o capitão Frank, que passeia ao longo de todo o filme mais sozinho do que ninguém em seu helicóptero solitário, não trabalha por dinheiro, nem por espírito de aventura, mas pela convicção de que sua tarefa e até seu sacrifício são um tributo ao triunfo da justiça e da verdade. Essa é a dimensão mais patética daqueles que se equivocaram. E no caso do capitão Frank o é ainda mais por se tratar de um exemplar perfeito, lúcido e humano da terceira geração que os Estados Unidos mandam para morrer em suas guerras sujas posteriores à última guerra mundial. Toda uma safra incalculável de rapazes como este foi mandada para o matadouro da Coréia, outra para o Vietnã e uma terceira, agora, para o inferno da América Central, onde o governo Reagan demonstra mais uma vez que o país mais poderoso e fascinante do mundo é refratário às lições terríveis de sua própria história. Não é possível que Dean Stockwell não tenha consciência de que o capitão humano e um pouco messiânico que encarna entrou num beco sem saída, onde o menos grave que acontece a ele é que ninguém o aceita. Estou seguro de que sabe, e esse é o grande serviço que prestou ao seu país, ao colocá-lo frente a este espelho revelador de seu estranho e não merecido destino.

AS MALVINAS, UM ANO DEPOIS

Um soldado argentino que regressava das ilhas Malvinas ao término da guerra ligou para sua mãe do I Regimento de Palermo, em Buenos Aires, e pediu licença para levar à sua casa um companheiro mutilado cuja família morava em outro lugar. Tratava-se — segundo disse — de um recruta de 19 anos que perdera uma perna e um braço na guerra e que além disso estava cego. A mãe, feliz com o retorno de seu filho com vida, respondeu horrorizada que não seria capaz de suportar a visão do mutilado e se negou a aceitá-lo em casa. Então o filho bateu o telefone e se deu um tiro: o suposto companheiro era ele mesmo, que se valeu daquela mentira para avaliar o estado de ânimo de sua mãe ao vê-lo chegar despedaçado.

Esta é apenas uma das muitas histórias terríveis que durante os últimos 12 meses circularam como rumores na Argentina, que não foram publicadas na imprensa porque a censura militar impediu e que andam pelo mundo inteiro em cartas pessoais recebidas pelos exilados. Há algum tempo tomei conhecimento no México de uma dessas cartas e não tive coração para reproduzir algumas de suas informações terríveis. Revistas inglesas e norte-americanas comemoraram neste 2 de abril o primeiro aniversário da esmagadora vitória inglesa, e me parece injusto que na mesma ocasião não se ouça a voz indignada da América Latina que mostre alguns dos aspectos

Publicado originalmente em 6 de abril de 1983.

desumanos e irritantes do outro lado da moeda: a derrota argentina. A história do jovem inválido que se suicidou ante a idéia de ser rejeitado por sua mãe é apenas um episódio do drama oculto daquela guerra absurda.

Agora se sabe que muitos recrutas de 19 anos, enviados contra a vontade e sem treinamento para enfrentar os profissionais ingleses nas Malvinas, estavam de tênis e escassa proteção contra o frio que, em alguns momentos, era de trinta graus abaixo de zero. Muitos tiveram a pele gangrenada arrancada junto com os sapatos e 92 tiveram de ser castrados devido ao congelamento dos testículos, depois de serem obrigados a permanecer sentados nas trincheiras. Só no cerco de Santa Lucía quinhentos rapazes ficaram cegos por falta de óculos protetores contra a luminosidade da neve.

A propósito da visita do papa à Argentina, os ingleses devolveram mil prisioneiros. Cinqüenta deles tiveram o ânus operado em conseqüência das violações dos ingleses que os aprisionaram na localidade de Darwin. Todos tiveram de ser internados em hospitais especiais de reabilitação para que seus pais não soubessem do estado em que chegaram: o peso médio era de quarenta ou cinqüenta quilos, muitos sofriam de anemia, outros tinham braços e pernas cujo único remédio era a amputação e um grupo permaneceu internado com graves transtornos psíquicos.

"Os rapazes eram drogados pelos oficiais antes de serem mandados para o combate", diz uma das cartas de uma testemunha. "Drogavam-nos primeiro com chocolate e em seguida com injeções, para que não sentissem fome e se mantivessem o mais acordados possível." Contudo, o frio a que foram submetidos era tão intenso que muitos morreram dormindo. Talvez tenham sido os mais afortunados, porque outros morreram de fome tentando extrair a pasta de carne que se petrificava dentro das latas.

Neste sentido, sabe-se muito sobre a barbárie da logística alimentar que os militares argentinos praticaram nas Malvinas. As prioridades eram investidas: os soldados da primeira linha conseguiam apenas receber umas sardinhas cristalizadas pelo gelo, os da linha intermediária recebiam uma ração melhor e, em compensação, os da retaguarda tinham às vezes a possibilidade de comer alguma coisa quente.

Diante de condições tão deploráveis e desumanas, o inimigo inglês dispunha de toda a espécie de recursos modernos para a guerra no círculo polar. Enquanto as armas dos argentinos se estragavam com o frio, os ingleses tinham um fuzil tão sofisticado que podia alcançar um alvo móvel a duzentos metros de distância e dispunha de uma mira infravermelha da mais alta precisão. Tinham além disso roupas térmicas e alguns usavam coletes à prova de balas que deviam provocar transtornos mentais nos pobres recrutas argentinos, pois todos os viam cair fulminados pelo impacto de uma rajada de metralhadora e, pouco depois, viam-nos levantar-se sãos e salvos e prontos para prosseguir o combate. Os soldados ingleses ficavam uma semana no *front* e depois uma semana a bordo do *Camberra*, onde tinham um descanso verdadeiro com toda espécie de diversões urbanas numa das paragens mais remotas e desoladas da Terra.

No entanto, em meio a tanto desenvolvimento técnico, a recordação mais terrível conservada pelos sobreviventes argentinos é a selvageria do batalhão de *gurkas*, os lendários e ferozes decapitadores nepaleses que precederam os soldados ingleses na batalha de Puerto Argentino. "Avançavam gritando e degolando", escreveu uma testemunha daquela carnificina impiedosa. "A velocidade com que decapitavam nossos pobres rapazes com suas cimitarras de assassinos era de um a cada sete segundos. Devido a um costume peculiar, sustentavam a cabeça pelos cabelos e decepavam as orelhas." Os *gurkas* enfrentavam o inimigo com uma determinação tão cega que, dos setecentos que desembarcaram, só sobreviveram setenta. "Estas feras estavam tão embriagadas de entusiasmo", conclui a testemunha, "que uma vez terminada a batalha de Puerto Argentino, continuaram matando os próprios ingleses, até que tiveram de algemar os últimos para acalmá-los."

Há um ano, como a imensa maioria dos latino-americanos, expressei minha solidariedade à Argentina em sua reivindicação das ilhas Malvinas, mas fui bem explícito no sentido de que essa solidariedade não podia ser entendida como um esquecimento da barbárie de seus governantes. Muitos argentinos, incluindo alguns amigos pessoais, não entenderam bem esta distinção. Confio, no entanto, que a recordação dos fatos inconcebíveis daquela guerra atrapalhada nos ajude a nos entendermos melhor. Por isso me pareceu que não era supérfluo perguntar outra vez e mil vezes mais — como as Mães da Praça de Maio — onde estão os oito mil, os dez mil ou os 15 mil desaparecidos na década anterior.

REGRESSO À GOIABA

O gerente de *El Espectador*, de Bogotá, onde eu era redator aos 24 anos, aproximou-se de minha mesa naquela brumosa tarde de julho e me perguntou o que pensava fazer na sexta-feira seguinte.

— Nada de especial — respondi. — Por quê?

E ele me respondeu com uma naturalidade espantosa:

— Você vai cobrir a conferência dos Quatro Grandes.

Essa conferência, que reuniria o general Eisenhower, Harold MacMillan, Nikita Kruschev e Edgard Faure, começaria em Genebra uma semana depois, e eu não tinha qualquer documento para viajar. Nem a carteira de identidade, pois nós jornalistas costumávamos nos identificar com nossa carteira profissional que, naquele tempo, tinha mais crédito do que os documentos oficiais. Com esse otimismo irracional que sempre considerei minha melhor virtude, aceitei a missão: viajaria para Genebra 72 horas depois.

Até então eu conhecia quase todo o país em meu inesquecível ofício de enviado especial aonde quer que ocorresse algo extraordinário, mas nunca me passara pela cabeça a idéia de viajar para o exterior. Não entendi por que viajaria nem nunca pensara, na minha miséria secreta dos anos anteriores, que alguma vez teria recursos para viajar. Só naquele dia soube quantas coisas difíceis eram necessárias para obter um passaporte: certidão de nasci-

---

Publicado originalmente em 13 de abril de 1983.

mento, atestado policial de bons antecedentes, nada-consta do imposto de renda, certificado militar, três espécies de vacinas diferentes e duas cartas de recomendação de pessoas ilibadas. Terminei ofegante o artigo que estava escrevendo, fui ao gabinete do poeta Álvaro Mutis, que desde então era um viajante empedernido, e coloquei-lhe o meu problema sobre a mesa. Álvaro brincou com minha perturbação e ligou com urgência para o gerente de uma agência de viagens que, em 48 horas, converteu-me no viajante mais documentado do país. O método do gerente era tão simples que não parecia possível: fez-me tirar fotos de passaporte, fez-me assinar umas seis folhas de papel timbrado e me pediu para gastos e serviços uma soma de dinheiro que hoje parece ridícula, mas que era mais do que meu salário mensal: mil pesos. No dia seguinte me levou pela mão por todos os escritórios pertinentes, subindo por escadas supérfluas, entrando por portas proibidas, abrindo caminho por entre multidões que esperavam sua vez diante de guichês imóveis, e por toda parte me faziam assinar papéis, tiravam minhas impressões digitais, e poucas horas depois me entregavam meus documentos legítimos. A única coisa para a qual não tive de emprestar meu corpo foi para as vacinas. Muitos anos mais tarde me contaram, não sei com quanto fundamento, que a agência de viagens dispunha dos bons serviços de um bobo amestrado que se fazia vacinar tantas vezes quantas fossem necessárias, e com nomes diferentes, para que os clientes não tivessem de passar pelo martírio da vacina.

O menos crível da história é que depois daquele milagre vertiginoso perdi em Bogotá o avião para a Europa porque os companheiros do jornal me fizeram na noite anterior uma festa de despedida tão desregrada que cheguei atrasado ao aeroporto. Por sorte, a vida era tão fácil naquele tempo que o avião tivera problemas na primeira escala de Barranquilla e consegui alcançá-lo em outro avião nacional que saiu de Bogotá três horas mais tarde. O vôo de Bogotá a Paris durou 42 horas, com escalas em Nassau, Açores, Lisboa e Madri, e em duas ocasiões tiveram de trocar uma hélice daquele Super Constellation que parecia a ponto de se desfazer por entre as turbulências.

Cheguei a Genebra, de trem, em 17 de julho de 1955, com o propósito de retornar à Colômbia umas semanas depois, mas, na realidade, nunca viajei uma só vez com uma certeza de regresso. Desde que tenho recursos, movimento-me pelo menos uma vez por ano, todos os anos, e quase sempre por um decurso de tempo de três meses. Encontro-me com meus amigos de sempre, cada vez mais velhos, mais amigos, mais serenos, e a única coisa que nos faz diferentes é que as saudades deles são saudades do tempo, e em compensação as minhas não são apenas do tempo, e sim também deles. Em todas essas viagens, a única vez que tive um incidente ingrato foi há dois anos, quando saí da Colômbia sob proteção diplomática do México, e foi uma experiência tão amarga que decidi expulsá-la para sempre da memória. Mas suas seqüelas são irreparáveis, porque foram os dois únicos anos que consagrei à reflexão, quase a cada minuto, em cada lugar do mundo, sobre a razão verdadeira pela qual não vivo na Colômbia, e não pude encontrá-la.

Uma noite, à saída de um teatro de Barcelona, uma mulher madura e bonita se pôs no meu caminho e me disse:

— Você não existe.

Sua observação lúcida, talvez demasiado óbvia, incutiu-me um estado de alívio, porque não foi dita com amargura, e sim com uma imensa compaixão. Foi o contrário do que sinto quando me ouço dizer, quase todos os dias, que sou um homem feliz porque passo o tempo viajando. A verdade é que nada me chateia tanto, talvez porque nada é mais estéril. Talvez a única coisa que me resta de ter visto o mundo inteiro são alguns instantes de Barcelona, que consigo recuperar sempre que retorno, e uma paixão irresistível pela disparatada e muito afetuosa Cidade do México, que é a única que me disputa a saudade de meu país, e onde tenho amigos da alma cuja discrição e cujo temor de me importunar se confundem às vezes com o esquecimento.

Fora disso, só me lembro de quartos de hotéis e restaurantes extraordinários. Aos restaurantes, se não são realmente muito bons, prefiro um frango cozido em casa com um par de bons amigos. Em compensação, prefiro os hotéis mais impessoais. Os hotéis novos são iguais em todas as partes do mundo, de Buenos Aires a Helsinki, com as mesmas teclas com desenhos para indicar os serviços, as mesmas cores no papel de parede, os mesmos móveis de plástico, o mesmo ar cheirando a remédio refrigerado. É um estilo universal que permite viajar sem viajar, porque é como estar em qualquer parte. O único risco é quando toca o telefone, ao amanhecer, e a pessoa acorda sem saber em que cidade do mundo está dormindo. Um amigo que viaja muito, deu-me, há muitos anos, a fórmula para conjurar este contratempo: todas as noites, antes de me deitar, ponho no telefone um papel com o nome da cidade em que me encontro.

Seja como for, ou seja onde for, são poucos os instantes em que não pergunto qual foi a razão verdadeira pela qual não regressei à Colômbia no mesmo avião que me levou a Paris há 22 anos. Por todo o mundo me perseguem as notícias de meu país, por todo o mundo persigo meus amigos de meu país só para falar sempre da mesma coisa, e muitas vezes acordei na solidão da noite perturbado pelo fantasma equatorial do cheiro da goiaba. Muitas vezes, nas insônias destes dois últimos anos, cheguei a pensar que talvez o erro de minha vida esteja mais longe de onde o tenho procurado. Talvez não se origine em haver aceitado e prolongado tanto aquela viagem a Genebra, e sim em ter saído da cidade ardente e poeirenta onde meus pais me asseguram que nasci, e na qual sonho que estou — inocente, anônimo e feliz — quase todas as noites. Nesse caso não seria talvez a mesma pessoa que sou, mas acaso pudesse ser alguém muito melhor: um personagem simples dos romances que nunca teria escrito. Aqui estou, pois, com a ilusão de que ainda não é tarde demais para remediar o passado.

AMÉRICA CENTRAL, AGORA VAI?

Em 21 de outubro do ano passado, quando os jornalistas me tiraram da cama às seis da manhã na minha casa do México, eu tinha um tema na ponta da língua: a invasão iminente da Nicarágua a partir de Honduras. Denunciei-a aos quatro ventos — com base em informações que não admitiam a menor dúvida e não provinham de fontes nicaragüenses, e sim norte-americanas. Mais ainda: havia outra pessoa mais preocupada pela iminência dessa agressão, e era o próprio secretário de Estado dos Estados Unidos, George Shulz, que o confessara em conversas particulares com vários latino-americanos proeminentes que o visitaram nos dias anteriores. O projeto fora elaborado pela CIA quando o secretário de Estado era o general Alexander Haig, e seu sucessor o recebera como uma batata quente que não sabia onde colocar, e enfim, segundo parece agora, não teve outro recurso senão comê-la.

O mais inquietante das coisas que acontecem na América Central é que quase todas são de domínio público e, no entanto, manejadas como se na realidade fossem embustes puros. Apenas algumas horas depois que se publicou e transmitiu por todas as partes minha denúncia da invasão iminente, o semanário *Newsweek* e o diário *The New York Times* publicaram o plano em seus menores detalhes, e ainda com fotos coloridas dos preparativos em

Publicado originalmente em 20 de abril de 1983.

curso no território de Honduras e bem perto da fronteira com a Nicarágua. Mas 24 horas antes, o presidente de Honduras, Roberto Suazo Córdova, mandara-me uma carta muito respeitosa na qual confessara minhas declarações e me convidava a viajar ao seu país para comprovar sua falsidade *in loco*. A carta terminava com uma frase que adquire nestes momentos uma significação especial: "Honduras jamais levantará uma arma contra seus vizinhos."

Não tomei sozinho a iniciativa de recusar aquele convite amável e tendencioso. Amigos mais instruídos do que eu nos mistérios da região e, sobretudo, alguns jornalistas estrangeiros que a conhecem de cor, convenceram-me, com toda razão, que ia me meter na armadilha de nada encontrar numa fronteira extensa e difícil, e regressar ao México com o compromisso ético de divulgá-la também aos quatro ventos como um ato de contrição iniludível. Havia, além disso, uma extraordinária unanimidade quanto aos poderes reais do presidente Suazo Córdova. Ninguém acreditava, e agora muito menos, que dispusesse de alguma capacidade de decisão, pois fora imposto numa farsa eleitoral só para improvisar em Honduras uma democracia aparente de que os Estados Unidos precisaram para utilizá-la como base de suas intervenções secretas no âmbito da América Central, mesmo à revelia dos desejos e do critério de seu próprio secretário de Estado. O poder real é exercido com mão de ferro pelo ministro de Defesa, enquanto o presidente sem presidência ocupa seu tempo ocioso mandando telegramas para despistar os favorecidos pela Fundação Nobel. Deve-se recordar que este triste papel de porta-aviões de terra firme foi imposto a Honduras em outras ocasiões de triste memória. A mais escandalosa delas, com certeza, foi servir de trampolim à expedição do general Castillo Armas, em 1954, que derrubou o último governo democrático que existiu na Guatemala. Portanto, quando o presidente Suazo Córdova se comprometeu em sua resposta que Honduras não levantaria uma arma contra seus vizinhos, havia motivos de sobra para não acreditar nele. Uma vez mais, por desgraça, a história deu razão aos incrédulos.

O futuro dessa guerra é imprevisível. Alguém que tinha obrigação de saber, nos Estados Unidos, teve há pouco a cara-de-pau de declarar que a invasão a partir de Honduras não tem a finalidade de derrubar o governo da Nicarágua, mas de mantê-la num estado de emergência permanente. Isto, que poderia parecer uma tolice, tem todas as aparências de ser verdade. Em primeiro lugar porque o governo sandinista está bem firme no poder, com um apoio popular mais substancial e decidido do que dizem muitos de seus adversários; e, em segundo lugar, porque os invasores parecem mais dispostos a sobreviver para cobrar o soldo do que morrer por idéias que não têm. Mas há quem pense que a arriscada teoria de fustigar sem ganhar só pretende, por parte do governo Reagan, converter a invasão da Nicarágua numa cartada de negociação global; isto é, contê-la em troca de condições favoráveis por parte dos guerrilheiros de El Salvador. O que provaria mais uma vez que o principal problema dos governos dos Estados Unidos é sua concepção simplista da América Latina.

O ruim é que qualquer tentativa de solução negociada na América Central será inútil sem a anuência dos Estados Unidos, que sempre encontram a maneira de escamotear todas as soluções propostas. Houve até agora 18 proposições. Houve uma iniciativa conjunta da França e do México. Houve gestões concretas do primeiro-ministro da Suécia, Olof Palme, e do chefe do governo espanhol, Felipe González. Houve uma busca constante por parte da Internacional Socialista. O governo dos Estados Unidos se mostrou hostil a todas elas, com um argumento de matar de rir: diz que são ingerências européias nos assuntos continentais. E quem diz é um governo que apoiou uma potência extracontinental — a Inglaterra — na guerra contra a Argentina. Dentro daquela mesma definição intervencionista se deve incluir a acidentada e ainda incompreensível visita do papa João Paulo II à América Central, cujo único resultado real foi radicalizar as posições extremas dos protagonistas.

Em todo caso, as iniciativas de acordos negociados não são de agora, e nem todas européias. Em El Salvador, foram propostas pelos próprios movimentos armados quando sua situação militar não era boa, e retiradas com maior ênfase agora que essa situação é tão favorável que mantém o governo acuado, apesar da ajuda constante dos Estados Unidos e apesar da sabedoria de seus assessores militares. A Nicarágua sempre se manifestou disposta a aceitar qualquer proposta de diálogo. O México, por sua vez, primeiro com a França e em seguida com a Venezuela, sempre defendeu o acordo pacífico. Este clamor de paz, que vem de há algum tempo e cresce a cada dia, começa a se converter numa posição difícil de ignorar pelo governo dos Estados Unidos, que o sente crescer dentro de seu território, no Congresso e na imprensa, nas universidades e na rua. É incrível que poucos anos depois da derrota no Vietnã o país mais poderoso e próspero do mundo tenha de encarar outra vez os mesmos fantasmas.

O presidente Felipe González, talvez o homem que mais se interessou pela sorte da América Central nestes anos, dizia há pouco em particular que o maior problema das iniciativas de negociação era que todas estavam fundamentadas na boa vontade, mas ninguém propunha um método concreto para sua aplicação. Esse é o mérito da irrupção intempestiva e original do presidente Belisario Betancur no confuso xadrez da América Central, do qual a Colômbia estava ausente ou jogando com pedras infames depois de sua participação excelente na recuperação do Canal do Panamá. Qualquer que seja o resultado dessa irrupção, só o fato de tê-la empreendido, e além disso com uma fórmula prática, é algo alentador. Confio no seu sucesso.

COM AMOR, DA MELHOR PROFISSÃO DO MUNDO

Num dia da semana passada, Mercedes e eu fomos almoçar na casa de uns amigos e os encontramos num estado de perturbação que só conseguimos desfazer quando eles nos esclareceram o motivo: pela manhã, ouviram pelo rádio que eu estava em Popayán, e em vista disso não só se apressaram em desconvidar os outros convidados mas se sentiram um pouco ofendidos porque não lhes demos nenhuma espécie de desculpas em tempo hábil. A verdade é que também nós ouvíramos pelo rádio, naquela manhã, a notícia falsa de minha viagem a Popayán, o que me causou um certo alívio. "Que maravilha", pensei. "Já que estou em Popayán não terei de me levantar tão cedo para ir a Popayán." A viagem, prevista para dois dias a fim de avaliar com os próprios olhos a magnitude da tragédia, não teve de se realizar na realidade porque já estava realizada na ficção das notícias faladas. Nossos amigos entenderam e todos acabaram na cozinha improvisando um almoço em família.

Aquele não foi nosso primeiro almoço conflitante desde que retornamos à Colômbia na semana passada. O outro fora muito maior, porque era no palácio presidencial, a convite dos ilustres donos da casa. Não se tratava de um ato oficial e sim de uma refeição privada na residência ocasional de um velho amigo e com a presença de só três casais amigos que escolhêramos de

Publicado originalmente em 27 de abril de 1983.

comum acordo. A tensão começou para mim naquela manhã quando li um despacho de uma agência nacional de notícias, segundo o qual eu estaria presente, ao meio-dia, a uma reunião solene de intelectuais e artistas dos mais destacados e convocados ao palácio Nariño pelo presidente Betancur para me condecorar com a Cruz de Boyacá. Para mim, era um duplo desgosto. Em primeiro lugar, o presidente nada me dissera sobre medalhas penduradas na lapela, apesar de que várias vezes nos faláramos por telefone nos últimos dias para acertar certos pormenores do convite. Em segundo lugar, tenho idéias pessoais — ainda que bem compartilhadas — sobre os usos e os abusos com que alguns de nossos presidentes exerceram a faculdade suprema de conceder a Cruz de Boyacá. Há vários anos, um presidente amigo me consultou sobre seu desejo de concedê-la a mim, e por sorte entendeu sem ressentimento minha negativa que se fundamentava em minha crença de que não é digno aceitar honrarias — por altas e nobres que sejam — quando se tem de carregá-las em más companhias. A prodigalidade presidencial com a Cruz de Boyacá chegou a extremos circenses no final do governo anterior, quando as últimas que restavam nas gavetas do poder foram distribuídas como doces entre os amigos pessoais e políticos do presidente, que se retirava para o bem da pátria. Postas assim as coisas, fui com gosto ao almoço particular do presidente Betancur com a sensação desagradável de ter sido vítima pelo menos de um mal-entendido, com a firme determinação de dizer não à Cruz de Boyacá com os mesmos argumentos — agora reafirmados com mais clareza — da ocasião anterior. Por sorte, ao fim de um almoço muito agradável e de uma sobremesa que se prolongou até as seis da tarde, não houve em qualquer momento a menor tentativa de condecoração. Outra vez, como em tantas anteriores, tudo se explicava pelo fato simples de que era uma notícia inventada.

Mas aquela comprovação não me servia de consolo. Pelo contrário: em menos de uma semana na Colômbia, aquela era só mais uma das notícias falsas sobre mim que se publicavam diariamente. Na sexta-feira, consegui desbaratar a tempo a tentativa mais escandalosa, quando Enrique Santos Calderón teve a boa idéia de me consultar por telefone a respeito de algum detalhe da entrevista que alguém dissera ter feito em minha chegada a Bogotá e que *El Tiempo* se dispunha a publicar no domingo seguinte. A entrevista era falsa do princípio ao fim, e seus jovens autores conseguiram enganar a sangue-frio nada invejável a boa-fé de Enrique Santos Calderón.

Santos Calderón me pôs em contato com um de seus autores, a quem o sangue-frio não esquentou sequer um grau quando me confirmou que, de fato, inventara a entrevista com a cumplicidade de um companheiro quando se deu conta de que era impossível conseguir uma entrevista autêntica.

— É bem grave que seja inventada — eu lhe disse. — Mas é pior ainda que seja tão ruim.

Na verdade, a melhor entrevista comigo publicada entre as incontáveis que me fizeram foi uma inventada em Caracas. Mas em vez de protestar felicitei seu autor, porque era uma síntese perfeita de quase tudo o que eu declarara à imprensa nos últimos 15 anos, e tudo organizado e melhorado tão bem e com tanta precisão e tanta inteligência que eu mesmo gostaria de concedê-la. Não era o caso da entrevista apócrifa de Bogotá, que não passava de uma zombaria grosseira da ética profissional.

Estas distorções da profissão não são apreciadas apenas na Colômbia. A barbaridade mais indigna foi feita por uma revista espanhola há vários anos, quando me atribuiu a declaração de que o sonho de minha vida era figurar na enciclopédia soviética. A atribuição me alarmou em primeiro lugar porque era falsa; depois, porque nunca soube com certeza se figuro ou não na enciclopédia soviética; em terceiro lugar, porque estou me lixando se figuro ou não em qualquer enciclopédia de qualquer parte, e penso que se em qualquer delas se omite um dado que interessa aos leitores o prejuízo é maior para a própria enciclopédia do que para o dado omitido; e em quarto porque a falsidade tinha o propósito definido de me causar um prejuízo pessoal e — o que é muito mais grave — enganar seus leitores. Não fiz nenhuma retificação porque tenho por norma não retificar, e já estou demasiado curtido nesta guerra para começar a fazê-las. Além disso, com todo o amor que sinto pela Espanha, pensei que as infâmias de sua imprensa eram assunto dos espanhóis. Mas que estas coisas ocorram em meu país — ao qual nunca fiz um dano consciente e, em compensação, consagrei quase todos os minutos de minha vida a fazer-lhe o bem — é algo que não posso passar por alto sem o temor de provocar prejuízo por omissão.

Em duas semanas aqui encontrei motivos de sobra para me perguntar com alarme aonde vai este jornalismo apressado e sem controle ético. Há casos em que as faltas são de arbítrio puro; como o de um jornalista de Medellín, a quem declarei diante de um gravador que pensava solicitar a comutação da pena do colombiano condenado à morte nos Estados Unidos, e acabou saindo a notícia de que eu encabeçaria um movimento nacional para que não o matassem. Fui explícito em que meus únicos argumentos eram de caráter humanitário, que o país onde se comete o delito tem direito de julgar o delinqüente de qualquer nacionalidade e que no caso do compatriota condenado à morte nos Estados Unidos não tinha qualquer utilidade o tratado de extradição — inconveniente sob todos os aspectos — que esse país acertou com o governo anterior da Colômbia. No entanto, todas estas precisões se esfumaram na declaração publicada pela imprensa. Em outros casos, a falta é por negligência pura. Em Cartagena, sexta-feira, cerca de 15 colegas me assediaram com perguntas quando cheguei à cidade. Diante de 15 gravadores declarei, e suponho que ficou gravado, que o jornal que desejo fundar "colocará o interesse nacional acima de tudo". Numa das transcrições da entrevista, feita com uma pontuação mal inspirada em *O outono do patriarca*, fizeram-me dizer que meu jornal "estaria acima de todos os interesses nacionais" — que é não apenas o contrário do que eu disse mas uma barbaridade inadmissível.

Para qualquer homem público — como acabei por ser, contra minha vontade e para meu infortúnio — estas farsas e acidentes de mau uso da palavra são de uma gravidade tremenda, e mais ainda para aqueles que antes de mais nada nos consideramos jornalistas. Para nós, mais do que para as vítimas, estes atentados cada vez mais freqüentes e escandalosos à moral do jornalismo nos parecem delitos da maior periculosidade, porque acabarão por danificar e perverter por completo a melhor profissão do mundo.

A SORTE DE NÃO ENTRAR NA FILA

Uma das vantagens do Prêmio Nobel é que nunca mais se volta a entrar na fila em parte alguma. Li isto há alguns anos num livro de Edgar Wallace, e nos últimos meses tive a ocasião de comprovar na própria carne. No mundo urbano de hoje, em que com tanta freqüência se tem a impressão de que nós, indivíduos, não cabemos na multidão, o privilégio de não entrar na fila é um dos mais saborosos. Mas não tenho a impressão que isto seja o que mais provoca inveja, e sim a rara semelhança que o Prêmio Nobel tem com a loteria. Encontram-se muitos rostos por todas as partes, e em cada um se vislumbra um sentimento diferente. Porém o mais comum é o assombro de se encontrar diante de alguém a quem o destino colocou de repente nas mãos a módica soma de 170 mil dólares. O pudor do dinheiro me pareceu sempre um defeito — e não uma virtude quase teologal, como o consideram os ingleses —, de maneira que nunca acho inconveniente falar do prêmio em dinheiro para tranqüilizar os interlocutores que se perguntam, sem se atrever a formular, como se sente uma pessoa que um 21 de outubro despertou com semelhante soma de dinheiro inesperada, quase como Gregor Samsa despertou uma manhã transformado num gigantesco inseto.

Quando se trata do tema em público, mal consigo convencer o auditório de que o aspecto utilitário do prêmio não me causou qualquer emoção,

Publicado originalmente em 4 de maio de 1983.

pela simples razão de que há anos estava convencido de que não era certo que o Prêmio Nobel — além da honra e da desventura — carregasse consigo uma gratificação em dinheiro. Esta certeza me vinha desde que Pablo Neruda me contou os segredos de seu prêmio, incluindo os pormenores da entrega dos miseráveis 42 mil dólares desvalorizados que foram a recompensa daquele ano. Pouco depois o poeta comprou uma casa de campo na Normandia, que era a antiga cavalariça de um castelo local, em cujas alamedas só passara um rio coberto de lótus. Aos domingos convidava os amigos para almoçar. Pegávamos um trem na estação de Montparnasse, em Paris, vinte minutos depois o encontrávamos sentado como um papa em sua cama papal, e como sempre morrendo de rir por saber que parecia um papa e seus melhores amigos morriam de rir porque parecia.

O aspecto da mesa onde serviam o almoço tinha para ele tanta importância como tinham para Matilde as coisas que aconteciam na cozinha, e a arrumava tão meticulosamente como escrevia um poema com seu fio interminável de tinta verde. Na última vez que estivemos lá se distraiu na conversa dos aperitivos e já íamos nos sentar quando descobriu na mesa um erro de composição que só ele podia detectar, e nos fez voltar para a sala enquanto refazia tudo até que a mesa ficasse cantando com voz própria. Dizia-se por toda parte que aquela casa aprazível fora comprada com o Prêmio Nobel. Mas eu pensava no fundo do meu coração que a origem devia ser diferente, porque estava convencido de que não era certo que dessem dinheiro, além da honra e da desventura.

Estive tão perto de Neruda naqueles dias de seu prêmio que não me esqueci dele um só instante quando me coube viver a mesma sorte, até o ponto em que a única coisa que me ocorreu quando voltei ao hotel depois do desfecho solene foi telefonar para Matilde Neruda, de Estocolmo para Santiago do Chile, para agradecer-lhe pelo muito que ela e o poeta já morto me ajudaram a suportar aquele transe. Mas ainda não terminara de recordar, porque no dia seguinte me avisaram para comparecer às 11 da manhã na sede da Fundação Nobel, e no instante em que botei o fone no gancho sofri o mesmo sobressalto que Neruda sentira, segundo ele mesmo me contou pouco antes de viajar ao Chile para morrer.

Também ele foi convocado sozinho, e não juntamente com os outros premiados, como ocorrera em todas as cerimônias anteriores. De maneira que fomos, Mercedes e eu, sentindo-nos tão sozinhos por estarmos sozinhos pela primeira vez naquela semana interminável, que convidamos dois amigos que encontramos na porta a nos acompanhar na limusine que mais parecia um carro fúnebre que tínhamos à nossa disposição.

A sede da Fundação Nobel se localiza num edifício sóbrio, que mais parece o de um banco, e suas janelas dão para um parque coberto de neve que Neruda me descrevera até em seus detalhes menos visíveis. Fomos recebidos num ambiente de silêncio, por entre corredores e salões atapetados, em cujas paredes se viam as recordações de meus antecessores, e não pude evitar um estremecimento oculto diante daquela súbita evidência do tempo. "Dentro de cem anos", pensei, "o escritor premiado passará por este salão e sequer saberá quem era eu quando olhar para meu retrato pendurado na parede."

O resto ocorreu exatamente como Neruda me contara. Pediram-me para assinar o livro de honra da casa, entregaram-me a medalha e o diploma que retiveram na noite anterior para que eu não tivesse de carregá-los, pediram-me para assinar um formulário impresso cedendo à Fundação Nobel os direitos autorais de meu discurso e de minha saudação à poesia — que na aflição de última hora improvisara a quatro mãos com o poeta Álvaro Mutis — e em seguida autografei exemplares de meus livros em sueco para os funcionários da fundação, e fui apresentado a cada um deles com a informalidade genuína e agradável dos suecos. Por último me convidaram a ir ao gabinete do presidente da fundação, que nos impressionara por sua elegância e simpatia, e foi então que senti passar a mesma rajada de revelação de que Neruda me falara. Ocorreu-me que por volta da quarta década do século XX se acabara todo o dinheiro do legado de Alfred Nobel; mas a fundação, com bom senso, decidiu seguir adiante com o prêmio sem outra gratificação do que a glória de merecê-lo. Pensavam, também com bom senso, que os escritores e os cientistas concordariam com esta solução providencial e se disporiam a guardar o segredo não só até a morte, mas também depois dela. A revelação me pareceu tão lúcida que no momento em que entrei no gabinete do presidente já tomara a decisão de aceitar o trato. No entanto, a conversa transcorreu num clima convencional, sem novidade, diante de uma janela única por onde se via nevar. Falamos um pouco de tudo. Menos, é claro, do dinheiro do prêmio, porque os suecos são tão discretos que o assunto já estava resolvido, dentro do maior sigilo, e sem que eu soubesse. Em todo caso, desde aquela manhã fiquei com a má idéia de que tudo fora uma premonição alheia: só dentro de cem anos se converteria em realidade irreparável para o premiado da literatura, que deixaria aquele escritório sustentado apenas pelo consolo de não ter de entrar mais em filas para o resto da vida, num mundo tão difícil onde talvez haverá filas intermináveis para entrar em outras filas.

VENDO CHOVER NA GALÍCIA

Meu velho amigo, o pintor, poeta e romancista Héctor Rojas Herazo — a quem não via fazia muito tempo —, sofreu um estremecimento de compaixão quando me viu em Madri em meio a uma turba de fotógrafos, jornalistas e caçadores de autógrafos, e se aproximou para me dizer em voz baixa:

— Lembre-se que de vez em quando você deve ser amável consigo mesmo.

De fato, fiel à minha determinação de atender a todos os pedidos sem levar em conta meu próprio cansaço, já fazia vários meses — talvez vários anos — que não oferecia a mim mesmo um presente merecido. Decidi-me, portanto, a realizar um de meus sonhos mais antigos: conhecer a Galícia.

Quem gosta de comer não pode pensar na Galícia sem pensar, antes de qualquer outra coisa, nos prazeres da cozinha. "A nostalgia começa pela comida", disse Che Guevara, talvez com saudade dos churrascos astronômicos de sua terra argentina, enquanto discutia a guerra nas noites de homens solitários na Sierra Maestra. Também para mim a nostalgia da Galícia começara pela comida, antes de conhecer a terra. O caso é que minha avó, na grande casa de Aracataca, onde conheci meus primeiros fantasmas, tinha o delicioso ofício de padeira, e o praticava quando já estava velha e a ponto de

Publicado originalmente em 11 de março de 1983.

ficar cega, até que uma cheia do rio arruinou o forno e ninguém na casa teve ânimo de reformá-lo. Mas a vocação da avó era tão definitiva que quando não pôde fazer pães continuou fazendo presuntos. Uns presuntos deliciosos que, no entanto, nós crianças não gostávamos — porque as crianças não gostam das novidades dos adultos — mas o sabor da primeira prova ficou gravado para sempre na memória do meu paladar. Jamais voltei a encontrá-lo em nenhum dos muitos e diferentes presuntos que comi depois em meus anos bons e em meus anos ruins, até que provei por acaso — quarenta anos depois, em Barcelona — uma rabanada inocente de presunto. Todo o alvoroço, todas as incertezas e toda a solidão da infância me voltaram de repente nesse sabor, que era o dos inconfundíveis presuntos da avó. Daquela experiência surgiu meu interesse em descobrir sua ascendência, e, buscando-a, encontrei a minha nos verdes frenéticos de maio até o mar e as chuvas copiosas e os ventos eternos dos campos da Galícia. Só então compreendi de onde a avó tirara aquela credulidade que lhe permitia viver num mundo sobrenatural em que tudo era possível, onde as explicações racionais careciam por completo de validade, e entendi de onde lhe vinha a paixão por cozinhar para alimentar os forasteiros e seu hábito de cantar o dia inteiro.

— Deve-se preparar carne e peixe porque não se sabe o que preferem os que vieram para almoçar — costumava dizer quando ouvia o apito do trem.

Morreu muito velha, cega, e com o senso da realidade totalmente perturbado, até o ponto em que falava de suas recordações mais antigas como se estivessem ocorrendo no mesmo instante, e conversava com os mortos que conhecera vivos em sua juventude remota. Contava estas coisas a um amigo galego, na semana passada, em Santiago de Compostela, e ele me disse:

— Então sua avó era galega, sem dúvida, porque estava louca.

Na realidade, todos os galegos que conheço, e os que vi agora sem tempo para conhecer, parecem-me nascidos sob o signo de Peixes.

Não sei de onde vem a vergonha de ser turista. De muitos amigos, em pleno delírio turístico, ouvi dizer que não querem se misturar com os turistas, sem se dar conta de que, ainda que não se misturem, são tão turistas como os outros. Eu, quando vou conhecer algum lugar sem dispor de tempo para ir mais a fundo, assumo sem pudor minha condição de turista. Gosto de me inscrever nessas excursões rápidas, nas quais os guias explicam tudo o que se vê pelas janelas do ônibus, à direita e à esquerda, senhores e senhoras, entre outras coisas porque assim aprendo de uma vez tudo o que não há para ver depois, quando saio sozinho para conhecer o lugar por meus próprios meios. Santiago de Compostela não dá tempo para tantos pormenores: a cidade se impõe de imediato, completa e para sempre, como se se tivesse nascido nela. Sempre acreditei, e continuo acreditando, que não há no mundo uma praça mais bela do que a de Siena. A única que me fez duvidar é a de Santiago de Compostela, por seu equilíbrio e sua arte juvenil, que não permite pensar em sua idade venerável, e sim que parece construída no dia anterior por alguém que tivesse perdido o sentido do tempo. Talvez esta impressão não tenha origem na praça em si, mas no fato de estar — como toda a cidade, até os últimos recantos — incorporada até a alma na vida cotidiana de hoje. É uma cidade viva, tomada por uma multidão de estudantes alegres e inquietos, que não se dão uma única trégua para envelhecer. Nos muros intactos, a vegetação abre caminho por entre as fendas, em sua luta implacável para sobreviver ao esquecimento, e as pessoas se encontram, a cada passo, como se fosse a coisa mais natural do mundo, com o milagre das pedras florescidas.

Choveu durante três dias, mas não de maneira inclemente, e sim com intempestivos espaços de um sol radiante. Os amigos galegos não pareciam ver essas pausas douradas, e a cada instante nos pediam desculpas pela chuva. Talvez eles nem sequer tivessem consciência de que a Galícia sem chuva seria uma desilusão, porque a sua é uma região mítica — mais do que os próprios galegos imaginam — e nas regiões míticas o sol nunca aparece.

— Se tivessem vindo na semana passada, teriam encontrado um tempo estupendo — nos diziam, envergonhados. — Este tempo não corresponde à estação — insistiam, sem se lembrar de Valle-Inclán, de Rosalía de Castro, dos poetas galegos de sempre, em cujos livros chove desde o princípio da criação e sopra um vento interminável, que é talvez o que semeia esse germe lunático que faz diferentes e amorosos tantos galegos.

Chovia na cidade, chovia nos campos intensos, chovia no paraíso lacustre da foz de Arosa e na foz de Vigo, e em sua ponte, chovia na praça, impávida e quase irreal, de Cambados, e até na ilha da Teoja, onde há um hotel de outro mundo e outro tempo, que parece esperar que cesse de chover, que cesse o vento e resplandeça o sol para começar a viver. Andávamos sob esta chuva como que em estado de graça, comendo a mãos-cheias os únicos mariscos vivos que ainda restam neste mundo devastado, comendo peixes que continuam a ser peixes no prato e saladas que continuam crescendo na mesa, e sabíamos que tudo aquilo estava ali por virtude da chuva, que nunca acaba de cair. Há muitos anos, num restaurante de Barcelona, ouvi o escritor Álvaro Cunqueiro falar da comida da Galícia, e suas descrições eram tão deslumbrantes que me pareceram delírios de galego. Desde que tenho memória ouço os galegos da América falar da Galícia, e sempre pensei que suas recordações eram deformadas pelas miragens da saudade. Hoje me lembro de minhas 72 horas na Galícia e me pergunto se tudo aquilo era verdade, ou se eu próprio comecei a ser vítima dos mesmos desvarios de minha avó. Entre galegos — já sabemos — nunca se sabe.

VOCÊ SABE QUEM ERA MERCÈ RODOREDA?

Na semana passada perguntei por Mercè Rodoreda numa livraria de Barcelona e me disseram que morrera um mês atrás. A notícia me deixou consternado, primeiro pela admiração justa que sinto por seus livros e segundo pelo fato não merecido de que a notícia de sua morte não foi publicada fora da Espanha com o destaque e as honras devidas. Ao que parece, poucas pessoas fora da Catalunha sabem quem era essa mulher invisível que escrevia num catalão esplêndido uns romances belos e duros como não se encontram muitos na literatura atual. Um deles — *A praça do Diamante* — é, no meu entender, o mais bonito publicado na Espanha depois da guerra civil.

O motivo de ser tão pouco conhecida, mesmo dentro da Espanha, não pode ser atribuído ao fato de que tenha escrito num idioma de âmbito reduzido, nem que seus dramas transcorram num recanto secreto na muito secreta cidade de Barcelona, pois seus livros foram traduzidos para mais de dez idiomas e em todos eles foram objeto de comentários críticos muito mais entusiastas do que em seu próprio país. "Este é um dos livros de alcance universal escrito pelo amor", escreveu em seu momento o crítico francês Michel Cournot, referindo-se a *A praça do Diamante*. Diana Athill, sobre a tradução inglesa, escreveu: "É o melhor romance publicado na Espanha em mui-

Publicado originalmente em 18 de maio de 1983.

tos anos." E um crítico do *Publishers Weekly*, nos Estados Unidos, escreveu que era um romance estranho e maravilhoso. No entanto, há alguns anos, e por ocasião de alguma data redonda, fez-se uma enquete entre escritores espanhóis de hoje para tentar estabelecer, de acordo com seu critério, quais eram os dez melhores livros escritos na Espanha depois da guerra civil, e não me lembro de que alguém tenha mencionado *A praça do Diamante*. Em compensação, muitos citaram, com justiça, *La forja de um rebelde*, de Arturo Barea. O curioso é que este livro, cujos quatro volumes compactos foram publicados no final da quarta década do século XX em Buenos Aires, ainda não fora editado na Espanha e, em compensação, *A praça do Diamante* já tinha 26 edições em catalão. Li-o em castelhano naquele tempo, e meu deslumbramento só pode ser comparado ao que senti com a primeira leitura de *Pedro Páramo*, de Juan Rulfo, embora os dois livros só tenham em comum a transparência de sua beleza. A partir de então, não sei quantas vezes voltei a lê-lo, e várias delas em catalão, com um esforço que diz muito de minha devoção.

A vida pessoal de Mercè Rodoreda é um dos mistérios mais bem guardados da misteriosa cidade de Barcelona. Não conheço ninguém que a conheceu bem, que possa dizer com certeza como era, e seus livros só permitem vislumbrar uma sensibilidade quase excessiva e um amor por sua gente e pela vida da vizinhança que é talvez o que dá um alcance universal aos seus romances. Sabe-se que passou a guerra civil na casa da família em San Gervasio, e seu estado de alma nesse tempo é evidente em seus livros. Depois foi viver em Genebra e ali escreveu ao calor de suas lembranças. "Quando comecei a escrever o romance mal lembrava como era a praça do Diamante", escreveu num de seus prólogos, que são amostras exemplares de sua consciência de romancista. Alguém que não seja outro escritor poderia se surpreender como a autora conseguiu uma recriação tão minuciosa e lúcida de seus locais e sua gente a partir de uma vivência remota, quase perdida na névoa da infância. "Só me lembrava", escreveu no prólogo de uma edição catalã, "que quando tinha 13 ou 14 anos, uma vez, na festa da padroeira de Gràcia, fui andar pelas ruas com meu pai. Na praça do Diamante, ergueram uma barraca, como em outras praças, com certeza, mas a que sempre recordei foi aquela. Ao passar diante daquela caixa de música, eu, a quem meus pais proibiram de dançar, tinha um desejo desesperado de dançar, e andava como uma alma penada pelas ruas enfeitadas." Mercè Rodoreda supunha que foi por causa desta frustração que muitos anos depois, em Genebra, começou seu romance com aquela festa popular. Em geral, essa ansiedade de dançar, que seus pais reprimiram sempre porque não era admissível numa moça decente, foi identificada pela própria escritora como a contrariedade original que lhe deu o impulso de escrever.

Poucos autores forneceram dados tão precisos e úteis sobre o processo subconsciente da criação literária como Mercè Rodoreda nos prólogos de seus livros. "Um romance é um ato mágico", escreveu. Falando de *O espelho partido*, seu romance mais extenso, fez outra revelação quase alquímica: "Eladi Farriols, morto e estendido na biblioteca de uma casa senhorial, resolveu-me o primeiro capítulo da maneira mais inesperada." Em outro lugar disse: "As coisas têm uma grande importância na narrativa. E tiveram sempre, muito antes que Robbe-Grillet escrevesse *Le voyeur*." Conheci esta declaração muito depois que sua autora me deslumbrasse com a sensualidade com que faz ver as coisas, muito depois de me assombrar com a luz nova que ilumina suas palavras. Um escritor que ainda sabe como se chamam as coisas salvou a metade da alma, e Mercè Rodoreda sabia disto em sua língua materna. Em castelhano, em compensação, nem todos nós os escritores sabemos, e em alguns se nota mais do que nós próprios acreditamos.

Creio, se me recordo bem, que Mercè Rodoreda é a única escritora (ou o único escritor) que visitei sem conhecê-la, impelido por uma admiração irresistível. Soube por nosso editor comum, há 12 anos, que ela estava em Barcelona por poucos dias, e me recebeu num apartamento provisório, mobiliado de maneira sóbria e com uma única janela que dava para o jardim crepuscular de Monterolas. Surpreendeu-me seu ar distraído que mais tarde encontrei definido num de seus prólogos: "Talvez a mais marcante de minhas múltiplas solidões seja uma espécie de inocência que me faz me sentir bem no mundo que me coube viver." Eu já sabia então que com a vocação literária tinha uma vocação paralela, tão dominante como a outra, e era a de cultivar flores. Falamos disso, que eu considerava como outra maneira de escrever, e entre rosas e rosas procurava falar-lhe de seus livros e ela procurava falar-me dos meus. Chamou-me a atenção que de tudo o que escrevi ela se interessava mais pelo galo do coronel a quem ninguém escrevia, e a ela chamou a atenção que eu gostasse tanto da rifa da cafeteira na *Praça do Diamante*. Tenho até hoje uma recordação nevoenta daquele estranho encontro, que sem dúvida não foi uma das recordações que ela levou para o túmulo, mas para mim foi a única vez que conversei com um criador literário que era uma cópia viva de seus personagens. Nunca soube por que, ao se despedir no elevador, disse-me:

— Você tem muito senso de humor.

Nunca mais tive notícia dela até esta semana, em que soube, por acaso, e em má hora, que lhe ocorrera o único percalço que podia impedi-la de continuar escrevendo.

A INGLATERRA OS FEZ ASSIM

As respostas oficiais do governo inglês às denúncias de crueldades e atos selvagens cometidos pelos soldados *gurkas* na reconquista das ilhas Malvinas insistiram em que as versões são infundadas, inspiradas numa lenda infeliz. Porta-vozes do Ministério da Defesa da Inglaterra se empenharam en negar a condição mercenária dos *gurkas*, e o tenente-coronel David Morgan — que é o comandante do batalhão — negou até que seus nepaleses ferozes tiveram uma participação ativa nas Malvinas, e negou com indignação que sejam qualificados de monstros bestiais. E com uma frase que mais parece uma daquelas ambigüidades corrosivas de Bernard Shaw, acreditou pôr fim ao debate:

— *Gurkas are just bloody good soldiers.*

A única coisa que faltou aos porta-vozes ingleses e aos seus partidários que escrevem cartas aos jornais é dizer que os *gurkas* não existem.

No entanto, a história recente oferece muitas provas sanguinárias não apenas de que existem mas que representaram um papel tenebroso na reconquista das Malvinas. No livro *Los chicos de la guerra*, do argentino Daniel Kon, publicado há nove meses em Buenos Aires pela editora Galerna, um soldado que regressou da guerra conta: "Os *gurkas* pareciam completamente drogados. Matavam-se entre eles mesmos. Avançavam gritando, quase sem

---

Publicado originalmente em 25 de maio de 1983.

se proteger. Não era difícil matá-los, mas eram muitos. Talvez você matasse um ou dois, mas o seguinte matava você. Eram como robôs: um *gurka* pisava numa mina e voava pelos ares, e o que vinha atrás nem se preocupava: passava pela mesma zona sem se perturbar, e também voava. Pareciam não ter instinto de sobrevivência. Varriam as zonas com suas metralhadoras Mag, mais pesadas do que o fuzil. Se ao entrar em nossas linhas encontravam alguma lata de ração de nossas provisões, abriam-nas pela metade com uma cutilada, comiam um pouco e continuavam lutando, sempre aos gritos. Nada os interessava, sequer as próprias vidas. Os ingleses que vinham depois dos *gurkas* encontravam tudo fácil, com o caminho quase desembaraçado." Outras testemunhas contam no mesmo livro que viram como um *gurka* obrigava um prisioneiro argentino a se desnudar e o fazia caminhar pelo campo dando-lhe pontapés e golpes de fuzil. Dizem que outros *gurkas* agarravam o prisioneiro pelos cabelos, o empurravam até que ficasse ajoelhado no chão e lhe cortavam o pescoço. Fizeram a mesma coisa com quatro ou cinco prisioneiros mais.

Ao ler este relato, alguém me disse que parecia amplificado pelo medo do narrador. Mas a conduta dos *gurkas* foi descrita em termos muito mais dramáticos pelos próprios ingleses que estiveram com eles em outras infâmias maiores e mais sangrentas do que nas Malvinas. Enfim, os *gurkas* participaram com os ingleses em pelo menos dez guerras grandes e em numerosas campanhas de conquista e repressão colonial. A mais importante delas foi a guerra de independência da Índia, onde um batalhão *gurka*, sob o comando do brigadeiro-general Reginal Dyer, disparou indiscriminadamente contra uma manifestação pacífica de civis, e matou 379 — entre homens, mulheres e crianças — e feriu mais de mil. Este episódio bárbaro é conhecido como a "matança de Amritsar" e foi reconstituído com uma fidelidade de dar calafrios no filme *Gandhi*, que abocanhou quase todos os óscares de Hollywood e foi dirigido por um cavalheiro britânico: *sir* Richard Attenborough.

Outro inglês, nada menos do que o marechal-de-campo visconde Slim, que comandou as tropas inglesas na Birmânia durante a Segunda Guerra

Mundial, contou episódios alucinantes sobre a conduta dos *gurkas* que lutavam em suas fileiras. Seu livro, *Defeat into victory*, é mais do que revelador. "Em certa ocasião", conta o marechal Slim, "alguns *gurkas* se apresentaram diante de seu general e com grande orgulho abriram um baú do qual tiraram três cabeças ensangüentadas de japoneses e as puseram sobre a mesa. Em seguida, com seus modos mais finos, ofereceram ao general, para seu jantar, os peixes frescos que carregavam no mesmo baú."

Não foi por acaso que os ingleses designaram seus *gurkas* mais encarniçados para lutar contra os japoneses na Birmânia e na Malásia durante a Segunda Guerra Mundial. "A 17ª Divisão, sob o comando do major-general D. T. Punch Cowan, composta só por *gurkas*, tinha a missão de emboscar e caçar japoneses", segundo escreveu uma testemunha daquela guerra espantosa que saturou as sessões dominicais de cinema de nossa juventude. "Em 1º de maio de 1945, vários comandos de *gurkas* foram lançados de pára-quedas de aviões norte-americanos sobre *Elephant Point*, onde estavam as forças japonesas que guardavam as vias de acesso a Rangum. Os *gurkas* deviam limpar o caminho para que os aliados entrassem na Birmânia, mas quando se apossaram do território os japoneses já haviam evacuado o local." Só ficaram trinta, que, segundo o marechal Slim, foram deixados ali como observadores. Os *gurkas* os aprisionaram e degolaram todos.

No entanto, talvez nenhum dos relatos atrozes sobre os *gurkas* seja mais revelador de seu caráter que o da batalha de Imphal-Kohima, na qual os mercenários nepaleses exterminaram um número incalculável de japoneses. Depois da batalha, alguns *gurkas* recolhiam cadáveres em locais inacessíveis às escavadeiras. Nisso, um japonês erguido por dois *gurkas* demonstrou que não estava tão morto como parecia. Um *gurka* brandiu sua faca para acabar com o prisioneiro, quando interveio um oficial inglês que passava pelo local.

— Não, Johnny, não o mate.

O *gurka*, com a faca erguida, olhou para o oficial entre atônito e desconsolado e protestou:

— Mas, *sahib*, não podemos enterrá-lo vivo.

Os oficiais ingleses que desmentiram as atrocidades dos *gurkas* nas Malvinas insistiram em que não são mercenários e sim militares de elite a serviço da Coroa. Assim é pior, porque seria um reconhecimento de que o exército inglês admite como sua uma moral que não se compadece com o direito das pessoas. Os *gurkas* são guerreiros de aluguel a serviço de um exército estrangeiro, e isto define, sem rodeio, sua condição de mercenários. Os *gurkas* são contratados por oficiais ingleses que os selecionam entre os melhores, depois de percorrer durante várias semanas as aldeias de quatro tribos do minúsculo e lendário reino do Nepal, na base do Himalaia. Os escolhidos, que não passam de quatrocentos por ano, ingressam no exército inglês com um salário base de dez libras por mês, mais outras três libras e vinte xelins para comer. Seu interesse primordial é economizar o mais possível para enviar dinheiro aos parentes, cuja pobreza é lendária.

A ferocidade e a disciplina quase sobrenatural dos *gurkas* não são, é claro, condição genética e sim elementos substanciais de um ofício aprendido. Desde 1815, quando os oficiais ingleses da honorável Companhia das Índias contrataram os primeiros guerreiros *gurkas* para que os ajudassem a se apoderar da Índia, essas más artes inculcadas só se aperfeiçoaram. Para isso existe o centro de treinamento de Hong Kong, onde os famintos nepaleses recém-contratados, que não conhecem a eletricidade nem qualquer outra invenção do século XX, são treinados como animais em sua profissão de matar. No exército inglês há um número constante de dez mil soldados distribuídos entre a Hong Kong Field Force, que mantém o controle da colônia inglesa dentro do território chinês; a reserva estratégica do Reino Unido, estacionada em casa como um corpo de bombeiros colonial para enfrentar qualquer emergência em qualquer parte do mundo — como a recente nas ilhas Malvinas —; e um destacamento especial que protege o sultanato autoritário de Brunei contra as pretensões armadas da Indonésia, uma verdadeira força colonial, anacrônica e vergonhosa, que os ingleses mantêm como resíduo indigno de seus tempos de glória. Portanto, nada há de estranho em seu comportamento criminoso das Malvinas, nem têm que parecer delirantes os testemunhos de tantos sobreviventes argentinos. Uma fonte tão séria e insuspeitável como a revista inglesa *The Economist* escreveu há pouco que os *gurkas* "são guerreiros eficazes, mas impiedosos": uma vez desembainhada, sua famosa faca não pode ser guardada sem sangue. "Quando perdem a oportunidade de derramar o sangue alheio", escreveu outro inglês, "os *gurkas* satisfazem a tradição cortando-se um dedo."

ESTAS DROGAS DE ELEVADORES

Em *Ensaio de um crime (A vida de Archibaldo de la Cruz)*, um filme inesquecível de dom Luis Buñuel, ocorria o episódio tremendo de uma freira que entrava pela porta de um elevador que já não estava no andar, e a mulher infortunada se precipitava com um grito de espanto até o abismo do poço. Em algum jornal se publicou há muito a notícia de dois mecânicos de elevadores que tentavam consertar um deles trabalhando no fundo do poço e, de repente, a caixa despencou e os esmagou contra o solo. Conheço a filha de um casal amigo que aos 12 anos ficou presa durante duas horas num elevador às escuras, e nunca mais se recuperou do terror, apesar dos muitos tratamentos médicos e psicológicos a que foi submetida. A menina, para dizer de maneira menos dramática possível, enlouqueceu.

Mas a história de elevadores mais horrível que ouvi contar ocorreu em Caracas há muitos anos. Uma família que vivia numa casa de três andares com elevador viajou à Europa por três meses, e, antes de sair, como sempre fazia, desligou a eletricidade na caixa de força da entrada principal. Uma empregada permaneceu arrumando o andar superior, mas combinara com os patrões que desceria pela escada, apanharia a chave na porta da rua e voltaria todas as semanas para fazer a limpeza. Mas no momento em que os donos da casa saíam se lembrou de algo urgente e tentou alcançá-los com o

---

Publicado originalmente em 1º de junho de 1983.

elevador. A interrupção da eletricidade a surpreendeu na metade do caminho, e ninguém tomou conhecimento dela, até três meses depois, quando a família regressou da Europa e encontrou os restos putrefatos no elevador. Esforço-me por não pensar nesta e em outras muitas histórias horríveis quando tenho de entrar num elevador. Em alguma época me tranqüilizava viajar nesses elevadores modernos de hotéis caros e edifícios de luxo que têm um telefone para pedir auxílio. Mas minha confiança se esfumou numa ocasião em que alguém que viajava comigo pegou o telefone para comunicar a parada irregular e ninguém atendeu. A explicação que lhe deram foi que o pessoal encarregado de atender esse telefone fora almoçar na hora em que ocorreu a emergência — por sorte — passageira. Desde então tenho o hábito de observar quem ouve o alarme dos botões vermelhos com uma campainha desenhada que se encontram em todos os elevadores do mundo, e na imensa maioria dos casos tinha de admitir que só servem para dar aos passageiros uma sensação de segurança sem qualquer fundamento. Na realidade muitas dessas campainhas não soam em parte alguma. Não funcionam na realidade, a não ser na imaginação dos viajantes iludidos, mas ninguém sabe porque se passa muito tempo antes que precisem dele. Um mecânico de elevadores do México me dizia há pouco que no serviço regulamentar de manutenção é obrigatório observar o estado das campainhas de alarme, mas nem sempre o fazem, porque os mecânicos estão tão familiarizados com seus elevadores que não se alarmam que o alarme não funcione. Além disso, disse-me um deles, a maioria das campainhas de emergência são inúteis, porque quase todas funcionam a eletricidade, e são poucos os defeitos de elevadores que não são decorrentes de uma falha elétrica. Portanto, o alarme não soa pela mesma razão por que o elevador não funciona.

Nos prédios de apartamentos, mesmo os mais caros, o alarme soa no quarto do porteiro, que tem uma chave simples com que abre a porta do elevador num minuto. O problema é que o porteiro nem sempre está na portaria, ainda que o nome indique, e os mais eficientes têm tantas prerrogativas merecidas que saem para descansar com a família nos fins de semana. Outro dia, num prédio de apartamentos de Barcelona, descobri por acaso que o porteiro não dorme em seu cubículo, e sim na casa de sua família, de maneira que se alguém fica preso, o melhor que pode fazer é deitar-se para dormir enroscado no chão do elevador até as sete da manhã, se é que tem a boa sorte — ou a má sorte? — de estar sozinho em sua desgraça, ou se seu contratempo não ocorre em pleno inverno e amanhece congelado.

Num edifício residencial de Paris, que custa seu peso em ouro, todos os serviços são tão modernos que dispensaram a *concierge*, uma das instituições mais antigas e lendárias da cidade. As *concierges* da Paris de outros tempos tinham tanto crédito que a literatura francesa, e não só a de Balzac, mas em especial os romances policiais, tinha de recorrer a elas inevitavelmente para que as narrativas mais fantásticas parecessem verdadeiras. Um testemunho de uma *concierge* sobre algum de seus inquilinos podia ser definitivo perante uma autoridade judicial. Porém a cada dia que passa mais *concierges* parisienses são substituídas por engenhos eletrônicos desumanizados, muito mais eficazes do que suas velhas e ranzinzas antecessoras, mas, de qualquer maneira, incapazes de resgatar um pobre inquilino preso num elevador. O problema da campainha de alarme nos edifícios sem *concierges* foi resolvido instalando-a no apartamento do síndico, cujo mandato é eventual e rotativo, e que, com certeza, não tem obrigação de estar em casa à espera de que alguém fique preso no elevador. O fato final é que a solidão do elevador é uma das mais temíveis, sobretudo para os que sofrem de claustrofobia e sabem que poderiam suportar qualquer coisa menos um minuto trancado num elevador.

Nossos avós, tão severos, eram muito mais humanos em sua concepção da vida. A nenhum deles ocorreria inventar um elevador como os mais usados atualmente, cuja segurança se baseia no oposto do que alguém gostaria para se sentir seguro. São sepulturas blindadas. Em Nova York, onde se tem tanta consciência da periculosidade dos elevadores, eles são tratados como veículos de risco, e a única coisa que lhes falta é que se acendam letreiros como nos aviões: "Aperte o cinto de segurança." Quando alguém entra nos concorridos elevadores de Manhattan, o ascensorista, como o general numa batalha, ordena: "Fique de frente para a porta" — o que, sem dúvida, facilita a evacuação imediata. Mas tudo isso é uma decorrência da situação hermética dos elevadores de hoje. Antes, em compensação, os avós eram conscientes de que o uso do elevador, por efêmero e rotineiro que fosse, era de qualquer maneira uma viagem e se devia viajar com a maior felicidade possível. Por isso, construíam obras de arte, não só da técnica, mas também da marcenaria, com janelas por todos os lados que não apenas serviam para respirar, mas para ver a paisagem interna da casa. Não se subia com o fôlego suspenso pelo temor de que a luz se fosse, mas vendo a vida: os namorados do primeiro andar, que esperavam se beijando que o elevador regressasse; a anciã inválida que fingia bordar diante da porta aberta do segundo andar, quando, na realidade, o que fazia era desfrutar por sua vez do espetáculo da vida que subia e descia no elevador; ou o alvoroço da criança que nos dizia adeus com a mão quando nos via passar pelo terceiro andar. Tudo isso acabou com os temíveis caixões de aço de hoje, cuja única vantagem — porque alguma vantagem tinham de ter — é que, em caso de urgência, como acontece com mais freqüência do que se acredita, os amantes sem teto podem apertar o botão de emergência para fazer um amor vertical de galo triste, enquanto alguém pragueja em algum andar intermediário. São os modernos elevadores de droga que param de repente em qualquer parte, sem permissão de ninguém. Menos mal que têm alguma serventia as coisas que não servem para nada.

CARTAGENA: UMA PIPA NA MULTIDÃO

Havia um homem que tentava levantar uma pipa no meio da multidão compacta. Havia uma mulher vendendo um tatu amestrado que, segundo anunciava, era capaz de fazer as operações aritméticas, menos a divisão, marcando as respostas cifradas com golpezinhos ritmados das patas. Havia um padre decrépito que chamava tanto a atenção como um papa porque se vestia de maneira insólita para estes tempos: com uma batina preta daquelas que se usavam nos versos do compatriota Luis Carlos López. Havia um transatlântico iluminado que navegava pelas ruas em meio a um vento de bandeiras. Havia um presidente conservador que as multidões aclamavam com a espontaneidade e o entusiasmo desejados por alguns presidentes liberais, e havia um príncipe de 15 anos saudado pelos descendentes daqueles que há apenas 170 anos expulsaram a tiros seus antecessores, e o presidente do governo socialista espanhol, adorado como se fosse um rei tropical, em pleno sol e com 34 graus de calor. Havia tudo isso e muito mais, para que os visitantes ilustres não esquecessem que estavam no mundo alucinado e alucinante do Caribe, onde ainda as ilusões mais loucas acabam por ser certas e se conhece o outro lado da realidade. Era quarta-feira, 1º de junho de 1983, e a mui nobre cidade de Cartagena de Indias comemorava os primeiros 450 anos de sua vida e seus milagres.

Publicado originalmente em 8 de junho de 1983.

Todos os anos, a 11 de novembro, a cidade celebra o aniversário pontual de sua independência proclamada, mas nem os velhos se recordam de uma festa popular tão concorrida, entusiasmada e pacífica como esta. Foi, e este é um de seus méritos maiores, a ordem da alegria dentro do caos. O bom humor não esmoreceu um só momento. Ao fim de um dia extenuante, a esplanada do cais dos Pegasos se obscureceu com uma multidão de pelo menos cem mil pessoas em torno do palco destinado aos músicos. Acima, no terraço do bastião de Santo Inácio, estavam os convidados especiais encabeçados pelo príncipe adolescente dom Felipe de Bourbon e o presidente Felipe González com seu séquito numeroso. Alguém disse entre a multidão na rua:

— Hoje estamos outra vez como há quatrocentos anos, nós aqui embaixo, e lá em cima os espanhóis.

Mas era evidente que não se tratava de um sentimento hostil, e sim a expressão de um anseio geral, que era o de ver todos os participantes da festa, tanto os de cima como os de baixo, tanto os nacionais como os convidados de fora, celebrando o aniversário na mesma praça e sob o mesmo teto de estrelas heterogêneas. A noite, uma das mais quentes que se recordam, era mais do que propícia.

No entanto, como ocorre quase sempre nestes casos, as coisas não vistas podem ser tão importantes como as que estão à vista. A presença dos quatro chanceleres do grupo de Contadora — Colômbia, México, Panamá e Venezuela — e a oportunidade que sem dúvida tiveram de trocar idéias com seus colegas do resto da América Latina nos becos secretos da festa pode ter sido providencial para a paz na América Central. Os esforços mais recentes trataram de conseguir que os chanceleres de Honduras e Nicarágua se reunissem para discutir suas divergências na presença dos quatro chanceleres de Contadora reunidos há alguns dias no Panamá. Ainda não se conseguiu algo que parecia tão fácil. Em Cartagena, por uma dessas coincidências a que não são alheias as conveniências políticas, os chanceleres de Honduras e Nicarágua comungaram juntos na mesma missa de ação de graças. O da Nicarágua, que é o padre Miguel d'Escoto, não só está acostumado a comungar desde a mais tenra idade, e até na que tem agora, que já não é pouca, mas não lhe faltaram oportunidades de dar ele mesmo a comunhão a outros chanceleres deste mundo. O chanceler de Honduras, em compensação, até onde se sabe, não tem nenhuma investidura que lhe permita fazê-lo. São velhos amigos entre si, e à margem das querelas públicas oficiais falam delas em particular com uma naturalidade e um senso de humor que não permitem entender por que dá tanto trabalho aos seus países chegar a um acordo de boa vizinhança. Numa das recepções de Cartagena, alguém disse aos dois:

— Já que estão comungados e em conseqüência inspirados pela graça de Deus, tranquem-se agora mesmo nesse quarto e só voltem a sair quando chegarem a um acordo.

O que mais dói é que sem dúvida ambos gostariam de fazê-lo, mas se sentem impedidos pelas contradições internas e pelos interesses iniludíveis de seus próprios governos. Deve-se confiar, apesar de tudo, em que o ambiente de cordialidade que se impôs no aniversário de Cartagena tenha contribuído de alguma maneira para afrouxar a tensão.

As tentativas não foram inúteis, e deste aniversário de Cartagena resta sem dúvida uma nova esperança de encontrar uma solução para todas as guerras da América Central, guerras dispersas e sem futuro previsível, às quais bastaria acrescentar um grau a mais dos muitos que já têm de confusão para provocar um cataclismo mundial. O presidente Felipe González, que indiscutivelmente é o homem daquele lado do oceano que melhor nos conhece, talvez tenha tido oportunidade de deixar ainda mais claras suas idéias sobre a atual situação da América Central. Já no Encontro da Democracia, realizado em Madri há pouco mais de um mês, falava-se em voz baixa, ainda que não muito baixa, da possibilidade de o presidente Felipe González atuar como mediador entre a América Central e os Estados Unidos. Ninguém nega a necessidade desta mediação. Nem sequer os próprios chanceleres de Honduras e de El Salvador, que não vacilam em reconhecer em particular que os Estados Unidos, e não seus próprios governos, são o maior obstáculo para a paz num conflito que já está causando mais mortes e desgraças do que um terremoto. Não parece obra do acaso que o presidente do governo espanhol quisesse fazer estes contatos de Cartagena antes de sua próxima visita aos Estados Unidos, onde sua voz tem um crédito grande e sua autoridade para falar por nós é inquestionável. Confiemos em que não sejam ilusões de jornalista, e sim clarividências de poeta, e que algum dia não remoto se possa falar desta bonita festa de Cartagena como o aniversário histórico em que, enfim, foi quebrada a panela da paz na América Central. Tudo é possível numa cidade onde alguém consegue levantar uma pipa colorida no meio da multidão.

PORTUGAL, NOVE ANOS DEPOIS

Pergunta-se o que aconteceu com aquela plêiade de militares portugueses de alto escalão que em abril de 1974 fez a alegre revolução dos cravos. A foto de uma jovem pondo uma flor no cano do fuzil de um soldado amigo não só deu a volta ao mundo por sua beleza, mas se impôs imediatamente como o símbolo de uma vida nova. Portugal era uma festa. Ninguém dormia, ninguém tinha horário de trabalho fixo, e o tempo mal dava para comemorar a vitória sobre uma das ditaduras mais antigas e cruéis do mundo, e para desfrutar, em plena rua e aos gritos, a liberdade recuperada.

— Ninguém pode nos entender melhor do que vocês — disse naquela época um membro do Conselho da Revolução a um grupo de jornalistas latino-americanos. — Os europeus, mesmo os mais compreensivos, tentam nos avaliar com uma ótica de país desenvolvido e não conseguem nos enquadrar em seus esquemas.

Por motivos históricos e geográficos, sendo um dos países mais pobres do mundo, mas com uma posição estratégica essencial para as potências ocidentais, Portugal era obrigado a se sentar à mesa dos países mais ricos da Terra, mas falando um idioma novo que ninguém entendia porque não convinha a ninguém entender, e com os fundilhos remendados e os sapatos com

---

Publicado originalmente em 15 de junho de 1983.

a sola furada, mas com a dignidade que lhe impunha o fato de outrora ter sido o dono quase absoluto de todos os mares.

A pressão tremenda desse drama se refletia em todos os aspectos da vida portuguesa. Tudo se tornara político. Da praça do Rossio, no coração de Lisboa, até o lugar mais afastado e esquecido da província, não havia um centímetro de parede, nem um anúncio de estrada, nem o pedestal de uma estátua que não tivesse uma pichação política. "Unidade sindical", exigiam os comunistas, que acusavam os socialistas de quererem dividir a classe operária para deixá-la à mercê da socialdemocracia européia. "Socialismo sim; mas com liberdades", diziam sem maiores explicações os socialistas. "Fora o imperialismo capitalista e o socialimperialismo", clamava um partido de extrema esquerda, cujo radicalismo intransigente se confundia com o limite da provocação. "Viva Cristo Rei", gritava a reação católica. "O voto é a arma do povo", afirmavam os liberais. E os anarquistas, com sua inventividade incansável, corrigiam no muro do outro lado: "A arma é o voto do povo." De dia, em meio à desordem alvoroçada, os militantes do Exército de Salvação tocavam o trombone na porta das grandes lojas e fomentavam o pânico com suas diatribes pavorosas contra o álcool e o sexo. Tarde da noite, quando o cansaço abrandava por fim o ativismo desaforado, a reação fazia explodir bombas de alto teor e envenenava o mundo com o boato infame de que o belo e idílico Portugal das canções tinha ido para o caralho.

Em meio ao estrondo ensurdecedor, havia uma inteligência clara: o Movimento das Forças Armadas (MFA), dirigido por oficiais jovens, cujo poder político, unido ao poder de fogo e à popularidade imensa, fazia deles muito mais do que simples árbitros da situação. A ruína da economia nacional fazia com que os pessimistas dissessem com grande desprezo: "Portugal só produz portugueses." Os dirigentes do MFA respondiam: "A maior riqueza de um povo é sua população." Em sua maioria, eles eram antigos universitários recrutados pela ditadura como bucha de canhão nas guerras coloniais. Trabalhavam sem horário e sem intervalos, fosse na administração pública ou nas campanhas de politização dos camponeses. A democracia começara pelos quartéis: oficiais e soldados se tratavam por tu, dormiam no mesmo quarto e comiam a mesma comida na mesma mesa. Pela primeira vez na história da humanidade os soldados tinham direito de desobedecer a uma ordem se os oficiais não dissessem para onde iam e com que propósito. A resposta, em todos os níveis, era a mesma: "Vamos para um socialismo inventado por nós próprios, de acordo com nossas próprias condições, independente de todo o centro internacional de poder e, ao mesmo tempo, construído com imaginação e humanidade."

O que nós, assustados jornalistas que visitávamos Portugal naqueles dias, nos perguntávamos era como os militares de uma ditadura infame chegaram a compreender que qualquer mudança era impossível sem integração real com o povo, e como tomaram consciência dessa realidade. O processo, na verdade, foi bem simples. Quando a guerra se acirrou contra os movimentos de libertação das colônias africanas — e, em especial, em Angola e Moçambique —, os oficiais da ditadura, que eram uns aristocratas esnobes, decidiram improvisar uma oficialidade de classe média que servisse de bucha de canhão nos domínios sublevados. Para isso abriram, em primeiro lugar, as portas da academia militar, onde se formavam os oficiais de carreira, e, em segundo lugar, começaram a recrutar universitários para convertê-los em oficiais milicianos, com o grau imediato de subtenentes. No decurso de poucos anos, mudou por completo a composição dos comandos intermediários.

— Foi muito fácil — disse um oficial aos jornalistas — que nossa promoção, com idade média de 28 anos, sofresse uma transformação ideológica no sentido das aspirações populares.

Outro oficial dizia:

— Nossa consciência se formou nas longas noites de reflexão dos acampamentos da África, conversando com os soldados, que na realidade eram universitários fardados, e com os prisioneiros que capturávamos entre as guerrilhas e que nos comoveram com o exemplo de sua determinação e clareza.

Os nomes dos militares que dirigiram a mudança chegaram a ser lendários: Vasco Gonçalves, Costa Gomes, Melo Antunes, Otelo de Carvalho, Vasco Lourenço, Correia Jesuíno, Rosa Coutinho. Todos pertenciam ao Conselho da Revolução, que era o organismo dirigente do processo, e ocupavam cargos chave no governo. Melo Antunes, um fumante nervoso e sorridente que passava quase sem se dar conta de uma conversa política a uma discussão sobre literatura, era considerado pelos companheiros um dos ideólogos mais antigos e lúcidos do MFA. No entanto, Otelo de Carvalho talvez tenha sido o mais carismático de todos e o que pareceu mais decidido a assumir a responsabilidade política do país para levar o processo de mudança até as últimas conseqüências. O que impediu e o que levou Portugal por um caminho diferente é algo muito difícil e, sobretudo, muito comprido para explicar. Mas o fato é que os maiores promotores e protagonistas daquela revolução quase poética foram relegados, se não ao esquecimento, pelo menos à penumbra. Daí ser tão significativa uma notícia a que não se deu, nem em Portugal, a atenção merecida. Refiro-me à criação da Associação 25 de Abril, integrada não apenas por todos os membros do Conselho da Revolução original, e sim por mais de 1.500 oficiais das forças armadas. Mil e trezentos deles ainda estão na ativa, ou seja, a quarta parte da oficialidade atual.

— Trata-se de ampliar e aprofundar o espírito democrático das forças armadas — disse em particular um de seus fundadores. — Não temos aspirações políticas imediatas nem queremos intervir nas condições atuais.

Mas a maioria deles é de opinião que as forças da reação estão cada vez mais ativas e influentes em Portugal e que a vigilância insone dos heróis em repouso do MFA pode impedir, quando for o caso, que Portugal regresse ao seu passado sombrio. Diante das acusações de que se trata de uma organização subversiva, seus promotores assinalam que se ajusta de todo à Constituição vigente e é tão legal e pública como outras muitas de caráter diverso existentes em Portugal. Mais ainda: um de seus membros mais destacados é o próprio presidente da república, o general Eanes. Isso demonstra, mais uma vez, o que há tantos séculos se sabe, que Portugal é um país extraordinário. Para dizer o mínimo.

VALLEDUPAR, A FARRA DO SÉCULO

Um dia de 1963, durante o festival de cinema de Cartagena, pedi a Rafael Escalona que reunisse os melhores conjuntos de música *vallenata* para ouvir tudo o que se compusera nos sete anos em que estive fora da Colômbia. Escalona, que já era meu compadre havia uns 12 anos, pediu-me que fosse no domingo seguinte a Aracataca, para onde ele levaria a flor e a nata dos compositores e intérpretes das fornadas mais recentes. O acordo foi feito na presença da muito querida amiga e jornalista sagaz Gloria Pachón — que hoje é a mulher do senador Luis Carlos Galán — e ela publicou no dia seguinte a notícia que nos pegou de surpresa: "Grande festival de *vallenato*, domingo, em Aracataca." Todos os fanáticos do *vallenato* daquele tempo, que não éramos muitos, mas suficientes para encher a praça da cidade, encontramo-nos no domingo seguinte em Aracataca. O escritor Álvaro Cepeda Samudio levou três caminhões de cerveja gelada e a distribuiu de graça para a multidão. Escalona chegou tarde, como de costume, mas também como de costume chegou bem, com ninguém menos do que Colacho Mendoza, de quem ninguém duvidava então que seria o que é hoje: um dos mestres do acordeão de todos os tempos. Enquanto os esperávamos, quem ficou como centro da festa foi Armando Zabaleta, que nos deixou admirados com a maneira de cantar sua canção mais recente e magnífica: *La garra*

Publicado originalmente em 22 de junho de 1983.

del águila. Era um bom começo, porque aquela canção era a crônica bem contada da entrevista que Escalona tivera pouco antes com o presidente Guillermo León Valencia em seu palácio, e estava, portanto, na linha do *vallenato* clássico que foi criado para contar cantando e não para dançar. Tanto é assim que no festival da semana passada alguém se dispunha a dançar quando Alejo Durán el Grande estava num de seus grandes momentos e se interrompeu para dizer:

— Se dançar, vou embora.

Aquela festança de Aracataca não foi o primeiro festival da música *vallenata*, como agora se pretende, e nem aqueles que o promovemos — sem saber muito bem o que fazíamos — podemos nos considerar seus fundadores. Mas tivemos a sorte de inspirar ao pessoal de Valledupar a boa idéia de criar os festivais da lenda *vallenata*. Assim aconteceu, e em 1967 se realizou o primeiro, com tudo a que tinha direito, e na cidade de Valledupar, que é a sede natural por direito próprio. O primeiro rei eleito foi o rei dos reis, Alejo Durán, que desta maneira deu ao certame sua verdadeira estatura histórica. Embora nesta época a música *vallenata* estivesse começando a subir as encostas dos Andes para conquistar Bogotá, ainda não conseguira conquistar o coração de muitos fora de seu âmbito original. Em Bogotá — aí pelos anos 40 — transmitia-se aos domingos um programa de rádio com música para dançar que se chamava *La hora costeña*, e que logo se converteu numa pândega matinal para os estudantes caribenhos. Ali se transmitia o *porro* e a *cumbia*, o fandango e o *mapale*, mas nenhum *vallenato*. E não apenas porque nós caribenhos sabíamos que o *vallenato* não era para dançar e sim para escutar, mas porque ninguém lá de cima sabia de sua existência e de sua pureza. Na costa caribenha, em compensação, o programa de mais prestígio nessa época era uma hora de canto de um homem de Ciénaga — Guillermo Buitrago — a quem se deve reconhecer, entre outros méritos, o de ter sido o primeiro que pôs a música *vallenata* no comércio. Já Rafael Escalona, com pouco mais de 15 anos, compusera suas primeiras canções no Liceo Celedón de Santa Marta, e já era visto como um dos grandes herdeiros da tradição gloriosa de Francisco el Hombre, mas só era conhecido pelos companheiros de colégio. Além disso, os criadores e intérpretes *vallenatos* eram gente do campo, poetas primitivos que mal sabiam ler e escrever, e ignoravam completamente as leis da música. Tocavam o acordeão de ouvido, que ninguém sabia quando e nem por qual caminho chegara a eles, e as famílias de boa linhagem da região consideravam que os cantos *vallenatos* eram coisa de peões descalços, bons para entreter bêbados mas não para entrar nas casas decentes. Não foi por acaso que a família do jovem Rafael Escalona, nada menos do que parentes próximos do bispo Celedón, escandalizou-se com a notícia de que ele compunha canções de bóias-frias. Foi tamanho o escândalo doméstico que Escalona nunca se atreveu a aprender a tocar acordeão, e até hoje compõe suas canções assobiando, e tem de ensiná-las a algum acordeonista amigo para poder ouvi-las. Mas a entrada de um bacharel no *vallenato* tradicional introduziu-lhe um ingrediente culto decisivo em sua evolução. A grande proeza de Escalona foi ter medido com mão de mestre a dose exata desse ingrediente literário. Uma gota a mais, sem dúvida, terminaria por adulterar e perverter a música mais espontânea e autêntica que se conserva no país.

Portanto, há uma pré-história do *vallenato* que os fanáticos de hoje — que são muitos, até além de nossas fronteiras — mal ouviram falar. É um mundo fechado, com um olimpo próprio, cujos deuses vivem já respirando os ares rarefeitos da lenda. Francisco Moscote — para quem se lembra do bom nome de Francisco el Hombre porque ganhou do diabo num duelo de acordeão — está tão arraigado na mitologia popular que agora não se sabe com certeza se na realidade existiu. Pacho Rada, outro dos grandes pioneiros, tinha raízes tão bem plantadas no coração de seu povo que, uma noite, prenderam-no na aldeia de Plato, mas o inspetor de polícia cometeu o erro de deixar-lhe o acordeão na cela. Pacho Rada, talvez por puro tédio, pôs-se a tocar e a cantar, e o povoado despertou escandalizado porque estava preso um homem investido de tanta glória, e então invadiram a prisão e o levaram para a rua. Fala-se destes dois precursores como se tivessem morrido sem idade depois de viver durante séculos. Pensa-se que talvez fosse certo considerar os que ainda estão vivos, com serenidade e sabedoria, que vivem num tempo diferente do nosso. Leandro Díaz é uma espécie de patriarca mítico. Apesar de ser cego de nascimento, viveu desde bem jovem de seu bom ofício de carpinteiro, e nunca poderei esquecer o dia em que Rafael Escalona me levou para conhecê-lo em sua oficina, porque estava fazendo uma mesa com as luzes apagadas, e só se ouvia o ruído do serrote e as marteladas, nas trevas. Mais ainda: durante a guerra mundial, quando não era possível importar mais acordeões, a tradição não sofreu um só arranhão porque o cego Leandro Díaz consertava os acordeões mais antigos até deixá-los como novos. Na semana passada, quando o ouvi cantar outra vez depois de quase vinte anos, e me envolveu com a beleza de *La diosa coronada* — que não só é sua canção mais bonita mas um dos maiores momentos de nossa poesia —, tive a sensação de entrar pela primeira vez no âmbito proibido da lenda. Ao seu lado, não era menos mítico Emiliano Zuleta cantando, com sua voz estragada pelos anos e pela bebida, os versos magistrais de *La gota fría*, que, para o meu gosto, é uma canção perfeita, e, portanto, um ponto de referência que os criadores de hoje não podem perder de vista. A lista não se acaba com facilidade: Chico Bolaño, Toño Salas, Lorenzo Morales e tantos outros. E o mais alentador é que o manancial não seca: Julito Rojas, o rei eleito este ano, ainda não tem trinta anos.

Foi dentro desse âmbito místico que transcorreu o XVI Festival da Lenda Vallenata, e foi por isso, e não outra coisa, que teve a autenticidade e a ressonância que começara a perder nos anos anteriores. Uma equipe da televisão holandesa que registrou cada minuto daquela festança, sem trégua, levou uma impressão de que não se reporá tão cedo. Seus membros não podiam compreender que existisse neste mundo de horrores um lugar como aquele, em que as casas não se fechavam nunca, e quem quisesse podia entrar para comer onde desejasse a qualquer hora do dia ou da noite quando tivesse fome e sempre encontrava uma mesa servida, e quem tivesse sono entrava para dormir a qualquer hora onde quisesse e sempre encontrava uma rede pendurada. E tudo isso sem um instante nem um resíduo de silêncio: o espaço total estava saturado de música.

Convencido de que aquele não era um fenômeno local e sim uma condição própria do país, um dos técnicos holandeses que se deixaram arrastar por aquele torvelinho anotou em seu diário: "Todos os colombianos são loucos." Vem a ser, por sorte, uma nota de alívio para a péssima imagem que ganhamos por estes dias na imprensa estrangeira. Em suma: o XVI Festival da Lenda Vallenata foi mais uma prova — e das melhores — de que a cultura popular não é tão cansativa, nem cheira tão mal como acreditam e sentem os intelectuais puros. Mal de muitos, consolo dos peixes medíocres.

"O QUE HÁ DE MAU NA IMPRENSA MÁ?"

Talvez nenhum país esteja tão preocupado como a Colômbia pelo que se pensa dele no exterior. Nenhum é tão suscetível às notícias e comentários da imprensa que possam afetar sua imagem diante do mundo. E, no entanto, são poucos os países que mereceram tanto destaque na imprensa estrangeira nos últimos anos. É como se nós, os colombianos, tivéssemos de carregar o destino de ser exportadores de notícias extraordinárias. Boas e más, porém muitas delas nas primeiras páginas e até com fotos coloridas. Mas a mesma inquietude, às vezes desproporcional, causada pelas notícias prejudiciais à nossa imagem externa se transforma diante das boas notícias num impulso irresistível de amplificação até o ridículo. Em qualquer dos dois extremos somos vítimas do exagero, pela vergonha ou pelo regozijo. Neste passo, ofuscados pelas contradições de nossa própria imagem no espelho do mundo, corremos o risco de acabar por não saber, com certeza, como somos na realidade.

O balanço parece ser desfavorável, sobretudo no inventário dos últimos meses. Num dia qualquer desta semana se encontravam num mesmo jornal duas notícias confrontadas lado a lado. Uma se referia à atuação de dois ciclistas colombianos na Volta da França, que, ao que parece, era motivo de admiração e entusiasmo para a imprensa francesa; a outra dizia que um

Publicado originalmente em 29 de junho de 1983.

colombiano é o dono e senhor de uma ilha do Caribe destinada ao tráfico e comercialização da cocaína. Pergunta-se, com a mão no coração, com qual das duas notícias se fica, e acaba-se talvez por não ficar com nenhuma, deprimido pela evidência de que as más notícias derrotam as boas.

É assim. Nós, colombianos no exterior, consideramos ato de justiça poética que nossa má fama de traficantes de drogas seja, de certo modo, compensada pela mercadoria de exportação mais bonita do mundo: as flores. Em dezembro do ano passado, a nevada cidade de Estocolmo parecia um jardim de rosas amarelas. Estavam em todos os lugares e era impossível entrar em algum deles sem ser recebido por uma tormenta de rosas que, na realidade, pareciam caídas do céu com uma profusão maior do que os flocos de neve. A bela e gentil rainha da Suécia fez a um de seus convidados a confidência de que em Estocolmo era impossível encontrar rosas no inverno, de maneira que aquelas turbulências amarelas foram importadas de algum remoto país de calores perpétuos onde as rosas floresciam sem descanso durante todo o ano. A rainha, por certo, teve a discrição de não dizer que país era nem quanto custaram tantas toneladas de rosas transportadas por avião através do oceano. Mas nós, colombianos, sabíamos, com justo orgulho patriótico, que eram rosas colombianas. Por isso não foi possível reprimir um estremecimento de pudor há poucas semanas quando se publicou no mundo inteiro a notícia de que se descobrira um contrabando de cocaína num carregamento de flores colombianas. A má notícia, mais uma vez, derrotara a boa, e era justo supor que a rainha da Suécia, ao ler os jornais naquela manhã, talvez se perguntasse se as rosas amarelas de sua festa levavam oculta também entre suas pétalas a peçonha intempestiva de outra neve mais constante e insidiosa do que a das noites eternas dos invernos da Suécia.

Não é fácil resistir aos êxitos espetaculares da delinqüência. Diz-se que a máfia colombiana acabou por derrotar e suplantar a máfia irlandesa e a siciliana no porto de Nova York. Não é uma situação recente. Na Inglaterra se conta que há muitos anos dois especialistas da Scotland Yard foram para a Colômbia com a finalidade de treinar a polícia colombiana na luta contra os punguistas de rua. À sua chegada ao aeroporto de Bogotá, os dois especialistas foram despojados de tudo quanto tinham nos bolsos e assim obrigados a regressar ao seu país imediatamente com a honra esmigalhada. Num outro campo, um oficial do serviço de contra-espionagem da Venezuela contava há muitos anos, em particular, não sem uma certa admiração, que os espiões colombianos são os mais duros de espremer, pois não há suplício psicológico nem físico que os obriguem a revelar seus segredos. Igual comportamento — dizia — tinham os delinqüentes comuns submetidos à tortura. A fama do talento colombiano para driblar as barreiras da legalidade e burlar os controles policiais se encontra bem fundamentada pela realidade no mundo inteiro, e se baseia, seguramente, numa capacidade reprovável. Mas seria injusto não reconhecer, ainda que seja no mais secreto de nosso foro íntimo, como o fruto de um talento nacional pervertido pela adversidade social.

No entanto — as avós dizem muito bem — o mesmo Deus que manda a doença manda o remédio. Ao lado de um funcionário da chancelaria surpreendido no México com uma partida de cocaína, ao lado de um honrado parlamentar que tentava vendê-la em Nova York, ao lado de um condenado à cadeira elétrica sob acusação de assassinato desalmado e de um malabarista das finanças que surpreendeu os bancos dos Estados Unidos com um empréstimo múltiplo de uns duzentos milhões de dólares, ao lado deles e de tantos outros que mantêm a má imagem nos jornais, há outros milhares de colombianos — e latino-americanos de todas as partes, com certeza — que andam pelo mundo com a pátria sobre os ombros, sem que alguém se pergunte como fazem para viver sem delinqüir. São encontrados nas águas-furtadas da Europa ou dos Estados Unidos, dormindo às vezes sob as pontes de meio mundo, trabalhando como as formigas para fazer as boas notícias de qualquer dia sem ajuda de ninguém. São os aprendizes.

Cinco mil e oitenta e quatro aprendizes de escritores que apertaram o cinto até o último buraco para terminar seu livro sem incomodar ninguém, os aprendizes de músicos que tocam no metrô, não tanto para recolher umas moedas mas para gozar com a ressonância de suas vozes nas escavações, os aprendizes de teatro que levantam suas tendas nas esquinas, os aprendizes de pintores em quem ninguém se fixará enquanto não forem descobertos por um traficante das artes que compre seus quadros a dez para revendê-los a dez mil. São como minas ocultas numa vereda inocente que irão explodindo pouco a pouco — por todas as partes e onde menos se espera e de cujos anos amargos e azarados de aprendizagem ninguém voltará a se recordar — e eles menos do que ninguém — quando atingirem por fim o tempo das vacas gordas.

Ao chegar, são os primeiros revistados nos aeroportos, porque os policiais não podem entender que viajem de avião sendo tão pobres, a menos que levem um tubo de drogas escondido no traseiro. São os primeiros presos nas batidas policiais, porque não se pode pensar que não morram de fome sem roubar, não se pode pensar que não sejam terroristas estando tão cabeludos e tão pálidos e tão fodidos. Também eles são o fruto do mesmo talento nacional que infunde alento aos protagonistas de nossa má imagem no exterior. Só que vão em sentido contrário e no ritmo imperceptível da perseverança e da paciência, como a tartaruga do conto.

NOVE ANOS NÃO É NADA

O presidente Belisario Betancur nomeou há alguns dias a comissão de 11 homens e uma única mulher que deve organizar a participação da Colômbia nas comemorações dos 500 anos da América. A iniciativa poderia parecer prematura, já que o aniversário anunciado não se dará no próximo ano, e sim em 12 de outubro de 1992. No entanto, sua suposta prematuridade revela a importância que se atribui ao acontecimento e dá idéia do tamanho dos atos que se deseja preparar para celebrá-lo. Um membro destacado da comissão iniciou a lista de suas sugestões com uma frase que ninguém tomou como brincadeira, mas, pelo contrário, como uma amostra de realismo inclemente: "Temos de agir com rapidez, porque faltam apenas nove anos."

Tomara que estes nove anos bastem a nós, aos espanhóis e aos americanos para chegarmos a um acordo sobre o nome definitivo a dar à chegada de Cristóvão Colombo a nossas terras. Os europeus decidiram chamá-lo, por sua conta, o Descobrimento da América, e nós aceitamos, sem refletir muito sobre a facilidade do termo. Germán Arciniegas, falando mais a sério do que costuma falar em particular, disse uma vez que, mais do que descobrimento, a chegada de Colombo e o tenebroso templo da conquista devia se chamar o *cobrimento da América*. Talvez não seja justo tampouco chegar

Publicado originalmente em 6 de julho de 1983.

a esses extremos, mas não há dúvida de que a relação de descobridores e descobertos não é a que melhor convém à verdade histórica e ao carinho recíproco, e a festa dos 500 anos é uma boa ocasião para chegarmos a um acordo.

Seria engraçado brincar com a ficção de que tudo aconteceu ao contrário. A civilização maia, que conseguira um desenvolvimento ainda apreciável e assombroso em seus escombros, tinha conhecimentos de astronomia suficientes para se orientar através dos oceanos. Não seria extraordinário que um grupo deles se aventurasse a explorar o Atlântico até muito além de seu horizonte e chegasse ao porto de Cádiz séculos depois de fundado pelo próprio Hércules e na época em que era um dos centros mais importantes do mundo conhecido. Com o mesmo direito de Cristóvão Colombo, os navegadores maias — ou os astecas, ou os incas — poderiam declarar a península ibérica parte de seu reino e empreender sua conquista e impor sua religião e seu idioma, e celebrar dentro de nove anos o meio milênio do descobrimento da Europa.

Pode-se pensar nestas fantasias históricas quando se visita — com o fervor merecido com que fazemos nós os latino-americanos — os lugares da Espanha que têm uma relação mais direta com a história da América. Quando se vê o porto de Palos de Moguer, que os professores da escola primária, com sua retórica grandiloqüente, nos ensinaram a imaginar como o porto original de nossas vidas, é impossível não se assombrar que tenham saído de um atracadouro tão pobre as naves destinadas a mudar a forma e o sentido do mundo. Mas sentimos o mesmo assombro do outro lado do espelho quando se contempla a beleza sideral das alturas de Machu Picchu, ou o equilíbrio mágico dos centros cerimoniais de Yucatán, ou o lavor lírico da ourivesaria quimbaia, ou o vasto planeta da Amazônia que pode ser visto a olho nu da Lua.

Um dos fascínios da infância era uma litografia em que se representava o retorno de Colombo de sua primeira viagem. Os Reis Católicos, que acabavam de expulsar os árabes da Espanha, chamaram-no a Barcelona, onde o receberam com um esplendor que talvez não fosse na realidade como na litografia. Digo-o com base numa comprovação curiosa: o governo da cidade de Barcelona tem um diário de tudo quanto acontece nela desde a Idade Média, e no dia em que os Reis receberam Colombo não se fez uma anotação especial, apenas uma menção, entre outras, sobre um navegador que regressou de alguma viagem e foi recebido em audiência pelos Reis. O episódio, tal como está descrito na litografia, faz pensar em nossos antepassados caraíbas como morenos altos e ataviados, cobertos de penas e colares e toda espécie de adornos de ouro, e carregados de frutos estranhos de aspecto venenoso e de animais estranhos que deviam parecer de pesadelo às testemunhas da audiência. No entanto, naquilo que conhecemos como o diário de Colombo — que é apenas a reconstituição feita pelo padre Las Casas —, nossos antepassados não são descritos com tanto assombro. Diz-se que eram bem-feitos, de corpos bonitos e caras boas, e tinham os cabelos grandes quase como cerdas de cavalos. A descrição não deixa dúvida de que tinham o corpo pintado e que não eram nem brancos nem negros, mas da cor dos nativos das ilhas Canárias. Deduz-se também daquela primeira visão que os habitantes da ilha de Guananí andavam pela praia como suas mães os pariram, ainda que, ao que parece, não houvesse nenhuma mulher entre os que se aproximaram para recebê-los em suas canoas, como tampouco havia nenhuma nas caravelas que chegavam e como só há uma na comissão colombiana do quinto centenário. Isso autoriza supor que o machismo proverbial dos latino-americanos pode ter chegado nas caravelas (porque havia de sobra na Espanha), mas de qualquer maneira já era de uso comum entre nós. Se não estou enganado, também era apenas uma a mulher que figurava na litografia, e isto parece se ajustar à verdade histórica.

De qualquer maneira, a litografia interessa acima de tudo porque permite perguntar o que aconteceu com aqueles pobres caraíbas que Colombo levou consigo na primeira viagem de regresso. Há dúvidas se foram os espanhóis os primeiros a ir da Europa às Américas, mas em compensação é uma verdade absoluta que os caraíbas da litografia foram os primeiros americanos a chegar à Europa. Mas não só se ignora hoje quem eram, mas que é pouco o que se conhece de seu destino final. Sabe-se que foram batizados e que pelo menos um deles morreu de frio num mosteiro de Aragón. Este dado, que cito de memória e sem possibilidade imediata de comprovação na tarde de uma sexta-feira apressada, merecia maior atenção dos historiadores. O mínimo que poderíamos fazer em memória dos primeiros americanos que respiraram o ar da Europa — na rememoração dos 500 anos de sua viagem involuntária, mas de qualquer maneira histórica — seria levantar a fundo e de uma vez por todas o que aconteceu com eles e seus tristes ossos. Talvez tenhamos todos a surpresa de descobrir quantos espanhóis ilustres descendem deles, com tanta honra para nós como para eles. Talvez nunca consigamos penetrar no mistério de quem eram antes de chegar arrastando suas nostalgias amargas a uma Europa dispersa e em ruínas, sem batatas, nem chocolate, nem milho, nem tomates, e que talvez jamais tivesse conhecido — sem o ouro da América — o esplendor do Renascimento. De fato, temos de nos apressar — em ambos os lados do oceano —, pois nove anos são poucos para acabar de fazer juntos tantas coisas comuns que ficaram inacabadas.

CONTADORA, CINCO MESES DEPOIS

Contadora é uma ilha panamenha de 7,5 quilômetros quadrados, no oceano Pacífico, que se chama como se chama porque nela se encontravam e se contavam durante o período colonial as pérolas conseguidas nos mares vizinhos. No início do século XX se converteu num paraíso secreto de milionários gringos e acabou por ser um dos lugares mais famosos do mundo quando ali encontrou refúgio o xá da Pérsia poucos meses antes de morrer. Na atualidade, sua velha imagem de guarida de luxo foi substituída por outra que bem poderia se converter no símbolo de uma vida melhor para a América Central. Mas, passados cinco meses desde que se reuniram em Contadora os chanceleres da Colômbia, México, Panamá e Venezuela, ainda não é fácil afirmar sem dúvida alguma se tanto esforço valeu a pena.

Os ganhos de Contadora, na realidade, foram sutis demais para serem considerados notícia grande em meio aos acontecimentos bárbaros que ocorrem diariamente no mundo. Foi quase um trabalho de formiguinhas solitárias acossadas pelos interesses contrários das partes comprometidas na América Central e pelo ceticismo alimentado por tantos tempos de desenganos. A imprensa da Colômbia, que deveria ser uma das mais atentas às vicissitudes de Contadora, não prestou tanta atenção como a de outros países, e foi, sem dúvida, a mais incrédula. Em particular, muitos

---

Publicado originalmente em 13 de julho de 1983.

colombianos dos que influem na opinião pública apenas consideram os esforços de Contadora algo propício para alimentar bate-papo num coquetel, e não falta quem considere a participação da Colômbia nesse empreendimento uma aventura de consolo para um presidente idealista que não conseguiu fazer ouvir a música da paz em seu próprio país e resolveu ir com ela a outro lugar.

No entanto, um exame cuidadoso das condições da América Central nestes cinco meses permite pensar, com pouquíssima margem de dúvida, que os ganhos de Contadora não apenas são positivos mas, de certo modo, espetaculares. Não tanto pelo que se conseguiu que sucedesse na América Central, que talvez não é muito, mas pelo que se conseguiu que não sucedesse. De imediato, os Estados Unidos não enviaram tropas regulares a El Salvador, nem invadiram a Nicarágua, nem a Nicarágua está em guerra com Honduras e Costa Rica, nem o presidente Reagan pôde fazer o que tinha vontade, diante das reticências do Congresso e da crescente insatisfação de sua opinião pública. Tem-se o direito de perguntar, e os jornalistas temos pelo menos a obrigação de pesquisar, até que ponto os trabalhos de Contadora tiveram a ver com essas verdades históricas.

Dia 8 de janeiro, quando os chanceleres da Colômbia, México, Panamá e Venezuela se reuniram pela primeira vez em Contadora para examinar as razões do conflito na América Central e no Caribe, não menos de 18 iniciativas de conciliação negociadas haviam sido jogadas na cesta de lixo. O presidente do governo espanhol, Felipe González, dissera em particular que o fracasso de tantas e tão meritórias iniciativas se devia a que, além de seus bons propósitos, nenhuma delas propunha um método para colocá-las em prática. Naquele momento era quase de domínio público que Honduras se prestava como base para uma invasão de opositores à Nicarágua, treinados e abastecidos pelos Estados Unidos, embora o presidente, Suazo Córdova, tivesse se comprometido diante do mundo que seu país jamais levantaria uma arma contra seus vizinhos. Ao sul, a democrática e pacífica Costa Rica, que tanto se envaidecia de não ter um exército de soldados e sim de professores, não só fazia vista grossa diante dos grupos anti-sandinistas que atuavam com toda a liberdade a partir de seu território, mas em algum momento pareceu disposta a criar umas forças armadas capazes de lutar com a Nicarágua. O presidente, Luis Alberto Monge, disse a um diplomata naqueles dias, que a situação econômica de seu país era tão desesperada que não sabia como resistir à pressão dos Estados Unidos para que tivesse uma participação beligerante naquele litígio infernal de vizinhos. A Nicarágua, por sua vez, armava-se para a defesa com um potencial de guerra que a afundava cada vez mais em seu círculo vicioso: se não se armasse, seria destruída, e se se armasse, como estava fazendo — com armas conseguidas onde pudesse e como pudesse —, fornecia um pretexto a mais dos poucos que os Estados Unidos necessitam para acusá-la de ser uma fortaleza soviética no Caribe.

— O que mais nos incomoda — disse recentemente um membro da Junta de Governo da Nicarágua — é que tudo isto nos força a agir contra nossos propósitos de economia mista e pluralismo político.

Em El Salvador, enquanto a guerrilha ganhava terreno contra umas forças armadas corruptas e desmoralizadas, o governo do presidente Reagan só esperava um pretexto — como o de Pearl Harbour, no caso do Japão, ou como o do golfo de Tomkin, no Vietnã — para que o Congresso e a opinião pública admitissem uma intervenção direta. Essa era a situação explosiva, em 9 de abril, quando o presidente da Colômbia, Belisario Betancur, tomou a decisão inesperada e imprevisível de visitar em 24 horas os outros três presidentes do grupo de Contadora.

Por que o presidente Betancur cedeu a este impulso intempestivo é talvez um segredo que só seu travesseiro conhece. Os conselheiros mais chegados não compartilhavam de seu otimismo, e muito menos diante do projeto original: visitar também os presidentes dos cinco países em conflito. O argumento de peso foi que aquela viagem ia parecer uma cópia malfeita da turnê recente e desafortunada do papa pela América Central. O próprio Betancur disse que sua decisão era mais do que coerente: sua preocupação primordial é a paz, e a paz é a mesma dentro e fora do país. Seja qual fosse o estímulo imediato daquela iniciativa, o certo é que deu uma sacudida completa na política externa servil e inepta do governo precedente, converteu a Colômbia num protagonista real da história dos tempos atuais e deu a Contadora conteúdo concreto e o método que faltara nas tentativas anteriores.

Há razões para pensar, em primeiro lugar, que foi a mediação do grupo de Contadora que conseguiu que Costa Rica e Nicarágua chegassem a um acordo para a pacificação de suas fronteiras. É certo que não conseguiu influência decisiva na luta interna de El Salvador, sobretudo porque não obteve dos governos em conflito autorização para manter conversas oficiais com os grupos armados. Mas arranjou o que há seis meses não parecia possível nem por milagre: sentar à mesma mesa — dia 20 de abril — os cinco chanceleres dos países centro-americanos e extrair deles, pela primeira vez nos tempos atuais, um acordo de diálogo comum. Este encontro permitiu, pela primeira vez, conhecer a fundo o critério de cada um desses países em relação aos seus conflitos, e desta maneira estabelecer um diagnóstico mais acertado da crise. Esse foi o início de uma série de intercâmbios múltiplos cujo conteúdo e alcance são fáceis de determinar, mas que culminaram nestes dias com a elaboração de um projeto secreto que parece ter infundido um novo sopro de otimismo nos protagonistas deste drama intenso e difícil. O plano está sendo estudado pelos governos interessados com um sigilo que não deixou a mínima brecha para os jornalistas mais espertos, e algo tem a ver com o enigma da visita ao México do subsecretário de Estado para a América Latina, Richard Stone.

Qualquer que seja o conteúdo desse documento, há motivos para acreditar que o governo Reagan não o considerará tão superficialmente como outras tantas propostas de acordo pacífico na América Central. Mais ainda: sua política para a região — apesar do endurecimento aparente e dos perigosos despropósitos — não é hoje a que era há cinco meses. Quando a oposição democrata dos Estados Unidos tentou capitalizar com objetivos eleitorais as gestões de Contadora, o presidente Reagan imprimiu à sua política na América Central uma reviravolta surpreendente. Nessa ocasião, pela primeira vez, aceitou perante o Congresso que um regime diferente do de seu país possa existir na América Central, desde que não seja dependente da União Soviética ou Cuba. Nada disto seria possível sem a influência de Contadora sobre a opinião pública dos Estados Unidos, que cada dia observa com mais clareza a natureza real do problema. Pelos mesmos motivos, a cada dia é mais difícil a Reagan encontrar o pretexto que lhe falta para justificar uma intervenção direta na América Central, pois o grupo de Contadora — ainda que só estivesse com os braços cruzados — é uma testemunha com demasiada autoridade para não ser levado em conta antes do disparate final.

QUE LIVRO VOCÊ ESTÁ LENDO?

Há uma pergunta freqüente entre escritores: o que você está lendo? Em primeiro lugar, porque é raro que um escritor pergunte a outro o que está escrevendo, e, em segundo lugar, porque se supõe que o escritor, por uma necessidade própria do ofício, deve estar sempre lendo algum livro que merece ser recomendado. A resposta é quase sempre evasiva, porque a partir de uma certa idade não se sabe com certeza que livro se está lendo, ofuscado um pouco pela sensação desoladora de que tudo o que valia a pena já foi lido em outros tempos, e as horas que antes eram dedicadas à leitura são utilizadas agora para ciscar aqui e ali, com a esperança de encontrar por fim uma nova e intempestiva revelação.

Foi dito — e bem — que o hábito da leitura se adquire muito jovem ou não se adquire nunca. Também se diz, quem sabe com quanta razão, que é necessário inculcá-lo nas crianças. Parece mais provável que se adquira por contágio: em geral os bons leitores têm filhos que lêem bastante. Portanto, o hábito da leitura costuma ser da família inteira. Algo semelhante ocorre com o gosto pela música. Mas nos dois casos a pressão dos adultos pode provocar efeito contrário: aversão à leitura e à música. Certa vez ouvi um grande professor de música dizer que não se devia forçar as crianças a aprender piano com aquelas práticas cotidianas que parecem sessões de tortura. Sua fórmula

---

Publicado originalmente em 20 de julho de 1983.

era mais humana: deve-se ter um piano em casa para que as crianças brinquem com ele.

Parece que os poetas são os leitores mais ávidos e perseverantes. Dos romancistas, em compensação, diz-se que só lêem para saber como estão escritos os romances dos outros escritores, e descobrir neles até os parafusos mais ocultos do ofício. Algo assim como desmontar todas as peças de um relógio para descobrir como é feito e montá-lo de novo, de maneira que os outros não tenham segredos artesanais que não se esteja em condição de aproveitar. No entanto, tanto os poetas como os romancistas, como talvez todos os leitores habituais, encontram-se logo numa esquina da vida em que já não encontram nada novo para ler, e optam pelo mais freqüente, que é ler de novo seus livros favoritos de sempre, vencidos pela evidência de que já não se escrevem livros como antigamente. É então que surge a pergunta desoladora: o que você está lendo? E não é raro que respondam: nada.

Em primeiro lugar, como todos os hábitos, também o da leitura se acaba. Mas talvez não seja por cansaço nem porque chegue ao seu termo o interesse pela literatura. O motivo poderia ser mais simples. Nos primeiros anos, quando contraímos o sarampo da leitura, tem-se à disposição para ler, na ordem que se queira e na hora em que se pode, uma quantidade incalculável de livros escritos em dez mil anos. Pode-se começar pelo acaso: um exemplar descomposto das *Mil e uma noites* descoberto por acaso entre muitos trastes velhos e papéis de arquivo, dentro de um baú esquecido. Mas se se devesse começar pela ordem — depois dos contos infantis e a meia tonelada de gibis —, o livro mais aconselhável seria a Bíblia. No nosso tempo de jovem havia o inconveniente grave da versão de Casiodoro de Reina e Cipriano de Varela, cuja linguagem era a mesma do velho Pai nosso, e a divisão incansável em versículos numerados que mais pareciam versos mal medidos e pior rimados.

Mais tarde, quando se lê a inesquecível tetralogia de Thomas Mann, *José e seus irmãos* (*As histórias de Jacó*, *O jovem José*, *José no Egito* e *José, o provedor*), pergunta-se por que toda a Bíblia não é escrita assim, como um relato intenso de duzentos tomos, cuja leitura poderia durar toda a vida. Outro obstáculo sério era que nossos mui católicos avós nos inculcavam o pavor metafísico do que chamavam de Bíblia protestante — que é a que se encontra na mesinha-de-cabeceira de quase todos os hotéis do mundo, com a intenção inequívoca de que o hóspede a roube —, e tentavam nos meter à força pelo mau caminho da Bíblia católica comentada, na qual as coisas não devem dizer o que na realidade querem dizer, e sim outra bem diferente, ordenada pelo comentarista, cujas notas eram maiores do que o próprio texto. Era assim que o belo e excitante Cântico dos cânticos não devia ser lido como é, e sim como uma metáfora lunática do casamento de Cristo com a Igreja. Nesta ordem pueril, perguntava-se que diabo queria dizer então aquele verso apaixonado: "Há mel e leite sob tua língua, irmã."

Só para ler os livros indispensáveis se gastaria metade da vida. Mas a outra metade provocaria a mesma pergunta: o que você está lendo? E a única resposta de alguém que foi um bom leitor talvez seja sempre a mesma: já não leio, releio. O poeta Álvaro Mutis faz periodicamente o que chama de "os festivais Proust", que consistem numa releitura de páginas seletas do grande romancista francês, e há uns três anos voltou a devorar, quase sem respirar, os romances completos de Balzac. Mais vale não fazer-lhe nunca a pergunta consabida, porque se corre o risco de ser mandado reler todo Conrad. Em compensação, quando perguntavam ao velho mestre catalão dom Ramón Vinyes o que se devia ler, a resposta estava sempre condicionada pelo estado de seu humor, mas quando o humor era o melhor, respondia sem vacilar:

— O mais seguro nos tempos atuais é não ler nada.

O grande perigo da releitura é a desilusão. Autores que nos deslumbraram em seu momento poderiam — e quase sempre podem — se mostrar insuportáveis. É semelhante ao que acontece com a noiva do colégio, sempre que não se teve a precaução de se casar com ela e envelhecer com ela, trocando rugas e virtudes. Como leitor, no meu caso, há paixões juvenis que sobreviveram a tudo, e as três mais importantes são Herman Melville, Robert Louis Stevenson e Alexandre Dumas. Em compensação, o mestre William Faulkner, sem cujas lições escritas talvez não tivesse aprendido os melhores recursos do ofício, não me parece fácil de ler nos tempos atuais. De certa maneira, previ. Em 1949 transmiti a dom Ramón Vinyes meu temor de que

Faulkner não passasse de um retórico que anos depois se tornaria insuportável, e o velho sábio respondeu com uma frase que hoje me parece bem mais enigmática do que então:

— Não se preocupe, porque se Faulkner estivesse aqui, estaria sentado nesta mesa.

Há, sem dúvida, um fator contra o hábito da leitura: os últimos livreiros bem orientados e bons orientadores morreram há tempo, e as livrarias são cada vez menos lugares de tertúlias vespertinas. Tinha-se o livreiro pessoal, como se tinha o médico de família e sua escova de dentes. Esse livreiro profissional, que atendia em pessoa seu negócio como o dentista atendia em seu gabinete, sabia, só de ler os catálogos, que livros interessavam a cada um de seus clientes, e poucas vezes se equivocava. De maneira que se chegava à tertúlia das seis e se encontrava já reservado um pacote de novidades que cobriam um mês de noitadas prazerosas. Hoje, as livrarias são grandes e vistosos mercados de livros de atualidade, produzidos de propósito para vender de uma só vez e ler para passar o tempo e atirar depois na cesta de lixo. Até o prazer da releitura é difícil, porque quando se vai à livraria para comprar um livro de que se tomou conhecimento há dois anos, ninguém diz como encontrá-lo. É assim: se há um lugar em que se observa como mudou o mundo não é uma base de lançamento de satélites artificiais, mas a livraria da esquina. Se é que ainda existe. Com razão, um excelente escritor contemporâneo e ativo, a quem perguntaram por telefone, na semana passada, que livro estava lendo, respondeu sem pensar duas vezes:

— Só leio a revista *Time*.

BATEMAN

Estive com Jaime Bateman — o comandante do Movimento 19 de Abril — em fevereiro deste ano. Vimo-nos fora do país, com o consentimento do presidente da Colômbia e movido por meu propósito arraigado de contribuir para a paz interna ao abrigo da anistia ampla e irrestrita promulgada meses antes. Ouvi falar tanto dele por tantos amigos comuns que desde o primeiro momento me senti como se fôssemos velhos conhecidos. Era um caraíba típico. Muito mais conservado do que eu no próprio molho, mas em ambos eram demasiado evidentes os dois sinais congênitos que poucos percebem na alma caribenha: uma tristeza reservada que não conseguimos ocultar por completo em nossos estardalhaços proverbiais e nossa música ardente, e um sistema de reservas cautelosas nas relações pessoais. Muitas horas daquela longa e colorida conversa foram dedicadas à saudade do cheiro da goiaba. Mas o que mais falamos, com certeza, foi o assunto central de nosso encontro: a política. Sua concepção da mudança social dentro das condições próprias do país e sem qualquer dependência de qualquer centro internacional de poder me pareceu bem convincente.

Em compensação, sua posição diante da anistia me pareceu ainda um tanto confusa, e dava a impressão de que estava à mercê de diferentes ventos contrários, próprios e alheios, que o impediam de encontrar o bom cami-

---

Publicado originalmente em 7 de julho de 1983.

nho num instante que não apenas era crucial para sua vida mas, também, para a de todos os nossos compatriotas. Isto me pareceu uma inconseqüência, porque ninguém lutara tanto como ele nos últimos anos para conseguir essa anistia, com uma campanha magistral, que conseguiu acender uma paixão nacional insaciável, na clandestinidade, até o extremo sem precedente de que se converteu em fator determinante de nossa política e no núcleo mesmo da eleição presidencial. Então, quando o promotor daquela febre providencial se encontrou com o sonho realizado, parecia colhido em sua própria armadilha e sem um projeto político definido para domar a força incontida que ele mesmo desencadeou. Não sei se ele estava consciente de que a incerteza nos afetava a todos de uma maneira grave, e sobretudo aqueles que jogáramos todas as nossas cartas na loteria da paz. Em todo o caso, aquele era o primeiro tropeço grande, e talvez irreparável, de um governo ainda inexperiente mas de boa-fé, que era o que mais arriscava com aquela anistia ilusória, e merecia, portanto, uma sorte menos volúvel.

No entanto, ninguém que tivesse falado com Bateman na época podia duvidar que sua busca de uma solução para sua incerteza era intensa e positiva e que sua fé no futuro se fundava numa única possibilidade: o diálogo. Essa parecia ser a chave de sua personalidade. Não se tinha a impressão de falar com um guerreiro, e sim com um iluminado disposto a apelar para qualquer meio — incluindo a guerra — para conseguir um diálogo unificador. Talvez a isso se deva a lenda de sua ubiqüidade, que cresceu e se ramificou até um tamanho mítico nos últimos anos. Ninguém sabia com certeza onde se encontrava Jaime Bateman, mas a verdade é que estava em todas as partes. Talvez nenhum conspirador tão procurado de maneira tão feroz tenha vivido menos na clandestinidade. Sua explicação era sem dúvida um sofisma, mas até o último instante se mostrou eficaz:

— Ninguém deve se esconder porque corre o risco de ser encontrado.

Sua vida social era tão intensa como a de qualquer político legal. Em Bogotá se sabia que jantava nas casas de pessoas conhecidas, que participara de reuniões de diferentes tendências, que ia até a lugares públicos de entretenimento e que suas viagens para dentro e para fora do país eram constantes. Muitos que sabiam dessa vida ativa a interpretavam como um gosto infantil pela aventura: nada mais equivocado. Bateman era um homem prudente e astuto, e seu movimento criara para ele um sistema de segurança que só fracassou por culpa de um monomotor com um piloto inexperiente perdido na tormenta. O que se passava era que Bateman não podia ficar um só instante, como se diz, sem fazer política. Sua paixão era o diálogo. E ao que parece morreu buscando o que talvez ia ser decisivo.

Quando nos vimos, há cinco meses, não se dava um instante de trégua na disposição de fazer contatos com o governo, seja por intermédio da comissão de paz ou de qualquer outro intermediário qualificado. Seu objetivo mais alto era uma entrevista pessoal com o presidente Belisario Betancur. Uma entrevista secreta ou pública, mas que permitisse chegar a um acordo sem intermediários. No entanto, ao cabo de vários meses de tentativas frustradas tinha a impressão de que o governo e seus representantes, que estavam promovendo conversações quase públicas com outros movimentos armados, não tinham qualquer interesse em dialogar com seu movimento. Bateman esperou em vão durante vários dias que o presidente da comissão de paz, Otto Morales Benítez, comparecesse a um encontro marcado com muita dificuldade, em todo o caso muito arriscado.

— Fiquei fulo de raiva — disse Bateman, descarregando sua raiva no que considerava uma zombaria oficial. Morreu sem saber que a verdade era ainda mais estranha: Otto Morales Benítez não sabia que combinara a entrevista e nem tinha qualquer notícia dela quase dois meses depois que devia ter se realizado.

Em todo o caso, Bateman estava disposto a começar de novo quantas vezes fossem necessárias, e a se deslocar até o outro lado do mundo para acertar um acordo de paz. Não era uma metáfora: ao término de nossa entrevista tomara a decisão de viajar a Nova Déli, durante a Conferência dos Países Não-Alinhados, para tentar se encontrar com o presidente Betancur. Não sei se o presidente estaria disposto a recebê-lo naquela ou em outras circunstâncias, mas o cancelamento imprevisto de sua viagem à Índia frustrou outra oportunidade valiosa de dar um passo em direção à paz.

Para mim, o aspecto mais sério e tranqüilizador da maneira com que os sucessores de Bateman deram ao mundo a notícia oficial de sua morte era o desejo de que sua decisão de diálogo se mantivesse intacta. Mais ainda: a exigência original da retirada do exército de certas zonas de guerrilha parece ter sido substituída pela de uma trégua nas hostilidades. Há uma distância grande entre essas duas propostas, e aqueles que desejamos com afinco a felicidade de nossa gente só podemos recebê-la com a esperança renovada.

A pergunta mais constante, no entanto, é se o M-19 continua sendo o mesmo, para o bem ou para o mal, sem o carisma de Bateman, sem sua autoridade indiscutível, sem sua imaginação, sem sua amplitude mental e, sobretudo, sem seu maravilhoso instinto para a publicidade. A própria maneira como o M-19 lidou com a divulgação da notícia de sua morte faz pensar que o movimento não conseguirá sobreviver à sua orfandade. Não se entende por que não foi a própria direção que deu antes de todos a notícia do acidente, se já era de domínio público há quase três meses. A explicação de Álvaro Fayad para justificar a demora é, sem dúvida, convincente, mas é um argumento emocional que passou ao largo dos enormes riscos políticos de tão longo silêncio. Isto foi o que tornou possível a divulgação de tantas versões perversas. Sobretudo a de que Bateman fugira do país com os fundos do movimento. A versão foi divulgada por um noticiário de rádio sem indicar a fonte, e repetida pelos jornais mais importantes e sérios sem qualquer comprovação, mas com chamada de primeira página que não era, em todo o caso, exemplo de boa-fé. Por esta brecha aberta para sempre não era difícil que penetrassem outras mentiras: que Bateman fora executado pela linha dura, que seu avião fora derrubado por um míssil inimigo ou destruído por uma bomba colocada na cabine pela própria organização. A circunstância de que talvez o cadáver nunca apareça na selva impenetrável de Urabá será também um fator contra a verdade. Pelo visto, o destino de Bateman, desde o nascimento, parecia ser o da lenda. Queira Deus que seus herdeiros tenham a grandeza de realizar seus sonhos, que não eram outros — ainda que pareça incrível — que os de uma paz justa e proveitosa.

NÃO SE PREOCUPE: TENHA MEDO

Outra noite Oriana Fallaci dizia que não sentiu os grandes medos de sua vida nem na guerra nem em qualquer dos instantes de risco que enfrentou no exercício de sua profissão. Não; sentiu o maior medo antes de fazer alguma de suas grandes entrevistas, e não por certo as mais rumorosas. Uma declaração dessas só podia provocar uma conversa sobre o medo profissional, aquele que toda pessoa responsável sente no momento em que enfrenta a realidade de sua profissão. Alguém que tinha medo de avião — como tantos passageiros de hoje — contou que sentiu o medo mais intenso de sua vida na cabina de uma enorme aeronave transatlântica. Convidara-o o piloto, que dessa forma tentava demonstrar-lhe que a segurança e o método de rotina da tripulação eram a vacina mais eficaz contra o terror do vôo. A demonstração foi convincente, até o momento em que o avião se colocou na cabeceira da pista e a torre de controle deu a ordem de decolar. Então, tanto o piloto como o co-piloto fizeram uma pausa instantânea em seu trabalho e se benzeram em uníssono. Um católico que estava presente discutiu com argumentos bem lúcidos que o ato de se benzer não era indício de medo, mas um simples dever do bom cristão. A maioria dos presentes — que talvez fosse de idólatras anônimos — concordou que também os pilotos das grandes linhas têm medo de voar e seu maior mérito consiste em voar, e voar

Publicado originalmente em 3 de agosto de 1983.

bem, apesar do medo. Continuando no tema, perguntaram a um cirurgião se alguma vez fora vítima do terror profissional. A pergunta era adequada, porque talvez nenhum ofício seja praticado, como a cirurgia, no limite mesmo da vida e a morte. Neste caso era ainda mais adequada, por se perguntar a um cirurgião que tivera na mesa de operações pelo menos quatro chefes de Estado. Sua resposta foi um pouco enviesada, mas categórica:

— Há pouco tive a honra de operar meu velho professor de cirurgia.

Por esse caminho, a conversa continuou em torno dos medos imagináveis, e a conclusão foi de que todo profissional sério — confesse ou não — tem quase o dever de sentir medo no momento das grandes responsabilidades da profissão.

De passagem, contaram-se muitas histórias demonstrativas de que não é certo — como tanto se diz e se repete — que todo medo é no fundo medo da morte. Para muitos, há um pior: o medo de entrar em cena. Isto é, o terror de falar em público, que só os que o padecemos sem remédio sabemos até que extremo de confusão pode conduzir. Mesmo aqueles que conseguem dominá-lo estão sujeitos a obras do acaso. Um dos nossos companheiros de tertúlia, que fora presidente da república, contou que em certa ocasião, enquanto improvisava um discurso, esqueceu por completo o nome do homenageado, que se encontrava ao seu lado; não só não pôde recordar o nome naquele momento, mas o esqueceu muitos anos depois, quando nos contou a história.

Entre os medos de que não se falou se deveria incluir num parágrafo o medo de não recordar os nomes das pessoas conhecidas que a gente encontra de repente. Sobretudo quando elas não são tão compreensivas para nos tirar do aperto, e sim ao contrário. Nós, escritores, lembramos com gratidão os leitores bem-educados que nos pedem uma dedicatória num livro e têm o cuidado de dizer seu nome, mesmo sabendo que o autor teria de conhecê-lo.

— Puxa vida — diz o autor com alívio infinito —, como pode pensar que não vou me lembrar como você se chama?

Não há, na realidade, um constrangimento mais aterrador do que o de estar com um livro aberto e uma caneta na mão diante de alguém que espera em silêncio uma dedicatória cordial. Há um recurso: perguntar o nome mas sem levantar a vista. Porém nunca falta alguém que diga:

— Como você saberia se nem sequer me olhou?

Então a gente levanta a vista e se depara com o pavor de ver um rosto conhecido cujo nome se apagou para sempre da memória.

O medo de viajar parece ser um dos mais comuns e intensos. Não me refiro ao medo dos riscos materiais da viagem, mas a esses golpes metafísicos que despertam a pessoa mais cedo do que de costume no dia previsto para empreender a viagem. O remédio não está sequer na experiência. Pelo contrário: o medo aumenta quanto mais se viaja e o mal-estar indefinido é mais atroz quanto mais a gente se acostuma a viajar. É algo como a incerteza do desconhecido, que só cessa ao final da viagem. Tudo isto se torna mais terrível com as novas invenções. Antes, quando se viajava em meios de transporte na escala humana, a pessoa sentia que se afastava de sua casa com a alma em paz. Mas agora não. Atravessa-se o Atlântico em 12 horas e se chega ao outro lado com a certeza desagradável de chegar só com o corpo, enquanto a alma continua viajando a pé por seus próprios meios e a uma velocidade bem mais racional: a de lombo de mula. Às vezes a gente passa oito dias como que perdido na bruma da irrealidade, arrastando o corpo vazio que chegou no avião, até o instante feliz em que por fim a alma acaba de chegar.

Naquela conversa, que várias vezes atingiu a tensão do jogo da verdade, não faltou quem recordasse o medo mais antigo e obscuro da espécie humana: o medo do amor. Não foram muitos os homens que admitiram senti-lo em toda experiência nova como se fosse a primeira vez, mas os poucos que tinham medo do medo concordaram que não há medo mais irreprimível e deprimente.

— O que acontece — disse uma senhora à beira da maturidade — é que quanto mais inteligente se é, mais medo se tem. No fundo, o ser humano mais inteligente tem medo de tudo.

E, sobretudo, é claro, da morte. A conversa, no entanto, terminara. Ninguém teve a coragem de confessar seu medo da morte. Eu, de minha parte, conformei-me em admitir que o sentimento mais nítido que me suscita a idéia de minha morte não é tanto de medo como de raiva, por sua tremenda injustiça. Pior ainda num escritor que vive de contar suas experiências e que, no entanto, tem de viver resignado com o desastre final de não poder contar a mais importante e dramática de todas: a experiência da morte. Talvez Oriana Fallaci nunca imaginasse a que extremos inconsoláveis ia nos levar a expontânea confissão de seu medo.

ESPOSAS ALUGADAS

Diz-se que alguns chefes de Estado africanos, cujas esposas não são belas, têm direito a levar outra mulher que seja bela quando fazem viagens oficiais ao exterior. Quem disse não está bem seguro do que dizia, e por isso não se atreveu a dar mais detalhes, muito menos em relação ao que todos queriam saber: até onde chegavam os direitos do chefe de Estado com a esposa emprestada, se dormiam em quartos separados ou se, pelo contrário, a falsa primeira-dama tinha os mesmos direitos e deveres da legítima até as últimas conseqüências da intimidade. Em todo caso, a suspeita de que tem fundamento a versão da esposa postiça parece confirmada pelo fato notável e notório de que nas recepções da alta política internacional as mulheres que mais chamam a atenção por sua beleza, elegância e originalidade são essas sílfides de ébano que tornam invisíveis as primeiras-damas ocidentais e deixam sem ânimo seus maridos, e às vezes — por certo — sequer se dão o trabalho de parecer esposas de alguém.

Já que a origem de tudo costuma estar na Bíblia, é inevitável evocar o que se passou com Abraão quando foi ao Egito com sua mulher Sara, considerada uma das mulheres mais belas de seu tempo. Receoso de que os egípcios o matassem para ficar com ela, Abraão a convenceu de que se fizesse passar por sua irmã. "Assim, eles me deixarão viver e me tratarão bem por

---

Publicado originalmente em 10 de agosto de 1983.

tua causa, e seja deixado com vida em atenção a ti". E, de fato, as coisas correram tão bem para ambos que o faraó se enamorou de Sara e "Abraão por causa dela foi tratado bem, e adquiriu rebanhos e manadas, asnos, servos e servas, jumentas e camelos". Até que Jeová — Javé, como se escreve agora — castigou o faraó com grandes pragas por um pecado que ignorava ter cometido e expulsou Abraão e Sara de seu reino. A moral deste remoto episódio do Gênesis, aplicada ao suposto costume de certos monarcas africanos, é que se alguém levar ao pé da letra no conto da esposa alugada se encontrará de repente com sua casa cheia de pragas por ter seduzido a legítima.

A primeira vez que se ouviu falar sem a menor clemência da feiúra histórica de uma primeira-dama foi durante o reinado de Eleanor, a mulher do presidente dos Estados Unidos Franklin Delano Roosevelt. O escritor Ricardo Muñoz Suay, que a conheceu na juventude quando foi a Washington com uma missão da república espanhola durante a guerra civil, disse que nunca a apreciou por sua generosidade, pois, em resposta ao pedido de ajuda urgente, a única coisa substanciosa e memorável que deu naquele verão ardente foi uma casquinha de sorvete a cada um dos membros da missão. Mas disse também que era uma mulher tão corpulenta, tão desproporcionada e tão feia, que acabou por lhe parecer de uma beleza estranha. Não era, no entanto, a mais feia de seu tempo, pois o cetro pertenceu até a morte à colunista social Elsa Maxwell, e o levou com tanto orgulho que não teve necessidade de se casar com nenhum chefe de Estado para que sua feiúra merecesse o reconhecimento universal. A grande ironia de sua vida foi que quando era criança ganhou um concurso de beleza infantil, e certa vez publicou a foto desse acontecimento para que fossem mais prudentes os pais que carregavam na carteira os retratos de seus filhos para mostrá-los a todo mundo.

A imprensa dos Estados Unidos nunca foi mais indiscreta do que durante a visita do primeiro-ministro soviético Nikita Kruschev e sua mulher Nina. Alguém teve o mau gosto de calcular que os dois juntos pesavam quase duzentos quilos e pareciam vestidos por seus inimigos com roupas enviadas pelo correio e talvez com os endereços trocados. Além de descorteses, aquelas observações iam carregadas de perversidade política, porque não dissimulavam o propósito de assinalar o contraste com a postura do casal mais elegante que jamais houve nos Estados Unidos e que então estava no poder: John Kennedy e Jacqueline Bouvier. Ele vestia uns casacos esportivos impecáveis, com o estilo perfeito e insuportável dos rapazes milionários de Harvard. E ela era sem rodeios a modelo mais bem vestida do mundo, e uma das mais bonitas, sem dúvida, com seus olhos de bezerra feliz e sua magreza magistral. Em compensação, Nikita Kruschev aparecia nas solenidades oficiais com o que parecia ser o uniforme dos mais altos funcionários da União Soviética desde a morte de Stalin: casacos cheios de bolsos que pareciam herdados de um morto maior e mangas que mal deixavam ver as pontas das unhas. O cúmulo de seu estilo caipira pareceu se revelar quando tirou um sapato e usou-o para bater na sua bancada de chefe de Estado nas Nações Unidas. Mas em todo o caso o centro das zombarias era ela, a roçagante e discreta Nina, com seus trajes camponeses de grandes flores coloridas e seus sapatos rústicos. Mas saiu pela culatra o tiro dos infelizes cronistas sociais de Nova York porque, ao final da visita, a primeira-dama soviética ganhara o coração das donas de casa dos Estados Unidos, que, em suma — como até o nome indica —, são as que mandam em sua casa. Se fizesse, talvez, o que agora se atribui a certos mandatários africanos, Nikita cometeria o grave erro de esquecer que também no amor — ao contrário do que se diz — muitas vezes é melhor o bom conhecido do que o mau por conhecer.

Em todo o caso, mais injusto do que o suposto costume africano seria que as primeiras-damas não tivessem a mesma prerrogativa de seus maridos. Isto é: que elas não pudessem trocar por sua vez os feios chefes de Estado por um substituto mais apresentável quando tivessem de sair de seu país para se mostrar nas vitrinas sem coração da política internacional. Quantas primeiras-damas legítimas que agora acreditamos alugadas têm de suportar e arrastar pelos salões mundanos tantos maridos verdadeiros que parecem exemplares fugitivos de algum jardim zoológico do horror. E não apenas africanos, com certeza, mas de qualquer parte, pois é do conhecimento de todos que na hora de ser feios os homens não têm limites temporais nem geográficos, sejam tão chefes de Estado como John Kennedy ou Idi Amin Dada.

JACK, O DESMEDIDO

Há uns dez anos se apresentou em minha casa do México um jovem francês que dizia ser o diretor do festival de teatro de Nancy. Mas seu aspecto não era o de um dirigente e sim de um ator experimental: tinha calças *jeans*, tênis, um casaco de couro surrado e uma bonita cabeça com o cabelo emaranhado e os olhos de louco. Sua mulher, pequena e forte como costumam ser as grandes mulheres do evangelho, acompanhava-o não apenas com sua presença silenciosa e sábia, mas com uma solidariedade inabalável que se notava ao primeiro olhar sem necessidade de que dissesse alguma coisa. Tinha de ir a Cuba no dia seguinte, numa viagem relâmpago de 24 horas, para tentar convencer os cubanos a mandar um grupo de teatro ao festival daquele ano. Não sei quem lhes disse que pedissem minha ajuda para tentar pular por cima das instâncias burocráticas, e por isso foram me ver sem cartas de apresentação além de sua vontade de ir essa mesma noite a Havana, a qualquer preço. Aquele rapaz envolvente se parecia mais com um cigano de Cádiz do que com um francês, mas seu nome nada tinha de cigano nem de latino. Chamava-se Jack Lang. Hoje — aos 44 anos recém-completados — é o ministro da Cultura da França.

Não se podia deixar de evocar esta história dos dias passados, quando Jack Lang e Monique, sua mulher de sempre, faziam uma visita meio oficial

---

Publicado originalmente em 17 de agosto de 1983.

e meio de férias a Colômbia, e conversávamos sobre as coisas extraordinárias acontecidas a nós dois, e o que nós dois fizemos juntos e separados, desde que nos conhecemos daquela maneira casual na casa do México. Tentando reconstruir o espelho partido da memória, recordamos nosso segundo encontro, que não foi menos surpreendente do que o primeiro. Foi em Paris, há quatro anos, quando se falava sem muitas ilusões sobre a possibilidade de François Mitterrand ser mais uma vez candidato à presidência da França. Jack Lang soube não sei como que eu estava em Paris, e devo recordar que não me lembrava bem quem era quando me ligou para convidar-me para almoçar em sua casa. Pensei que era um gesto tardio de agradecimento por aquela viagem a Cuba que já parecia tão remota, mas na realidade foi algo mais agradável e espetacular: François Mitterrand era um grande amigo de Jack Lang — coisa que eu não sabia até então — e o almoço era em sua honra.

Muitos fatores contribuíram para a vitória de Mitterrand, mas para mim não há dúvida de que a inteligência de Jack Lang, sua desmedida imaginação criadora, sua capacidade de converter em realidade os sonhos mais delirantes e sua invencível capacidade de trabalho tiveram muito a ver com ela. Tive a sorte de estar muito próximo daquela ascensão irrefreável do socialismo francês, e foi uma experiência inesquecível.

No dia em que François Mitterrand tomou posse na presidência da República, numa cidade estremecida por uma explosão de rosas vermelhas e o coro da *Ode à alegria*, perguntei a Jack Lang quem ia ser o ministro da Cultura, e ele me respondeu sem a menor malícia no sorriso:

— Quem quer que seja, será sem dúvida amigo nosso.

No dia seguinte, quando comprei os jornais, dei-me conta de que a resposta fora uma amável e grata brincadeira: Jack Lang, com seu cabelo emaranhado e seus olhos de louco, fora nomeado ministro da Cultura.

Não me atreveria a dizer que foi o melhor ministro de Mitterrand — e talvez tenha sido —, mas indiscutivelmente foi o que mais se destacou. Mesmo que só fosse por sua concepção desmedida, expansiva e quase astronômica da cultura. Quando teve de defini-la na Assembléia Nacional, da qual solicitou um orçamento sem precedente, só necessitou de poucas palavras:

"*La culture c'est la vie.*" A cultura é a vida, ou seja, tudo o que o homem faz no universo. A definição deixava quase sem roupa a que é usada pelo Unesco em seus papéis oficiais: "Cultura é tudo o que o homem acrescenta à natureza." Ia até além do que parece ser uma definição mais justa: "A cultura é o aproveitamento social da inteligência humana." A definição de Jack Lang tem sobre as outras a enorme vantagem de ser tão ampla que não há por onde atacá-la. O resultado desta concepção fora do comum foi que a Assembléia francesa aprovou para o seu ministério um orçamento duas vezes maior do que o anterior e o maior que jamais se atribuiu à cultura na França: seis bilhões de francos, que naquele momento eram equivalentes a mais de um bilhão de dólares.

Não podia ser menos com um governo que começou por declarar que a cultura era o centro do poder de mudança na sociedade francesa e que, por conseguinte, devia-se considerar que não havia apenas um, mas 44 ministros da Cultura. Isto é: todo o gabinete ministerial, encabeçado pelo próprio presidente da República. O programa de nacionalizações, o projeto de descentralização, que era uma vasta operação destinada a reforçar o poder dos eleitos e, portanto, dos eleitores, todos os projetos de transformação econômica e social deviam ser considerados um fenômeno cultural de proporções imensas.

Jack Lang, dentro desses critérios, começou seu programa totalizador com uma ação direta nos outros organismos do Estado. Em primeiro lugar, com os grandes ministérios. Foi assim que se assinou um acordo com o Ministério da Justiça destinado a exercer uma ação cultural dentro dos presídios. Assinou-se também, ao cabo de uma discussão prolongada, um acordo semelhante com o Ministério da Defesa para levar a ação cultural até a própria alma das forças armadas, e também se chegou a um acordo com o Ministério da Saúde para que a dinâmica da cultura pudesse penetrar nos hospitais e talvez até nos últimos suspiros dos moribundos.

Para quem conhece a arrogância dos franceses, em especial nos domínios da cultura, o mérito maior de Jack Lang é tentar incutir em seu país a noção de diálogo com outras culturas do mundo. Quatro milhões e meio de trabalhadores emigrados, além de suas famílias, são para a França um enorme problema psicológico, econômico e social.

— Mas sobretudo — diz Jack Lang — são um imenso problema cultural que constitui todo o desafio.

A partir dessa concepção, todas as instituições francesas receberam a orientação de se abrir a todas as culturas mundiais, e não com o deplorável espírito de caridade colonial que era por demais evidente em outros tempos, mas até de uma maneira que não parecia possível: com uma certa humildade. Se esse sonho de Jack Lang se realizar — como ele espera em seu otimismo sem limites — merecerá de sobra o apelido secreto com que nós, seus amigos, o distinguimos: Jack, o desmedido.

QUASE MELHOR DO QUE O AMOR

Numa entrevista que dei a Soledad Mendoza em Caracas há alguns anos, declarei com bastante conhecimento de causa que todos os homens são impotentes. Muitos de meus amigos venezuelanos — como bons machistas caribenhos — se prontificaram a fazer uma demonstração ao vivo que eles não são impotentes. Um médico a quem contei esta história outra noite me disse:

— Avise a seus amigos que não façam tanto alarde de sua masculinidade porque na melhor das hipóteses se descobre que fizeram implante de prótese.

Isto é: um mecanismo artificial de ereção. Nenhum dos participantes daquela reunião tão instrutiva jamais ouvira falar deste recurso de nosso tempo, que parece ser a solução definitiva do pesadelo mais temível e ao mesmo tempo mais secreto de nós, os pobres homens. Tudo indica que a cada dia mais amantes frustrados têm de apelar para este artifício — sobretudo nos Estados Unidos — e que os resultados são os mais consoladores.

Ao contrário do que ocorre amiúde, o problema dos impotentes reais é que têm de demonstrá-lo com fatos e até com o testemunho de suas mulheres, para que o cirurgião tome a decisão de implantar-lhes a masculinidade postiça. Na realidade, há duas espécies de impotência. Uma, a mais freqüen-

Publicado originalmente em 24 de agosto de 1983.

te, é de origem psíquica e não requer uma prótese enquanto o psiquiatra ou o psicólogo não tiver esgotado suas artes. A outra tem uma causa orgânica e em termos gerais é irreversível. É para estes casos que a prótese constitui o único recurso de salvação.

Quando a causa não é muito evidente, os médicos têm um sistema que permite identificar a natureza do efeito. Uma vez feitas todas as provas médicas para demonstrar que, de fato, o paciente não tem ereções, ainda se dão ao trabalho de colocar uns eletrodos na base e na cabeça do órgão sexual e conectá-los durante a noite a um aparato que registra — como um eletrocardiograma — as ereções do paciente enquanto dorme. Um homem normal tem de seis a oito ereções numa boa noite de sono. Se em duas noites consecutivas se demonstra que o paciente adormecido não tem nenhuma ereção se pode considerar que sua impotência é orgânica e não psicológica, e só então se permitirá o implante da prótese.

Há outras causas de impotência transitória cujas conseqüências são remediáveis. Uma delas é a inflamação da próstata, cujos efeitos contra a ereção desaparecem logo que desaparece a causa. Outra é a arteriosclerose, por obstrução das artérias que irrigam os corpos cavernosos do pênis. Esta causa é bastante freqüente e se resolve com a construção de um *by-pass* — como o que se faz com os cardíacos — para restituir a circulação normal do sangue nos órgãos genitais. Muitos médicos garantem que a maioria de seus pacientes impotentes são adolescentes viciados em drogas. A maconha, a cocaína, a heroína e também os tranqüilizantes vendidos como inócuos produzem um enfraquecimento da potência, e não só por causas orgânicas mas também porque os efeitos psicológicos da dependência afetam de maneira profunda o apetite sexual. Menos mal — dizem os médicos — que também este tipo de impotência cessa pouco tempo depois que se interrompe o vício. Por último se deve citar uma causa de alta freqüência: a fidelidade conjugal absoluta. Ou, para dizer de outra maneira mais feroz: a falta de amor. Demonstrou-se que homens normais e bem servidos, que desfrutaram uma longa e proveitosa vida matrimonial, são vítimas, a partir de certa idade, dos estragos da rotina. Alguns deles decidem recorrer ao médico que, se for um profissional inteligente, deveria dar-lhes um conselho que talvez seja providencial: "Experimente com outra." É triste, mas certo. E, é claro, não só no caso dos homens.

Em resumo, parece que a causa mais comum da impotência orgânica irreversível é a diabete avançada. Isto não quer dizer — esclarecem os médicos — que todos os diabéticos sejam incapazes de passar uma boa noite sem dormir. Mas de 10% a 15% deles são propensos a perder o sono só por não poder funcionar. Outra causa são as pancadas, os acidentes ou qualquer doença que lesione de maneira grave os mecanismos do sistema de ereção. Nestes casos o único recurso é substituí-lo por um mecanismo artificial.

O doutor Neftalí Otero, um urologista colombiano, que é na realidade um de nossos bons cérebros que se mudou para Chicago, fez aos leitores desta coluna o favor de me explicar com uma ponderação exemplar os diferentes sistemas de prótese genital usados cada vez mais nos Estados Unidos mas que sem dúvida estão disponíveis em nossos países, talvez menos necessitados, porém mais assustados pelo fantasma de querer e não poder. O artifício mais comum é o de Small Carrion — chamado assim, como todos os outros, em homenagem a seu inventor — e consiste em colocar, por meio cirúrgico, um par de cilindros rígidos de silicone nos corpos cavernosos. É uma operação simples, que demora de trinta a 45 minutos com anestesia local depois da qual se pode desfrutar para sempre uma ereção invencível. O homem fica em condição de levar uma vida sexual sem sobressaltos e seu único problema se reduz a que seu alfaiate encontre a maneira de que a solução não fique muito evidente.

Outro sistema muito usado é o de Jonas, que vem a ser um aperfeiçoamento do anterior. A diferença é que neste caso os cilindros de silicone são flexíveis, mas têm uma mola que se maneja à vontade e permite dobrar e desdobrar o saxofone da maneira mais conveniente. É — para entender melhor — uma solução com dobradiças que permite guardar o instrumento ao final da música, e se evita assim o problema de pedir favores ao alfaiate. Não é para rir: o sistema é sério e tão útil como o original, e tem sobre ele a vantagem de que funciona a qualquer hora e em qualquer lugar, e até com susto e sem amor.

O sistema que mais se aproxima da perfeição, no entanto, é o chamado de Scott — como a emulsão do bacalhau, por acaso — e suas diferenças com o da realidade são quase imperceptíveis. Consiste em colocar dentro dos corpos cavernosos os mesmos cilindros de silicone, mas conectados, neste caso, mediante tubos condutores, a um recipiente de um líquido estéril. Este recipiente se encontra sob os músculos do abdome e está conectado, por sua vez, a duas válvulas implantadas dentro do testículo direito. Na hora da verdade, enquanto os mortais comuns rogamos a Deus que tudo nos saia bem, o depositário deste engenho magistral só tem de comprimir uma das duas válvulas para injetar assim o líquido estéril nos corpos cavernosos. O milagre não só é imediato, mas se pode regular a pressão à vontade e segundo as preferências da feliz adversária. Uma vez terminado o episódio, pode-se começar de novo. E tantas vezes quanto se quiser, até onde alcance a vida, e ao final basta apertar a outra válvula para que o líquido regresse intacto e sem remorsos a seu recipiente secreto. Nada é mais barato em relação ao seu resultado: o aparato custa quatro mil dólares e seu implante cirúrgico custa uns 2.500 dólares nos Estados Unidos. Se o médico é um bom amigo pode aceitar o pagamento em módicas prestações e até sem entrada. É incrível. Talvez — na longa e tenebrosa história do homem — não se tenha inventado outra coisa que se pareça mais com a verdade.

EM QUE PAÍS MORREMOS?

O jornalista Germán Santamaría nos colocou a nós, colombianos, frente a frente com o pavor de nosso próprio fantasma. Em dois artigos arrasadores que publicou na semana passada em *El Tiempo*, nós, os distraídos habitantes das cidades, compreendemos que o inferno não está além da morte — como nos ensinaram no catecismo —, e sim a quatro horas de distância de carro das festas de aniversário de gravata preta e dos torneios de retórica e das festas de casamento medievais das savanas de Bogotá. Está no coração da Colômbia, num vasto entardecer que conhecemos como o Magdalena Medio, onde as terras são férteis e as águas generosas, e onde as injustiças são imensas e seculares. Como síntese dos horrores que viu e comprovou durante sua breve visita, Santamaría disse que a violência é tão intensa e selvagem naquele paraíso de pesadelo que pode ser considerado — segundo suas palavras — como um pequeno El Salvador. Mas seu próprio testemunho mostra que essa afirmação está equivocada. Na realidade, o Magdalena Medio, cuja extensão é de cinqüenta mil quilômetros quadrados, tem mais de duas vezes o tamanho da República de El Salvador, que só mede 21.393. Além disso, a proporção de assassinatos também é comparável, porque o Magdalena Medio tem uma população que não passa de oitocentas mil pessoas, enquanto El Salvador — que é um dos países mais densos

Publicado originalmente em 31 de agosto de 1983.

do mundo — tem um pouco mais de quatro milhões de habitantes. Não; não se trata de um pequeno El Salvador, mas de um outro muito maior do que o da América Central, e no entanto ainda pior, por ser mais confuso e esquecido.

Santamaría disse em seus artigos que pelo rio Magdalena descem os cadáveres apodrecidos com aves de rapina por cima, e que as autoridades da margem decidiram não recolhê-los devido a sua abundância e a seu mau estado. Contou que na aldeia de Santo Domingo foram exterminados todos os homens, e que as assustadas viúvas, com as crianças, passam as noites insones nos montes vizinhos. Contou que na vereda de Los Mangos mataram 13 camponeses só porque participaram do velório de dois companheiros seus assassinados. Desde então ninguém se atreve a reclamar seus mortos, e os que têm sorte são enterrados sem identidade em fossas comuns. Os outros são jogados no rio, para serem comidos pelas aves de rapina enquanto sobrar algo para comer e para que seus restos terminem por ser calcinados ao sol nalguma praia esquecida. Há pouco, um camponês que conseguiu escapar começou seu relato com uma frase que varreu com um só traço muitos anos de literatura terrível:

— Os mortos éramos cinco.

Quem são os autores deste genocídio, e com que propósito, é algo que não se pode dizer com precisão absoluta nem nos artigos de Santamaría nem em outros muitos testemunhos que chegam às cidades vindos do inferno do Magdalena Medio. Uma coisa fica clara: os autores materiais são grupos armados de matadores de aluguel, que matam à luz do dia, algumas vezes com a cara descoberta e outras com a cara pintada, a quem todo mundo conhece mas não se atreve a denunciar. Seu método, por desgraça, é imemorial na história da Colômbia e sua barbárie nos parece familiar. Os cadáveres que flutuam nas águas, que jazem sem dono nas veredas, foram esfolados à faca e aparecem com os órgãos genitais cortados e às vezes enfiados na boca, e sem língua nem orelhas.

São os mesmos sinais de identidade daquela outra violência que assolou o país a partir de 1948 e causou uma carnificina calculada pela imprensa da época em 450 mil homens, mulheres e crianças em dez anos. Que esta tragédia volte à tona logo que as condições sociais sejam propícias, e com as mesmas formas de selvageria primitiva, é algo que faz pensar em quem conhece os componentes doentios e irremediáveis de nossa personalidade nacional.

Os testemunhos que baseiam o relato de Germán Santamaría são tão apaixonados e contraditórios que constituem em si mesmos uma prova da complexidade e da virulência do profundo drama social vivido no Magdalena Medio. O procurador de Aguachica diz sem rodeios que os grupos são pagos pelos latifundiários para grilar as terras dos camponeses pobres. Em Puerto Boyacá, um deputado liberal disse que as matanças atuais são a resposta dos criadores de gado contra a exploração e os seqüestros a que foram submetidos pelos guerrilheiros durante vinte anos. Destaca concretamente as Forças Armadas Revolucionárias da Colômbia (Farc), que atuam na região há muito tempo, e a quem atribui toda espécie de crimes e a extorsão de mais de quinhentos milhões de pesos em resgates. Já o general Daniel García Echeverry, comandante da XIV Brigada, com sede em Puerto Berrio, interpreta a situação — de acordo com o testemunho de Germán Santamaría — da seguinte maneira:

— As Farc obrigaram 156 posseiros a ficar com as terras, porque o que se vive aqui é uma guerra dos partidos liberal e conservador, que estão desarmados, contra os comunistas, cujo braço armado é a Farc.

O Moir, um movimento legal que repudiou a luta armada e o terrorismo como métodos de luta política, viu pelo menos dez de seus dirigentes serem assassinados na região. E Santamaría conclui: "Inicialmente tudo era uma campanha para eliminar fisicamente a esquerda no Magdalena Medio. Mas depois, sem se deter em considerações de matizes ideológicos internacionais, arremeteram contra comunistas e moiristas, e depois contra os ladrões de gado no campo, gatunos da cidade, e, finalmente, estão matando até os homossexuais." A confusão é tanta que, numa recente visita a Puerto Berrio, o procurador-geral da República, Carlos Jiménez Gómez, reuniu-se com um grupo de fazendeiros entre os quais estavam três que ele próprio incluíra numa lista de organizadores de grupos de extermínios, e foram eles que o recriminaram por expô-los à vingança pública. Em meio a tantos interesses contrapostos, talvez haja, na realidade, muitos culpados em todos os lados, e os únicos inocentes sejam os pobres camponeses despojados de tudo, que chegam fugindo do terror às cidades, sem outro destino mais seguro do que a miséria ou a delinqüência comum.

No início de seu mandato, há quase um ano, o presidente Belisario Betancur prometeu, com mais segurança do que era prudente, que em seu governo não se derramaria uma gota de sangue. Sua boa estrela, que tanto nos ajudou, não o ajudou no Magdalena Medio. Estava tão consciente disto que uma de suas iniciativas mais ambiciosas foi conceber, para aquela região martirizada, um vasto e complexo programa de reabilitação a longo prazo, que começou a ser implantado em junho passado. No entanto, o que desde então era mais urgente, para que hoje não fosse tarde demais, era usar a justiça para pôr um fim a essa carnificina diabólica que não honra ninguém, e menos ainda a um governante que quis ser o mais pacífico de nossa história. Não seria justo — para dizer o mínimo — que ao cabo de tantos esforços conseguisse a paz em El Salvador — como tanto desejamos — e não a conseguisse neste outro El Salvador interno que nos devora as entranhas.

Por sorte, o presidente Betancur ainda é o mais popular que tivemos no século XX. Apesar do desgaste natural do poder, as pesquisas mostram que, ao final do primeiro ano de seu governo, mais de 60% da opinião pública continuam acreditando nele, entre os quais estão incluídos muitos que não o quiseram como candidato nem votaram nele. Essa é uma força vulcânica irrefreável, e talvez a única que nos resta para enfrentar com boa sorte o monstro tentacular do Magdalena Medio. O passo seguinte seria entender com certeza o que ocorre ali, qual é a verdade, e até mais do que toda ela, e só o presidente da República tem a autoridade e a informação para nos explicar com uma destas conversas simples, de mestre sábio, que tanto alívio nos proporcionaram em outros momentos difíceis de seu governo. Só uma consciência nacional bem formada e mais bem dirigida poderá nos salvar do desastre. Só o presidente pode e deve forjá-la. Pois o rumo que vai tomando o Magdalena Medio — e Deus não queira — ameaça converter o tempo de seu governo num dos mais sangrentos de nossa história.

ALUGO-ME PARA SONHAR

Pergunto-me o que aconteceu com ela. Conheci-a em Viena há 28 anos, comendo salsichas com batatas cozidas e bebendo chope numa taberna de estudantes latinos, e se diria que era a única austríaca legítima na mesa, não apenas por suas suculentas tetas outonais, suas lânguidas caudas de raposa na gola do agasalho e o sotaque de bazar com que falava um castelhano primário. Mas não: nascera na Armênia — a da Colômbia — e fora bem jovem para a Áustria, entre as duas guerras, para estudar música e canto. Naquele momento andava pelos quarenta anos mal vividos, pois nunca deve ter sido bonita e começara a envelhecer antes do tempo. Mas em compensação era um dos seres humanos mais simpáticos que conheci em minha vida. E também o mais temível.

Viena era então — e desde então foi para sempre — a cidade de *O terceiro homem*. Uma antiga cidade imperial que a história ia converter numa remota capital de província, cuja posição geográfica entre dois mundos irreconciliáveis após a Segunda Guerra Mundial acabara por reduzi-la ao que foi Istambul em outro tempo: o paraíso do mercado negro e da espionagem mundial. Carol Reed e Graham Greene não poderiam ter escolhido local mais adequado para um grande filme. E para um grande romance, com certeza, que é o que permanece na casa para sempre depois que se acendem as luzes

---

Publicado originalmente em 7 de setembro de 1983.

do cinema e seus belos fantasmas de carne e osso começam a fugir da memória. Mas tampouco eu poderia imaginar ambiente mais adequado para aquela compatriota fugitiva que continuava comendo na taberna estudantil da esquina só por fidelidade à sua origem, pois tinha recursos de sobra até para comprá-la à vista com todos os seus comensais dentro. Nunca disse seu verdadeiro nome, pois sempre a conhecemos com o que sempre a conheceram seus amigos mais antigos de Viena: Frau Roberta.

Nessa época só lhe restava de sua vocação de soprano a qualidade de azeite morno da voz e as mamas suntuosas, de maneira que não havia em mim qualquer segunda intenção na noite em que ficamos mais tarde do que o costume e a convidei a um passeio pelo Danúbio para ver se na realidade era tão azul como nas valsas. Não era, certamente, como era fácil de imaginar, e sim uma torrente densa que não conseguia refletir a bela lua de primavera que se mantinha sem pudor no centro do céu. Eu, que sempre fui um nostálgico na defensiva, compreendi que numa remota sexta-feira como hoje, quando já fosse cético e velho, ia me recordar daquela noite como uma das boas noites de minha vida (e que talvez ia escrever sobre isso, como acabo de fazer), e tentei me convencer desde então de que era uma noite turva e insípida que não mereceria a homenagem de uma saudade. No entanto, uma vez mais, o destino jogou sujo, porque não me mandou aquela noite só com o Danúbio e com a lua, e sim planejou a armadilha de Frau Roberta. Porque foi nesse mesmo instante que cometi a impertinência feliz de perguntar a Frau Roberta como fizera para se assimilar de tal maneira àquele mundo tão distante e tão diferente das rajadas de vento do Quindio, e ela me respondeu com sua verdade, de um só golpe:

— Alugo-me para sonhar.

Era certo. Muitos anos antes, quando a neve se fez mais fria por causa da fome, não apelou para o recurso fácil de pedir uma passagem de volta para o calor da pátria e esquecer para sempre *La Bohème* e *Tannhäuser*, mas bateu na primeira porta que lhe agradou para viver e pediu trabalho. Perguntaram-lhe o que sabia fazer, e também nesse caso respondeu a verdade:

— Sei sonhar.

Aquela frase, que só uma dona-de-casa austríaca tinha condições de entender, não só mudou o rumo de uma honesta família católica e pequeno-burguesa, mas foi o começo do bem-estar e da fortuna de Frau Roberta.

Na realidade, seu único compromisso, como propusera, era sonhar. Não lhe custava trabalho, porque desde criança sabia fazê-lo bem. Era a terceira dos filhos de um lojista próspero de alguma cidade perto da Armênia — de cujo nome talvez não queria me lembrar por prudência — e desde que aprendeu a falar instaurou na casa o bom hábito de contar os sonhos em jejum, que é a hora em que se conservam mais puras suas virtudes premonitórias. Uma vez, aos sete anos, sonhou que um de seus irmãos era arrastado por uma torrente, e a mãe, que acreditava em tudo, proibiu o filho de fazer aquilo que mais gostava: tomar banho na vertente. Mas Frau Roberta — quem sabe como se chamava naqueles tempos pré-históricos do velho Quindio — já tinha um sistema original e intransmissível de interpretar os sonhos.

— O que isso significa — disse — não é que vá se afogar, mas que não deve comer nada doce.

A interpretação em si era uma infâmia, considerando que o alerta se referia a um menino de sete anos que não podia viver sem suas sobremesas. A mãe, que nunca duvidou das premonições da filha, respeitou o aviso com mão dura. Mas num dia ruim o irmão predestinado se engasgou com uma bala que estava comendo às escondidas e não foi possível salvá-lo de uma morte atroz por asfixia.

Frau Roberta nunca pensou que aquela virtude pudesse ser uma profissão, até que a vida a agarrou em Viena pela garganta e a obrigou a apreciar as possibilidades comerciais de seus sonhos. Foi aceita na primeira casa em que bateu, sem que essa preferência obedecesse a qualquer visão da noite anterior — como seria fácil pensar —, porque sua faculdade tinha um limite: servia aos outros mas nunca para ela própria. Começou com um salário modesto, suficiente apenas para os gastos miúdos, mas lhe deram na casa um bom quarto e as três refeições. Sobretudo o café da manhã, que era o momento em que toda a família se sentava para conhecer — dito por ela segundo os sonhos da noite anterior — o destino imediato de cada um de seus membros: o pai, que era um funcionário importante da administração dos correios; a mãe, que era uma mulher alegre e apaixonada pela música de câmara romântica, e duas crianças de 11 e nove anos. Todos eram muito religiosos e, portanto, propensos a essa envergonhada superstição. E todos, até as crianças, tinham o senso de humor do pai, que encantado acolheu Frau Roberta em sua casa.

— É um prazer — disse — conhecer a única pessoa neste mundo que trabalha dormindo.

Ficou para sempre. Durante muitos anos, sobretudo nos mais terríveis da Segunda Guerra Mundial, seus sonhos se povoaram de obuses que significavam ameaças de doenças hepáticas, e de aviões em chamas que significavam domingos agradáveis, ou carnificinas de trincheiras que significavam tesouros escondidos em algum lugar da casa. Por essa época, os membros da família sonhavam tanto que ela fez um esforço sincero para aplicar seu método de interpretação aos sonhos alheios. Mas foi inútil: só ela sabia sonhar. De maneira que com o tempo só ela podia determinar a hora do desjejum, até que sua vontade acabou por ser a única admissível na casa. Seu domínio sobre a família foi total, e até o suspiro mais delicado tinha a raiz em seu travesseiro visionário. No tempo em que a conheci morrera o dono da casa — liberado para sempre da escravidão do correio por uma substancial herança que recebeu no final da guerra — e teve a elegância de favorecer Frau Roberta no testamento, com a única condição de que continuasse sonhando para a família até onde alcançassem os sonhos.

Enquanto me contava esta história maravilhosa diante do Danúbio espesso não pude reprimir a suspeita de que Frau Roberta era talvez a trapaceira mais feliz e original de quantas passaram pelo mundo. Dei-lhe a entender isto do modo mais delicado:

— Eu só queria saber se você realmente sonha.

— É verdade — me disse sorrindo. — E por isso vim esta noite, para dizer que ontem à noite tive um sonho que tem a ver com você: deve ir embora logo e não voltar a Viena antes de cinco anos.

No primeiro trem da madrugada, com certeza, fui para Roma. Isso aconteceu há 28 anos, como já disse, e ainda não voltei a Viena.

269 MORTOS

Um disparo fatal contra um avião civil com 269 pessoas a bordo, em tempo de paz ou de guerra e qualquer que seja a causa ou as razões, é, sem rodeio, um assassinato em massa. Não há ideologia que o sustente, nem cálculo político que o justifique, nem deus que o perdoe. É um ato inconcebível, se é deliberado, mas é muito mais se acontece por equívoco, porque nos céus mais altos do poder e com o grau de desenvolvimento atual da ciência da guerra, nenhuma dessas duas circunstâncias permite alimentar muitas ilusões sobre o destino da espécie humana.

A derrubada do avião da Korea Air Lines por um avião de guerra soviético está dentro desse quadro. É um acontecimento tão irracional, tão desumano, tão estúpido até do ponto de vista político, que muitos amigos da União Soviética — atentos para não dar argumentos úteis aos inimigos — não acreditariam se o próprio governo desse país não tivesse admitido. E o fato de ter admitido com tanto atraso, e apenas quando as denúncias encarniçadas e farisaicas dos Estados Unidos a impediram de continuar adiando a verdade, é algo que agrava muito mais a gravidade. Na corrida armamentista sem controle nem moderação em que se enfrentam as duas grandes potências, a União Soviética deu de presente ao adversário uma arma inesperada e demolidora num campo em que são mestres velhos e sábios os

Publicado originalmente em 14 de setembro de 1983.

governos dos Estados Unidos: o aproveitamento, às vezes honesto e legítimo, mas muitas vezes distorcido e manipulado, da opinião pública.

Contudo, no festim de abutres do governo norte-americano e dos retalhos de meias verdades da União Soviética, a outra metade do mundo que assiste à contenda das galerias não consegue colocar em seu lugar todas as peças do quebra-cabeça. A história parece começar quando o Boeing 747 da KAL, sob o comando de um capitão sul-coreano de 46 anos e 18 mil horas de vôo, desviou-se da rota que devia seguir de Anchorage (Alasca) até Seul, capital da Coréia do Sul. Quando ocorreu esse desvio, e por que motivo, é algo que permanece indefinido até agora. De acordo com o plano de vôo, o avião devia evitar pelo sul o cordão das ilhas Kurilas, que demarcam o limite do espaço aéreo soviético. No mapa de vôo dessa rota há uma linha bem visível com uma inscrição categórica: "Todo avião que penetrar neste território proibido pode ser abatido sem advertência." O motivo é bem conhecido. Nessa extensa área está a península de Kamchatka, que é o mais famoso laboratório de mísseis da União Soviética, e posto avançado de radares de longo alcance para detectar qualquer ataque proveniente dos Estados Unidos. Também nessa área se encontra uma importante base de uma centena de submarinos nucleares capazes de atingir o território norte-americano com seus mísseis, e, por último, o porto de Vladivostok, onde se concentra quase toda a defesa naval do Pacífico. É um vasto arsenal de destruição e defesa que os soviéticos querem manter longe de observadores indiscretos.

Sempre de acordo com as escassas informações da agência Tass, o avião sul-coreano foi detectado pelos radares a partir do momento em que atravessou a linha proibida, e foi rastreado durante duas horas e meia, até ser localizado e depois derrubado por um míssil. Este desvio não é prova de má-fé. Sucede em determinadas ocasiões, e até com os pilotos mais sagazes. Em 1973, um avião da Panamerican, cujo piloto deve ter cometido um erro na programação de seu computador, saiu de Nova York para Paris. Mas ao amanhecer, em lugar da torre Eiffel, viu o deserto do Saara: desviou-se 1.600 quilômetros do rumo correto. Em outra ocasião, um 707 da Colômbia que voava de San Juan (Porto Rico) a Madri, encontrou-se de repente com o sol por trás, quando devia tê-lo pela frente: a verdade é que se desviara tanto que dera a volta completa e estava regressando a Bogotá. A experiência foi tão divertida como incrível: o piloto se guiara pela sofisticada bússola eletrônica, que estava com defeito, e nunca a comparou com a humilde bússola magnética inventada pelos chineses, e que continua sendo a mais confiável. Portanto, não era de estranhar que o avião da KAL acreditasse estar num lugar quando estava em outro bem diferente. A situação suspeita, que permite duvidar da inocência do piloto, é que enquanto ele se negava a responder aos chamados e sinais dos soviéticos, fez vários contatos com os controladores de Tóquio. E nada disse sobre a situação difícil em que se encontrava. Pior ainda: minutos antes de ser derrubado, o controle de radar do Japão anunciou que o avião perdido estava a 180 quilômetros ao norte da ilha japonesa de Okkaido — ou seja, dentro do espaço aéreo soviético — e não a 180 quilômetros ao sul, como acabara de dizer o piloto.

Isso também liquida a hipótese de que todos os sistemas de rádio estivessem quebrados. Um 747 tem quatro equipamentos independentes de VHF e duas de HF que lhe permitem se comunicar com nada menos de vinte mil freqüências. Mas ainda que ocorresse a casualidade impossível de que perdesse contato pelo rádio, restava ainda ao avião coreano o recurso de um código de sinais com as asas, com as luzes e também com as rodas, que os aviões de guerra soviéticos dizem ter utilizado sem obter resposta alguma durante mais de duas horas.

Neste ponto, é impossível que um romancista deixe de levantar hipóteses que possam parecer fantasias. A primeira delas seria pensar que o avião se despressurizara, e todos os seus ocupantes (já) estavam mortos em suas poltronas enquanto o vôo continuava em linha reta sob o comando do piloto automático. Outra suposição poderia ser que alguma matéria letal contaminou o oxigênio e envenenou todos os passageiros, incluindo a tripulação. Pois bem: estas fantasias de ficção científica não são na realidade de um romancista febril mas de um comandante de 747 com mais de trinta anos de experiência que, longe de considerá-las disparatadas, acha-as mais do que possíveis. Há muitos antecedentes, mas sem dúvida o mais fascinante é o de um avião espião dos Estados Unidos — o U2 — que saiu de sua base na Carolina do Norte rumo ao Panamá, mas nunca chegou ao destino e foi se espatifar num pico dos Andes, na Bolívia. A única explicação é que o piloto alcançou a altura de cruzeiro, pôs os comandos automáticos e morreu de repente em algum lugar antes do Panamá.

Não havia confusão possível com o avião coreano. Duas horas e meia é muito tempo para identificar e pensar sobre o assunto, num país que não é apenas um dos mais refinados do mundo em sua indústria de guerra, e que demonstrou ser além disso um dos mais cautelosos em suas decisões políticas: a cauda de um 747 tem 11 metros de altura e suas inscrições são visíveis para um avião de caça que o persegue e o cerca. Por outro lado, todos os pilotos treinados na interceptação aérea aprendem a reconhecer qualquer tipo de avião de qualquer marca em qualquer parte do mundo, até pela silhueta.

Nada disto quer dizer que a culpa iniludível da União Soviética seja uma demonstração da inocência absoluta dos Estados Unidos. O reconhecimento tardio dos Estados Unidos de que havia um avião espacial seu na área onde ocorreu a desgraça torna indispensável algo mais que uma explicação, e ninguém se lembrou de pedi-la. Os mortos continuarão mortos e passará muito tempo antes que a União Soviética se refaça deste transtorno, mas a busca de todos os culpados não pode terminar em pizza. Pois há dois acontecimentos importantes que ainda não ocorreram. O primeiro é que a caixa preta do avião abatido — onde, sem dúvida, jazem outros pedaços da verdade — ainda não foi resgatada do fundo dos mares e a União Soviética parece ter empenhado todo o seu poder em apanhá-la. O outro fato que ainda não ocorreu em meio ao escândalo e o regozijo publicitário dos Estados Unidos — e aliados — é que seu governo não disse em nenhum momento que o avião coreano não tivesse na realidade uma missão de espionagem.

AQUELE QUADRO-NEGRO DAS NOTÍCIAS

Desde a terceira década do século XX, e durante uns dez anos, existiu em Bogotá um jornal que talvez não tinha muitos antecedentes no mundo. Era um quadro-negro como o das escolas, onde as notícias de última hora eram escritas a giz, e era colocado duas vezes ao dia na sacada de *El Espectador*. Aquele cruzamento da avenida Jiménez de Quesada com Carrera Séptima — conhecido durante muitos anos como a melhor esquina da Colômbia — era o local mais concorrido da cidade, sobretudo nas horas em que aparecia o quadro-negro das notícias: ao meio-dia e às cinco da tarde. A circulação dos bondes se tornava difícil, ou até impossível, pelo estorvo da multidão, que esperava impaciente.

Além disso, aqueles leitores de rua tinham uma possibilidade que os de agora não têm, de aplaudir com uma ovação forte as notícias que lhes pareciam boas, de vaiar as que não os satisfaziam por completo e de atirar pedras no quadro-negro quando as consideravam contrárias aos seus interesses. Era uma forma de participação ativa e imediata, com a qual *El Espectador* — o vespertino que patrocinava o quadro-negro — tinha um termômetro mais eficaz do que qualquer outro para medir a febre da opinião pública.

Ainda não existia a televisão, e havia noticiários radiofônicos completos, mas em horas fixas, de maneira que antes de ir almoçar ou jantar, fica-

---

Publicado originalmente em 21 de setembro de 1983.

va-se esperando a aparição do quadro-negro para chegar em casa com uma visão mais completa do mundo. Uma tarde se soube — com um murmúrio de estupor — que Carlos Gardel morrera em Medellín, num choque de aviões. Quando eram notícias grandes, como essa, o quadro-negro mudava várias vezes fora das horas previstas, para alimentar com boletins extraordinários a ansiedade do público. Fazia-se isto quase sempre em épocas de eleição, e de maneira exemplar e inesquecível quando do vôo retumbante do *Concha Venegas* entre Lima e Bogotá, cujas peripécias se refletiram, de hora em hora, na sacada das notícias. Em 9 de abril de 1948, a uma da tarde, o líder popular Eliecer Gaitán caiu fulminado por três disparos certeiros. Nunca, na tormentosa história do quadro-negro, uma notícia tão grande ocorrera tão perto dele. Mas não pôde registrá-la, porque *El Espectador* já trocara de lugar e se modernizaram os sistemas e os hábitos informativos, e só uns poucos nostálgicos atrasados recordávamos os tempos em que se sabia quando era meio-dia ou cinco horas da tarde porque víamos aparecer na sacada o quadro-negro das notícias.

Ninguém agora se lembra em *El Espectador* de quem foi a idéia original daquela forma direta e palpitante de jornalismo moderno numa cidade remota e lúgubre como a Bogotá de então. Mas se sabe que o redator responsável, em termos gerais, era um rapaz que mal andava pelos vinte anos e ia ser, sem dúvida, um dos melhores jornalistas da Colômbia sem ter ido além da escola primária. Hoje, ao completar cinqüenta anos de atividade profissional, todos os seus compatriotas sabemos que se chamava, e continua se chamando, José Salgar.

Outra noite, numa homenagem interna do jornal, José Salgar disse, mais a sério do que de brincadeira, que por ocasião deste aniversário recebera em vida todos os elogios que costumam ser feitos aos mortos. Talvez não ouviu dizer que o mais surpreendente de sua vida de jornalista não é ter chegado a meio século de profissão — coisa que aconteceu a muitos velhos —, mas o contrário: ter começado aos 12 anos no mesmo jornal, e quando já procurava há dois anos trabalho como jornalista. Sempre que voltava do colégio, aí por volta de 1939, José Salgar ficava contemplando pela janela as máquinas de pedal onde se imprimia o *Mundo al Día*, jornal de variedades, muito solicitado em seu tempo, cuja seção mais lida era já um jornalismo puro. Chamava-se "Vi com meus próprios olhos", e eram experiências dos leitores contadas por eles próprios. Por cada nota enviada e publicada, *Mundo al Día* pagava cinco centavos, numa época em quase tudo custava cinco centavos: jornal, xícara de café, engraxada de sapatos, entrada de cinema infantil e muitas outras coisas de primeira e segunda necessidades. Pois bem. José Salgar, desde os dez anos, começou a mandar suas experiências por escrito, não tanto pelo interesse dos cinco centavos mas de vê-las publicadas, e nunca conseguiu. Ainda bem, porque assim teria cumprido meio século de jornalista dois anos antes, o que teria sido quase um abuso.

Começou pela ordem: pelo mais baixo. Um amigo da família que trabalhava nas oficinas de *El Espectador* — onde se imprimia então *El Espectador* — levou-o para trabalhar com ele num turno que começava às quatro da madrugada. José Salgar recebeu a dura tarefa de fundir as barras de chumbo para os linotipos, e sua seriedade chamou a atenção de um linotipista destacado — daqueles que não se fazem mais — que, por sua vez, chamava a atenção dos companheiros por duas virtudes distintas: parecia-se como irmão gêmeo do presidente da República, dom Marco Fidel Suárez, e era tão sábio como ele nos segredos da língua castelhana, a ponto de ter chegado a disputar uma cadeira na Academia de Letras. Seis meses depois de estar fundindo chumbo de linotipos, José Salgar foi mandado a uma escola de aprendizagem rápida pelo chefe de redação — Alberto Galindo — ainda que fosse para aprender as normas elementares da ortografia, e o promoveu a mensageiro de redação. A partir dali fez toda a carreira por dentro, até ser o que é hoje, subdiretor do jornal e seu funcionário mais antigo. No tempo em que começou a escrever o quadro-negro de notícias tiraram dele uma foto de rua com um terno preto de lapelas largas cruzadas e um chapéu de aba inclinada, de acordo com a moda do tempo imposta por Carlos Gardel. Em suas fotos de hoje não se parece com ninguém mais do que a si mesmo.

Quando ingressei na redação de *El Espectador*, em 1953, José Salgar era o chefe de redação desalmado que me ordenou como regra de ouro do jornalismo: "Torça o pescoço do cisne." Para um calouro da província disposto a morrer pela literatura aquela ordem era pouco menos do que um insulto.

Mas talvez o maior mérito de José Salgar tenha sido saber dar ordens sem dor, porque não as dava com a cara de chefe e sim de subalterno. Não sei se obedeci ou não, mas em vez de me sentir ofendido agradeci o conselho, e desde então — até o sol de hoje — nos tornamos cúmplices.

Talvez o que mais agradecemos um ao outro seja que enquanto trabalhamos juntos não deixávamos de fazê-lo sequer nas horas de descanso. Recordo que não nos separávamos nem um minuto durante aquelas três semanas históricas em que o papa Pio XII teve um soluço que não parava por nada, e José Salgar e eu nos declaramos em plantão permanente, esperando que ocorresse qualquer dos dois extremos da notícia: que o papa deixasse de soluçar ou que morresse. Aos domingos íamos de carro pelas estradas da savana, com o rádio ligado, para seguir sem interrupção o ritmo do soluço do papa, mas sem nos afastar demais, para regressar à redação logo que se conhecesse o desenlace. Lembrava-me desses tempos na noite da semana passada em que participamos da ceia de seu jubileu, e creio que até então eu não descobrira que José Salgar talvez tenha adquirido aquele sentido insone da profissão do hábito incurável do quadro-negro das notícias.

UM TRATADO PARA NOS TRATAR MAL

Entre os numerosos problemas deixados na Colômbia pelo governo que para o bem de todos expirou no ano passado, há dois que podem continuar a provocar males mais amargos, até depois da morte de seus autores. Refiro-me ao tratado de extradição e ao tratado de assistência legal mútua assinados entre a Colômbia e os Estados Unidos. Os juristas já falaram muito sobre eles e sem dúvida têm muito mais a falar, e acredita-se que vão fazê-lo sem reticências. Mas aqueles que são incultos na ciência do Direito não precisam saber se esses tratados são inconstitucionais — como parece que são — nem se são ilegais e injustos — como talvez sejam —, mas que lhes basta estar convencidos de que são indignos. E são para ambos os países, porque cada um deles se compromete igualmente com a indignidade de entregar ao outro seus próprios cidadãos para julgá-los e condená-los segundo suas leis.

O normal — e digno, sem dúvida — é o contrário: que cada um dos países signatários devolva o suposto delinqüente ao seu país de origem para que o julgue pelos atos cometidos nele. Os Estados Unidos, além da indignidade, não têm motivos para temer pelo tratamento a ser dado na Colômbia aos seus cidadãos, ainda que sejam extraditáveis. A experiência ensina que sempre bastou a intervenção de um funcionário do consulado ou da

Publicado originalmente em 28 de setembro de 1983.

embaixada norte-americana para que seus compatriotas sejam tratados não apenas com as considerações devidas, mas também com as que não são. Em compensação, hoje basta ser o titular de um passaporte colombiano para ser submetido a toda espécie de vexames na imigração dos Estados Unidos, onde todo colombiano, pelo simples fato de ser colombiano, é considerado e tratado como um traficante de drogas. O ex-presidente conservador Misael Pastrana Borrero pintou-nos, há poucos dias na imprensa, um quadro aterrorizante do inferno que é, para os colombianos de qualquer condição, o ingresso nos Estados Unidos. Não se referiu — sem dúvida porque o desconhece — ao caso da mulher de outro ex-presidente colombiano submetida a grave desrespeito na imigração de Nova York, apesar de se identificar a tempo e sem dúvida com um passaporte especial. Mais ainda: a reclamação apenas formal feita pelo marido na embaixada dos Estados Unidos em Bogotá não mereceu sequer uma desculpa verbal. Na realidade, só estão a salvo destes atropelos impávidos as pessoas que como eu estão proibidas há 15 anos de entrar de maneira normal nos Estados Unidos, só porque sua justiça — pelas pistolas — nos considera delinqüentes políticos. E talvez — por que não? — suscetíveis de ser reclamados como tais em nosso próprio país dentro de tudo o que é possível pelo tratado de extradição. Se somos recebidos assim pelo simples fato de ser colombianos, há motivos de sobra para nos perguntarmos qual será o tratamento de reis que espera os compatriotas extraditados nas prisões norte-americanas.

Há muitos antecedentes para nos darmos conta de que em nenhum caso os Estados Unidos estariam dispostos a aceitar um tratamento igual para seus cidadãos. Há sete anos, a polícia de repressão a entorpecentes dos Estados Unidos decidiu que as mulheres colombianas que chegassem ao aeroporto de Miami fossem despidas e submetidas a uma revista que não excluía nem as partes mais íntimas. A medida entrou em vigor imediatamente. Foram inúteis, para anulá-la, todos os esforços das autoridades colombianas, até que resolveram dar boas-vindas semelhantes às viajantes norte-americanas que chegassem a Bogotá. Ao cabo de poucas horas, os Estados Unidos revogaram em Miami suas infames práticas ginecológicas.

Até há algumas semanas, gente de peso se expressava com fluência e ponderação contra o tratado de extradição. Mas até alguns de seus adversários abriram fogo contra ele quando se encontraram no mesmo canto da trincheira com os traficantes de drogas. Isto é: apesar de estar conscientes de que o tratado é indigno, alguns de seus antigos opositores preferem se calar, por temor de parecer aliados das máfias. O tratado é indigno e não o dignifica o fato de que os traficantes de drogas o repudiem por motivos diferentes dos bons, sem dúvida.

Pelo contrário. Que o tratado tenha iniciado sua atuação pública contra as máfias serviu para tornar mais evidentes seus perigos desde o primeiro instante de sua existência. Os traficantes de drogas, cujos nomes e fotos eram de domínio público havia muito tempo, viviam livres com seus aviões de príncipes, seus caprichos babilônicos e seus jardins zoológicos sem que ninguém perturbasse sua impunidade feliz. Tinham vistos especiais nos Estados Unidos, onde nunca poderiam ser o que são sem a cumplicidade de autoridades venais e sócios com poder e clientes bem situados. Seu mercado estava lá e não aqui, e aquele era seu paraíso. Não é preciso uma perspicácia das mais agudas para se perguntar por que a justiça que fez vista grossa durante tanto tempo despertou logo e com uma fúria diabólica só quando os traficantes de drogas tiveram a desastrosa idéia de irromper com pretensões vandálicas na política nacional. É quase impossível o mau pensamento de que o tratado de extradição brandiu sua cutilada não como instrumento de justiça mas como um garrote de perseguição política e retaliação pessoal. Em compensação, presume-se que cinco executivos do grupo financeiro mais poderoso da Colômbia estão foragidos de nossa justiça nos Estados Unidos e não se sabe até agora que o governo colombiano recorreu ao tratado para que venham pagar o que devem.

Não é difícil imaginar o que será a manipulação política do tratado de extradição. Menos de 24 horas depois que um acusado de ser traficante fugisse de seu país para não ser extraditado para os Estados Unidos, o embaixador norte-americano em Bogotá disse numa entrevista coletiva de alto nível que o fugitivo estava em Cuba. A verdade é que o embaixador devia saber que está no Brasil. Mas o interesse dos Estados Unidos de vincular o tráfico de droga à política de esquerda na América Latina não se detém diante de nada, e o tratado de extradição lhes será bem útil nessa campanha. Este é apenas o prelúdio.

Em suma, o acordo maldito se inspira no mesmo espírito repressivo do estatuto de segurança, tortura sistemática e violação sem freios dos direitos humanos, que tanto contribuiu para fazer do governo passado um dos mais funestos de nossa história. Não é fácil imaginá-lo como instrumento do atual governo, que tantas coisas fez em seus primeiros três meses, e que se algo melhor pode e deve fazer é nos libertar de uma vez por todas não só das más recordações mas também das más heranças. Que o presidente Betancur me perdoe se imagino mal, mas não posso imaginá-lo mandando um compatriota para os Estados Unidos — ou a qualquer outro país — para que o castiguem em outro idioma e com outro deus, ainda que seja lá onde tenha cometido o pior dos delitos. Tampouco posso imaginar o governo dos Estados Unidos enviando para a Colômbia tantos e tantos norte-americanos que ludibriaram a justiça americana como quiseram. O problema é que o presidente Betancur só continuará sendo presidente por mais 39 meses, enquanto que o tratado de extradição pretende ter sido assinado para sempre.

AS GLÓRIAS DO ESQUECIMENTO

Uma das injustiças da literatura é que não existe uma classificação hierarquizada dos escritores de acordo com sua qualidade. Em música se sabe que há um paraíso mais alto onde estão sentados Johann Sebastian Bach, Mozart, Beethoven, Bartók — e talvez os Beatles —, e todo um olimpo de compositores de segunda, e até de terceira categoria, que escutamos e admiramos apesar da certeza de que não são eternos. Ocorre o mesmo com os pintores. Basta passear pelos museus do mundo para se dar conta de que junto aos quadros de Goya e Velázquez, junto a Leonardo e Botticelli, junto a Rembrandt e Picasso, há poucos pendurados na ante-sala que sem dúvida merecem estar onde estão, mas em níveis diferentes. Em literatura não: ou se é um escritor de primeira linha ou não se encontra onde colocá-lo, e não só nos inumeráveis compartimentos do coração, mas nem sequer nas estantes das bibliotecas. Nesse sentido, o critério mais adequado é o do mundo do boxe: há pesos pesados, meio-médios, médios, moscas, e cada um deles desfruta a glória universal dentro de seus limites respectivos. Em literatura, em compensação, só os pesos pesados vão para o céu.

Falávamos desta injustiça outra noite com o escritor Pedro Gómez Valderrama, a propósito de um escritor que ambos admiramos sem qualquer pudor, apesar de estarmos conscientes de que não é um dos maiores:

Publicado originalmente em 5 de outubro de 1983.

Somerset Maugham. A questão é onde colocá-lo. Seus romances, que o tornaram famoso, sobretudo pelas adaptações cinematográficas, não merecem nem a recordação piedosa. Em compensação, há um mundo de tesouros ocultos em seus quase trezentos contos, muitos dos quais são verdadeiras obras-primas. Curioso: coisa semelhante ocorre com Hemingway e, no entanto, não nos cabe dúvida de que é e talvez continuará sendo para sempre uma estrela da primeira divisão. Maugham, ao contrário, é um autor que se esquece, embora se saiba da existência de grandes leitores, críticos respeitáveis e escritores consagrados que gostariam de promovê-lo a um andar mais alto, porém não se atrevem. Assim como há muitos que continuam a lê-lo em segredo, e até alguns escritores que continuam a se inspirar nele, e no entanto o negam em público mais de três vezes e muito depois que o galo já cantou.

Pensando no destino injusto de Maugham, não é possível evitar a recordação de outros tantos escritores que por um momento nos pareceram grandes porque nos deleitaram como se fossem grandes, e que foram devastados pelo tempo. Um deles é Aldous Huxley, a quem sem dúvida a geração de hoje, em qualquer país, sequer ouviu mencionar. Ela se surpreenderia ao saber que pelo menos durante um decênio seu romance *Contraponto* era considerado uma peça capital das letras do século XX, e que ninguém que quisesse ser ou parecer culto teria coragem de admitir que não o lera. Sua predestinação ao esquecimento, no entanto, teve uma prova que parece sobrenatural: Aldous Huxley morreu na Califórnia no mesmo dia em que foi assassinado o presidente John Kennedy, de maneira que a notícia — sem espaço nem tempo para homenagens póstumas — perdeu-se no cemitério das causas perdidas.

Um adversário bem apreciado de Aldous Huxley no mercado das vaidades do mundo foi o mamífero mais extraordinário de sua época: Lin Yutang, um chinês norte-americanizado que além de vender seus livros numerosos como pão quente em quase todos os idiomas, redigiu um dicionário chinês e inventou uma máquina de escrever em chinês. Seu livro *A importância de viver* chegou a ser considerado no Ocidente um compêndio da felicidade oriental, e seus exemplares viravam poeira nas mãos de tanto ser lidos com uma espécie de avidez atônita. Eram os anos do pós-guerra, nos quais irrompeu outro nome que fez os consagrados tremerem: Curzio Malaparte, um italiano com uma concepção descomunal da arte de escrever, que impôs ao mundo, com o título de um de seus livros, uma palavra alemã de significado devastador: *Kaputt*. Contudo, esse livro que o consagrou na primeira fila não foi o que se leu com mais paixão, e sim outro posterior, *A pele*, sem dúvida um dos mais vendidos daqueles tempos. Quando o estava lendo pela primeira vez, numa sórdida pensão de estudantes de Bogotá, tive na metade do caminho uma rajada de pavor por não querer morrer antes de saber como terminava. Entre os muitos episódios que hoje pareceriam truculentos, sem dúvida o mais impressionante era o de um peixe-boi do aquário de Nápoles servido num jantar ao comandante das tropas norte-americanas na Itália e que o recusara porque era igual a uma criança cozida que estava na mesa numa bandeja adornada com algas e couves-flor. Há alguns anos, buscando outra coisa, deparei-me de repente com esta recordação lancinante da juventude, e fiquei perplexo me perguntando que espécie de leitores incautos éramos naqueles tempos.

Liam-se então outros livros capazes de nos abalar por motivos que hoje parecem misteriosos, e que não nos atrevemos a reler pelo temor de romper o encanto. Lembro-me de *O homem dos gansos*, do alemão Jacob Wassermann — biógrafo incidental de Cristóvão Colombo; lembro-me de *Primavera mortal*, do húngaro Lajos Zilahy, e recordo certamente do livro que comoveu o mundo com uma força cuja natureza nunca foi decifrada: *O livro de San Michele*, de Axel Munthe, um médico sueco. Axel Munthe, cujas virtudes de escritor eram mais do que evidentes, teve a fraqueza característica do cinema de nosso tempo de querer espremer o limão além da casca e escreveu uma segunda parte de seu livro capital. Em todo o caso, nenhum destes escritores chegou perto da glória desmedida de outro dos grandes esquecidos da literatura: Vicente Blasco Ibáñez, que sem dúvida foi o escritor espanhol mais conhecido e aclamado do século XX no mundo inteiro. A recepção popular tributada a ele em Nova York em 1920 torna ainda menos compreensível a magnitude de seu esquecimento.

Resta ainda saber se estes autores apagados da memória mereciam deveras sua sorte. Mas há outros dos quais se pode e se deve dizer sem vacilação que não a mereciam. É o caso de Anatole France, Prêmio Nobel de 1921, que exerceu um fascínio justo não só na França mas em todo o âmbito latino, e do qual são poucos os que hoje podem falar sem conhecimento de causa. Seu caso é mais triste ainda do que o de Alexandre Dumas, que ainda é lido por alguns franceses dispersos, ainda que um pouco às escondidas, como os estudantes que fumam no banheiro. É o caso do russo Leonid Andreiev, que irrompeu no circuito da moda com seu romance *Sashka Zbegulov*, e logo desapareceu para sempre. Foi uma transitoriedade injusta, pois se na realidade seu romance mais famoso não parecia animado por um sopro perdurável, muitos de seus contos — simples e bonitos — merecem ser lidos ainda mais do que os livros de alguns de seus contemporâneos. É o caso também de Thomas Mann, de quem se encontram ainda edições inesperadas e evocações ocasionais, mas que em todo o caso parece já coberto pela metade pelas cinzas do esquecimento. São comprovações tristes mas saudáveis, sobretudo quando surgem de conversas casuais entre escritores. É como se de repente recordássemos — com a voz do pequeno argentino que todos carregam dentro de si — que talvez já seja hora de pôr nossas barbas de molho. Ainda que seja só por acaso.

WILLIAM GOLDING, VISTO POR SEUS VIZINHOS

Sempre tive uma grande curiosidade pela maneira com que os seres recebem as notícias que podem mudar sua vida. E no caso dos escritores, com certeza, me fiz sempre a pergunta que quase todos os jornalistas e os amigos me fazem há um ano: "O que se sente quando se ganha o Prêmio Nobel?" Dei quase sempre uma resposta diferente de acordo com o interlocutor, porque a verdade é que não tenho uma recordação bem definida. Havia tantos rumores nos dias precedentes (como houve, pela mesma época, nos anos anteriores) que, quando recebi a notícia, já não sabia com certeza o que sentia. Contra todas as lendas, tive a confirmação irremediável em 21 de outubro de 1982, em nossa casa do México, quando soou o telefone às 6h05 da manhã. Mercedes respondeu meio adormecida e me passou o aparelho, dizendo:

— Uma ligação de Estocolmo.

Uma voz masculina, num espanhol perfeito com leve sotaque nórdico, e que se identificou como redator do jornal mais importante de Estocolmo, disse-me que a Academia Sueca dera cinco minutos antes a notícia oficial. Não sei bem o que disse depois, porque eu estava nesse instante consternado pelo terror, pensando no discurso que deveria pronunciar quase dois meses depois em Estocolmo ao receber o prêmio. Esse terror foi o único

Publicado originalmente em 12 de outubro de 1983.

sentimento definido que me acompanhou, não apenas durante os dias intermináveis e as noites insones em que escrevi as 15 páginas mais difíceis de minha vida, e que persistiu até o instante em que acabei de lê-las em público no salão de cerimônias da Academia Sueca. Tudo o que aconteceu depois — até hoje — foi pura rotina.

Faço esta evocação porque quinta-feira, quando li a notícia de que William Golding ganhou o Prêmio Nobel de Literatura, voltei a me perguntar com toda a inocência: "Como se sentiu quando lhe deram a notícia?" Passei o dia inteiro lendo telegramas das agências de notícias para ver se algum deles dizia, mas as informações careciam desses detalhes humanos que não parecem importantes mas que nos comovem. À tarde, no entanto, aconteceu uma dessas coisas incríveis que não podem ser chamadas de acaso, porque são mais do que isso, e que nós, escritores, não nos atrevemos a contar pelo temor de que ninguém acredite.

Às cinco da tarde de quinta-feira, como estava marcado há uma semana, veio à minha casa Andrew Graham-Yool, jornalista do *Guardian*, de Londres, para falar de amigos comuns e talvez fazer uma entrevista. Falamos do assunto do dia, sem dúvida, e que era o seu compatriota William Golding. Sabíamos dele tudo o que se pode apreender dos livros, cujas pegadas eu seguira de perto desde que li em Barcelona *O senhor das moscas*. Mais tarde publicaram *O deus Escorpião* e *Visível escuridão*, mas me parece que Golding já era publicado em castelhano muitos anos antes. Portanto, o novo Prêmio Nobel não era tão desconhecido em nosso idioma como se disse nas primeiras horas. Além disso, segundo me confirmou Graham-Yool, é um escritor muito lido e premiado na Inglaterra. No entanto, enquanto conversávamos eu não conseguia afastar da mente a pergunta de como havia sido seu dia em Broadchalke, o povoado de cerca de seiscentas pessoas, perto de Salisbury, Inglaterra. Foi então que aconteceu a coisa incrível:

— Tenho uma tia vizinha dele no povoado — me disse Graham-Yool com toda a naturalidade. — Se você quiser, a gente liga para lá. — Tirou do bolso o caderninho de endereços e dois minutos depois a senhora Betty Graham-Yool ouviu a campainha às 11 da noite e teve de sair pingando água da banheira para atender a um sobrinho que lhe disse, a dez mil quilômetros de distância:

— Estou aqui com o Prêmio Nobel de Literatura do ano passado, que deseja saber algumas coisas sobre o Prêmio Nobel deste ano.

A tia, muito britânica, não manifestou nenhum assombro, mas pediu por favor um minuto, enquanto se secava.

A curiosidade foi satisfeita. Ao contrário dos escritores das Américas, que sabem da notícia ao amanhecer, os europeus a conhecem a uma da tarde, que é a hora em que o sóbrio Lars Gyllensten, secretário da Academia Sueca, faz o anúncio oficial. Portanto, William Golding não foi despertado por ninguém, e se inteirou da boa novidade como qualquer vizinho: ouvindo pelo rádio o noticiário do meio-dia.

Visto pela senhora Betty Graham-Yool, o novo Prêmio Nobel se parece de maneira surpreendente com a imagem que um leitor poderia formar pelos seus livros. É um homem de barba e cabelos brancos, que vive com a mulher Ann e os dois filhos — um homem e uma mulher — mas que aos 72 anos não pode se considerar velho, porque tem uma vida muito ativa. Sua segunda vocação é a música, não só para ouvir, e sim para executá-la em qualquer destes instrumentos: violino, viola, piano e oboé. Sua terceira vocação é a navegação, como já devem ter imaginado seus leitores e como parece natural em alguém que admira tanto outro escritor de alto-mar: Herman Melville. Sua quarta vocação é a egiptologia. Mas há pouco se descobriu uma quinta vocação, a de ginete. Comprou um cavalo e nas tardes com bom tempo é visto galopando pelos campos vizinhos com tanta propriedade como se o houvesse feito toda a vida.

Alguém com quem falei antes de conversar por telefone com a senhora Graham-Yool me disse com razão que é fácil inventar a vida de um escritor inglês de 72 anos que vive no campo.

— Com certeza tem um cachorro e aos domingos trabalha no jardim — me disse.

Golding — que se levanta para escrever às cinco da manhã e que, além disso, tem de arranjar tempo para suas outras quatro vocações — não é aficionado por flores, mas, em compensação, sua mulher cultiva orquídeas que são o orgulho da aldeia. A senhora Graham-Yool repetiu que o jardim dos Golding é um dos mais bonitos da Inglaterra. Disse, por fim, que gosta de ver o novo Prêmio Nobel cavalgando com sua magnífica estampa de *viking*, e se apressou a esclarecer que não é um homem anti-social, mas se mantém um pouco à margem dos vizinhos, por timidez.

De qualquer maneira, a quinta-feira transcorreu em Broadchalke como outra qualquer. Ninguém perturbou a paz virgiliana de Eble Thatch, a cabana com teto de palma onde os Golding recebiam telefonemas e telegramas do mundo inteiro. Eles e os outros seiscentos habitantes são ingleses e sabem que um Prêmio Nobel não cai do céu todos os dias, mas que, em todo caso, não é algo tão importante para perturbar a vida particular de um bom vizinho. Sem dúvida aterrorizado também pelo discurso que deve pronunciar em Estocolmo dentro de sessenta dias intermináveis.

PASTERNAK, 22 ANOS DEPOIS

Publicou-se por estes dias a notícia de que em Moscou se celebrou uma cerimônia que pode ser considerada uma homenagem quase oficial ao escritor Boris Pasternak, Prêmio Nobel de Literatura de 1958, que, dois anos depois, morreu numa espécie de exílio interior. A solenidade consistiu na leitura de alguns poemas seus, diante de umas quinhentas pessoas, e a agência de notícias européia que divulgou a informação especificou que fora anunciada nos jornais e em cartazes murais, e que a maior parte da platéia era jovem.

A notícia — ao contrário de muitas outras de índole semelhante que as agências ocidentais nos enviam daqueles mundos — merecia a atenção que lhe foi prestada, mas faltou avisar que este aparente degelo em torno do grande poeta e romancista não é nada novo na União Soviética, e que há muito tempo seu nome e sua obra não são tão misteriosos nem polêmicos como foram alguma vez. Há vários anos um grande poeta da penúltima geração — Andrei Voznessenski — publicou alguns dos poemas póstumos de Pasternak numa revista literária, que, como todas da União Soviética, com certeza, era uma revista oficial, e escreveu para eles uma apresentação na qual falava de suas virtudes sem qualquer reticência. Também nessa ocasião as agências de notícias ocidentais registraram o fato

Publicado originalmente em 19 de outubro de 1983.

como algo extraordinário, e também como se fosse o primeiro depois do escândalo do Prêmio Nobel.

O que vale a pena estabelecer de uma vez por todas é o que aconteceu na realidade com Pasternak na União Soviética. Seu pai, o pintor Leonid Osipovich Pasternak, morto na Inglaterra pouco depois da Segunda Guerra Mundial, pintou alguns retratos oficiais que não estão completamente isentos da retórica política do tempo, e que ainda são exibidos em museus de Moscou e Leningrado. O próprio Boris ficou conhecido desde jovem como poeta de grande inspiração e talento, e desde 1922 se situou na primeira linha com seu livro *Minha irmã a vida*, seguido por numerosos poemas líricos e de conteúdo social. Ao que parece, seus problemas começaram em torno de 1935, sob a noite escura de Stalin, e nada se voltou a saber dele no Ocidente até 1957, quando o editor italiano Giangiacomo Feltrinelli contrabandeou os originais do romance *Doutor Jivago* e o publicou na Itália e posteriormente no mundo inteiro. O romance, apesar de alguns trechos excelentes, não é o melhor desse poeta imenso que foi Pasternak, assim como os romances de Pär Lagerkvist — Prêmio Nobel de 1951 — só serviram para ocultar o grande lírico que havia por trás deles. Em todo o caso, entre as muitas desgraças na vida de Pasternak não foi a menor o fato de ter se tornado conhecido no Ocidente por *Doutor Jivago*, um livro que a maioria conhece sem tê-lo lido, graças ao filme de David Lean, o qual por sua vez não é lembrado tanto pelo que nele se contava como pela açucarada canção de supermercado feita por Maurice Jarre sob encomenda. As circunstâncias rocambolescas da publicação, o infeliz incidente de seu Prêmio Nobel, sua morte considerada prematura aos setenta anos e a comercialização descomunal do filme foram os ingredientes que tornaram Pasternak famoso no mundo inteiro pelos piores motivos, sem que o mundo jamais conhecesse as verdadeiras razões de sua grandeza nem de seu infortúnio.

Estive duas vezes na União Soviética. A primeira foi há 26 anos, por ocasião do Festival da Juventude. Ninguém falava então de Boris Pasternak, nem lá nem em parte alguma, mas um ano depois — em função do Prêmio Nobel — em todo o mundo se falava dele, menos na União Soviética. Não era para menos: o poeta estava condenado então pela acusação fácil de desviacionista, a União de Escritores o expulsara com escândalo e os livros glorificados em outros tempos tinham sido proibidos. Pasternak não foi impedido de viajar a Estocolmo para receber o Prêmio Nobel — como tanto se disse sem fundamento e como ocorreu mais tarde com Soljenitsin —, mas ele se viu obrigado a recusá-lo, segundo suas próprias palavras, "pelo significado que se deu a esta honra, na sociedade em que vivo".

No entanto, na segunda vez em que fui à União Soviética, há quatro anos, como convidado do Festival de Cinema de Moscou, creio que não houve conversa com escritores e artistas em que não se evocasse o nome de Pasternak, sempre abertamente e com a admiração mais entusiasta. Mas ninguém podia dizer na realidade o que aconteceu antes para que fosse renegado, nem o que se passou depois para que deixasse de sê-lo. Entre os muitos mexericos que se contavam sobre isso, várias vezes ouvi dizer que Kruschev — em cujo reinado ocorreu o escândalo — fora informado da pior maneira por seus assessores quando ainda não lera *Doutor Jivago*, e que quando o leu, vários anos depois, exprimiu em particular sua contrariedade e seu arrependimento, mas Pasternak já estava morto.

Entre os entusiastas do grande poeta encontrei outros dois grandes das gerações posteriores: Evgueni Evtushenko e Andrei Voznessenski.

Voznessenski guarda com fervor poemas manuscritos e recordações indeléveis de seus encontros com Pasternak, conhece de cor grande parte de seus versos e foi um dos primeiros defensores da sua reabilitação. Evtushenko, por sua vez, teve a boa idéia de me convidar para uma peregrinação emocionante que ficou para sempre na minha memória como se fosse ontem: levou-me para conhecer o túmulo de Pasternak.

Como se deve saber, o poeta morreu na aldeia de Peredelkino, a trinta quilômetros de Moscou, onde há uma colônia de escritores, e com um enorme e sombrio pavilhão para os escritores aposentados que passeiam entre as brumas do verão, solitários ou em duplas silenciosas, pelas alamedas crepusculares. Bem perto do pavilhão, e a poucos passos da casa onde Pasternak viveu seus últimos anos de solidão e onde morreu em silêncio, começa o cemitério da aldeia, que talvez seja um dos mais humanos do mundo. São várias filas de túmulos dispostos numa colina aprazível; e em cada um deles, por trás de um painel de cristal, há uma fotografia do morto e um desenho que ilustra sem metáforas a causa da morte. Há uma matrona vistosa, dessas que, sem dúvida, eram capazes de derrubar um cavalo agarrando-o pelas orelhas, e ao lado do retrato está pintado o raio que a matou durante uma tormenta. Há um retrato do médico da aldeia que morreu de uma parada do coração, pintado agora no túmulo com um realismo comovente; o retrato de uma menina paralítica com sua cadeira de rodas eternizada em todas as cores; todos os mortos da tranqüila curva de Peredelkino glorificados junto com o motivo de sua morte.

Na vertente posterior da colina, dentro de um cercado de cimento e num espaço tão grande como o que devia ter seu quarto de dormir quando vivo, estava o túmulo de Pasternak. Não recordo se havia gravações na pedra, como em todas as partes, o nome e as datas, mas me lembro bem que era o único túmulo sem o retrato de seu habitante nem pintada a causa da morte, talvez porque não houvesse nenhum artista no povoado que soubesse pintar a tristeza. Era um instante de uma intensidade difícil de descrever, e não soube o que fazer de imediato nem encontrei nada que dizer diante da austeridade quase medieval daquele túmulo e a densidade do local e o rumor sempre noturno — mesmo em pleno dia — do vento entre as árvores. De repente, obedecendo a uma ordem da alma, arranquei do solo um feixe de arbustos silvestres com algumas flores do campo e o coloquei diante do túmulo. Pouco depois, de regresso a Moscou, Evtushenko me disse:

— O que mais me impressionou é o tremendo respeito que você tem pela morte.

Não pude esquecer aquela frase no fim dessa semana, quando um conselheiro cultural do Comitê Central da URSS aceitou me responder a uma série de perguntas sobre a situação dos dissidentes naquele país. Foi uma entrevista cordial, mas com momentos difíceis e nada esclarecedores, cujas notas conservo para usar em qualquer destes dias. O que agora me interessa recordar é que antes de começar — e sem o menor ânimo de provocação, e sim com o desejo de imprimir desde o início ao nosso encontro o selo da sinceridade mais pura — eu disse ao meu interlocutor:

— Sexta-feira levei flores ao túmulo de Pasternak.

Ele me olhou com uma espécie de melancolia bem antiga, e me disse:

— Já sei, e me parece muito bem.

BISHOP

Talvez não se tenha falado bastante das semelhanças entre a morte de Salvador Allende e a de Maurice Bishop. A de Bishop é mais grave, se for certa — como parece ser — a versão de que estava desarmado e com as mãos para cima em sinal de rendição quando foi assassinado por unidades militares, enquanto Allende enfrentou o exército com uma submetralhadora que sabia manejar bem. Não diminui esta semelhança o fato de que um foi abatido por uma força de direita e o outro por uma força que se proclama de esquerda. O dia em que se justificar com qualquer argumento que as forças do progresso se sirvam dos mesmos métodos infames da reação, será a hora — para dizer de um modo claro — em que vamos todos para o caralho. A declaração oficial do governo cubano, na qual é mais do que evidente o estilo pessoal da mão e da letra de Fidel Castro, o diz de maneira categórica: "Nenhuma doutrina, nenhum princípio ou posição proclamada revolucionária e nenhuma divisão interna justificam procedimentos atrozes como a eliminação física de Bishop e o grupo destacado de honestos dirigentes mortos ontem."

Ninguém está mais longe desses métodos do que o próprio Maurice Bishop que, em 1979, conquistou o poder com uma ação sustentada mais pela pressão popular do que pelas armas. Em compensação, os principais

---

Publicado originalmente em 26 de outubro de 1983.

protagonistas do drama que culminou com a morte de Bishop são famosos por sua vocação para a violência. Bernard Coard, seu rival mais visível e promotor do golpe mortal, sempre foi temido pela crueldade de suas decisões, e não tem sequer a imensa popularidade de Bishop. O general Hudson Austin, o homem que assumiu o comando do país depois da morte do primeiro-ministro, é um valentão do pior estilo, e a repressão feroz que introduziu desde suas origens é um mau anúncio do futuro desta ilha de 110 mil habitantes que, diga-se o que se quiser, não terá poder suficiente para perturbar ninguém. Os Estados Unidos, que nos últimos anos fizeram mais do que o possível para acabar com o processo pacífico que Bishop estimulava com sua popularidade imensa, não poderiam sonhar com dois aliados mais servis — ainda que involuntários e inconscientes — que estes bandoleiros em má hora perdidos na política.

As vidas destes três homens seguiram um curso paralelo até a última sexta-feira. Bernard Coard e Maurice Bishop conseguiram quase ao mesmo tempo o diploma de advogado, o primeiro nos Estados Unidos e o segundo em Londres. Abriram juntos seu primeiro escritório em Saint George, a capital da ilha. Juntos empreenderam e concluíram a luta contra o regime de *sir* Eric Gairy pouco depois que Granada se tornou independente do Reino Unido, que a manteve sob regime colonial contínuo desde 1876.

Sir Eric Gairy era um primeiro-ministro um tanto lunático que dividia o tempo entre reprimir os opositores e especular em público — até nas Nações Unidas — sobre o mistério dos discos voadores. Seus matadores de aluguel executaram o pai de Bishop, em cuja honra foi batizado o quartel de Fort Rupert, onde Bishop foi morto. Bernard Coard e Maurice Bishop ainda estavam juntos em março de 1979 quando derrubaram Gairy e iniciaram o processo revolucionário do qual Coard era vice-primeiro-ministro, e que agora pretendia continuar sozinho e à sua má maneira. O general Hudson Austin, por sua vez, foi o comandante das forças armadas desde o princípio da revolução, e sua irrupção no poder supremo parece ser um arranjo de última hora para reprimir a ira popular pela morte de Bishop. Sem sua proteção, não parece possível que Coard sequer assomasse à rua.

Bishop enfrentara as numerosas tentativas de desestabilização que o governo dos Estados Unidos promoveu contra o seu, com determinação admirável e grande valor. Em particular, referia-se a elas com um senso de humor que era um dos traços apreciáveis de sua personalidade. Vi-o pela última vez em março, quando fomos no mesmo avião à cúpula dos Não-Alinhados, em Nova Déli. Ainda que o conhecesse muito antes, nessa ocasião tive oportunidade de conhecê-lo melhor. Surpreendeu-me sua capacidade de concentração: durante nove horas contínuas, quase sem pestanejar, sem comer nem beber, leu até o fim um livro de quatrocentas páginas sobre o desastre econômico do Terceiro Mundo, e sublinhou parágrafos e encheu um caderno de notas, trocando apenas de posição no assento. Por sorte sobraram algumas horas para conversar naquele vôo interminável, e falou de sua ilha com uma paixão comovente quando se recorda que é um território de 311 quilômetros quadrados num canto perdido do Atlântico, e que não produz nada mais do que noz-moscada. O tema central daqueles dias era a foto aérea do aeroporto que os cubanos estão construindo em Granada, e que o presidente Reagan mostrou à imprensa como prova de que os soviéticos estavam instalando uma base militar no Caribe. A pretensa revelação de Reagan foi a repetição, em forma de comédia, do drama protagonizado pelo presidente Kennedy quando mostrou as fotos das instalações de foguetes em Cuba, em 1962. A realidade é mais simples. Granada — descoberta por Cristóvão Colombo em sua terceira viagem — tem uma enorme riqueza potencial no aproveitamento turístico de suas praias douradas e seus paraísos secretos. Mas até agora não teve recursos para construir um aeroporto capaz de receber aviões grandes. Cuba, mediante um acordo civil, empreendeu há quase dois anos a construção de uma pista de três mil metros, que permitirá a Granada explorar a fundo seus recursos turísticos. O governo dos Estados Unidos insiste, no entanto, que a verdadeira finalidade da obra é estratégica, pois uma pista deste tamanho permite as operações dos mais modernos aviões de guerra da União Soviética. Bishop lembrava deste argumento às gargalhadas, e só podia ser assim quando recordava o espetáculo do presidente Reagan mostrando os depósitos de materiais de construção nas fotos ampliadas como se fossem depósitos de armas mortíferas.

O que mais impressionava na personalidade de Bishop era sua simpatia, capaz de se projetar na multidão. É difícil encontrar outro homem mais elegante na tribuna, não só por sua figura de quase dois metros e por sua graça caribenha, mas também por seu inglês impecável, cultivado no próprio tempero das universidades inglesas, e pela fluidez e pela magia de suas palavras. Como ocorreu com Salvador Allende, tinham de matá-lo para tirá-lo do poder, mas ninguém poderá substituí-lo na memória de seu povo. Tinha 39 anos. Não havia outro igual a ele em Granada, nem em muitos quilômetros ao redor. De maneira que o drama da ilha sem ele apenas começou.

CONTOS DE CRIANÇAS

Em 1956, a editora Gallimard, de Paris, promoveu uma ruidosa campanha publicitária para vender o livro de poesia de uma menina de sete anos chamada Minou Drouet, apresentada como um gênio das letras. Entre as muitas peças publicitárias feitas então houve uma enquete entre escritores e artistas mais conhecidos do momento, que se prestaram ao jogo editorial com frases mais ou menos convencionais. Mas Jean Cocteau pôs fim ao assunto com uma única frase mortal:

— *Tous les enfants sont des poètes, sauf Minou Drouet.*

O que significa, em língua de gente, que "todas as crianças são poetas, menos Minou Drouet".

Lembrava-me esta semana daquele episódio enquanto lia — na minha condição de jurado — os quase duzentos contos finalistas dos mil escritos por crianças colombianas para um concurso de literatura infantil. Nem todos os concorrentes tinham o sopro poético, mas os poucos que não o tinham não era por culpa deles, e sim por causa dos adultos. Quero dizer que todos nós, pais, professores, escritores, transmitimos às crianças uma noção de literatura que talvez seja boa para nós e feita por nós, mas nada tem a ver com a magia das crianças. Tive esta sensação nítida há muitos anos quando fiz minha primeira e última tentativa de escrever um esboço de conto

Publicado originalmente em 2 de novembro de 1983.

para crianças. Não era um tema improvisado. Há muito tempo me dava voltas na cabeça a idéia de um anjo decrépito que caísse com a chuva e terminasse seus dias num galinheiro, bicado pelas galinhas e reduzido à triste condição de brinquedo das crianças. Já que a história não me parecia verossímil para os adultos que há tanto tempo deixaram de acreditar em anjos, pensei que seria boa para enganar as crianças. Escrevi-a pensando nelas, mas não como falam as crianças e sim com a entonação bobalhona e com a linguagem de débil mental com que os adultos falam aos filhos quando eles começam a descobrir o mundo. Ao terminar, mostrei-o aos meus filhos — que então tinham oito e seis anos —, e eles o leram só uma vez com muita atenção e o devolveram, dizendo:

— Você acha que nós crianças somos idiotas.

Não acreditava, na realidade, mas entendi o que queriam me dizer, de maneira que voltei a escrever todo o conto com todos os meus convencionalismos de adulto e só conservei o título original: "Um senhor bem velho com asas enormes". Meus filhos, achando que eu ficara ofendido, aproveitaram o dia de meu aniversário para fazer-me um desagravo com uma frase, em coro, que conservo como exemplo do que é em verdade o talento puro das crianças para a poesia.

— Papai, queremos que quando você for criança seja como nós e tenha um papai como você.

Havia muitos contos bonitos no concurso, mas os ruins eram aqueles em que se notava a mão perturbadora dos adultos. Para começar, havia os piores, que são aqueles em que as crianças querem imitar os contos infantis da literatura universal, contados pelos adultos, com reis malvados e princesas encantadas, e fadas madrinhas e madrastas infames. Sem dúvida as crianças repetem estas histórias por uma de duas razões: ou porque supõem que isso é literatura — tal como os adultos ensinaram — ou porque supõem, com razão, que os adultos somos tão cretinos que acreditamos que as crianças acreditam que isso é literatura, e escrevem assim para nos enganar, mesmo que tenham consciência de estarem escrevendo sobre um mundo falso e completamente alheio a eles. Lembro-me bem. As crianças da minha idade, em Aracataca, escutavam com uma espécie de êxtase celestial as histórias de aventuras sexuais dos companheiros de mais idade — muitas delas inventadas, sem dúvida —, de maneira que quando ouviam depois as histórias para crianças que os adultos lhes contavam era como comer depois do almoço. Contavam-nos com aquela ênfase hipócrita que a baratinha Martínez se sentava ao entardecer à porta de sua casa, empoada com talco, os lábios pintados com batom e as vestes enfeitadas e um laço de organza na cabeça, esperando que passasse o ratinho Pérez para perguntar-lhe:

— Ratinho Pérez, você quer se casar comigo?

E nós, crianças, que já havíamos visto tantas baratinhas Martínez sentadas à porta de suas casas do outro lado da ponte, pensávamos no fundo da alma: "Olha só que puta." E assim seguíamos até o final, acompanhando na mente a história paralela como sem dúvida era na realidade, enquanto os adultos tentavam nos fazer crer que a única coisa que a baratinha Martínez queria do ratinho Pérez era que a ajudasse a remexer a panela no fogão. Conversa mole.

Não há razões para deixar de crer que as crianças de hoje não façam a mesma coisa, mas os adultos continuam submersos no mesmo limbo de inocência de nossos tempos. O mau resultado, com certeza, é que quando se pede que escrevam um conto na escola elas o fazem com a mesma hipocrisia dos adultos, para agradar a professora, e quando se pede que escrevam para um concurso querem agradar o júri. Só que neste caso o único jurado de última instância era um que não se esquecera como era quando criança, e não gostou da maioria dos contos que só foram escritos para agradá-lo.

Não sei se foram os pais ou os professores, ou às vezes uns e às vezes outros, ou às vezes ambos, que decidiram meter a mão na última hora para tentar consertar os contos, e o que conseguiram foi acabar de estropiá-los. De fato, é inacreditável que uma criança de oito anos escreva um conto de mais de cinco páginas à máquina sobre a guerra espacial e sem um único erro de ortografia e apenas com as faltas de sintaxe próprias dos bons papais que ajudam os filhos a fazer suas tarefas. Faltam nesses contos originalidade, loucura, imaginação irracional que tornam as crianças fascinantes e sábias. Uma prova do grau de esterilidade a que os arrastaram os adultos é que uma grande quantidade de contos que poderiam ter sido bons por sua inventiva e bela irrealidade foram resolvidos pelas crianças com o recurso dos sonhos. Tudo o que não se atrevem a contar como real, porque sabem que os adultos o recusariam, as crianças contam como se houvesse acontecido num sonho. De maneira que os contos sonhados são numerosos neste concurso, no qual, por felicidade, houve muitos concorrentes que se atreveram a escrever como quiseram, sem consultar os adultos, e houve adultos acertados que permitiram. Serão os premiados.

Creio que foi Marshall McLuhan — e talvez em seu livro *O meio são as mensagens* — quem se atreveu a dizer que a infância é uma invenção do século XVII. Antes, as etapas da vida eram só a adolescência, a maturidade e a velhice, e as crianças eram consideradas, com um critério um pouco bárbaro, seres humanos pequeninos sem personalidade própria. De certa maneira, embora as Nações Unidas levem em conta os direitos humanos das crianças, há ainda muitos adultos que continuam a pensar como antes do século XVII. Entre eles estão os que corrigem os contos das crianças, que é algo tão cruel e tão grave como cortar-lhes as asas.

É compreensível, portanto, que entre os melhores contos do concurso estivessem aqueles cujos personagens são animais. São mais de oitenta por cento. A impressão que fica de sua leitura é que as nossas crianças têm com os animais que as rodeiam a comunicação real que não têm com os adultos. Não compreendem a mamãe, mas em compensação compreendem bem os motivos do lobo, sobretudo se o lobo lhes serve de instrumento para se expressar sem riscos. Contudo é uma libertação pela metade, porque as crianças escritoras acabam de qualquer maneira por dizer que era um coelho bom porque gostava da escola, quando todos os que ainda temos memória lembramos que nem os maus gostavam da escola. Ninguém gostava, e com toda razão. As crianças mentem, com certeza, como sempre se disse, mas não como se disse, e sim porque os adultos vão ensinando-as à medida que as criam. Só quando não fazem caso de nós é que são verdadeiros poetas. Como não foi Minou Drouet, e sim como foi a menina colombiana de sete anos que escreveu este prodígio de ternura: "Quando for grande quero ser um grande médico num grande hospital de Nova York, e quando os doentes morrerem vou morrer com eles."

TEODORO

Teodoro Petkoff — candidato socialista à presidência da Venezuela — estava preso no quartel San Carlos, de Caracas, no início de 1962, enquanto a labareda da guerrilha se espalhava por todo o país. Fora capturado no curso de uma operação urbana e encerrado numa cela de alta segurança, de onde parecia impossível fugir. Tinha apenas trinta anos, mas já era um dirigente destacado do partido comunista e tinha um passado brilhante como líder estudantil contra a ditadura militar de Marcos Pérez Jiménez. A partir do instante em que foi capturado alimentou um objetivo único que não lhe deu um instante de sossego nos longos meses de reclusão. Esse objetivo, considerado pouco menos do que fantástico, era fugir de um cárcere militar do qual ninguém conseguira escapar até então.

Conseguiu-o em poucos meses com um plano deslumbrante. Num sábado de visitas, uma amiga levou-lhe às escondidas várias cápsulas cheias de sangue fresco de vaca. Quando ficou sozinho na cela, Teodoro começou a se queixar de um mal-estar cujos sintomas não deixavam dúvida ao médico da prisão: uma úlcera gástrica. Era uma doença fingida, mas o projeto era tão meticuloso que Teodoro aprendera de memória até as manifestações mais sutis da enfermidade que convinha aparentar. O médico recomendou repouso — que não era nada difícil numa cela de alta segurança — e pres-

Publicado originalmente em 9 de novembro de 1983.

creveu um tratamento severo. Mas naquela noite Teodoro engoliu as cápsulas, despertou a prisão com seus gritos e os guardas que acudiram o encontraram prostrado por uma crise de vômitos de sangue. Transferiram-no para o hospital militar, onde as medidas de segurança não eram tão rigorosas, e antes do amanhecer saiu pela janela do sétimo andar com a ajuda de uma corda que alguém trouxe.

Foi uma fuga tão espetacular que quatro anos depois, quando Teodoro foi recapturado no estado de Falcón, onde operava a guerrilha comandada por Douglas Bravo, a prisão do quartel de San Carlos pareceu ao governo incapaz de mantê-lo bem guardado. Mandaram-no então para uma colônia marítima onde a fuga era impossível: a ilha de Tacarigua. Mais uma vez a obsessão de Teodoro a todo instante de sua reclusão continuava sendo a mesma: fugir.

A primeira tentativa, cuja audácia revela quais eram as condições do cárcere, fracassou devido a um vazamento. O resgate seria tentado por uma célula guerrilheira durante a transferência de Teodoro de um lugar para outro na ilha, acompanhado apenas por um guardião; mas o guardião o levou com a pistola encostada na nuca e com a advertência de que faria seu crânio voar com um tiro se alguém tentasse interceptar o veículo. Teodoro compreendeu então, como compreendera a primeira vez, que só teria alguma chance se trocasse de prisão. Custou tempo e trabalho, mas conseguiu.

Teve a sorte de que o transferissem outra vez para o quartel San Carlos, onde estavam encerrados não menos de cinqüenta companheiros seus. Quando chegou, o plano de fuga já estava em curso. Um túnel que o partido comunista começara a furar havia quase vinte meses chegava por esses dias ao final feliz. Ao longo de muitos anos, incluídos os intermináveis e ferozes da ditadura de Juan Vicente Gómez, os políticos presos organizavam a escavação de túneis das celas até a rua, e todos eram descobertos quando já era impossível ocultar a terra. O mais recente fora tentado pelo general Castro León — um conspirador saudoso dos tempos de Pérez Jiménez — e por um erro de cálculo não desembocou na rua, e sim na cozinha do quartel. O novo túnel resolvera o problema da terra, escavando a partir de uma casa ao lado do quartel, com uma rua pelo meio. Tudo estava tão bem planejado que em certa ocasião começou a ceder o chão com o peso dos veículos e os inquilinos da casa conseguiram que as autoridades do quartel proibissem o trânsito por aquela rua.

Três dirigentes fugiram em fevereiro de 1967 e na data mais propícia do ano: a noite de carnaval. Em uma data assim a vigilância era menos intensa e a perseguição quase impossível numa cidade submersa no delírio da folia. Era impossível identificar alguém porque meio mundo estava disfarçado. Teodoro foi um dos três. Mas enquanto a maioria de seus companheiros parecia empenhada em prosseguir uma guerra que era um erro militar evidente, ele saiu do cárcere convencido de que também era um erro político no qual não parecia sensato persistir.

Estes dois episódios da vida de Teodoro Petkoff me chamaram a atenção de maneira especial porque fornecem uma chave reveladora de sua personalidade. É um político ousado, de uma energia que se pode sentir até no aperto de mão, mas todos os seus atos são comandados pelo bom senso. Abandonar a luta armada requeria mais valentia do que continuar nela. Teodoro, com o melhor do partido, assumiu o risco de um projeto de que não se sabe o que admirar mais, se a visão ou a paciência: dez anos para formar um movimento novo e outros dez para fazer-se aceitar. Os dez primeiros transcorreram e o movimento está consolidado. Aconteça o que acontecer na eleição venezuelana de dezembro, o partido de Petkoff terá se firmado como uma terceira força com possibilidade real de se converter na segunda e entrar na reta final até o poder.

Eu próprio, que o conheço há tantos anos e segui de perto sua trajetória espetacular, surpreendo-me que tenha chegado a este ponto em tão pouco tempo. Surpreende-me mais ainda que o conseguiu sem deixar de ser a criatura humana que sempre foi, capaz ao mesmo tempo de fugir da cadeia como um herói de cinema, de dançar como um rapaz a música da moda até o amanhecer, ou de passar uma noite inteira — e às vezes sem tomar um trago — falando de literatura.

— Sou um apaixonado leitor de romances — disse numa entrevista. — São mundos em que mergulho com facilidade.

E não se trata de um leitor qualquer, mas de um que realizou a proeza de ler duas vezes *A montanha mágica*, de Thomas Mann, o que é quase um dado decisivo da personalidade.

— A primeira vez li por dever, mas a segunda agarrei o livro assim, folheando-o, e de repente me encontrei lendo por prazer.

Não é extraordinário para quem o conhece bem: sua poesia favorita são os *Vinte poemas de amor e uma canção desesperada* de Pablo Neruda. Sabe-se que tem na gaveta contos clandestinos e que rasgou os originais de um romance que escreveu na prisão.

Destaquei esta afeição pela literatura pelo puro gosto de assinalar uma afinidade. Mas a verdade é que Teodoro se interessa por tudo com a mesma paixão — da filosofia escolástica ao beisebol —, e a isto se deve talvez que pouco se note nele o passar dos anos. Anda agora pelo meio século, porém muitas vezes, ouvindo-o falar, pensa-se que muda de idade — da adolescência à maturidade — de acordo com o tema e a ocasião. Só há duas coisas que lhe causam medo, a matemática e a tribuna dos discursos, mas se controla bem em ambos os casos. Em compensação não tem medo do tempo, e isso é talvez o que melhor define sua vida: dará para tudo.

O FRENESI DA SEXTA-FEIRA

No mundo ocidental se torna cada vez mais frenética a fúria da sexta-feira. É um estado de exaltação perpétua a partir do instante em que a pessoa desperta de manhã e se dá conta de que o grande dia enfim chegou: sexta-feira. Nos dias precedentes, aquela ansiedade cresce a passos de animal grande, pois nada importa tanto no futuro como esse penúltimo dia cuja noite parece ser deliberadamente feita para todos os excessos. Os amores mais incertos, os rancores mais exasperados, as ilusões menos verossímeis, os sonhos sem futuro, tudo o que tem a ver com a essência da vida se encontrava suspenso durante toda a semana, à espera da chegada dessa sexta-feira providencial que tudo decide e resolve.

Durante muito tempo a noite predestinada foi a do sábado. O mundo cristão explodia de alegria desde o entardecer, com uma sensação de fogos artificiais na alma, e a emoção que se acentuava desde o momento em que começava o baile, começava o casamento, começava a festa de aniversário adiada para aquela noite — a mais longa e intensa — e a vida se convertia numa enlouquecida onda oceânica que nos agitava durante várias horas à beira de um precipício feliz e cuja ressaca nos lançava como náufragos sem esperança na vasta praia do domingo. No tempo de estudante, passar do sábado para o domingo era como mudar de eras geológicas. O último dia

Publicado originalmente em 16 de novembro de 1983.

era um castigo, agravado pela lembrança ainda quente da noite anterior, pelas rajadas de música que permaneciam emaranhadas no coração, por um perfume furtivo, pelo vestígio de uma voz, por tudo que viveu um instante e talvez não voltasse a viver jamais. Até o outro sábado.

Enquanto isto, o drama era suportar o domingo. Os solteiros queriam ser casados para não acordar sozinhos na cama em meio ao vasto silêncio da cidade. Levantavam-se cedo. Não para ir à santa missa, como foram ensinados em criança, mas para esperar à porta da igreja algum amor perdido que lhes resolveria a solidão daquele dia funesto que ia se exaurindo, arrastando uma cauda interminável de lagarto senil. "Os domingos cheiram a carne crua", escrevi em alguma parte, evocando minhas tardes dominicais de estudante de província numa capital provinciana como era a Bogotá daqueles tempos. Devia-se levantar cedo porque todos deviam se levantar antes que começassem os melhores programas e a gente chegasse atrasada, sem nada para fazer em ruas que desaguavam de sua vida matinal e ficavam submersas na modorra mais desolada das que existiam então, que era a das tardes dos domingos. Se isto acontecia, só restava o consolo de tentar roubar dos outros as migalhas de sua fortuna. Ficava-se na porta do cinema esperando que terminasse o filme e os outros saíssem para tentar a sorte de encontrar um conhecido, ainda que fosse possibilidade remota. E, no pior dos casos, desfrutar o prazer incompreensível de desfrutar o filme pela cara com que saíam os que tiveram a sorte de entrar. Era uma maneira efêmera e emprestada de se consolar: o que mais se parecia com a solidariedade. Portanto, não era raro que alguém se casasse logo, sem pensar duas vezes, só para ter com quem partilhar o pântano da solidão dos domingos.

Aquela aversão ao domingo nos impedia de entender a aversão à segunda-feira. Enquanto os que tinham os domingos resolvidos iniciavam a semana arrastando uma réstia de recordações que não os deixavam viver, os solitários de domingo a iniciavam com a sensação alegre de que o mundo se povoara de novo, de que a vida começava outra vez por um caminho melhor, de que o futuro era fácil e proveitoso porque havia muito tempo para corrigir de hoje até o próximo sábado qualquer agravo do passado. No entanto, algum amigo, daqueles empedernidos saudosistas do sábado que passavam seis dias esperando o próximo, dizia: "Semana que chega a segunda-feira, o caralho a levou." Era sua verdade.

A minha era o terror às terças-feiras, talvez porque desde pequeno nos ensinaram que era um dia ruim para se casar ou para embarcar. Mais tarde foi pior. Uma expressão bem espanhola, agora caída em desuso, era *dar con la de martes*. Segundo o dicionário, esta expressão significava nada menos do que morrer, e em casos menos graves sofrer prejuízos e contrariedades ou receber falsos elogios. Era uma conotação tão sinistra como era depreciativo dizer de algo que não era nada da outra quinta-feira. A terça-feira 13, já sabemos, era o dia de mau agouro, o dia dos marcianos consagrado ao deus da guerra. Em compensação, a quarta-feira (*miércoles*) — que soa como um caracol — é o dia da boa sorte, propício para comprar e vender, para viver e amar e posar para um bom retrato.

A sexta-feira — dia da crucificação de Cristo — teve má influência, semelhante à de terça-feira, até que se impôs a semana inglesa. Então a sexta-feira adquiriu uma categoria de véspera, não se sabe se para sua sorte ou desgraça. Em todo o caso, se alguém tem a sorte de despertar sem se lembrar que é sexta-feira, não passarão dois minutos antes que a campainha do telefone se encarregue de lembrá-lo. Alguém liga para lhe fazer um convite, e é um convite a mais entre os muitos que se acumularam durante a semana. É um dia tenso e intenso, marcado por sinais de incerteza de não saber qual escolher entre tantas opções, tantos casamentos, tantos jantares para tantas pessoas, tantos aniversários, tantas oportunidades indesejáveis de serem publicadas fotos nas páginas sociais das revistas mundanas. Às vezes, na sexta-feira santa, decide-se não decidir e sim ir de uma festa a outra durante toda a noite, até que a luz da alva o surpreende num estado de frustração feliz, dando-se golpes no peito pelas culpas passadas, e se prometendo não recair nelas nunca mais. Até a próxima sexta-feira, por certo.

Há automóveis que saem com defeito da fábrica, e há fabricantes honestos que os trocam por outro novo aos que tiveram o azar de comprá-los. As pessoas da profissão conhecem esse carros por seu nome: carros de sexta-feira. São chamados assim porque foram montados no penúltimo dia da semana, quando os operários se sentem cansados dos dias anteriores e não vêem a hora de terminar a jornada para se lançar no delírio da sexta-feira Em sua ansiedade não conseguem apertar bem um parafuso, nem ajustar uma peça, nem medir com precisão os níveis. Tudo fica por completar até segunda-feira, quando a rotina começará de novo e se iniciarão as pendengas que resvalam e nos arremessam — como num imenso caldeirão de azeite fervente — no delírio da sexta-feira. Não há salvação. Um sábado perguntei a um amigo festeiro em que praia estivera porque estava com a pele tostada, e me respondeu a sério:

— Não estou queimado pelo sol, e sim pelos flashes dos fotógrafos da festa de ontem à noite.

O QUE ACONTECEU, AFINAL, EM GRANADA?

À medida que passa o tempo e a tranqüilidade retorna à ilha de Granada, vai ficando claro que a invasão das tropas norte-americanas não foi tanto uma operação militar como uma manobra enorme de manipulação informativa. Para começar, o balanço das vítimas não corresponde ao escândalo: 18 norte-americanos mortos e 91 feridos — muitos deles em incidentes e acidentes confusos, e não em combate — e um número nunca preciso de granadinos mortos, vinte dos quais no curso do bombardeio a um hospital de doentes mentais.

Este último episódio é o mais obscuro de todos. Segundo se disse no início, o lugar fora bombardeado com foguetes aéreos porque dois cubanos resistiam de dentro. Mas uma versão da imprensa americana diz agora que o bombardeio se deveu a que o hospital se localizava a apenas 150 metros de Fort Frederick, defendido com perseverança pelos últimos soldados do exército granadino. O hospital — diz a versão — não tinha qualquer sinal que permitisse sua identificação. Mais ainda: a jornalista colombiana Laura Restrepo, enviada pela revista *Semana* com os primeiros grupos de jornalistas que entraram na ilha, surpreendeu-se que aquele sanatório para doentes mentais — contra o esplendor de seu nome — fosse apenas um grupo de palhoças. A revista *Time*, por sua vez, recrimina o Pentágono por só falar

Publicado originalmente em 23 de novembro de 1983.

desta matança — acidental ou não — depois que foi denunciada por um jornalista canadense. O Pentágono se defendeu dizendo que quando os fuzileiros navais ocuparam o hospital os mortos já haviam sido sepultados, e não encontraram motivo para suspeitar que o bombardeio dos dias precedentes tivesse causado alguma vítima. Mas quem estudou com atenção as informações de Granada, sobretudo nos primeiros dias, deve ter motivos para acreditar que o silêncio do Pentágono em relação aos mortos do hospital psiquiátrico pode não ter sido casual.

Na realidade, toda a informação dos primeiros dias — divulgada de maneira exclusiva pelo governo dos Estados Unidos, e quase sempre pelo presidente Reagan em pessoa — começou a desmoronar. Agora se entende como foi possível que mais de seis mil homens dos Estados Unidos, bem treinados e com todos os recursos da guerra moderna, não conseguiram dominar em duas semanas um dos menores e mais pobres exércitos do mundo, numa ilha de 110 mil habitantes desmoralizados que não tinham nem maneira nem vontade de resistir. A explicação é simples: não houve resistência. Em primeiro lugar porque os granadinos, ainda chocados com a morte de seu líder mais querido, Maurice Bishop, não gostariam de ver os fuzileiros navais como seus inimigos, e sim o contrário, como os inimigos de seus inimigos. Em segundo lugar, porque os assassinos de Bishop, repudiados pelo seu povo e pela maior parte do exército, refugiaram-se sob a cama aos primeiros tiros. Tudo indica que Bernard Coard — o vice-primeiro-ministro de Bishop que o derrubou à traição — se escondera com a mulher depois de abandonar o poder que usurpara poucos dias antes. Por sua vez, o general Hudson Austin — responsável imediato pelo assassinato de Bishop — abandonou o exército à própria sorte, e ao que parece andava oferecendo até 3.500 dólares a quem lhe fizesse o favor de levá-lo numa lancha até a Guiana. Os focos de resistência que permaneceram depois da debandada podiam ser vencidos em poucas horas pelas forças de desembarque preparadas para operações mais gloriosas.

A verdade parece ser que o governo de Reagan precisava inventar aquela resistência para justificar a invasão com o pretexto da militarização maciça da ilha pelos cubanos e pelos soviéticos. Durante mais de uma semana, as tropas de ocupação se movimentaram com inteira liberdade pela ilha, sem que qualquer jornalista de qualquer país pudesse entrar para contestar as versões oficiais do governo dos Estados Unidos. No entanto, sem qualquer fiscalização, o governo norte-americano não fez mais do que contradizer a si mesmo.

A primeira contradição enorme foi o motivo da invasão. De acordo com um comunicado inicial, o desembarque tinha como único objetivo proteger a vida de uns seiscentos estudantes norte-americanos que cursavam a muito prestigiosa faculdade de Medicina de Granada. No entanto, até agora não se demonstrou que estivessem em perigo e, em compensação, é provável até que estivessem felizes no local. Nada os impedia de abandoná-lo por sua própria vontade, e os poucos que fizeram a palhaçada de beijar a terra norte-americana quando voltaram a ela — como costumam fazer os papas de agora onde quer que cheguem — pareciam se esquecer de que para consegui-lo não era necessária a intervenção brutal de seis mil homens, armados como para uma guerra mundial. O presidente Reagan também se esqueceu bem depressa de seu pretexto original e não teve constrangimento de dizer que o desembarque fora necessário porque Granada se convertera numa fortaleza militar do comunismo internacional. O triste é que as supostas provas dessa afirmação — anunciadas em voz alta pelo governo dos Estados Unidos — só conseguiram convencer os já convencidos, alguns deles, por certo, respeitáveis por motivos diferentes.

O conto da ocupação cubana foi talvez o menos consistente. Os primeiros jornalistas estrangeiros que chegaram a Granada não puderam dissimular a desilusão diante do aeroporto que estava sendo construído pelos técnicos e operários de Cuba. O governo dos Estados Unidos fizera crer que era um aeroporto construído para os aviões de guerra soviéticos e não para aviões comerciais que levavam turistas pacíficos, incluindo norte-americanos, que são os mais úteis. O argumento se fundava em que a pista ia ter três mil metros de comprimento, cifra que parece impressionante para quem não sabe que qualquer aeroporto moderno onde operam os grandes aviões civis deve ter essa medida, sobretudo se se prevê um desenvolvimento futuro de sua capacidade. A mesma revista *Time*, com pretensão de objetividade, faz esta consideração retorcida: "É verdade que a nova pista não é construída com as estruturas de proteção e os equipamentos de apoio usuais nos aeroportos militares, mas poderia ser usada por aviões militares pesados como ponto de abastecimento para os cubanos a caminho da África, ou para os soviéticos que transportam armas para a América Central." Isto é: como qualquer aeroporto corrente e comum.

O mais confuso de tudo foi o uso feito pelo governo dos Estados Unidos da informação sobre os cubanos em Granada. Desde o início se disse que eram uns seiscentos homens, entre operários do aeroporto, professores, médicos e assessores militares. Os assessores — segundo um suposto documento revelado pela Secretaria de Estado dos Estados Unidos — eram apenas 27 em caráter permanente e 12 eventuais. Divulgou-se, no entanto, que deviam ser muito mais que se faziam passar por trabalhadores civis, porque todos demonstravam ter bom treinamento militar. As próprias pessoas que disseram isso sabiam, sem dúvida, que todo cubano maior de 14 anos, homem ou mulher, tem suficiente formação militar para defender seu país em caso de invasão estrangeira. As chamadas tropas territoriais, que são milícias civis, contam na atualidade com quinhentos mil homens e mulheres, e está previsto que em breve serão o dobro.

Em todo o caso, no princípio da invasão, os Estados Unidos disseram que os seiscentos cubanos caíram prisioneiros sem resistir. Depois — quando Cuba pediu sua repatriação — se disse que a maioria estava resistindo nas colinas. Por último, sem qualquer explicação, apareceram 27 mortos, 57 feridos e o resto estava num acampamento de prisioneiros onde só se permitiu o ingresso de dois jornalistas, um repórter e um cinegrafista, dominicanos, que tentaram convencer alguns prisioneiros, com toda a espécie de promessas, a se asilar nos Estados Unidos e a confirmar uma versão que tinham preparada sobre as atividades de Cuba na ilha. Eram, com certeza, agentes da CIA, que tiveram a surpresa de não encontrar qualquer cubano disposto a vender a alma ao diabo. Se encontrassem, a vasta operação de manipulação informativa teria culminado com um ato espetacular. Por não ter sido assim, a triste invasão de Granada ficará como um dos capítulos menos honrados da história dos Estados Unidos.

NÁUFRAGOS DO ESPAÇO

O fato tem uma transcendência enorme: dois náufragos do espaço, os primeiros na história da humanidade, foram resgatados sãos e salvos, depois de dois meses de uma incerteza que parecia na realidade uma lenta, intensa e silenciosa agonia. O salvamento providencial, do jeito que estavam as coisas, parecia pouco menos que impossível. No entanto, o infeliz naufrágio cósmico não mereceu por parte da imprensa uma atenção que sequer se pudesse comparar com o que teria provocado uma novela de televisão sobre tema idêntico. Isto é, neste mundo cada vez mais distorcido, as angústias da ficção começam a ser mais verossímeis e emocionais do que as angústias da realidade.

Os cosmonautas soviéticos Vladimir Lyakhov e Alexandre Alexandrov estavam a bordo da estação espacial *Salyut 7* havia quatro meses, mas havia dois esperavam ser substituídos. Nas práticas espaciais soviéticas essa operação de substituição já é uma rotina. A cada tempo determinado, quando uma tripulação de dois homens cumpriu uma missão específica na estação orbital, uma nave *Soyuz* leva outra tripulação de reforço para que a anterior regresse para gozar um descanso merecido na Terra. A operação é complexa e requer um refinamento técnico de grande precisão, mas os soviéticos a repetiram tantas vezes que talvez já não se pense muito em seus riscos. Tudo

---

Publicado originalmente em 30 de novembro de 1983.

parece simples: a embarcação espacial se acopla a um dos extremos da estação orbital e a tripulação de reforço passa então por um corredor interno para a nave principal, onde inicia o cumprimento de sua missão de vários meses. Até 29 de junho de 1971, este transbordo, que parecia tão elementar para os técnicos e para os aficionados de ficção científica, não sofrera qualquer contrariedade. Mas nesse dia os três astronautas que aterrissaram sem contratempos de regresso da *Salyut 1* foram encontrados mortos dentro da nave, sem que até agora se conheça uma explicação definitiva para o transtorno.

A sucessão de má sorte, no entanto, começou em maio, quando uma tripulação de reforço da *Salyut 7* teve de regressar à base depois de várias tentativas frustradas de acoplamento. Depois, em 27 de setembro, deu-se a grande tragédia. As instalações de lançamento da embarcação espacial foram destruídas por uma explosão no momento em que projetou e os dois tripulantes que iam substituir Lyakhov e Alexandrov, que se salvaram por puro milagre. Com a plataforma de lançamento destruída, e a conseqüente impossibilidade de substituí-los numa data imediata, os dois tripulantes solitários da *Salyut 7* foram, a partir daquele momento, os dois primeiros náufragos da epopéia fascinante da conquista do espaço.

Como tantas outras, aquela tragédia não veio sozinha. Pequenos defeitos nunca registrados nas estações orbitais soviéticas começaram a ser detectados na *Salyut 7*, que logo ameaçou se tornar um barco cósmico desgovernado. Para cúmulo de infelicidade, o escapamento de um gás mortal envenenou o ar da cabine, e os náufragos tiveram de passar para a embarcação que os levara para o espaço, e que continuava acoplada à estação, embora não fosse útil para o regresso, por motivos técnicos muito longos para explicar. Em todo o caso, aquele novo acidente parecia ter sido imprevisto, porque o ar venenoso foi purificado em poucas horas, e os náufragos puderam regressar à sua rotina. Com a perspectiva sinistra de todos os náufragos: a água e os alimentos começavam a escassear.

O fechamento do sistema soviético — sobretudo em relação a acontecimentos que possam ser interpretados como fracassos — impediu que o mundo seguisse com a ansiedade e a emoção naturais os incidentes daquele episódio dramático. Muitos dos pormenores, como costuma ocorrer, foram obtidos no Ocidente por fontes incertas. Foi uma lástima, porque, ao contrário do que a União Soviética podia temer, o processo de resgate e seu feliz desfecho foram uma prova a mais de seus enormes avanços técnicos e científicos no domínio do espaço. Em meados de outubro, os náufragos ficaram em condições de resistir por vários meses mais. Uma nave não tripulada conseguiu se acoplar à estação orbital, levando um carregamento de ar, alimentos e outros materiais indispensáveis à subsistência. Entre eles, sem dúvida, não eram menos importantes as cartas de parentes e amigos que mandavam notícias domésticas, boatos do bairro, recortes de jornais dessa pátria planetária que eles viam no horizonte do universo, luminosa e distante, perguntando-se se alguma vez tornariam a senti-la sob seus passos.

Mesmo que a base de lançamento não estivesse inutilizada, as possibilidades do resgate eram escassas. Em primeiro lugar, a estação orbital não só estava a ponto de ficar sem combustível, mas a maioria de seus motores ia se avariando um depois do outro, como só poderia imaginar o admirável Ray Bradbury, em algum de seus delírios assombrosos. Uma pergunta se impunha: por que, se fora possível enviar uma nave de abastecimento, não se poderia tentar o envio de uma nave de resgate? A resposta parecia ser — além da destruição da base de lançamento — que somente uma nave tripulada poderia tentar o salvamento. Pois bem: a nave *Soyuz*, que é a única capaz de se acoplar à estação orbital, só poderia ser levada por dois tripulantes e só poderia trazer um náufrago de regresso à Terra. O outro deveria ficar sozinho, na solidão sem limites do universo, talvez para sempre. Qual dos dois?

Ambos desceram a salvo, e, segundo as informações soviéticas, foram acolhidos em terra com toda espécie de honras. Mas não se deram esclarecimentos sobre a maneira com que se resolveu o enigma do que devia ficar e não ficou. Saberemos — espero — nos próximos dias, se alguém se decidir a contar. Quantas vezes em noites recentes nos despertou a imagem tenaz desses náufragos que pertencem mais a um século futuro do que do presente, e a quem podíamos imaginar, insones em sua nave sem rumo, contemplando o esplendor do planeta distante a que talvez jamais retornassem. Eram

— pensávamos — os únicos seres humanos que de alguma maneira podiam dizer que estavam vendo o mundo do ponto de vista da morte. Pode-se conceber uma solidão mais assombrosa?

Jóia

Daniel Arango conta esta história belíssima que não sou capaz de manter em segredo: um menino de uns cinco anos que se perdeu de sua mãe entre a multidão de uma feira se aproxima de um agente da polícia e pergunta:

— O senhor viu uma senhora que anda sem um menino como eu?

A HISTÓRIA VISTA DE COSTAS

Conta um amigo que em sua época de conspirador juvenil se disfarçou tão bem para fazer uma viagem clandestina que enganou barreiras policiais e emboscadas de assaltantes até que alguém que o conhecia desde o colégio, e não o reconhecera de frente, reconheceu-o pelas costas. Compreendi melhor esta aventura quando vi um filme em que o poeta Evgueni Evtushenko encarnou como ator um velho projetista de aviões. Era uma caracterização impecável, não apenas pela maquiagem, bem convincente, mas pela corrosão da voz e pela incerteza senil. De repente, numa cena em que o personagem se afasta de costas, toda a magia da ficção foi por água abaixo: por um instante já não era mais o ancião patético que conseguira convencer-nos de frente, mas o amigo Evgueni em corpo e alma, com seus quarenta anos recém-completados e seu porte de nadador de torrentes siberianas. Quando alguém lhe observou essa única falha de sua excelente atuação, Evtushenko disse:

— É que ninguém se conhece a si mesmo de costas.

Até hoje pensei que tinha razão. Por isso a primeira surpresa deste livro surpreendente é o desenho da sobrecapa, onde o autor se vê a si mesmo de costas, e no entanto a semelhança é mais notável do que em muitos desenhos em que se viu de frente. Revela-se de saída o alto grau de sua pericu-

Publicado originalmente em 4 de dezembro de 1983.

losidade artística, porque ninguém pode ficar a salvo diante de um caricaturista que conhece tão bem os seres humanos, que conhece até o espaço reservado ao seu próprio anjo da guarda. É também uma prova imediata da maestria de Osuna na arte misteriosa da caricatura. E um resumo maravilhoso deste livro.

O método de Osuna é a organização das situações mais complexas de uma maneira que só ele conhece, para reduzi-las em seguida a um símbolo único com a simplicidade e o fio sangrento de uma navalha de barbear. Todo um sistema de repressão, cujo nome continuamos a nos lembrar mesmo não querendo, ficou identificado para sempre com a imagem de dois cavalos jocosos na estrebaria convertida em laboratório de torturas. O governo atual, desde sua origem, foi reduzido à cumplicidade de uma freira de um quadro de Botero pendurado no palácio presidencial, e um ministro considerado o mais ligado ao presidente. Osuna nos ensinou a pensar que essa é ao mesmo tempo a cumplicidade e o conflito entre a consciência e o subconsciente de um governo que sabe bem o que quer, mas não pode tanto como sabe que quer. É a história vista de costas, com as misérias cotidianas de suas costuras, como nos foi servida semana após semana durante mais de vinte anos com o café da manhã dominical. E com um sabor tão característico e um tempero tão variado que já começamos a nos perguntar como seriam nossos domingos se não existisse Osuna.

Nós que o conhecemos de frente pensamos que é um homem que veste uma alma vários números maior do que ele. Para qualificá-lo só existe um adjetivo que por falta de uso está a ponto de ser um arcaísmo: atilado. Tudo nele é de um rigor sacramental: seu traje metódico, a urbanidade milimétrica, a idade de criança. Poder-se-ia crer que seu sentido mais útil é o da visão, mas falando com ele se descobre que não está tão atento aos gestos como aos pensamentos menos pensados que querem se esconder por trás das palavras, e que os procura sem piedade com uns óculos glaciais de entomologista, que mais parecem microscópios para escutar. Como essa matéria oral se converte na felicidade visível de nossos domingos é algo tão sublime e diabólico que sem dúvida tem muito a ver com o aparato digestivo da poesia.

Os que apenas o conhecem por sua arte dizem que Osuna não tem coração. Acho que tem, e muito grande, mas dotado de uma química pessoal só assimilada pelos justos. E para Osuna não há quase ninguém que seja justo nesta vida. Nesse sentido é uma relíquia histórica: o último cristão puro que nos resta. Seu ofício dominical é inclemente, sem uma fraqueza simples, sem uma fenda de lástima. Embora seja considerado o caricaturista político mais lúcido e feroz que a Colômbia já teve, sua ferocidade é mais do que política, porque é apenas moral. Carece do cálculo matreiro, das paixões efêmeras, dos apetites terrestres dos políticos. Seu negócio parece ser a salvação das almas, e sua única posição legítima, por conseguinte, só pode ser a dos cristãos primitivos que, no circo romano, deixavam-se comer pelos leões cantando preces de amor, porque estavam convencidos como Osuna que na lógica de Deus eram eles que estavam comendo os leões.

O IMBRÓGLIO DA PAZ

A Colômbia fez, no último 7 de dezembro, durante dois minutos, uma pausa em favor da paz interna. Como estava previsto, cada qual parou ao meio-dia no lugar em que estava e fez dentro dela o que lhe pareceu mais adequado para expressar seu desejo de paz. Uns fizeram um silêncio de protesto, outros elevaram preces aos seus deuses, outros tocaram sinos, fizeram soar as sirenes das fábricas, as buzinas dos automóveis. A imensa maioria, nos lugares mais remotos do país, içaram a bandeira nacional e apareceram nas janelas agitando lenços brancos. Foi um estremecimento febril e inequívoco.

Mas foi ao mesmo tempo uma prova das possibilidades e dos desejos de participação direta de todo um povo que carece de canais próprios de expressão. Não temos mecanismos de mobilização da opinião pública diferentes da imprensa, da televisão e do rádio, que foram sem dúvida os fatores decisivos da manifestação. Na origem da idéia estavam os dois grandes partidos políticos que, em época de eleição, são capazes de buscar votos até nas regiões mais remotas. Supunha-se que esse mesmo aparato eleitoral seria o mais apropriado para canalizar os anseios de expressão das vastas multidões nacionais que têm votos na hora de votar, mas não têm voz quando querem falar. Mas na quarta-feira histórica o país falou quase por sua conta, com

Publicado originalmente em 14 de dezembro de 1983.

voz própria, e cada qual como pôde. Sem a mínima sombra de dúvida: "Queremos a paz."

A ocasião é propícia para perguntar mais uma vez quais são os fatores que o impedem de consegui-la. Muito antes que o presidente Belisario Betancur propusesse ao congresso a lei de anistia mais ampla e completa da história do país, os principais grupos armados já estavam empenhados em obtê-la. O M-19 converteu-a numa bandeira de luta, até o ponto de que conseguiu impô-la como um dos temas centrais da campanha presidencial. As Forças Armadas Revolucionárias da Colômbia (Farc) chegaram ao extremo sem precedentes de decretar uma trégua de vários meses para não perturbar o processo eleitoral e permitir assim que seus próprios simpatizantes se expressassem nas urnas. Portanto, o estado de espírito dos combatentes parecia ser o melhor para se somar aos sonhos de paz dos colombianos. Era justo: estávamos prestes a deixar para trás um governo cujos sinais de identidade eram a repressão, a tortura institucional, a violação rotineira dos direitos humanos, e, enfrentando esse governo, havia várias organizações armadas que se desviaram pelos desfiladeiros tenebrosos e inadmissíveis do terrorismo, cuja manifestação mais desumana era o seqüestro por dinheiro.

Nestas circunstâncias, a lei de anistia pareceu providencial aos milhões de colombianos que acreditavam que ela fosse indispensável para começar uma nova época. No entanto, as organizações armadas que tanto clamaram pela anistia não tiveram uma resposta política para ela. Era como se no fundo de sua alma não acreditassem que iam consegui-la, e quando ela veio foram apanhados de surpresa e não souberam o que fazer com ela. Surgiu então outro obstáculo inesperado e muito grave: os primeiros guerrilheiros que aceitaram a anistia eram ameaçados de morte ou assassinados por desconhecidos. De certa maneira, para muitos guerrilheiros a paz se tornou um risco terrível, bem mais perigoso do que a guerra; e sequer foi a pausa de criatividade e justiça social com que todos sonhávamos. O mais extraordinário, em todo o caso, é que em meio à confusão e ao desencanto não faltam aqueles que continuam a acreditar, de modo insistente e talvez ilusório, que a paz é possível. O 7 de dezembro permite pensar que não somos tão poucos como se poderia acreditar. É a imensa maioria do país que acredita e deseja, e isto se deve entender como um alerta aos que pensam o contrário.

Pergunta-se, com toda a razão, onde está o nó górdio. Os grupos armados e o governo concordam pelo menos numa frase: "A anistia não é a paz, mas é o caminho para consegui-la." Sobre esta base, a comissão de paz realizou conversações constantes com os grupos armados, em especial com as Farc: cerca de vinte encontros secretos nos últimos seis meses. O M-19, que insistia em só conversar com o presidente da república em pessoa, conseguiu seu objetivo, que também foi uma prova da modéstia e da disposição assombrosa do presidente da república de conseguir a paz. Nas negociações difíceis, das quais a opinião pública sabe tão pouco, chegou-se a um acordo positivo: a pretensão dos movimentos armados de que o exército se retirasse dos territórios ocupados — e que era uma pretensão irreal, sem dúvida — reduziu-se à proposta que tanto o M-19 como as Farc chamam de trégua nas hostilidades. Num país de gramáticos e rábulas como o nosso — e talvez para nossa sorte —, a própria palavra deu margem a uma série quase infinita de especulações: o que se entende por trégua? Ainda que pareça mentira, essa pergunta é na atualidade o obstáculo mais difícil para se chegar a uma situação que talvez seja a mesma que nossos avós, nas guerras civis, chamavam de armistício.

Pelo ministro da Defesa, general Fernando Landazábal, soube-se no Congresso que o exército não aceita a trégua — qualquer que seja o significado da palavra — e tampouco está disposto a conversar com os grupos armados. Outros altos oficiais opinam em particular que a lei de anistia só insuflou novo alento aos insurrectos, e o que faz falta é um consenso político para empreender uma gigantesca operação militar que acabe de uma vez por todas com a subversão. Para eles, ao contrário do que diz o general Landazábal em seus livros e editoriais, as condições políticas e sociais onde se cultivam os fermentos da violência são pouco menos do que secundárias. Depois de trinta anos de guerrilhas insidiosas, também a solução militar simples parece irreal.

Alguns movimentos guerrilheiros, por sua vez, continuam com a prática infame dos seqüestros como recurso de financiamento, embora há meses tenham prometido libertar seus reféns como prova pública de desejo de paz. Em suma, por onde se quiser analisá-la, a situação desta guerra civil embrulhada acaba num círculo vicioso. Talvez o grito de paz lançado por todo o país em 7 de dezembro contribua de alguma maneira para rompê-lo. Porque até agora só uma coisa é certa: todo mundo diz que quer a paz, mas ninguém sabe onde encontrá-la.

VOLTA ÀS RAÍZES

Ao contrário do que fizeram tantos escritores bons e maus, em todos os tempos, nunca idealizei a cidade onde nasci e onde cresci até os oito anos. Minhas recordações dessa época — como disse tantas vezes — são as mais nítidas e reais que conservo, ao extremo de que posso evocar como se fosse ontem não só a aparência de cada uma das casas que ainda se conservam, mas também descobrir uma fenda que não existia num muro durante minha infância. As árvores das cidades costumam durar mais do que os seres humanos, e sempre tive a impressão de que também elas se recordam de nós, talvez melhor de como nós nos recordamos delas.

Pensava em tudo isto, e muito mais, enquanto percorria as ruas poeirentas e ardentes de Aracataca, a cidade onde nasci e onde voltei há alguns dias depois de 16 anos de minha última visita. Um pouco transtornado pelo reencontro com tantos amigos da infância, aturdido pelo tropel de crianças entre as quais parecia me reconhecer a mim mesmo quando chegava o circo, tinha, no entanto, bastante serenidade para me surpreender de que nada mudara na casa do general José Rosario Durán — onde, com certeza, não resta mais ninguém de sua família ilustre —; que sob as árvores com que se enfeitam as praças, elas continuam sendo as mesmas, com sua poeira sedenta e as amendoeiras tristes como eram sempre, e que a igreja foi pintada e

Publicado originalmente em 21 de dezembro de 1983.

repintada muitas vezes em meio século, mas o quadrante do relógio da torre é o mesmo.

— E isso não é nada — me explicou alguém. — O homem que o conserta também é o mesmo.

É muito — eu diria que demais — o que se escreveu sobre as afinidades entre Macondo e Aracataca. A verdade é que cada vez que volto à cidade real acho que se parece menos à da ficção, salvo alguns elementos externos, como o calor irresistível às duas da tarde, a poeira branca e ardente e as amendoeiras que ainda se conservam em alguns recantos das ruas. Há uma semelhança geográfica que é evidente, mas que não vai mais longe. Para mim há muito mais poesia na *anime* do que toda que tentei deixar em meus livros. A própria palavra *anime* é um mistério que me persegue desde aqueles tempos. O dicionário da Real Academia diz que (*anime*) é uma planta e sua resina. Da mesma maneira a define, ainda que com mais precisão, o excelente léxico de colombianismos de Mario Alario di Filippo. O padre Pedro María Revollo, em seus *Costeñismos colombianos*, nem sequer a menciona. Em compensação, Sundenheim, em seu *Vocabulario costeño*, publicado em 1922, e ao que parece esquecido para sempre, consagra-lhe um nota bem ampla que transcrevo na parte que mais nos interessa: "A anime, entre nós, é uma espécie de duende caridoso que auxilia seus protegidos em situações difíceis e carentes, daí se afirmar que quando alguém tem *anime* se dá a entender que conta com alguma pessoa ou força misteriosa que lhe prestou ajuda." Isto é: Sundenheim a identifica com os duendes, e, de maneira mais precisa, com os descritos por Michelet.

As *animes* de Aracataca eram outra coisa: seres minúsculos, de não mais de três centímetros, que viviam no fundo das talhas. Às vezes eram confundidas com os gusanos, que alguns chamavam de sarapicos, e eram na realidade as larvas dos mosquitos brincando no fundo da água de beber. Mas os bons conhecedores não os confundiam: as *animes* tinham a faculdade de fugir de seu refúgio natural, mesmo se as talhas eram cobertas com segurança, e se divertiam fazendo toda espécie de travessuras na casa. Não passavam disso: espíritos travessos, porém benignos, que talhavam o leite, trocavam a cor dos olhos das crianças, oxidavam as fechaduras ou provocavam sonhos obscuros. Havia épocas em que seu humor se transtornava, por motivos nunca compreensíveis, e apedrejavam a casa onde viviam. Conheci-as na casa de dom Antonio Daconte, um emigrante italiano que levou grandes novidades a Aracataca: o cinema mudo, o salão de bilhar, as bicicletas alugadas, os gramofones, os primeiros receptores de rádio. Uma noite correu por toda a cidade a notícia de que as *animes* estavam apedrejando a casa de dom Antonio Daconte, e todo mundo foi ver. Ao contrário do que poderia parecer, não era um espetáculo de horror e sim uma festa alegre que de qualquer maneira não deixou uma vidraça intacta. Não se via quem as atirava, mas as pedras surgiam de todas as partes e tinham a virtude mágica de não atingir ninguém e sim se dirigir aos seus objetivos exatos: as coisas de cristal. Muito depois daquela noite encantada, nós, crianças, conservávamos o hábito de nos metermos na casa de dom Antonio Daconte para destampar a talha da sala de jantar para ver as *animes* — quietas e quase transparentes — aborrecendo-se no fundo da água.

Talvez a casa mais famosa da cidade fosse uma esquina como tantas outras, vizinha à de meus avós, que todo mundo conhecia como a *casa do morto*. Nela viveu vários anos o pároco que batizou toda a nossa geração, Francisco C. Angarita, que era célebre por seus tremendos sermões moralizadores. Eram muitas as coisas boas e más que se murmuravam do padre Angarita, cujos acessos de cólera eram temíveis; mas há poucos anos soube que assumira uma posição bem definida e conseqüente durante a greve e a matança dos bananeiros.

Muitas vezes ouvi dizer que a *casa do morto* tinha esse nome porque ali se via vaguear à noite o fantasma de alguém que numa sessão de espiritismo disse se chamar Alfonso Mora. O padre Angarita contava a história com um realismo que arrepiava a pele. Descrevia a assombração como um homem corpulento, as mangas da camisa enroladas até o cotovelo, o cabelo curto e abundante, e os dentes perfeitos e brilhantes como os dos negros. Todas as noites, ao soar a meia-noite, depois de percorrer a casa, desaparecia sob a árvore de totumo que crescia no centro do pátio. As imediações da árvore foram escavadas muitas vezes em busca de um tesouro enterrado. Um dia, em plena luz do dia, passei para a casa vizinha à nossa perseguindo um coelho, e tentei alcançá-lo no banheiro, onde se escondera. Empurrei a porta, mas em vez do coelho vi o homem acocorado na latrina, com o ar de tristeza pensativa que todos temos nessas circunstâncias. Reconheci-o de imediato, não só pelas mangas arregaçadas até o cotovelo, mas também por seus bonitos dentes de negro que brilhavam na penumbra.

Estas e muitas outras coisas eu recordava há alguns dias naquela cidade ardente, enquanto os velhos e os novos amigos, e os que apenas começavam a ser, pareciam deveras alegres por estarmos outra vez juntos depois de tanto tempo. Era o mesmo manancial de poesia cujo rufo de tambor ouvi ressoar em meio mundo, em quase todos os idiomas e que, no entanto, parece existir mais na memória do que na realidade. É difícil imaginar outro lugar mais esquecido, mais abandonado, mais distante dos caminhos de Deus. Como não se sentir com a alma retorcida por um sentimento de revolta?

VARIAÇÕES

Há alguns anos entrei numa imensa loja de discos de Los Angeles e encontrei o ambiente preenchido por uma música que não parecia deste mundo. Flutuando naquele pântano de beleza que me era desconhecida por completo, aproximei-me quase na ponta dos pés do funcionário encarregado de alimentar a música do ambiente e perguntei com a alma por um fio que disco era aquele, tão parecido sem dúvida com os que se escutavam aos domingos no céu. Era *A criação*, de Haydn. A revelação foi para mim um golpe de graça, pois desde bem jovem, quando a música se converteu para mim em algo tão indispensável para viver como a própria comida, tratei de apagar Haydn de meu pensamento por um motivo que nenhum de meus amigos melômanos me perdoava: considerava-o um dos poucos músicos que dão azar. O outro — que ainda não pude demonstrar o contrário — é Hector Berlioz.

Tão arraigada é essa superstição que a viagem mais terrível que fiz em avião foi uma de Barcelona a Nova York, num jumbo cuja programação musical tinha como prato forte *Harold en Italie*, de Berlioz. Eu desconhecia a peça, com certeza, pois a má sombra do grande músico francês começou a me inquietar bem antes que escutasse algo seu. Na realidade, não começou por sua música, mas pela imagem que fiz dele quando vi pela primeira vez a

Publicado originalmente em 18 de janeiro de 1984.

célebre caricatura em que aparece dirigindo uma orquestra na qual, entre os instrumentos, há um canhão de guerra. O caricaturista talvez tenha tido a idéia devido à sonoridade cataclísmica que Berlioz quis dar à orquestra, mediante o recurso, nem sempre eficaz, de aumentar o número de instrumentos, até o extremo de que, para a execução de seu *Réquiem*, são necessárias quatro orquestras suplementares de instrumentos de metal. Foi a visão daquele desenho que me infundiu semelhante terror pela música de Berlioz que, no entanto, é um dos grandes criadores de todos os tempos, como atestam tantos críticos que sabem bem o que dizem.

Por não conhecê-lo me deixei levar pela melodia fragrante que encontrei nos fones durante aquele vôo para Nova York, e só quando acabou fiquei sabendo, pelo locutor, que era *Harold en Italie*. Escutara a sinfonia na íntegra e, além disso, com grande deleite, e a partir daquele momento não pude continuar ouvindo música, e permaneci atento às mudanças dos mínimos ruídos do avião, em seus movimentos menos pensados, e até repassei de memória as instruções para o caso de acidentes no oceano — instruções que tantas vezes ouvimos das aeromoças sem prestar atenção. Tudo parecia indicar que o malefício de Berlioz estava conjurado, pois o céu era transparente até o infinito e a nave enorme parecia suspensa no ar como um magnífico hotel do solo. Mas quando nos aproximamos de Nova York o comandante anunciou que as condições do tempo não permitiam a aterrissagem imediata, e devíamos voar em círculos sobre a cidade até que fosse possível. A verdade é que demos voltas durante três horas — além das sete que já havíamos voado desde Barcelona — e em seguida aterrissamos em Boston para nos reabastecermos de combustível, e voltamos a dar voltas sobre Nova York durante outras quatro horas. Não éramos os únicos, no entanto: pela janelinha víamos os outros aviões que esperavam sua vez para baixar, e nos perguntávamos de que sutil acaso dependia que não tropeçássemos todos como uma colossal fileira de dominó. Eu não tinha a menor dúvida de que aquele contratempo inconcebível se devia ao feitiço de Berlioz, e a única coisa que me perguntava enquanto continuávamos girando em círculos no céu era se a má sombra seria tão intensa para nos impedir de aterrissar sãos e salvos.

A superstição de Haydn, em compensação, vinha de conhecê-lo bastante bem. Admirava e continuo amando sua música de câmara, mas me parecia que não podia ser benéfica sua afeição por certos truques que nada tinham a ver com sua arte. Não podia suportar que na metade de uma sinfonia ordenasse um golpe de pratos que troava como um canhonaço só para despertar a audiência adormecida; que houvesse composto outra sinfonia para ser executada com instrumentos de brinquedos de crianças; e que para recordar seu príncipe da penosa situação econômica de seus músicos fizera outra sinfonia em que os executantes apagavam a vela de suas estantes e se retiravam um depois do outro, até que o palco ficasse vazio e a sala nas trevas. Essas coisas que na época de hoje nos parecem simples troça, que um artista da estatura de Haydn tem todo o direito de fazer, pareciam-me insuportáveis na juventude. Para dizer com um termo venezuelano da mais alta expressividade, pareciam coisas *pavosas*. Isto é: por ser tão feias, traziam consigo a má sorte, como as penas de pavão nos vasos de flores, como comer mundongo em taça ou fazer amor sem tirar as meias. O fato é que o descobrimento casual do oratório *A criação* cortou pela raiz minha superstição contra Haydn, entre outras coisas, diga-se de passagem, porque a beleza em suas expressões mais altas é o esconjuro mais eficaz contra a má sorte.

De qualquer maneira, estas tendências primárias costumam se manifestar em todos os meios e ofícios, e o que mais me interessa não é falar delas e sim das relações que os amantes da música mantêm com os compositores consagrados. Um amigo meu, cuja qualidade mais assombrosa é que detesta Mozart, disse sem que a voz tremesse:

— Mozart não existe, porque quando é ruim é melhor ouvir Haydn, e quando é bom é melhor ouvir Beethoven.

Há quem não queira ouvir falar de Rachmaninov porque lhes parece um afetado — e o pior de tudo: um afetado tardio — e em compensação há outros aficionados respeitáveis que o consideram um dos grandes. Sua sensibilidade está a poucos centímetros dos boleros tropicais, entre cujos fanáticos estão muitos dos escritores — bons e maus — deste lado do mundo e parte do outro.

Durante muitos anos, o machismo latino renegou Chopin com o argumento inevitável de que sua música era para maricas. Não há qualquer prova de que os maricas tenham gosto pior do que os outros e hoje não parecem ser muitos os que se atrevem a negar que Chopin é um dos maiores músicos de todos os tempos. Sua grandeza é reconhecida apesar da orquestração deplorável — para dizer o menos — de seus dois concertos para piano. Beethoven, com sua criatividade inesgotável, seria sem dúvida nos tempos atuais um dos compositores mais solicitados para fazer música de filmes em Hollywood. No entanto, conheço uma senhora inteligente e séria que o renegou para sempre quando soube que cheirava tão mal que em seus concertos se devia ter bom estômago para sentar na primeira fila. Brahms — que para o meu gosto é um dos maiores — me merece ainda mais respeito por ter sido pianista num bordel de Hamburgo. Tenho um amigo, fanático por Bela Bartók, que quase matou alguém que disse que seu primeiro concerto para violino — que agora passou a ser o número dois — era na realidade um concerto para gato e orquestra. Ernest Chausson, por sua vez, desperta uma ternura muito profunda, não só pelo lirismo de sua música como pelo fato triste de que morreu atropelado por uma bicicleta.

COMO SE ESCREVE UM ROMANCE?

Esta é, sem dúvida, uma das perguntas que se fazem com mais freqüência a um romancista. De acordo com quem a faz, sempre se tem uma resposta complacente. Mais ainda: é útil tentar resolvê-la, porque não só na variedade está o prazer, como se diz, mas também nela está a possibilidade de encontrar a verdade. Porque uma coisa é certa: creio que os que mais se fazem a si mesmos a pergunta de como se escreve um romance são os próprios romancistas. E também a nós mesmos nos damos de cada vez uma resposta diferente.

Refiro-me, por certo, aos escritores que acreditam que a literatura é uma arte destinada a melhorar o mundo. Os outros, os que pensam que é uma arte destinada a melhorar suas contas bancárias, têm fórmulas para escrever que não só são acertadas mas que podem se resolver com tanta precisão como se fossem fórmulas matemáticas. Os editores sabem. Um deles se divertia há pouco me explicando como era fácil para sua editora ganhar o Prêmio Nacional de Literatura. Em primeiro lugar se devia fazer uma análise dos membros do júri, de sua história pessoal, sua obra, os gostos literários. O editor pensava que a soma de todos esses elementos acabaria por dar uma média do gosto geral do júri.

— Para isso existem os computadores — dizia.

Publicado originalmente em 25 de janeiro de 1984.

Uma vez estabelecido qual era a classe de livro que tinha maiores possibilidades de ser premiado, procedia-se com um método contrário ao que se costuma utilizar na vida: em vez de procurar onde estava esse livro, devia-se investigar qual era o escritor, bom ou mau, que fosse mais dotado para produzi-lo. O resto era questão de assinar um contrato para que ele se sentasse e escrevesse sob medida o livro que receberia no próximo ano o Prêmio Nacional de Literatura. O alarmante é que o editor submeteu este jogo à moenda do computador que lhe deu a possibilidade de acerto de 86%.

Portanto, o problema não é escrever um romance — ou um conto curto — e sim escrever a sério, mesmo que depois não se venda nem ganhe qualquer prêmio. Essa é a resposta que não existe, e se alguém tem motivos para sabê-lo atualmente é o mesmo que está escrevendo esta coluna com o objetivo recôndito de encontrar sua própria solução para o enigma. Pois retornei ao meu estúdio do México, onde há um ano exato deixei vários contos inacabados e um romance começado, e me sinto como se não encontrasse a ponta para desenrolar o novelo. Depois de lê-los com o saudável distanciamento de um ano, atrevo-me a jurar — talvez seria o certo — que não fui eu quem os escreveu. Faziam parte de um velho projeto de sessenta ou mais contos sobre a vida dos latino-americanos na Europa, e seu principal defeito era o fundamental para destruí-los: nem eu mesmo acreditava neles.

Não terei a arrogância de dizer que não me tremeram as mãos aos rasgá-los e em seguida dispersar as tiras para impedir que fossem reconstruídos. Tremeram-me, e não só as mãos, porque de rasgar papéis tenho uma recordação que poderia parecer alentadora mas que para mim parece deprimente. É uma recordação que me remete a uma noite de julho de 1955, na véspera da viagem à Europa do enviado especial de *El Espectador*, quando o poeta Jorge Gaitán Durán veio ao meu quarto de Bogotá para me pedir que deixasse algo para publicar na revista *Mito*. Eu acabara de revisar meus papéis, pusera em segurança os que acreditava dignos de serem conservados e rasgara os sem esperança. Gaitán Durán, com essa voracidade insaciável que sentia perante a literatura, e sobretudo diante da possibilidade de descobrir valores ocultos, começou a revistar o cesto de papéis rasgados, e de repente encontrou algo que lhe chamou a atenção.

— Mas isto é publicável — me disse.

Expliquei-lhe por que o jogara fora: era um capítulo inteiro que retirara de meu primeiro romance, *A revoada* — já publicado naquele momento —, cujo único destino honesto seria a cesta de lixo. Gaitán Durán não concordou. Parecia-lhe que na realidade o texto sobrara dentro do romance, mas tinha um valor diferente por si mesmo. Mais para agradá-lo do que por estar convencido, autorizei-o a colar as folhas com fita adesiva e publicar o capítulo como se fosse um conto.

— Que título colocaremos? — me perguntou, usando o plural que poucas vezes fora tão adequado como naquele caso.

— Não sei — eu disse. — Isso era um monólogo de Isabel vendo a chuva em Macondo.

Gaitán Durán escreveu na margem superior da primeira página quase ao mesmo tempo em que eu falava: "Monólogo de Isabel vendo chover em Macondo."

Assim se recuperou do lixo um de meus contos mais elogiados pela crítica e, sobretudo, pelos leitores. Essa experiência, no entanto, não me serviu para não continuar rasgando os originais que me parecessem impublicáveis, mas me ensinou que é necessário rasgá-los de tal modo que nunca possam ser remendados.

Rasgar os contos é algo irremediável, porque escrevê-los é como despejar concreto. Em compensação, escrever um romance é como colar ladrilhos. Isto quer dizer que se um conto não se consolida na primeira tentativa é melhor não insistir. Um romance é mais fácil: volta-se a começar. É o que me aconteceu agora. Nem o tom, nem o estilo, nem o caráter dos personagens eram adequados ao romance que ficara pela metade. Mas aqui também a explicação é a mesma, pois nem eu mesmo acreditava nele. Tentando encontrar a solução voltei a ler dois livros que supunha úteis. O primeiro foi *A educação sentimental*, de Flaubert, que não lia desde as remotas insônias da universidade e só me serviu agora para evitar com astúcia algumas analogias que teriam resultado suspeitosas. Mas não me resolveu o problema. O outro livro que tornei a ler foi *A casa das belas adormecidas*, de Yasunari Kawabata, que me atingiu a alma há uns três anos e continua sendo um belo livro. Mas desta vez não me serviu para nada, porque eu procurava pistas sobre o comportamento sexual dos anciãos, mas o que encontrei no livro é o dos anciãos japoneses, que, ao que tudo indica, é tão extraordinário como o de todo japonês, e sem dúvida nada tem a ver com o comportamento sexual dos anciãos caribenhos. Quando contei minhas preocupações à mesa um de meus filhos — o que tem mais senso prático — me disse:

— Espere mais alguns anos e verifique com a própria experiência.

O outro, que é artista, foi mais concreto:

— Releia *Werther* — disse, sem o menor traço de ironia na voz.

Tentei, de fato, não só porque sou um pai obediente mas porque pensei deveras que o famoso romance de Goethe me poderia ser útil. Mas nesta ocasião não acabei chorando em seu enterro miserável, como me aconteceu a primeira vez, e nem consegui passar da oitava carta, aquela em que o jovem atribulado conta ao amigo Guilherme como começa a se sentir feliz em sua choupana solitária. Encontro-me neste ponto, de maneira que não é raro que tenha de morder a língua para não perguntar a quem encontro:

— Diga-me uma coisa: como caralho se escreve um romance?

Auxílio

Li alguma vez, ou vi um filme, ou alguém me contou um fato real, com o seguinte argumento: um oficial da marinha pôs de contrabando sua amada no camarote de um navio de guerra, e viveram um amor desmedido dentro daquele recinto opressivo, sem que os descobrissem, durante muitos anos. Peço a quem souber quem é o autor desta belíssima história que me comunique com urgência, pois já perguntei a tantas pessoas que não sabem que já começo a suspeitar que a inventei alguma vez e já não me lembro. Obrigado.

A TRAMONTANA MORTAL

Cadaqués não é apenas uma das cidades mais belas da Costa Brava — na Catalunha — mas também uma das mais bem conservadas. Isto em grande parte se deve ao fato de a estrada que a liga à rodovia ser uma serpentina estreita e retorcida: uma encosta abissal sem pavimentação onde se necessita ter a alma bem tranqüila para dirigir a mais de cinqüenta quilômetros por hora. Suas casas são brancas e baixas, de acordo com o estilo tradicional das aldeias de pescadores do Mediterrâneo, e as casas novas, construídas por arquitetos de renome, não quebraram a harmonia do conjunto, como aconteceu na quase totalidade das outras cidades dessa margem até a extremidade de Cádiz. No verão, quando o calor parece vir dos desertos africanos do outro lado da calçada, Cadaqués se converte numa torre de Babel infernal, com turistas provenientes de toda a Europa, que disputam, por três meses, seu paraíso com os nativos e os forasteiros que tiveram a sorte de comprar uma casa barata quando ainda era possível. No entanto, na primavera e no outono — época em que Cadaqués fica mais agradável — um fantasma ameaça a população: a tramontana, um vento impiedoso e tenaz que, segundo pensam alguns nativos, carrega consigo as sementes da loucura.

Publicado originalmente em 1º de fevereiro de 1984.

Também acredito. Há uns 15 anos eu era um dos visitantes mais entusiasmados de Cadaqués. Agora há uma rodovia à altura das melhores da Europa, que prossegue sem interrupção até Paris. Mas naquela época a estrada para a França era estreita e difícil e se perdiam cerca de quatro horas de Barcelona até o povoado de Rosas. Ali se pega pela direita o ramal para Cadaqués que, por sorte para este lugar inesquecível, continua sendo tão primitivo e perigoso como sempre. A viagem, para minha família, tinha uma atração complementar. Em Rosas, ou em Le Perthus, já do lado francês, nosso pranteado amigo Juanito Durán tinha vários restaurantes onde sempre nos surpreendia com duas especialidades que sempre me pareceram dois excessos geniais da cozinha catalã: o frango com lagosta e o coelho com caracóis. Quando ouvi falar pela primeira vez desses dois pratos, pareceram-me conjunções incompatíveis, água e azeite. Na teoria, pareciam uma impossibilidade metafísica. Na prática, são dois achados que só poderiam ocorrer a inventores lunáticos, como o são os catalães, e desde que os provamos pela primeira vez tivemos um segundo motivo para ir a Cadaqués durante os fins de semana. Os espanhóis, mesmo depois que o franquismo entrou em parafuso, continuavam vendo filmes inócuos, mutilados a critério do censor e com um recurso que só poderia ocorrer às mentes mais retrógradas: os censores aproveitavam a dublagem dos filmes estrangeiros para transformar os amantes em irmãos, mediante mudanças nos diálogos, ainda que depois tudo aquilo resultasse mais imoral e disparatado, pois se percebia com clareza que os supostos irmãos mantinham relações de cama e às vezes tinham filhos. Portanto, o bom cinema tinha de ser visto em Perpiñan, em cujas salas muitos filmes permaneciam mais tempo em cartaz do que em Paris graças à clientela espanhola. A apoteose daquelas excursões cinematográficas, que às vezes se convertiam em aventuras mais emocionantes do que os próprios filmes, foi *O último tango em Paris*, de Bernardo Bertolucci. As agências de turismo de Barcelona tiveram a idéia de fazer programas completos a preço fixo, no qual se incluía o valor da viagem de ida e volta, a refeição em Perpiñan e o ingresso para *O último tango em Paris*. Às vezes havia engarrafamentos intermináveis na fronteira, de motoristas ansiosos por comprovar com os próprios olhos o que Marlon Brando fazia a Maria Schneider com 250 gramas de manteiga. Os filmes de Perpiñan, somados ao frango com lagosta de Juanito Durán e às tertúlias de amigos no bar El Marítim, de Cadaqués, tinham como resultado uns fins de semana inesquecíveis.

Tudo ia bem até que apareceu a tramontana em nossas vidas. É um fenômeno que se pressente logo, sem qualquer explicação racional; sente-se uma queda de ânimo, uma tristeza sem causa, e os amigos mais queridos assumem uma expressão hostil. Logo se começa a escutar um assobio que se torna cada vez mais agudo, mais intenso, e a gente muda de estação no rádio, acreditando que se trata de uma interferência. Por último, o vento começa a soprar em rajadas espaçadas, que se tornam cada vez mais freqüentes, até a chegada de uma que fica para sempre, sem um alívio, sem uma pausa, com uma intensidade e uma perseverança que tem algo de sobrenatural. Inicialmente, acredita-se que não passa de um vento como os outros, e tenta-se até sair à rua para reconhecê-lo. Nós saímos pela primeira vez, por pura inocência, e na primeira esquina tivemos de nos abraçar como náufragos para não sermos arrastados até o mar pela força do vento. Então nos demos conta de que não havia outro recurso senão permanecer encerrados no quarto, com as portas e as janelas trancadas por dentro, como nos ciclones do Caribe, até que Deus quisesse que a tramontana passasse. E ninguém tinha a menor idéia de quando Deus ia querer.

Ao cabo de 24 horas, tem-se a impressão de que aquele vento pavoroso não é um fenômeno meteorológico, e sim um assunto pessoal: é algo que alguém está fazendo contra a gente, e só contra a gente. Em geral, aquele tormento dura três dias, e se experimenta um alívio que só se pode comparar a uma ressurreição. Quando cessa de repente, sente-se em demasia o silêncio, e o mar parece uma enseada tranqüila sob o céu transparente. Mas não é raro que se repita em poucos dias, como aconteceu naqueles em que estivemos pela última vez em Cadaqués. Então não durou apenas 72 horas, mas se prolongou sem indulgência durante uma semana. Quando terminou, um porteiro velho de uma casa próxima à nossa se enforcara com uma corda num poste da iluminação pública, talvez enlouquecido pelo delírio alucinante da tramontana. Não sem dor, e com um sentimento de saudade antecipada, saí daquela vez da cidade com a decisão irrevogável de jamais voltar. Pensava em García Lorca, e o compreendi na própria carne: "Ainda que saiba os caminhos, nunca chegarei a Córdova, porque a morte me espera entre os muros de Córdova."

Anos depois que tomei a decisão de não voltar, um amigo me contou a história de alguém que tomou a mesma decisão depois de viver a terrível experiência da tramontana. Só que seu temor ia mais longe: estava convencido de que se voltasse a Cadaqués, com tramontana ou sem ela, não sairia com vida. Cometeu o erro de falar numa festa de loucos em Barcelona, e à meia-noite, ao calor dos duros vinhos catalães que semeiam no coração tantas idéias descontroladas, seus amigos decidiram levá-lo a Cadaqués à força para exorcizar de uma vez por todas sua superstição tola. Apesar de sua resistência, puseram-no num carro cheio de bêbados e empreenderam àquela hora a longa viagem até Cadaqués. Não: o carro não se precipitou num dos tantos abismos do último trecho, como poderia acontecer no desenlace de uma má história. O que aconteceu foi que o amigo, aterrorizado diante da aproximação de uma morte que acreditava inevitável, aproveitou um descuido de seus companheiros e se atirou do carro em movimento. O corpo só foi resgatado no dia seguinte, numa ribanceira profunda que se encontra na última curva da estrada.

O ARGENTINO QUE SE FEZ AMAR POR TODOS

Fui a Praga pela última vez há uns 15 anos, com Carlos Fuentes e Julio Cortázar. Viajávamos de trem desde Paris, porque nós três éramos solidários em nosso medo de avião, e falávamos de tudo enquanto atravessávamos a noite dividida das Alemanhas, seus oceanos de beterraba, suas imensas fábricas de tudo, suas ruínas de guerras atrozes e amores desmedidos. Na hora de dormir, Carlos Fuentes resolveu perguntar a Cortázar como e em que momento e por iniciativa de quem o piano foi introduzido na orquestra de jazz. A pergunta era casual e não só pretendia obter uma data e um nome, mas a resposta foi uma aula deslumbrante que se prolongou até o amanhecer, entre enormes copos de cerveja e salsichas com batatas geladas. Cortázar, que sabia medir bem suas palavras, fez-nos uma reconstituição histórica e estética com um domínio e uma simplicidade apenas verossímeis, que chegou ao auge com as primeiras luzes numa apologia homérica de Thelonius Monk. Não só falava com uma voz profunda de órgão com erres arrastados, mas também com as mãos ossudas como não me lembro de outras mais expressivas. Nem Carlos Fuentes nem eu jamais esqueceremos aquela noite única.

Doze anos depois vi Julio Cortázar diante de uma multidão num parque de Manágua, sem outra arma senão sua bela voz e um conto seu dos

---

Publicado originalmente em 22 de fevereiro de 1984.

mais difíceis: *A noite de Mantequilla Nápoles*. É a história de um pugilista em desgraça, contada por ele mesmo em *lunfardo*, a gíria do submundo de Buenos Aires, cuja compreensão estaria vedada por completo ao resto dos mortais se não a tivéssemos aprendido por intermédio de tantos tangos malignos. No entanto, foi esse o conto que o próprio Cortázar escolheu para ler num estrado diante da multidão num vasto jardim iluminado, no qual havia de tudo, de poetas consagrados e pedreiros desempregados até comandantes da revolução e seus opositores. Foi outra experiência deslumbrante. Ainda que a rigor não fosse fácil seguir o sentido do relato, mesmo para os mais treinados na gíria lunfarda, sentiam-se e doíam os socos recebidos por Mantequilla Nápoles na solidão do ringue, e dava vontade de chorar por suas ilusões e sua miséria, pois Cortázar conseguira uma comunicação tão íntima com seu auditório que já não importava a ninguém o que queriam dizer ou não suas palavras, e sim que a multidão sentada na grama parecia levitar em estado de graça pelo feitiço de uma voz que não parecia deste mundo.

Estas duas recordações de Cortázar que tanto me comoveram me parecem também as que melhor o definiam. Eram os dois extremos de sua personalidade. Em particular, como no trem de Praga, seduzia por sua eloqüência, a erudição viva, a memória milimétrica, o humor perigoso, por tudo que fez dele um intelectual dos grandes no bom sentido de outros tempos. Em público, apesar da sua reticência em se converter num espetáculo, fascinava o auditório com sua presença iniludível que tinha algo de sobrenatural, ao mesmo tempo suave e estranha. Em ambos os casos foi o ser humano mais impressionante que tive a sorte de conhecer.

Desde o primeiro momento, no final do triste outono de 1956, num café de Paris com nome inglês, aonde ele costumava ir de vez em quando para escrever numa mesa de canto, como Jean-Paul Sartre fazia a trezentos metros dali, num caderno escolar e com uma caneta-tinteiro que lhe manchava os dedos. Eu lera *Bestiário*, seu primeiro livro de contos, numa hospedaria barata de Barranquilla onde se dormia por um peso e meio, entre jogadores de beisebol mal pagos e putas felizes, e desde a primeira página me dei conta de que era um escritor que eu gostaria de ser quando crescesse. Alguém me disse em Paris que ele escrevia no café Old Navy, do bulevar Saint Germain, e ali o esperei durante várias semanas, até que o vi entrar como uma aparição. Era o homem mais alto que se podia imaginar, com uma cara de garoto perverso dentro de um interminável sobretudo preto que mais parecia a sotaina de um viúvo, e tinha os olhos muito separados, como os de um novilho, e tão oblíquos e transparentes que poderiam ser os do diabo se não estivessem submetidos ao controle do coração.

Anos depois, quando já éramos amigos, acreditei voltar a vê-lo como o vi naquele dia, pois me parece que recriou a si mesmo num de seus contos mais bem acabados — *O outro céu* —, no personagem de um latino-americano sem nome que assistia por pura curiosidade às execuções na guilhotina. Como se estivesse na frente de um espelho, Cortázar o descreveu assim: "Tinha uma expressão distante e ao mesmo tempo curiosamente fixa, a cara de alguém que se imobilizou num momento de seu sonho e se recusa a dar o passo que o devolverá à vigília." Seu personagem estava envolto numa opa preta e longa, como o sobretudo do próprio Cortázar quando o vi pela primeira vez, mas o narrador não se atrevia a se aproximar dele para perguntar sua origem, por temor da fria cólera com que ele mesmo receberia interpelação semelhante. O extraordinário é que eu tampouco me atrevera a me aproximar de Cortázar aquela tarde do Old Navy, e pelo mesmo temor. Vi-o escrever durante mais de uma hora, sem uma pausa para pensar, sem beber nada mais que meio copo de água mineral, até que começou a escurecer e guardou a caneta no bolsinho e saiu com o caderno sob o braço como o estudante mais alto e mais magro do mundo. Nas muitas vezes em que nos vimos anos depois, a única coisa que mudara nele era a barba espessa e escura, pois até há duas semanas parecia certa a lenda de que era imortal, porque nunca deixara de crescer e se manteve sempre com a mesma idade com que nascera. Nunca me atrevi a lhe perguntar se era verdade, como tampouco contei-lhe que no triste outono de 1956 o vira, sem me atrever a dizer alguma coisa, em seu canto do Old Navy, e sei que onde quer que esteja agora estará xingando minha mãe por minha timidez.

Os ídolos impõem respeito, admiração, carinho e, com certeza, grandes invejas. Cortázar inspirava todos esses sentimentos como poucos escritores, mas inspirava também outro menos freqüente: a devoção. Foi, talvez sem se propor, o argentino que se fez amar por todo mundo. Atrevo-me, no entanto, a pensar que se os mortos morrem, Cortázar deve estar morrendo outra vez de vergonha pela consternação mundial causada por sua morte. Ninguém temia mais do que ele, nem na vida real nem em seus livros, as honras póstumas e as pompas fúnebres. Mais ainda: sempre pensei que a morte em si lhe parecia indecente. Em alguma parte de *A volta ao dia em oitenta mundos* um grupo de amigos não pode conter o riso ante a evidência de que um amigo comum incorreu na ridicularia de morrer. Por isso, porque o conheci e o amei tanto, recuso-me a participar dos lamentos e elegias por Julio Cortázar. Prefiro continuar pensando nele como sem dúvida ele queria, com a alegria imensa de que tenha existido, com a alegria íntima de tê-lo conhecido, e a gratidão por deixar para o mundo uma obra talvez incompleta mas tão bela e indestrutível como sua recordação.

AS ARMADILHAS DE MÁ-FÉ

O livro estava na primeira fila das novidades editoriais, entre memórias falsas de artistas de cinema e manuais para emagrecer, com um excelente retrato a bico de pena na capa e o título inequívoco na parte superior: "Julio Cortázar: *A ilha final*". Era irresistível. O escritor morrera poucas semanas antes, as livrarias estavam atapetadas com seus livros, reimpressos com urgência para aproveitar a publicidade da morte, e aqueles que seguíamos de perto as notícias literárias sabíamos que deixara dois livros inéditos. Um deles, *Os autonatas da cosmopista*, escrito há um ano e meio, acabara de ser publicado pela editora mexicana Nueva Imagen. O outro era o livro que a própria Carol Dunlop estava escrevendo sobre a Nicarágua quando foi surpreendida pela morte, e Cortázar teve tempo de terminar. Não havia qualquer suspeita de que ele tivesse deixado inédito um terceiro livro, mas estava à vista sem dúvida, com seu retrato inconfundível, e aquele título premonitório que parecia uma maneira poética de chamar a morte: *A ilha final*. Antes de comprar quis dar uma folheada, mas estava envolto num celofane, e o empregado, que me vigiava para que não pudesse roubá-lo, advertiu-me que se rompesse o invólucro teria de comprar o livro de qualquer maneira. Como eram dez da noite e eu não me sentia capaz de resistir ao desejo de ler o último livro de Julio Cortázar, caí na armadilha com a mais pura inocência.

Publicado originalmente em 14 de março de 1984.

Só soube, com certeza, quando já metido na cama e pronto para uma travessia fantástica, vi que em letras pequenas, quase invisíveis em preto sobre azul, estavam os nomes dos compiladores. Abri na página do índice e então entendi por que o livro era o único na mesa de novidades envolto num celofane proibido de romper. Era, de fato, de muitos autores, bons por certo, mas só incluía dois artigos conhecidos de Julio Cortázar. Os demais também eram artigos conhecidos, um de Fico, tradutor para o inglês, e outro de Joaquín Marcos, tão sério e interessante como todos os seus. Os direitos autorais, por uma confusão que não entendi bem, eram da Oklahoma University Press desde 1978. Dá muito trabalho acreditar que tantas armadilhas bem plantadas para induzir o leitor a comprar um livro, que não era o que parecia ser, deviam-se ao puro acaso. Creio que o próprio desenho da capa, a astúcia do título no momento atual e o invólucro inviolável foram bem pensados pela editora Ultramar, de Barcelona, para que aquela ilha final parecesse ser, sem ser, o último livro de Julio Cortázar.

Creio porque há antecedentes que passaram bem perto de mim. Há alguns anos encontrei num balcão de novidades um livro assinado por mim, cuja única falha era que eu não me recordava de tê-lo escrito. Chamava-se *A batalha da Nicarágua*, e a responsável pela edição era uma empresa séria — Bruguera — que, também, é a editora de quase todos os meus livros na Espanha. Era o mesmo truque: o livro incluía um estudo longo e bem documentado de Gregorio Selser, um ensaio do uruguaio Daniel Waksman Schinca e uma denúncia de Ernesto Cardenal. A única coisa minha era o menos interessante e original dentro do conjunto: a reportagem sobre a tomada do Palácio Nacional de Manágua por um comando guerrilheiro liderado por Edén Pastora. O texto fora originalmente publicado pela revista *Alternativa*, de Bogotá, três anos antes, e reproduzido em vários países e em diferentes idiomas. Minha agente literária autorizara a sua inclusão naquele livro, mas ninguém pensou que ia ser usado para destacar meu nome na capa acima dos outros autores, e para anunciá-lo com fanfarras no rádio e na televisão, ainda que pareça mentira, como "*o último* livro de Gabriel García Márquez". Aquele parecia ser o destino dessa reportagem, pois pouco antes me vira obrigado a pedir a retirada de outro livro publicado sem minha autorização pela editora La Oveja Negra, de Bogotá, com o título *Os sandinistas*, que não apenas era vendida em todos os lugares, mas que fora incluído no pacote de minhas obras completas. A única coisa minha era a manuseada reportagem do assalto ao Palácio Nacional. Também a sucursal mexicana da editora Bruguera — que era a responsável pela desordem — se comprometeu a desenhar outra capa de *A batalha da Nicarágua*, que não só evitasse qualquer confusão mas que fizesse justiça aos outros autores, colocando-os todos com o mesmo valor tipográfico e em ordem alfabética. Aprovamos de comum acordo a nova apresentação. No entanto, ainda se encontra nas livrarias de meio mundo a edição que se supunha recolhida, e não me lembro de ter visto algum exemplar com a nova capa.

Incidente semelhante ocorreu com *O cheiro da goiaba*, a extensa entrevista que dei ao meu compadre Plinio Apuleyo Mendoza. Com a experiência que já tinha nestas artimanhas de editores, pedi a prova da capa antes do lançamento do livro. De fato, sobre uma foto minha colorida e na sobrecapa inteira dizia com letras garrafais: "Gabriel García Márquez, *O cheiro da goiaba*". Na margem inferior, de maneira quase imperceptível, dizia: "Entrevista com Plinio Apuleyo Mendoza." Pareceu-me, em primeiro lugar, que aquela hierarquização astuta era uma falta de respeito ao estupendo e árduo trabalho de Plinio Apuleyo Mendoza. Pareceu-me, em segundo lugar, que não se sabia ao fim e ao cabo quem entrevistava quem. Mas me pareceu que o mais grave era a intenção evidente de vender o livro como se fosse um romance meu. A capa foi corrigida a tempo em castelhano, mas não foi possível na edição francesa. O argumento do editor na França era característico desse país: o livro estava incluído numa coleção consagrada a entrevistas com escritores, e ao que parece o leitor francês é demasiado inteligente para não saber.

Poderia continuar com muitos exemplos de livros comprados porque oferecem por fora uma coisa que não têm por dentro. Um deles é um excelente estudo de Robert Sklar sobre Francis Scott Fitzgerald intitulado *O último Laoconte*. Comprei-o e o li com grande prazer porque é muito bom, e já tinha sobre ele as melhores referências. Mas vendo a capa da Barral Editores e vendo a maneira como estão colocados os nomes e o título me pergunto se um comprador desprevenido saberia com certeza quem é quem, de que e sobre quem, e quem é enfim *O último Laoconte.*

Outro exemplo, da maior atualidade, é o que voltou a ser proposto no México por estes dias o conflito já histórico entre editores e autores. Trata-se do livro intitulado *Para quando eu me ausentar*, publicado pela editora Grijalbo como uma compilação de textos sobre Juan Rulfo, feita por ele mesmo. Juan Rulfo disse em público que não é correto que seja o pai da criatura, que não é verdade que o título seja seu nem teve a ver nada com nada que se pareça tanto com um testemunho. Os editores, de seu lado, dizem que sim, e não parece que haja algum documento assinado para mostrar quem tem razão. Nós, escritores, não necessitamos de papéis para crer em Juan Rulfo, em quem já acreditamos e admiramos por tantos relatos incríveis. O alarmante é que, enquanto a controvérsia esquentava, muitos leitores seus correram para as livrarias, acreditando que se tratava de seu novo romance. Não o encontramos, por desgraça. Mas em compensação encontramos um congresso mundial de editores reunido este fim de semana na Cidade do México, que talvez esteja disposto a discutir em família as armadilhas contra a boa-fé dos leitores, tentando vender-lhes livros que parecem por fora o que não são por dentro.

ÍNDICE REMISSIVO

Este livro foi composto na tipologia Minion, em corpo 11/16, e impresso em papel off-white 80g/m², no Sistema Cameron da Divisão Gráfica da Distribuidora Record.